L. Wegner

Familiengeschichte der von Dewitz

L. Wegner

Familiengeschichte der von Dewitz

ISBN/EAN: 9783741168307

Hergestellt in Europa, USA, Kanada, Australien, Japan

Cover: Foto ©Lupo / pixelio.de

Manufactured and distributed by brebook publishing software
(www.brebook.com)

L. Wegner

Familiengeschichte der von Dewitz

Familien-Geschichte der von Demitz

von

L. WEGNER

Superintendent und Pastor prim.

DABER

Im Selbstverlag der Familie

Familiengeschichte

der

von Dewitz,

von

L. Wegner.

Superintendent und Past. prim. in Daber.

Band I.

Naugard 1868.

Im Selbstverlage der Familie.

Für den Buchhandel:

Daberow,

in Commission der Agentur der Daberower Anstalten.

Inhalt

des ersten Bandes.

I.

Ursprung, Name, Wappen, Ansehen und Besitz der Familie von Dewitz.

Das Geschlecht der von Dewitzen ist ein alt ehrlich Geschlechte, heißt es bei Lantzow. Wir finden die Dewitze bereits in der Mitte des dreizehnten Jahrhunderts urkundlich in der Umgebung der Markgrafen von Brandenburg. Als von diesen das Land Stargard an Mecklenburg überlassen wurde, gehörten sie sofort zu den angesehensten Geschlechtern Mecklenburgs, seit 1319 treten sie in Pommern auf, 1334 scheinen sie schon im Lande Daber angesessen gewesen zu sein.*) Man hielt sie früher für ein altes slawisches Geschlecht, auch sie selbst zählten sich zu dem uralten slawischen Adel. Indessen sind sie ohne Zweifel deutschen Ursprungs, und weist ihr Name sehr wahrscheinlich auf das Dorf Dewitz in der Altmark hin. Dort liegt es im Kreatzser Kreise neben

---

*) In einer Urkunde vom Dienstage zwischen dem achten Tage des heiligen Leichnams Jesu Christi 1328 finden wir den Ritter Ulrich von Dewitz I., den nachmaligen Grafen Ulrich von Fürstenberg (Nr. 19), unter einer großen Anzahl von Adligen aus der Gegend von Daber. Die Sorten waren von den Herzogen Bogislav V., Barnim IV. und Bartislav V. mit Hülfe des Landvogtes Heinrich Manteufel zu Greifenberg und der Stadt Greifenberg

Leppin und Plate. Von der Altmark siedelten sie nach dem Lande Stargard über, wo wir gleichfalls ein Dorf Dewitz finden. Dieses Stargardsche Dewitz war seit den ältesten Zeiten im Besitz der Familie von Gentzlow, doch besaßen bis in die spätere Zeit die Dewitze Antheile desselben. Ob sie dem Orte den Namen gegeben haben, muß unausgemacht bleiben. Boll bemerkt in der Geschichte des Landes Stargard (Th. 1 p. 60.):

„Aller Wahrscheinlichkeit nach ist die deutsche Bevölkerung des Landes Stargard von der Altmark jenseit der Elbe eingewandert. Slaven scheinen nur äußerst wenig übrig geblieben zu sein; ihrer geschieht während der Markgräflichen Zeit des Landes Stargard kaum noch Erwähnung. Slavische Personen-Namen kommen in den Urkunden unseres Landes nicht vor, obwohl sie um diese Zeit in Mecklenburgischen und Pommerschen Urkunden gar nicht selten sind. Den größten Theil der alten slavischen Bevölkerung, den einst berühmten Stamm der Redarier, hatten wohl Schwert, Hunger und Seuchen gefressen. Auch mag man sie mit Gewalt ausgetrieben haben; wenigstens hielt man das in jenen Zeiten für ganz in der Ordnung."

Die Altmark selbst hatte im elften Jahrhundert, als sie noch das Gränzland der Deutschen und Slaven war, von beständigen Kämpfen der beiden streitenden Nationen heimgesucht, völlig wüste gelegen. Erst Albrecht der Bär hatte sie um die Mitte des zwölften Jahrhunderts wieder durch Kolonisten vom Nieder-Rhein und aus den Niederlanden her in Anbau gebracht; die wieder-

---

zur Unterwerfung und Leistung des Lehnseides gezwungen, ihre Burg Walldberg (Strewehl) war zerstört. Sie vertrugen sich mit den Herzogen, als ihren Landesherren, dem Landvogte Heinrich Montcalm und der Stadt Christenberg, schwuren Urfehde und gelobten, das Geschehene nicht zu rächen. Für sie verbürgten sich: „Herr Otte von Eversten, Herr Cove von (zu) Basewitze (Basewitz), Herr Nikewirs Troye, Herr Ulrike von Dewitze, Herr Beseke von der Ost, Herr Lodewrich van Weberte, de Ribbere sin, Olbe Arnt von der Ost, Hennine von der Ost, Hinze unde Bruse, Schvanten ghebroteren, Clewert Hoste, Hermarle Bere, Conrat Maskunvel, Hermern Bruderitze, Olbe Hasse van Lebele, Hennine van Weberte, Wedeghe van (zu) Nienvekele, Troye vam (zu) Warle (Batzig), Kippoll Heren Cove Sone, Nier Heren Niclawes Troyen Sone, de Knopen sin, ende de slath to Colmze ende de halve slath to Arbenwalde." Diese Urkunde, welche dem Verfasser erst bekannt geworden ist, nachdem Seite 68 und 75 gedruckt waren, bestätigt die dort ausgesprochene Vermuthung, daß die Dewitze gleich bei ihrem ersten Auftreten in Pommern Güter im Lande Daber zu Lehn erhielten. Denn die Umgebung, in welcher der Ritter Ulrich vom Dewitz hier erscheint, weist darauf hin, daß wir seinen Wohnsitz im Lande Daber zu suchen haben.

hergestellte Sicherheit der Zustände hat sie, bei dem größten Theile sehr frucht-
baren Boden, bald zu dem bevölkertsten Theile der Mark Brandenburg erhoben.
So war denn die Altmark ohne Zweifel derjenige Theil der Markgrafschaft,
welcher die meisten Kolonisten für das neu erworbene Land Stargard*) abgeben konnte. Daß dieses wirklich geschehen sei, dafür zeugen die Namen vieler
Dörfer, die offenbar aus der Altmark in das Land Stargard übertragen sind.
Einzelne Dorfnamen lehren bekanntlich oft wieder und würden zu einem solchen Schluß nicht berechtigen; aber die aus der Altmark im Lande Stargard
wiederkehrenden Dorfnamen sind zu zahlreich, als daß dies ein bloßes Spiel
des Zufalls sein könnte, ja dieselben Dorfnamen finden sich nebeneinander
in der Altmark, gerade wie im Lande Stargard. So im Kreuzseeschen Kreise:
Dewitz, Leppin, Plate, Mechow, Brunnow (Brunn). . . . . Erwägt man
ferner, daß ebensowohl wie zahlreiche Dorfnamen des Landes Stargard, auch
die vornehmsten Vasallengeschlechter des Landes aus der Markgräflichen Zeit
gleicherweise altmärkischen Ursprungs sind, wie die Bertikow, die von Döhren, die von der Dolla, die von Fallenberg, die von Plote oder
Plate, die von Rehberg, die von Schepelitz, die von Staffelde,
die von Harburg, die von Wodenswegen, so kann es wohl als eine
ziemlich gesicherte Hypothese angesehen werden, daß das Land Stargard seine
deutsche Bevölkerung und Einrichtung vorzugsweise der Altmark zu verdanken habe."

Ferner heißt es in dem angeführten Werke (I. p. 176): „Wenn wir von
den einen eigentlichen Beinamen führenden Geschlechtern, deren Herkunft un-
nachweisbar bleibt, absehen, so ist bei weitem von den meisten der übrigen Geschlechter die Abstammung aus der Altmark oder angränzenden Orten unzweifelhaft. So die von Bertikow, von der Dolla, von Döhren, von
Fallenberg, von Feldberg, von Helpede, von Osterwald, von
Plote, von Schepelitz, von Schwanenbecke, von Staffelde, von
Harburg von Wodenswegen; wahrscheinlich auch die von Dewitz,
von Eichhorst und von Rehberg."

Die Dewitze erscheinen in Urkunden zwar nirgend als in der Altmark
angesessen, wir treffen sie auch da, wo sie in der Umgebung der Markgrafen

---

*) Das Land war durch den Vertrag zu Kremmen (20. Juni 1236) vom Herzoge
Wartislav von Pommern an die Markgrafen Johann und Otto von Brandenburg
abgetreten.

sich befinden, schon im Lande Stargard an. Doch dürfte es nach dem von Boll Bemerkten mehr als wahrscheinlich sein, daß sie mit dem Dorfe Tewitz in der Altmark im Zusammenhange stehen.

Für die deutsche Abstammung der Familie sprechen noch zwei Umstände. Zunächst haben von Anfang an sämmtliche Dewitze mit wenigen Ausnahmen deutsche Vornamen, sodann ist wohl zu beachten, daß schon 1201 Eghard von Dewitz die Würde eines Marschalls am Hofe des Markgrafen Otto von Brandenburg bekleidete. Um diese Zeit versahen nur Deutsche ein solches bei den Wenden bisher unbekannte Amt, sogar in dem noch sehr wendischen Pommern. Am Hofe der märkischen Fürsten gelangten sicher nur Männer deutscher Abkunft zu dieser Würde.

Der Name des Geschlechts wird gewöhnlich Dewitz geschrieben, zuweilen auch Devitz, Debitz, Dewis, Dewicz, Deweffen u. s. w. Zwei Familien mit ähnlichen Namen treffen wir in Mecklenburg und Pommern an, die Bitzen und die Divizen. Man hat wohl angenommen, daß beide mit den Dewitzen identisch wären. Elzow in seinem Pommerschen Adelsspiegel, einem in der General-Landschafts Bibliothek zu Stettin befindlichen Manuscripte, spricht die Vermuthung aus, daß die von Dewitz ihren Ursprung aus dem Fürstenthum Rügen haben, und gründet dies darauf, daß anno 1294 in der Matrikel des Fürstenthums Rügen Henricus de Vitze, Ritter und Witzlai, Fürsten zu Rügen, Rath, wie auch anno 1290 Arnoldus de Vitza, Ritter und Bogislai, Barnimi und Ottonis, Herzogen zu Pommern, Rath auf Rubbenow und Rügen, aufgeführt seien. Es macht ihm zwar Bedenken, „daß die Silbe de von dem Worte Vitzen abgesondert gefunden wird und für eine Präposition angesehen werden könne", jedoch glaubt er die Trennung der Worte durch einen Irrthum des Schreibers erklären zu dürfen. Gegen diese Vermuthung spricht schon die Verschiedenheit der Wappen beider Familien, die Dewitze führen drei Bofale, die Bitzen hatten einen Wolf im blauen Felde im Wappen. Auch kommen die Dewitze und die Bitzen als verschiedene Familien-Namen sehr früh in denselben Urkunden neben einander vor. So haben z. B. den Wittmannsdorfer Vertrag (15. Januar 1304) die Ritter Bide van Dewitz und Bide van Bitzen als Bürgen mit vollzogen.*)

---

*) Die bei Gesterding „Erste Fortsetzung des Beitrags zur Geschichte der Stadt Greifswald", pag. 112 erwähnten Rathmänner Arnold Dewitz (1267–1273) und Hermann Dewitz (1287–1298) sind Bitzen (de Vitza).

Weniger unwahrscheinlich könnte es erscheinen, die Dewitze und Divitze für eine Familie zu halten. Die Wappen sind einander ähnlich, beide führen im Schilde Pokale mit einem Deckel versehen. Nur haben die Dewitze deren drei, die Divitze bloß einen. Von alten Chronisten werden beide Familien zuweilen nicht unterschieden. Micraelius (III. Buch p. 232) erzählt, nachdem er von den angesehensten Pommerschen Geschlechtern gesprochen hat: „Unter gemeldeten Geschlechtern haben sich die Dewitzen zeitig hervorgethan, und ist schon ums Jahr Christi 1248 und also fast vor viertthalbhundert Jahren Bogislav von Dewitz berühmt gewesen, welcher, da ihn Witzlaff, der Fürst aus Rügen, wider die Markgrafen von Brandenburg mit etlichem Volk vorausandte, in einem Treffen ritterlich geblieben ist." Anstatt 1248 muß es heißen 1298, und war es nicht ein Bogislav von Dewitz sondern ein Gustav (Gützlav) von Divitz, welcher im Kampfe gegen die Märker fiel. Schwarz (Fines Rugiae pag. 163) nennt unter denjenigen Rügischen Vasallen, welche die Mecklenburgschen Fürsten 1320 in der Fehde wegen der Erbfolge im Fürstenthum Rügen zuerst auf ihre Seite brachten, die Dewitz zu Divitz bei Barth. Auch er scheint beide Geschlechter für eins zu halten. Doch waren die Divitz, sehr wahrscheinlich wendischen Ursprungs, ein ganz anderes, selbstständiges Geschlecht, welches bei Barth reich begütert, Divitz, Rubitz, Kenz, Spoldershagen, Gählenhagen und Franzdorf besaß, und schon im vierzehnten Jahrhundert erloschen ist.

Den Namen Dewitz hat man zu erklären versucht. Matthias von Behr vermuthet, es stamme der Name aus dem Böhmischen und sei von Dag—witz „gieb mehr" abzuleiten. Den Grund dieses Namens findet er in dem großen Reichthum der Familie. Daß dies lediglich eine ganz unbegründete Vermuthung ist, liegt auf der Hand.

Das Wappen, dessen sich die Familie von Dewitz bedient, ist folgendes: Ein rother Schild, in welchem drei goldne Pokale mit Deckeln und zwar oben zwei und unten einer stehen, aus dem blau emaillirten, rothgefütterten und mit einer goldenen Krone gezierten fünfreisigen offenen Helme steigen zwei ganz blau geharnischte Arme hervor, welche einen goldenen Pokal in ihren Händen halten. Ob die Familie aus irgend einem bestimmten Grunde und aus welchem dieses Wappen angenommen habe, ist unerweislich. Jedenfalls ist es unrichtig, wenn Cramer in seiner großen Pommerschen Kirchenchronik (Buch III. Cap. 38 Seite 107) bemerkt, man habe die Dewitzen „vor Zeiten die Grafen von

Schenk geheißen und führen noch drei Becher in ihrem Wappen." Niemals haben sie diesen Namen geführt und kann also hieraus ihr Wappen nicht erklärt werden. Versagen kann ich mir nicht, die Erklärung mitzutheilen, welche Sellmer, Prediger zu Rühlow in Mecklenburg, in seinen „unverläßigen Nachrichten von dem uralten und berühmten Geschlechte der Freiherren von Dewitz", einer Handschrift aus dem Jahre 1771, versucht, aber freilich auch gleich zurücknimmt:

„Wären die tapferen Vorfahren derer edlen von Dewitz, sagt er, eben so muthige Helden in dem übertriebenen Mißbrauche starker Getränke gewesen (welches doch nicht zu erweisen), wie sie sich wirklich stark in dem muthigen und klugen Gebrauch ihrer Waffen wider ihre Feinde bewiesen, so würden die Pokale in dem Schilde und die geharnischten Arme mit dem goldenen Stürzebecher sich gar leichte erklären lassen. Denn man dürfte nur sagen, daß der erste Stammvater dieser Familie sich seine Fertigkeit in Ausleerung voll eingeschenkter Humpen so sehr zum Ruhme gewidmet, daß er auch die Zeichen seiner nassen Siege auf seinem Schilde beliebet, auch die Gewohnheit gehabt habe, die ausgeleerten Humpen mit steifen Fäusten vorzuzeigen, und dabei zum Zeugniß seines unbesiegten Durstes in altböhmischer Sprache gerufen habe: Dögwitz, gieb mehr oder mehr her! Woher es denn geschehen, daß dieses feuchte Symbolum für denselben ein Beinamen geworden, durch dessen öfteren Gebrauch endlich der ordentliche Familienname vergessen worden wäre. Doch möchte diese Erklärung dem sonst großen Ruhme dieses vortrefflichen Geschlechtes eben keinen großen Zuwachs geben."

In Mecklenburg sowohl als in Pommern gehörten die von Dewitz zu den angesehensten adligen Geschlechtern. Für ihr Ansehen in Mecklenburg spricht schon die Erhebung zu Grafen von Fürstenberg. In Pommern wurden sie zu den Schloßgesessenen gezählt, welche hier den höhern Adel bildeten, da es außer den Grafen von Eberstein und den Freiherren von Putbus keine Grafen und Freiherren gab. „Nach dem Bischofe" schreibt Lantzow „sind die Grafen (von Eberstein) und Herren (von Putbus) und etliche Geschlechte von Adel, die sich wohl nicht Herren nennen, aber sich dennoch Freiherren achten, als die Borken, die Dewitzen, die Wedelschen und Osten, welche Städte und Adel unter sich haben. Darnach ist dann der andere Adel." In Hinterpommern waren die Schloßgesessenen außer den Grafen von Eberstein folgende Geschlechter: Die Flemminge, die Borken, die

Dewitze, die Wedel, die Osten, die Blücher, die Glasenappe, die Podewille, die Manteufel, Schwerine, Grumblowen. Eine Zeit lang werden unter ihnen auch die Wolde und Lüssow aufgezählt. Die Grumblowen wurden erst durch ein Rescript vom 30. März 1719 den Schloßgesessenen beigezählt.

Diese Geschlechter hatten vor dem übrigen Adel mancherlei Privilegien bis in die neuere Zeit voraus. Die Hinterpommersche Ritterschaft wollte den Schloßgesessenen ihren Vorrang um die Mitte des siebzehnten Jahrhunderts streitig machen und verband sich zu diesem Zwecke mit der Ritterschaft des Bisthums Cammin. Am Ende des Landtages zu Stargard (1654) erklärte sie, daß derjenige, welcher aus der Ritterschaft auf einige Vorzugs-Berechtigkeiten seines Geschlechtes Anspruch machen würde, für kein treues Mitglied oder Compatrioten gehalten werden könne, man auch mit demselben nicht brüderlich umgehen könne. Die Schloßgesessenen hielten jedoch die Vorrechte, welche sie besessen hatten, fest. Diese bestanden darin, daß sie ihre Lehne besonders und zuerst bei der Huldigung, und zwar in Person, von den Fürsten verliehen erhielten. Sie waren nicht, wie andere Adlige, unter die herzoglichen Aemter vertheilt, standen in der ersten Instanz nur vor dem Hofgerichte zu Rechte, die andere Ritterschaft dagegen vor der Landvogtei und dem Burggerichte. Von dem Hofgerichte appellirten sie sofort an das kaiserliche Kammergericht, während der übrige Adel das Hofgericht zur zweiten Instanz hatte. Wenn auf gerichtliche Erkenntnisse wider sie Executionen angeordnet waren, so wurden diese nicht durch die fürstlichen Beamten, sondern unmittelbar im Namen des Landesfürsten, durch dessen hiezu bestellte Einspännige, wider sie vollstreckt. Desgleichen brachten sie ihre Kontributionen nicht bei den Aemtern ein, wie die anderen von Adel, sondern unmittelbar in den Landkasten, von woher und nicht durch Beamte die Execution in Steuersachen an sie erging. Auf den Landtagen hatte jedes Geschlecht der Schloßgesessenen eine, die Borke sogar zwei Stimmen, dagegen von dem Adel unter den Landvogteien und Burggerichten, wohl 10 oder mehrere Geschlechter nur eine Gesammtstimme führten. Sie nannten sich Erb-Burg- und Schloßgesessene.

Die Befreiung von der Unterordnung unter die Landvogteien und Burggerichte, sowie von der Execution durch deren Landreiter waren der Anlaß, daß die Schloßgesessenen mit ihren Gütern und Afterlehnleuten besondere Districte oder Kreise bildeten. Herzog Philipp II. erließ unter dem 13. August 1616

eine Verordnung, durch welche das Herzogthum Stettin „wegen der umlaufenden
gottlosen Knechte, Bettler u. s. w." in 11 Kreise getheilt wurde. Die ersten
10 Kreise bestanden aus den fürstlichen Aemtern und Landvogteien, dem dahin
gehörigen Adel und den benachbarten Städten, den elften Kreis bildeten die
Grafen von Eberstein, Herren zu Naugard und Massow, und die Schloßgesessenen, nämlich die Flemminge, die Borken, die Dewitze, die Wedell,
die Osten, die Blücher, die Manteufel und die Glasenappe. Diese
Kreiseintheilung fand statt, damit die „verordneten Straßenbereiter eigentliche
Gewißheit, wie weit sich ihr Beritt erstrecke, für sich haben möchten."

Da während des dreißigjährigen Krieges die Eintreibung der Kontributionen manche Schwierigkeiten hatte, erwählte die Ritterschaft der einzelnen
Kontributionsbezirke, „Quartiere" oder „Districte" genannt, einen oder zwei
Directoren, denen die Regulirung der Kontributions-Angelegenheiten anvertraut
war. Einen solchen Director verordnete auch jedes schloßgesessene Geschlecht,
da es ein eigenes Quartier bildete, aus seiner Mitte. Die Bezeichnung
„Kreise" für diese Quartiere macht sich erst seit 1690 geltend. Die Schloßgesessenen, welche ihre Steuern unmittelbar an den Landkasten ablieferten, hatten
hiebei wegen der Weitläufigkeit und der Unsicherheit der Wege große Unbe-
quemlichkeiten und ließen es sich daher gern gefallen, wenn sie in Steuersachen
mit benachbarten Aemtern zu einem Districte verbunden wurden. So wurde
der Daber'sche (Dewitz'sche) District mit den Aemtern Naugard und Massow
zum Daber- und Naugard'schen Kreise verbunden. Außer dem Ritterschafts-
oder Quartiers-Director hatte jeder District seinen Landrath, d. h.
seinen beständigen landständischen Vertreter, welcher Anfangs von den Districten
und Geschlechtern, seit dem Stargarter Landtagsabschieß vom 11. Juli 1654 aber
von den gesammten Landständen vorgeschlagen und vom Landesherrn bestätigt
wurde.*) Auch die Landräthe gehörten in den Districten der Schloßgesessenen
diesen Geschlechtern in der Regel an und führten dann den Namen „Landrath
bei dem Geschlechte der von Dewitzen" u. s. w. Gewöhnlich vereinigten
sich die Functionen des Directors und des Landraths in einer Person und

---

*) (v. Oertzen) Auserlesene Sammlung verschiedener glaubwürdiger, guten Theils nie
gedruckter Urkunden und Nachrichten. Greifswald, gedruckt bei Hieronymus Johann Struck.
1747. pag. 85.

bildete sich so allmählig der Uebergang zu dem Amte des Landraths nach heutigem Begriff.*)

Mehrere mächtige Geschlechter in Pommern weigerten sich, als das Lehnswesen hier eingeführt war und sich immer weiter ausbreitete, ihre Erbgüter als Lehne zu besitzen. Sie wollten diese den Fürsten nicht zu Lehn geben, sich auch bei Huldigungen nicht zur Lehnsempfängniß verstehen. Als sie dies endlich thaten, bedangen sie sich doch den Vorzug aus, daß sie keine Lehnbriefe nehmen durften. Dies war namentlich der Fall mit dem alten slawischen Geschlechte der Borken. Auch die Dewitze sind zu diesen Geschlechtern gezählt worden.**) In der That verfuhren sie zuweilen mit ihren Gütern so, als wenn sie diese als völlig freies Eigenthum besäßen. Am 22. Januar 1473 schlossen die Vettern und Brüder Gerhard, Jüls und Hans von Dewitz mit den Grafen Ludwig und Albrecht von Eberstein ein Bündniß und übertrugen denselben die gesammte Hand an das Land Daber. Im Falle des Aussterbens der Dewitze sollten die Grafen in den Besitz dieses Landes treten.

Der Genehmigung der Landesfürsten als Lehnsherren der Dewitze geschieht in der Urkunde keine Erwähnung. Doch besaßen die Dewitze als eingewanderter deutscher Adel ohne allen Zweifel ihre Güter von Anfang an als Lehne, die sie von den Herzogen empfangen hatten. Dies steht auch urkundlich fest. Jacob V., Graf von Fürstenberg (Nr. 55), erwähnt in einer Urkunde vom 21. September 1366, daß er die Güter im Lande Daber von den Pommerschen Herzogen zu Lehn trage. Ulrich III., Graf von Fürstenberg (Nr. 64) nennt in einer Urkunde vom 3. Februar 1384 die Herzoge von Pommern seine rechten Lehnsherren.***) Wie aber andere eingeborne Geschlechter sich weigerten, ihre Güter von den Fürsten zu Lehn zu nehmen, so versuchten auch wohl die Dewitze, über ihre Besitzungen nach Gutdünken zu verfügen. Ohnehin war in Pommern vom Ende des 14. Jahrhunderts bis zur Regierung Bogislavs X. das Ansehen und die Macht der Fürsten sehr gering. Hatte ja Gerhard von Dewitz am Ende des vierzehnten Jahr-

*) Aus der Pommerschen Schloßgesessenen p. 24–87.
**) Boll Geschichte des Herzogthums Pommern II., 333.
***) vor mynen rechten Lehnherren, dar ick dit gued af in lyen hebbe.

hunderts dem Herzoge Bogislav VIII. einen Theil des Hauses, der Stadt und des Landes Daber, welcher damals noch den Fürsten gehörte, abgenommen. Dem Herzoge war es nicht möglich, seinen Vasallen zur Herausgabe zu zwingen, daher suchte er die Vermittelung des Hochmeisters des deutschen Ordens, Konrads von Jungingen, nach. Dieser forderte wiederholentlich, zuerst freundlich, dann sehr ernst Gerhard von Dewitz auf, dem Herzoge die entzogenen Besitzungen wieder abzutreten. Doch alle Ermahnungen und Drohungen waren vergeblich, die Dewitze behielten, was sie einmal hatten.

Der älteste bekannte Lehnbrief ist von den Herzogen Barnim und Philipp für Jobst, Tönnies und Henning von Dewitz unter dem 20 December 1534 ausgestellt. Spätere, in der Familie vorhandene Lehnbriefe sind: Von Barnim X. am 9. Juni 1569, von Johann Friedrich am 25. Juni 1675, von Barnim XI. am 24. März 1601, Bogislav XIII. am 18. April 1605, Philipp II. am 25. April 1608, Franz I. am 9. December 1618, Bogislav XIV. am 26. September 1621, vom Kurfürsten Friedrich Wilhelm, gegeben zu Colberg im December 1665, vom Kurfürsten Friedrich III. am 6. April 1700 und der letzte vom Könige Friedrich Wilhelm I. am 9. Juli 1714 ertheilt.

Durch den Familienvertrag vom 23. Januar 1809 haben die Dewitze in Pommern den Lehnsverband unter sich aufgehoben. (Vgl. Anhang I.)

Wie mehrere andere Geschlechter in Pommern hatten die Dewitze Afterlehnsleute. Diese standen zu ihnen in demselben Verhältnisse wie sie als Vasallen zu den Landesherren. Sie mußten ihnen huldigen, die Lehne von ihnen empfangen, Lehnbriefe nehmen und bei Veräußerung und Verpfändung ihrer Güter die Genehmigung ihrer Lehnsherren suchen. Die Lehnsherren übten die Gerichtsbarkeit über sie aus und zogen im Falle einer Felonie ihre Güter ein.

Die Afterlehnsleute der Dewitze waren:
1. Die Prechel zu Malbewin, Höckenberg und Plantikow*).
2. Die Hanow zu Lasbeck, Schmelzdorf und Reselk.
3. Die Kettow zu Lasbeck (in späterer Zeit).

*) Noch heute heißt ein Berg bei Malbewin der Prechelberg.

4. Die Süringe zu Daberkow.*)
5. Die Lebbine zu Wellenhagen und Plantikow.
6. Die Weiher zu Plantikow.
7. Die Klemptzowen zu Breitenfelde.
8. Die Schnellen.

Zur Heeresfolge mußten die Dewitze nach der Musterrolle vom Jahre 1523 ohne ihre Afterlehnsleute 14 Pferde stellen. Es heißt von ihnen:**)

"8 perte Jürgen van Dewitze thor Daber aue de Manschop, darunder eynen verdeckten Henghst***).

6 perte Henning van Dewitz myt synen Broddern aue de Manschop, darunder eynen verdeckten Henghst.

Item Ere Manschop

De Prechele. De Hanowen. De Syllringe. De Lebbine. Hinrick Synelle. De Weigern. Henning Klemptze.

Später hatte das Geschlecht der von Dewitz bei eintretender Heeresfolge nur 12 Pferde von seinen Lehnen aufzubringen. Von diesen gaben die Afterlehnsleute 4, nämlich die Hanowen 2, die Süringe, Welher und Klemptzowen zusammen 1 und die Prechel 1. Auch mußte das Städtlein Daber, wenn die 12 Lehnpferde vorgestellt wurden, 4 gute Pferde aue einem Knecht zu einem Rüstwagen, welchen die Dewitze hergaben, stellen. Knecht und Pferde bekam die Stadt wieder, wenn der Ritt geschehen.

---

*) Die Kirche zu Daber besitzt einen vergoldeten silbernen Kelch, welcher noch gebraucht wird, mit der Inschrift: JOCHIM v. SVRINCK H. D. N. D. N. V. E. (hat diesen Kelch der Kirche verehret.)

**) Klempin und Kratz, Matrikeln und Verzeichnisse der Pommerschen Ritterschaft vom XIV. bis in das XIX. Jahrhundert pag. 179 und 181.

***) Die adligen Vasallen waren nach der Größe ihrer Besitzungen zu einem oder mehreren Roßdiensten verpflichtet. Sie selbst mußten dem Aufgebote des Landesherren in schwerer Waffenrüstung, in vollständigem Harnisch, mit Schild, Lanze und Schwert auf einem mit einer Panzerdecke behangenen Rosse Folge leisten, die Knechte, welche sie begleiteten, ritten leichtere Pferde. Auch der angeborne Vasall ritt gewöhnlich feinere Klepper (equus ambulans), das schwer gepanzerte Streitroß wurde von einem Knechte zur rechten Hand geführt (daher der Name dexterarius), nur während des Kampfes wurde es bestiegen. Diese gepanzerten Rosse sind die verdeckten Henghste, sie wurden auch verdeckte Orse genannt (equi phalerati). Ein gepanzertes Streitroß hatte einen hohen Werth, um das Jahr 1300 wurde dessen Preis auf 150 bis 300 Mark berechnet. Albertslaus IV. von Holgast bezahlte dem Bischof Ungrebagen 3 Mark als Schadenersatz für einen Streithenghst; der Gaul eines Knappen galt 10 Mark Silber und ein gewöhnlicher Klepper für einen Knecht 15 bis 20 Mark Pfennige.

Anstatt der Pferde wurden seit dem Ende des siebzehnten Jahrhunderts die Schupferdegelder aufgebracht. Im Jahre 1672 wurden für 1 Schupferd 40 Thlr. gegeben, 1677 17 Thlr., 1679 15 Thlr., im Jahre 1717 zahlten die Dewitze für 12 Schupferde 80 Thaler.

Ehemals hatte man in Pommern das Sprichwort:

Eber nicht hat der Borken Gut
Der Wedeln Muth
Der Dewitze Tritt
Der kommt nicht mit.

Ein Beweis, wie angesehen und mächtig diese Geschlechter waren.

Es möge hier eine Zusammenstellung der Besitzungen folgen, welche sich ganz oder theilweise in den Händen der Dewitze befunden haben:

I. In Mecklenburg.

Balwitz, Brunn, Coelpin*), Tuberkow, Dewitz, Gentzkow, Golm, Helpt, Holzendorf, Jahle, Newoalz, Krumbed, Kuhland, Miltzow, Neuenkirchen, Neverin, Reteuitz, Roggenhagen, Prieperk, Pritzwitz, Ulrichshof, Usadel, Warlin, die Grafschaft Fürstenberg, bestehend aus Haus, Stadt und Land Fürstenberg, Haus und Stadt Strelitz, Haus, Stadt und Land Arnsberg, Kanow, Blaßtrow, Tresekow, Zinnow, Wanschendorf, Herbertshagen, (Heinrichshagen) Wkhlid, Gliente und Ressow.

II. In Pommern.

Das Land Daber (wozu gehörten Haus und Stadt Daber, das Gut Daber, Knollenburg, Groß- und Klein Benz, Bernhagen, Braunsberg, Breitenfelde, Cramonsdorf, Tuberkow, Farbezin, Gajel'u, Hödenberg, Hofselde mit dem Vorwerk Luisenhof, Jarchlin, Justemin, Kniephof, Küllz, Labekd, Waldewin

---

*) Ein alter Hauptsitz der Familie. Er grenzt mit Dewitz, von dem die Familie nachweislich wenigstens einen Antheil besessen hat, beide Dörfer bilden eine Pfarre. Auf dem großen viereckigen Platze zwischen der Kirchhofsmauer und der Straße, der mit alten Linden umpflanzt ist, hat, wie es scheint, die Huldigung, welche früher den Fürsten in Coelpin geleistet worden, stattgefunden. Hier wurde auch Huldigung gehalten, ebenso wie die Landtage hier stattfanden, zu denen Mannen und Städte des Landes Stargard vom Propste von Friedland, als dem ersten Prälaten des Landes, eingeladen wurden.

mit Sophienhof, Meelow, Plantikow, Kahren, Roggow, Gallnow, Schleissin, Schmelsdorf, Schoenwalde, Schornau, (Sand-Schoenau), Voigtshagen, Wulkow, Wussow), ferner Braunsfort, Marienhagen, Brüsewitz, Hindenburg, Reichl, Saatzig, Darz, Rosenow, Schwuchow, Groß-Sabow, Madlow, Beeck, (Kreis Rardow), Glasfelde (Kreis Randow), Fassenberg (Kreis Schivelbein), Klempow, (Kreis Schivelbein), Gülz, Janikow, Kantred, Tiefenhagen, Hammer, Küimannshagen, Schwanieshagen, Siggellow, Kratzig, Wienow, Blatrow, Zachow.

III. In Brandenburg.

Groß-Ehrenberg, Fürstenau, Globsow, Menow, Müggenburg bei Gransee, Karwen, Warbende.

IV.

Drahnow in Westpreußen, Rengersdorf in der Oberlausitz, Reitmark und Schoenhagen in Holstein, Friedrichsgabe und Hinzgabe auf Fühnen.

Die große Mehrzahl dieser Güter besitzen die Dewitze nicht mehr, nur wenig haben sie von ihren früheren Besitzungen behalten. In Pommern begannen sie eine Anzahl ihrer Güter zu veräußern, als sie durch den Bankerott der Loitzen mit betroffen waren. Seit der Mitte des 15. Jahrhunderts hatte diese Kaufmanns-Familie, welche angeblich von einem bäuerlichen Geschlechte aus Klempin bei Stargard herstammte, so großes Ansehen und so erhebliche Reichthümer erworben, daß man sie als die norddeutschen Fugger bezeichnet hat. In Stettin, Danzig und Lüneburg hatten sich die vier Söhne des Bürgermeisters Hans Loit zu Stettin niedergelassen, in Stettin aber behielten sie ihr Hauptcomptoir. Sie trieben ihre Geschäfte gemeinschaftlich mit einem solchen Glücke, daß sie ungeheure Reichthümer und einen fürstlichen Aufwand machten. Mit Kaisern, Königen und Fürsten standen sie in Verbindung und machten mit ihnen Geschäfte. Sie erwarben Herrschaften, Schlösser, Städte und Dörfer und verheiratheten sich mit den vornehmsten adligen Familien. Alle Geldmittel in Pommern standen ihnen zu Gebote, jedermann lieh ihnen seine Kapitalien mit Freuden, man hielt diese nirgend für so sicher als bei den Loitzen. Diese gaben 10, 12 und noch mehr Procente

Zinsen. Bei dem allgemeinen Vertrauen, welches sie genossen, verbürgte man sich ohne Bedenken für sie. In Pommern herrschte damals ein so großer Wohlstand, daß einer von Adel den Loitzen gegen geringe Sicherheit von seinem eignen Gelde 80,000 Thaler vorstreckte. Sie liehen fast alles baare Geld von Kirchen, Hospitälern, Adligen, Bürgern und Bauern, Reichen und Armen auf. Wer etwas besaß, wandte es den Loitzen zu, so daß die ausgeliehene Summe sich endlich auf 20 Tonnen Goldes belief. In den benachbarten Ländern, in der Mark, Mecklenburg, Meissen, Preußen, Holstein und andern Orten trieben sie ebenfalls viele Gelder auf, für welche ihre Freunde in Pommern Bürgschaft leisteten. So hatten auch die Dewitze sich für mehrere bedeutende Summen verbürgt.

Als aber Könige und Fürsten, denen die Loitzen große Summen vorgeschossen hatten, diese nicht zu den festgesetzten Terminen zurückzahlten, trat plötzlich der völlige Ruin der Familie ein. Sie konnten ihre Gläubiger nicht befriedigen, ja nicht einmal die Zinsen zahlen. Sie verließen daher Stettin (1572 den 4. April) und begaben sich nach der Herrschaft Tuzenhagen, welche sie von dem Könige von Polen erhalten hatten. Durch Pommern ging ein allgemeiner Schrecken, als der Bankerott dieser vordem so reichen Familie bekannt wurde. Viele Bürger verloren ihre Güter, weil sie die übernommenen Verpflichtungen erfüllen mußten, alte wohlhabende Familien verarmten, der frühere Wohlstand verschwand für lange Zeit aus Pommern.*) Auch die Dewitze mußten, um die Gelder zu bezahlen, für welche sie sich verbürgt hatten, mehrere Güter verpfänden.

Einen andern bedeutenden Verlust erlitten die Dewitze durch die Grafen von Eberstein, in Folge dessen ein merkwürdiger Rechtsstreit entstand, welcher mehrere Jahrhunderte hindurch dauerte.

Die Grafen von Eberstein auf Naugard und Massow hatten nämlich von den Quitzows, Hahnen und Arnims die Summe von 30,872 Thalern geliehen und dafür die gräflichen Güter und Vorwerke Ziderle, Düsterbeck, Döringshagen, Trutzlatz, Barkow, Zampelhagen, Kaglavel, Maslow, Leistikow, Hindenburg, Wolchow, Wluten und Groß-Sabow verpfändet. Die von Dewitz

---

*) Friedeborn. Historische Beschreibung der Stadt Alten Stettin in Pommern. II. Buch pag. 94—96.

und von Podewils hatten sich für die Rückzahlung dieser Summe verbürgt. Da die Grafen von Eberstein nicht zahlen konnten, hatten die Dewitze und Podewills für sie wirklich zahlen müssen, außerdem hatten die Dewitze den Grafen von Eberstein 24,666 Thaler baar geliehen. Im Jahre 15??? sah sich der Graf von Eberstein genöthigt, seiner vielen Schulden wegen sämmtliche Gläubiger vor das Hofgericht in Stettin berufen zu lassen und mit denselben wegen ihrer Forderungen zu verhandeln. Die von Dewitz und von Podewills liquidirten sowohl die für die Grafen gezahlten 39,372 Thaler als auch die baar geliehenen 24,666 Thaler. Beide Forderungen wurden durch das Prioritäts-Urtheil vom 7. November 1583 von dem Hofgericht für liquid und richtig anerkannt und in classi 3, 4 und 5 locirt. Der Graf, welcher weder Vermögen noch Lust zu zahlen hatte, appellirte gegen dieses Erkenntniß und blieb nebst seinen Nachfolgern, während der Proceß schwebte, im Besitz der Grafschaft. Inzwischen fiel Pommern nach dem Aussterben seiner Herzöge an Kurbrandenburg. Am 3. December 1663 starb Graf Ludwig Christian von Eberstein ohne männliche Nachkommen. Er hinterließ eine einzige Tochter, welche früher mit einem Grafen von Wied verheirathet gewesen war und ebenfalls ansehnliche Forderungen an die Herrschaften Naugard und Massow zu machen hatte. Um alle Weitläufigkeiten zu vermeiden, verglich sich der große Kurfürst Friedrich Wilhelm unter dem 24. August 1664 mit ihr dahin, daß ihre Forderungen auf 30,000 Thaler festgesetzt wurden. Sie erhielt hierauf 5000 Thaler baar ausgezahlt und wegen des Restes von 25,000 Thalern bekam sie die Herrschaft Massow jure antichretico. Der Herzog Ernst Bogislav von Croy, Schwestersohn des letzten Pommerschen Herzogs Bogislav XIV., hatte im Westphälischen Frieden das Bisthum Cammin an den großen Kurfürsten abtreten müssen. Da er schon früher von dem Pommerschen Herzoge die Anwartschaft auf die Ebersteinschen Herrschaften empfangen hatte, so erhielt er nun Naugard unter der Bedingung, daß er die darauf haftenden, von dem Herzoge konsentirten Schulden bezahlen solle. Als aber die von Dewitz und von Podewills sich wegen ihrer Forderungen meldeten, so weigerte er nicht nur die Zahlung, sondern auch reassumtionem litis, wendete sich vielmehr an den Kurfürsten, der ihn zwar zurückwies, jedoch auf wiederholtes Anliegen des Herzogs von Croy unter dem 18 März 1681 von der Pommerschen Regierung Bericht erforderte. Dieser fiel dahin aus, daß die Forderung ordnungsmäßig liquidirt und locirt sei, und

weil die Sache nur durch die von dem Grafen von Eberstein eingewandte Appellation so lange verschleppt worden und in Camera die Zinsen in infinitum zuerkannt würden, so mochte die von Dewitzsche und von Podewillsche Forderung
sich wohl auf 100,000 Thaler belaufen. Die Dewitze und Podewille justifizirten
ihre Forderung aus der Bürgschaft, und wurde dieselbe mit Zinsen damals auf
191,931 Thaler berechnet.

Etwas früher hatten die Dewitze, um wenigstens theilweise zu ihrer Forderung zu gelangen, den Versuch gemacht, von der Stadt Thorn 20,000 Thaler
zu erhalten. Dieser hatten nämlich die Grafen von Eberstein die angegebene
Summe baar geliehen. Der Landrath Jobst Ludwig von Dewitz schrieb
daher im Jahre 1669 an den Magistrat von Thorn und bat um Auskunft,
ob auf das Geld bereits anderweitig Beschlag gelegt sei. Er erhielt d. d.
Thorn den 13. Januar 1670 die Antwort, daß die Frau Gräfin von Wied
die Gelder nach ihres Vaters Tode zwar gefordert, aber wegen „der Stadt
kümmerlichen Standes" nicht habe erhalten können. Seitdem habe sich niemand gemeldet, um auf die Gelder Arrest zu legen.

Im Jahre 1693 wandten sich die von Dewitz mit ihrer Schuldforderung
an den Kurfürsten Friedrich III., als dieser die Grafschaft Eberstein gänzlich
eingezogen hatte. Der Kurfürst verfügte, er verlange derer von Dewitz weitere
Vorschläge zur bequemen Abhülfe einer so starken Forderung. Längere Zeit
ruhete die Sache. Da bei dem Reichs-Kammergerichte die Zinsen in infinitum
fortberechnet wurden, dieses auch in dem Prioritäts-Urtheil ebenfalls festgesetzt
und von den Grafen von Eberstein zugestanden war, so belief sich die Forderung im Jahre 1753 bereits auf 600,000 Thaler. In diesem Jahre bat der
Oberstlieutenant August Albrecht von Dewitz den König Friedrich II.
um Erledigung dieser für die Familie so wichtigen Angelegenheit. Er erhielt
den Bescheid, er solle sich bei dem Kanzler Cocceji melden. Dieser verwies
die Sache wieder an das Reichs-Kammergericht zu Wetzlar, von dort aber
erging von Seiten des Preußischen Departements der Bescheid, es wäre die
Sache so verjährt, daß Ihro Majestät sich nunmehr nicht ferner damit befassen
können. Seitdem sind keine weiteren Schritte der von Dewitz geschehen.

II.

Geschichte der Familie von Dewitz bis zur Trennung in die Pommersche und Mecklenburgsche Linie.

1.

Albrecht von Dewitz I.

In der Kirche zu Cölpin befindet sich ein augenscheinlich alter, aus Holz geschnitzter Flügelaltar, dessen Mittelfeld die heilige Jungfrau aus der Apocalypse, auf dem Monde stehend und von Heiligen umgeben, darstellte. Auf jedem der beiden Flügel sieht man 6 Apostel. Dieser Altar stand früher auf einem gemauerten Unterbaue, an der östlichen Giebelwand der Kirche, und zwar ruhte er zunächst auf einem hölzernen Unterfaße, an dessen einem Ende unter dem Dewitzischen Wappen die Worte geschrieben waren:

„Herr Albrecht von Dewitz hat dieses Altar bauen lassen.
Im Jahre Christi 1102."

Noch jetzt ist dieser Altar in der Cölpiner Kirche, hat aber seine Stelle verändert. Die Kanzel befindet sich in neuerer Zeit über dem Altare, daher der alte obere Theil desselben nebst dem hölzernen Unterfaße hat entfernt werden müssen. Er ist ziemlich hoch an der Wand hinter der Kanzel angebracht, so daß man ihn von der Kirche aus sehr gut sehen kann. Die Inschrift an dem erwähnten Unterfaße ist noch immer vorhanden.

Freilich diese Inschrift ist nicht alt. Sie hatte im Jahre 1747 der königlich Dänische Oberstlieutenant Otto Balthasar von Dewitz (165) bei einer Herstellung des Innern der Kirche an den Altar schreiben lassen, und bei einer vor wenigen Jahren durch den jetzigen Besitzer von Cölpin, Herrn Friedrich Adolph Dietrich von Dewitz, vorgenommenen Renovation des Innern der Kirche ist sie ebenfalls aufgefrischt.

Es darf nicht ausführlich dargethan werden, daß die Worte der Inschrift überhaupt neueren Ursprungs sind. Die deutschen Buchstaben der gewöhnlichen Druckschrift, die hochdeutsche Sprache, die arabischen Ziffern beweisen dies schon zur Genüge. Doch sollen die Worte und Zahlen sich schon vor 1747 am Altare befunden haben. Rührten sie wirklich aus alter Zeit her, so müßten die Worte plattdeutsch gelautet haben, und anstatt der arabischen Ziffern die lateinischen Buchstaben gebraucht gewesen sein.

Gesetzt aber die Inschrift wäre uralt und im Laufe der Zeit nur in der Schreibweise verändert, richtig kann die Angabe des Jahres unmöglich sein. Im Jahre 1112 hatte das Christenthum in jenen Gegenden noch nicht den Sieg davongetragen, erst seit der Mitte des zwölften Jahrhunderts begann es dort festen Fuß zu fassen. Auch darf nicht unbeachtet bleiben, daß sich durchaus keine zuverlässigen Spuren von Geschlechts- oder Familien Namen vor dem Ende des zwölften Jahrhunderts in der Geschichte des Pommerschen und Mecklenburgischen Adels finden. Und wenn, wie schon nachgewiesen, es für ausgemacht gelten darf, daß die Dewitze aus der Altmark in das Land Stargart übergesiedelt sind, als dieses unter der Herrschaft der Brandenburgischen Fürsten stand, so kann vor 1236 ein Albrecht von Dewitz jenen Altar nicht erbaut haben.

Es muß unentschieden bleiben, wann dieser Albrecht von Dewitz, der als Erbauer des Altars genannt wird, gelebt hat, ja es ist fraglich, ob ihn die Familien Tradition auf Grund jener Inschrift mit irgend welchem Rechte als den Ueberer des Geschlechtes bezeichnen darf.*) Doch liegt in dieser Familien Sage für das Geschlecht der Dewitze etwas tief Bedeutungsvolles. Nichts weiß das uralte Geschlecht vom ersten Ahnherrn, dessen Namen es

—————————

*) Vielleicht ist er kein anderer als Albrecht von Dewitz II., No. 10, der um das Jahr 1300 lebte; anstatt 1112 würde dann 1302 zu setzen sein.

nennt, als daß er im Gotteshause einen Altar gestiftet hat. Nicht Kriegs-
und Waffenthaten werden von ihm gerühmt, es kennt die Familie nur ein
Denkmal seiner Frömmigkeit. Und ein Zug von Gottesfurcht und Frömmigkeit
geht zu allen Zeiten durch dieses Geschlecht. Ich weise vorläufig nur auf
Luthers Zeitgenossen, den trefflichen Jobst von Dewitz, (89) hin. Ihm verdankt
Pommern die Einführung der Reformation. Und indem ich gleich bis in die
neueste Zeit hineingreife, will ich nicht von den noch lebenden Gliedern der
Familie von Dewitz reden, sondern nur erwähnen, daß in schöner Harmonie
mit der Inschrift in der Kirche zu Cölpin an dem im Jahre 1740 von
Stephan Werner von Dewitz dort vollendeten Wohnhause, unter dem
von Dewitzschen und von Bülowschen (seiner Gemahlin) Wappen die Worte
stehen: „Ich und mein Haus wollen dem Herren dienen ewiglich."
Der Altar in der Kirche zu Cölpin, welchen die Familien-Sage auf den
Stammvater zurückführt, Jobst von Dewitz segensreiches Wirken für die Kirche
Pommerns, Stephan Werners von Dewitz Inschrift an dem herrschaftlichen
Wohnhause, diese drei Denkmäler aus verschiedenen Jahrhunderten geben die
Signatur des Geschlechtes.

2.

Günther von Dewitz.

Sellmer in seinen „zuverlässigen Nachrichten von dem uralten und berühmten Geschlechte der Freiherren von Dewitz" berichtet:

Günther von Dewitz war ein vornehmer Bedienter Theodorici, Markgrafen zu Meißen, auch war mit zugegen, wie besagter Herr den 20. März 1212
mit dem Römischen Kaiser Otto IV. eine Convention errichtete, kraft welcher
der Markgraf Theodoricus dem Kaiser im Falle der Noth gegen seine Feinde
beistehen wollte, wobei er sich zugleich verpflichtete, zu mehrer Sicherheit seiner
Zusage dem Kaiser 30 Geißeln aus den Kindern seiner vornehmsten Bedienten
einzuhändigen, unter welchen Günthers von Dewitz Sohn, dessen Namen aber
nicht angeführt worden, mit begriffen sein sollte. Der Vicepräsident von
Heinkhausen erzählt diese Begebenheit in seinem schriftlich nachgelassenen Auf-
satze von dem Geschlechte derer Dewitzen und führet dabei als Quelle „Maaderi
antiquitates Brunswicenses" an.

3.

Ebhard oder Eghard von Dewitz I.

Als der Markgraf Otto der Fromme von Brandenburg am 2. Februar 1261 zu Stargard die Privilegien von Neubrandenburg bestätigte, befand sich in seinem Gefolge der Marschall Ebhard von Dewitz. Er war in der Umgebung des Fürsten unter den Anwesenden der angesehenste und älteste Mann, denn von den als gegenwärtig angeführten Zeugen steht sein Name allen übrigen voran. „Hujus rei testes sunt Eierto marscalcus de Dewitz" heißt es dort. Der Name Eierto ist nur eine verdorbene Form des in der Dewitzschen Familie sehr häufig vorkommenden Namens Ebhard, Eghard oder Eggert.

4 und 5.

Engelke von Dewitz I. und Johann von Dewitz I.

Beide waren sehr wahrscheinlich Söhne des vorgenannten Ebhard, denn auch sie treffen wir in der Umgebung desselben Markgrafen Otto an, dessen Marschall Ebhard von Dewitz war, und zwar bald nach 1261. Im Jahre 1267 am 16. Mai überließ der Markgraf Otto von Brandenburg an den Bischof Heinrich von Havelberg das Dorf Daberlew mit 25 Hufen, so wie 12 Hufen, welche an die Dörfer des Bischofs, Schönhausen und Bischofsdorf, grenzten, wofür dieser dem Markgrafen die Zehntenerhebung im Lande Prignitz abtrat. Die Urkunde hierüber wurde zu Stargard ausgestellt, und sind darin Engelke de Dewitz und Johannes de Dewitz als die beiden letzten Zeugen aufgeführt. Daraus geht hervor, daß sie die jüngsten unter den Zeugen waren. Es liegt also der Schluß nahe, daß Ebhard, welcher in der Urkunde von 1267 nicht mehr erscheint, damals schon verstorben war, dagegen seine Söhne Engelke und Johann in das Gefolge des Fürsten getreten waren.

6.

Beltmann von Dewitz.

Er war Schöffe in Neubrandenburg und zugegen, als 1287 Freitag in der Martini-Woche Probst und Kapitel von Broda zu Neubrandenburg bekannten, daß Johannes, der Sohn Herbords, Schulze zu Neubrandenburg, in der Marrkirche daselbst einen Altar gestiftet und begiftet hätte. Die betreffende Urkunde hat er mit vollzogen und wird in ihr genannt, d. i. Schöffe, benannt. Außer ihm haben noch 6 Schöffen unterschrieben, denn die Anzahl derselben belief sich in den Städten Brandenburgschen Rechtes (und dieses galt in Neubrandenburg) stets auf sieben.*)

Ueber die Verwandtschaft Brixmanns von Dewitz mit den vorher Genannten läßt sich nicht einmal mit Wahrscheinlichkeit eine Vermuthung aufstellen. Dasselbe gilt von

7.

Arnold von Dewitz I.

Samuel Buchholz (Geschichte der Churmark Brandenburg, Theil II, Buch I, Seite 340) bemerkt:

„Arnold von Dewitz, der 1298 Advocatus Ukariae genannt wird, kann als ein wahrer Landvogt der Uckermark betrachtet werden, wie hat ohne Zweifel die kleineren Amtshauptleute zu Prenzlow, Liebenwalde, Stolp und Pasewalk zu Beisitzern in seinem uckermärkischen Landring gehabt. Es war aber das Amt eines Landvogts oder Landhauptmanns von weiterem Umfange als jetzt, denn es hing von ihm nicht blos das Justizwesen, sondern auch das Kriegswesen der Landschaft ab, so war er auch das Haupt des Adels und der Städte, ihre Gerechtsame auf Landtagen und bei Hofe zu vertreten.**)

*) Durch eine am 4. Januar 1248 zu Spandau ausgestellte Urkunde hatte Markgraf Johann seinen Lehnsmann Herbord ermächtigt, die Stadt Neubrandenburg anzulegen. Als Erbauer der Stadt wurde Herbord mit dem Schulzenamte erblich beliehn. Sein Sohn war der in der Urkunde von 1287 genannte Johannes. Der Stadtschulze übte in Gemeinschaft mit den Schöffen, die in der Regel ihr Amt lebenslänglich bekleideten, sowohl die bürgerliche als die peinliche Gerichtspflege aus.

**) Der Vogt, Advocatus, welcher vom Fürsten ernannt wurde, stand der gesammten Vogtei, über die er gesetzt war, vor. Er war aus dem Vasallenstande und hatte seinen Sitz in einer Burg der Vogtei. Ihm lag die Beschirmung der Vogtei ob, er hatte die Abgaben in ihr zu erheben und das Gericht über die in der Vogtei wohnenden Nichtvasallen zu halten. Lehnschulzen (scabini) waren gewöhnlich seine Gerichtsbeisitzer (scabini). Außerdem war bei dem Landding (der Gerichtsitzung) die Versammlung der eingesessenen Bauern des Bezirkes zugegen (circumstantia). Es erschienen auch wohl Vasallen bei der Sitzung des Vogteigerichtes, besonders wenn sie gegen Nichtvasallen klagten.

Außer dieser Notiz bei Buchholz ist über Arnold von Dewitz nichts bekannt.

8.

Otto von Dewitz I., Ritter.

Nach Sellmer war er Rath des Markgrafen Albrecht von Brandenburg, eines Sohnes Otto des Frommen. Nach Albrechts Tode (1300) soll er sich aus dem öffentlichen Leben zurückgezogen haben, nach einigen Jahren aber wieder als Rath Heinrichs II. des Löwen, Fürsten von Mecklenburg, thätig gewesen sein. Ohne allen Grund schreibt ihm Sellmer ein besonderes Verdienst bei der Schließung des Vertrages von Wittmannsdorf zu. Micrälius giebt über ihn die kurze Notiz nach Latomus, daß „Otto Dewitz im Jahre 1306 Herzog Heinrichs des Löwen aus Mecklenburg Rath gewesen sei."[*] Er findet sich jedoch in keiner von den Urkunden, welche von den beiden genannten Fürsten ausgestellt sind. Nach der Familien-Tradition hat er 6 Söhne: Ekhard, Albrecht, Engelke, Virke, Jabel und Jacob gehabt und ist im Jahre 1309 gestorben. Wer sein Vater gewesen, ist nicht zu ermitteln, vielleicht war er ein Sohn Ekhards von Dewitz I. (no. 3.) Dafür wäre sprechen, daß Otto's ältester Sohn Ekhard hieß. In der Regel führte der älteste Sohn den Namen des Großvaters. Da nun Ekhard II. sehr wahrscheinlich wieder einen Sohn des Namens Otto hatte (den Grafen von Fürstenberg), so dürfte die Tradition, nach welcher Otto I. in den Stammbaum des Dewitzschen Geschlechtes aufgenommen ist, nicht jeglichen Anhalts entbehren.[**]

9.

Ekhard von Dewitz II., Ritter.

Er wird als der älteste Sohn Otto's I. (no. 8) durch die Familien-Tradition bezeichnet. Als ein Mann von hohem Ansehen und großem Reichthum tritt er uns entgegen. Er und sein Bruder Albrecht schrieben dem

---

[*] Vl. auch pag. 341.

[**] Ein Sohn des Grafen Otto von Fürstenberg hieß wieder Ekhard.

Grund zu dem großen Reichthume der Familie im vierzehnten Jahrhundert gelegt zu haben. Zuerst wird er in einer Urkunde, welche der Markgraf Albrecht von Brandenburg am 24. Juni 1298 zu Lychen ausstellte, erwähnt. Der fromme Fürst fühlte sich dem Tode nahe, er wies daher, um seines eigenen, seiner Vorfahren, Söhne, Erben und Nachfolger Seelenheils willen, den Kloster-jungfrauen zu Wanzka (Wanzka eine jährliche Hebung von 100 Pfund Brandenburgischer Pfenninge an, welche sie am Tage Philippi und Jacobi aus der Pacht mehrerer Dörfer im Lande Stargard empfangen sollten. Elhard und Albrecht von Dewitz waren als Zeugen zugegen, beide waren damals schon Ritter.

Markgraf Albrecht überließ bald darauf das Land Stargard an Heinrich den Löwen von Mecklenburg, den Gemahl seiner Tochter Beatrix. Heinrich kaufte wahrscheinlich das Land von seinem Schwiegervater, um es unter einem Rechtstitel zu besitzen, die Mitgift seiner Gemahlin wurde bei der Kaufsumme abgerechnet. Am Ende des Jahres 1299 war Heinrich der Löwe im Besitze des Landes Stargard. Sehr bald trat Elhard von Dewitz zu diesem Fürsten in ein näheres Verhältniß. In einer Urkunde aus dem Anfange des vierzehnten Jahrhunderts (etwa 1302)*) bezeugen die Burgmänner des Lan-des Stargard, daß Heinrich von Mecklenburg das Eigenthum gewisser Aecker an der Tollense, welche zur Burg Stargard gehörten, den Johannitern zu Nemerow verkauft habe und zwar so, wie Herr Borchard von der Tolla und Herr Elhard von Dewitz, nach dem Auftrage des Fürsten Heinrich von Mecklenburg und unter Beistimmung der Burgmänner, die näheren Bestim-mungen festgesetzt hätten.

Eine hervorragende Stellung nahm Elhard von Dewitz bei dem Wittmannsdorfer Vertrage ein. Nach dem Tode des Markgrafen Albrecht waren zwischen dem Markgrafen Hermann (dessen Erben) und Heinrich dem Löwen Zwistigkeiten über das Land Stargard entstanden. Diese wurden durch den Wittmannsdorfer Vertrag (15. Januar 1301) ausgeglichen. Mark-

---

*) Die Urkunde ist ohne Angabe des Orts und des Jahres, sie ist nicht einmal voll-ständig erhalten. Nach dem Urtheile des gründlichen Kenners der Mecklenburgischen Ge-schichte, des Archimath Lisch, ist sie aber gewiß vollzogen worden, und gehört sie in die ersten Jahre des vierzehnten Jahrhunderts. Sie ist abgedruckt bei Boll, Geschichte des Landes Stargard I. p. 344.

graf Hermann gab seine Ansprüche an das Land auf und überließ es an
Heinrich zu Lehn, in der Art, daß es der Markgräfin Beatrix, Heinrichs
Gemahlin, als Leibgedinge verliehen wurde. Wenn Heinrich dem Löwen Erb-
nehmer geboren würden, so sollte auch diesen das Land von den Markgrafen zu
Lehn gegeben werden, geschähe dies nicht, so sollte es wieder an die Markgrafen zurückfallen. Für diese Verleihung verpflichtete sich Heinrich, 5000 Mark
zu zahlen. An den Markgrafen Albrecht war er bereits 3000 Mark schuldig
geblieben, zu dieser Summe legte er noch 2000 Mark hinzu. Falls der Markgraf Hermann beweisen könne, daß Heinrich mehr als 3000 Mark seinem
Schwiegervater schuldig geblieben wäre, so sollte er auch dies noch bezahlen.
Könne der Markgraf den Beweis nicht führen, so sollte Heinrich und mit
ihm Herr Hüllele Störtze, Herr Busso von der Dolla und Herr Ekhard
von Dewitz auf dem Heiligen schwören, daß er das Geld, was über jene
Summe von 3000 Mark ging, an Markgraf Albrecht schon wirklich gezahlt hätte.

Diesen für Mecklenburg so wichtigen Vertrag, durch welchen der Besitz
des Landes Stargard Heinrich dem Löwen gesichert wurde, unterschrieben mehrere Fürsten, Grafen, 43 Ritter und 7 Knappen, so wie der Rath der Städte
Neubrandenburg, Friedland, Stargard, Lychen und Woldek. Unter den Rittern
waren 4 Dewitze, Ekhard, Engelke, Albrecht und Bicke.

Einige Tage nachher, am 25. Januar 1304, verlieh Heinrich II. den
Gebrüdern Ekhard und Albrecht von Dewitz und ihren männlichen
Erben das höchste Gericht in Röblite mit allen dazu gehörigen Rechten.

Ekhard von Dewitz bewahrte seine Stellung zu Heinrich dem Löwen
auch in der Folge. Er hat noch mehrere Urkunden mit vollzogen, welche der
Fürst ausstellte, und wird als dessen Rath in einigen derselben bezeichnet.

Am 3. April 1304 bekannte Heinrich von Mecklenburg zu Lychen, von
den Johannitern zu Nemerow und Gardow eine Beisteuer von 40 Mark
Silber zur Abtragung seiner Schuld an Markgraf Hermann erhalten zu haben
und bestätigte die Befreiung aller ihrer Güter von aller Bede. — In demselben Tage und demselben Orte bekannte Heinrich von Mecklenburg, von den
Johannitern zu Mirow eine Beisteuer von 30 Mark Silber zur Abtragung
seiner Schuld an Markgraf Hermann erhalten zu haben und bestätigte auch
ihnen die Befreiung ihrer Güter von allen Abgaben. Am 25. September 1304
bestätigte Heinrich von Mecklenburg zu Stargard der Stadt Friedland, so wie
dem gesammten Lande Stargard, die von den Markgrafen von Brandenburg

verliehenen Freiheiten und Rechte. Diese Urkunden hat Elhard von Dewitz unterschrieben, in der letzten bezeichnet der Fürst ihn und die anderen
Ritter, die als Zeugen aufgeführt sind, als socratarii nostri fideles (Geheime
Räthe). Als Rath des Fürsten erscheint er gleichfalls in der von ihm unterzeichneten Urkunde, in welcher Heinrich am 21. September 1305 zu Stargard
der Stadt Friedland den Zoll zu Friedland und Neubrandenburg bestätigte.

Im Jahre 1310 baten Probst und Conventualinnen des Klosters Wanzka
den Fürsten Heinrich um Bestätigung aller ihrer Rechte und Freiheiten, welche
sie von den Markgrafen von Brandenburg erlangt hatten. Ihr Wunsch wurde
ihnen gewährt, und die am 10. November jenes Jahres ausgefertigte Urkunde
ist ebenfalls von Elhard von Dewitz unterzeichnet.

Er und sein Bruder Albrecht von Dewitz hatten Heinrich dem Löwen
eine bedeutende Summe Geldes geliehen, denn am Sonntage nach der Epiphanien-Woche 1322 bekannte der Fürst zu Stargard urkundlich, daß er
Albrecht von Dewitz und den Söhnen seines Bruders Elhard 8081½
Mark schuldig wäre, und wies ihnen für diese Forderung gewisse Hebungen
aus den Dörfern Linrow, Holzendorf, Röbelitz, Petersdorf, Lanzow, Herbertz-
hagen, Wittenhagen, Zahlin und Quadenschäufeld an. Aus dieser Urkunde
geht hervor, daß Elhard von Dewitz damals schon verstorben war, denn
er wird als Herr Elhard, seligen Andenkens (bunae memoriae) bezeichnet, und daß er mehrere Söhne hatte. Einer von diesen ist nach der
Tradition der Graf Otto von Fürstenberg gewesen.

10.
Albrecht von Dewitz II., Ritter

Er war ein Bruder Elhards II. (no. 9) und wird in Urkunden mehrfach als solcher bezeichnet. Ansehen und Reichthum war auch ihm zu Theil
geworden. Mit seinem Bruder Elhard war er bei dem Markgrafen Albrecht
von Brandenburg, als dieser am 24. Juni 1298 zu Lychen das Kloster Wanzka
mit der jährlichen Hebung von 100 Pfund Brandenburgischer Pfennige be-
schenkte. Auch er führte damals schon die Ritterwürde. Wie er mit Elhard
am 15. Januar 1304 den Wittmannsdorfer Vertrag unterschrieb, so wurde
ihm einige Tage später (25. Januar 1304), gemeinschaftlich mit seinem Bruder,
das höchste Gericht in Röblitz verliehen. Die Urkunden, durch welche Heinrich

von Mecklenburg der Stadt Friedland und dem gesammten Lande Stargard die von den Marlgrafen verliehenen Freiheiten und Rechte bestätigte (1304 den 25. September), und durch welche er der Stadt Friedland den Zoll zu Friedland und Neubrandenburg bestätigte (1305 am 21. September), haben beide Brüder ebenfalls mitvollzogen und werden beide darin als fürstliche Räthe bezeichnet.*)

Aus einer Urkunde, die Heinrich II. 1306 am Tage Aller Heiligen zu Brandenburg ausstellte, und durch welche er seine Vasallen Arnt, Jacob und Otten, Hinrich Schneden Kinder, mit ihren Lehngütern und dem Schulzenamte zu Cölpin belehnte, erfahren wir, daß Albrecht noch einen andern Bruder Engelle hatte. Denn unter den Zeugen sind genannt: Engelle Dewitz und Albrecht Dewitz „broder.“

Eine Menge von Urkunden zeigen uns, daß Albrecht von Dewitz bis an sein Ende zu den vertrautesten Räthen und den bewährtesten Freunden Heinrichs des Löwen gehörte.

1307 am 21. März verkauften zu Rahlden die Fürsten Heinrich von Mecklenburg und Nicolaus von Werle dem Kloster Dargun das Eigenthum des Dorfes Alt-Rahlden und versprachen die daselbst gebaute Burg abzubrechen. Albrecht von Dewitz war als Zeuge zugegen. Dasselbe war der Fall, als am 14. December 1311 der Fürst Heinrich zu Neukloster dem Kloster Sonnencamp das höchste Gericht mit dem Eigenthum in dem Hofe des Klosters, in den Höfen Kaltenhof, Neuhof, Pinnow, Brunshaupten, Groß-Tessin, Knipof und in den eigenen Mühlen des Klosters verkaufte.

Von den Urkunden, in denen der Name Albrechts von Dewitz vorkommt, erwähne ich noch folgende:

Fürst Heinrich von Mecklenburg überließ am dritten Tage nach dem Sonntage Judica des Jahres 1318 dem Ritter Hinrich von Bülow die Bede in allen Hufen der Dörfer Ketelsdorp, Nienborg, Horst und Weisinsebrügge für 450 Mark slavisch, desgleichen die hohe und niedrige Gerichtsbarkeit für 200 Mark slavisch so lange, bis beide Summen zurückgezahlt sein würden.

Unter den Rittern und Räthen des Fürsten, die dies bezeugten, befand sich Albrecht von Dewitz.

*) In der Urkunde vom 21. Juni 1294 heißt es: Eghardus et Albertus de Dewitz, in den beiden Urkunden vom 25. Sept. 1304 und vom 21. Sept. 1305 ist Albrecht zuerst genannt (Albertus et Eghardus fratres de Dewitze. — Albertus et Eghardus de Dewitze.)

Die Gebrüder von Pedatel gelobten am Sonntage nach Kreuzerfindung (3. Mai) 1320 zu Neubrandenburg, mit Schloß und Stadt Prillwitz Heinrich von Mecklenburg zu Dienste zu sitzen. Die Ritter Albrecht von Dewitz, Ledege von Plote und Henning von Schwerin waren ihre Mitgelober. (In späterer Zeit treffen wir die Dewitze mit den Pedatel und Heidebraden im gemeinschaftlichen Besitze des Schlosses Prillwitz und der dazu gehörigen Güter an.)

Am Tage der Himmelfahrt 1320 war Albrecht von Dewitz bei seinem Fürsten, als dieser zu Neubrandenburg an Johannes Scriver, Bürger zu Lychen, das Eigenthum von 8 Pfund Brandenburgisch an Einkünften von 16 Hufen zu Retzow verlieh, welche derselbe zur Stiftung einer Vicarie im heiligen Geisthospital zu Lychen gegeben hatte.

Im Jahre 1321 am 27. September vollzog er zu Stargard als Zeuge eine Urkunde, durch welche Heinrich den Johannitern zu Mirow das Eigenthum der Dörfer Starsow und Helm, so wie des Sotzen-Sees verlieh.

In den angeführten Urkunden finden wir Albrecht von Dewitz nur unter den Zeugen oder unter den Mitgelobern. Bei einer sehr wichtigen Begebenheit jener Zeit tritt er aber auch als ein besonders hochgeachteter und angesehener Mann hervor, nämlich in dem am 25. November 1317 zu Templin geschlossenen Frieden. Dieser Friedensschluß machte dem Kriege, welcher durch die Empörung der Stadt Stralsund mit ihrem Fürsten Witzlav von Rügen entstanden war, ein Ende. Sowohl auf Seiten der Stadt, als auch des Fürsten, standen viele mächtige Fürsten und Herren. Unter andern leisteten König Erich von Dänemark und Heinrich der Löwe dem Fürsten Witzlav, dagegen Markgraf Waldemar von Brandenburg und die Pommerschen Herzoge Otto und Wartislav der Stadt Stralsund Hülfe. In der letzten Hälfte des Monats August 1316 erfocht Heinrich von Mecklenburg bei Schulzendorf unweit Gransee nach heftigem Kampfe einen glänzenden Sieg, in Folge dessen noch in demselben Jahre ein Waffenstillstand und am 25. November des nächsten Jahres (1317) zu Templin der Friede zu Stande kam. Um eine sichere und feste Bürgschaft für die Erfüllung der Friedensbedingungen zu geben, setzte Heinrich von Mecklenburg für den König und für sich die Städte Welbeck, Lochen und Wesenberg mit dem Schloß und ihren Zubehören dem Markgrafen zum Pfande und übergab sie seinen Rittern Albrecht von Dewitz, Ledege von Plote und Busse von der Delle. Wenn der König

Erich oder Herr Heinrich irgend etwas gegen dieses Friedensbündniß thun und auf Anfordern innerhalb zweier Monate nicht wieder gut machen sollte, waren die drei Ritter verbunden, die Festen mit ihrem Zubehören dem Markgrafen zu übergeben, sobald sie von diesem dazu aufgefordert würden, und durfte dann der Markgraf und seine Erben die Festen als rechtmäßiges Eigenthum besitzen. Die drei genannten Ritter hatten hierüber ein eidliches Gelöbniß abgelegt. Der Herr von Mecklenburg durfte dieselben, so lange sie lebten, nicht von den Festen entfernen, würde aber einer von ihnen sterben, so sollte dann einer von den Räthen des Fürsten Heinrich, den der Markgraf dazu erwählen wollte, in die Stelle des Verstorbenen mit derselben Vollmacht, die dieser gehabt hatte, eingesetzt werden. Dagegen setzte der Markgraf für sich die Schlösser Eldenburg und Wredenhagen und die Stadt Meienburg mit dem Schlosse dem Könige und dem Herrn von Mecklenburg zum Pfande welche Festen der Markgraf seinen Rittern Treffele, Nevelin und Johann von Krüchern auf dieselbe Weise und unter denselben Bedingungen übergab, wie der Fürst von Mecklenburg den Rittern seine Festen übergeben hatte.

Die Haltung aller und jeder Artikel gelobten König Erich, Heinrich von Mecklenburg, so wie zwanzig Ritter, unter denen Buso von der Dolla, Albrecht von Dewitz und Nevelin von Plote zuerst genannt sind. Eine gleiche Anzahl Märkischer Ritter verbürgte sich in der Markgräflichen Ausfertigung des Friedensinstrumentes.

Heinrich der Löwe gebrauchte zu seinen bedrängten Zeiten bedeutende Geldmittel. Diese wurden ihm zum Theil von Albrecht von Dewitz geliehen. Wir haben ja schon bei Elhard von Dewitz II. die Urkunde kennen gelernt, in welcher der Fürst an Albrecht von Dewitz und die Söhne des verstorbenen Elhard von Dewitz am Sonntage nach der Epiphanien-Woche zu Stargard die Einkünfte mehrerer Dörfer für die Schuld von 8000 , Mark überließ.

In dieser Urkunde erscheint Albrecht von Dewitz II. zum letzten Male. Er ist bald nach dem Jahre 1322 gestorben. Ueber seine Familienverhältnisse fehlen uns alle Andeutungen. Möglich ist es, daß er der Vater des Grafen Ulrich von Fürstenberg war, doch dürfte dagegen sprechen, daß unter den zahlreichen Söhnen des Grafen Ulrich nicht einer den Namen Albrecht führte.

11.
Engelke von Dewitz II., Ritter.

Er war, wie aus der bei Albrecht von Dewitz II. erwähnten Urkunde vom Tage Aller Heiligen 1306, durch welche Heinrich von Mecklenburg Arnd, Jacob und Otten, Hinrich Schnedes Kinder mit ihren Lehngütern und dem Schulzenamte in Cölpin belehnte, hervorgeht, ein Bruder Eßhards von Dewitz II. und Albrechts von Dewitz II. Daß er die Ritterwürde führte, erhellt aus dem Wismarschen Vertrage. „Herr Engelke von Dewitz" gehörte zu den 43 Rittern, welche denselben unterschrieben haben.

12.
Vicke von Dewitz I., Ritter.

Auch er befand sich unter den Rittern, welche am 13. Januar 1304 den Wismarschen Vertrag verbürgten. Außerdem findet sich sein Name in einer Urkunde vom 10. September 1305, in welcher Heinrich von Mecklenburg zu Neubrandenburg die Stiftung und Begiftigung des Klosters Himmelpfort bestätigt und demselben 100 Hufen im Lande Stargard zu Reddemin, Warbende und Raton anweiset. Der Ritter Vicke von Dewitz tritt hier in Gemeinschaft mit Willeke Bancke und Busse von der Della auf, mit denen Eßhard und Albrecht von Dewitz sehr häufig in Urkunden zugleich erscheinen.

13.
Jabel von Dewitz I., Ritter.

Derselbe kommt, so viel bekannt geworden, nur einmal und zwar mit der Bezeichnung „Ritter" in einer Urkunde vor, durch welche Heinrich von Mecklenburg am 25. November 1315 zu Neubrandenburg dem Kloster Wanzka das Eigenthum von 8 Hufen in Dalen verliehen hat.

14.
Jacob von Dewitz I.

Derselbe soll fürstlicher Rath und Vertrauter des Herzogs Johann von Stargard gewesen sein. Er wird, soviel bisher bekannt ist, nirgend in Ur-

hierin erwähnt, die Familien-Tradition nennt ihn aber als den Bater des Grafen Ulrich von Fürstenberg, dessen zweiter Sohn ebenfalls Jacob hieß.

Bicke, Zabel und Jacob von Dewitz sollen Brüder der drei vorhin Genannten (Elhard, Albrecht und Engelke) gewesen sein, wie die Tradition behauptet, urkundliche Beweise dafür fehlen.

15.
Albrecht von Dewitz III, Magister.

Er war ein Zeitgenosse der vorhergenannten Dewitze (von Elhard bis Jacob); wie er mit ihnen verwandt gewesen ist, muß dahin gestellt bleiben.

Er war Geistlicher in Neubrandenburg, sein Name kommt in zwei Urkunden vor: Am 4. Januar 1322 ertheilte zu Broda der dortige Probst Rudolph seine Einwilligung dazu, daß Arnoldus, Kirchherr zu Neubrandenburg, von den Knappen Johann und Siegfried, genannt Voß von Stavenhagen, 5 Hufen und 1 Mark Hebung zu Wulkenzin, so wie 1 Hufe ebendaselbst von den Gebrüdern Roegarte, unter Vorbehalt des Wiederkaufs von Seiten des Klosters, gekauft hätte, und Magister Albrecht von Dewitz war hiebei als Zeuge zugegen.

Am Dienstage nach Jacobi (25. Juli) 1327 bekannte zu Neubrandenburg der Kirchherr Arnold daselbst, daß er 29 Hufen zu Wulkenzin an das Kloster Dargun, unter Vorbehalt des Wiederkaufs von Seiten des Klosters Broda, verkauft hätte. Zur größern Sicherheit wurden an die Urkunde, zugleich mit dem Siegel des Kirchherrn Arnold, die Siegel des Magisters Albrecht von Dewitz und des Stadtschulzen von Brandenburg Dieterich (Thiderici praesconsulis) gehängt.

Der Titel Magister weist darauf hin, daß Albrecht von Dewitz eine auswärtige Universität besucht hatte. Fragt man, auf welchen Universitäten man damals von Mecklenburg, Pommern und den benachbarten Ländern aus die Studien machte und den Magistertitel erwarb, da in Deutschland zu jener Zeit noch keine Universität gegründet war, so wird man zunächst an Paris denken müssen. Dort wurden seit dem 13. Jahrhundert die Würden des Bacalaureus, des Licentiaten und des Magister ertheilt. Die Magistri in Chirurgia und in Physica kamen damals gewöhnlich von Salerno, Bologna, Padua und gleichfalls aus Paris. So wird denn Albrecht von

Dewitz behufs seiner Studien wohl in Paris gewesen sein und von dort
die Würde eines Magisters — wahrscheinlich liberalium artium — mitge-
bracht haben.

16.

Otto von Dewitz II., Ritter.
Graf von Fürstenberg.

Wahrscheinlich war Otto der älteste Sohn Elhards von Dewitz II.
(no. 9.), da auch sein erster Sohn den Namen Elhard hatte. Daß Albrecht I. (no. 10.) sein Vater gewesen sei, wie gleichfalls vermuthet ist, muß
bezweifelt werden, obgleich er auch einen Sohn Namens Albrecht hatte, denn
wäre dies der Fall, so würde er in der weiter unten angeführten Urkunde vom
27. September 1321, in welcher Albertus de Dewitz und der Ritter
Otto von Dewitz beide als Zeugen erscheinen, sicherlich als des Ersteren
Sohn bezeichnet sein.

Im Jahre 1311 wurde er bei Gelegenheit eines großen Turniers zum
Ritter geschlagen. Dieses Turnier gehört zu den größesten und berühmtesten, die
jemals stattgefunden haben. Veranstaltet wurde es vom Könige Erich Menved
von Dänemark. Als dieser im Jahre 1310 zu Ribnitz sich mit dem Markgrafen Waldemar wegen mancherlei Streitigkeiten verglich, wurde die Ver-
abredung getroffen, der König solle im folgenden Jahre zu Rostock, welches
unter seiner Herrschaft stand, einen glänzenden Hof halten, Markgraf Waldemar solle dann selbhundert den Ritterschlag vom Könige empfangen, unter
den Hundert sollten 20 Fürsten und Herren sein. Nach dem Pfingstfeste des
Jahres 1311 zog daher König Erich über das Meer und kam nach Rostock,
um dort Hof zu halten. Anfangs nahm die Stadt ihn bereitwillig auf, doch
täglich mehrte sich die Zahl der Gäste, welche sich nun den König sammelten,
dem Rathe wurde die Anwesenheit so vieler bewaffneter Fremden bedenklich,
er wandte sich an den König und sprach seine Befürchtung aus, es könne der
Friede gestört werden. Erich verließ unwillig die Stadt und schlug am
rechten Ufer der Warnow im sogenannten Rosengarten ein prachtvolles
Lager auf.

Nie hat das Wendenland vor und nachher einen so glänzenden Hofball
gesehen. Von nah und fern, selbst aus Schwaben und vom Rhein zogen

geistliche und weltliche Fürsten, Ritter und Knappen herbei. Spielleute und Gaukler fanden sich in Menge ein, zu ihnen gesellten sich Minnesänger, sogar Heinrich Frauenlob von Mainz war erschienen. Er verherrlichte das Turnier in einer kunstreichen Kanzone, in welcher er Waldemar als die Blume der Ritterschaft besonders pries. Man rechnete gegen 6400 Ritter und Knappen im Turnierzuge.

Gleich nach der Ankunft des Markgrafen Waldemar und der übrigen zum Feste geladenen Fürsten erschien (am 12. Juni) König Erich, von Fürsten, Bischöfen und Rittern im prächtigen Zuge begleitet, auf dem Kampfplatze; Markgraf Waldemar folgte mit einem ebenso glänzenden und stattlichen Gefolge. Die Feierlichkeit des Ritterschlages wurde jetzt durch Hörner- und Trompetenschall angekündigt, und Erich ertheilte zuerst dem Markgrafen Waldemar nebst 20 Fürsten und Herren den Ritterschlag, dann that er dies an 80 Edelknappen. Zum Geschenk erhielt jeder von diesen neuen Rittern einen rothen Mantel, der mit Pelzwerk verbrämt und gefüttert war, auch wurde allen, nach Unterschied ihres Ranges, von dem Könige eine größere oder kleinere goldene Kette verehrt. Dem Beispiele Erichs folgten die andern anwesenden Fürsten, jeder machte aus seinem Gefolge eine Anzahl seiner Vasallen zu Rittern. Alle diese Ritter bemühten sich Tage lang in ritterlichen Uebungen den Preis davon zu tragen, ihnen schaute eine große Menge von Frauen und Jungfrauen zu. Tanz und andere Kostbarkeiten wechselten mit den Kampfspielen, man speisete gemeinschaftlich an einer überaus prächtig zugerichteten Tafel, Wein war im Ueberfluß vorhanden. Auch waren große Haufen von Hafer für die Pferde aufgeschüttet, davon ein jeder nach Bedarf nehmen konnte. Während des ganzen Festes, welches mehrere Wochen währte, herrschte das heiterste Wetter.

Seit dem Jahre 1321 erscheint der Ritter Otto von Dewitz sehr häufig in Urkunden. Die erste Urkunde vom 27. September (Heinrich der Löwe verlieh zu Burg Stargard den Johannitern zu Mirow das Eigenthum der Dörfer Stersew und Helm, so wie des Seßen-Sees) hat er mit seinem Oheime Albertus de Dewitz unterschrieben. Er ist damals noch ein jüngerer Mann gewesen, denn unter den Zeugen ist er der letzte. Ueber seine Verwandtschaft mit Albrecht von Dewitz ist hier keine Andeutung gegeben; wäre er Albrechts Sohn gewesen, so würde er sich wohl so genannt haben.

Als Kaiser Ludwig der Baier seinen Sohn Ludwig am 24. Juni 1324 mit der Markgrafschaft Brandenburg, den Herzogthümern Stettin und Demmin

dem Lande Stargard und den übrigen durch des Markgrafen Waldemar Tod
erledigten Ländern zu Nürnberg belehnt hatte, verbanden sich die Pommerschen
Herzoge Otto und Wartislaw mit Heinrich von Mecklenburg am 21. November 1324. Heinrich versprach, den Pommern gegen jedermann, ausgenommen den König von Dänemark, mit ganzer Macht beizustehen. Im Falle
sie zu einem Angriffskriege schritten, wollte er ihnen mit 300 Mann auf Rossen
folgen, vier Wochen nachdem sie es ihm kund gethan haben würden. Otto
von Dewitz war bei diesem Bündnisse Heinrichs Zeuge.

Sehr bald darauf begegnen wir ihm als Landvogt. Schon in der Urkunde
vom 26. April 1325, durch welche der Fürst Heinrich zu Neubrandenburg den
Kalandsbrüdern auf dem Werder das Eigenthum von 8 Pfund und 4 Schilling
Brandenburgisch Einkünfte verlieh, mit welchem sie eine Vicarie in der Marienkirche zu Friedland gestiftet hatten, wird er unter den Zeugen als Landvogt
bezeichnet.

So heißt er auch in einer Urkunde vom 13. October 1327, durch welche
Heinrich zu Stargard an Johann Reden, Rathmann zu Rostock, das Dorf
Kieckdorp verlieh.

In einer andern Urkunde von demselben Jahre, die etwas früher, am
Freitage vor Margaretha (20. Juli) zu Stargard ausgefüllt ist, und durch
welche Heinrich von Mecklenburg Willekin und Henning von Lübbersdorf den
Verkauf einer Hufe zu Lübbersdorf an die Stadt Friedland bewilligte, fehlt die
Bezeichnung als Landvogt, doch nimmt er hier unter den Zeugen die erste Stelle ein.

Immer bedeutender und einflußreicher wurde seine Stellung. Heinrich
der Löwe schloß am Dienstag nach Martini 1328 mit den Pommerschen Herzogen Otto und Barnim ein Bündniß. Es waren nämlich vom Papste Johann
(zu Avignon) die Herzoge von Pommern, Heinrich von Mecklenburg und andere Fürsten aufgefordert worden, sich dem Kaiser Ludwig von Baiern, der im
Banne lag, bei seiner Anmaßung der Mark Brandenburg zu widersetzen. Zu
diesem Zwecke verband sich Heinrich mit den Pommerschen Fürsten und versprach, ihnen gegen jedermann, ausgenommen den Grafen Gerhard von Holstein und die Grafen von Lindow, innerhalb des Landes mit seiner ganzen
Macht, außerhalb mit 50 Gewaffneten Hülfe zu leisten. Wenn sie Schlösser
und Land gewinnen oder Gefangene machen würden, so sollte nach Mannzahl
getheilt werden. Mit Heinrich gelobten dies Bündniß Ludewig von Plote,
Otto von Dewitz und Henning von Beckatel. Würde Heinrich den Vertrag

nicht erfüllen, so sollten die drei Ritter mit ihren Schlössern Dewenberg, Strelitz und Blumenhagen bei den Pommern bleiben, bis Heinrich den Vertrag einhielte. Zum ersten Male wird hier Strelitz als ein dem Fürsten Heinrich von Mecklenburg zugehöriges Schloß erwähnt, dessen Besitzer Otto von Dewitz war.

Es kam nicht zum Kampfe gegen die Baiern in der Mark Brandenburg, zu; noch einige Monate nach diesem Vertrage lebte Heinrich der Löwe. Der Ritter Otto von Dewitz war bis zu dessen Ende in der Nähe seines Fürsten. Am 15. December treffen wir ihn bei Heinrich zu Neubrandenburg an, als dieser den Gotteshäusern zum heiligen Geiste und St. Georg in Rostock das Eigenthum des Dorfes Gr. Schwarz verlieh. Otto von Dewitz unterschrieb die hierüber ausgefertigte Urkunde als Zeuge.

Im Gefühl seines nahen Todes, machte der große Fürst mehrere geistliche Stiftungen und bestätigte wenige Wochen vor seinem Ende, als das letzte Denkmal frommen Sinnes, dem von ihm gegründeten Kloster der heiligen Clara zu Ribnitz, am Tage der Unschuldigen Kinder (28. December) 1328, zu Neubrandenburg, die Schenkung des Dorfes Dirshagen durch seine verstorbene Gemahlin Anna. Auch diese Urkunde ist von Otto von Dewitz als Zeugen vollzogen.

Am 21. Januar 1329 starb Heinrich der Löwe nach einer thaten- und ruhmreichen Regierung. Seine Leiche wurde im hohen Chor der Klosterkirche zu Doberan beigesetzt. Er war einer der größten Fürsten seiner Zeit, keiner unter den damaligen Herren in Norddeutschland kam ihm gleich.

Vor seinem Ende hatte er sein Haus bestellt, da seine Prinzen Albrecht und Johann noch bei jungen Jahren waren. Ersterer zählte kaum 11, letzterer vielleicht erst 6 Jahre. Daher hatte er zu ihren Vormündern 16 aus dem Adel seines Landes nebst den Rathmännern von Wismar und Rostock eingesetzt. Die adligen Vormünder der jungen Herren waren: 1. Georg Haseltop, 2. Hermann von Oertzen, 3. Johann von Bülow, 4. Wipert von Lützow, 5. Heinrich von Barnekow, 6. Heinrich von Plessen, 7. Gottschalk Storm, 8. Otto von Dewitz, 9. Nicolaus von Helpete, 10. Johannes von Plessen, 11. Ekhard Hardenack, 12. Ekhard von Bibow, 13. Heinrich Mandüwel, 14. Barthold Preen, 15. Nicolaus Grelow, Ritter, 16. Johann Moltcke, Knappe.

Diese Vormünder übernamen eine sehr schwierige Aufgabe. Sie mußten sich bemühen, Streitigkeiten mit den benachbarten Ländern, Dänemark, Brandenburg und Pommern zu vermeiden. Dem Lande, dessen Einkünfte durch Heinrichs viele Kriege stark in Anspruch genommen waren, mußte, so viel es irgend anging, der Frieden erhalten werden. Fast alle fürstlichen Schlösser und Vogteien waren an Vasallen verpfändet. Für die Erhaltung des Friedens sorgten die Vormünder in der That, dagegen scheinen sie ihre Stellung mehr zu ihrem eigenen Vortheil als zur Herstellung der fürstlichen Einkünfte und zur Einlösung der landesherrlichen Schlösser benutzt zu haben.

Der Ribnitzer Lesemeister Schlaggert erzählt in seiner niederdeutschen Chronik:

„Anno ut supra (1334) Herr Albrecht, eyn sone Herr Hinrikes tho Meklenbergh des Lowen, hrot anghehauwen tho regeren sinen vederschen eruen. In der tydt ghemerkeden alle stote van borge sines landes weren vorborget van vorpandet den guden mennen*) van deme adel. Desse herre ep eme tydt, so he mit sinen guden mennen van getruwen reith up deme velde, heft he grouen enen vogel van den oth gheplucket sone vederren dan so ghewyset synen guden mennen van en ghefraget, ofte od de vogel also wol mochte lewendig blyuen. Er antworden: Nee! So segge ik ju, dat wy nicht werden lewen, sunder gy uns wedder geuen unse stote van borge, de gy besitten."

Unter den Vormündern befanden sich 3 Ritter aus dem Adel des Landes Stargard: Otto von Dewitz, Heyne Mandüwel und Nicolaus von Holzete. Sie zeichneten sich durch Treue gegen die Fürsten aus, welche mit der Verwaltung ihres vormundschaftlichen Amtes später so zufrieden waren, daß sie diesen Männern ihr besländiges Vertrauen schenkten.

Zunächst hatten die Vormänder die Verhältnisse mit der Mark Brandenburg zu ordnen. Sie veranlaßten daher, daß der junge Markgraf Ludwig die beiden unmündigen Fürsten am 24. September 1329 auf der Görnischen Brücke bei Wittstock mit dem Lande Stargard, mit Wychen und der Heide, mit Wesenberg und der Lize, mit Eltenburg und der Thure belehnte. Die Mecklenburgischen Fürsten Albrecht und Johann schlossen dagegen mit dem Markgrafen Ludwig ein zehnjähriges Landfriedensbündniß, traten ihm die Pfandgüter im Uckerlande und der Prignitz, nämlich die Vogteien Liebenwalde, Stolp

_____

*) Vasallen. Eine sübliche Bezeichnung der adligen Vasallen im Mittelalter war „gude lüde" oder „guder hand lüde."

und Jagow, außerdem Meienburg förmlich ab, bekamen aber das Schloß Strelitz mit dem Dorfe und der Pare, das Schloß Arnsberg mit dem Städtlein und Neuendorf, außerdem 200 Pfund jährlicher Hebung aus der Vogtei Jagow, für sich und ihre Erben zu Lehn. Schon im Vertrage Heinrichs des Löwen mit Pommern, am Dienstage nach Martini 1328, wurde vorausgesetzt, daß Strelitz, im Besitze Otto von Dewitz, zu Mecklenburg gehörte, jetzt wurden die Mecklenburgschen Fürsten als rechtmäßige Herren dieses Ortes anerkannt.

Weil das Land Stargard bei Brandenburg zu Lehn ging, bildete es einen besondern von den übrigen Besitzungen der Mecklenburgschen Fürsten unterschiedenen Landestheil. Die Herren von Werle hatten als die nächsten Agnaten Ansprüche auf die Erbfolge in Mecklenburg und ward ihnen diese durch eine förmliche Erbhuldigung zugesichert (1330), von welcher das Land Stargard jedoch ausdrücklich ausgenommen wurde. Otto von Dewitz und andere Stargardsche Ritter verbürgten diesen Vertrag. Auch werden die Stargardschen Vormünder in einer am Palmsonntage 1332 zu Friedland ausgefertigten Urkunde besonders erwähnt[*]. Es scheint somit dieses Land seine eigene Verwaltung gehabt zu haben, welche in der Hand der drei Vormünder Otto von Dewitz, Henne Mandüwel und Nicolaus von Helpede lag. Mit großer Treue hing es an seinen jungen Herren, und war dies jedenfalls ein Verdienst der drei genannten Männer.

Im Jahre 1336 erreichte Albrecht das achtzehnte Jahr und hiermit die Mündigkeit, doch achteten die mächtigern unter seinen Vasallen den jungen Fürsten noch wenig. Sie raubten und brannten im Lande und befehdeten sich unter einander. Namentlich waren die Plessen übel berüchtigt. Die Befehle des Fürsten wurden nicht beachtet. Albrecht aber nahm Hülfe und Rath von Freunden, die ihm wohl Ehre gönnten, bot die Mannen seines treuen Landes Stargard auf, zwang die Unrußestifter, brach ihre Burgen und brachte in kurzer Zeit den Frieden über das ganze Land. Schon zu Pfingsten des Jahres 1336 hatte er das Werk vollbracht, denn um diese Zeit hielt er in Begleitung des ihm verwandten Grafen Günther von Lindow und der Star-

---

[*] Nos Albertus .. protestamur, quod .. de nostrorum tutorum Stargardiensium consilio et consensu (Boll II. p. 4.)

gartschen Ritter Otto von Dewitz, Nicolaus von Helpede und Lippold Berr in Wismar Hof, belohnte die Getreuen durch Gnadenbeweise und bestrafte die Ungehorsamen. Er bezeugte dort am 8. Juni, daß die Rathmänner von Rostock ihm auf dem Zuge gegen seine sich befehdenden Vasallen treu beigestanden hätten, und versprach ihnen, sie und die Stadt gegen jeden Schaden zu schützen, der ihnen aus dieser Theilnahme erwachsen könnte. — An demselben Tage verlieh er dem Rathe der Stadt Rostock, in Anerkennung der Verdienste desselben um ihn, das volle Patronatrecht über die Schule zu St. Marien in Rostock. — Am 11. Juni schloß er mit der Stadt Wismar ein Schutz- und Trutzbündniß gegen die aufrührerischen Vasallen. Zur Belohnung der Hülfe, welche sie ihm gegen dieselben geleistet hatte, bestätigte er die Privilegien der Stadt. Otto von Dewitz hat die betreffenden Urkunden mit unterschrieben.

Albrecht umgab sich mit zuverlässigen Männern, die er zu seinen Räthen wählte. An ihrer Spitze stand der Ritter Otto von Dewitz, ferner gehörten zu ihnen der Ritter Nicolaus von Helpede und der Kapellan Dittlefin von Helpede (wahrscheinlich der Erzieher des Fürsten) die Ritter Henning und Bobo und der Knappe Zabel von Helpede, so wie der Knappe (später Ritter) Johann Molike*). Es ist selbstverständlich, daß Otto von Dewitz in dieser Stellung häufig Urkunden des Fürsten unterzeichnete. Nur einige der wichtigsten von ihnen mögen hier angeführt werden:

Am 29. August 1337 bezeugten Konrad, Bernhard und Reymbern von Plessen, daß sie auf Rath des Fürsten Albrecht von Mecklenburg das Haus Eldhof gekauft hätten und in demselben zu des Fürsten Dienst sitzen wollten, wofür derselbe sie wieder zu Gnaden aufgenommen hätte. Otto von Dewitz, welcher sich bei der Herstellung des fürstlichen Ansehens im Lande so große Verdienste erworben hatte, war auch zugegen, als sich der Fürst Albrecht mit den Plessen vertrug, und unterzeichnete als Zeuge diese Urkunde.

Im Jahre 1339 am Mittwoch der Lucise (13. December) bestätigte Albrecht von Mecklenburg den Verkauf von 6 Hufen zu Schönbeck durch die Knappen Heinrich Lockstaedt an die Kalandsbrüder zu Neubrandenburg. — Am Dienstage nach Lactare 1339 erthellte derselbe zu Neubrandenburg dem Verkauf

---

*) Johann Molike heirathete eine Tochter Otto's von Dewitz, er begegnet uns nachmals als dessen Schwiegersohn.

von 24 Schilling Einkünften von 2 Hufen durch Stückchen von der Vell in
die Stadt Wolkrd die Bestätigung. — 1341 am 1. August verkaufte der Ritter
Bedego von Plote den Kalandsbrüdern zu Neubrandenburg 4 Pfund und
10 Schilling Brandenburgischer Hebung von 4 Hufen und 2 Höfen zu Stargard zur Errichtung eines Altars in der Pfarrkirche zu Neubrandenburg. —
Am Donnerstage vor Michaelis bestätigte Albrecht von Mecklenburg diesen Verkauf. Unter den hierauf bezüglichen Urkunden finden wir den Namen des
Ritters Otto von Dewitz in der ersten Stelle.

Er selbst nahm gemeinschaftlich mit dem Ritter Ulrich von Dewitz
am 24. Februar 1346 die Dörfer Woserin, Cuassow und Gor von dem
Abte Heinrich zu Stolpe zu Lehn. Denn an diesem Tage bekannte der genannte Abt, daß sein Vorfahr Abt Hadbracht jene Dörfer an die beiden Ritter
von Dewitz verkauft habe, und daß er sie diesen zu Lehn gebe.

Für die den Mecklenburgschen Fürsten eine lange Reihe von Jahren hindurch geleisteten wichtigen Dienste wurde dem Ritter Otto von Dewitz eine
wohl verdiente Auszeichnung zu Theil. Kaiser Karl IV. erhob im Jahre 1348 am
8. Juli zu Prag die Mecklenburgschen Fürsten, um sie im Kampfe gegen den
Markgrafen Ludwig an sich zu fesseln, wegen ihrer eigenen, wie ihrer Vorfahren Verdienste und bewiesener treuer Unterthänigkeit gegen das Römische
Reich zu rechten Fürsten und Herzogen von Mecklenburg. In dem
Gefolge der Fürsten Albrecht und Johann befanden sich die beiden Ritter
Otto und Ulrich von Dewitz, welche bei dieser Gelegenheit von Karl IV.
in den Grafenstand erhoben wurden und seitdem den Titel und
Namen der Grafen von Fürstenberg führten*).

---

*) Daß nicht ein anderer Otto von Dewitz als der frühere Vormund und spätere erste
Rath der Fürsten in den Grafenstand erhoben wurde, muß als ausgemacht angesehen werden. Graf Otto von Fürstenberg war, als er diese Würde erhielt, schon ein Mann in vorgerückten Jahren. Seine Gemahlin starb im Jahre 1353. Im Jahre 1359 lebte noch ein
Sohn von ihm Namens Albrecht), welcher aber bald darauf gestorben sein muß, denn bei
seinem Tode 1361 hinterließ Graf Otto nur einen erwachsenen Sohn Eghard, welcher in
diesen Jahre gemeinschaftlich mit dem Vater eine Urkunde ausstellte, durch welche sie
beide gewisse Hebungen an die Kalandsbrüder zu Neubrandenburg verkauften. Außer
diesen Sohne hinterließen drei verheirathete Töchter des Grafen Otto. Wäre Graf Otto,
wie man angenommen hat, der Sohn des Vormundes der Fürsten gewesen, und ihm nur
zur Belohnung für die Dienste seines Vaters, eine solche Auszeichnung zu Theil geworden,
so müßte es in hohem Maße auffallen, daß er vor seiner Erhebung in den Grafenstand,

In einer Urkunde vom 5. Januar 1853 heißt es ausdrücklich: „Nos Otto Dei et Imperiali gracia Comes de Vorstenberghe."

Wir begegnen dem Ritter Otto von Dewitz als Grafen von Fürstenberg zum ersten Male in einer Urkunde, durch welche am 24. Januar 1349 die Herzöge Albrecht und Johann von Mecklenburg die Schenkungen Gerhards von Aschen, Bürgers zu Wesenberg, zu einer Vicarie daselbst bestätigten. Obenan unter den Zeugen steht der Graf Otto von Fürstenberg (nobilis vir dominus Otto comes in Vorstenberghe).

Am Tage darauf, den 25. Januar 1349, stellten die beiden Herzöge von Mecklenburg eine Urkunde aus, in welcher sie bekannten und bezeugten, daß sie nach triftiger Ueberlegung, in Uebereinstimmung mit ihren nächsten Freunden und mit dem Rathe ihrer lieben getreuen Rathgeber, dem edeln Manne Herrn Otto Grafen von Fürstenberg, ihrem lieben Getreuen und seinen rechten Lehnserben gegeben und gelassen hätten durch diesen Brief Fürstenberg, Haus und Stadt mit der Mannschaft, Strelitz Haus und Stadt, Arnsberg Haus, Stadt und Land mit der Mannschaft, dazu Kanow Hof und Dorf, Wustrow, Drosedow, Zinnow, Bandelendorf (wahrscheinlich Watschendorf), Herbordshagen (Hinrichshagen), Köbblitz, Gliencke und Rossow. Ferner wiesen sie ihm eine Hebung von 19 Pfund Geldes Brandenburgisch in Grünow und von 20 Pfund in Petersdorf, sammt aller Bede in beiden Dörfern, so wie in Holzendorf und Lindow an. Alles dieses verliehen sie

trotz seines vorgerückten Alters, gar nicht hervorzutreten, so nicht einmal genannt war. Befremdlich könnte zwar der Umstand erscheinen, daß Graf Otto von 1311 bis 1362, also länger denn 50 Jahr ein namhafter Mann war. Indessen nehmen wir an, daß er 25 Jahre alt war, als er die Ritterwürde empfing (1311), so hätte er bei sehr gewöhnlicher Alter von 76 Jahren bei seinem Tode erreicht. Boll (II., 25) ist der hier ausgesprochenen Ansicht, er erwähnt nicht einmal eine andere Tradition. Auch Barthold (Geschichte von Rügen und Pommern III., 335) nennt den Grafen Otto den „verdienten Vormund" der Herzöge Albrecht und Johann von Mecklenburg. Gleiche stimmt Lisch, jedenfalls der gründlichste Kenner der Mecklenburgischen Geschichte, hiermit überein. (Geschichte und Urkunden des Geschlechts Hahn II., 75). Er bemerkt „das reichste und angesehenste Adelsgeschlecht des Landes Stargard war in jenen Zeiten das Geschlecht der von Dewitz. Otto von Dewitz, welcher unter den Vormündern und Räthen der Fürsten, nachmaligen Herzoge Albrecht und Johann eine ausgezeichnete Stelle eingenommen hatte, ward von dem Kaiser Carl IV. bei der Erhebung der genannten Fürsten zu Herzogen im Jahre 1348 zu Prag zum Grafen erhoben."

dem Grafen Otto zu rechtem Herrenrechte und Grafenrechte ewiglich zu besitzen als eine ewige Grafschaft. Dem Grafen Ulrich von Fürstenberg sicherten sie die gesammte Hand an derselben zu, also daß die Grafschaft an ihn und seine rechten Lehnserben fallen sollte, falls Graf Otto und seine rechten Lehnserben erblos stürben. Dafür sollten Herr Otto und Herr Ulrich, Grafen von Fürstenberg, sammt ihren Erben, den Herzogen und deren Erben mit den vorbenannten Schlössern, Landen und Mannschaften zu Dienste sitzen und die Schlösser ihnen offen halten. Zeugen dieser Verleihung waren die edeln Fürsten Rudolph, Herzog von Sachsen der älteste, Albrecht Graf von Anhalt, Herr Albrecht Warburg, Herr Henning von Gohensversgen, Herr Albrecht von Peckatel, Ritter, Herr Barthold Rohre, Kanzler, Heinrich Grieben, Schreiber der Fürsten und Engelle von Dewitz. (vgl. Anhang 2).

Wie und wann die Dewitze Fürstenberg, Arnsberg und Strelitz erworben haben, ist noch unaufgeklärt und dürfte sich schwerlich mit Sicherheit feststellen lassen.

Noch im Jahre 1339 wurde Fürstenberg als zur Mark gehörig angesehen. Wie aus einem in diesem Jahre zwischen dem Kaiser Ludwig dem Baiern im Namen seines Sohnes, des Markgrafen Ludwig, mit dem Grafen Günther von Lindow geschlossenen Vergleiche hervorgeht, war der Graf im Pfandbesitz von Schloß und Stadt Fürstenberg gewesen, hatte beides aber weiter verpfändet. Der Markgraf sollte es für 1000 Mark von Günther wieder einlösen. An wen es vom Grafen von Lindow weiter verpfändet war, ist nicht gesagt, doch werden wir schwerlich irren, wenn wir annehmen, daß der Ritter Otto von Dewitz im Jahre 1333 sich im Besitze von Fürstenberg befunden habe, denn er wird in einer Urkunde vom Ostertage 1336, die im Pommerschen Provinzial-Archive vorhanden ist, als ein Mann des Markgrafen bezeichnet.

Im Jahre 1349 gehörte Schloß, Stadt und Land Fürstenberg zu Mecklenburg, dessen Fürsten es um diese Zeit den Grafen Otto und Ulrich zu erben gaben. Wie es scheint, war es von dem sogenannten falschen Waldemar an Mecklenburg als Entschädigung für die 200 Pfund, welche die Fürsten von Mecklenburg jährlich aus der Vogtei Jagow zu heben hatten, abgetreten (11. Sept. 1348). Hiefür spricht der Umstand, daß die Entschädigung nach dem Gutachten des Herzogs Barnim von Pommern, des Herzogs Rudolph von Sachsen und des Grafen Albrecht von Anhalt bestimmt worden war, die beiden letztern aber auch als Zeugen bei der Verleihung der Grafschaft Fürstenberg an die beiden Dewitze genannt werden. Noch bestimmter spricht hiefür, daß in dem Vergleiche mit dem Markgrafen Ludwig dem Römer, am 23. Juni 1350, die Herzoge von Mecklenburg gänzlich auf die 200 Pfund, die sie bisher in der Mark erhoben hatten, verzichteten, die Markgrafen dagegen Fürstenberg, Haus, Stadt und Land, ihnen völlig abtraten und auf alles verzichteten, was die Herzoge Albrecht und Johann überhaupt von ihnen zu Lehn gehabt hatten. Offenbar wurde in diesem Vergleiche nur das Uebereinkommen bestätigt, welches 1348 die Mecklenburger, die nunmehr auf die Seite der Baiern getreten waren, mit Waldemar getroffen hatten, und wenn Otto von Dewitz schon Stadt und Land Fürstenberg inne hatte, so lag es sehr nahe, daß gerade diese seine Besitzung in dem Vertrage vom 11. Sept. 1348 an seine Lehnsherren, die Mecklenburger Herzoge, abgetreten wurde. Als ihr vertrauter Rath konnte er selbst nur den dringenden Wunsch haben, nicht mehr ein Mann des Markgrafen von Brandenburg zu sein.

Arnsberg (Arlersberg) war seit alter Zeit ein starkes Schloß und eine wichtige Feste gewesen. In früherer Zeit war das Land Arnsberg, zu welchem auch wohl das Dorf Strelitz gehörte, ein Eigenthum des Bisthums Havelberg gewesen, von dem es an die Grafen von Lindow zu Lehn gegeben war. Wahrscheinlich waren diese Grafen Erbauer der Burg und gaben ihr den Namen; noch im Jahre 1492 hatten die Havelberger Bischöfe ihre Anrechte an Arnsberg nicht vergessen. Die Markgrafen von Brandenburg hatten es im Jahre 1305 durch Gewalt eingenommen und besaßen es im Anfange des vierzehnten Jahrhunderts mit mehreren Schlössern jener Gegend. In dem Frieden zu Templin (25. November 1317) wurde festgesetzt, daß unter andern Schlössern auch Arnsberg gebrochen und nicht wieder aufgebaut werden sollte. Dies geschah jedoch nicht, denn in dem Frieden auf der Görnischen Brücke (24. September 1329) erhielten die Fürsten von Mecklenburg Schloß und Stadt Arnsberg mit Neuendorf, desgleichen das Schloß Strelitz mit dem Dorfe und der Bare von dem Markgrafen Ludwig zu Lehn*). Otto

*) Im Jahre 1377 empfing Herzog Johann von Mecklenburg das Land Arnsberg vom Bischofe von Havelberg zu Lehn.

von Dewitz war, wie bereits erwähnt ist, schon im Jahre 1328 in dem Besitze
von Strelitz, also sehr wahrscheinlich auch von Arneberg. Mit diesen Schlössern
wird er, wie aus dem Vertrage vom Dienstage nach Martini jenes Jahres
(zwischen Heinrich dem Löwen und den Herzogen von Pommern) hervorgeht,
thatsächlich den Fürsten von Mecklenburg zu Diensten gewesen sein. Es mußte
ihm aber daran liegen, mit diesen seinen Besitzungen auch rechtlich von der
Lehnshoheit der Markgrafen los zu kommen, daher er als Vormund der jungen
Fürsten Albrecht und Johann dafür Sorge trug, daß die beiden genannten
Schlösser an Mecklenburg förmlich abgetreten wurden.

Strelitz sowohl als Arneberg sind in dem Lehnbriefe über die
Grafschaft Fürstenberg als Haus und Stadt bezeichnet. Bei Arneberg
wird schon im Jahre 1329 das Städtlein aufgeführt, bei Strelitz ist in jener
Zeit nur von dem Schlosse und Dorfe die Rede*). Inzwischen hatte sich
auch hier ein Städtchen gebildet. Die Stadt Arneberg ist verschwunden,
Strelitz hat sich dagegen erhalten und sogar einem Theile Mecklenburgs den
Namen gegeben. Dies verdankt es dem Stiftungsbriefe, durch welchen am
4. December (dem Tage der heiligen Barbara) 1349 die Grafen Otto und
Ulrich von Fürstenberg Strelitz förmlich zu Stadtrecht legten. Sie gaben
„ihren lieben Bürgern" darinnen Brandenburgisches Recht; in zweifelhaften
Fällen sollten sie es holen und suchen in Neubrandenburg. Auch bekamen die
Rathmänner Macht, Gilden und Gewerke, wie sie in Neubrandenburg bestanden,
zu stiften. Die Stadt erhielt den zwischen der Bara gelegenen Acker, die
Grafen von Fürstenberg behielten für sich nur den sogenannten Vogelsang.
Sie legten ferner je 50 Hufen von den Feldmarken dreier Dörfer, die um
Strelitz lagen, Domsjuch, Bergsdorf und Kavelsbrock, zur Stadt. (Vgl. Anhang 3.)

Die Original-Urkunde dieses Stadtbriefes ist in Alt-Strelitz noch vorhanden, an einer grünseidenen Schnur hängt daran das Reitersiegel der Grafen
von Fürstenberg. Diese Reitersiegel des 13., 14. und 15. Jahrhunderts waren
ein Vorrecht des hohen Adels.

*) Eines Landes, welches zu Strelitz gehörte, geschieht nicht einmal in der Stiftungs-
Urkunde der Grafschaft Fürstenberg Erwähnung. Es werden bei Fürstenberg und Arneberg
Haus, Stadt und Land genannt, bei Strelitz bloß Haus und Stadt. Dies läßt darauf
schließen, daß Strelitz ursprünglich zum Lande Arneberg gehörte. Mit Strelitz wird der
Ritter Otto von Dewitz also auch wohl zugleich Arneberg erworben haben und schon im
Besitze beider Schlösser im Jahre 1328 gewesen sein.

Graf Otto de Vorstenberghe
1253.

Graf Jacob de Vorstenberghe　　*Stadt Alt Strelitz*
1362.

Das Gräflich Fürstenbergsche Siegel zeigt einen von links nach rechts reitenden Ritter mit bloßem Schwerte in der rechten Hand und einem gewappneten Schilde am linken Arm, auf dem Helme zwei Büffelhörner mit 4 Pfauenfedern an jeder Seite. Des Grafen Otto Siegel führte die Umschrift: S. OTTONIS. DEI. G. COMITIS. DE. VORSTENBERGA. Bagmihl in seinem Pommerschen Wappenbuch (Band I p. 125) beschreibt dasselbe also: „Im rothen Felde vier goldene Rauten, auf dem Helme zwei von Gold und roth über Eck getheilte Hörner, deren jedes an der Außenseite mit vier Pfauenfedern besetzt ist. Helmdecken roth und golden." Abbildung no. 1 zeigt das Gräfliche Siegel, wie es an einer Urkunde bei einer Kirche in Neu-Brandenburg befindlich ist.

Auch ein kleines Siegel (Secretum) der Grafen von Fürstenberg ist noch aufbehalten. Darin fehlt der geharnischte Ritter, es enthält nur die Rauten und die angegebene Helmzier. So findet sich das Siegel des Grafen Otto von Fürstenberg (in einem Bande Urkunden über Friedland auf der Bibliothek zu Neu-Strelitz) in einer Zeichnung bei dem Privilegium der Fleischhauer, welches die Herzoge Albrecht und Johann am 13. Mai 1350 bestätigten. Ferner ist ein diesem ganz gleiches, kleines Siegel des Grafen Jacob von Fürstenberg an einer im Pommerschen Provinzial-Archive befindlichen Urkunde vom 6. December 1364 vorhanden. (Vgl. Abbildung 2.)

Das Stadtwappen von Alt-Strelitz zeigt im Schilde das vereinte von Dewitzsche und Gräflich Fürstenbergsche Wappen. Es hat links, von den drei Dewitzschen Bechern einen ganzen und einen halben, und rechts, von dem genannten Schilde des Gräflichen Wappens einen Theil aufgenommen und beide Bilder im gespaltenen Schilde verbunden. So war seine ursprüngliche Gestalt, (Vgl. Abbildung no. 3,) in dem neuern Siegel von Alt-Strelitz ist der halbe Becher weggeblieben, und an die Stelle der Rauten sind Fahnen getreten.

Graf Otto von Fürstenberg blieb nach seiner Erhebung in den Grafenstand der vertraute Freund und treue Rath seiner Fürsten. Er war auch zugegen, als sich die Herzoge Albrecht und Johann von Mecklenburg mit dem Könige Waldemar von Daenemark am Sonnabend nach Himmelfarth (8. Mai) 1350 auf einem Fürstentage zu Lübeck vertrugen. Ein Verlöbniß zwischen Waldemars Tochter Margarethe und Albrechts ältestem Sohne Heinrich verbürgte den Frieden; die Prinzessin Margaretha, welche damals erst 3 Jahre alt war, starb freilich bald darauf, Heinrich vermählte sich aber mit deren Schwester Ingeborg.

In demselben Jahre am Mittwoch nach Pfingsten (19. Mai) bestätigten die Herzoge Albrecht und Johann auf Bitten der Rathmänner zu Friedland den dortigen Fleischhauern alle ihre alten Rechte und Satzungen. Dies geschahe mit Beirath „des edlen und treuen Mannes Grafen Otto von Fürstenberg*), der als Zeuge sein Siegel an die Urkunde hing **).

Um diese Zeit, wenn nicht vielleicht schon früher, erwarb Graf Otto von Fürstenberg einen Theil des Hauses, der Stadt und des Landes Daber, gemeinschaftlich mit dem Grafen Ulrich. Daß letzterer schon vor 1350 im Lande Daber angesessen war, werden wir später erörtern. Daß aber Graf Otto Besitzungen in Pommern und zwar im Lande Daber hatte, geht ganz deutlich aus dem Vergleiche der Söhne und Enkel des Grafen Ulrich hervor, den diese am 20. Februar 1365 zu Daber mit einander schlossen, und in dem sie übereinkamen, daß die Grafschaft Fürstenberg jenseit der Oder (in Mecklenburg) zu Gelt geschätzt werden sollte. Es heißt wörtlich in diesem Vertrage: „Vortmer wy by der greveschop slät, by schan den anderen vörghören also ümme dat gut, dat tu der greveschop hört, unde schan en tyn mart vör ene setten, alse ümme dat gut, dat Grebe Otte hadde ghebat, it sy an sloten edder an landen an genßt der Odere edder an desßit, by schan des gudes unde slote macht hebben tu lßente. Vortmer wy by Grebe Otten gude blist unde best in deme lande tu der Doberen, dy schun dat bus holten unde bekostigen darbei, dat Grebe Otte dar an hadde.“ Auch schon in der Berechnung über die Schäden und Unkosten, welche des Grafen Ulrich Söhnen und Enkeln aus der Fehde um die Erbschaft des Grafen Otto erwachsen waren (22. Januar 1364 zu Daber), ist festgesetzt, daß diese Unkosten aus den Gütern des Grafen Otto im Lande Daber genommen werden sollten. Reichten diese Güter des Grafen zu der Entschädigung nicht aus, so sollten auch die Güter über (jenseit) der Oder dazu angewiesen werden ***).

*) In Ghobes namen, amen. Wy Albret und Johann . . . bekannen . . . dat wy van unß: b.j.: broderen man unde des eden mannes Grevo Otten van Börßenberghe . . . unddter hebben ghegheven . . . .

**) Up dat de vörbenämeden dingh vort vastliden unstobroden werden, wy hertoghe Albret unde hertoghe Johann unde unse trume man Grevo Otto van Börßenberghe hebben unse inghezeghela hir anghehenghet in eme tüghe.

***) In dem lande tu der Dobern unde des vörspraken Grevon gude, d Lyche wer it bye. Were ouer dat it in deme lande tu der Dobern also gelegghades nicht leghe, also alse den schaden blevete . . . . so schal en en dat benyffen über der Odere in des Greven ghude.

Noch eine andere Erwerbung machte der Graf Otto von Fürstenberg in jener Zeit. Er erhielt (nach Latomus Angabe) vom Markgrafen Ludwig dem Römer im Jahre 1351 Fürstenwerder für 330 Mark Silber in Pfandbesitz. Indessen er scheint diesen Ort sehr bald an die Herzoge Albrecht und Johann weiter verpfändet zu haben, denn als diese zu Wismar, am Tage der heiligen Katharina (25. November) 1352, eine Erbtheilung ihrer Lande vornahmen, überließ Albrecht an Johann das Land zu Stargard mit allem, was dazu gehörte, wie sie es von ihrem Vater geerbt hatten, ferner die Pfandbesitzungen, welche sie vom Markgrafen Ludwig um 18,000 Mark Silbers inne hatten, unter denen sich auch Fürstenwerder befand. Außerdem erhielt Johann das Land zu Sternberg und die Eldenburg mit dem Lande Thure. Alle diese Länder verpflichtete sich Albrecht, seinem Bruder zu nächsten Ostern übers Jahr von allen seinetwegen darauf haftenden Schulden zu befreien, namentlich von den Forderungen, die Graf Otto von Fürstenberg an das Land Stargard hatte.

Nach dieser Theilung war Graf Otto besonders mit dem Herzoge Johann eng verbunden, er blieb sein erster Rath; doch auch Herzog Albrecht hielt ihn stets in hohen Ehren und bewahrte ihm seine Zuneigung.

Herzog Johann von Mecklenburg-Stargard scheint hauptsächlich in Neubrandenburg, der ansehnlichsten Stadt seines Landes, residirt zu haben. Dort war ein neuer Fürstenhof erbaut worden, den alten Fürstenhof, welcher noch aus der Zeit der Markgrafen stammte, erhielt Graf Otto. Vielleicht war ihm nur die Stelle, wo der Fürstenhof gestanden hatte, überlassen, der Hof selbst scheint abgebrannt gewesen zu sein, wenigstens war das Barfüßerkloster, welches an den Fürstenhof stieß, abgebrannt*). Beide Herrenhöfe waren stark befestigt, dies zeigen noch die an beiden Orten stark aus der Stadtmauer hervorspringenden Wiekhäuser.

Um den Räubereien und der allgemeinen Unsicherheit zu steuern, schlossen die benachbarten Landesherren häufig miteinander Landfriedensbündnisse. Ein solches kam auch am 27. October 1353 zwischen dem Herzoge Johann von Mecklenburg und den Grafen von Lindow, Vater und Sohn, zu Wesenberg

---

*) Bd. II, 47.

zu Stunde. Sie verbunden sich zu gegenseitiger Hülfe und zum Schutze ihrer beiderseitigen Mannen. Fielen die Mannen des Einen in des Andern Land und raubten darin, so sollte man sie in ihr Land verfolgen, und die Amtleute sollten gegen die Räuber den Verfolgern alle Hülfe leisten. Mitgelober auf der Seite des Herzogs Johann waren Graf Otto von Fürstenberg, Albrecht von Peckatel, Basso von der Osten, Henning Bere, Rülcke von der Osten und Matthias Schwichtow.

Durch den Erbvertrag von Wismar waren die Mecklenburgischen Lande zwar unter die beiden Brüder Albrecht und Johann getheilt, doch waren noch einige Streitpunkte übrig geblieben, welche durch den Vergleich zu Sternberg (13. März 1355) erledigt wurden. Auch in dieser Vereinbarung wurde das Lehn der Grafschaft Fürstenberg dem Herzoge Johann zugestanden. Graf Otto von Fürstenberg und die Ritter Hermann und Albrecht von Warburg, Lippold Bere, Bicke Munt und Albrecht von Peckatel hatten den Vergleich vermittelt*).

In demselben Jahre war Graf Otto als Zeuge zugegen, als am 10. August der Herzog Johann von Mecklenburg zu Stargard dem Komthur Adolph von Schwalenberg und dem Convent der Johanniter zu Nemerow das Holz verkaufte, welches zwischen ihrem Holze, dem Holze seines Burgmannes zu Stargard, Heinrich von Warburg, der Tollense und der Scheide des Dorfes Rowa lag. Dies war auch der Fall, als am 5. Januar 1356 Herzog Johann zu Neubrandenburg den Verkauf des Dorfes Rowa von Seiten der Stadt Neubrandenburg an die Johanniter-Komthurei Nemerow bestätigte.

Die Mecklenburger Herzoge hatten im Jahre 1351 mit den Herren von Werle ein Landfriedensbündniß geschlossen, welches 1354 erneuert war. Nach 2 Jahren, am 7. September 1356, schlossen abermals die Fürsten Nicolaus von Werle-Güstrow und Bernhard von Werle-Waren für sich und in Vormundschaft der Kinder ihres Vetters Nicolaus von Werle-Goldberg († 1354) mit den Herzogen Albrecht und Johann ein Hülfs- und Friedensbündniß, nach welchem etwa entstehende Zwistigkeiten durch Schiedsrichter ausgeglichen wer-

---

*) Der dort hev genannten bedingbet Liebe unde liven truwen Heren Otto von Vörstenberghe, Hermann und Albrecht van Warvorch, Leppold Bere, Bicke Munt und Albrecht von Pekatel, riddere.

ten sellen. Dies Bündniß verbürgten Graf Otto von Fürstenberg und mehrere andere Ritter, unter denen der Ritter Otto von Dewitz, ein treuer und vertrauter Freund des Herzogs Albrecht, genannt ist.

Der Herzog Johann überließ am 25. Januar 1358 käuflich den Johannitern zu Nemerow das Eigenthum von 9½ Hufen und dem Kruge im Dorfe Staven, welche Diese von Erdenswegen zu Lehn gehabt und an den Orden verkauft hatte. Der Komthur Ulrich von Regesten zu Nemerow, Graf Otto von Fürstenberg und der Ritter Lippold Bere waren Vermittler dieses Verkaufes.

Daß auch Herzog Albrecht dem Grafen Otto seine Zuneigung bewahrte, zeigte er, da er am 9. August 1361 bei dem Dorfe Beggerow mit mehreren Fürsten, dem Markgrafen von Brandenburg, dem Herzoge von Pommern-Stettin und den Herren von Werle einen Landfrieden schloß, in welchen er seinen Bruder Johann und den Grafen Otto von Fürstenberg aufnahm.

So gewährt uns Graf Otto das Bild eines sehr bedeutenden, verdienstvollen Staatsmannes, der seinen Fürsten mit aufrichtiger Treue ergeben war und sich ihrer Achtung und Liebe bis an das Ende seines Lebens erfreute. Wir lernen ihn aber auch als einen Mann von frommem, auf die Ewigkeit gerichtetem Sinne kennen.

Gern zog man ihn bei kirchlichen Angelegenheiten zu. Schon mehrere der erwähnten Urkunden zeigen ihn uns bei Verträgen mit Klöstern und andern kirchlichen Stiftungen oder bei Verleihung von Beneficien an solche Institute. Wir finden ihn als ersten Zeugen, da am 30. April 1335 Katharina, die Gemahlin Gerlach Blüchers, und Elisabeth, die Gemahlin Herrn Albrechts von Warburg, dem Kloster Broda 16 Hufen zu Wattenzin überließen, welche ihre verstorbenen Eltern zu Lehn besessen hatten.

1338 Montags nach Jurica bewilligte Herzog Albrecht von Mecklenburg zu Friedland den Verkauf von 15 Mark jährlicher Hebung aus den Dörfern Brom und Rosen durch mehrere Brüder und Bauern Mantensel an die Priester- und Schüler-Brüderschaft zu Friedland, um dafür eine oder zwei Vicarien zu stiften. Ritter Otto von Dewitz war hierbei der erste Zeuge. Als solcher ist er ebenfalls genannt, als Herzog Albrecht am 4. Mai 1343 zu Neubrandenburg mit Zustimmung seines Bruders Johann dem Kloster Wanzka Eigenthum, Bede, Dienst und Gerichtsbarkeit in den Dörfern Tharrow, Baran und Brühowe verkaufte.

Er begegnet uns ferner in einem Streite wegen des Kirchenpatronates zu Grünow zwischen dem Knappen und Burgmann des Hauses zu Stargard Lippold von Bevensvegen und dem Kloster Wanzka, welcher am 1. December 1353 zu Neubrandenburg durch den herzoglichen Hofrichter, Ritter Albrecht von Warburg, entschieden wurde. Im Verlaufe dieser Streitsache, welche sich längere Zeit hinzog, war Graf Otto, auf den Rath Albrechts von Warburg, zum Vertheidiger des Probstes von Wanzka bestellt worden. Auch als Zeuge wird er hier erwähnt*).

Zu Neubrandenburg waren im Jahre 1287 zwei Altäre (des heiligen Nikolaus und der heiligen Katharina) in der Pfarrkirche gestiftet und jedem eine jährliche Hebung von 8 Pfund Brandenburgisch angewiesen. Diese Einkünfte wurden an die Vicare der beiden Altäre nicht regelmäßig gezahlt, und befahl daher 1325 der Bischof von Havelberg dem Pfarrer Arnold zu Neubrandenburg, sie unweigerlich zu entrichten. Einige Zeit geschahe dies, unterblieb aber wieder. Deßhalb klagten im Jahre 1355 die Altaristen Simon von Stargard und Bernhard von Falkenberg gegen den Pfarrherrn Heinrich von Sperrenrold bei dem Bischofe von Havelberg. Im folgenden Jahre (11. April 1356) übergaben zu Neubrandenburg die streitenden Parteien, der Pfarrherr Heinrich von Sperrenrold und die beiden Altaristen, die Entscheidung dem Gutachten des Grafen Otto von Fürstenberg. Sie überließen es ihm, allein oder unter Zuziehung anderer Vermittler den Streit zu schlichten, und erklärten, sich ganz seinem Ausspruche fügen zu wollen.

Auch Herzog Johann von Mecklenburg zog ihn als Zeugen zu, als er 1358 Sonnabends am 8. Tage Epiphaniae Domini einen Altar im Kloster Himmelspfort stiftete und diesen mit dem Schulzengehöft zu Podewal nebst 12 Hufen begiftigte. Außer dem Grafen Otto, bezeugten dies neben andern auch sein Sohn, der junge Graf Albrecht, und der Ritter Jacob von Dewitz.

Ein solches Vertrauen hatte sich Graf Otto dadurch erworben, daß er seine Liebe zur Kirche durch mannigfache geistliche Stiftungen bethätigte. Er

---

*) Ein Antheil von Grünow gehörte zur Grafschaft Fürstenberg. Daher wurde, als am 1. Mai 1354 Herzog Johann dem Kloster Wanzka dieses Dorf mit allem Eigenthum, Recht und Bede, wie es die Bevensvegen vordem vom Herzoge beseßen hatten, verlieh, der Antheil des Grafen Otto von Fürstenberg ausgenommen.

verlieh den Minoriten zu Neubrandenburg eine Hufe in Waltzendorf zur Unterhaltung einer ewigen Lampe, und wurde diese Stiftung von Albrecht von Mecklenburg bestätigt, indem der Herzog am 18. September 1339 zu Sternberg das Eigenthum jener Hufe den Minoriten schenkte. Am 5. Januar 1353 begiftigte er zu Neubrandenburg die 16 Altäre in der dortigen Pfarrkirche mit einer jährlichen Hebung von 10 Pfund Brandenb. Pfennige aus seinem Dorfe Herborßhagen (Heinrichshagen). Davon sollten die sechszehn Vicare an den Altären jährlich 16 Mark erhalten, das übrige Geld war den Proviſoren der Altäre zur Anſchaffung von Wein und Oblaten überwieſen. Für dieſe Schenkung ſollten von den 16 Vicaren an dieſen Altären für ſeine Vorfahren, ſeine geliebte ſelige Ehegenoſſinn Sophie*), für ihn und ſeine Erben Meſſen geleſen werden**). Am 18. Januar deſſelben Jahres ſchenkte er, ebenfalls zu Neubrandenburg, dem Nonnenkloſter zu Zehdenik den halben See bei dem Südwichen Tornow, auf der ſüdlichen Grenze des Landes Fürſtenberg, von der Mühle bei dem Südwichen an bis zur Polzer Mühle. Er bedingte ſich nur aus, zwei kleine Kähne mit den dazu gehörigen Netzen für den Bedarf ſeines Schloſſes zu Tornow auf dem See halten zu dürfen.

Gerhard von Aſchen, Schulze zu Weſenberg, hatte mehrere Hufen in dem Dorfe Droſedow der Kirche zu Weſenberg zu einer Vicarie geſchenkt. Da Droſedow zur Grafſchaft Fürſtenberg gehörte, beſtätigte Graf Otto am 20. Januar 1354 zu Strelitz dieſe Schenkung. Dies that er, „da er ſich wohl gebühre, daß er ein Mehrer der heiligen Stiftungen wäre, um ſeiner Voreltern Seelen und ſeiner eigenen Seele willen, Gott und der unbefleckten Mutter Gottes Maria zu Ehren.“ In den drei letzten Urkunden wird unter den Zeugen der Schreiber des Grafen genannt. Dies war der Pfarrer Albrecht zu Golm***).

*) noster olim dilecta conthoralis, dilicet Sophiae pia memorie.

**) Dergleichen Seelmeſſen befanden ſich in den Kirchen oft in großer Menge. Fromme Menſchen ſtifteten ſie oder verliehen ihnen Einkünfte, damit für ſie und ihre Angehörigen Seelenheil an beſtimmten Tagen Meſſen geleſen werden ſollten. Die an ſolchen Altären angeſtellten Prieſter führten den Namen Rectorieſter, Vicare oder Altariſten. Vicarie hieß die von einem Vicar verwaltete geiſtliche Stelle.

***) In der Urkunde vom 5. Januar 1353 heißt es: „Dominus Albertus plebanus in Golme,“ vom 18. Januar 1353: „dominus Albertus Golme nomine nostro, recordor,“ vom 20. Januar 1354: „Herr Albrecht von dem Golme, unſe holde trowe ſcriver.“ Golm war ſein Pfarrſitz.

Höchst wahrscheinlich ist Graf Otto von Fürstenberg auch der Gründer des Prämonstratenser Kollegiatstiftes zu Strelitz. Erst durch ihn wurde Strelitz am 4. December 1349 zur Stadt erhoben, und schon 1358 wird in einer Urkunde vom 15. November ein Decan Jacob Bernard in Strelitz erwähnt. Es ist durch diese Erwähnung aber das Vorhandensein des Kollegiatstiftes vorausgesetzt, welches also bereits bei Lebzeiten des Grafen Otto bestand. Sehr bald nach seinem Tode wurde 1366 am 1. Mai zu Neubrandenburg ein Vergleich zwischen der Kollegiatkirche zu Strelitz und dem Kloster Wanzka wegen des Patronatsrechtes über die Kirche zu Grünow vereinbart. Bei Erledigung der Pfarre sollte das Kloster Wanzka zweimal und die Kirche zu Strelitz zum dritten Male das Präsentationsrecht haben. Somit ist die Bemerkung Rudloffs in seiner Geschichte Mecklenburgs (II. 642), daß das Stift durch die Wohlthätigkeit des Grafen Otto entstanden sei, wohl als richtig anzusehen.

Die letzte bekannte Urkunde hat Graf Otto von Fürstenberg am 26. Januar 1362 gemeinschaftlich mit seinem Sohne Elhard zu Neubrandenburg ausgestellt. Sie verkauften den dortigen Kalandsbrüdern eine jährliche Hebung von 15 Mark Finkenongen im Dorfe Köblitz für 150 Mark Kapital, welches sie ausgezahlt erhielten*). Bald darauf starb Graf Otto, denn noch in demselben Jahre erscheint sein Sohn Elhard wiederholentlich in Urkunden allein ohne den Vater.

Die Gemahlin des Grafen Otto von Fürstenberg war Sophie von Wokenstedten, eine Tochter des Ritters Arnold von Wokenstede zu Mallin. In einer Urkunde, welche der Knappe Heinrich von Wokenstede, Sohn des Ritters Arnold, am Sonnabend vor Oculi 1348 ausstellte, nennt sich Otto von Dewitz seinen Schwestermann (sororius). Die Urkunde vom 5. Januar 1353, durch welche Graf Otto den Altären in der Pfarrkirche zu Neubrandenburg 10 Pfund jährlicher Einkünfte verlieh, zeigt, daß er zu jener Zeit seine Gemahlin schon verloren hatte.

---

*) Dies war damals die gewöhnliche Art, um Anleihen zu machen. Sie geschah in der Form des Rentenkaufs. Wer ein Kapital hergab, erhielt dafür eine jährliche Rente (redditus) von einem Grundstücke, Hause u. s. w. Besonders häufig wurde dieser Rentenkauf bei Anleihen angewandt, die man bei Kirchen, Stiftern oder geistlichen Brüderschaften machte, da die Kirche das Zinsnehmen als Wucher untersagte. Ein Kapital von 150 Mark für eine Rente von 15 Mark gezahlt, ergiebt einen Zinsfuß von 10 pZ.

Er hinterließ einen Sohn Elhard und drei Töchter, welche an Joachim Gans, Herrn zu Puttlitz, den Ritter Johann Moltke und den Knappen Bernhard Maltzan vermählt waren. Wahrscheinlich hatte er mehrere Söhne, die früher verstarben als er. Einer von diesen war der in der Urkunde vom Sonnabend, dem 8. Tage Epiphanias Domini 1358, als Zeuge genannte junge Graf Albrecht. Seine Schwiegersöhne machten am 12. Juni 1363 die Forderungen geltend, die sie von ihrer Hausfrauen wegen auf deren angestorbenes Gut und Erbe von ihrem Vater, dem Grafen Otto von Fürstenberg, und seinen Söhnen, ihren Brüdern, hatten*). Wenn aber „die Herren Elhard, Jacob und Gherold (Gerhard), Brüder genannt von Dewitz" als die bezeichnet werden, gegen welche des Grafen Schwiegersöhne ihre und ihrer Hausfrauen Rechte geltend machten, so können dies nicht, wie unter andern Chemnitz**) und Lisch***) angenommen haben, Ottos Söhne gewesen sein. Die drei Gebrüder Dewitz sind Söhne des Grafen Ulrich von Fürstenberg, eben desselben, welche am 20. Februar 1365 zu Daber in Gemeinschaft mit noch zwei andern Söhnen und zwei Enkeln des Grafen Ulrich übereinkamen, daß die Grafschaft Fürstenberg zu Gelte gesetzt werden sollte. Sie sprachen in diesem Vergleiche von einer Schuld des Grafen Otto und seiner Söhne, dem Gott gnädig sei†). Sie selbst, die lebenden Erben der Grafschaft, unterscheiden sich von dem verstorbenen Grafen Otto und dessen Söhnen. Sie können also nur Graf Ulrichs Söhne gewesen sein††).

---

*) unter ihren Söhnen, ihren Brüdern.

**) Verfasser einer Chronik von Mecklenburg um die Mitte des siebzehnten Jahrhunderts.

***) Maltzansche Urkunden II, 175.

†) Summe Grave Otten Schuld unde syner söne, deme Ghot gnedich sy.

††) Hierbei spricht auch schon, daß Ottos Schwiegersöhne auf das von dem Grafen Otto und seinen Söhnen, den Brüdern ihrer Hausfrauen, angestorbene Gut Ansprüche machten. Graf Otto und seine Söhne werden hiernach als verstorben bezeichnet. Freilich könnte man dies so verstehen, daß von den lebenden Söhnen des Grafen Otto die Güter gefordert würden, welche den Töchtern von ihrem Vater und den verstorbenen Brüdern zukämen; befremdlich aber wäre es dann, daß Elhard, Jacob und Gerhard gar nicht als Ottos Söhne und Brüder ihrer Hausfrauen von den drei Schwiegersöhnen bezeichnet werden. Man gewinnt bei dem Lesen der Urkunde den Eindruck, daß die letztern die drei genannten Erben, welche die Grafschaft in Besitz genommen hatten, als ihrer Frauen ferner lebend ansahen. Ganz entscheidend ist die Urkunde vom 20. Februar 1365, in welcher von einem Theile von Sterlitz die Rede ist, welchen die damaligen Besitzer der Grafschaft veraus-

Der Rittergutsbesitzer Curt von Dewitz auf Malderwin besitzt einen alten
goldenen Rittersporn mit der Inschrift Graf Otto von Fürstenberg. Falls
der Sporn vom Grafen Otto herrührt, ist doch die Inschrift aus neuer Zeit.
Die Sprache ist hochdeutsch, die Schriftzüge sind modern.

17.

Ekhard III.,

Graf von Fürstenberg.

Der einzige Sohn des Grafen Otto von Fürstenberg, welcher den Vater
überlebte, ist nur aus einigen Urkunden bekannt. Vater und Sohn treten gemeinsam in der Urkunde vom 26. Januar 1362 auf, in welcher sie den Ka-
land-Brüdern zu Neubrandenburg 15 Mark Finkenaugen jährlicher Hebung im
Dorfe Köblik für 150 Mark Kapital verkauften*). Nach dem Tode seines
Vaters, war Graf Ekhard als Zeuge zugegen, da Herzog Johann von Mecklenburg am Sonnabend vor Mariae Geburt (8. September) 1362 zu Stargard
die Privilegien der Stadt Wesenberg bestätigte. In demselben Jahre am
17. December treffen wir ihn noch einmal in der Umgebung des Herzogs
Johann. Der Knappe Hartwig, genannt Barlin, verkaufte den Minoriten
zu Neubrandenburg eine Hufe in Watzkendorf, deren Kaufpreis der Knappe
Hermann Balkenhagen geschenkt hatte, um von den Einkünften der Hufe Wein,

gekauft hatten, worin eine deutsche Beziehung auf einige Hufen liegt, die Graf Ulrich von
Bürgern von Strelitz besonders zweierlei hatte, von denen er sich und seine Erben auch
besondere Gefälle vorbehalten hatte (Vergl. unten Ulrich I). Auch ist nicht zu übersehen,
daß von den Erben der Grafschaft drei den Namen Ulrich führten. Ekhard, der unter
den Erben zuerst genannt wird, also Aelteste, hatte auch noch einen Sohn mit Namen Ulrich.
Entschieden weist dies auf die Kostenvererbung von Graf Ulrich hin. Endlich wird die Annahme, daß Ulrichs Söhne und Enkel Erben der Besitzungen des Grafen Otto geworden,
durch eine Urkunde vom 21. September 1366, welche sich im Küstower Familienarchive befindet, als zweifellos richtig erweisen. In ihr unterscheidet Graf Jacob bei einer Verpfändung seiner Güter im Lande Daber an die Stadt Stargard in Pommern die Besitzungen, welche er von seinem Vater gerecht hatte, und die ihm von Graf Otto's wegen
zugekommen waren: „allene had uns under ghevevel hesst unde uns van grven
Otten wegen to gekomen ys." Am Schluß dieser Urkunde heißt es: „Alle desse vorbenrven
stucke hene uny grven Jacob unde grven Eggerd unde Gerd andere gheheten de van Demptze
unde grven to Vorstenberghe unde Ulrik van Dewitz, Dideke Howe, unde Ulrik van Dewitz,
Hemeling Lowe, med egener sammeden hantt (mit gesammeter Hand) stede unde vaste tho holden."

*) Nos Otto et Eghardus ejus filius Dei gratia Comites de Vorstenburghe.

Oblaten und Oel zum Dienst der Altäre in der Klosterkirche zu bestreiten. Die hierauf bezügliche Urkunde haben Herzog Johann und Graf Ebhard von Fürstenberg als die beiden ersten Zeugen unterschrieben. Er lebte hierauf nur noch kurze Zeit, denn schon am 12. Juli 1363 waren die Erben des Grafen Ulrich von Fürstenberg im Besitze der Güter des Grafen Otto. So ging die Grafschaft Fürstenberg nach dem schnellen Erlöschen des Mannsstammes des Grafen Otto auf den Zweig des Grafen Ulrich über.

18.

Albrecht IV.,
Graf von Fürkenberg.

Im Jahre 1358 Sonnabends am 8. Tage Epiphaniae Domini stiftete der Herzog Johann von Mecklenburg einen Altar im Kloster Himmelpfort und begiftigte ihn mit dem Schulzengehöft zu Bodewal nebst 12 Hufen. Hierbei waren als Zeugen gegenwärtig: her Otto grave the Vorstenberche und sin söne Albrecht the junge Greve, her Jacob van Dewitz, her Lippold Ber, riddere, Heinrich Berthecht, her Nicolaus Armeberch, prister, her Sander, her Heinrich Rode Capelane u. a. m. Dieser Sohn des Grafen Otto wird, so viel bekannt ist, nicht weiter genannt, bei dem Tode des Vaters war er bereits verstorben.

19.

Ulrich von Dewitz I., Ritter.
Graf von Fürkenberg.

Nach der freilich nicht urkundlich verbürgten Familien-Tradition war er ein Sohn des Ritters und fürstlichen Rathes Jacob von Dewitz I.*)

---

*) Das (II. 25) bemerkt: „Ob Ulrich der Bruder Ottos war (Ebhard II. hatte nach der Urkunde vom 17. Januar 1322) (vgl. S. 25.) mehrere Söhne hinterlassen) oder ob beide, wie die Ueberlieferung behauptet, Brüder waren, so daß Ulrich der Sohn Albrecht's gewesen, ist bis jetzt durch Urkunden nicht ermittelt." Für einen Sohn Albrechts II. möchte er schon deßwegen nicht zu halten sein, weil unter Ulrichs sieben Söhnen nicht einer so hieß. Ueberhaupt findet sich dieser in der Familie der Dewitze nicht seltene Name bei den Nach-

(Nr. 14). Hiernach wäre Ulrich ein Vetter des Grafen Otto gewesen. Beide müssen in einem sehr nahen Grade verwandt gewesen sein und in einem viel engern Verhältnisse mit einander gestanden haben, als alle übrigen damals lebenden Dewitze. Dafür spricht der Umstand, daß sie sehr viele Güter gemeinsam besaßen. So hatte Herbrecht, der Abt des Klosters Stolp an der Peene, „den ehrbaren ritteren, Herrn Otten und Herrn Ulrike von Tewly gehörten" die Dörfer Woserin, Luessow und Gör (bei Sternlitz) ver-

_____

kommen des Grafen Ulrich nur ganz vereinzelt in neuerer Zeit. Den Namen Jacob führte allerdings der zweite Sohn Ulrich. Doch kann hieraus kaum ein Schluß auf den Namen des Großvaters gemacht werden. Nach diesem wurde vielmehr in der Regel der älteste Enkel genannt. Ulrichs ältester Sohn aber hieß Eghard. Sollte hiernach Ulrich nicht ein Sohn Eghards II. und somit ein Bruder Ottos gewesen sein? Bagmihl hält Otto und Ulrich für Brüder (Pommersches Wappenbuch I., 125). Micraelius nennt als den Vater des Grafen Ulrich einen Eghard von Dewitz, jedoch nicht den Ritter Eghard II., Rath des Herzogs von Mecklenburg Heinrich des Löwen, sondern den Ritter Eghard IV., Rath des Herzogs Wartislav IV. von Pommern-Wolgast (vergl. Nr. 20): „Es hat dies Geschlecht (der Dewitze) alle Zeit merkwürdige Männer gegeben, und unter ihnen werden insonderheit gerühmt Eghard Dewitz, Rathgeber Wartislav IV. im 1320 Jahr, und Ulrich Ritter um dieselbe Zeit. Eghards Söhne Ulrich und Bernd werden in einem Privilegio, so sie den Wollenwebern gegeben, Grafen von Fürstenberg, Herren zu Wesenberg, Strelitz und Daber auch Ritter des güldenen Fließes und Landeshauptleute genannt." (Micrael. VI., 342). Unter Ulrich, dem Sohne Eghards, kann Micraelius nur den Grafen von Fürstenberg Ulrich I. verstehen (Buch II., 26). Woher diese Notiz bei ihm kommt, ist nicht schwer zu erraten. Bernd und Franz von Dewitz bestätigten am Himmelfahrtstage 1684 auf dem Hause zu Daber das Privilegium der Wollenweber zu Daber, und heißt es in der von ihnen ausgestellten Urkunde: „Derer hohen Land und bekennen wir Bernd und Franz gevettere vor den Drewitzen vor Jedermänniglich, sonderlich vor unsern Erven und Nachkommen: Nachdem Unsere Seeligen Vatern und Vormundern Ulrich und Bernd des letzten gemeinen Stieff Eggerdts Söhne, Graffen von Fürstenberge, Herren tho Wesenberge, Strelitz und Daber von Herren tho Herren, auch Rittern des güldenen Flusses und landeshauptlüde dit erste Stiebüken Daber an Daß Ihre rechte Natürliche Erven gerevet, beständiglich, mit allen gnadenvoll Daben und gerechtigkeiten, an Dörfen, Verordnungen, Werkherren (Werksbriefen) begütiget und fürgericht u. s. w." Hier wird auf das Privilegium hingewiesen, welches am heiligen Christabend 1451 die Vettern und Brüder Ulrich, Gerad (nicht Bernd), Jüls und Hans von Dewitz der Stadt Daber ertheilten. Von diesen war nur Ulrich ein Sohn des letzten Grafen Eghard, Gerad war ein Vetter (Ulrichs Bruder Bernd der Alte wird im Privilegium erwähnt, er lebte nicht mehr). Herren zu Wesenberg sind die Grafen von Fürstenberg nie gewesen, wohl aber von Krakow, die Bezeichnung Ritter des güldenen Flusses ist ein Mißverständnis des lateinischen Worte equites aurati, Landeshauptleute werden Ulrich und Bernd genannt, indem Ulrich mit seinem Vetter, Ulrich dem Alten, verwechselt in Wesenberg verwechselt wird. Nach dieser Familien-Ueberlieferung, die wir in dem Privilegium der Wollenweber vom Jahre 1684 kennen lernen, und die schon viele Unrichtigkeiten enthält, hat Micraelius die beiden Vettern Ulrich

kauft. Dies bekundete sein Nachfolger, der Abt Heinrich, als er am 24. Februar 1348 den beiden Dewitzen diese Güter zu Lehn gab. Beide besaßen vor ihrer Erhebung in den Grafenstand Strelitz*), beide wurden zugleich zu Grafen erhoben, und wurde dem Grafen Ulrich die gesamte Hand an der Grafschaft zugesichert. Beide legten Strelitz zu Stadtrecht, und hatten beide einen Antheil an der Herrschaft Daber in Pommern.

Die Erhebung Ulrichs in den Grafenstand kann nur in seiner sehr nahen Verwandtschaft mit dem Grafen Otto ihren Grund gehabt haben, denn besondere Verdienste um die Mecklenburger Fürsten scheint er sich nicht erworben zu haben, wir finden ihn nicht in deren Umgebung. Allerdings war er zugegen, als zu Friedland am 23. Juni 1350 der Friede zwischen den Herzogen Albrecht und Johann von Mecklenburg und den beiden Markgrafen von Brandenburg, Ludwig dem Aeltern und Ludwig dem Römer, geschlossen wurde. Die Markgrafen leisteten auf alles Verzicht, was die Herzoge Albrecht und Johann früher von ihnen zu Lehn getragen hatten, und traten ihnen Fürstenberg Haus, Stadt und Land mit der Mannschaft völlig ab. Die Herzoge verzichteten dagegen gänzlich auf die 200 Stück Geldes, die sie von den Markgrafen bisher in der Mark zu Lehn gehabt. Der Friede kam im Beisein des Königs Waldemar von Dänemark und des Herzogs Barnim III. von Stettin zu Stande. Beide Verträge haben als Zeugen zuerst die genannten

_____

und Gerad zu Söhnen Ekhards, des Raths Mariislavs IV., gemacht. Er nennt sie Ulrich und Bernd, wie sie in dem Privilegium heißen, giebt ihnen aber die Titel, welche dort dem letzten Grafen von Fürstenberg Ekhard beigelegt werden. Der Ritter Ulrich, welchen Mircarelius als Zeitgenossen Ekhards nennt, war der spätere Graf Ulrich I. selbst; Mircaelius aber hält den angeblichen Sohn Ekhards für diesen. Dies eine Beispiel möge zeigen, wie unzuverlässig häufig die Familien-Traditionen und die aus ihnen geschöpften Angaben der alten Chronisten sind.

*) In dem Stadtbriefe vom 1. December 1349 ist die Rede von 14 Landhufen außer der Pfarre, von denen Graf Ulrich mit seinen Erben den vierten Theil besonders besitzen hatte und ihn nun der Stadt zulegte. (Ock slaghen dar gartken hanthoeven buten der Pfarre, de van vetze befettinge tu Strelitz hebben tu gheleghen, dar wy Greive Ul..T tuet unsen erven befunderghe hat tghebenhghet am hebben, de late wy ock unsen höghheren tu Stoelz, also dat se und unde unsen erven so van der huwe sellen gheven verfengenhalver schilling tu pacht ane tegheenden“). Hierauf beziehen sich in dem Vergleiche, welche Ulrichs Erben am 20. Januar 1366 zu Daber unter einander schlossen, die Worte: „Unme unse huslande deyt, dat wy uhr an Strelitz hadden“ etc. Und hieraus oben bemerkt ist, auch ein Beweis dafür, daß nicht Söhne des Grafen Otto, sondern nur Nachkommen Ulrichs eine Fehde um die Grafschaft Fürstenberg mit Ottos Schwiegersöhnen geführt haben.

Fürsten, sodann Graf Ulrich von Lindow und Graf Ulrich von Fürstenberg unterschrieben. Daß letzterer in näheren Verhältnissen zu den Mecklenburgischen Herren gestanden habe, läßt sich hieraus nicht schließen, denn schon seit einer langen Reihe von Jahren war er der vertrauteste Rath des Herzogs Barnim III., und ohne Zweifel hatte er diesen Fürsten nach Friedland begleitet und wohnte so dem Friedensschlusse bei.

Unter den Pommerschen Chronisten berichtet Kantzow*) über ihn: „Und zu dieser Zeit (1357) ist gewesen Ulrich von Dewitz, ein seiner geschickter Kriegsmann, der erst keiser Caroln und hernach hertzog Albrecht von Mekelnburg mit großen eren vnd ansehen in kriegen gedient hat. Dem haben die fürsten von Mekelnburg Fürstenberg mit der zugelegenen landtschafft gegeben, vnd nachdem er auch von seinem väterlichen erbe sehr reich gewesen, haben die fürsten angehalten, daß er möchte einen erlichen stante annehmen, vnd demnach bei keiser Caroll so viel verschaffet, das er zu einem graffen von Fürstenberg gemachet, welchen stande er auch sampt seinen nachkhomen erlich behalten hat, ... Obgenanter graff ist der, den hertzog Barnim von Stettin sehr werth gehalten, vnd sein viel in kriegen vnd andern hendeln gebraucht." Micraelius**) erzählt: „Etliche Zeit hernach hat Kåyser Carl, Ulrich von Dewitzen zum Gråflichen Stande erhoben, und ihm den Titul eines Grafen von Schenken, und das Amt Fürstenberg und Strelitz in Mecklenburg gegeben. Dannenher sie auch Grafen von Fürstenberg genennt seyn."***) In dem Jahre 1323 begegnet uns Ulrich zum ersten Male in Pommerschen Urkunden. Am 19. November dieses Jahres sicherte der Herzog Otto I. von Stettin, Vater Barnims III., der Stadt Massow die Befreiung von Zoll und Ungeld in seinen Landen zu, welche ihr schon früher von seinen Vorfahren verliehen war. Die Ritter Ebhard und Ulrich von Dewitz waren bei Ausstellung der Urkunde zugegen.

Die Herzoge Otto I., Wartislaw IV. und Barnim III. verkauften im Jahre 1321 dem Bischofe Konrad von Cammin die Stadt und das Land Cammin für 8000 Mark Wendische Pfennige mit dem Vorbehalte der Wiedereinlösung

---

*) Pomerania, von Kosegarten herausgegeben, I. 380 und 381.
**) III. 255.
***) Die Ungenauigkeit und theilweise Unrichtigkeit dieser Notizen liegt am Tage, insbesondere ist, wie schon S. 5 erwähnt worden, durch Nichts zu erweisen, daß jemals ein Dewitz den Titel eines Grafen von Schenken geführt habe.

innerhalb 10 Jahren. Diese Frist war im Jahre 1331 verstrichen, ohne daß Cammin von den Herzogen eingelöst worden, daher wurde am 11. Mai dieses Jahres zu Loitz ein neuer Vergleich geschlossen, in welchem der Bischof Friedrich von Eickstedt eine neue Einlösungsfrist von 12 Jahren und zwar für 7000 Mark bewilligte. Diesen Vertrag schlossen die Herzöge Otto I. und Barnim III. für ihre Mündel Bogislav V., Barnim IV. und Wartislav V., die unmündigen Söhne Wartislav IV. von Wolgast. Die beiden Ritter Elhard und Ulrich von Dewitz unterschrieben auch die hierauf bezügliche Urkunde.

Als der Bischof Friedrich von Cammin am 28. Februar 1336 einen Waffenstillstand zwischen dem Markgrafen Ludwig von Brandenburg und den Herzogen von Pommern-Stettin (Otto I. und Barnim III.), welche wegen des Schlosses Klempenow unweit Pecknitz im Streite waren, vermittelte, verbürgte sich Ulrich von Dewitz für die Pommerschen Herzöge. Eben derselbe Bischof Friedrich von Cammin kaufte am 27. Februar 1339 von den von Wedell, von Spening und von Sanitz deren Antheil an Schloß, Flecken und Land Zublitz für 1450 Mark landesüblicher Pfennige, Ritter Ulrich von Dewitz war hiebei Zeuge.

Als solcher erscheint er gleichfalls, da die Herzoge von Wolgast Bogislav V., Barnim IV. und Wartislav V. am Dienstage nach Pauli Bekehrung 1341 der Stadt Greifenhagen ihre Privilegien bestätigten. Greifenhagen gehörte eigentlich zum Herzogthume Stettin. Otto I. und dessen Sohn Barnim III., Herzoge von Pommern-Stettin, hatten auf dem Reichstage zu Frankfurt am Main (1338) die Reichsunmittelbarkeit vom Kaiser Ludwig von Baiern erlangt. Dort hatten sie ihre Streitigkeiten mit dem Sohne des Kaisers, dem Markgrafen Ludwig von Brandenburg, ausgeglichen. Die alte Feindschaft wurde beigelegt, und die Stettiner Fürsten sicherten dem Markgrafen Ludwig, seinen Brüdern und Erben sogar die Anwartschaft auf alle ihre Länder, Herrschaften, Leute und Güter zu, falls sie ohne männliche Erben sterben sollten. Sie versprachen, daß dem Markgrafen Ludwig von den Städten des Herzogthums Stettin die Huldigung geleistet werden sollte. Die Herzoge der Wolgaster Linie waren jedoch nicht gewillt, ihre Rechte auf das Herzogthum Stettin aufzugeben. Die Vasallen und Städte des Stettiner Landes waren empört, daß ihre Fürsten sie unter die Herrschaft der Märker bringen wollten; nur wenige kleinere Städte und einige Adelsgeschlechter fügten sich in den Willen ihrer Herren, die übrigen schlossen sich an die Herzoge von Wolgast an und versprachen, diese für ihre rechten Herren zu halten und ihnen treu und ergeben zu sein. Da die Bemühungen Otto's I. und Barnim's III., durch gütliche Mittel ihre Stände zur Erhuldigung des Markgrafen zu bewegen, vergeblich waren, versicherte Markgraf Ludwig sie seines kräftigen Beistandes, um mit Waffengewalt den Gehorsam ihrer Vasallen und Städte zu erzwingen. Es kam wirklich zum Kampfe. Dennoch beharrten namentlich die Städte Stettin, Greifenhagen und Collnow fest bei ihrer Weigerung, dem Markgrafen zu huldigen. Sie hielten sich für berechtigt, den Landesherren den Gehorsam zu versagen, weil diese ihnen nicht Treue gehalten hatten. Die Wolgaster Herzoge nahmen sie in ihren besonderen Schutz, ritten im Anfange des Jahres 1341 mit einem großen Gefolge in Greifenhagen ein und bestätigten am 28. Januar der Stadt alle ihre Gerechtsame, Freiheiten und Besitzungen, wie sie solche aus ihren Briefen beweisen möchte. Sie gelobten, ihr alle diese Stück fest und unverbrüchlich zu halten, sie ihr zu bessern und nicht zu mindern, dagegen empfingen sie am 31. Januar die Huldigung der Stadt. Unter den Rittern, welche im Gefolge der Wolgaster Herren genannt werden, befand sich auch Ulrich von Dewitz. Herr Sievert Lode, Herr Ulrich von Dewitz und Herr Claus Troye sind die drei ersten Zeugen in der von den Herzogen ausgefertigten Urkunde. Wie hier Ulrich von Dewitz und Claus Troye neben einander die Urkunde vollzogen haben, so begegnen uns später die Familien der Dewitze und Troyen in Stadt und Land Daber. Im Jahre 1344 verglichen sich die Stettiner Fürsten mit den Städten Stettin und Greifenhagen, auch kam um diese Zeit eine Versöhnung mit den Wolgaster Vettern zu Stande. Nach einigen Jahren sehen wir Ulrich von Dewitz wieder an der Seite des Herzogs Barnim III. Zwischen diesem und der Stadt Stettin war im Jahre 1345 ein neuer Streit entstanden. Der Herzog schickte sich an, ein neues Schloß an der Stelle seines Hofes auf dem alten Burgplatze zu bauen, die Bürger aber vertrieben die Werkleute. Bogislav V. von Wolgast und Bischof Johann von Cammin brachten im Jahre 1346 eine Ausgleichung zu Stande. Die Stadt mußte sich dazu verstehen, dem Herzoge ein steinernes Haus auf dem Hofe auf der Burg zu Stettin zu bauen, der Fürst versprach ihr dagegen die Bestätigung ihrer Privilegien. Dem gemäß bestätigte er am 7. September 1349 zu Stettin der Stadt ihre sämmtlichen Besitzungen nebst Zollfreiheit zu Wasser und zu Lande, so wie auch den von ihm 1345 an sie geschehenen Verkauf von Münze und Zoll zu Stettin. Unter den Zeugen befand sich der Graf Ulrich von Fürstenberg. Im folgenden Jahre (23. Juni 1351) hat er zu Friedland die beiden schon erwähnten Urkunden zugleich mit dem Herzoge Barnim unterzeichnet, als die beiden Markgrafen Ludwig sich mit den Herzogen Albrecht und Johann von Mecklenburg verglichen.

Fragen wir, was Ulrich von Dewitz veranlaßt haben mag, während der Uneinigkeit zwischen den Stettiner Herzogen und ihren Vettern von Wolgast auf die Seite der letztern zu treten, da er doch vor und nachher mit den erstern eng verbunden war: so könnte ihn hiezu die Unzufriedenheit mit dem Verfahren der Herzoge Otto I. und Barnim III. bewogen haben. Näher dürfte jedoch die Vermuthung liegen, daß er sich zu den Wolgaster Fürsten als zu seinen eigentlichen Lehnsherren hielt; zum Wolgaster Antheile aber gehörte das Land Daber. So wird Ulrich von Dewitz wohl deßwegen auf der Seite der Herzoge von Wolgast gestanden haben, weil seine Besitzungen in deren Gebiete, und zwar im Lande Daber lagen. Daß die beiden Ritter Elhard und Ulrich von Dewitz, welche uns mehrfach in denselben Urkunden begegnen, und die schon um das Jahr 1320 beide eine bedeutende, einflußreiche Stellung unter den Räthen der Pommerschen Herzoge einnahmen, in Pommern Besitzungen hatten, ist ohne Zweifel. Sie waren zwar beide herzogliche Räthe, indessen bloße Hofämter, die nach jetziger Art auf eine Geldbesoldung angewiesen waren, gab es damals nicht. Die fürstlichen Räthe waren, wie der übrige Adel, auf Gütern angesessen, und so werden denn auch die beiden Dewitze, Elhard und Ulrich, welche, wie es scheint, ihren beständigen Aufenthalt in Pommern genommen hatten, hier begütert gewesen sein. Nirgend anders als im Lande Daber können aber ihre Besitzungen, von Anfang an, gelegen haben. Wir finden keine Spur, daß sie in irgend einer andern Gegend Pommerns als hier Güter gehabt haben, außer im Dorfe Brüsewitz bei Stargard in Pommern. Wie viel ihnen dort gehörte, ist nicht zu ermitteln; wir wissen lediglich, daß im Jahre 1350 die Söhne und ein Enkel des Grafen Ulrich den Kalandsbrüdern zu Stargard 30 Mark Finkenaugen jährlichen Einkommens von 8 Hufen in Brüsewitz zu einer Vicarie in Stargard vermachten. In der Gegend von Daber, ja in der unmittelbarsten Nähe, treffen wir um 1350 einen Dewitz an, der in Hindenburg bei Naugard wohnhaft war. Sehr bald verschwinden die Dewitze aus Brüsewitz und Hindenburg, wie es scheint, hatten sie nur kurze Zeit Antheile jener Güter inne; daß sich aber auf jene beiden Orte nicht sämmtliche Besitzungen der Dewitze beschränkt haben können, liegt auf der Hand, und ist daher anzunehmen, daß gleich bei dem ersten Auftreten dieses Geschlechts in Pommern ihnen Güter im Lande Daber zu Lehn gegeben wurden.

Daß die Dewitze ihren Sitz im Lande Daber wirklich hatten, ehe die bisher bekannt gewordenen Urkunden sie hier ausdrücklich nennen, erhellt aus einem Landfriedensbündnisse, welches im Jahre 1354 am Freitage nach dem Tage St. Johannis, da er in Oel gesotten wurde, (6. Mai) eine große Anzahl Abliger zu Naugard mit den Städten Stargard, Greifenberg und Treptow schlossen. Wie Kantzow erzählt,*) waren durch die vielen Kriege und Fehden der damaligen Zeit eine Menge junger Kriegsleute, sowohl von Adel als auch andere, des Raubens und Plünderns gewohnt geworden, hatten dann bei eingetretenem Frieden keine Nahrung und Beschäftigung und blieben daher bei ihrer Gewohnheit, indem sie die Kaufleute auf den Landstraßen beraubten, viele Dörfer, in denen reiche Bauern waren, plünderten und in der Mark, Pommern und Mecklenburg überaus große Unsicherheit verursachten. Dem zu wehren, gaben sich die Fürsten große Mühe, brachten auch viele Schnapphähne um. Da aber die Fürsten vielfach uneins unter einander waren, der Friede zwischen ihnen nicht lange zu dauern pflegte, und des einen Feinde bei den andern Schutz fanden, so wurde dadurch nicht viel gebessert. Daher traten Städte und Ablige zu Schutz- und Friedensbündnissen zusammen. Ein solches Bündniß wurde auch im Jahre 1354 zu Naugard von Adel und Städten der umliegenden Gegend zum Schutze gegen die Straßenräuber, Mörder, Bodenstülper**) und Mordbrenner geschlossen. Die Abligen, welche sich mit den Städten Stargard, Greifenberg und Treptow verbanden, waren: Graf Otto von Eberstein, Herr des Landes Naugard, Graf Ulrich von Fürstenberg, Ritter Elhard von Dewitz, dessen Brüder und Vettern, ferner die Loden, Widanten, Stegelitze, Borken, Wedell, Osten, Manteuffel, Treuen und Brüsewitze. Diese Verbündeten versprachen, mit 150 Rittern und Knappen ihren Herren, den Brüdern von Wolgast, beizustehen und sich unter einander zu schützen. Im Falle großer Noth wollten sie sich mit ihrer ganzen Macht Hülfe leisten. Würde unter ihnen eine Zwietracht entstehen, so hätte jede Stadt einen Bürgermeister und einen Rathmann zu senden, welche mit

---

*) Kantzow. Pomerania von Kosegarten I., 331.
**) Seeräuber, welche die Küsten plünderten.

Graf Ulrich von Fürstenberg, Herrn Ewert Lode, Henning von der Osten und Thiederich von Bergelitz Wache haben sollten, die Sache beizulegen. Niemand von den Verbündeten dürfe dem widersprechen, was sie festsetzen würden. Stürbe einer von diesen Schiedsrichtern, so müsse binnen vier Wochen ein anderer an seiner Stelle ernannt werden. Dies Bündniß wurde auf 6 Jahre, vom nächsten Pfingsten an gerechnet, geschlossen.

Die Städte sowohl als die adligen Geschlechter, welche sich mit einander verbanden, weisen uns darauf hin, daß wir die Dewitze, deren Sitz nicht genannt ist, nur im Lande Daber suchen können.

Wenige Jahre nachher verband sich Graf Ulrich von Fürstenberg mit dem Bischofe von Cammin. Diesmal galt es aber nicht, den Frieden zu erhalten, sondern er rüstete sich zum Kampfe gegen die Wolgaster Herzoge selbst. Bischof Johann, ein Prinz aus dem Hause Sachsen-Lauenburg, war hochgeehrt. Das Bisthum hatte er zu großer Blüthe erhoben. Ein Streit zwischen ihm und den Wolgaster Herzogen, wegen des Besitzes der Stadt Cammin und der Grenzen des Bisthums, war im Jahre 1355 durch gütlichen Vergleich beigelegt. Sehr bald aber entstand ein neuer Zwist, da Bischof Johann, ohne Genehmigung der Herzoge als Patrone des Stiftes, seinen jüngern Bruder Erich als Coadjutor einzusetzen gedachte. Die Landesherren griffen zu den Waffen, um ihre Rechte zu behaupten, der Bischof sahe sich nach Hülfe um und schloß am 31. Januar (Sonntag vor Lichtmeß) 1356, mit mehreren Adligen ein Schutz- und Trutzbündniß. Graf Ulrich von Fürstenberg und Ritter Ekhard von Dewitz gehörten zu seinen Verbündeten. Der Friede wurde sehr bald, am 29. Juni desselben Jahres, wieder hergestellt.

Der Bischof und das Domkapitel verpflichteten sich, nie einen Bischof ohne Genehmigung ihrer Patrone, der Landesherren, zu wählen, die Fürsten dagegen nahmen das Bisthum in ihren Schutz. Man einigte sich über die Grenzen, und gegen Zahlung von 5000 Mark Finkenaugen wurden Stadt und Land Cammin für immer an die Herzoge Bogislaw V., Barnim IV. und Wartislaw V. gewiesen.

Noch einmal zog Graf Ulrich mit seinen Fürsten in den Streit und half ihnen einen blutigen Sieg erringen. Die Herzoge von Wolgast waren mit dem Markgrafen Ludwig dem Römer im Jahre 1359 wegen des Besitzes von Pasewalk in eine Fehde gerathen. Der Markgraf belagerte die Stadt, die Wolgaster Herzoge aber eilten herbei, schlugen die Märker und entletztern Pasewalk, Graf Otto von Eberstein, Graf Ulrich von Fürstenberg und dessen Vetter Ulrich von Dewitz leisteten den Fürsten mit 11 gerüsteten Pferden Hülfe*).

Kurz vor seinem Ende richtete Graf Ulrich noch einen ehrenvollen Auftrag des Herzogs Barnim III. aus. Um Fastnacht 1363 wurde die Vermählung des Kaisers Karl IV., der zum dritten Male Wittwer geworden war, mit Elisabeth, der sehr schönen Tochter Herzogs Bogislav V. von Pommern-Wolgast zu Krakau gefeiert**). Am Hofe des Königs Kasimir von Polen, des Großvaters der Prinzessin, bei dem sie erzogen war, fand die Hochzeit mit ungemein großer Pracht statt. Die Könige Ludwig von Ungarn, Waldemar von Dänemark, Peter von Cypern, die Herzoge Semovit von Masovien, Boleslav von Schweidnitz, Ladislav von Oppeln, Otto von Baiern, Bogislav V. von Pommern, Vater der Braut, Kasimir IV. von Pommern, ihr Bruder, und viele Polnische, Deutsche und Böhmische Herren hatten sich eingestellt. Herzog Barnim III. von Pommern konnte Alters halber, nicht nach Krakau reisen, daher schickte er an seiner Stelle den Grafen Ulrich von Fürstenberg mit stattlichen Geschenken dahin***). Sehr bald nach seiner Rückkehr starb Graf Ulrich, denn am 12. Juli 1363 war er nicht mehr am Leben. Als an diesem Tage des Grafen Otto Schwiegersöhne ihre Ansprüche auf die Grafschaft Fürstenberg, wegen der Erbschaft ihrer Frauen, geltend machten, geschah des Grafen Ulrich nicht Erwähnung. Als die derzeitigen Besitzer der Grafschaft wurden seine Söhne bezeichnet. Ulrich ist also fast gleichzeitig mit dem Grafen Elhard, dem Sohne Ottos, gestorben. Hat er Elhard überlebt, so kann er nur sehr kurze Zeit im Besitze der Grafschaft Fürstenberg gewesen sein.

Ulrich muß ein hohes Alter erreicht haben, denn sein Enkel

*) Kanzow, Pommerania I., 400.
**) Aus dieser Ehe ist Kaiser Sigismund entsprossen.
***) So berichtet Kanzow: Pommerania I., 395. — Ball (I., 55) macht die Bemerkung: „Kanzow erzählt, Herzog Barnim habe den Grafen Ulrich an seiner statt im J. 1363 nach Krakau zur Vermählungsfeier Kaiser Karls mit Elisabeth, Herzog Bogislavs von Pommern-Rügen Tochter gesandt; das scheint kaum möglich." — Fand die Hochzeit zu Fastnacht 1363 statt, so wäre es möglich, daß Ulrich ihr beiwohnte; ist aber die Angabe einiger Geschichtsschreiber richtig, daß die Hochzeit erst 1364 gefeiert wurde, so konnte Graf Ulrich allerdings nicht bei ihr zugegen sein, da er schon in der ersten Hälfte des Jahres 1363 gestorben ist.

gleichen Namens (von seinem ältesten Sohne Elhard) war schon im Jahre 1367 Ritter. Es sind 7 Söhne des Grafen Ulrich von Fürstenberg bekannt: 1. Elhard, 2. Jacob, 3. Gerhard, 4. Bicke, 5. Henning, 6. Ulrich, 7. Wedige. Von diesen waren im Jahre 1364 Bicke und Henning nicht mehr am Leben, wahrscheinlich waren sie schon vor dem Vater gestorben. Die Erben des Grafen Ulrich nahmen nach seinem und des Grafen Elhard Tode die Grafschaft Fürstenberg in Besitz, behaupteten sie aber nicht lange.

Der Untergang der Grafschaft Fürstenberg

trat sehr bald ein. Nach einer zuerst von Latomus berichteten, sehr verbreiteten Ueberlieferung*), nahm Herzog Johann von Mecklenburg den Erben Ulrichs wegen Felonie die Grafschaft Fürstenberg. Sie sollen nämlich in dem Kriege zwischen dem Herzoge Albrecht von Mecklenburg und den Herzogen von Pommern-Wolgast, der im Jahre 1368 stattfand, auf Pommerscher Seite gestanden haben. "Bantzow fehlet auch darin," heißt es bei Latomus**), "wenn er saget, sie haben den Stant theils darumb, das ihrer zu viel und unvermüglich worden, solchen hohen Stand zu führen, theils auch darumb, das sie der Hoffart nicht groß geachtet, von ihnen selbst verlassen. Das kann ich in mein Credo nicht bringen. Denn die Historia gibts, daß die Herren des Landes zu Stargard den newen Grafen von Fürstenberg ihre zuvor geschenkten Güter alle einzogen, und die Vogtei Strelitz den Molten von Strieseldte

---

*) Der vielfach als Gewährsmann genannte Latomus hat eine Geschichte des Mecklenburgschen Theils verfaßt. Er durchforschte im Auftrage der Herzoge, mit Empfehlungsschreiben von ihnen versehen, die alten Briefschaften des Mecklenburgischen Theils und arbeitete nach den daraus gezogenen Notizen und den ihm mitgetheilten Familien-Ueberlieferungen im Jahre 1610 eine Geschichte des gesammten Theils Mecklenburgs aus. Ehe er dies Werk herausgeben konnte, starb er. Seine Erben ließen den Theil, welcher die Geschichte des Amtshaupt zu Neustrew und des Stargardschen Theils enthält, im Jahre 1619 drucken. Der bei weitem umfangreichere Theil liegt noch ungedruckt im Schweriner Archive. Die von ihm aus Familien-Ueberlieferungen mitgetheilten Nachrichten erweisen sich oft als unzuverlässig oder völlig unrichtig, indessen enthält seine Schrift eine Menge sehr willkommener Nachrichten, die aus nicht mehr vorhandenen Urkunden entnommen sind (Boll I, 145—165).
**) Latomus vom Stargard. Orel p. 111.

verkaufft, und ihr Haus in Neuenbrandenburg Herrn Hans von Ramsdorf Rittern verehret haben. Die ursach solche einziehens sagt man diese gewesen sein, das sich einer von diesen Graffen bei die Herren von Pommern in Krieg bestellen lassen, als nun die Herren von Meklenburg solches verdrossen, und an ihn gelangen lassen, er solte sein Lehnsid betrachten, und sich des Eides in Pommern gethan los wirken, und wider seinen Herrn nicht dienen, mit angehengter Trawung, daferne solches nicht geschehe, ihm und den seinen die gantze Graffschaft einzuziehen, und aber die Herzogen aus Pommern ihn seines Eydes nicht erlassen wollen, sondern ihm dagegen die Verheißung gethan, da ihm die Graffschaft Fürstenberg genommen würde, das sie alsdann in ihrem Lande ja ein so gut Stück Land wider geben wollen. Darauff sol die einziehung der Güter und die gegenbelehnung in Pommern geschehen sein." Micraelius hat diese Ueberlieferung aufgenommen. „Im Jahre 1368", erzählt er, „hat einer von diesen Fürstenbergischen Grafen den Pommerischen Fürsten, Wartislaffen und Bogislaffen, des Nahmens den Sechsten, in ihren Kriegen wider Mecklenburg Beistand geleistet. Deswegen ist die Graffschaft Fürstenberg confiscieret und eingezogen worden. Aber die Pommerische Herzogen haben den Dienst, so ihnen geleistet, anderswerts vergolten, und den Dewitzen das Land zu Daber verehret*)." Kantzow kennt diese Tradition noch gar nicht. Wäre sie ihm bekannt gewesen, so hätte er sicher auf sie Rücksicht genommen. Er sagt, wie wir schon von Latomus erfahren haben, nur: „Aber die länge weil jrer viel geworden, also daß ein teil so hoch vermagten, ein teil nicht so hoch geplieben, das sie dem stande nach sich statlich genug halten kunten, und sunst der hochfart nicht groß achten, haben sie den stande und nhamen fallen lassen.**)

Gegen die Ueberlieferung bei Latomus spricht entschieden der Umstand, daß Herzog Johann, der Lehnsherr der Grafen von Fürstenberg, an jenem Kriege gar nicht Theil nahm; die Dewitze waren auch nicht erst seit 1368, sondern schon zu Graf Ottos Zeiten, wie urkundlich nachgewiesen ist, mit Daber belehnt. Hiezu kommt, daß unter den Rittern und Knappen, welche nach Beruhigung jener Fehde den Frieden zu Ribnitz besiegelten, auf Mecklenburgischer Seite zwei Dewitze genannt werden, der Ritter Otte und der

---

*) Micrael. VI. 341 und 342.
**) Kantzow, Pomerania I., 280.

Knappe Bobo. Beide hatten sich um den Herzog Albrecht vielfach verdient gemacht, der Ritter Otto war seine rechte Hand und seine zuverlässigste Stütze bei den wichtigsten Unternehmungen. Mit Recht macht Rudloff darauf aufmerksam, daß falls die Fürstenberger Grafen in Gefahr gewesen wären, die Grafschaft in Folge dieses Krieges zu verlieren, die beiden einflußreichen Vettern ohne Zweifel sich ihrer angenommen und sie im Besitz ihrer gefährdeten Güter erhalten haben würden.[*]) Außerdem ist zu beachten, daß dieser Friede durch Vermittelung des Grafen Otto von Eberstein, Herrn zu Naugard, zu Stande kam, dessen Schwester die Gemahlin des Grafen Elhard, ältesten Sohnes des Grafen Ulrich von Fürstenberg, war. Gewiß hätte Graf Otto von Eberstein zu Gunsten seines Schwagers und dessen Brüder gewirkt. Andere Ursachen müssen also den Verlust der Grafschaft Fürstenberg herbeigeführt haben.

Bald nach dem Tode des Grafen Elhard, des Sohnes Ottos, erhoben die Schwiegersöhne des letztern Joachim Gans, Herr zu Putlitz, Ritter Johann von Moltke auf Strietfeld und der Knappe Bernd von Maltzan auf Osten und Stavenhagen, Ansprüche auf die Erbschaft, welche ihnen, von ihrer Frauen wegen, aus dem Nachlasse des Grafen Otto und seiner Söhne zukam. Am 12. Juli 1363 wandten sie sich zu Doberan an den Herzog Albrecht und baten diesen, ihnen gegen Herrn Elhard, Herrn Jacob und Gherold (Gerhard)[**]), Brüder genannt von Dewitz, zu ihrem Rechte zu verhelfen, welches ihnen an dem Gut und Erbe des Grafen Otto und seiner Söhne, ihrer Hausfrauen wegen, zustand. Sie erklärten, ohne Widerrede mit dem Ausspruche zufrieden sein zu wollen, den der Ritter Ricke Moltke auf Strietfeld und Herr Bertram Berr, Kanzler des Herzogs, in dieser Sache thun würden. Um Herzog Albrecht für sich zu gewinnen, verpflichteten sie sich, ihm mit 10 Helmen, auf seine Kosten und Schaden, ein halbes Jahr lang zu dienen, wenn er es begehren und wo er es bedürfen würde. Auch traten sie ihm die

---

*) Rudloff Geschichte von Mecklenburg II, 639—640.
**) Die Schwiegersöhne Ottos hielten sich nur an die drei ältesten Söhne Ulrichs. Der vierte (Ricke) und fünfte (Henning) Sohn des Grafen Ulrich waren schon verstorben. Jeder hatte einen Sohn, Namens Ulrich, hinterlassen. Diese beiden Enkel und die beiden jüngsten Söhne des Grafen Ulrich scheinen noch unmündig gewesen zu sein.

Güter ab, welche sie im Lande Reetel, ihrer Hausfrauen wegen, von dem
Erbe des Grafen Otto besaßen. Es erhob sich nun eine heftige Fehde um
die Grafschaft Fürstenberg, in welcher die Erben Ulrichs im Nachtheile blieben.
Am 25. Januar 1364 berechneten seine Söhne Ekhard, Jacob, Gerhard
und sein Enkel Ulrich, Bides Sohn, zu Daber in der Wohnung des
Pfarrers*) die Schäden und Unkosten, welche sie zur Behauptung der Grafschaft aufgewendet hatten. Diese beliefen sich auf 12,550 Mark. Hiervon kamen
auf Ekhard und Ulrich, Bides Sohn, 3810 Mark, auf Jacob und
Gerhard 8740 Mark. Für diese Verluste sollten sie aus den Gütern des
Grafen Otto im Lande Daber entschädigt werden. Reichten diese Güter
zur Schadloshaltung nicht aus, so sollte ihnen eine Entschädigung aus den
gräflichen Besitzungen jenseit der Oder angewiesen werden. Für je 10 Mark,
welche sie aufgewendet hätten, sollten sie jährlich 1 Mark Rente erhalten. —
Ulrich und Wedige, die Söhne des verstorbenen Grafen Ulrich, und dessen
Enkel Ulrich, Hennings Sohn, hatten nichts ausgelegt. Weil sie keinen
Schaden erlitten hatten, waren sie auch nicht berechtigt, eine Rente aus den
Gütern zu erheben.**)

Streitig ging in dieser Fehde den Erben des Grafen Ulrich bald
verloren. Es wird bei der Berechnung der Unkosten nicht mehr unter den
Orten genannt, aus welchen Behufs der Entschädigung eine Rente erhoben
werden sollte, wohl aber wird Arnsberg erwähnt. Hier sollten Ekhard
und sein Neffe Ulrich, Bides Sohn, jährlich 61 Mark und Jacob und
Gerhard jährlich 21½ Mark erheben. Auch in Jagow war den beiden

*) In der Dobera in des perrers vornuye.
**) Die Urkunde haben fünf von den Erben des Grafen Ulrich ausgestellt und unter-
schrieben: wy Eghard, Jacob, van der gnade Ghodes Gerorn tu Vörstenberg, unde wy
Gherard, Ulrich unde Ulrich, brothke gheheiten van Demiz." Der eine Ulrich ist
Bides Sohn, wer der andere Ulrich gewesen, ist nicht ersichtlich. Zwei von den Erben
des Grafen Ulrich haben sich bei Ausfertigung der Urkunde nicht betheiligt, Wedige und
ein Ulrich, so mochten in Daber nicht anwesend sein. Erwähnt sind alle; von den Söhnen des Grafen Ulrich, Wedige und Ulrich, und dessen Enkel Ulrich, Hennings Sohn,
ist bemerkt, daß sie keine Auslagen gemacht und keinen Schaden gehabt hätten. — Die
Ekhard, Jacob, Gerhard und Ulrich, Bides Sohn, gemeinschaftlich die Kosten zu
der Fehde aufbrachten, so hatten sie gemeinschaftlich auch die Vicarie in der Marienkirche
zu Stargard in Pommern 1358 gestiftet.

letzten eine jährliche Rente von 10 Mark Silber angewiesen.*) Graf
Otto muß dort also Besitzungen gehabt haben. Vielleicht hängt dies mit der
Verpfändung von Fürstenwerder zusammen, welches von dem Markgrafen
Ludwig dem Römer, im Jahre 1351, an den Grafen Otto für 330 Mark
Silber pfandweise überlassen war. Im nächsten Jahre (26. November 1352)
war es im Pfandbesitze der Herzoge Albrecht und Johann von Mecklenburg
(vergl. oberhalb Graf Otto von Fürstenberg S. 45). Es kann an diese von dem Grafen
Otto weiter verpfändet worden sein, möglich ist aber auch, daß der Markgraf Ludwig
selbst Fürstenwerder an die Herzoge von Mecklenburg überlassen und den Grafen
Otto anderweitig für die 330 Mark Silber sicher gestellt hatte. So konnten
in Jagow an den Grafen Otto Besitzungen oder Einkünfte gekommen sein.

Sämmtliche Erben des Grafen Ulrich kamen am 20. Februar 1365 zu
Daber überein, daß die Grafschaft Fürstenberg jenseit der Oder in Gelde
geschätzt werden sollte. Der Antheil von Strelitz, welchen Graf Ulrich
allein der Stadt verliehen hatte, den also seine Erben nicht erst vom Grafen
Otto überkommen hatten, eben so ihr Theil von dem Dorfe Gulitz, sollten mit den
hinterlassenen Gütern des Grafen Otto zu Gelde gesetzt werden. Eberhard
Wedige und Ulrich, Hennings Sohn, hatten den Geldwerth der Grafschaft zu bestimmen. War dieser festgestellt, so war den Brüdern Jacob,
Gerhard und Ulrich die Wahl zwischen der Grafschaft und dem Gelde überlassen, sie mußten sich jedoch binnen einem Tage entscheiden. Wer bei der
Grafschaft blieb, mußte die auf ihr haftenden Schulden bei Christen und Juden
übernehmen, und zwar sowohl die Schulden, welche vom Grafen Otto und
seinen Söhnen herrührten, als auch diejenigen, welche von den Erben des Grafen
Ulrich gemacht waren. Von der Geldsumme, die auf eines jeden Antheil
kommen würde, sollten zuerst seine Schulden abgezogen werden, für das ihm
dann noch bleibende Kapital wurde ihm eine Rente aus den Gütern der Grafschaft ausgesetzt. Für je 10 Mark erhielt er 1 Mark**) so lange, bis die

---

*) „Bartmer schon so in Jagow erobern dem man sillera oder bröschelar man
unde veftig vermelge." Jagow, jetzt ein Dorf, war damals eine Stadt mit einem Roland.
In den Gütern sollte die Rente aus der Pacht und Mühlenpacht genommen werden.
**) Der Zinsfuß von 10 pm war damals sehr gewöhnlich. Es wurden häufig aber
auch nur 8 pm berechnet (vergl. Teske, Geschichte der Stadt Stargard i. Pom. L. 63—64.)
Zuweilen war jedoch der Zinsfuß noch höher. So wurden z. B. bei einem Rentenverkauf

Besitzer der Grafschaft diese Rente durch Zahlung des Kapitals ablösen würden. In dieser Weise sollte es mit allen Gütern des Grafen Otto gehalten werden, mit Schlössern und Ländern, diesseits und jenseits der Oder. Wer bei den Gütern des Grafen Otto im Lande Daber bleiben würde, sollte den Theil des Hauses, welcher dem Grafen Otto gehört hatte, auf seine Kosten in gutem Stande erhalten. Entstände eine Fehde im Lande Daber, der Grafschaft wegen, so sollte diese von allen zum gemeinsamen Frommen und Schaden ausgefochten werden. Käme es aber jenseit der Oder, also in der Grafschaft Fürstenberg zu einem Kriege, so hätten diesen lediglich die Besitzer der Grafschaft zu bestehen. Jacob, Gerhard und deren Bruder Ulrich einerseits und Ethard, Ulrich, Hennings Sohn, und Wedige andererseits gelobten, diesen Vertrag ohne Arglist zu halten. Auffallend ist, daß Ulrich, Bickes Sohn, zwar im Eingange dieser Urkunde genannt wird, aber weder bei der Abschätzung der Grafschaft zu Gelde betheiligt, noch berechtigt war zu wählen, ob er bei der Grafschaft bleiben oder eine Geldentschädigung annehmen wolle. Und doch hatte er gemeinschaftlich mit seinem Oheim Ethard eine bedeutende Summe zur Behauptung der Grafschaft verwandt.[*]

---

für den besiern Hofprediger zu Greifswald im Jahre 1312 für ein Kapital von 400 Mark jährlich 50 Mark Rente gezahlt, also 12½ pc. (Kosegarten, Pommersche und Rügische Geschichtsdenkmäler 1, 356).

[*] Als Jahreszahl ist in der Urkunde angegeben: „na thosed dort drütteyen hundert jar, in deme vif ande vüstigesten jare, des unghdoverwol wir uns verlaten." Im Jahre 1355 leisten nach die Grafen Otto und Ulrich. Man hat daher des Uebereinkommens der Erben des letztern als ein vorläufiges angesehen, welches sie für den Fall trafen, daß Ethard, der Sohn des Grafen Otto, ohne Erben sterben würde. Auch Gellmer ist dieser Ansicht, er hält des Jahr 1355 fest und giebt hierzu folgende Erläuterung: „Diese Urkunde ist zu Daber im Jahr 1355 am Mittwochen vor Fastnacht unterzeichnet und ihr Inhalt besteht kürzlich darin: Eggert Gerwe, Herrn Jacob und Gerhard, Ulrich, Bickes Söhne, Ulrich, Henninges Söhne, und Ulrich und Wedige haben sich wegen der Grafschaft Fürstenberg jenseit der Oder mit einander verglichen, wenn Herre Otto und sein Sohn verstorben, wie unter ihnen die Grafschaft sollte getheilt werden, und daß dieser unter ihnen ausgerichtete Vergleich desto fester möchte gehalten werden, sind besten Zeugen gewesen: Engelke von Dewitz und Sohn von Dewitz. Aus dieser Auszug aus dem Vergleiche bemerket schon deutlich, daß Graf Otto von Fürstenberg nur einen einzigen Sohn gehabt, der schon bemahlen, nemlich 1355, also noch 8 Jahre vor des Grafen Otto Absterben, von solcher Beschaffenheit gewesen, daß man von ihm, wäre als wahrscheinlich, seine leibliche Nachkommenschaft erwarten können." Schon Chemnitz setzte die Urkunde in das Jahr 1355, auch gehört sie unzweifelhaft in diese Zeit. Es ist unbestritten, daß sie bei Lebzeiten des Grafen Otto abgefaßt ist. Abgesehen von dem

Jacob und Gerhard zogen die Grafschaft dem Gelde vor. Von Jacob läßt sich dies freilich nicht mit voller Gewißheit beweisen, es ist aber sehr wahrscheinlich;[*] von Gerhard ist eine Urkunde, die er am 25. Januar 1367 ausgestellt hat, erhalten, aus welcher erhellt, daß er die Grafschaft in Besitz genommen hatte. Er verkaufte an dem gedachten Tage an den Priester Hermann Grieben einen Hof und eine Hufe zu Röbelich, einem zur Grafschaft Fürstenberg gehörigen Dorfe. Am Schlusse der Urkunde, über diesen Verkauf ist bemerkt, daß Gerhard das von Dewitsche Familiensiegel daran gehängt hätte, da er sich das Siegel seiner Grafschaft noch nicht hätte stechen lassen.[**] Die Urkunde beginnt mit den Worten: „Wy Gehrni van der gnade Gobed ein Grave to Förstenberch." Ueber die Entscheidung Ulrichs, des Sohnes des Grafen Ulrich, fehlt jede Andeutung.

Nach einigen Jahren (1371) war die Grafschaft Fürstenberg nicht mehr im Besitz der Erben des Grafen Ulrich. Wie dies zugegangen, ist noch immer nicht durch Urkunden nachgewiesen, vielleicht urkundlich auch nicht nachweisbar. Nach allem, was vorliegt, darf es jedoch als ausgemacht angesehen werden, daß Ulrichs Nachkommen 1371 die Grafschaft Fürstenberg, soweit sie im Lande Stargard lag, mit Ausnahme der Vogtei Fürstenberg, an den einen Schwiegersohn des Grafen Otto, den Ritter Johann Molike und an dessen Bruder, den Ritter Bide Molike, beide auf Strietfeld, verkauften. Sie waren wohl der vielen Streitigkeiten müde, hatten eine große Schuldenlast aufgehäuft, dazu kamen vielleicht noch andere Unfälle. So war

- - -

Angelegenheiten einer solchen Verfahrens, spricht schon der Wortlaut dagegen. Wenn es in Ur heißt: „Unse Herre Otten schull und frawe löwe, de me Ghol ghavelich ju, unnse bat gut, dat Herre Otte hebbe ghehad.. dat heil, dat Herre Otte der an habbe," so wird dies niemand von dem „noch lebenden" Grafen Otto verstehen können, diese Worte müssen vielmehr auf seinen Tod bezogen werden. Im Jahre 1365 lebten auch noch zwei Söhne Ottos, die jungen Grafen Ethard und Albrecht, und schwerlich sowie im Vormund hierauf gewiesen werden, doch beide unterweil starben würden. Es ist demnach jedenfalls zu lesen „festigeften" anstatt vestigeften (Boll II., 279). Kühloff will 1356 gelesen wissen, auch zu sieht den Vergleich als einen verkundigenn an (II., 457.)

[*] Vergl. unten die Geschichte des Grafen Jacob von Fürstenberg, (no 55.)

[**] Zu meiner bekanntnisse habbe wi ufse bagezegel der une Dewitse Herre jungeren an dessem breff wormte hebben dat bagezegel ufse grovenschop noch nicht hebben gewesen.

→ 70 ←

Graf Jacob im Jahre 1367 in Polnische Gefangenschaft gerathen, und nur gegen ein bedeutendes Lösegeld wird er seine Freiheit wieder erlangt haben. Daher zogen die Grafen von Fürstenberg es vor, lieber ihre Vermögensverhältnisse zu ordnen und sich auf ihre Herrschaft Daber zu beschränken, als fortwährend schwere Geldopfer auf die Behauptung eines Besitzes zu verwenden, der sie in beständige Fehden verwickelte, und dessen Verlust sie ohnehin fürchten mußten. Sie konnten um so weniger hoffen, gegen die mächtigen Schwiegersöhne des Grafen Otto den Sieg davon zu tragen, da diese den Herzog Albrecht von Mecklenburg ihrer Sache geneigt gemacht hatten[*]).

Am 6. September 1371 belehnte Herzog Johann von Mecklenburg zu Neubrandenburg, in Gegenwart seines Bruders Albrecht und dessen Sohnes Heinrich, den Ritter Dicke Moltke und den Knappen Hennecke Moltke[**]), einen Sohn des kürzlich verstorbenen Ritters Johann Moltke, beide zu Strietfeld, mit allen Gütern, welche der Graf Otto in der Herrschaft des Herzogs Johann gehabt hatte, als zu einem rechten Lehn, mit Ausnahme von Schloß, Stadt und Vogtei Fürstenberg. Daß die Moltkes die Güter des Grafen von Fürstenberg gekauft hatten, ergiebt sich aus einer Urkunde vom 2. Februar 1372. An diesem Tage verglich sich der Ritter Dicke Moltke zu Strietfeld mit den Söhnen Johanns, seines verstorbenen Bruders, nämlich Hennecke, Otto, Dicke und Albrecht, über Schloß, Stadt und Land Strelitz und was sie sonst noch von der ehemaligen Grafschaft Fürstenberg erworben möchten, dahin, daß von diesen und allen ihren andern Gütern jeder Theil die Hälfte der Einkünfte genießen solle, sie aber 10 Jahre lang in ungetheiltem Besitze bleiben und die Güter nicht theilen wollten. Strelitz wird hier als von ihnen angekauft bezeichnet[***]). Eine Zeitlang blieben die Moltkes im Besitze von Strelitz. Hennecke Moltke van Strellze wird noch am

---

[*]) Auch Lisch (Geschichte und Urkunden des Geschlechts Hahn II. 73 — Maltzanische Urkunden II., 236) und Boll (II., 66) nehmen an, daß die Dreuge die Grafschaft verkauft haben.

[**]) Hennecke Moltke war ein Enkel des Grafen Otto. — Hennecke das Diminutiv von Johann. Bei den Knappen wird gewöhnlich die Diminutivform des Vornamens gebraucht.

[***]) Von wem die Moltkes Schloß, Stadt und Land Strelitz angekauft hatten, ist nicht gesagt.

17. Juni und 6. September 1398 unter den Mecklenburgschen Bürgen bei den Verhandlungen wegen Auslösung des Königs Albrecht von Schweden (eines Mecklenburgschen Prinzen) aus der Daenischen Gefangenschaft genannt. Im Jahre 1399, am Mittwoch vor Ostern, zu Mittenwalde, bekannte Hasse von Blankenburg, daß er Haus und Stadt Strelitz mit Hülfe des Markgrafen Jobst gekauft hätte *). Er gelobte, mit dem Schlosse Strelitz bei Brandenburg zu bleiben und dasselbe dem Markgrafen und seinen Hauptleuten offen zu halten.

Die Vogtei Fürstenberg nahm Herzog Johann an sich. Aus welchem Grunde dies geschahe, ist dunkel. Vielleicht hatten sie ihm die Dewitze ebenfalls käuflich überlassen. Sie blieb in den Händen des Landesherren. Johanns Söhne, die Herzoge Johann, Ulrich und Albrecht, verpfändeten im Jahre 1397 Schloß, Stadt und Land Fürstenberg an Bernhard von De-witz. Das alte fürstliche Haus, welches die Grafen von Fürstenberg in Neubrandenburg besessen hatten, wurde, nach Lavemus, im Jahre 1400 von den Herzogen an den Ritter Hans von Arnfeld verliehen. Auch dieses war also wieder in die Hände der Landesfürsten gekommen.

So hatten die Dewitze sehr bald die ganze Grafschaft Fürstenberg verloren. Selbst den Grafentitel ließen sie fallen. Bei Lebzeiten des Grafen Ulrich nannte sich keiner von seinen Söhnen Graf, während Ottos Söhne, Ekhard und Albrecht, gleichzeitig mit dem Vater diesen Titel führten. Ulrichs Söhne, Ekhard, Jacob und Gerhard, sowie sein Enkel Ulrich, Bides Sohn, werden in einer Urkunde vom Jahre 1359 einfach mit ihrem Familiennamen Dewitz bezeichnet **). Nach dem Tode ihres Vaters Ulrich und ihres Vetters Ekhard III. umgaben sich Ulrichs Erben als Besitzer der Grafschaft mit einem gräflichen Hofhalt. Sie hatten einen Schreiber aus einem der ältesten und angesehensten Adelsgeschlechter jener Zeit, Busso von der Dolla ***). Ekhard und Jacob nahmen sofort den Grafentitel an,

---

*) Er kann es nur von dem Mathes gekauft haben.

**) ... strende viris Egharde, Jacobo militibus, ac Ghermanno armigero fratribus, aus dem Obrisz Ulkanis Alis, de Dewytz repraesentant.

***) Urkunde aus 20. Februar 1385 zu Daber: „Busso von der Dolle unse scriver."

später auch Gerhard. Die übrigen Söhne Ulrichs und die Enkel, welche in
der Urkunde vom 20. Februar 1365 vorkommen, haben sich dieses Titels nie
bedient. Dies geschahe ohne Zweifel lediglich aus dem Grunde, weil sie zu
zahlreich waren, und das Vermögen nicht für alle zu einem standesmäßigen
Aufwande ausreichte. Verzichteten ja doch häufig tapfere und sehr angesehene
Männer auf die Annahme der Ritterwürde um des damit verbundenen Aufwandes willen und begnügten sich mit dem Stande eines Knappen. Als die
Grafschaft Fürstenberg verkauft war, und die Nachkommen des Grafen
Ulrich nur die Herrschaft Daber besaßen, war das Vermögen überhaupt
nicht mehr ausreichend, um mit Anstand die Grafenwürde zu behaupten. Etwa
50 Jahre lang nach dem Tode des Grafen Ulrich kommt der Grafentitel
unter seinen Nachkommen noch vor; aber auch diejenigen, welche von ihrem
Rechte, sich Grafen zu nennen, Gebrauch machten, führten diesen Titel nicht
beständig. So bezeichnete sich Ulrich, ein Enkel des Grafen Ulrich I. von
seinem ältesten Sohne Ethard, bald als Ritter, bald als Graf. Anstatt
Grafen von Fürstenberg nannten sich Ulrichs I. Nachkommen auch Grafen
von Dewitz. Im Anfange des 15. Jahrhunderts verschwindet der Grafentitel in der Familie. Im Jahre 1410 war ein Graf von Dewitz bei einem Vertrage zwischen dem Könige von Polen und dem Pommerschen Herzoge Bogislav VIII.
als Bürge für den Herzog zugegen. Dies war Graf Ethard, ein Sohn des
Grafen Jacob, also ein Enkel Ulrichs I., Grafen von Fürstenberg.
Bernd und Franz von Dewitz nennen in dem Privilegium, welches sie
im Jahre 1568 den Wollwebern ertheilten, Ethard den letzten Grafen von
Fürstenberg.

Die Nachkommen des Grafen Ulrich blühen noch in der Pommerschen Linie der Dewitze, zu ihr gehört auch der Cölpiner Zweig in Mecklenburg. Als die Nachkommen Ulrichs sich auf ihre Herrschaft Daber zu-
rückzogen, blieben mehrere Linien der Dewitze in Mecklenburg, von welchen
sich die Milzower erhalten hat. Ehe wir diese beiden noch bestehenden
Linien der Dewitze verfolgen, geben wir die vorhandenen Nachrichten über Glieder der Familie, die, so viel bekannt ist, keiner von beiden angehörten. Ueber
die meisten von ihnen finden sich nur dürftige Notizen, so daß die Verwand-
schaftsgrade unter ihnen nicht nachweisbar sind. Wir müssen uns daher genügen lassen, sie neben einander zu stellen.

20.

Ekhard von Dewitz IV, Ritter.

Er ist ein Zeitgenosse des Grafen Ulrich von Fürstenberg, tritt aber schon einige Jahre vor diesem als der erste Dewitz in Pommern auf (1319). Vielleicht war er ein Enkel Ekhards I. (S. 20), was jedoch nur eine unverbürgte aus seinem Namen hergeleitete Vermuthung ist. Micraelius nennt ihn Rathgeber Wartislavs IV., und als solcher erscheint er auch in Urkunden. Um die Zeit, in welcher wir dem Ritter Ekhard von Dewitz zuerst in Pommern begegnen und bald nachher dem Ritter Ulrich I. (1323), mußte den Pommerschen Fürsten viel daran gelegen sein, tüchtige, treue und zuverlässige Männer für ihr Gefolge zu gewinnen und in ihren Landen ansäßig zu machen. Der eingeborne slavische Adel, wenig geneigt, sich in der Umgebung der Fürsten aufzuhalten, zog sich vom Staatsleben auf seine Scholle zurück, während er früher streitlustig sich zu Tausenden ins Feld gestellt und selbst auf Seefriegen die Fürsten begleitet hatte. Seine Helden- und Ehrenzeit war vorüber. Unzufrieden mit den Vorrechten, welche von den Landesfürsten dem deutschen Adel eingeräumt wurden, verschmähte er die Theilnahme an den Angelegenheiten des Vaterlandes. Der eingewanderte deutsche Adel wollte erwerben, er hatte nicht Lust im Kampfe für die Fürsten sein Leben auf das Spiel zu setzen. Die ländliche Beschäftigung auf seinen Hufen hielt auch ihn fern vom Staatsleben. Wenige deutsche Namen erscheinen in den ältern Urkunden als Ministerialen, welche die Kriegs- und Hofämter bekleideten, in der Umgebung der Fürsten; selten finden wir slavische Namen. Der Geist der Ritterlichkeit, wie er im Mittelalter sich ausgebildet hatte, ist dem Pommerschen Adel stets fremd geblieben. Nie ist es bei ihm zu einem lebendigen Corporationsgeiste gekommen, in welchem der deutsche Adel anderer Länder, selbst im Preußischen Ordensstaate, sein innerstes Leben fand. Nur in einzelnen Perioden der Geschichte Pommerns konnte er sich zu einem gemeinsamen Streben für idealere Zwecke, für die Ehre der Fürsten und die Wohlfahrt des Vaterlandes begeistern. Er verzehrte lieber seine Kraft in Fehden gegen die Nachbarn und im Kampfe gegen die Städte, als daß er sich um die Fürsten schaarte. Nur mit

Mühe vermochten die ritterlichen Helden Wartislav IV. von Wolgast und Barnim III. von Stettin dem trägen und verdrossenen Sinn des Adels einen höheren Aufschwung zu geben. Allerdings sehen wir in jenen glanzvollen Zeiten Pommerns einen ritterlichen Sinn und Liebe zum Vaterlande im Adel sich regen. Die Vasallen folgten den Fürsten in den Kampf und errangen mit ihnen Ruhm und Ehre. Aber selbst in dieser Zeit machten manche Geschlechter das ihnen zustehende Recht geltend, vor der Heirate nicht mehr aufgeboten zu werden. Bogislav IV., der Vater Wartislavs IV., mußte das Land Stavenhagen 1282 an Nicolaus von Werle verpfänden, um Kriegsvolk gegen die Markgrafen zu gewinnen. Herzog Otto I., der Vater Barnims III., war genöthigt, sich im Jahre 1312 für schweres Geld 20 Ritter vom Markgrafen Waldemar zu verschreiben, um die widerspenstigen Schwerine zu zwingen.*)

Unter solchen Verhältnissen mußte es den Herzogen Wartislav IV. von Wolgast und Otto I. und Barnim III. von Stettin sehr willkommen sein, wenn die angesehenen Dewitze, Eckhard und Ullrich, aus dem benachbarten Mecklenburg sich in ihr Gefolge begaben und in ihren Dienst traten. In Mecklenburg herrschte damals Heinrich der Löwe, der kriegerischste, heldenmüthigste Fürst Norddeutschlands. Ihm hing der Adel des Landes an und war gewohnt, sich gern unter das Banner des Herzogs zu stellen, Hof- und Ehrendienste zu übernehmen, durch Einlager mit seiner Person das Versprechen des Landesherrn zu verbürgen, diesem seine Burgen offen zu halten und das Besatzungsrecht zu gestatten. Die Herzoge Wartislav IV. und Barnim III. waren bestrebt, auch den Adel Pommerns zur willigen Uebernahme solcher Verpflichtungen zu bewegen. Daher nahmen sie die Dewitze gern in ihr Land und an ihren Hof auf, da diese sich schon als zuverlässige Vasallen und treue Räthe ihrer bisherigen Lehnsherren erprobt hatten. Den Dewitzen aber lag es nur so näher, in den Dienst der Pommerschen Herzoge zu treten, als sie von jeher mit Vorliebe in der Umgebung der Brandenburgischen und Mecklenburgischen Fürsten geweilt hatten. Gewiß übten auch Wartislavs IV. und Barnims III. hoher fürstlicher Sinn, ihr ritterlicher Muth und ihre Thatkraft eine anziehende Macht auf bedeutende gleichgesinnte Männer aus; eben zu waren

*) Barthold, Geschichte von Rügen und Pommern III., 277—295.

der Dewitze gerade damals eine große Anzahl, und durften sie in Pommern neue Erwerbungen hoffen, ein unbedeutendes Lehn aber konnten die Herzoge von Pommern Männern aus einem so reichen und hochangesehenen Geschlechte nicht anbieten. Gelegenheit, ihnen einen Besitz von größerem Umfange zu übertragen, bot sich im Lande Daber dar. Hier wiesen die Fürsten den Dewitzen auch um so lieber ihren Sitz an, da sie nun auf willige Vasallen in der Nachbarschaft der Borken rechnen durften, welche letztere sich trotzig von den Herzogen zurückgezogen hatten und sich weigerten, ihre ererbten Güter von diesen zu Lehn zu nehmen, so daß im Jahre 1338 die Herzoge Bogislav V., Barnim IV. und Wartislav V. sich genöthigt sahen, mit Waffengewalt gegen sie einzuschreiten, in Folge dessen die Borksche Burg Wulfsberg (Stramehl) von ihnen erobert und zerstört wurde. Hiernach ist es mehr als wahrscheinlich, daß die Dewitze gleich, als sie in das Gefolge Wartislavs IV. und Barnims III. traten, im Lande Daber ihr Lehn erhielten.*)

Der Ritter Elhard von Dewitz scheint Mecklenburg ganz verlassen zu haben, wir finden ihn nur in Pommerschen Urkunden. In diesen treffen wir ihn aber sofort nach seinem ersten Auftreten wiederholentlich an.

Markgraf Waldemar von Brandenburg war im Sommer des Jahres 1319 im Alter von nur 28 Jahren gestorben. Erbe seiner Lande war Heinrich das Kind, ein unmündiger Sohn des Markgrafen Heinrich von Landsberg, eines Vaterbruders Waldemars. Herzog Wartislav IV. von Pommern wurde von den Vasallen und Städten, so wie von der ganzen Landschaft der Reumark, des Landes Lebus, Frankfurt und Müncheberg zum Vormunde des jungen Markgrafen ernannt. Am 29. September 1319 bestätigte er in Arnswalde die Rechte dieser Lande und gab eine Menge Verordnungen zu Gunsten der Mannen, Städte und Bauern dieser Gebiete. Von Pommerschen und Maerkischen Rittern wurde dies bezeugt, unter denen auch Elhard von Dewitz genannt ist. Schon im Jahre 1320 starb Heinrich das Kind. Die Nachborn suchten Theile der Mark an sich zu bringen. Darüber kam es zu vielen Kämpfen. Bald nach Waldemars Tode hatte sich das Uckerland mit

---

*) Graf Otto von Fürstenberg kann seine Besitzungen im Lande Daber lediglich wegen seiner nahen Verwandtschaft mit Ulrich erhalten haben.

den anstoßenden Landestheilen Heinrich dem Löwen von Mecklenburg ergeben und ihn als Herrn angenommen. Die Städte Prenzlau, Pasewalk und Templin fielen aber um Ostern 1320 wieder von ihm ab und erkannten Heinrich das Kind als ihren Landesherrn an. Nach dessen Tode suchten sie Schutz gegen Heinrich den Löwen. Diesen sandten sie bei dem Könige Christoph von Daenemark, dem Schwager Wartislaws IV. und bei den Herzogen von Pommern Wartislaw IV. und Otto I. Am 24. August 1320 nahmen die drei Städte den König Christoph und an dessen Stelle die beiden Herzoge von Pommern zu ihren rechten Vormündern und Beschirmern an, bis der einträchtig von den Kurfürsten erwählte Römische König einen Fürsten in die Mark eingesetzt haben würde, der ein besseres Recht an das Land nachwiese als König Christoph und die Herzoge. Otto und Wartislaw, in Pasewalk verweilend, verliehen den Städten große Vorrechte. Heinrich der Löwe belagerte und gewann Templin, drang bis vor Stettin, befestigte das alte Schloß zu Vierraden stärker und setzte sich in den Besitz von Torgelow. Prenzlau und Pasewalk vermochte der Mecklenburger indessen nicht zu gewinnen, sie blieben bei den Pommern und bezeugten ein Jahr später (Prenzlau, 24. August 1321, Pasewalk, 25. August 1321), daß sie mit gutem Willen die Herzoge Otto I., Wartislaw IV. und Barnim III. zu Schirmherren und Vormündern erkoren hätten, und gelobten abermals, bei diesen ihren Herren zu bleiben, bis ein Römischer König einmüthig gewählt wäre, welcher ihrem Lande einen Herrn setzen würde, der ein besseres Recht nachwiese.*)

Da während dieser Kämpfe Heinrichs des Löwen gegen die Pommerschen Fürsten Elhard von Dewitz im Gefolge Wartislaws IV. blieb und bei den Verhandlungen mit den Städten Prenzlau und Pasewalk zugegen war, auch die Verträge vom 24. August 1320 und 25. August 1321 als Bürge für die Herzoge von Pommern unterschrieben hat, so müssen wir annehmen, daß er dem Fürsten von Mecklenburg nicht mehr als seinem Lehnsherrn verpflichtet war, sondern sich ganz als ein Mann des Herzogs Wartislaws ansah.

---

*) Im Jahre 1323 setzte der König Ludwig von Baiern seinen Sohn Ludwig zum Markgrafen von Brandenburg ein. Die ganze Uckermark, auch Pasewalk, begab sich daher wieder unter Brandenburgsche Hoheit.

Im Jahre 1322 war er als Zeuge zugegen, als Otto I. und Wartislaw IV. denen von Blankenburg das Schloß Ramelow mit den dazu gehörigen Gütern, verübter Excesse wegen, absprachen. Am 19. November 1323 unterzeichnete er, zugleich mit dem Ritter Ulrich von Dewitz, die Urkunde, durch welche der Herzog Otto I. der Stadt Massow die Befreiung von Zoll und Ungeld in seinen Landen zusicherte. Der Friede zwischen den Herzogen von Pommern und Heinrich dem Löwen war am 18. Juli 1323 zu Stande gekommen, erst nachher finden wir deßhalb Ulrich in der Umgebung des Herzogs Otto I. von Stettin.*)

Eine für Pommern sehr wichtige Folge hatte der Tod des Fürsten Wislav III. von Rügen. Er starb am 10. November 1325 ohne männliche Nachkommen. Das Fürstenthum fiel, in Folge der am 27. Dezember 1321 zwischen den Herzogen von Pommern und dem Fürsten von Rügen zu Greifswald geschlossenen Erbeinigung, an seinen Neffen Wartislaw IV. Die Herren von Putbus und Gristow, Nachkommen des ersten christlichen Fürsten von Rügen, hatten ihren Ansprüchen entsagt. Im Gefolge angesehener Prälaten und Ritter gelobt Wartislaw IV. am 2. Dezember 1325 zu Stralsund allen Klöstern, Prälaten und andern geistlichen Personen, Edelleuten, Rittern, Knechten, Städten, Flecken und derselben Einwohnern, Dörfern und Bauern des Fürstenthums Rügen auf beiden Seiten des Wassers, daß er ihre Rechte, Freiheiten und Gebräuche unzerbrüchlich halten und nachtheilige Gewohnheiten abschaffen wolle. Diese Urkunde hat Ekhard von Dewitz mit unterschrieben. Er und die übrigen Ritter, die als Zeugen angeführt sind, werden als Wartislaws Räthe bezeichnet.**) Am folgenden Tage (3. Dezember) bestätigte Herzog Wartislaw die Privilegien Stralsunds und verkaufte der Stadt den Zoll, die Münze und das Münzwechselrecht daselbst für 2500 Mark reinen Silbers; auch dieses bezeugte der Ritter Ekhard von Dewitz.

---

*) Da Ulrich ein Sohn Ekhards II. und Bruder Ottos II., so hatte er in den Kriegen, welche Heinrich II. nach Waldemars Tode führte, um Gebiete der Mark zu erwerben, diesen Fürsten mit Geld unterstützt. Denn die Summe von 2341½ Mark, welche Heinrich an Ekhard von Dewitz II. und die Söhne Ekhards II. schuldete, und für welche er diesen Dewitzen am Sonntage nach der Epiphanias Woche 1321 zu Stargard gewisse Bedehebungen bis zur Abtragung der Schuld anwies, hatte der Fürst zu diesen Kämpfen angefordert.

**) militia d. nostri Consilii praesidiis.

Im kräftigsten Mannesalter starb Wartislav IV. am 1. August 1326 zu Stralsund. Seine Söhne Bogislav V., Barnim IV. und der nach des Vaters Tode geborne Wartislav V. regierten gemeinschaftlich. Auch ihnen stand Elhard von Dewitz als Rath treu zur Seite. Er unterschrieb gemeinschaftlich mit dem Ritter Ulrich von Dewitz den Vergleich, welchen am 11. Mai 1331 die Herzoge Otto I. und Barnim III. von Stettin für ihre Mündel, die unmündigen Fürsten von Wolgast, mit dem Bischofe von Cammin, Friedrich von Eisktrde, schlossen. Dieser bewilligte für die Einlösung der Stadt und des Landes Cammin, welche im Jahre 1321 dem Bischofe Konrad auf 10 Jahre verkauft waren, eine neue Frist von 12 Jahren.

Gleichfalls gemeinschaftlich mit dem Grafen Ulrich von Fürstenberg schloß er mit vielen Adligen und den Städten Stargard, Greifenberg und Treptow das Landfriedensbündniß zu Naugard auf 6 Jahre, am Freitage nach St. Johannis Tage, da er in Oel gesessen wurde (6. Mai), 1354 und das Schutz- und Trutzbündniß mit dem Bischofe Johann zu Cammin, als dieser mit den Herzogen von Pommern wegen der Wahl seines Bruders Erich zum Coadjutor in Streit gerathen war, am 31. Januar 1356.*) Inzwischen begegnet er uns noch einmal in der Umgebung der Herzoge Bogislav V., Barnim IV. und Wartislav V., als diese am Tage Viti et Modesti (15. Juni) 1355 die Privilegien von Stargard bestätigten. Er hat die Bestätigungsurkunde als Zeuge mit unterschrieben. Nach 1356 wird er nicht weiter erwähnt.

Elhard von Dewitz muß ein bedeutender Mann gewesen sein, sonst hätte ihn nicht der kluge und thatkräftige Wartislav IV., einer der ausgezeichnetsten Fürsten Pommerns, seines Vertrauens gewürdigt und ihn zu seinem Rathe gewählt. Als einen „insonderheit gerühmten, vornehmen Mann" nennt ihn auch Micraelius.**) Denn dieser ihm aber zwei Söhne Ulrich und Bernd beilegt, welche Grafen von Fürstenberg, Herren zu Wesenberg, Strelitz und Daber, auch Ritter des goldenen Vliesses und Landeshaupt-

---

*) In den Urkunden vom 19. November 1328 und 11. Mai 1331 erscheint der Ritter Elhard von Dewitz vor dem Ritter Ulrich von Dewitz, er wird also der Aeltere von beiden gewesen sein. In den Urkunden aus den Jahren 1354 und 1356 geht Graf Ulrich von Fürstenberg, seiner höhern Würde wegen, dem Ritter Elhard von Dewitz vor.
**) VI., 342.

leute genannt worden seien, so beruht dies, wie wir bereits oben bei Ulrich I. S. 54 gesehen haben, auf einer Menge von Irrthümern. Von Brüdern und Vettern des Ritters Ekhard von Dewitz ist die Rede im Landfriedensbündnisse vom Jahre 1364*), es müssen daher schon damals die Dewitze in Pommern ziemlich zahlreich gewesen sein.

21.

Ulrich von Dewitz II.

Er ist wahrscheinlich einer von den eben gedachten Brüdern oder Vettern des Ritters Ekhard von Dewitz IV. (no. 20.) Graf Otto von Eberstein, Graf Ulrich von Fürstenberg und Ulrich von Dewitz zogen mit 11 gerüsteten Pferden vor Pasewalk und halfen dort den Markgrafen Ludwig den Römer schlagen. Ben Rantow wird dieser Ulrich von Dewitz ein Vetter des Grafen Ulrich von Fürstenberg genannt. **)

22.

N. von Dewitz.

Um das Jahr 1359 vermachte Heinrich Hoghenhusen, ein reicher Tuchmacher zu Greifenberg in Pommern, der dortigen Kirche gegen 1500 Mark Pfennige und seinen Kindern 600 Mark. Dieses Geld hatte er in größern und kleinern Summen an die Bürger der Stadt Greifenberg, an die Bürgermeister von Plathe und Regenwalde, besonders aber an den benachbarten Adel, die Ostern, Manteufel, Loden, Dewitze, Weebiß und andere ausgeliehen. Das abschriftlich noch vorhandene Testament giebt die Schuldner

----

*) Ihr Eggert von Dewitz ein Ritter, seine Brüder als Schöppen oder als unten erwähnen.

**) Pomerania. I., 453.

Heinrich Hoghenhusens und die an sie geliehenen Summen an.*) Leider enthält die Abschrift viele Lücken. Unter Hoghenhusens Schuldnern werden zwei Dewitze genannt, und zwar zuerst ein Dewitz, in Hindenburg wohnhaft, welcher 100 Mark schuldete**). Das Testament ist lateinisch abgefaßt, vor de Dewitze ist eine Lücke; der Abschreiber hat im Originale den Vornamen nicht lesen können, ihn also fortgelassen. Wir erfahren hier nur, daß um 1350 ein Dewitz in Hindenburg saß.

In wessen Besitz sich damals Burg und Land Hindenburg befand, ist noch nicht ermittelt. Ohne Zweifel war die Hindenburg (ein festes Schloß eine halbe Meile von Naugard und zwei und eine halbe Meile von Daber entfernt), von dem Geschlechte der Hindenburge, die aus der Altmark nach Pommern kamen, erbaut und trug von ihnen den Namen. Der Ritter Friedrich von Hindenburg war 1282 im Gefolge des Herzogs Bogislav IV., als dieser das Land Starenhagen an Nicolaus von Werle für 4000 Mark verpfändete, und bezeugte den Vertrag. Die Hindenburg war im Jahre 1331 schon vorhanden. Papst Johann XXII. belehnte in diesem Jahre die Herzoge von Pommern auf deren Wunsch mit ihren Ländern. In dem an die Herzoge gesandten Diplome zählte er die Städte und Schlösser Pommerns auf, unter letzteren wird auch Hindenburg genannt. Zur Burg gehörte das Land Hindenburg, welches die Dörfer Hindenburg, Welchow, Sicker, Schönhagen, Schwarzow, Zanger, Streulowenhagen und Rothensler umfaßte. Burg und Land Hindenburg trugen später die Grafen von Eberstein von den Herzogen zu Lehn, während sie mit der Herrschaft Naugard bei dem Bisthum von Cammin zu Lehn gingen. Im Jahre 1461 erneuerte und bestätigte Herzog Erich II. den Grafen Albrecht und Ludwig von Eberstein die Briefe, Privilegien und Gerechtigkeiten, die sie „von seinem Geschlechte und seligen Voreltern auf ihrem Lande und Gütern von Alters her gehabt hatten." Zuerst wird das Land zu Hindenburg genannt und hier das Burgrecht zu Hindenburg nebst den oben angeführten Dörfern als den Grafen zugehörig bezeichnet. Demnach müssen die Ebersteine 1461 bereits längere Zeit im Besitze des Landes Hindenburg gewesen sein. Wann sie es erworben haben, ist aber dunkel. Es läßt

---

*) Riemann, Geschichte der Stadt Greifenberg in Pommern, pag. 50—51.
**) .... de Dewitze manentem in Hindenburg in centum marcis.

sich auch nicht feststellen, wie ein Dewitz nach Hindenburg gekommen ist, und
was er dort besessen hat, doch darf man wohl mit Sicherheit annehmen, daß
die Dewitze nicht die Burg und das ganze Land inne gehabt haben. Wäre
dies der Fall gewesen, so würde schwerlich in den Urkunden von 1364 und
und 1365 jede Hinweisung auf einen so bedeutenden Besitz fehlen. Wahrscheinlich haben sie nur vorübergehend einen Theil von Hindenburg besessen.
Ob sie ihn von dem Geschlechte der Hindenburge, von den Eberfteinen oder
den Herzogen erworben haben, darüber läßt sich nicht einmal eine begründete
Vermuthung aufstellen. Im Jahre 1456, Freitags vor dem heiligen Nicolas,
verkauften Borchard von der Osten und sein Sohn Henning einen Antheil von Hindenburg an den Grafen Albrecht von Eberstein und dessen
Sohn Otto. Seit dem sechzehnten Jahrhundert waren die Lockstädts als
Lehnsleute der Grafen von Eberstein im Besitze eines Theiles von Hindenburg.
Als nach dem Aussterben der Grafen ihre Herrschaft an den großen Kurfürsten Friedrich Wilhelm fiel, blieb der kleine Lockstaedtsche Antheil ein Rittergut,
während das Hauptgut Domaine wurde. Im Anfange dieses Jahrhunderts
verkauften die Lockstaedts das Gut zu Hindenburg, es besteht aber noch als
ein besonderes Rittergut. Vielleicht ist dieser ehemalige Lockstaedtsche Antheil
früher im Besitze der Osten und vorher der Dewitze gewesen. Von der
Hindenburg ist noch der nicht unbedeutende Schloßberg, auf welchem sie dereinst
gestanden, und ein Theil eines viereckigen steinernen Thurmes vorhanden.

23.

Albrecht von Dewitz V., Ritter.

Nach dem Testamente Heinrich Hoghenhusens hatte Herr Albrecht von
Dewitz in . . . 100 Mark Pfennige geliehen. Der Wohnort dieses Albrecht
von Dewitz ist fortgelassen, hinter dem Worte „in" ist eine Lücke *).

Beide in dem Testamente erwähnte Dewitze werden wir unter den Brüdern oder Vettern des Ritters Elhard IV. suchen müssen, welche in dem

---

*) item assignamus decentas marcas denariorum, in quibus tenetur obligati communes in
Plote et centum, quibus dns Albertum de Dewitzn in . . .

Landfriedensbündnisse von 1354 angeführt find. Zu den Genoſſen dieſes Bünd-
niſſes gehörte auch Borchard von der Oſten, welcher gleichfalls unter den
Schultern des reichen Tuchmachers zu Greifenberg genannt iſt. Jene beiden
Dewitze waren alſo Zeitgenoſſen Borcharts von der Oſten und werden, ſo wie
er, an dem Landfriedensbündniſſe Theil genommen haben. Dann aber können
ſie zur zu den Brüdern oder Vettern des Ritters Elhard (IV. no.) 20 gehört
haben.

21.

Engelke von Dewitz III., Knappe.

Er ſcheint ein angeſehener Mann geweſen zu ſein und in freundſchaftlicher
Verbindung mit den Grafen Otto und Ulrich von Fürſtenberg geſtanden zu
haben. In Gemeinſchaft mit dem Ritter Otto von Dewitz, nachmaligem
Grafen von Fürſtenberg, unterzeichnete er Donnerstags vor Michaelis 1341
zu Neubrandenburg eine Urkunde, in welcher Albrecht von Mecklenburg den
Verkauf von 4 Pfund und 10 Schilling Brandenb. Hebung von 4 Hufen und
2 Höfen zu Stargard durch Wedego von Plote an die Kalandsbrüder zu
Neubrandenburg beſtätigte. Bei Verleihung der Grafſchaft Fürſtenberg an
die Grafen Otto und Ulrich, am 25. Januar 1349, unterſchrieb Engelke
von Dewitz den Lehnbrief als Zeuge, auch war er zugegen, da die Grafen
Otto und Ulrich am 4. Dezember 1349 Strelitz zu Stadtrecht legten. Nach
dem Tode des Grafen Ulrich blieb er mit deſſen Erben freundſchaftlich verbun-
ben. Er war bei ihnen, als ſie ſich am 20. Februar 1365 in Daber darüber
verglichen, daß die Grafſchaft jenſeit der Oder zu Gelde geſchätzt werden ſollte,
und unterzeichnete den hierauf bezüglichen Vertrag. „Engelke von Dewitz
dy Junge" wird er in dieſer Urkunde, zur Unterſcheidung von einem gleich nami-
gen und gleichzeitigen Dewitz, der jedoch unbekannt iſt, genannt.

23.

Jacob von Dewitz II., Ritter.

Sonnabend am 8. Tage Epiphaniae Domini 1358 unterzeichnete der Ritter
Jacob von Dewitz mit dem Grafen Otto von Fürſtenberg und deſſen Sohne,

dem jungen Grafen Albrecht, eine Urkunde, in welcher Herzog Johann von Mecklenburg einen Altar im Kloster Himmelpfort stiftete und ihn mit dem Schulzengehöft zu Bodewal nebst 12 Hufen begiftigte. Am 25. Januar 1358 überließ Herzog Johann von Mecklenburg den Johannitern zu Nemerow, unter Vermittlung des Kemphurs zu Nemerow, Ulrich von Negesten, des Grafen Otto von Fürstenberg und des Ritters Lippold Vere das Eigenthum von 9½ Hufen und dem Kruge im Dorfe Staren, welche Bicke von Gottensmegen an dieselben verkauft hatte. Als Zeuge war der Ritter Jacob von Dewitz zugegen. Dies muß der Jacob von Dewitz sein, welchen Latomus als Ritter und Rath des Herzogs Johann um das Jahr 1359 anführt.

26.

Rolof von Dewitz I., Knappe, und

27.

Albrecht von Dewitz VI., Knappe,

werden von der Familien-Tradition als Söhne Albrechts II. (no. 10) genannt. Ueber sie fehlen alle Nachrichten. Nach Latomus soll Albrecht VI. um 1348 gelebt haben. Die Ueberlieferung bezeichnet Engelle III., Jacob II., Rolof I. und Albrecht VI. als Brüder. Alle vier sollen Söhne Albrecht II. gewesen sein.

28.

Jabel von Dewitz II., Knappe,

wird im Stammbaum der Familie als ein Sohn Engelles von Dewitz II. (no. 11) aufgeführt. Von ihm ist nichts bekannt.

29.

Jacob von Dewitz III., Priester, und

30

Rudolph von Dewitz I., Knappe.

Der Knappe Rudolph von der Dolla bekannte am 13. December 1356, daß er den Knappen Vicke und Albert Spole 23 Mark Brandenb. schuldige, welche er auf nächsten Martini entrichten wolle. Das Geld werde er an die beiden Knappen Vicke und Albert Spole und deren wahre Erben, so wie an deren Zeugen den Priester Herrn Jacob von Dewitz und die Knappen Lyppold Spole und Rudolph von Dewitz zahlen. Die Zahlung wolle er in einer von den drei Städten Neubrandenburg, Wesenberg oder Fürstenberg leisten, je nachdem es dem Gläubigern genehm sein würde.

31.

Arnold von Dewitz II., Probst.

Durch den frommen Markgrafen Albrecht (den Schwiegervater Heinrichs des Löwen von Mecklenburg) war am Ende des dreizehnten Jahrhunderts das Kloster zu Wanzke oder Wanzka für Nonnen des Cistercienser-Ordens gestiftet und reichlich ausgestattet worden. Sorgsam von den Landesfürsten gepflegt, stand es fortwährend in großer Blüthe. Es war bald mit Conventualinnen überfüllt, die Aebtissinnen gehörten häufig den angesehenſten Adelsgeschlechtern des Landes an. In der erſten Hälfte des funfzehnten Jahrhunderts (seit 1420) war die Prinzessin Anna, einzige Tochter des Herzogs Ulrichs I. von Mecklenburg-Stargard, Aebtissin zu Wanzka. Ein Probst des Cistercienser-Ordens stand der Aebtissin berathend zur Seite, auch er war nicht selten aus den namhaftesten Geschlechtern. Die Würde eines solchen Probstes bekleidete gegen das Ende des vierzehnten Jahrhunderts Arnold von Dewitz II. Er war vielleicht ein Enkel Arnolds I, des Landvogts der Uckermark (no. 7), wenigstens dürfte der Name darauf hindeuten. In folgenden Urkunden wird der Probst Arnold von Dewitz erwähnt:

Am 25. Januar 1377 verpfändete Heinrich Holtebütel „hern Arnd van Dewitse dem provoste to Wantzke" 10 Mark Finkenaugen jährlicher Hebung aus dem Holze zu Coelpin für 100 Mark.

Am 11. November 1379 verkaufte das Kloster Wantzka seinen Hof und Werder zum Kullenhagen nebst 4 Morgen Landes für 230 Mark Wendisch an Jacob Ilow, „Arnoldo de Dewitse, provisore nostro."

Am 21. December 1380 verpfändete Ebel Rehberg von Neuenkirchen „hern Arnde dem provoste to Wantzke" 10 Mark Finkenaugen jährlicher Hebung aus Sabelkow für 100 Mark.

Am 2. Januar 1386 bewilligte das Kloster Wantzka seinen Bauern zu Godenswegen, daß sie künftig nur 16 Mark Finkenaugen jährlicher Pacht geben, auch ihren Bedarf an Weichholz zur Feuerung haben, aber ohne des Klosters Einwilligung kein Bauholz fällen sollten.

Auch diese Urkunde hat Probst Arnold vollzogen.

32.

Henning von Dewitz I., Knappe. [*)]

Der Herzog Albrecht von Mecklenburg verpfändete am 2. Juni 1361 zu Rostock an die Ritter Heinrich von Stralendorf und Otto von Dewitz und den Knappen Danquard von Bülow Schloß, Stadt und Land Plau. Er gelobte, alles in dem hierüber aufgenommenen Vertrage Festgesetzte den drei Genannten, ihren Erben und zu ihrer Hand Herrn Heinrich von Bülow, Probst zu Tribsees, Herrn Otto von Helpte, Ritter, Henning und Bodo von Dewitz und andern. Die ganze Urkunde ist mit einem Striche durchstrichen und daher

---

[*)] Henning ist ebenso wie Hermann des Dietrichs von Johann.

wahrscheinlich nicht so abgefaßt, wie sie zuerst entworfen war, die Namen Henning und Bebo von Dewitz sind unterstrichen, also getilgt.*) Aus dieser Urkunde erfahren wir, daß Henning von Dewitz in jener Zeit lebte und zu dem Umgangskreise der beiden untereinander eng befreundeten Dewitze, des Ritters Otto und des Knappen Bebo, gehörte. Die Stelle, an welcher sein Name aufgeführt ist, zeigt, daß er den Rang eines Knappen hatte. Sein Wohnsitz war Coelpin. Dies geht aus der Urkunde vom 25. Januar 1377, durch welche Heinrich Holtebutel dem Kloster Dargun 10 Mark Finkenaugen jährlicher Hebung aus dem Holze zu Coelpin für 100 Mark verpfändete, hervor. Henning von Dewitz verbürgte sich bei diesem Vertrage für Heinrich Holtebutel. Dasselbe that:

33.

Dicke von Dewitz II., Knappe.

Er wohnte gleichfalls in Coelpin und wird für Hennings Bruder gehalten.

34.

Albrecht von Dewitz VII., Pfarrer.

Als im Jahre 1560 von dem Herzoge Johann Albrecht I. nach Einführung der lutherischen Lehre eine Kirchenvisitation in Mecklenburg veranstaltet wurde, brachte Christoph von Dewitz auf Coelpin bei den fürstlichen Räthen und Visitatoren eine Klage wider den Pfarrcolonus in Coelpin vor und behauptete, dieser wäre verpflichtet, dem adligen Hofe jährlich einige Dienste von dem Pfarracker zu leisten. Er erschien in dieser Absicht vor der Visitationscommission zu Dargun und es wurde Folgendes zu Protokoll genommen:

---

*) Lisch, Mecklenburg. Jahrbücher XVII, 310—312.

„Christoph von Dewitz bezeuget seine Gerechtigkeit von wegen des Pfarr-
hofes zu Coeslin. Actum, den 17. November 1560.

Die Leute sind bei ihren Eiden und Seligkeit vermahnet, die Wahrheit
zu sagen.

Sagen darauf: Es sei der Kerl den Dewitzen 4 Tage pflügen zu helfen schuldig, als einen Tag zum Hafern, einen Tag zur Brache, einen Tag
zum Weizen und einen Tag zur Roggen-Saat, welches sie bei Ern Albrecht
von Dewitz Zeiten schon gethan hätten. Item zum Roggen zu mähen
einen Tag mit einem Binder. Zum Gersten einen Tag zu mähen, einen Tag
Gersten zu binden.

Antwort.

Man hätte sich versehen. Er sollte Schein und Beweis für gelegt oder
gebracht haben, daß solche Gerechtigkeit der Ern Albrecht von Dewitz
Zeiten die Dewitzen schon gehabt hätten; denn das wäre den Visitatoren anfänglich berichtet, daß Ern Albrecht von Dewitz seinem Bruder dieselben Leute auf ihren Eiden geliehen und wären von Anfang und jeher aus der
Pfarre pflichtig gewesen, weil aber sein Beweis nicht weiter als auf Ern Albrecht von Dewitz, als des Anfängers Zeiten, lautet, wüßten die Herren denselben nicht für genugsam anzunehmen, besondern nachdem die Räthe und die
Visitatores vielleicht kurz nach dem Umschlag*) kommen, sollte der Handel vermittelt
werden. Mittlerweile sollte er seinen Titul und Ankunft aufsuchen und sich
gegen der Zeit gefaßt machen, daß er seine vermeinte Gerechtigkeit alsdann vor
den Räthen und Visitatoren könnte bescheinen, was er also erhalten, dazu würden ihm Unsere Gnädige Fürsten und Herren gestatten und kommen lassen,
sollt sich seiner Gerechtigkeit bis zur selben Zeit gebrauchen."

Dieser Pfarrer Albrecht von Dewitz zu Coeslin, dessen Bruder
eben daselbst wohnte, war vielleicht ein Sohn Hennings von Dewitz I.
(32.) Der Name des Bruders, der auf Coeslin geheißen war, ist uns nicht
bekannt. Albrecht von Dewitz aber hatte einen Brudersohn, Namens Hen-

---

*) Der kürzere Umschlag.

ning, welcher ein Enkel Hennings I. sein dürfte. Mit diesem seinem Brudersohne Henning kaufte der Pfarrer Albrecht von Dewitz*) 6 Mark jährlicher Hebung aus Coelpin von Jürgen, Martin und Severin von Tören am 25. März 1417. Er gehörte also der Generation nach Henning I. an, welcher schon im Jahre 1361 erscheint. Die über den Kauf dieser Hebung aufgenommene Urkunde nennt noch andere Dewitze. Die Tören geloben, alles in dem Kaufvertrage Bestimmte fest zu halten, dem Pfarrer Albrecht von Dewitz und dessen Brudersohn Henning und zu treuer Hand Achim von Dewitz, wohnhaft zu Prilwitz, Engelle von Dewitz, wohnhaft zu Golm, und Henning von Dewitz, wohnhaft zu Holzendorf. Der erste unter den Zeugen, welche die Urkunde unterschrieben, war Herr Nicolaus von Dewitz, Pfarrer zu Werbelin. (Vgl. no. 35., 41., 47., 49.)

Am Sonntage vor Martini 1419 schenkten die Executoren von Dewitz, Albrecht, Achim, Engelle und Hans den Klosterfrauen zu Lindow ihre Dörfer Menow und Globezow. Albrecht und Achim sind die beiden in der Urkunde vom 25. März 1417 erwähnten Dewitze dieses Namens, vielleicht auch Engelle.**)

35.

Henning von Dewitz II., Knappe.

Er war der Brudersohn des oben erwähnten Pfarrers Albrecht von Dewitz zu Coelpin, mit welchem er, wie wir eben gesehen haben, am 25. März 1417 eine jährliche Hebung von 6 Mark aus Coelpin von den Gebrüdern Jürgen, Martin und Severin von Tören kaufte. Sein Wohnsitz ist in der betreffenden Urkunde nicht genannt, während er bei allen andern in ihr vorkommenden Dewitzen angegeben ist. Gerade hieraus aber schließen wir, daß er zu

---

*) der Albrecht van Dewytze, eyn persone tho Colpyn, Hennyngs van Dewetze synes bruders sone.

**) Es kann Engelle aber auch der unter no. 50 erwähnte Engelle von Dewitz auf Tripert sein. Dies ist sogar wahrscheinlicher.

Coelpin wohnhaft war. Mit seinem Vaterbruder Albrecht wird er als zusammen gehörig angesehen und eben daher ohne Bestimmung seines Sitzes angeführt. Albrechts Wohnort war auch der seinige. Wäre dies nicht der
Fall gewesen, so würde, ebenso wie bei den übrigen Gliedern der Familie,
Hennings Wohnsitz namhaft gemacht sein. Er muß also von dem unter no. 52.
aufgeführten Henning dem Jüngern zu Holzendorf unterschieden
werden.

36.

Ekhard von Dewitz V., Knappe.

Er war auf Wredenhagen gesessen, welches er im Pfandbesitz hatte,
und gehörte zum Umgangskreise der Enkel des Grafen Otto von Fürstenberg, nämlich der Söhne des Ritters Johann Moltke auf Strietfeld. Mit
diesen muß er ganz nahe verwandt gewesen sein.

Am 27. Dezember 1394 theilten der Ritter Bicke Moltke mit seinen Söhnen einerseits, und die Söhne seines Bruders Johann, Hennecke, Otto, Bicke
und Albrecht, andererseits, unter sich die zur Burg Strietfeld gehörigen Güter,
Ziegeleien, Mühlen und Fischereien. Von dem Ritter Bicke und seinen Söhnen Bicke und Dietrich nahmen die Söhne des Ritters Johann den Theilungs-
revers entgegen und mit ihnen zu treuen Händen die Ritter Otto von Dewitz, Lüder von Lützow, Bebige Bugenhagen und die Knappen Rudolph Hahn,
Rudolph Maltzahn, Lippert Lützow und Ekhard von Dewitz. Hier finden
wir ohne Zweifel alle damaligen nächsten Verwandten der Söhne des Ritters
Johann Moltke auf Strietfeld namhaft gemacht. Denn als am 7. November
1395 zu Gnoyen dieselben beiden Parteien der Moltken die auf ihren Gütern
haftenden Schulden jede zur Hälfte übernahmen, nachdem Bicke mit seinen
Söhnen 6681 Mark sund. Pfennige auf sich allein genommen hatte, waren
bei Johanns Söhnen gerade dieselben Bürgen gegenwärtig und außer ihnen
kein anderer.*)

---

*) Lisch, Geschichte des Geschlechtes Hahn II., 76 u. 77.

Am 5. Januar 1393 zu Dobbertin cedirte Elhard von Dewitz, wohnhaft zu Wredenhagen, dem Kloster Stepnitz die ihm von dem Fürsten Lorenz von Werle verpfändeten Künfte an Bede, Hundekorn, Münzpfennigen,[*]
Burgdienst, Pflicht und Unpflicht aus den in der Vogtei Plau liegenden Dör-
fern Damerow und Ganzelin bis zur Ablösung des ihm verpfändeten
Schlosses Wredenhagen, bei welcher er entweder diese Dörfer den Fürsten wieder
frei zurückgeben oder sich auch die Damerow-Ganzelinsche Pfandsumme von 600
Mark Wend. Pfenninge abziehen lassen wollte. Wahrscheinlich hatte der Fürst
Lorenz von Werle das Schloß Wredenhagen sammt den Dörfern Damerow
und Ganzelin an Elhard von Dewitz verpfändet, um Land, Stadt und
Schloß Plau wieder einlösen zu können. Diese waren nämlich an den Herzog
Albrecht von Mecklenburg verpfändet gewesen[**].

37.

Reinhold von Dewitz, Knappe.

Als am 21. Dezember 1340 Ebel Rehberg von Neuenkirchen dem Kloster
Wanzka 10 Mark Finkenaugen jährlicher Hebung aus Sabelow für 100 Mark
verpfändete, verbürgte sich auch Reinhold von Dewitz. Das an der
noch vorhandenen Urkunde befindliche Dewitzsche Siegel ist noch ganz wohl
erhalten und steht darin S: REINHOLD DE DEVITZ.[***]

---

[*] Sowohl im Mecklenburgischen als auch im Wendischen gab es vor alten Zeiten
jährliche Abgaben theils an Naturalien, unter dem Namen des Hundekorns (annona
canina), theils an barem Gelde, Münzpfennige genannt.

[**] Lisch, Mecklenburgische Jahrbücher XVII, 126, sagt: „Jedoch ist die Geschichte
der Familie von Dewitz noch zu dunkel, als daß sich augenblicklich mit Sicherheit mehr
sagen ließe." Es wird kaum möglich sein, in die Geschichte der Dewitze überall recht zu
bringen, daher wird leider wohl manches unaufgeklärt bleiben müssen.

[***] Vollmer, handschriftliche Geschichte der Familie von Dewitz vom Jahre 1771.

38.

Hans von Dewitz I., Knappe.

Im Jahre 1393 am Montage nach Lichtmessen (2. Februar), wiesen zu Lochen die Herzoge Johann und Ulrich von Mecklenburg den ehrbaren Mann Henning von Parsenow, ihren lieben Getreuen und seine Erben an, die Summe von 1956 Mark, welche sie ihm schuldigten, aus der Bede und Pacht von den Dörfern auf der Heide zu erheben. Sie gelobten dies Henning von Parsenow und seinen Erben und zu ihrer treuen Hand einigen Priestern und mehreren Edligen, unter den letztern ist auch Hans von Dewitz genannt. Ebenderselbe schenkte 1419 am Sonntage vor Martini gemeinschaftlich mit seinen Vettern Albrecht, Achim und Engelke den Klosterfrauen zu Lindow ihre Dörfer Menow und Globelow. (Vgl. no. 34.)

39.

Jacob von Dewitz IV., Knappe.

Die Ueberlieferung nennt ihn als einen Sohn Albrechts von Dewitz VI., (no. 27), er soll um das Jahr 1399 gestorben sein und 2 Söhne Elhard und Achim hinterlassen haben. Seine Gemahlin hieß, nach Latomus, Engel von Pripert.

40.

Elhard von Dewitz VI., Knappe.

Am 13. Dezember 1399 verliehen die Brüder Elhard und Achim von Dewitz dem Kloster Wanzka 5 Mark jährlicher Hebung aus ihrem Dorfe Usabel für ein Pferd und einen Harnisch, welche ihr Vater (Jacob von

Dewitz (V.?) dem Kloster im Testamente vermacht hatte. Ethards Gemahlin soll eine von Fahrenholz aus der Uckermark gewesen sein.

11.

Achim von Dewitz I., Knappe.

Er war der Bruder des vorgenannten Ethards VI., wie aus der bei diesem
erwähnten Urkunde hervorgeht. Seinen Sitz hatte er in Prilwitz, denn in der
schon bei dem Pfarrer Albrecht von Dewitz VI. (no. 34) gedachten Urkunde
vom 25. März 1417 wird er als: "Achim van Dowetze, do da wanet
to Prillewitze" bezeichnet.

Am Ende des vierzehnten und Anfange des fünfzehnten Jahrhunderts besaßen die Dewitze gemeinschaftlich mit den Peckatel und Heidebracken das
Schloß Prilwitz mit den dazu gehörigen Gütern. Ufabel, aus welchem in
der Urkunde vom 13. Dezember 1399 dem Kloster Wanzka von Ethard und
Achim von Dewitz 5 Mark jährliche Hebung verliehen wurden, gehörte zu
denselben. Als am 6. April 1404 der Ritter Bicke von Peckatel ein
Viertel an dem Schlosse Prilwitz mit den dazu gehörigen Gütern an den
Ritter Achim von Heidebracke zu Klempenow verkaufte, überließ er diesem auch die Hälfte des Dorfes Blumenholz, gleichfalls eines von den
Prilwitzer Gütern; ausgenommen wurden aber 14 Mark Zinseinungen und
6 Schillinge, die Achim von Dewitz daran hatte. Derselbe Ritter Achim
von Heidebracke kaufte gemeinschaftlich mit Achim von Dewitz am 13. Januar 1409 von den Brüdern Engelhard, Bicke, Matthies, Gerhard und Ber-
tram Mun zu 20 Mark jährlicher Pacht aus Ufabel für 170 Mark Kapital.
Längere Zeit waren diese drei Familien im gemeinsamen Besitze des Schlosses
Prilwitz und der Güter, welche dazu gehörten. Achim von Dewitz und dessen
Bruder Ethard VI. hatten gleichfalls Antheile davon.*) Im Jahre 1413 trat

*) Prilwitz war im vierzehnten und fünfzehnten Jahrhundert ein Städtchen. Zum
Schlosse Prilwitz gehörten die Güter: Ufabel, Blumenholz, Wrodow, Dolgen, Cavendorf,
Hohen Zierig, Peckatel, Laukawel, Strehlow, Prausch, Bruchof, Darnhof, Jarre, Lübberhow,
Wustrow, Rylow, Groben-Zierig, Gewerpin und Fahrenfin. (Boll I., 165.)

Heinrich von Heidebrack alle Anwartschaft, die ihm an der Dewitzen, Pedatel und Heidebracken Güter zu Pritwitz zustand, an das Kloster Bamzla ab. Die Dewitzen besaßen die Hälfte des Schlosses und der Güter, wie aus der bei Anna von Dewitz (no. 43) angeführten Urkunde vom 4. Juni 1449 hervorgeht.

Achim von Dewitz war ein reich begüterter und angesehener Mann. Wir treffen ihn mehrfach in der Umgebung der Herzoge von Mecklenburg an. Als im Jahre 1404 am 8. September zu Schloß Stargard der Herzoge Johann und Ulrich von Mecklenburg der St. Georgs Kapelle der Wesenberg das Dorf Rödenow vereigneten, bezeugte dies auch Achim von Dewitz. Er wird in der betreffenden Urkunde zwar Achim von Witze genannt, indessen die in deutscher Sprache vorhandene Urkunde ist nur eine spätere Uebersetzung eines lateinischen Originals. Sie giebt mehrere Namen unrichtig und ohne Zweifel muß es statt Achim von Witze Achim von Dewitz heißen, denn derselbe erscheint noch anderweitig in Gemeinschaft der Ritter Hans von Ilenfeld und Bide von Pedatel, welche die eben angeführte Urkunde ebenfalls unterschrieben haben, im Gefolge der Herzoge Johann und Ulrich. Am 2. Februar 1408 unterschrieb er mit den beiden genannten Rittern und anderen Zeugen eine zu Neubrandenburg ausgestellte Urkunde, in welcher die Herzoge sich eines in dem siegreichen Gefechte am Warrenberge (25. November 1399), wo sie die Märker schlugen, gethanen Gelübdes entledigten. Dies geschah durch Stiftung einer Vikarie in der neu zu erbauenden Kapelle vor dem Steinthore in Friedland. In dieser lateinisch abgefaßten Urkunde steht der Name Joachim de Dewltzo. Ebenso unterzeichnete er die Urkunde, in welcher Herzog Ulrich zu Stargard am 25. November 1411 dem Kloster Bamzla das Bederlorn von 4 Hufen in Coelpin für 100 Mark Finkenaugen wiederkäuflich überließ. Am 13. November 1418 erklärte Herzog Johann, daß Engelle von Dewitz zu Bripert vor ihm die beiden Dörfer Menow und Globekow verlassen hätte, und diese von dem Herzoge auf die Bitte Engelles von Dewitz dem Kloster zu Lindow zu Lehn gegeben wären. Hierbei war der „tüchtige"*) Achim von Dewitz zugegen. Er selbst schenkte mit seinen Vettern Albrecht

---

*) Die Ritter wurden „ehrbar, mannhafte, gestrenge" genannt. Sie und die Geistlichen erhielten den Titel „Herr." Die Knappen hießen „achtbar und tüchtige."

Engelke und Hans am Sonntage vor Martini 1410 den Klosterfrauen zu Lindow ihre Dörfer Menow und Globetow.

Achim von Dewitz hat trotz seines Reichthums und Ansehens die Ritterwürde nie geführt, wir finden überhaupt unter den Dewitzen, die seine Zeitgenossen waren, sehr wenige Ritter. Diese Würde war damals schon bedeutungslos geworden, man betrachtete in den letzten Zeiten des Mittelalters ihre Annahme als ein Opfer, welches einzelne Männer den Fürsten zu Gefallen brachten, um hierdurch der fürstlichen Umgebung einen größern Glanz zu verleihen.

Achim von Dewitz hatte nach genealogischen Nachrichten einen einzigen Sohn:

42.

Claus von Dewitz I.,

der sehr jung gestorben sein soll, jedenfalls lebte er bei dem Tode des Vaters nicht mehr, indem Achims Tochter:

43.

Anna von Dewitz I.,

die Güter des Vaters erbte. Ihr und ihren rechten Leibeserben wurde von dem Herzoge Heinrich dem Aeltern am 4. Juni 1449 zu Stargard im Gildegarten die Hälfte des Schlosses Prilwitz und der dazu gehörigen Güter, als ihr Erbe von Vaters wegen, zu Lehn gegeben. Dies geschahe nach dem in Mecklenburg geltenden Erbjungfernrechte. Anna von Dewitz war an Reimar von Plessen vermählt, der schon 1441 als wohnhaftig zu Prilwitz vorkommt. Im Jahre 1449 war er bereits verstorben, denn in der gedachten Belehnungsurkunde wird Anna von Dewitz ausdrücklich als Reimars Wittwe bezeichnet. Ihr

Sohn, Reimar von Plessen, erscheint seitdem als Rath des Herzogs und als Mitbesitzer von Pritzwalk.*)

Gleichzeitig lebte noch eine andere

44.

Anna von Dewitz II.,

deren Vater unbekannt ist. Sie war Aebtissin im Kloster Wanzka und starb im Jahre 1449. Denn am Tage Mariae Geburt (8. September) dieses Jahres bestätigte der Bischof Konrad von Havelberg die Elisabeth Gudenswege als Aebtissin, nachdem die Aebtissin Anna von Dewitz gestorben war.

45.

Albrecht von Dewitz VIII., Knappe, und

46.

Roloff von Dewitz II., Knappe,

waren nach Sellmers Angabe Brüder, nämlich Söhne Roloffs I. (no. 26). Er berichtet von ihnen: „Sie waren Erbgesessene zu Balwitz und verschrieben, zugleich mit dem Kloster Wanzka, dem damaligen Kruger in Balwitz, Curow Fischer, den von ihm bei seinem Kruge bezäunten Raum zu ewigen Zeiten, am Abend Andreae im Jahre 1409."

---

*) Boll I, 162.

47.

Henning von Dewitz III., der Aeltere, Knappe.

Zwei Gevettern von Dewitz des Namens Henning, beide zu Holzendorf wohnhaft, lebten zu gleicher Zeit; als der Aeltere und Jüngere werden sie unterschieden.

Henning III. ist unter den Dewitzen uns schon begegnet, welche in der
bei Albrecht VII. (no. 34) erwähnten Urkunde vom 25. März 1417 vorkommen; „Henning van Dewetze de da wanet to Holstendorpe" ist er hier
genannt.

1426 am 8. Februar zu Friedland verkauften Henning und Albrecht, Gebrüder Holtebutele, als Vormünder der Kinder ihres verstorbenen Vetters
Vicke Holtebutel an Grese, die Ehefrau Hans Eppermanns, und Alheid, die
Ehefrau Claus Zinzows, zu Friedland, 10 Mark jährlicher Pacht aus Ausland
für 100 Mark, welche ihr verstorbener Vetter ausgezahlt erhalten. Unter den
Zuletern und Bürgen waren Engelke von Dewitz zu Golm und Henning
von Dewitz zu Holzendorf, welche wir hier, eben so wie in der eben angeführten Urkunde vom 25. März 1417, neben einander antreffen.

Als am 12. Mai 1435 zu Friedland Henning Holtebutel, Hennings Sohn,
zu Golm 20 Mark jährlicher Rente aus Lindow an die Vorstände der Marienkirche zu Friedland für 200 Mark verkaufte, waren unter den Zuletern „Henning der Aeltere und Henning der Jüngere, Gevettern von
Dewitz zu Holzendorf."

48.

Vicke von Dewitz III., Knappe.

Am 9. October 1411 bestätigte der Herzog Johann von Mecklenburg zu
Stargard die Schenkungen seines Vaters an die Kalandsbrüder zu Friedland

vom Sonntage Cantate 1358. In der Bestätigungsurkunde ist erwähnt, daß die Knappen Bicke von Dewitz und Otto Schepelitz die Rechnungsführer über die den Kalandsbrüdern zugewiesenen Einkünfte gewesen wären*).

49.

Nicolaus von Dewitz, Pfarrer

zu Wertelin war Zeuge des mehrfach erwähnten Kaufvertrages zwischen den Vettern von Tören und den beiden Dewitzen, dem Pfarrer Albrecht zu Cölpin und dessen Brudersohn Henning, am 25. März 1417. (Vgl. no. 34.)

50.

Engelke von Dewitz IV., Knappe,

auf Pripert wird für einen Sohn Zabels II. (no. 28) gehalten, als dessen Vater Engelke II. (no. 11) angegeben wird. Er überließ der Aebtissin und den Nonnen des Jungfrauenklosters Lindow bei Neu-Ruppin sein Lehnrecht an die beiden Dörfer Menow und Globetzow. Herzog Johann von Mecklenburg ertheilte hiezu am 13. November 1418 seine Bestätigung und gab, auf die Bitte Engelkes von Dewitz, diese Dörfer dem Kloster zu Lehn. Im Jahre darauf 1419 am Sonntage vor Martini wurde von sämmtlichen Gliedern der Familie von Dewitz, welche ein Anrecht an diese Güter hatten, Albrecht, Achim, Engelke und Hans, Gevettern, eine Schenkungsurkunde über diese Dörfer ausgestellt, in welcher sie dieselben den Klosterfrauen zu Lindow gänzlich überließen. Wahrscheinlich ist auch dieser Engelke der auf Pripert gesessene, und hat er gemeinschaftlich mit seinen Vettern die förmliche

---

*) Harum reddituum inlautores fuerunt famuli fideles nostri Vicke de Dewitz et Otto Schepelitze.

Schenkungsurkunde ausgefertigt. Möglich wäre es aber, daß Engelke von Dewitz auf Golm, der mit Albrecht und Achim zusammen in der Urkunde vom 26. März 1417 vorkommt (vergl. Albrecht von Dewitz VII. no. 34), ein Anrecht an die beiden Dörfer gehabt und sich daher bei der Schenkung betheiligt hätte. Die Dörfer Menow und Globzow gehören, auf Grund dieser Schenkung und Verzichtleistung auf alle Rechte an dieselben von Seiten der Dewitze, unter dem Namen Altglobzow und Groß-Melow (gewöhnlich „Vorwerk oder Feld Lindow" genannt, welches eine Enklave im Mecklenburgischen Gebiete bildet) zu Ruppin.

51.

Jabel von Dewitz III., Knappe,

zu Wolpert, ein Nachkomme (Sohn oder Enkel) Engelkes IV. (no. 50) bestätigte am Dienstage in der Osterwoche 1457 die Schenkung, welche seine Vorfahren dem Kloster zu Lindow mit den Dörfern Menow und Globzow gemacht hatten.

52.

Henning von Dewitz IV., der Jüngere, Knappe,

auf Holzendorf. Er war mit seinem Vetter Henning dem Ältern zu Holzendorf Zulober, als 1435 am 12. Mai Henning Holtebutel zu Golm 40 Mark jährlicher Rente aus Lindow an die Vorstände der Marienkirche zu Friedland für 200 Mark verkaufte. 1452, am Mittwoch nach Dionysii (V. October) bewilligte Heinrich der Ältere, Herzog von Mecklenburg, zu Friedland die Verpfändung eines Gehöftes zu Holzendorf durch Henning von Dewitz zu Holzendorf an die Vorstände der St. Nicolaikirche zu Friedland.

gelle L. Johann I.
1267.

10.
Albrecht II.
Ritter bis 1322.

Tafel I.

hnitt II.

6. Hermann. Grabtam.

7. Arnold I. ältester Cavier. 1270.

15. Albrecht III. Magister. 1327.

20. Eckhard IV. Ritter. Rath Herzogs Wartislav's IV. in Pommern. 1319 — 1331.

12. Dide I. Ritter. 1306.

13. Habel I. Ritter. 1315.

14. Jacob I. Vertrauter des Herzogs Johann von Stargard.

2. Arnold II. Probst bis 1306.

28. Jacob III. Priester. 1350.

19. Ulrich I. Graf von Fürstenberg. Siehe Taf. II.

21. Ulrich II. 1370.

22. N. N. 1359. auf Nakenburg.

23. Albrecht V. Ritter. 1368.

30. Rudolph I. 1356.

32. Henning I. auf Corpin. 1381.

31. Dide II. auf Corpin.

36. Eckhard V. auf Werbenhagen. 1394.

37. Reinhold. 1390.

34. Albrecht VII. Pfarrer.

38. Hans I. 1419.

40. Dide III. 1111.

49. Nicolaus Jungker. 1417.

35. Henning II. 1417.

44. Hans II. Aebtissin in Wanzka. † 1419.

47. Henning III. auf Holzendorf bei Malchow. 1437 — 1455.

52. Henning IV. auf Hinrichsdorf bei Junzern. 1452.

Hier führt Henning von Dewitz nicht den Beinamen des Jüngern, weil sein älterer Vetter gleichen Namens nicht mehr lebte.*)

---

*) Am 21. Dezember 1347 bekennen Henning Dewitz, Bürger in Aukam und seine Söhne Cornellius, Henning und Pelke, daß sie mit Henrikus eralen, seinem Sohn Henricus junior und deren Oheim Johannes dicti Bok, gewisse Hebungen nebst der Windmühle in Medow vom Kloster Stolp zu Lehn trügen. Es ist zweifelhaft, ob diese Dewitze obenbürtige Nebenzweige des adligen Geschlechtes der Dewitze waren. Daß sie als Bürger in Aukam lebten, würde gegen ihr adliges Herkommen nicht sprechen, in allen Städten Pommerns finden wir zu jener Zeit Bürger ritterlichen Standes; selbst in so kleinen Orten wie Daber erscheinen die adligen Geschlechter der Güntzen und Sobbien als Bürgermeister.

III.

Geschichte der Pommerschen Linie der Dewitze bis zur Trennung in die Jobst- und Curt-Linie.

Graf Ulrich von Fürstenberg, der Stammvater der Pommerschen Linie der Dewitze, starb im Jahre 1363. Seine sieben Söhne: Elhard, Jacob, Gerhard, Vicke, Henning, Ulrich und Ledige kennen wir schon aus der Geschichte des Unterganges der Grafschaft Fürstenberg.*)

33.

Ekhard von Dewitz VII., Graf von Fürstenberg,

der älteste Sohn des Grafen Ulrich wird stets zuerst genannt, wenn mehrere von Ulrichs Erben aufgeführt werden. Mit seinen Brüdern Jacob und Gerhard und seinem Neffen Ulrich, Vickes Sohne, schenkte er den Ralaude

---

*) er wird auch Eberhard als ein Sohn Ulrichs genannt, dieser Name ist aber nur eine andere Form für Gerhard.

brüdern in Neu-Stargard*) 30 Mark Finkenangen jährlichen Einkommens von
6 Hufen in dem bei Stargard gelegenen Dorfe Brüsewitz. Die Kalands-
brüderschaft beschloß am 28. November 1359, diese Rente zur Stiftung einer
Vicarie in der Marienkirche zu verwenden, wozu sie auch die Dewitze bestimmt
hatten. Der Pfarrer Dietrich zu Eckharberg fügte zu dieser Schenkung die
Summe von 200 Mark hinzu. Der Altar, welcher zu dieser Vicarie gehörte,
war dem Bischofe Lazarus und dessen jungfräulicher Schwester Martha gewidmet. Der Johanniter-General Hermann von Werberghe, als Patron der
Marienkirche, und Bischof Johannes von Cammin bestätigten im Jahre 1360
diese Stiftung. Ob die Dewitze damals noch mehr als diese 6 Hufen in
Brüsewitz besaßen, ist nicht bekannt, in späterer Zeit hatten sie dort keine
Besitzungen. Den Grafentitel führte Elhard im Jahre 1359 noch nicht, er
wird in der angeführten Urkunde als Ritter Elhard von Dewitz bezeichnet. Auch noch am 12. Juli 1363 nannten ihn die Schwiegersöhne des Grafen Otto von Fürstenberg, als sie die Rechte ihrer Frauen auf die Erbschaft
des Grafen Otto geltend machten, „Herrn Elhard von Dewitz;" aber
schon am 22. Januar 1364, als die Erben des Grafen Ulrich sich zu Daber
über die Kosten, welche von ihnen in der Fehde um die Grafschaft Fürstenberg
aufgewendet waren, berechneten, hatte er den Titel eines Grafen von Fürstenberg angenommen. An Kosten hatte er gemeinschaftlich mit Ulrich,
Vides Sohn, 3410 Mark ausgelegt. Bei der Schätzung der Grafschaft Fürstenberg zu Geste (20. Februar 1365 zu Daber) erhielten Elhard, Wedige und
Ulrich, Hennings Sohn, den Auftrag, den Geldwerth der Grafschaft zu bestimmen. Graf Elhard behielt seinen Sitz zu Daber, von ihm ist wenig
bekannt. Wir wissen nur noch, daß er in Gemeinschaft mit seinem Bruder
Gerhard und seinen beiden Neffen Ulrich, den Söhnen Vides und Hennings, die Bürgschaft für seinen Bruder Jacob übernahm, als dieser am
St. Matthaeus Tage 1366 seine Güter im Lande Daber der Stadt Neu-
Stargard verpfändete. Am 25. Juni 1367 lebte er nicht mehr, denn in einer

* Stargard in Pommern, Neu-Stargard genannt, zum Unterschiede von dem Mecklenburger Stargard. (Alten Stargard.)

Urkunde von diesem Tage bezeichnete sich sein Sohn Ulrich als Ulrich von
Dewitz, Sohn des Grafen Elhard seligen Andenkens (filius domini
Eghardi comitis pio memorie.) Elhards Gemahlin war eine Schwe-
ster des Grafen Otto von Eberstein zu Naugard, welchen Ulrich, Elhards
Sohn, in der eben erwähnten Urkunde seinen Mutterbruder (avunculum nostrum)
nennt. Andere Nachkommen Elhards als diesen Ulrich kennen wir nicht.

54.

Ulrich von Dewitz III., Graf von Fürstenberg,

des Grafen Elhard (53) Sohn, erscheint in den vorhandenen Urkunden bald
ohne, bald mit dem Grafentitel. Im Jahre 1367 am 25. Juni setzte zu
Naugard „der Ritter Ulrich von Dewitz, Sohn des Grafen Herrn
Elhard, seligen Andenkens" seinen Mutterbruder, den Grafen Otto von
Eberstein zu Naugard, dem tüchtigen Manne Hermann Lockstaedt zum Schadlosbürgen für 611 Mark Stettinscher Pfenninge, die nächsten Martini zu zahlen waren. 1384 am Tage Blasii (3. Februar) verkaufte zu Daber Herr
Ulrich von Dewitz, Graf Elhards Sohn, an Lübbele von den Röthen
und seine rechten Erben, Männer und Frauen, an Kindeskinder zu vererben,
ein Viertel vom Dorfe Celmow (Sallmow), nämlich 10 Hufen, 4 Kossäthen-
wurthen und 12 Schillinge jährlichen Einkommens von dem Kruge. Er verlieh ihm dies Gut zu einem erblichen Lehn, dazu den vierten Theil des Kirchlehns und den vierten Theil des Mühlenteiches mit allen Rechten und Nutzen,
mit allen Strafen an Hand und Hals. Von diesem Gute sollte nichts vorbehalten bleiben als die Abgabe, welche die von der Wolkenburg auf den Hufen
hatten. Ferner verkaufte er an Lübbele von den Röthen 4 Hufen in
Breitenfelde und seinen Antheil an dem See, Dobberpfuhl genannt, ebenfalls zu einem erblichen Lehn. Wenn Lübbele von den Röthen oder seine
Erben diese Güter nicht behalten könnten oder möchten, und sie verkaufen wollten, so mußten sie Ulrich von Dewitz oder seinen Erben zuerst zum Kaufe an-
boten werden. Wollte Ulrich von Dewitz oder seine Erben diese Güter wieder
an sich kaufen, so hatten sie 600 Mark weniger 14 guter Finkenaugen Pom-

merscher Stettinscher Münze in einer Summe an einem Tage und an einem
Orte, welcher dem Lübbeke von den Röthen oder seinen Erben am passendsten
sein würde, zu zahlen. Diese Zahlung sollte 8 Tage vor oder nach Verlauf
eines halben Jahres, nachdem Ulrich oder seinen Erben der Kauf angetragen
war, geschehen. Wollten die Dewitze die Güter nicht zurückkaufen oder zahlten sie das Geld nicht zum festgesetzten Termine, so waren die Röthen berechtigt, die Güter anderweitig nach ihrem Belieben zu verkaufen. Falls der Käufer nicht geneigt sein würde, diese seine Besitzungen von Ulrich oder seinen
Erben zu Lehn zu nehmen, so verpflichtete sich Ulrich von Dewitz mit seinen
Erben, die Güter vor ihren rechten Lehnsherren, von welchen sie
dieselben zu Lehn hatten, zu verlassen, so daß der Besitzer von dem
Landesherren selbst mit ihnen belehnt werden könnte. Hier haben
wir den allerdeutlichsten Beweis, daß die Dewitze ihre Pommerschen Güter nie als Allodien sondern von Anfang an als
Lehn besessen haben*). Mitlober des Ritters Herrn Ulrich von De-
witz waren „sein lieber Vetter, der lange Ulrich, Bldes Sohn
und Gerhard, Graf Jacobs Sohn, alle von Dewitz geheißen,
mit ihren Erben.“ Als Zeugen waren gegenwärtig: Herr Michael Süring,
Herr Helmich Holtorp, Priester, Henning Treye, Claus Wisseritz, der lange
Prechel zu Maltewitz, Albrecht Braggendorf und Jacob von Briesen. Der
Priester Michael Süring gehörte zu dem Geschlechte der Süringe, welche
als Lehnsleute der Dewitze auf Daberkow saßen, der lange Prechel zu
Maltewitz war ebenfalls ein Lehnsmann der Dewitze, die Treyen besaßen
einen Theil der Stadt und des Landes Daber.

Im folgenden Jahre 1345 gab Ulrich von Dewitz „Greve, herr
Eginhardes sone“, einen Theil von Brandsfert dem von den Röthen zu

*) wenne Lubbeke edder eine erven dyt vorscreven ghut verkost, wult die van my edder
van mynen erven dat nicht tu lyne wil ruchan, denne schall ick unde love dat mit mynen
erven in dessen geghenwardighen breve, dat tu vorlatende vor mynen rechten Lehnherren, dar ick dit ghut af tu lyne hebbe. Die Urkunde befindet sich im Klosterow
Familienarchiv. Auffallend ist in ihr die häufige Heimlichung hochberalscher Formen, Vielleicht ist der unter den Zeugen erwähnte Priester Holtorp, der sie wahrscheinlich auf
gesetzt hat, aus Oberdeutschland gewesen.

sehn. Lange haben die Röthen diese Besitzungen nicht inne gehabt, sie verschwinden bald aus der Gegend von Daber; die Dewitze erwarben die Güter wieder.

Dem Ritter Ulrich von Dewitz begegnen wir auch bei einer für das Pommerische Fürstenhaus wichtigen Angelegenheit. Bischof Philipp von Cammin war im Jahre 1386 gestorben, und Pabst Urban VI. übertrug das Stift an Johann Wilken, der schon bei Lebzeiten Philipps Coadjutor gewesen sein soll. König Wenzel versuchte, seinen Kanzler Johann, Probst von Lebus, dem Stifte aufzunöthigen; die Pommerschen Herzoge, als Patrone des Stiftes, waren aber nicht geneigt, sich einen Eingriff in ihre Rechte gefallen zu lassen. Am 24. August 1387 kamen deshalb auf dem Dome zu Cammin die Herzoge von Pommern, Wartislav VII., Bogislav VIII. und Barnim V., die sämmtlichen Domherren und die Stände des Stifts überein, den Herzog Bogislav VIII., welcher bereits Domherr war, zum Vorsteher und Beschirmer des Stiftes zu erwählen. Viele vornehme geistliche und weltliche Herren mit den Bürgermeistern von Colberg, Cöslin, Neu Stargard, Greifenberg, Neu Treptow, Wollin und Cammin versicherten sich gegenseitig ihrer Treue, zum Schutze der Rechte des Stiftes. Am 7. Dezember 1387 ward nochmals ein Eintrachtsbündniß (concordia et liga) zwischen den Herzogen, den genannten Städten und dem Stifte Cammin geschlossen und die gegenseitige Sicherheit bedingt. Die Wyke zu Zanow, Belgard, Cuarlenburg*), die Rathmänner zu Greifenberg, Belgard, Treptow, Cammin und Wollin untersiegelten den Act, geistliche und weltliche Herren bezeugten ihn. Unter den letzteren waren zwei Dewitze, Ulrich Ritter und Ulrich Knecht. Noch im Jahre 1389 lebte der Graf Ulrich von Fürstenberg, denn in einem Schreiben, welches der Bischof Johannes von Pomesanien, am 19. Juni dieses Jahres, auf Veranlassung der Gefangennehmung des Herzogs Wilhelm von Geldern, erließ, wird der jüngere Graf von Dewitz, wohnhaft zu Daber, genannt. Die Bezeichnung „der jüngere Graf" setzt voraus, daß auch ein älterer Graf lebte. Der jüngere Graf war Eckard,

_____

*) Cuarlenburg jetzt Friedrichsberg bei Neugard, war später im Besitz der Grafen von Eberstein. Noch sind dort Ruinen des Schlosses vorhanden.

der Sohn des Grafen Jacob, der Ältere kann nur Ulrich gewesen sein. Ueber die Familienverhältnisse des Grafen Ulrich III. von Fürstenberg fehlen alle Nachrichten.

55.

Jacob von Dewitz V., Graf von Fürstenberg,

der zweite Sohn des Grafen Ulrich I. von Fürstenberg (no. 19), war Mitstifter der Vicarie in Neu-Stargard und wird in der Urkunde vom 23. November 1359, in welcher von den Kalandsbrüdern zu Stargard die Stiftung dieser Vicarie beschlossen wurde, als Ritter Jacob von Dewitz bezeichnet. „Herr Jacob von Dewitz" wird er auch noch in der Urkunde vom 12. Juli 1363 von den Schwiegersöhnen des Grafen Otto von Fürstenberg genannt. „Wy Eghard, Jacob, van der gnade Ghodes Greven tu Vörstenberg" heißt es aber sehr bald darauf in der Urkunde vom 22. Januar 1364. In der Fehde um die Grafschaft Fürstenberg hatte Graf Jacob, nach dieser Urkunde, gemeinschaftlich mit seinem Bruder Gerhard, 8740 Mark aufgewendet. Ihm und seinen Brüdern Gerhard und Ulrich wurde die Wahl gelassen, ob sie die Grafschaft in Besitz nehmen oder mit Geld entschädigt werden wollten.*) Jacob blieb wahrscheinlich bei der Grafschaft. Hätte er die Geldentschädigung der Grafschaft vorgezogen, so würde er wohl nicht genöthigt gewesen sein, bedeutende Geldsummen aufzunehmen. Schon am 6. Dezember 1364 setzte er zu Daber mit seinem Bruder Gerhard und seinem Neffen Ulrich, Bides Sohn, den Grafen Otto von Eberstein dem Rathe von Neu-Stargard zum Schadlosbürgen für 1000 Mark Stettinscher Pfennige. Die beiden Brüder Jacob und Gerhard verbürgten sich an demselben Tage für ihren Neffen Ulrich, Bides Sohn, als dieser dem edlen Herrn Grafen Otto von Eberstein, Herrn zu Naugard, den Herrmann Lochstaedt zum Schadlosbürgen für die Bezahlung von 500 Mark Stettinscher Pfennige setzte, für welche Graf Otto von Eberstein Einstand

---

*) Urkunde vom 20. Februar 1365.

14

geleistet hatte. Die drei Dewitze gelobten mit gesammter Hand, daß der Graf von Eberstein keinen Schaden erleiden sollte. An dieser im Pommerschen Provinzial-Archive zu Stettin befindlichen Urkunde hängt noch das Siegel des Grafen Jacob von Fürstenberg, grüne Siegelplatte auf einer Textur von weißem Wachs. Es ist zwar oben und unten beschädigt, zeigt aber deutlich die Fürstenbergschen Rauten.[*]

Am St. Maurharts Tage (21. September) 1366 lieh Graf Jacob von den Rathleuten und der Stadt Neu-Stargard aufs neue 4000 Mark Stettinscher Pfennige. Er verpfändete für diese Summe 650 Mark Geldes jährlichen Einkommens in dem Lande Daber, namentlich in dem Kirchengrundstücke (obbedie) zu Sallmow, überhaupt in allen Daberschen Besitzungen, welche er von seinem Vater geerbt hatte, und die ihm von Graf Ottos wegen zugekommen waren. Dazu setzte er alles, was er im Lande zu Daber, an dem Hause und an der Stadt besaß, mit aller Herrlichkeit, hohen und niedern Gerichtsbarkeit und allen Rechten zum Pfande. Wenn die Rathleute und die Stadt es forderten, wollte er ihnen die Güter vor den Herzogen als Lehnsherrn abtreten.[**] Die 650 Mark sollten aus Dörfern, Holz, Mühlen und Gewässern gezogen werden. Davon sollten 400 Mark als Zinsen für die 4000 Mark entrichtet, die übrigen 250 Mark zur Tilgung der Schuld vom Kapital abgezogen werden. Graf Jacob übernahm für sich und seine Erben die Verpflichtung, die verpfändeten Besitzungen an Schloß, Haus, Stadt und Land Daber gegen Jedermann zu vertheidigen und sie nach besten Kräften zu hegen und zu beschützen. Alle diese Stücke gelobten „Graf Jacob und Graf Ekhard und Gerhard, Gebrüder, genannt die von Dewitz und Grafen zu Fürstenberg, und Ulrich von Dewitz, Vides Sohn, und Ulrich von Dewitz, Hennings Sohn," getreu mit gesammter Hand stät und fest zu halten.[***]

---

[*] Vgl. Abbildung 2, zu S. 41, nach Bagmihl Pom. Wappenbuch Tab. X I. VIII.

[**] nach wol ... wider willen. Auch hierin liegt eine Hinweisung darauf, daß die Güter der Dewitze Lehne waren.

[***] Graf Jacob ist hier vor seinem älteren Bruder Ekhard genannt, weil er der eigentliche Schuldner war. Die Urkunde befindet sich im Massowere Familienarchive.

Graf Jacob war unter Ulrichs Söhnen der thatkräftigste, es genügte ihm nicht, die Fehde um seine Erbschaft anzufechten, auch an größeren Kämpfen nahm er Theil. Er trat in den Dienst des Markgrafen Otto von Brandenburg, als dieser mit dem Könige Kasimir von Polen in einen Krieg verwickelt war. Im Jahre 1367 gerieth Graf Jacob von Fürstenberg in Polnische Gefangenschaft, aus welcher er sich selbst lösen mußte. In dem Vertrage, den die streitenden Theile am 13. Februar 1368 schlossen, wurde unter anderm bestimmt: „Auch sollen alle Gefangenen ledig und los sein auf beiden Seiten, ausgenommen Herr Jacob von Dewitz und alle, die mit ihm gefangen sind, und Herr Bicke Munt." Daß Graf Jacob in Verbindung mit dem Mecklenburgschen Ritter Bicke Munt genannt wird, weist mit Wahrscheinlichkeit darauf hin, daß er seinen Zug gegen den König von Polen, von Mecklenburg aus unternahm, spricht also ebenfalls dafür, daß er von der Grafschaft Fürstenberg Besitz ergriffen hatte. Schwerlich würde er von Pommern aus dem Markgrafen Otto gegen den König Kasimir gedient haben, da dieser Fürst der Schwiegervater des Herzogs Bogislav V. von Wolgast, des Lehnsherrn Jacobs, war. Die Befreiung aus der Gefangenschaft erforderte sicherlich große Geldopfer und mehrte die ohnehin schon bedeutenden Schulden der Dewitze. Die Daberschen Güter des Grafen Jacob waren verpfändet, der Besitz der Grafschaft Fürstenberg war noch lange nicht gesichert, und das für den Grafen Jacob gezahlte Lösegeld hatte die Grafschaft noch stärker mit Schulden belastet, da auf die Besitzungen im Lande Daber keine Gelder mehr aufgenommen werden konnten. So ist es leicht erklärlich, daß die Grafschaft Fürstenberg im Jahre 1371 von den Dewitzen an die Mollen veräußert wurde. Graf Jacob befreite nun gewiß die Güter im Lande Daber von den darauf haftenden Schulden und löste sie von den Rathleuten und der Stadt Neu-Stargard wieder ein.

Von jetzt an finden wir ihn in Pommern und zwar in besonders enger Verbindung mit dem Herzoge Kasimir IV.*), dem Sohne Bogislavs V. von Wolgast und Enkel des Königs Kasimir von Polen. Als der Großvater

---

*) Gell führt ihn als Kasimir V. auf. Geschichte des Herzogthums Pommern II., 139.

Kasimirs IV., der eben genannte König von Polen, am 5. November 1370 zu Krakau ohne männliche Erben starb, hatte er dem Enkel, welcher am Polnischen Hofe erzogen war, sehr bedeutende Theile von Polen in seinem Testamente vermacht. Der Nachfolger des Königs Kasimir, sein Schwestersohn Ludwig von Ungarn, machte dem Pommerschen Fürsten die Erbschaft streitig, überließ ihm aber endlich das Herzogthum Dobrin an der Weichsel nebst dem Gebiete von Bromberg, Flatow und Deutsch-Krone als Lehn. Bogislav V. trat seinem Sohne Kasimir IV. das Land Stolp ab, damit dessen Macht als Herzog von Dobrin und Bromberg desto fester begründet würde. Die Stadt Stolp und die Vasallen des Landes Stolp leisteten dem Fürsten den Huldigungseid, verwahrten sich jedoch gegen jede Verletzung ihrer alten Rechte. Wenn sie bei diesen gelassen würden, versprachen sie Treue und Gehorsam und gelobten dies den Herzogen Bogislav und Kasimir und den edlen Herren Otto von Eberstein, Jacob von Dewitz von Fürstenberg, Grafen,*) den Rittern Nicolaus Werk dem Aeltern, Heinrich von der Osten und anderen, am Tage nach Misericordiae Domini 1372 zu Stolp.

Die genannten angesehenen Pommerschen Herren gehörten zu den vertrauten Freunden und Räthen Kasimirs. Am Montage nach Jubilate (24. April) 1374 transsumirte dieser Fürst zu Stettin die Urkunde seines Vaters Bogislav V. vom Donnerstage vor Himmelfahrt 1373, worin derselbe dem Domkapitel zu Cammin einige Wiesen und einen Kornhof bei der Stadt Cammin wiederkäuflich verkaufte; Kasimir bestätigte die Verpfändung und nahm auf die Pfandstücke noch weitere 100 Mark vom Domkapitel auf. Als Zeugen waren hiebei wieder gegenwärtig die edeln Leute und lieben Getreuen Graf Otto von Eberstein, Graf Jacob von Fürstenberg, Herr Nicolaus Werk der Aeltere, Herr Heinrich von der Osten, Herr Gosse, Pfarrer zu Rügenwalde, zwei Knappen und Ulrich Zabow, der Schreiber des Fürsten.

Herzog Kasimir war, obgleich von schwachem Leibe, ein tapferer, ritterlicher Fürst, wohlgelitten und angesehen bei seinem Schwager, Kaiser Karl IV., und bei dem Könige Ludwig von Polen, seinem Verwandten, der ihn gerne bei

---

*) Nobilibus domini: Ottoni de Everstein, Jacobo de Dewitera de Vürstenberg, comitibus.

wichtigern Angelegenheiten gebrauchte, ihn mit Kriegsämtern betraute und seine Dienste durch Gunstbezeugungen belohnte. Gegen seine Umgebung war Kasimir leutselig und freigebig, letzteres sogar in zu hohem Maße. Häufig hielt er sich im Auslande auf, bald am Hofe des Kaisers Karl IV. oder des Königs Ludwig verweilend, bald in Kriegshändeln in Polen thätig. Frühzeitig fand der junge Held den Tod, bei einem Sturm auf die Feste Slatorie von einem Steinwurf verwundet, da er schon auf der Mauer stand. Er starb am 2. Januar 1377 auf seiner Burg zu Bremberg. Graf Jacob von Fürstenberg scheint den Herzog auch auf dessen Kriegszügen in das Ausland begleitet zu haben, wenigstens finden wir ihn am Tage nach Peter-Paul (29. Juni) 1374 bei Kasimir an der äußersten Grenze des Pommerschen Gebietes zu Tuchen, als der Herzog dem Bremsius Podeomer sein Gesinde und seine Leibeigenen im Dorfe Rebries (Rabneze) von der Gerichtsbarkeit der fürstlichen Beamten erimirte und ihn von allen Abgaben an den Kanzesherrn befreite. Unter den Zeugen dieses Actes ist Graf Jacob von Fürstenberg zuerst genannt.[*]

Graf Jacob muß ein Mann von kühnem, ritterlichen Sinn gewesen sein, sonst hätte er sich nicht so eng an den heldenmüthigen Kasimir angeschlossen. Beide starben in demselben Jahre (1377)[**]. Jacob hinterließ 3 Söhne: 1. Elhard, 2. Gerhard, 3. Otto. Der Name seiner Gemahlin ist unbekannt.

56.

Gerhard von Dewitz I., Graf von Fürstenberg,

der dritte Sohn des Grafen Ulrich I., ist uns schon aus der Geschichte seiner Brüder Elhard (53) und Jacob (55) bekannt. Er betheiligte sich bei der Stiftung der Vicarie in Neu-Stargard im Jahre 1359; die Schwieger-

---

[*] Die übrigen waren: Albertus pallatinus (Woiwode) Cuyavie, Paulus Tades, James Putsche, Unrunnalten de Exin, Juo marschalcus.
[**] Nach Bagmihl (L. 126) und Boll (II. 54) kommt Graf Jacob von Fürstenberg noch im Jahre 1377 vor. Gellmar setzt in dieses Jahr seinen Tod.

Söhne des Grafen Otto nannten ihn neben seinen beiden ältern Brüdern, als sie Ansprüche auf die Grafschaft Fürstenberg erhoben. Um dieselbe zu behaupten, wandte er mit seinem Bruder Jacob zusammen 6740 Mark auf und gehörte bei dem Vertrage vom 20. Februar 1365 zu denen unter den Erben des Grafen Ulrich, welchen die Wahl zwischen der Grafschaft oder dem Gelde frei stand. Er setzte am 6. Dezember 1364 mit dem Grafen Jacob und Ulrich, Vicke's Sohn, den Grafen Otto von Eberstein der Stadt Neu-Stargard zum Bürgen für 1000 Mark Stettinscher Pfennige und übernahm an demselben Tage mit dem Grafen Jacob die Bürgschaft für diesen Ulrich, Behufs der Bezahlung von 500 Mark, für welche Ulrich den Hermann Vockstaedt dem Grafen Otto von Eberstein zum Schadlosbürgen setzte. Auch für die Bezahlung von 4000 Mark Stettinscher Pfennige, welche Graf Jacob von der Stadt Neu-Stargard geliehen hatte, leistete er am St. Matthäus Tage 1366 Gewähr.

Gerhard von Dewitz ergriff wirklich von der Grafschaft Fürstenberg Besitz, wie dies aus Urkunden erhellt. „Gerhard von der Gnade Gottes ein Graf zu Fürstenberg" verkaufte nämlich am 25. Januar 1367 in dem zur Grafschaft gehörigen Dorfe Röbelich eine Hufe und einen Hof mit Pacht und aller Bede, aller Frucht, allem Nutzen, aller Freiheit, allem Rechte und aller Herrschaft an den Priester Hermann Grieben und seine Erben. Er versprach, dem Käufer von seinen Brüdern und Vettern einen Brief zu verschaffen, daß sie Hufe und Hof vor ihrem Lehnsherren Herzog Johann von Mecklenburg verlassen hätten. Ebenso verpflichtete er sich, dem Priester Hermann Grieben und seinen Erben einen Brief des Herzogs Johann beizubringen, daß denselben das Eigenthum des gekauften Grundstückes zugestanden wäre. An die Urkunde über diesen Kaufvertrag hing er das Dewitzsche Siegel, weil er das Siegel der Grafschaft („dat ingezegel user grawescopp") noch nicht hatte stechen lassen. Die Bestätigungs-Urkunde des Herzogs Johann ist vom Tage Crispini nach Crispiniani (1. Juni) 1367. Der Herzog bekennt und bezeugt in ihr, daß der liebe getreue Graf Gerhard von Fürstenberg vor ihm eine Hufe in dem Dorfe Röbelich mit aller Pacht, aller Bede, mit dem Eigenthum, mit Dienst, mit aller Frucht, mit allem Nutzen und mit allem Rechte dem Priester Herrn Hermann Grieben und seinen rechten Erben verlassen habe, so daß diese die Hufe zu geistlichem oder weltlichem Gute legen kannten. Er, der Herzog habe hierin gewilliget und die Hülfe dem Hermann Grieben und seinen Erben vereignet.

In öffentlichen Angelegenheiten erscheint Gerhard von Dewitz, so weit bis jetzt ermittelt ist, nur einmal. Im Jahre 1363 drohete ein Krieg zwischen Pommern und Mecklenburg auszubrechen, die beiden Herzöge von Mecklenburg Albrecht und Johann, welche auf ihre Beschwerden über Beschädigungen ihrer Unterthanen Seitens der angrenzenden Pommerschen Vasallen von dem Herzoge Barnim III. von Stettin keine Genugthuung erhalten konnten, hatten sich mit den Herzögen von Pommern-Wolgast am 10. Januar 1363 zu Tangarten auf 6 Jahre verbunden, ihnen schlossen sich die beiden Herren von Werle-Güstrow an. Dagegen waren Bernhard von Werle-Waren und Henning von Werle-Goldberg zu Lißtz am 24. Januar 1363, auf die Seite Barnims getreten. Schon hatten beide Parteien zu den Waffen gegriffen, da traten am 18. April desselben Jahres alle Theile zu Barzow zusammen, Barnim der Jüngere (IV.) von Wolgast wurde zum Schiedsrichter erkoren und vermittelte einen Vertrag und ein Landfriedensbündniß, in welchem Barnim III. sich verpflichtete, den Mecklenburgern mit 100 Rittern und Knechten, dem Aufgebote seiner Städte und mit Belagerungswerkzeugen gegen seine eignen Unterthanen beizustehen, wenn diese den Frieden brechen würden, und zu mehrerer Sicherheit dem Herzoge Barnim IV. von Wolgast die Schlösser Neckermünde und Kannedurg übergab, um dieselben, im Falle des Friedensbruches, den Mecklenburgischen Fürsten einzuräumen. Unter denen, welche diesen Frieden verbürgten, befand sich auch der Knappe Gerhard von Dewitz[*]).

Bis zum Jahre 1365 führte Gerhard nicht den Grafentitel, er war Knappe und wird mit seinem Familien-Namen von Dewitz bezeichnet. In den Urkunden von 1366 und 1367 tritt er als Graf auf.[**]) Nach 1367 kommt er nicht mehr vor. Nachkommen von ihm sind nicht bekannt.

---

[*]) Er heißt hier und in der Urkunde vom 12. Juli 1363 Gherold. Andere Formen für Gerhard sind: Ghermand, Ghermord, Germand, Gehrat, Gerud, Garrde, Ghert, Gert Gerd u. s. w.

[**]) wy greve Jacob unde Gerre Eggard und Gernd brudere gheheten de van Dewytze und Greven to Vorstenberghe (21. September 1366.) Die Urkunden vom Jahre 1367 sind oben angeführt.

57.

Bicke von Dewitz IV.

Graf Ulrichs I. vierter Sohn, war schon im Jahre 1364 verstorben. Sein Sohn Ulrich bezeichnet sich am 6. Dezember dieses Jahres als „Bickes Sohn, dem Gott gnädig sei." Daß Bicke der vierte Sohn des Grafen Ulrich war, erhellt daraus, daß sein Sohn Ulrich in der Urkunde vom 20. Februar 1365, aus welcher wir sämmtliche Erben des Grafen Ulrich kennen lernen, nach Gerhard aufgeführt wird. Der Sohn war an die Stelle des verstorbenen Vaters getreten. Wahrscheinlich lebte Bicke schon im Jahre 1360 nicht mehr, denn sein Sohn

58.

Ulrich von Dewitz IV., der Lange, Knappe,

tritt in diesem Jahre bereits als selbstständig handelnd auf, obwohl er noch sehr jung gewesen sein muß. Er stiftete nämlich mit seinen Oheimen Ebhard, Jacob und Gerhard die mehrfach erwähnte Vicarie zu Neu-Stargard. Ebhard und Jacob waren damals Ritter, Gerhard Knappe, bei Ulrich fehlt jede derartige Bezeichnung, er war noch nicht wehrhaft gemacht. Im Jahre 1364 nennt er sich Knecht (Knappe.)*

----

*) „Ich Olrik van Dewytz knecht, Vycken sone van Dewytz, deme got ghenedig sy" (6. Dez. 1364.)

Das ritterliche Leben des Mittelalters zerfiel in folgende Abstufungen: 1. das Kindesalter, welches lediglich unter der Pflege der Frauen zugebracht wurde. 2. Die Stufe der „Junkherrlein", während welcher die zum Jünglingsalter herangewachsenen Knaben in ritterlichen Sitten und Uebungen erzogen wurden. Häufig befanden sich in dieser Zeit die Söhne

Wie er mit seinem Ohriuen die Vicarie in Neu-Stargard stiftete, so trat er mit ebendenselben rüstig im Kampfe um die Grafschaft Fürstenberg auf. Bei der Berechnung der aus dieser Fehde erwachsenen Schäden und Unkosten kamen auf ihn und seinen Oheim Elhard 3810 Mark. Am 6. Dezember 1364 setzte er mit seinen Vaterbrüdern Jacob und Gerhard bei Grafen Otto von Eberstein dem Rathe der Stadt Stargard für 1000 Mark Stettin- scher Pfennige zum Bürgen. Für eine andere Schuld von 500 Mark Stettin- scher Pfennige, die Ulrich allein geborgt hatte, war von dem Grafen Otto von Eberstein Gewähr geleistet worden. Ulrich von Dewitz versprach, näch- sten Martini über ein Jahr diese Summe an den Gläubiger, der nicht genannt ist, zu zahlen und setzte, ebenfalls am 6. Dezember 1364, dem Grafen Otto von Eberstein den Hermann Lockstaedt zum Bürgen dafür, daß der Graf kei- nen Schaden erleiden sollte; auch Jacob und Gerhard übernahmen hiefür die Bürgschaft. Am St. Matthaeus Tage 1366 war Ulrich Mitbürge für den Grafen Jacob, als dieser seine Güter im Lande Daber an die Rath- leute und die Stadt Neu-Stargard verpfändete. Bei dem Verkaufe einiger Besitzungen in Sallmow und Breitenfelde Seitens des Ritters Ulrich von Dewitz III. (no. 54) an Lübbecke von den Osten am 3. Februar 1384,

_____

der Lehnsleute und Armeen Oberleute am Hofe des Schutzherrn, oder bei reichen Rittern und dienten hier nach Pagenweise. 2. Der Stand der Edelknechte, Knappen oder Junker (vorwiegend farnuli), in welchen die zu den Waffen Geborenen in der Regel zwischen dem 14. und 18. Jahre durch die Wehrhaftmachung eintraten. Diese fand durch Ueberreichung des Schwertes in Gegenwart der Angehörigen statt. Ein solcher wehrhaft gemachte Edelknecht wurde durch Ertheilung einer Ohrfeige, als der letzten, welche er sich gefallen lassen durfte, für selbstständig erklärt. 3. Der Stand der Ritter (milites, equites). Zur Würde eines Ritters gelangten die Knappen durch den Ritterschlag, welchen nur ein Ritter (gewöhnlich ein Fürst oder sonst hochgestellter Mann) ertheilen konnte, und durch die Umgürtung mit dem Ritterschwerte (eingeiom militam.) Der Ritterschlag wurde entweder bei Turnieren oder vor und nach einer Schlacht ertheilt. Hierbei wurde ein feierliches, öffentliches Gelübde von denen, die ihn empfingen, abgelegt. Diejenigen aus ritterbürtigem Geschlechte, welche die Ritterwürde unter Beobachtung aller hieher gehörigen Gebräuche erhalten hatten, wur- den auch equites namuli genannt. Sie durften goldene Sporen tragen, ihre Pferdedecken, Harnische, Helme und Schilde mit Gold verzieren; die Knappen bedienten sich des Silbers zu Verzierungen. Obgleich eine Zeitlang auf die Ritterwürde ein großer Werth gelegt wurde, so war sie doch nie nöthig, um zu höhern Aemtern zu gelangen. Die fürstlichen Räthe, selbst die Landvögte, wurden eben sowohl aus den Knappen wie aus den Rittern genommen (vergl. Leo Lehrbuch der Universalgeschichte II. 186—188, Heft I. 142.)

waren der lange Ulrich, Vides Sohn, und Gerhard, Graf Jacobs Sohn, Mitgelobet für die Festigkeit des abgeschlossenen Kaufvertrages.

Bei allen bisher erwähnten Gelegenheiten wird Ulrich durch den Zusatz „Vides Sohn" von seinen gleichnamigen Vettern unterschieden. Es erscheint ein Knappe Ulrich von Dewitz aber noch einige Male ohne nähere Bezeichnung, und es ist nicht möglich, mit entscheidenden Gründen festzustellen, ob dies Ulrich, Vides Sohn, oder Ulrich, Hennings Sohn, vielleicht auch Ulrich, der Sohn des Grafen Ulrich I., ist. Alle drei waren Knappen, wahrscheinlich aber ist an Ulrich, Vides Sohn, zu denken.

Der Knappe Vide Vork war in einer Fehde gefangen (wie es scheint von den Wedelln), bei seiner Freilassung hatten sich mehrere Ritter und Knappen für ihn verbürgt, unter ihnen auch der Knappe Ulrich von Dewitz. Am 20. September 1370 gab Vide Vork allen seinen Bürgen Sicherheit für den Schaden, welchen sie seinetwegen nehmen könnten. Daß dieser Ulrich von Dewitz der Sohn Vides war, möchte man deswegen annehmen, weil er den Eindruck eines viel rührigeren und entschlossenern Mannes macht, als seine beiden Vettern dieses Namens, die fast ganz zurücktreten.

Ebendaher dürfte man geneigt sein, ihn auch für den Ulrich von Dewitz zu halten, welchen der Bischof Philippus von Cammin „seinen lieben Getreuen" nennt, als er am 15. Februar 1383 zu Cöslin bezeugte, daß Wißlaus, Decan der Camminer Kirche, sich Namens der Kinder des Otto Poppendik, seiner Neffen, gegen den Probst des Cösliner Nonnenklosters Johannes Eliküni zu einer Schuld von 40 Mark Zinseaugen bekannt, und letzterm dafür die Besitzungen seiner Neffen im Dorfe Gorkin zum Pfande gesetzt habe. Gegenwärtig waren hiebei des Bischofs liebe Getreue: Magister Hermann Pulleritz, Archidiaconus in Pasewall, Vogislav Aucyt, Scholasticus in Colberg, die tüchtigen Männer (Knappen) Konrad Ramele, bischöflicher Vogt in Polnow, Heidekin von Klantz, bischöflicher Vogt in Berenhusen*), Ulrich von Dewitz

---

*) In der Gegend von Bublitz liegt das Dorf Aurow mit dem Vorwerk Schloßkämpen in der Nähe der Brownsfeenschen Wassermühle, bei welcher sich der Burgwall der Erpenburg, die einst dem ritterlichen Geschlechte der Berenhusen gehört haben soll, in fast unzugänglichen Sümpfen befindet.

und Dubislaw Kleist. Ulrich von Dewitz, unter Geistlichen und Beamten des Bischofs Philipp von Cammin aufgeführt und mit ihnen „lieber Getreuer" genannt *), wird hiedurch als im Dienste des Bischofs stehend gekennzeichnet. Nach dem Verluste der Grafschaft Fürstenberg lebten die damals sehr zahlreichen Nachkommen des Grafen Ulrich I. auf ihren Besitzungen im Lande Daber. Leicht faßte also wohl einer von ihnen den Entschluß, sich in das Gefolge des benachbarten angesehenen Bischofs von Cammin zu begeben.

Im Jahre 1386 starb der Bischof Philipp; Herzog Bogislaw VIII. wurde am 24. August 1387 zum Vorsteher und Beschirmer des Stiftes Cammin gewählt, und am 27. Dezember desselben Jahres ein Eintrachtsbündniß zwischen den Pommerschen Herzogen, mehreren Städten und dem Stifte geschlossen, was neben dem Ritter Ulrich von Dewitz (54) auch ein Knappe Ulrich von Dewitz bezeugte. Kaum kann dies ein anderer gewesen sein als der Ulrich, welchen wir bei dem Bischofe Philipp begegneten. Für den Sohn Bides könnte man ihn aber auch schon aus dem Grunde halten, weil er in Verbindung mit Ulrich, dem Sohne des Grafen Ebhard, erscheint. Gerade diese beiden Vettern waren besonders innig befreundet, der Ritter Ulrich nennt bei dem Verkaufe seiner Besitzungen in Sallmow und Breitenfelde Ulrich, Bides Sohn, vorzugsweise seinen lieben Vetter **). So werden denn diese beiden eng verbundenen Dewitze wahrscheinlich gemeinsam am 7. Dezember 1387 zu Cammin jene Urkunde vollzogen haben.

Beachtenswerth ist ihr Verhältniß zu Hermann Lockstaedt. Die Lockstaedt waren eine alte angesehene Familie in Pommern, welche bereits 1302 urkundlich erwähnt wird. Aus der Altmark waren sie nach Mecklenburg und Pommern übergesiedelt, zu Ende des vierzehnten und im Anfange des funfzehnten Jahrhunderts gehörten sie zu den bedeutenderen Pommerschen Familien. Sie müssen damals in einer besondern Verbindung mit den Dewitzen gestanden haben. Bei der Berechnung der Kosten, welche die Fehde um die

---

*) fidelibus nostris dilectis.

**) Alle denne vorschreven stucke love ick her Ulrick van Dewitz ridder truwengelmit myner lyven Vedder Junge Ulrick Vicken sone unde Ghneeds gvove Jacobs unns Vedder alle van Dewitzen gehoren.

Grafschaft Fürstenberg verursacht hatte, war Hermann Lockstaedt in Daber
bei den Dewitzen und unterschrieb die Urkunde vom 22. Januar 1364 als
letzter Zeuge. Am 4. Dezember desselben Jahres übernahm er die Bürgschaft
für die Bezahlung von 500 Mark Stettinscher Pfennige, die Ulrich, Bikes
Sohn, schuldig war. Bei dem Vergleiche vom 20. Februar 1365, als die
Grafschaft Fürstenberg zu Gelde geschätzt werden sollte, war Ghze Lockstaedt
in Daber gegenwärtig und unterzeichnet die Urkunde. Dem Ritter Ulrich von
Dewitz hatte Hermann Lockstaedt 611 Mark Stettinscher Pfennige geliehen.
Vielleicht war einer von den beiden Vettern mit ihm durch Verheirathung
verwandt.

Der Knappe Ulrich der Lange, Bikes Sohn, hat keine bekannten Nachkommen hinterlassen.

59.

Henning von Dewitz V.

Graf Ulrichs I. fünfter Sohn, war im Jahre 1364 nicht mehr am
Leben. Sein Sohn Ulrich wird an seiner Statt unter den Erben des Grafen Ulrich I. nach Ulrich, Bikes Sohn, aufgeführt. Henning ist lediglich dadurch bekannt, daß sein Sohn Ulrich als Hennings Sohn von den andern Dewitzen
dieses Namens unterschieden wird.

60.

Ulrich von Dewitz V., Knappe,

der Sohn Hennings, erscheint selten. Wir erfahren aus der Urkunde vom
22. Januar 1364, daß er keine Kosten für die Behauptung der Grafschaft
Fürstenberg aufgewendet hatte, ihm war nach der Urkunde vom 20. Februar
1365 mit seinen Oheimen Eckard und Liebige die Schätzung der Grafschaft
zu Gelde übertragen. Bei der Verpfändung der Daberschen Güter des Grafen

Jacob (21. September 1360) an die Stadt Neu-Stargard war er Mitbürge. Ob er später noch vorkommt, muß dahin gestellt bleiben, vielleicht bezieht sich doch eine oder die andere von den bei Ulrich IV., Vickes Sohn (58), mitgetheilten Nachrichten auf ihn.

Das Geschlecht pflanzte er nicht fort, wenn nicht Henning IV. (68) sein Sohn war.

61.

Ulrich von Dewitz VI., Knappe,

der sechste Sohn des Grafen Ulrich I., wird nur in den Urkunden vom 22. Januar 1364 und 20. Februar 1365 erwähnt. Er hatte keine Kosten in der Fehde um die Grafschaft gehabt, doch sollte ihm die Wahl frei stehen, ob er bei der Grafschaft bleiben oder eine Geldentschädigung annehmen wollte. Wofür er sich entschieden, ist nicht zu ermitteln.

62.

Wedige von Dewitz, Knappe,

siebenter und jüngster Sohn des Grafen Ulrich I., erscheint ebenfalls nur in den beiden bei seinem Bruder Ulrich VI. (61) angeführten Urkunden. Auch er hatte keine Kosten zur Behauptung der Grafschaft aufgewendet, deren Abschätzung zu Gelde ihm mit dem Grafen Erhard VII. (53) und Ulrich V. (60) übertragen war.

Ulrich VI. und Wedige sind schon am 21. September 1366 nicht mehr genannt, als die übrigen fünf Erben des Grafen Ulrich sich für die vom Grafen Jacob geliehene Summe von 4000 Mark Stettinscher Pfennige verbürgten.

63.

Ekhard von Dewitz VIII., Graf von Fürstenberg.

Er war der älteste Sohn des Grafen Jacob von Fürstenberg (no. 55) und wird in dem Privilegium, welches die Vettern Franz und Berndt von Dewitz am Himmelfahrtstage 1468 den Wollewebern zu Daber ertheilten, als der letzte Graf von Fürstenberg bezeichnet.*)

---

*) Die beiden Dewitze Franz und Berndt nennen ihn Grafen von Fürstenberg, Herrn zu Wesenberg (anstatt Arensberg,) Streliz und Daber. Sie legen ihm alle Titel bei, welche ihren Vorfahren zukamen, als diese noch im vollen Besitze der Herrschaft Fürstenberg waren. Wenn Micraelius (VI. 342) nach Ekhards Söhne nach diesem Privilegium Grafen nennt, so ist dies ein Missverständniss der Worte, welche lauten: Nachdem Unsern Seeligen Vatere und Vorvehaer Ulrich und Berndt des letzten gewesenen Graff Eggerdts Söhne, Graffen von Fürstenberge, Herrn tho Wesenberge, Streliz und Daber, von Herren tho Herren als Rittere des güldenen Flusses und landeshoveldähe uth ons Sichtern Daber an Ons Ihre rechte Nätürliche Erven ererwet u. s. w. Die Worte können nur so verstanden werden, dass Ekhard selbst Graf von Fürstenberg war, seine Söhne werden als Ritter des goldenen Flusses und Landeshauptleute bezeichnet. Auf sie kann der Titel Grafen von Fürstenberg nicht bezogen werden, weil ihr Vater Ekhard der letzte Graf genannt wird. Auf die vielen Unrichtigkeiten in diesem Privilegium ist schon oben S. 54. bei Graf Ulrich I. (N 19) hingewiesen. Es hat nichts Auffallendes, dass die Dewitze nach kaum 150 Jahren so wenig Zuverlässiges von ihren Ahnen wussten, sogar nicht einmal deren Namen genau kannten (anstatt Berndt müsste es Gerud heissen). Bedenken wir doch nur, dass in den Streitigkeiten der Pommerschen Fürsten mit den Markgrafen von Brandenburg um die Rechte auf Pasewalk und Torgelow, gegen die Mitte des funfzehnten Jahrhunderts, die Pommern nicht im Stande waren, ihre Sache gründlich zu sichern, "weil sie nichts mehr von den Ereignissen der Grossväterzeit wussten. Ihres Hauses und ihres Volkes Geschichte waren ihnen fremd, der Reichthum ihrer Archive unbekannt" (Barthold IV. a, 141). "Die Räthe Wartislaws IX. und Barnims VIII. stritten die Identität der Namen Bugslav und Vratislav (wie in Mäckischen Urkunden stand), Wartislav und Barslav (gleichfalls in Mäckischen Urkunden) in Zweifel, sie mussten nicht die Namen der Grossväter ihrer Herren, wussten nicht die Regierungsereignisse, die sich vor kaum siebenzig Jahren zugetragen hatten. (Barthold IV. a, 150—151)." Als im Jahre 1464 durch den Tod des jungen Herzogs Otto III. die Stettiner Linie erlosch, welche in ihrer Absonderung von der Wolgaster nur 169 Jahre bestanden hatte, "konnten selbst vaterländisch gesinnte Unterthanen an der nahen Verwandtschaft beider Geschlechter zweifeln, da die Genealogie der Fürsten, wie auch die Geschichte Pommerns überhaupt, sich erst spät als mühsame Frucht der Wissenschaft herausstellte (Barthold IV. a, 282)." Daher kann es nicht befremden, dass in den obigen

Graf Elhard war Theilnehmer einer That, die weithin großes Aufsehen erregte.

Im Herbste des Jahres 1388 beschloß der junge Herzog Wilhelm von Geldern, ein ritterlicher Fürst, gerühmt wegen seines Freimuthes und seiner Treue im Worthalten, wahrscheinlich in Folge eines Gelübdes, nach dem Ordenslande Preußen zu ziehen. Ein geringes Gefolge begleitete ihn, obgleich er reiche Schätze mit sich führte. Da er unter dem Schutze der Kirche und des Römischen Königs stand, fürchtete er keine Gefahr. Im Anfange des Monats Dezember gelangte er in das Gebiet des Herzogs Wartislav VII. von Stolp, der damals mit dem Orden in freundschaftlichen Verhältnissen stand. Unweit Schlawe wurde Wilhelm auf offener Kaiserstraße von 40 Rittern und Knappen angesprengt, niedergeworfen und gefangen genommen. Man schleppte ihn von Dorf zu Dorf und brachte ihn endlich nach Falkenburg, wo er in einen finstern Kerker geworfen wurde. Die That hatte als Anführer Elhard von dem Walde vollbracht, der seit 1385 mit Matzke Bork von Strameht, Vogt zu Rügenwalde Belgard und Querxaburg war. Seine Genossen waren: Der jüngere Graf von Dewitz, wohnhaft zu Daber*), Johannes von Ramlow, in Nörenberg gesessen, Paul Kranzhorn, mehrere andere derer von dem Walde, einige Wedell, Matzke Bork von Strameht, Gerhard von Dewitz zu Daber, Michael Manteufel von Polzin, drei Podewilse, Peter Glasenapp, zwei Kleiste und andere angesehene Pommersche Edelleute. In Falkenburg mußten die Gefangenen sich schätzen lassen, auch mit ihrem Ritterworte geloben, die Haft nicht zu verlassen. Herzog Wilhelm bekannte sich endlich als Gefangenen Elharts von dem Walde. Von Land zu Land ging die Kunde dieser That, den Hochmeister Konrad Zöllner von Rotenstein erfüllte sie mit dem größten Unwillen, besonders da der Verdacht vorlag, Herzog War-

---

Familien die Bekanntschaft mit den Vorfahren fehlte. Wem kam es in den Sinn, mühsam und gründlich nach Urkunden und in Urkunden zu forschen, obwohl aus solcher Unkenntniß zuweilen große Nachtheile erwuchsen? So verloren die Bonins im Jahre 1496 die Güter ihres verstorbenen Vetters Hans Bonin und die Köppern im Jahre 1493 die Güter ihres Vetters Carl Köppern, weil sie die Gesammthand und die Gemeinschaft der Gebunt, Kinde und des Kamms nicht beweisen konnten.

*) Junior comes de Dewitz hohlwan in Daberen. Dies war Elhard, der ältere Graf nach Ulrich III. (nr. 64.) gewesen sein.

tislav VII. hätte sie auf Antrieb des Königs Wladislav (Jagello) von Polen, des erbitterten Feindes des Ordens, angestiftet. Wartislav war damals abwesend, er brachte seinen Sohn Erich an den Hof der Königin Margaretha von Dänemark. Der Hochmeister forderte daher Bogislav VIII., den Bruder Wartislavs, auf, die Gefangenen frei zu lassen, und lud ihn zu einer Tagesfahrt nach Lauenburg. Bogislav blieb aus, die Gefangenen wurden nicht frei gelassen, man sprach sogar davon, daß sie nach Polen gebracht werden sollten. Nun schickte der Hochmeister im Februar 1389 den Ordensmarschall, den Großkomthur und den Komthur von Christburg mit einem Heere nach Pommern. Eghard von dem Walde suchte sein Heil in der Flucht, nachdem er vorher den Herzog Wilhelm noch einmal an die Erfüllung seiner Ritterpflicht gemahnt und ihn erinnert hatte, daß er, der Herzog, ein Gefangener und Eghard sein Herr sei. Mehrere Burgen, vom Hochmeister im Vergleich mit den gewaltigen Ordensfesten Krähennester genannt, wurden genommen und gebrochen. Jollenburg mußte sich ergeben, die Güter Eghards von dem Walde und seiner Helfer wurden verwüstet. Durch solchen Ernst geschreckt, stellte sich Matze Bort von Stramehl, neben Eghard von dem Walde der Hauptthäter, als Gefangener, und gelobte eidlich, die Herausgabe des Geraubten zu bewirken und so lange in der Haft des Ordens zu bleiben, bis der Herzog von Geldern seines Wortes entbunden sei. Das Ordensheer zog ohne Herzog Wilhelm ab, der seinem Ritterworte treu in der Haft blieb. Inzwischen kehrte Wartislav VII. zurück, klagte über die Verletzung des Friedens und den Bruch der Festen, that aber nichts, dem Herzoge Wilhelm zu seiner Freiheit zu verhelfen. Da erlangte ein Gericht der Ordensgebietiger und der fremden Gäste (Kreuzfahrer) daß dem Räuber Eghard von dem Walde durch Jollenburgs Eroberung die Gewalt über den Herzog genommen sei, ein Ordensheer bemächtigte sich des Herzogs und brachte ihn als Gefangenen in einer Kette nach Dirschau. Wilhelm aber hielt unwandelbar fest an seinem Ritterworte, er wurde melancholisch, tobte gegen seine Befreier und drohte, sich selbst das Leben zu nehmen, wenn man ihn nicht nach Jollenburg zurückbrächte. Nach langen fruchtlosen Verhandlungen mahnte endlich der Hochmeister die Pommerschen Vasallen und Städte, welche das am 10. Juli 1386 zwischen dem Orden und den Herzogen Wartislav VII. und Bogislav VIII. zu Lauenburg geschlossene Schutz- und Trutzbündniß verbürgt hatten, zum Einlager in Marienburg.

Dazu erließ der Bischof Johannes von Pomesanien, als päpstlicher Conservator und Richter, am 19. Juni 1389, von Riesenburg aus, einen Befehl an die Geistlichen verschiedener Orte, diejenigen Edelleute, welche den Herzog Wilhelm von Geldern gefangen genommen hatten, anzuweisen, vor ihm am 25. August zu Riesenburg zu erscheinen, um sich wegen der Gefangennehmung des Herzogs zu verantworten. Er handelte im Auftrage und in Vollmacht des Papstes und drohte den Ausbleibenden mit dem Banne. Unter den Orten, an deren Geistliche dieser Befehl gerichtet war, sind genannt: Debern, Tobis, Strampl, Regenwalde, Plethe. Aus dieser Urkunde lernen wir auch die Namen der Thäter kennen. Diese bekannten nun, daß sie den Herzog Wilhelm auf heimlichen Antrieb des Königs von Polen gefangen hätten. Ebhard von dem Walde entband den Herzog von Geldern seines Ritterwortes, er verlor zwar seine Vogtei in Pommern, wurde aber von Wladislaw von Polen durch die Hauptmannschaft in Nackel entschädigt. Herzog Wilhelm wurde nach siebenmonatlicher Haft freigegeben, der Hochmeister mußte jedoch im Namen des Ordens eine Urfehde am 26. Juli 1389 ausstellen, daß er weder am Könige von Polen noch an Ebhard von dem Walde Rache nehmen wolle. Wladislaw VII. ließ sich von dem Herzoge von Geldern geloben, daß dieser weder ihm, noch seinen Erben, noch seinem Lande die erlittenen Unbilden nachtragen würde.

Noch einmal erscheint der Graf Ebhard urkundlich unter dem Namen des Grafen von Dewitz als Bürge für den Herzog Bogislaw VIII. Dieser Fürst, welcher scheinbar auf der Seite des deutschen Ordens stand, von demselben wiederholentlich Darlehne empfing und Hülfe gegen Polen gelobte, meinte es nie ernstlich treu mit dem Orden, sondern neigte sich im Geheimen zu Polen. Als am 15. Juli 1410 das Ordensheer eine große Niederlage erlitten hatte, der Hochmeister Ulrich von Jungingen mit 600 Rittern und 40,000 Söldnern auf dem Kampfplatze geblieben war, und Wladislav von Polen das Haupthaus Marienburg belagerte, erschien hier im Polnischen Lager Bogislav VIII. und schloß mit dem Könige von Polen ein Bündniß. Er empfing am 29. August 1410 auf Lebenszeit eine Verschreibung auf die Ordensgüter: Bütow mit seinem Gebiete, halb Schlochau mit der Burg, Friedland in Pommerellen, Baldenburg, Hammerstein und Schievelbein nebst Zubehör. Seinerseits übernahm er dagegen die Verpflichtung, den König unter keinem Vorwande zu verlassen, ihm — und sollte der Krieg gegen den Orden sein gan-

ƶes Leben hindurch dauern — bis zum friedlichen Beſitze des Ordenslandes bis Königsberg hin, beizuſtehen und auf eigene Koſten innerhalb der Grenzen von Groß-
polen mit aller Macht zu helfen. Für den König von Polen verbürgten ſich acht
Polniſche Große, die Gegenbürgſchaft für Bogislav VIII. leiſteten acht Pommerſche Vaſallen: Henning von dem Walde, Niclas von Zitewitz, ein Ramele,
der Graf von Dewitz, ein Below, ein Blacholt, Vogt zu Swartenburg und
Henning von Laghe*). Bogislav VIII. erhielt nicht den Lohn ſeiner treuloſen
Politik. Noch hatte für den Orden die Stunde des Unterganges nicht geſchlagen, am 1. Februar 1411 wurde der Friede zu Thorn zwiſchen ihm und
Polen geſchloſſen. Der Orden behielt die dem Herzoge Bogislav VIII. verſprochenen Burgen.

Nach dem Jahre 1410 kommt Elhard von Dewitz VIII. nicht mehr
vor, und zugleich mit ihm verſchwinden Würde und Namen der Grafen von
Fürstenberg oder Grafen von Dewitz in dem Geſchlechte der Dewitze. Elhard
hinterließ 2 Söhne: 1. Gerhard, 2. Ulrich. Seine Gemahlin war nach
genealogiſchen Nachrichten Eleonore, Gräfin von Eberſtein, eine Tochter des Grafen Otto von Eberſtein, Herrn zu Naugard.

64.

Gerhard von Dewitz II., Ritter,

der zweite Sohn des Grafen Jacob von Fürstenberg (no. 55), ſtellt uns das
Bild eines kräftigen Ritters jener Zeit dar. Das Ritterthum war am Ende
des 14. Jahrhunderts ſchon entartet, am ſchlimmſten dort, wo kräftige Fürſten
fehlten. Die Mark war damals am übelſten berathen, in ihr gebot eigentlich
gar kein Landesherr, die Quitzows trieben ihr Weſen lange ungeſtört. Auch

*) Barthold (III., 517) hält Henning von Laghe für einen Bode. Es iſt wohl
zu leſen Henning von Laghe. Derſelbe kommt in einem Vergleiche vom 25. November
1415 zwiſchen dem Herzoge Bogislav VIII. und den Troyen als Vermittler vor (Vergl.
unten Gerhard von Dewitz II. № 64.)

in Pommern war der Adel in hohem Maße übermüthig, denn das Land war vielfach getheilt, die Macht der Fürsten daher nur gering, keiner unter den zahlreichen Herzogen zeigte hervorragende Herrschertugenden, unter einander waren sie vielfach uneinig. Daher achteten die mächtigen Pommerschen Vasallen ihre Herren wenig und zeigten ein unbezwingliches Selbstständigkeitsgefühl den Fürsten gegenüber. Dies prägt sich auch in Gerhard von Dewitz aus.

Zuerst begegnen wir ihm bei Vollziehung eines einfachen Familienactes. am 3. Februar 1384 zu Daber, als der Ritter Ulrich von Dewitz III. (no. 54) an Lübbeke von den Röthen einige Besitzungen in Zollnow und Breitenselste verkaufte. Mit seinem Vetter Ulrich dem Langen, Vickes Sohn, verbürgte er sich dafür, daß alle Bestimmungen des abgeschlossenen Vertrages treulich und fest gehalten werden sollten. Er wird hier „Ghärde, Greve Jacobs Sone," genannt. Die Ritterwürde hatte er noch nicht angenommen, denn er wird nach Ulrich, Vickes Sohn, aufgeführt, der stets Knappe geblieben ist.

Im Dezember des Jahres 1388 befand er sich unter den Pommerschen Edelleuten, welche den Herzog Wilhelm von Geldern unweit Schlawe gefangen nahmen (vergl. Graf Eckard von Dewitz VIII). In dem Schreiben des Bischofs Johannes von Pomesanien vom 19. Juni 1389 heißt er Gernold von Dows czur Dowir. Viele Namen, auch der seinige, sind in dieser Urkunde entstellt. Wartislav VII. von Pommern, der sich damals zu Polen neigte, näherte sich bald dem Orden in Preußen und erbot sich sogar am 5. Dezember 1392 zu Schlochau zur Bestrafung des Matze Bork von Stramehl und Regenwalde, welcher mit seinen Helfern den Landkomthur von Böhmen niedergeworfen hatte. In der That half er dem Gebieter von Schlochau die Burg Stramehl brechen. Im Jahre 1394 wurde er erschlagen, wahrscheinlich von den Borken und deren Genossen, aus Rache wegen der Zerstörung Stramehls. Wie sich in jener Zeit in Schwaben, Franken, am Rhein und in Hessen ein ungebeugter Adel in Bündnissen gegen Fürsten- und Bürgerthum zusammen that, so scheint auch ein mächtiges Adelsbündniß in Hinterpommern mit feindlicher Richtung gegen den Landesherrn bestanden zu haben, welchem die Dewitze gleichfalls angehörten. Vielleicht waren auch sie bei der That gegen den Landkomthur von Böhmen, ja selbst bei der Ermordung Wartislavs VII. betheiligt.

Wie wenig man die Fürsten achtete, wie gering deren Macht dem mit einander verbündeten Adel gegenüber war, ersehen wir daraus, daß Gerhard von Dewitz, mit Hülfe seiner Vettern und adligen Genossen, sich des Theiles vom Hause, der Stadt und dem Lande Daber, welcher damals noch dem Herzoge gehörte, bemächtigte. Er beschädigte des Herzogs Leute und hielt mehrere derselben auf dem Hause Daber gefangen. Bogislav VIII, der Erbherr der Dewitze, hatte sich dafür an deren Güter gehalten, war aber nicht im Stande, Gerhard zur Herausgabe dessen, was er einmal in Besitz genommen hatte, und zur Freilassung der Gefangenen zu zwingen. Vielmehr fuhren die Dewitze fort, die Leute des Herzogs zu beschädigen und gefangen zu nehmen. Bei einer Zusammenkunft mit dem Hochmeister Konrad von Jungingen beklagte sich Bogislav VIII. hierüber und bat den Hochmeister ihm zu seinem Rechte zu verhelfen. Konrad von Jungingen schlug zwar dem Herzoge die Bitte ab, ihm mit einem Heerhaufen zu Hülfe zu kommen, schrieb aber am Donnerstage nach Philippi und Jacobi (1. Mai) 1398 von seinem Hause Marienburg „an Gerharden und seinen Vettern, die da beisendie von Tewyßund allen den Jenen, die Tobryn haben helfen gewinnen."*) Der Hochmeister ermahnte die Tewitze, alles, was sie dem Herzoge abgenommen hatten, herauszugeben, die Gefangenen frei zu lassen, namentlich auch die Straßenräuber, mit denen sie es gehalten (gewiß ihre adligen Genossen), von Stund an nicht mehr zu beherbergen. Er wünschte unverzüglich Antwort, was Gerhard von Dewitz zu thun gedächte. Von diesem erhielt er bald darauf einen freundlichen Brief, den wir zwar nicht kennen, dessen

---

*) Eine merkwürdige Verwechslung begeht Bagmihl, indem er Dobryn für das Land Dobrin hält. Er bemerkt: „Wie mächtig das Geschlecht der Dewitze sein mußte, geht schon mit daraus hervor, daß sich Gerhard von Dewitz und dessen Vettern 1384 des Ländchens Dobrin bemächtigt hatten, wovon ein Theil dem Herzog Bogislaus von Stolp zugehörte, und daß selbst die dringendsten Vorstellungen des Hochmeisters Konrad von Jungingen sie nicht einmal zu einer Antwort in dieser Sache vermogten" (Bagmihl, Pomm. Wappenbuch I. 123). Das Ländchen Dobrin hatte Kasimir IV., in dessen Umgebung mit dem Grafen Jacob, Gerhards Vater, gefunden haben, besessen, nach seinem Tode (1377) war es von Könige Ludwig von Polen als erledigtes Lehn eingezogen und dem Herzoge Wladislaus von Oppeln übertragen, später war es Gegenstand vieljährigen Haders zwischen dem Orden und Polen. Unter Dobryn verstehi der Hochmeister offenbar in seinem Schreiben Daber. Es heißt in demselben Briefe: „Wir tun euch zu wissen, das der Irluchte Fürste und herre Bogislav Herczog von der Stolpe, und wie sy einander genest sein. Also das her uns vorgeleget hat, wy das her mit allem Rechte zu gehorena is an Gerharden tzeyl von Dewiczen und seiner Missethat willen an der Dobern, an huse, Stadt und landen u. s. w."

Inhalt aber aus einem zweiten Schreiben des Hochmeisters vom Sonntage vor Johannis 1398, gegeben zu Schlochau, hervorgeht. Gerhard hatte sich bereit erklärt, auf einen Vergleich mit dem Herzoge einzugehen, wenn Konrad von Jungingen die Sache vermitteln wollte, des Hochmeisters Erkenntniß und Entscheidung versprach er sich zu unterwerfen. Konrad schickte sogleich eine Abschrift von Gerhards Briefe an den Herzog Bogislaw VIII, und am Sonntage vor Johannis war dieser schon wieder bei dem Hochmeister in Schlochau. In sehr freundschaftlichem Tone schrieb von hier Konrad von Jungingen an Gerhard von Dewitz, der Brief beginnt mit den Worten: „Edeler frund Wir haben ewren briff und gesand wol vernomen," die Ueberschrift lautet: „Deme Edelen Gerhard von Dewitzen." Der Meister berichtet an Gerhard, daß bei Abfassung des Briefes der Herzog bei ihm weile, und obwohl es eigentlich nicht in der Ordnung sei, daß ein Fürst die Sache seiner Mannen und Leute von seiner Herrschaft und Herrschlicheit lasse und das Erkenntniß anderswo suche, so habe sich doch der Herr Herzog dazu gutmüthig, daß er des Hochmeisters Urtheil über sich anerkennen und diesem es überlassen wolle, die Sache zu Ende zu führen. Wäre auch Gerhard hiezu geneigt, so möchte er zum Vogte nach Schivelbein reiten, der ihn mit sicherm Geleite zum Meister gelangen lassen würde. Der Brief schließt: „So wellen wir gerne do bye tun unsern fleis und vermogen, das wir is czu eyntracht, fruntschaft und guter berichtunge mogen brengen, und bitten dis briffes czu unvertzogen antwort."

Gerhard von Dewitz gab auf dies Schreiben keine Antwort; daher erließ der Hochmeister am Tage Mariae Magdalenae 1398 einen sehr ernsten Brief von Stuhm aus. Er beginnt ganz kurz mit den Worten: „Gerhard von Dewitzen." Dann schreibt er: „Gerhardt, also als euch wohl steet czu gedenken, das wir euch entpoten hatten by unserm vogte von Schibilbein u. s. w." Er ermahnt Gerhard, wohl zu bedenken, daß ihm sehr unangenehme Folgen daraus entstehen könnten, wenn er sich mit seinem „Erbherrn" nicht vergliche, und fordert ihn auf, unvertzüglich anzuzeigen, was er thun oder lassen wolle. Dies solle er auch dem Vogte von Schivelbein schreiben, damit derselbe die Antwort Gerhards sofort an den Herzog senden könne*).

---

*) In dem Schreiben vom Tage Mariae Magdalenae (22. Juli) geschieht einigemal „der Tober" Erwähnung.

Trotz solcher ernsten Mahnung ließ sich Gerhard von Dewitz nicht herbei, schriftlich zu erklären, was er thun oder lassen wollte, zeigte dies aber sehr deutlich durch die That. Er behielt nämlich, was er dem Herzoge Bogislav von dem Hause, der Stadt und dem Lande Daber weggenommen hatte. Der Fürst war nicht im Stande, seine Rechte gegen seinen Vasallen zu behaupten, auch seine Nachfolger scheinen ihre Ansprüche auf diese Besitzungen nicht wieder geltend gemacht zu haben. Die Dewitze finden wir wenigstens seitdem im Besitze dessen, was Gerhard wider den Willen des Lehnsherrn an sein Geschlecht gebracht hatte.

Nach einigen Jahren stand Gerhard von Dewitz mit dem Hochmeister Conrad von Jungingen wieder in guter Freundschaft und verpflichtete sich sogar dem Orden zum Dienste.

Die Zuzüge fremder Kriegsgäste in das Ordensland wurden nach und nach geringer, daher schloß der Orden mit den Pommerschen Fürsten und deren Vasallen vielfache Verträge, in denen diese Hülfe im Kriege gegen Polen gelobten. So stellte das in Pommern und in der Mark mächtige Geschlecht der Wedell dem Meister im Jahre 1388 für einen Jahressold von 19000 Mark 100 Ritter und Knechte, 100 Schützen mit Panzern und Eisenhauben, Hundskogeln und Armbrüsten, mit 400 Pferden auf 15 Jahre gegen Polen zur Verfügung. Im Jahre 1401 besorgte der Hochmeister Conrad von Jungingen den Ausbruch eines Krieges mit Polen. Um in der Stunde der Gefahr gerüstet zu sein, wurden in Pommern unter der Ritterschaft wieder neue Söldner geworben. Der reisige Ritter Mantze Bork, Herr auf Stramehl, und der Ritter Wille Manteuffel, Herr auf Coeslin, traten in den Dienst des Ordens. Beide versprachen, ihm wider den König und das Reich Polen wie gegen alle ihre Helfer auf zehn Jahre mit 30 bewaffneten Rittern und Knechten, und eben so vielen mit Panzern, Eisenhüten, Hundskogeln und Armbrüsten gerüsteten Schützen nebst 120 Pferden zu Hülfe zu ziehen, wofür ihnen der Meister, wenn sie den Dienst wirklich geleistet, jährlich einen Sold von 6400 Mark Preußisch verhieß. Als eine Art Handgeld empfingen beide Ritter sogleich vom Hochmeister 400 Mark, die sie in zehn Jahren zurückzuzahlen versprachen, wenn kein Krieg erfolgte. Auf gleiche Weise zog man viele andere Pommersche Vasallen in des Ordens Dienst. Auch Gerhard von Dewitz verschrieb sich dem Orden zum Helfer. Im Jahre 1401 Donnerstags nach St. Bartholomäi war er mit Jürgen von Wedell bei dem Hochmeister

Konrad von Jungingen auf dem Hause Marienburg. Beide bekannten, von dem Hochmeister und dem Orden 200 Schock Groschen, Böhmischer Münze und Währung, auf ihre fleißige Bitte freundlich und in guter Treue als Darlehn erhalten zu haben. Sie versprachen, diese Summe binnen 10 Jahren in bestimmten Fristen abzuzahlen, und setzten ihre Freunde Heinrich von Glastersberg, Ritter, und Henning von Wedell zu Bürgen. Wenn sie zu den festgesetzten Zeiten nicht Zahlung leisteten, so verpflichteten sie und ihre Bürgen sich, jeder mit 2 Knechten und 3 Pferden, in die Stadt Konitz einzureiten in eine ehrsame Herberge, die ihnen der Hochmeister anweisen würde, und daselbst ein gewöhnliches Einlager zu thun und zu leisten, auch nicht von dort sich eher zu entfernen, bis das Geld, um dessentwillen sie eingeritten wären, von ihnen, ihren Erben und Nachkommen ganz bezahlt sein würde. Die Abzahlung der 200 Schock Groschen sollte von nächsten Michaelis über 3 Jahre beginnen, und dann sollten jährlich zu Michaelis 25 Schock Groschen entrichtet werden. Geschähe es, daß einer von den beiden Bürgen innerhalb der 10 Jahre stürbe, so gelobten Gerhard von Dewitz und Jürgen von Wedell, einen andern sichern Bürgen binnen 2 Monaten zu stellen. Unterließen sie dies, so sollten sie in der vorbeschriebenen Weise in Konitz einreiten und bei Treu und Ehren nicht herauskommen, bis sie einen andern gewissen Bürgen, welcher dem Hochmeister gefallte, wieder gestellt haben würden. Sonderlich gelobten Gerhard von Dewitz und Jürgen von Wedell für sich, ihre Erben und Nachkommen bei Treu und Ehren, daß sie dem Herrn Hochmeister helfen wollten, jeglicher mit 10 Glevenien,*) gegen den König und das Königreich zu Polen mit seinen Zubehörungen und Helfern, 10 ganze Jahre von Ausfertigung dieses Briefes; mit Hülfe, Rath und That verhießen sie bei dem Hochmeister zu bleiben.

Wie viel der ihm versprochene Sold betrug, ist in dem Vertrage nicht gesagt. Darüber heißt es: „Wenne der herre homeister uns und unser erben heischen wirt Im czu hülffe czu komen uff den konig und konigreich czu Polan, so sal man is mit uns halden mit dem solde mit der bezalunge und mit allen

---

*) Eine Gleve oder Glevenie bestand aus 3 bis 5 wohlbewaffneten Reitern. Gleve ist eine altdeutsche Bezeichnung für Lanze.

andern Dingen, als man es mit den Wedelschen halten wird, nach deme als Ihr vorsigelt brieff, terynne sie sich auch sulcher hülse verpsichtert haben, vollcomlich gewiset und nach dem brieffe sulle wird auch wider halden mit dem herren homeister und dem orden."*) Die Bestimmungen des Vertrages, welchen die Wedell damals mit dem Orden geschlossen hatten, sind uns nicht bekannt.

Gerhard von Dewitz und Jürgen von Wedell hatten bei Treu und Ehren gelobt, bei dem Hochmeister und dem Orden 10 ganze Jahre mit Hülse, Rath und That zu bleiben, aber schon nach 2 Jahren standen sie wider den Orden. Deßwegen trifft gerade sie kein besonderer Vorwurf, sie zeigen sich hier nur als Kinder einer Zeit, in welcher der Adel Pommerns ein wenig erfreuliches Bild darbietet. Bei Treu und Ehren wird viel versprochen, aber die Treue wird nicht gehalten, und ohne Scheu wird das gegebene Wort ehrlos gebrochen. Es war in jenen Tagen der Adel Pommerns nicht anders. Vertrübrüchig, mit Verträgen spielend, wie es der augenblickliche Vortheil gebot, ohne Achtung vor Rechten und Gesetzen ganz nach eigener Willkühr handelnd, so finden wir ihn, und die Fürsten waren häufig nicht besser. Wie treulos war Wartislav VII. und Bogislav VIII. Verhalten gegen den Orden! Welch ein ansiehendes und erhebendes Bild tritt uns dagegen in dem frommen Hochmeister Konrad von Jungingen, einem der edelsten Männer jener Zeit, entgegen, der ebenso staatsklug wie offen, bieder und aufrichtig, unverbrüchlich Treue und Ritterehre bewahrte**)!

Konrad kaufte im Jahre 1402 vom Römischen Könige Sigismund die Neumark. Ungern that er diesen Schritt, sahe sich aber dazu genöthigt, um das Land nicht in die Hände des Königs von Polen kommen zu lassen. Der Ordensstaat wäre dann von drei Seiten von Polnischen Ländern umgeben und die Verbindung mit Deutschland sehr erschwert gewesen. Ein Theil der Neumärkischen Ritterschaft wandte sich bald dem Könige von Polen zu und wollte lieber diesen als die Ordensritter über ihr Land gebieten lassen. Man sahe, daß der Adel ein viel größeres Ansehen unter dem Könige von Polen,

*) Vergl. z. Gedebuhr Allg. Archiv für die Geschichtskunde des Preuß. Staats. Band VII., pag. 256.
**) Ganz vortrefflich schildert Voigt die Tugenden dieses herrlichen Mannes. Geschichte von Preußen VI., 377—411.

als unter dem Orden haben würde. Dazu kam, daß der Hochmeister gleich
im Anfange seiner Herrschaft über die Neumark alles aufbot, dem wilden Fehdewesen und den Raubzügen des Neumärkischen Adels ein Ende zu machen, auch
gegen den Adel des benachbarten Pommerns mit Nachdruck auftrat. Unter
andern forderte er die angesehenen Ritter Georg von Wedell zu Uchtenhagen,
Hermann Lockstädt zu Woldenburg und Jomike von Stegelitz wegen eines offenen Straßenraubes zur Wiedererstattung auf, und bedrohte sie mit den nach-
drücklichsten Gewaltmitteln. Daher trat eine Anzahl angesehener Rittergeschlech-
ter der Neumark und Pommerns gegen den Orden zusammen, unter diesen die
Dewitze, die Wedell, die Borken, die Manteuffel, von der Osten, die Troyen
und mehrere andere. Zwischen dem Könige von Polen, dem Herzoge Bogislav VIII., dem Adel der Neumark und Pommerns entstand im Jahre 1403
eine förmliche Verbindung gegen den Orden, um die Neumark an Polen zu
bringen. Allein der wachsame Ordensvogt Balduin Stal entdeckte den
ganzen Plan, und der Hochmeister traf Maßregeln, die seine Ausführung hin-
derten.

Im Jahre 1415 wurde Mutze Troye erschlagen; hiebei scheint Herzog
Bogislav VIII. nicht ohne Schuld gewesen zu sein und eingedenk der Ermordung seines Bruders Wartislav VII., die Rache der Troyen und ihrer Freunde
gefürchtet zu haben. Zu den Freunden der Troyen gehörten vor allen andern
die Dewitze, denn die Troyen besaßen einen Theil von der Stadt und dem
Lande Daber. Die Macht des untereinander verbundenen Adels und seine
eigene Ohnmacht den großen Geschlechtern gegenüber, hatte Bogislav im Streite
mit Gerhard von Dewitz um den Besitz des herzoglichen Antheils von
Haus, Stadt und Land Daber kennen gelernt. Daher wünschte er einen
Vergleich mit den Troyen, der auch wirklich zu Stande kam. Die Vermittler
und Zeugen waren hiebei: Herr Albrecht, Graf zu Raugard, Herr Matze
Bork, Herr Gernd von Dewitz Ritter, Hinrik Wacholt, Kammermei-
ster, Willeke Manteuffel, Henning Labge und Ritzwan Plitz, Vogt zu Gülzow.
In dem am 26. November 1415 zu Greifenberg getroffenen Vergleiche erließen Heinrich und Jacob, Gebrüder geheißen die Troyen, Mutz Troyens Söhne,
dem Herzoge Bogislav VIII. von Pommern und seinen Erben, Vögten, Rittern,
Knechten, Mannen, Städten und Unterthanen alle Ansprüche, die sie an dieselben wegen ihres erschlagenen Vaters zu stellen hatten, und gelobten, sich jeder

Sehre deshalb zu enthalten*). Für sie verbürgten sich: Henning Trope und sein Sohn Jacob, Herr Gernd von Dewitz, Ritter, der alte Willecke Manteuffel, Heinrich Borf von Wangerin, Berante Borf von Labes, der junge Heinrich von der Osten, Henning und Wedige von Wedell zu Mellen, Brüder. Bei Zuwiderhandlung gegen diese Ursehte gelobten die Brüder Heinrich und Jacob Trope so wie ihre Bürgen, bei Treuen und Ehren nach Greifenberg oder Treptow an der Rega einzureiten und zu verbleiben, bis die Sache ausgeglichen sein würde.

Zwei Dewitze und zwei Manteuffel begegnen uns hier, denn die Bürgen sind von den Zeugen wohl zu unterscheiden. Der Ritter Gernd von Dewitz und der alte Willecke Manteuffel, welche den Vergleich verbürgten, sind andere Personen als der Ritter Gernd von Dewitz und Willecke Manteuffel, die ihn bezeugten, nachdem er durch ihre Vermittelung zu Stande gekommen war. Der Bürge Gernd von Dewitz ist Gerhard II., (no. 64) der Sohn des Grafen Jacob, der Zeuge und Mannlehnmann Gernd von Dewitz ist Gerhard III. (no. 66), ein Sohn des Grafen Ebhard VIII. (63) und Neffe Gerhards II. Bei den Dewitzen wird sicher dasselbe Verhältniß statt gefunden haben, wie bei den Manteuffeln, von denen der ältere den Vergleich verbürgte, der jüngere ihn vermittelte und bezeugte. So war es auch ganz angemessen, Gerhard von Dewitz (II.) war, als das älteste Glied der Familie, deren Haupt, seine Bürgschaft galt zugleich für das ganze Geschlecht.**)

Er genoß überhaupt ein großes Ansehen. Wir finden ihn an der Spitze eines Bündnisses, welches die Ritterschaft und die Städte des westlichen, zwischen dem Stift Cammin, der Oder und der Ihna gelegenen Theiles des Landes „jenseits der Swine" unter sich geschlossen hatten, und welches im Jahre 1417 mit der Stadt Stolp und der Ritterschaft des Landes Stolp, die ebenfalls unter sich im Bündnisse standen, in nähere Verbindung trat. Die Mitglieder der ersteren Einigung, nämlich Herr Gernd von Dewitz, erbgesessen zu Daber,***) Herr Jürgen von Wedell zu Uchtenhagen, Hinric Borf zu Wan-

---

*) Aus diesem Vergleiche geht hervor, daß die Sache sich so verhalten haben muß, wie sie oben dargestellt ist.

**) vi burgheren angheswerwen . . . . laten myt rumen eren.

***) Gerhard von Dewitz hat als der erste die Urkunde vollzogen.

gerin, Balters Weiger, Matzle Petersdorf, der alte Hinric von der Osten, Prib-
ber Bibante und die Städte Neu-Stargard, Greifenberg, Treptow a. d. Rega,
Wollin, Cammin und Massow, und alle, die mit ihnen verbündet waren, gelobten am 25. Juni 1417 zu Neu-Stargard der Stadt Stolp und der Ritterschaft im Lande Stolp, namentlich Swantes Tessnate, Gert Below, Lauren-
cius Lutzke, Ewentze von Ressin, Godlaf Pirch, Bartke von Rexin, Lauren-
cius Puchkummer, Heinrich Grape, Hans Bantemer, Hans Ristow, Steffen
von Zitzewitz, Tessen Bonin und allen, die in deren Bündnisse waren, sie nicht
gerichtlich verfolgen zu wollen, auch wenn sie einen rechtlichen Anspruch an dieselben hätten, so lange diese Einigung dauern würde.

Im Jahre 1420 lebte Gerhard noch; es werden Baterbrüder Gerhards III., eines Neffen Gerhards II., als Mitbesitzer des Dorfes Meesow in
in diesem Jahre erwähnt. Zu diesen muß Gerhard gehört haben, denn
mit Bestimmtheit kennen wir nur ihn als einen Bruder des Grafen
Elhard (VIII.), des Baters Gerhards III. Auch im folgenden Jahre
scheint er noch nicht gestorben gewesen zu sein. Ulrich VIII., sein Sohn, bezeichnet
sich 1421 als „Herrn Gherndes Sohn;" wäre damals der Vater nicht mehr
am Leben gewesen, so würde Ulrich den üblichen Zusatz „dem Gott gnädig"
wohl nicht fortgelassen haben, da man ihn wenigstens in der nächsten Zeit nach
dem Tode gewöhnlich hinzuzufügen pflegte. Später geschieht Gerhards nicht
mehr Erwähnung, wahrscheinlich ist er bald darauf gestorben. Als seine Nachkommen werden 2 Söhne angegeben: Henning und Ulrich, doch ist der erstere
schwerlich sein Sohn gewesen.

65.

Otto von Dewitz III.

Balduin Stal, Ordensvogt der Neumark, schreibt von Callies am Montage vor Georgii (28. April) 1407 an den Ordensstatthalter,*) den Komthur

---

*) Konrad von Jungingen war am 30. März 1407 gestorben, sein Bruder Ulrich folgte
ihm am 24. Juni desselben Jahres.

den Elbing, über Angelegenheiten des Ordens. Er berichtet unter andern, daß er von Otto von Dewitz 100 Mark Zinsenaugen, die 15 Mark Preußisch betrügen, geliehen habe und bittet den Ordensstatthalter, das Geld an Otto von Dewitz zu erstatten*). Dieser Otto von Dewitz war sehr wahrscheinlich ein Sohn des Grafen Jacob und einer der Vaterbrüder Gerhards III., welche im Jahre 1420 einen Antheil von Merlow besaßen (vergl. oben Gerhard II. № 64).**)

66.

Gerhard von Dewitz III., Ritter.

Der älteste Sohn des Grafen Elhard VIII. (no. 63) erscheint zuerst am 25. November 1415 als Mittelsmann und Zenge bei der Verlöhnung zwischen dem Herzoge Bogislav VIII. und den Brüdern Heinrich und Jacob Treye wegen der Ermordung ihres Vaters Wütze Treye***); er war damals schon Ritter.

Einige Jahre später führten er und die übrigen Dewitze, verbunden mit den Grafen von Eberstein, eine heftige Fehde mit Friedrich von Wedell auf Neuwedel in der Neumark, einem Vasallen des deutschen Ordens. Im Anfange des 15. Jahrhunderts waren Fehden zwischen dem Pommerschen und Neumärkischen Adel sehr gewöhnlich. Die Vögte der Neumark, Baldain Stal und Sander Machwitz führten viele Klagen über Beschädigungen, welche Unterthanen des Ordens von Pommerschen Vasallen erlitten, wozegen der

---

*) so habe ich hundert mare finken von otten von Dewitzen wegen, der machten XV mare prezuwth , , der ic Oten ble in den laaden es vil geld weder geba.

**) Nach Bogmihl (I. 123) führten im Jahre 1571 Marquard, Reimer und Marquard Dewitz einen Streit wegen des Gerichtes zu Küsten Starlow, welcher durch Heinrich Bere, Rentor der Camminer Kirche, entschieden wurde. Diese drei Dewitze finden wir sonst nirgend erwähnt, es sind auch die Vornamen Marquard und Reimer nie in der Familie üblich gewesen. Wahrscheinlich liegt hier eine Verwechselung mit dem Bodewillen vor, die bei der Schreibart Padrwilliz oder Badewiliz leicht möglich ist. Reimer Bodrwilß kommt in jener Zeit urkundlich vor, auch war dies Geschlecht im Domstifte Cammin begütert, während, so viel wir wissen, die Dewitze dort nie Besitzungen hatten.

***) Vergl. Gerhard von Dewitz II. (no. 64.)

Herzog Bogislav VIII. sich darüber beschwerte, daß seine Landesgränzen beeinträchtigt würden und der Orden darauf sinne, ihn aus seinem Besitze zu verdrängen.

Bogislav VIII., Herzog von Stolp, starb am Ende des Jahres 1417 oder Anfangs 1418. Seine Wittwe Sophie, eine starkmüthige Frau, übernahm einstweilen die Regierung für ihren Sohn Bogislav IX. Dieser war zwar schon volljährig, hielt sich aber am Hofe seines Oheimes Erich, des Königs der drei vereinigten nordischen Reiche, Daenemark, Schweden und Norwegen auf, in der Hoffnung, dessen Nachfolger zu werden. Wie Bogislav VIII. waren Sophie und Bogislav IX. dem Orden abgeneigt. Sie und die Fürsten von Wolgast begünstigten die Fehden und Raubzüge gegen die Neumark. Das Fehdewesen war ohnehin im 15. Jahrhundert an der Tagesordnung und wurde auf die gewaltthätigste Weise geübt. Mochten die Fehden auch größtentheils formell und gesetzlich angelegt sein, so waren sie doch eigentlich nur Raubzüge. Man verbrannte die Wohnungen, trieb das Vieh weg, nahm in den Gütern der Besehdeten die Leute gefangen oder tödtete sie. Entschiedenen Gefechten ging man geflissentlich aus dem Wege. Selbst die Kriege der Fürsten bestanden meistens in Sengen, Plündern, Morden und Viehwegtreiben. Alles dies galt für keinen Schimpf, wenn man nur in der äußern Form ritterlicher Sitte blieb und vor der Fehde oder dem Kriege eine „Absage" zusandte. Ein Zeuge *) jener traurigen Zustände schildert die Kriege seiner Zeit also: „Es kam nichts dabei heraus als Verwüstung der Aecker, Wegtreibung des Viehes, unbedeutende Gefechte, wechselseitige Gefangennehmungen und viele Räubereien unter dem Vorwande des öffentlichen Krieges." War man endlich des Unheils müde, so wurde zuerst Anstand der Waffen (Waffenstillstand) eingegangen. Die Gefangenen entließ man, nachdem sie beschatzt waren, d. h. nachdem das Lösegeld für sie festgesetzt war. Sie gaben ihr Ehrenwort, sich wieder freiwillig zur Haft zu stellen, wenn das Geld bis zum bestimmten Tage nicht eingegangen sein würde. Dann wurde über die Sühne (den Frieden) unterhandelt, was sich jedoch oft sehr lange hinzog. Wurde nämlich eine Verständigung an dem zur Unterhandlung festgesetzten Tage nicht erreicht, so bestimmte man einen neuen Tag, auf dem vielleicht auch noch nichts zu Stande

*) Albert Krantz.

kam, so daß abermals ein Tag anberaumt werden mußte. Dies nannte man die Fehde in Tage setzen. Konnte durchaus eine Versöhnung nicht bewirkt werden, waren alle Vermittelungsversuche der beiderseitigen Freunde vergeblich, so unterwarf man die streitigen Punkte dem Rechtsspruche eines Unbetheiligten, bei dessen Entscheidung es dann verbleiben mußte. So ging es im Großen unter den Fürsten und im Kleinen unter den Vasallen zu.

Wie könnte man sich darüber verwundern, daß an solchen Fehden auch die Dewitze Theil nahmen? Das Fehderecht galt als ein Privilegium des Adels, überall war dieser fehdelustig, und in den Gegenden, wo die Dewitze wohnten, hatten von jeher die Landfriedensgesetze nicht kräftig gehandhabt werden können, denn hier saßen die großen schloßgesessenen Geschlechter der Ebersteine, Dewitze, Borken, Flemminge, Osten, Wedell und Manteuffel in vielen Gütern und weiten Gebieten neben einander, und wie wenig diese Geschlechter geneigt waren, den Fürsten sich zu fügen, wie viel sie, mit einander verbunden, ver- mochten, zeigt die Geschichte Gerhards von Dewitz II. (no. 64). Jetzt aber boten sogar die Fürsten selbst ihnen Gelegenheit, ihre Fehdelust zu be- friedigen, indem diese die Raubzüge der Vasallen in die Neumark nicht blos gestatteten, sondern sogar gern sahen.

Der Anlaß zu der Fehde, welche im Jahre 1420 die Ebersteine und Dewitze mit Friedrich von Wedell auf Reutwedel hatten, ist nicht bekannt. Um Fastnacht waren die Grafen von Eberstein, die Dewitze und sonderlich das eigene Hofgesinde der Herzogin Sophie von Stolp in die Güter Friedrich von Wedell eingefallen und hatten ihn vor der Stadt Reuwedel und auf dem Lande wohl achtmal beraubt und gebrandschatzt. Vergeblich klagte er dem Vogte der Neumark, Sander Machwitz, seine Noth, denn dieser erklärte, daß der Hochmeister ihm alle Einmischung verboten habe. So übernahm denn Friedrich von Wedell selbst mit seinen Freunden wiederholentlich Raubzüge gegen die Dewitze. Von diesen wurde bei dem Hochmeister darüber Beschwerde geführt, daß ein Ordensritter, Namens Bugin, Hauptmann in Driesen, mit mehreren Genossen aus der Neumark um die Fastenzeit des Jahrs 1420 das halbe Dorf Meesow, welches dem Ritter Gerhard von Dewitz und sei- nen Vaterbrüdern gehörte, verbrannt, völlig ausgeplündert und zwei Leute ge- tödtet hätte. Um die Mitte der Fastenzeit nahm Friedrich von Wedell mit seinen Neumärkischen Freunden den Dewitzen im Dorfe Haseln sämmtliche Pferde, plünderte um Ostern das Dorf Labbed aus und trieb 16 Pferde fort.

Unmittelbar nach Philippi und Jacobi (1. Mai) brandschatzten drei Ordensritter, unter ihnen der Waldmeister von Schivelbein, den Ritter Gerhard von
Dewitz, mordend und raubend brachen sie in ein Dorf nahe bei dem Hofe
von Sallnow ein und nahmen von dort alle Pferde mit. Henning von
Dewitz, ein Vetter Gerhards, und Tideke von Süring, ein Lehnsmann
der Dewitze, fielen ihnen in die Hände und wurden als Gefangene fortgeführt.
Friedrich von Wedell, mit Vasallen aus dem Lande Schivelbein und aus der
Neumark verbunden, plünderte auch Poppelow, welches den Manteuffeln gehörte, raubte dort 9 Pferde, nahm 2 Menschen gefangen und tödtete einen.
Alles dieses berichteten die Dewitze an den Hochmeister und beschwerten sich
darüber. Michael Küchmeister von Sternberg, damals Hochmeister,
forderte den Ordensvogt Sander Machwitz auf, ihm genaue Auskunft über die
Betheiligung von Ordensrittern an diesen Raubzügen zu geben, ihm überhaupt
einen redlichen Bericht über die ganze Sache zu erstatten. Sander Machwitz
schrieb hierauf am Sonnabend nach dem heiligen Leichnams-Tage (19. Juni),
aus dem Kloster zu Zehden, an den Hochmeister, er habe etliche Mannen des
Ordens vernommen, durch deren Aussage es festgestellt sei, daß bei dem Zuge
um Philippi und Jacobi weder der Waldmeister von Schivelbein, noch irgend
ein anderer Ordensritter gewesen wäre. Lediglich Friedrich von Wedell
hätte mit seinen Freunden die Fehdezüge gegen die Dewitze ausgeführt, um
sich wegen der Beschädigungen, welche er von denselben erlitten, zu rächen.
Sander Machwitz hatte am Mittwoch in der Pfingstwoche mit den Dewitzen
einen Tag gehalten und zwischen ihnen und Friedrich von Wedell dahin Friede
gemacht, daß jeder Theil sich auf 4 Freunde berufen und diesen die Schlich-
tung des Streites überlassen sollte. Der Tag war auf den nächsten Sonntag
über 8 Tage (27. Juni) anberaumt. Er selbst war Willens hinzutreten und
hoffte, daß es ihm gelingen würde, die Sache gütlich beizulegen, doch führte er
zugleich aufs neue Klage gegen die Dewitze. Am Donnerstage in der Pfingstwoche hatte er einen Tag mit der Frau Herzogin von Stolp zu Falkenwalde
gehalten, um die Streitigkeiten mit dieser auszugleichen, und schon an diesem
Donnerstage, also am nächsten Tage nach der Zusammenkunft mit dem Vogt,
waren die Dewitze wieder in die Neumark eingefallen und hatten Mellen
bei Dramburg, ein Dorf derer von der Golz, beraubt. Drei oder vier
arme Leute waren von ihnen verwundet, einer sogar tödtlich. Von dem Raube
gaben sie einen Theil zurück, das übrige behielten sie.

Der Hochmeister hatte dem Vogte geschrieben, er solle weder Friedrich von Wedell noch irgend einem andern bei Raubzügen Hülfe leisten, auch nicht gestatten, daß Ordensritter oder Vasallen des Ordens Räuberei trieben. Sander Machwitz war dem Befehle des Meisters nachgekommen und hatte die Raubzüge verboten, besorgte jedoch, daß sie dessenungeachtet nicht unterbleiben würden, zumal da Friedrich von Wedell nicht blos im Ordenslande, sondern auch in Polen Schlösser hatte, er versprach aber, die anberaumten Tage sorgfältig zu halten und mit allem Fleiße dahin zu wirken, daß die Dewitze sich mit Friedrich von Wedell verglichen. Nochmals versicherte er, daß der Angriff und Friedensbruch nicht von diesem, sondern vom Herzogthum Stolp und den Dewitzen ausgegangen wäre, Friedrich von Wedell hätte nur zur Nothwehr die Raubzüge unternommen*).

Der Tag, an welchem die Versöhnung zwischen den Dewitzen und Friedrich von Wedell durch je vier Freunde vermittelt werden sollte, hatte nicht den vom Ordensvogt gehofften Erfolg. Am Ende des Juli war die Fehde noch nicht beendigt. Friedrich von Wedell war seinen Gegnern nicht gewachsen. Er schrieb am Abende Mariae Magdalenae (22. Juli) von Hermsdorff aus einen sehr kläglichen Brief an den Hochmeister, in welchem er inständigst um Hülfe flehte, da er täglich von den Pommerschen, nämlich von den Grafen von Haugard, denen von Dewitz und vor allen von dem Hofgesinde der Herzogin Sophie beraubt und ausgeplündert würde. Diese seine Feinde hätten am letzt vergangenen Montage seine Güter wieder überzogen und aus drei Dörfern alles, was darin gewesen, genommen. Bei dem Vogte fände er seine Hülfe, dieser wiese ihn damit ab, daß der Hochmeister ihm, dem Ordensvogte, untersagt hätte, eine Einmischung in diese Händel zu thun oder zu gestatten. „Deßhalb," schreibt er, „Gnädiger Herr, bitte ich Eure Großmächtige Gnade, daß Ihr mich nicht zu jämmerlich verderben lasset und Preis gebet, und daß Euer Gnaden meinem Herrn dem Vogte schreiben wollet, daß er mir helfen möchte, da er alle Wege des Rechts über mich mächtig ist. Was Euer Gnaden für mich thun mögen, das wolle Euer Gnaden dem Vogte vor-

---

*) der umbu her die ruwbu zur nat-wure wudder gekun bruh.
Vgl. a. Ledebur Allg. Archiv B. III., S. 135—142.

schreiben und nehmt Euch meiner an, da ich ja der Geringe bin und Euer Gnaden mich zu vertheidigen habt und alles Recht über mich mächtig seid."

Diese Klagen und Bitten fanden, wie es scheint, bei dem Hochmeister kein Gehör. Die Macht des Ordens war durch die Schlacht bei Tannenberg gebrochen, er ging seinem Untergange entgegen. Der Hochmeister Michael Küchmeister von Sternberg war nicht im Stande, die gesunkene Macht des Ordens aufzurichten[*]). Er erkannte, daß der Friede mit den Nachbarn um jeden Preis erhalten werden müsse, und als vom Könige von Polen und der Herzogin Sophie von Stolp Klagen darüber eingingen, daß von der Neumark aus ihre Länder beschädigt wären, forderte er von dem Vogte Sander Machwitz eine Verantwortung, anstatt seine Vasallen gegen Raubzüge aus Polen und Pommern in Schutz zu nehmen. Der Vogt erstattete dem Meister den verlangten Bericht (d. d. Dramburg am Sonntage nach Johannis Enthauptung, 29. August 1420), worin er erwähnt, daß innerhalb eines Jahres in dem Herzogthum Stolp von Leuten des Ordens kein Dorf verbrannt sei außer Meesow, welches die Dewitze besitzen. Hiervon wäre, wie er schon früher gemeldet hätte, der dritte Theil in Asche gelegt[**]).

Wie und wann diese Fehde beigelegt ist, erhellt nicht aus Urkunden, um Ostern 1421 war sie beendigt, denn am Freitage vor dem Palmsonntage dieses Jahres versprachen die von Wedell dem deutschen Orden Schloß und Stadt Reinwedel einzuräumen, und war hiebei Ulrich von Dewis, „Herrn Gherndes Sohn", ein Vetter Gerhards III., als Zeuge zugegen.

An diese Fehde erinnern noch eine Sage, die sich bis auf den heutigen Tag in der Dewitzschen Familie erhalten hat. Es sollen nämlich einst die Dewitze von den Wedelln überwältigt und die Burg zu Daber von den letzteren erobert worden sein. Die Dewitze gewannen jedoch das Schloß wieder, ein Wedell kann nicht mehr entrinnen, er flieht auf den Schloßthurm, ein Dewitz verfolgt ihn, erreilt ihn auf der höchsten Zinne des Thurmes, und stürzt den Räuber seines väterlichen Erbes hinab in die Tiefe des Schloßgrabens.

---

[*]) Er legte im März 1422 freiwillig sein hochmeisterliches Amt nieder und starb als Komthur zu Danzig am 29. Dezember 1423.

[**]) Die Dewitze hatten sich beklagt, daß die Hälfte von Meesow verbrannt wäre.

Während die Dewitze sich mit den Wedelln befehdeten, waren sie mit den Ebersteinen eng befreundet. Mit diesen verbunden führten sie ihre Züge in die Neumark aus. Auch nachher finden wir beide Geschlechter in freundschaftlichem Verhältnisse. Graf Albrecht von Eberstein, Herr des Landes zu Naugard, verkaufte dem Rathe der Stadt Greifenberg und den Vorstehern der dortigen Gertrud-Kapelle am Weihnachtstage (25. Dezember) 1433 zu Greifenberg 16 Mark jährlicher Pacht aus dem Dorfe Berlow für 200 Mark Kapital, wiederlöslich nach halbjährlicher Kündigung. Bürgschaft leisteten für ihn Herr Gerud von Dewitz, Ritter, Henning und der alte Ulrich, alle Vettern, geheißen von Dewitz, mit ihren Erben und mit gesammter Hand.

Die drei Dewitze kommen im nächsten Jahre wiederum neben einander vor und zwar in einer vom Kaiser Siegismund ausgestellten Urkunde. Herzog Bogislav VIII., ursprünglich für den geistlichen Stand bestimmt und eine Zeitlang Domherr, hatte während der Verwaltung des Stifts Cammin *) mehrere Schlösser und Städte, Massow, Pollnow, Gützow und Arnhausen, welche verpfändet waren, auf eigene Kosten für 40,000 Gulden eingelöst. Die Domherren hatten ausdrücklich gelobt, alles, was Bogislav von verpfändeten Gütern des Stifts mit seinen fürstlichen Einkünften lösen würde, ihm zu vergelten, auch weder geistlichen Richters zu Rom noch weltlicher Richter sich zu bedienen, um ohne Zahlung sich ihre Güter wieder zu erwerben. Als der Fürst aus dem geistlichen Stande geschieden war, hatte der Bischof Johann, Herzog von Oppeln, den Herzog Bogislav VIII. unangefochten im Besitze jener von ihm eingelösten Güter gelassen, da das Stift die ausgelegte Pfandsumme von 40,000 Gulden nicht zahlen konnte. Johanns Nachfolger war Nicolaus Buck, gebürtig zu Schippenbeil, früher Procurator des teutschen Ordens am Römischen Hofe und seit 1389 Bischof zu Culm. Er tauschte im Jahre 1398 mit Johann von Oppeln, welcher das Bisthum zu Culm übernahm. Im Vertrauen auf den Schutz des Hochmeisters forderte Nicolaus Buck 1405 jene Schlösser und Städte als Kirchengut zurück, ohne die Einlösungssumme zahlen zu wollen. Standhaft weigerte sich Bogislav, solchem ungerechten Ansinnen Folge zu lei-

---

*) Vergl. oben Ulrich III. (S. 104).

stern. **Ein Streit entstand** zwischen ihm und dem Bischofe. Die Folge hiervon war, daß der Herzog im Jahre 1408 mit dem Banne belegt wurde, in welchem er bis zu seinem Tode blieb. Seine Wittwe Sophie und sein Sohn Bogislav IX. beharrten gleichfalls bei der Weigerung, die Stiftsgüter auszuliefern. Daher wurden auch sie in den Bann gethan. Im Jahre 1434 bewirkte der Bischof von Cammin, Siegfried Bock, auf dem Concil zu Basel, daß nicht allein der alte Bann wider Bogislav IX. und seine Mutter Sophie wiederholt und geschärft wurde, sondern daß auch der Kaiser Siegismund dem Herzoge gebot, bei Strafe von 1000 Mark löthigen Goldes, die Stiftsgüter wiederzugeben, und ihn in die Acht erklärte, wenn er es nicht thäte. Der Achtbrief, zu Ulm am Donnerstage nach Jacobi 1434 gegeben, sollte an alle Fürsten und Stände des Reichs geschickt werden. Sämmtliche geistliche und weltliche Fürsten, Herren, Ritter, Knechte und Städte wurden zur Vollziehung der Reichsacht aufgefordert. Von dem Pommerschen Adel wurden die Grafen Hans, Claus und Witzlav von Eberstein, Mahle, Henrich, Berante und alle geheißen die Borken, Gerdt, Henning, Ulrich und alle geheißen die Dewitzen als **solche genannt**, denen die Exekution aufgetragen ward.

Achtzehn Jahre hatten Bogislav IX. und Sophie den Bann **ertragen**, bis **der Herzog sich im Jahre 1436 mit dem Stifte Cammin aussöhnte**. König Erich hatte **ihn zum Nachfolger in** seinen Reichen bestimmt **und hoffte, auf** einem Reichstage **zu** Warbingberg (Ostern 1436) es durchzusetzen, **daß** Dänen, Norweger und **Schweden** seinen Vetter als Thronfolger anerkennen. Die Reichsstände aber lehnten dies ab, aus Abneigung gegen einen Fürsten, der Bann und Reichsacht verhöhnte. König Erich kam nun selbst nach Pommern, um das Hinderniß wegzuräumen, welches seinen Vetter von der Erbfolge in den nordischen Reichen auszuschließen drohte. Es gelang ihm, eine Aussöhnung zwischen dem Herzoge Bogislav IX. und dem Domkapitel zu Stande zu bringen. Hierauf beziehen sich 2 Urkunden, beide sind zu Colberg am 1. Mai (Philippi und Jacobi) 1436 ausgestellt. In der ersten bekannte Bogislav, daß zwischen ihm, dem Bischofe und dem Stifte zu Cammin der Zwist wegen der Städte und Schlösser Massow, Arnhausen und Pollnow durch ihre beiderseitigen Räthe geschlichtet sei, und ermäßigte seine Forderungen auf 20,000 Mark Finkenaugen, welche nächsten Weihnachten über 15 Jahre vom Stifte an den Herzog oder dessen Erben in den Städten Neu-Treptow oder Cammin gezahlt werden sollten. Bis dahin wurden die genannten Städte und Schlösser mit aller Zubehör und der Mannschaft dem Herzoge als Unterpfand überlassen. Dieser verpflichtete sich, alsdann gegen Zahlung der Schuldsumme die Schlösser herauszugeben und erklärte alle früheren Briefe, die zu seinen Gunsten sprachen, für „quit, frei und machtlos."*) Für die treue Haltung des Vertrages verbürgten sich Graf Albrecht von Eberstein, Herr zu Naugard, Gregorius Ot zu Belbuck, Gernd von Dewitz, Ritter, wohnhaft zu der Daber, nebst den Städten Neu-Stargard und Neu-Treptow. In der zweiten Urkunde bekannten beide Parteien, daß aller Unwille, Zwietracht, Schaden, Mord, Todschlag, Raub und Brand zwischen dem Landesherrn und dem Stifte, so wie zwischen deren Städten und Unterfassen, geistlichen und weltlichen, vertilgten wären. Auch sollten die Händel, welche seit der Uebergabe Gülßews von Seiten des Stifts an den Landesherrn entstanden waren, geschlichtet sein. Bei Erledigung des bischöflichen Stuhles von Cammin sollte das Kapitel einen redlichen ehrlichen Herrn aus seiner Mitte wählen und bei dem Herzoge anfragen, ob ihm derselbe genehm wäre. Ließe der Herzog sich den Erkorenen gefallen, so sollten der Fürst und das Kapitel für ihn an den Römischen Stuhl gehen und ihn als Bischof annehmen. Stände der Erwählte dem Herzoge nicht an, so sollte ein anderer nach des Landesherrn Rath und Willen erkoren werden. In gleicher Weise sollte es bei der Wahl der Prälaten und Domherren gehalten werden, wenn die Prälaturen erledigt würden, bei denen die Wahl dem Landesherrn zustände. Der Landesfürst übernahm den Schutz des Bisthums, geistlichen Gerichten wurde die Befugniß abgesprochen, über weltliche Personen in weltlichen Angelegenheiten zu richten, desgleichen weltlichen Richtern verboten, in geistlichen Sachen einzuschreiten. Etwaige Zwiste zwischen dem Bisthum und dem Landesherrn sollten durch ein Gericht, bestehend aus vier Räthen und Mannen des Herzogs und vier Mannen des Stifts, ferner aus je zwei Sendboten des Rathes der Städte Neu-Treptow und Neu-Stargard und je zwei Sendboten des Rathes der Städte Colberg und Cecölin, entschieden werden. Könnten diese sich nicht einigen, so sollten sie einen Obmann wählen, bei dessen Ausspruch es verbleiben müsse. Endlich verhieß der Herzog,

---

*) Die Schlösser und Städte Maßow, Trahausen und Polnow werden nicht vom Stifte eingelöst.

dem Stifte alle Privilegien und Freiheiten zu lassen, mit denen es von seinen Vorfahren begünstigt war, indem er diese Privilegien erneuerte und bestätigte, dagegen sollten Kirche und Kapitel zu Cammin Lösung des Bannes schicken, der wegen dieser Zwietracht über Lebendige und Todte ausgegangen war. Mit dem Herzoge Bogislav gelobten alle diese Artikel als Bürgen: Albrecht, Graf von Eberstein, Herr zu Naugard, Herr Gernd von Dewitz und Henning von Dewitz, Ritter, wohnhaft zu der Daber, Curt Flemming, Marschall, Verante Vork, wohnhaft zu Labes, Paul Gantzke, Henning Zastrow zu der Quackenburg, Nikius Massow, Claus Zanke zum Rosenhagen, Claus Below zu Pest, nebst den Bürgermeistern und Rathsmännern der Städte Neu-Stargard und Neu-Treptow.

Gerhard von Dewitz III. begegnet uns zuletzt in einer Urkunde vom 14. September 1438, dann verschwindet er. Erwähnt wird er noch in dem Privilegium von Daber, welches Ulrich, Gernd, Züls und Hans von Dewitz der Stadt am heiligen Christabend 1401 bestätigten. Der Gernd, welcher dieses Privilegium mit ausgestellt hat, ist nicht Gerhard III. sondern Gerhard IV. (no. 70). Es ist aber in dem Privilegium festgesetzt, daß die Stadt Daber jährlich 14 Mark Orbör an das St. Jürgen-Hospital geben soll von Ulrichs wegen, die dabei bleiben sollen, und die der alte Gerhard dazu gegeben hat.*) Der alte Gerhard ist eben Gerhard III., welcher durch den Zusatz „der Alte" von seinem jüngern Bruder Gerhard unterschieden wird, der mit Ulrich, Züls und Hans der Stadt das Privilegium ertheilte Gerhard III. war damals schon längere Zeit todt, denn hätte er noch gelebt, so würde er als der Aelteste der Familie sich ohne Zweifel bei der Bestätigung des Privilegiums betheiligt und sich vor seinem weit jüngern Bruder Ulrich genannt haben. Wäre er erst vor Kurzem gestorben, so würde seinem Namen der Zusatz „dem Gott gnädig" hinzugefügt sein, welcher in der nächsten Zeit nach dem Tode nicht leicht weggelassen wurde. Die in dem Privilegium über Gerhard III. enthaltene Notiz ist auch als eine Hindeutung darauf, daß er ohne Nachkommen war, wichtig. Sie kann nur so verstanden werden: Gerhard hatte dem St. Jürgen Hospital 14 Mark überwie-

---

*) die olde Garatt dartho heft gegeven.

len, welche die Stadt an ihn zu zahlen hatte. Diese Einnahme fiel nach Gerhards Tode an seinen Bruder Ulrich, der ihn beerbte, wurde jedoch von Ulrich wegen aus Pietät gegen den verstorbenen Bruder der milden Stiftung gelassen.

67.

Ulrich von Dewitz VII., Ritter.

Er war der zweite Sohn des Grafen Eghard VIII. (no. 63), muß aber viel jünger gewesen sein als sein Bruder Gerhard III. (no. 60). Während dieser schon 1415 als ein namhafter Mann auftritt, lernen wir Ulrich erst im Jahre 1443 kennen. Er war nämlich zugegen, als Herzog Bogislaw IX. am Mittwoch nach Visitationis Mariae*), in König Erichs Vollmacht, der Stadt Stargard vergab, daß sie zu geringhaltige Münze geprägt hatte, und ihre Privilegien bestätigte. Ulrich von Dewitz, Ritter und Ulrich von Dewitz, Vogt des Landes Massow, haben die Urkunde unterschrieben.

Im Jahre 1449 war er Richter in dem Streite über die freie Schifffarth auf der Rega, zwischen den Städten Greifenberg und Treptow. Die Rega war in früheren Jahrhunderten für Fahrzeuge von 5 bis 10 Lasten schiffbar. Mit Schuten und Prahmen fuhren die Greifenberger den Strom hinab in die Ostsee, um dort den Hering zu fangen. Der Abt Arnold von Belbuck versuchte um 1320, den Greifenbergern die Wasserstraße zu versperren, und es entstand zwischen ihm und der Stadt Greifenberg deswegen ein sehr heftiger Streit. An die Stelle des Abtes von Belbuck trat im folgenden Jahrhundert die Stadt Treptow, vom Kloster angestiftet. Durch eine Steinschleuse verlegte sie den Greifenbergern den Weg in die Ostsee. Diese führten hierüber 1449 Beschwerde bei der Herzogin Maria, Bogislaws IX. Wittwe, welche in Abwesenheit des Königs Erich, des Ersten Bogislaws, die Regentschaft übernommen hatte. Maria setzte zur Entscheidung des Streites einen Gerichtshof

---

*) Mariae Heimsuchung, am 2. Juli gefeiert.

ein, dessen Mitglieder theils aus den Vasallen theils aus den Städten genommen waren. Der Graf von Eberstein, der Marschall Curt Flemming, Henet und Erasmus Borke, Ulrich von Dewitz, mehrere Rathmänner von Wollin und Cammin gehörten zu den Richtern, deren im Ganzen zehn waren. Die streitenden Parteien wurden aufgefordert, auf einem Rechtstage, der zu Treptow am Donnerstage nach St. Sixtus (28. März) ausgeschrieben war, zu erscheinen, um ihre Ansprüche zu erweisen. Erich war inzwischen in sein Stammland zurückgekehrt, seine nordischen Reiche hatte er verloren. Auf seinen Wunsch wurde eine gütliche Ausgleichung des Streites versucht, sie gelang aber nicht, so daß der Proceß begann. An dem bestimmten Tage kam kein Urtheil zu Stande, weil die Treptower das Gericht vor Beendigung der Verhandlungen verließen, deßhalb setzten die Richter einen neuen Rechtstag, auf dem Rathhause zu Greifenberg, in demselben Jahre (1449) an, zu welchem die Treptower sich aber gar nicht einfanden. Die Greifenberger brachten ihre Privilegien bei und stellten lebendige Zeugen, welche theils selbst vor 30 Jahren als Kaufleute und Bootsknechte mit ihren Schuten auf und nieder nach Dännemark, Schweden und Norwegen gefahren waren, theils mit Augen noch gesehen hatten, daß an dem Wasserthore von Greifenberg bei der Regabrücke Schuten, Schiffe und Prahme lagen. Die Richter entschieden am 16. Dezember 1449 zu Gunsten der Greifenberger, verurtheilten die Treptower zur Wegnahme der Pfähle und Bollwerke, mit welchen sie das „gemeine openbare Reith" Rega versperrt hatten, und setzten eine Strafe von 100,000 Rheinischen Goldgulden auf das Zuwiderhandeln gegen das Urtheil. Der Streit war hiermit dennoch nicht geerdigt, er währte noch 40 Jahre (bis 1489), brach sogar im siebzehnten Jahrhundert noch einmal aus und hörte erst im siebzehnten Jahrhundert ganz auf, nachdem er, freilich durch längere Zeiten der Ruhe unterbrochen, dreihundert Jahre gedauert hatte.

1458 am Tage St. Barbarae (4. Dezember) verkaufte Ulrich von Dewitz zwei Hufen in Weitenhagen an Henning Mesow und seine rechten Erben für 40 Rheinische Gulden. Henning Mesow und seine Erben sollten keiner andern Dienste pflichtig sein, als daß sie die beiden Hufen von Ulrich von Dewitz und seinen Erben zu Lehn empfingen. Wollten Ulrich von Dewitz oder seine Erben das Gut wiederkaufen, so sollten sie Henning Mesow oder seinen Erben dies ein halbes Jahr vorher ansagen und an die selben die Kaufsumme von 40 Gulden am nächsten Martinstage nach der Kündigung zurückzahlen.

Ulrich von Dewitz erneuerte und bestätigte[*] gemeinschaftlich mit seinem Vetter Gerhard IV. und seinen Söhnen Jüls und Hans am heiligen Christabende 1481 das Privilegium von Daber. Die Stadt hatte, wie in dem Privilegium bestimmt ist, an Ulrich 10 Mark Urbär jährlich zu zahlen und 5 Mark an unsere liebe Frau, d. h. die Marienkirche, welche Ulrich mit 50 Mark lösen konnte.[**] Es waren ihm nämlich von der Kirche 50 Mark geliehen, wofür er ihr die Einnahme von 5 Mark, die er jährlich von der Stadt als Urbär empfing, verpfändet hatte. Zahlte er die 50 Mark an die Kirche zurück, so erhielt er wieder die 5 Mark Urbär.

Daß der Ritter Ulrich von Dewitz VII. und nicht sein gleichzeitiger Vetter Ulrich VIII., mit dem Beinamen der Aeltere, das Privilegium gegeben hat, ist daraus ersichtlich, daß er in demselben einmal als „Herr Ulrich," also als Ritter bezeichnet wird. Der ältere Vetter dieses Namens hat die Ritterwürde nie geführt. Die betreffende Stelle in dem Privilegium lautet: „furder 5 mark stan an tho losende, de her Ulrick den hanowen versettet h:M." Herr Ulrich hatte hiernach an die Hanowen, Afterlehnsleute der Dewitze, von der Urbär 5 Mark verpfändet, welche wieder eingelöst werden konnten, indem das entsprechende Kapital zurück gezahlt wurde.

Gerhard III. und Ulrich VII. von Dewitz werden in dem Privilegium der Wollenweber vom Himmelfahrtstage 1569 und bei Micraelius[***] Landeshauptleute genannt, sie haben indessen diese hohe Würde nie bekleidet. Der Landeshauptmann, d. h. Statthalter war die höchste Ehrenstelle des Landes und nächst dem Fürsten waren die Landeshauptleute die vornehmsten Personen. Sie führten die Oberaufsicht über alle Obrigkeiten und Gerichtshöfe,

---

[*] Vor allen Christen Luden ... bekenne wy alle von Dewitzen, alse Ick Ulrich, Gerroth, Zels, Hans, dat wy samen rade und Jawamrren unser stadt Daber, die sa sint reddrr an uns komen werden, wedder vorsien und vorargelen ere privilegium und ere gerechtigkeit, alse se vor gehad hebben.

[**] Vortmehr Ulrike 10 mark, vortmehr 5 mark unser Leven frawen, de Kirke stan tho kamende vor 50 mark.

[***] VI. 342.

standen an der Spitze der Ritterschaft und stellten im Namen des Landesherrn während dessen Abwesenheit öffentliche Urkunden aus. Selbst von andern Gerichten eximirte Familien mußten in gerichtlichen Angelegenheiten vor ihnen erscheinen. Mehrmals im Jahre saß der Landeshauptmann mit den ihm zugeordneten Landrichtern öffentlich zu Gericht, in außerordentlichen Fällen entschied er auch allein. Der Aufenthalt der Landeshauptleute war nicht gerade an einen bestimmten Ort gebunden. Einige wohnten in den Städten, andere auf ihren eigenen Schlössern.

Falls die beiden Dewitze dieses Amt verwaltet hätten, so würden darüber ohne Zweifel irgend welche urkundliche Nachrichten vorliegen. Sehr wahrscheinlich hat der Titel „Landeshauptleute" in der gedachten Urkunde darin seinen Grund, daß Ulrich VII. mit Ulrich VIII. dem Vogte des Landes Massow, für eine und dieselbe Person gehalten worden ist. Die Vögte wurden in spätern Zeiten häufig Hauptleute, ja sogar Landeshauptleute genannt.[*]

Als Ulrichs Gemahlin wird Eleonore von Putbus, Jaromars von Putbus Tochter, angegeben. Seine Söhne waren: 1. Jüls und 2. Hans. Er scheint bald nach 1461 gestorben zu sein.

68.

Henning von Dewitz VI., Ritter.

Die Familien Tradition bezeichnet ihn als einen Sohn Gerhards von Dewitz II. (no. 64). Dies stimmt aber nicht mit der schon oben (S. 138)

---

[*] Als die Lande Lauenburg und Bütow an Pommern gekommen waren, nannten sich die herzoglichen Beamten zuerst Vögte, von hier führten sie die Titel Amtleute, Hauptleute, Landeshauptleute. So führten z. B. Tamme von Schöning (1479–1487; Vogt zu Lauenburg. — Lorenz Crockow 1483 Vogt zu Lauenborch, 1485 Amtmann, 1491–1501 Hauptmann zu Lauenburg. Jürgen Krockow 1506—1529 Landeshauptmann zu Lauenburg. — Antonius von Zitzewitz 1529—1574 Landeshauptmann zu Lauenburg; Ebenso in Bütow: Jürgen Bonn 1513–1515 Hauptmann, auch Vogt zu Bütow. Peter von Glasenapp 1622 Hauptmann, 1623 und 1624 Landeshauptmann, 1630 Hauptmann. (Reinhold Cramer Geschichte der Lande Lauenburg und Bütow I. Beilagen p. 83—84.)

erwähnten Urkunde vom 26. Dezember 1433, nach welcher sich Gerhard III., Henning und Ulrich der Aeltere von Dewitz für den Grafen Albrecht von Eberstein verbürgten, als dieser an den Rath der Stadt Greifenberg und die Vorsteher der Gertrud-Kapelle daselbst 16 Mark jährlicher Pacht aus dem Dorfe Berkow für 200 Mark Kapital verkaufte. „Her Gernd van Dewitz eyn ritter, Hennigk unde olde Ulrik, alle veddern geheten de Tewezen" heißt es dort. Ulrich der Aeltere war ein Sohn Gerhards II., dies steht urkundlich fest. Wenn nun auch Henning Gerhards II. Sohn, also Ulrichs Bruder gewesen wäre, so würden sich die drei Dewitze nicht „alle Vettern" sondern „Vettern und Brüder" genannt haben, wie dies z. B. in einer Urkunde vom 22. Januar 1473 Gerhard IV., Jüls und Hans von Dewitz thaten.*) Die bisher bekannten Urkunden geben keine Andeutung über Hennings Vater. Vielleicht aber dürfte in dem Namen ein Wink liegen, diesen zu errathen. Danach könnte er ein Enkel des früh verstorbenen Henning V. (no. 59) und ein Sohn Ulrichs V. (no. 60) sein. Die drei Vettern Gerhard III. (no. 66), Henning und Ulrich der Aeltere (no. 68) würden einer Generation angehören und Urenkel des Grafen Ulrich I. sein.**)

In der Fehde mit Friedrich von Wedell wurden um das Fest Philippi und Jacobi 1420 Henning von Dewitz und Tidike Züring nahe bei Sallmow gefangen genommen.***) In dem Achtbriefe des Kaisers Sigismund wider den Herzog Bogislav IX. und dessen Mutter Sophie (d. d. Ulm Donnerstags nach St. Jacobi 1434) wird er mit seinen Vettern Gerhard (III.) und Ulrich (VIII.) unter denen genannt, welchen die Vollstreckung der Acht aufgetragen wurde. Er war auch zugegen, als der Herzog Bogislav IX. sich am 1. Mai 1436 zu Colberg mit dem Bischofe von Cammin, Siegfried Bock, und dem Kapitel vertrug und gelobte mit Gerhard III. zu denen, welche gelobten, daß aller Unwille und alle Zwietracht zwischen dem Herzoge und dem

---

*) wy Ulerus, Cralus unde Hans, veddern unde brodere, ghenomet de Dewitzen.

**) Gerhard III. und Ulrich der Aeltere waren Enkel Jacobs V., des zweiten Sohnes Ulrichs I., Henning VI. wäre dann ein Enkel Hennings V., des ältesten Sohnes Ulrichs I., gewesen.

***) Vergl. Gerhard III. (S. IX.)

Stifte geschlichtet sein und daß hinfort der Herzog, unter Wahrung seiner Patronatrechte, das Bisthum in seinen Schutz nehmen sollte. Hier erscheint Henning zum ersten Male als Ritter, er muß diese Würde also zwischen 1434 und 1440 empfangen haben.

Obwohl Herzog Bogislav IX. in Folge seiner Aussöhnung mit dem Stifte vom Banne gelöst war, wurde König Erichs Hoffnung, ihn als seinen Nachfolger anerkannt zu sehen, doch nicht erfüllt. Erich selbst verlor seine nordischen Kronen und beschloß sein Leben in Pommern. Als Bogislav erkannte, daß ihm jener glänzende Besitz nie zu Theil werden würde, war er bemüht, in seinem Stammlande Ordnung aufzurichten und mit den Nachbarn in Frieden zu leben, sich namentlich auch mit dem deutschen Orden auszusöhnen.

Er bestätigte am 1. März 1441 zu Stolp den Rügenwaldern alte Freiheiten. Als Räthe waren bei ihm Graf Albrecht von Eberstein, der Abt Greger von Belbuck, Lürke Massow, sein Hofmeister, Curt Flemming, Marschall, Henning von Dewitz, Ritter, ein Borf, ein Lettow und Henning Joen, sein Kanzler.

Kurfürst Friedrich II. von Brandenburg (Eisenzahn) ging mit dem Plane um, die dem deutschen Orden gehörige Neumark und Schwelbein mit seinem Lande zu vereinigen. Dies machte in Bogislav IX. den Wunsch rege, mit dem Orden in ein engeres Verhältniß zu treten. Er fürchtete die wachsende Macht des Brandenburgers, auch der Orden sahe sich nach einem Bundesgenossen gegen Friedrich II. um. Schon um Pfingsten 1441 ließ der Herzog dem Hochmeister Konrad von Erlichshausen durch Lürke Massow ein Bündniß antragen. Während des Sommers 1441 verhandelte man hierüber und besprach sich um Michaelis persönlich. Im nächsten Jahre 1442 am Dienstage nach Gregorii traten von beiden Seiten Schiedsrichter in Hammerstein zusammen, um alle Irrungen vollständig auszugleichen. Von Pommerscher Seite waren zugegen Graf Albrecht von Eberstein, Greger Abt zu Belbuck, Herr Henning von Dewitz und Lürke Massow, Räthe des Herzogs. Vom Hochmeister waren verordnet: Der Komthur von Schweh, der Vogt von Tirschau, Herr Fritze von Eppingen und Heinrich Smeltner, Bürgermeister zu Conitz. Diese Richter sollten alle Plackereien, Räubereien und Angriffe, die zwischen beider Herren Landen seit dem ewigen Frieden zu Brzesc (1. Januar 1436) vorgefallen waren, entscheiden. Die Verhandlungen gediehen zwar nicht zu einem eigentlichen Abschluß, dennoch fand von jetzt an ein wirklich freundliches Verhältniß zwischen dem Orden und Herzog Bogislav IX. statt, und als letzterer (seit 1446) längere Zeit sehr schwer krank darnieder lag, wurde er im Kloster Oliva bei Danzig vom Hochmeister Konrad von Erlichshausen mit einem Arzte, mit Rheinwein, gutem Meth und aller Art von Erquickung versehen. Nach seinem Tode (in der ersten Hälfte des März 1447) bezeigte der edle Meister der Wittwe des Herzogs, Maria von Masovien, seinen Schmerz über den Verlust eines Freundes und biedern Nachbarn.

Wann Henning von Dewitz gestorben ist, läßt sich nicht bestimmen, seine Gemahlin ist unbekannt, wir wissen nur, daß im Jahre 1461 noch Kinder von ihm lebten, deren Namen wir aber nicht kennen. In dem Privilegium von Daber ist nämlich festgesetzt, daß Hennings Kinder von der Stadt jährlich 8 Mark Orbör erhalten sollten, die ihm die Stadt für 75 Mark abgelöst hatte. Zahlten Hennings Kinder diese Summe an die Stadt zurück, so erhielten sie wieder die jährliche Abgabe von 8 Mark. Ferner waren sie berechtigt, 5 Mark, welche Ulrich VII. an die Hauptleute versetzt hatte, wieder einzulösen.[*] Wahrscheinlich hatten sie unter Ulrichs Vormundschaft gestanden oder waren noch unter derselben. Anders ist es kaum erklärlich, daß Ulrich die Orbör, welche ihnen gehörte, so versetzen konnte, daß ihnen das Einlösungsrecht verblieb. Die Bezeichnung „Kinder" scheint dafür zu sprechen, daß sie noch nicht mündig waren.

69.

Ulrich von Dewitz VIII., Knappe.

Am Freitage vor dem werthen Palmsonntage 1421 versprachen die Wedell, dem deutschen Orden Schloß und Stadt Neuwedel einzuräumen. Zugegen war als Zeuge Ulrich von Dewitz „Herrn Ebards Sohn."

---

[*] vortmehr Henninges Kindern 8 mark, die em die stadt afgelovet heft vor viff und vorentich mark und forder 5 mark stan en tho lovende, de her Ulrick den knnowen vermettet heft. (Vergl Ulrich VII. S. 144.)

Aus dieser Nachricht erhellt, daß Ulrich ein Sohn des Ritters Gerhard von Dewitz II. (no. 64) war. Er führte den Beinamen der Aeltere, weil gleichzeitig ein jüngerer Vetter, der Ritter Ulrich von Dewitz VII, lebte. Mit diesem Beinamen ist er in der bei Gerhard III. und Henning VI.[*] angeführten Urkunde vom 25. Dezember 1433 erwähnt, nach welcher diese drei Dewitze sich für den Grafen Albrecht von Eberstein bei dem Verkaufe von 10 Mark jährlicher Pacht aus dem Dorfe Bertow an den Rath der Stadt Greifenberg und die Verweser der Gertrud-Kapelle daselbst für 200 Mark verbürgten.[**] Ohne Zweifel war er derselbe Ulrich von Dewitz, dem neben Gerhard III. und Henning VI, im Jahr 1434 die Vollstreckung der Reichsacht gegen den Herzog Bogislav IX. und dessen Mutter Sophie aufgetragen wurde. Er ist hier zwar nicht durch die Hinzufügung seines Beinamens „der Aeltere" näher bezeichnet; die drei Dewitze Gerhard, Henning und Ulrich sind aber in derselben Reihenfolge genannt, in welcher sie als Bürgen für den Grafen Albrecht von Eberstein kurz vorher erscheinen. Sie waren die ältesten Glieder der Familie, jeder von ihnen galt als das Haupt eines Zweiges des Geschlechtes. Die jüngeren Glieder sind in dem Achtbriefe nicht namentlich aufgeführt, sondern in dem Zusatze „und allen geheißen die Dewitzen" zusammengefaßt.[***] Ulrich der Aeltere war ein angesehener Mann. Er begegnet uns als Vogt des Landes Massow[†] in der Urkunde vom Mittwoch nach Mariae Heimsuchung 1443, in welcher Bogislav IX. in Vollmacht seines Vetters, des Königs Erich, der Stadt Stargard seinen Unmuth wegen Prägung geringhaltiger Münzen vergab und ihre Privilegien bestätigte. Mit ihm war der jüngere Vetter Ulrich VII. zugegen und wird sogar zuerst genannt, da er Ritter war. Bei Ulrich VIII. fehlt auch hier der unterscheidende Beiname, denn die beiden Ulriche sind ohnehin genugsam kenntlich gemacht, der eine als Ritter, der andere als Vogt des Landes Massow.

[*] Vergl. S. 134 u. 146.
[**] alte Ulrich.
[***] Gerlt, Henning, Ulrich, vnde allen gheheiten die Dewitzen.
[†] Ulrich van Dewitz Vaget vann Landes Massow.

Wahrscheinlich hatte Ulrich VIII. einen Sohn, nämlich

70.

Gerhard von Dewitz IV., Knappe.

Der Name dieses Gerhard von Dewitz fehlt in dem Stammbaum der Familie, man hielt ihn für identisch mit dem Ritter Gerhard III., dem Sohne des Grafen Ebhard VIII. Daß aber außer Gerhard III. ein jüngerer Dewitz dieses Namens gleichzeitig lebte, ersehen wir aus dem Privilegium von Daber vom heiligen Christabende 1461. Ein Gerhard von Dewitz bestätigte es mit Ulrich VII. und dessen Söhnen Jüle und Hans, ein anderer „der olde Gornth" wird in dem Privilegium erwähnt. Der erstere ist Gerhard IV., der letztere Gerhard III.*)

Der Vater Gerhards IV. ist in den bisher bekannt gewordenen Urkunden nicht genannt, er kann aber kaum ein anderer als Ulrich VIII., der Vogt des Landes Massow, gewesen sein, dessen Vater ebenfalls Gerhard (no. 64) hieß.

Gemeinschaftlich mit seinen Vettern Jüle und Hans schloß Gerhard IV. auf dem Schlosse zu Daber, am Tage St. Vincentii (22. Januar) 1479, ein Bündniß mit den Grafen Ludwig und Albrecht von Eberstein. Der erstere war nach dem Tode des Bischofs Henning Iven (1469) zum Bischofe von Cammin erkoren, erhielt aber nicht die Bestätigung von Rom. Doch brachte er, so viel er konnte, die Stiftsgüter, namentlich Cörlin und Cülzow,

*) In dem Privilegium der Blothweber vom Jahre 1458 werden Ulrich und Gerhard, welche das Privilegium vom Jahre 1461 bestätigten, für Brüder und Söhne Ebhards VIII. gehalten. Dort wird Gerhard Berndt genannt. Diesen Namen giebt auch Micraelius (VI. 312) dem von ihm angeführten Sohne des Ritters Ebhard IV. In Dähnerts Pommerscher Bibliothek II. 518 ist das Privilegium von 1461 (freilich unvollständig) abgedruckt, dort steht ebenfalls Berndt. Dagegen lese ich in einer alten Abschrift dieses Privilegiums, welche sich im Blankower Familien Archive befindet, ganz deutlich den Namen Gornth. (Vergl. auch Kratz die Städte der Provinz Pommern pag. 102 „1461 bestätigten Ulrich, Gornth, Jüle und Hans die Dewitze die Privilegien der Stadt Daber.")

in seine Gewalt; die geistlichen Angelegenheiten ließ er durch den Bischof Albrecht von Schon und die Archidiakonen verwalten. Nicht nur der Klerus, sondern das ganze Land spaltete sich in Parteien für und wider den postulirten Bischof. Auf seiner Seite standen das Domkapitel, sein Bruder Graf Albrecht und die Bettern und Brüder Gerhard, Jäls und Hans von Dewitz.

Die Dewitze sagten den beiden Grafen von Eberstein Beistand mit allen ihren Mannen zu. Sie versprachen, mit ihren Erben, Mannen und ihrer Stadt fest bei dem edlen und wohlgeborenen Herrn Ludwig, von Gottes Gnaden erkornen Bischof der Kirche zu Camminn, und seinem Bruder, dem Grafen Albrecht, zu bleiben. Schloß und Stadt sollten den Ebersteinen offen stehen. Diesen sicherten die Dewitze sogar für sich und ihre Erben die gesammte Hand an das Land Daber zu. Wenn die Dewitze und alle ihre Erben im Mannesstamme aussterben, sollten die Grafen Ludwig und Albrecht oder ihre Erben die Nachfolge im Lande zu Daber haben, wie es in seinen Gränzen und Scheiden lag, und es so frei besitzen, wie die Dewitze es von Alters her besessen hätten. Bei dieser freundlichen Verhandlung waren zugegen: Die ehrbaren und wohltüchtigen Männer Hasso und Hans, Bettern genannt die von Dedell, Gherat, Joachim und Maßle, Brüder und Bettern genannt die Berten, Eggert Mantuffel, erbgesessen zu Polzin, und viel mehr andere gute Freunde.

Die Dewitze sprechen hier in einem Tone, als ob sie keinen Lehnsherrn über sich hätten, sie verweilen nicht auf dessen Genehmigung, erwähnen seiner nicht einmal.*) Die Urkunde beginnt mit den Worten: „Vor allen cristenen laden, Heren, Fursten, greuen, ridderen, knechten, Mannen vnde steden, dar desse bref vorkummet, de ene zen edder horen lesen, wy Gherut, Czules vnde Hans, veddaren vnde brodere, ghenomet de Dewetzen, erfzoten to der Daber, bokennen apenbar in dessemo apenen breue" Das harte Selbstständigkeitsgefühl des mächtigen Pommerschen Adels und die Ohnmacht der Fürsten tritt auch hier wieder recht augenscheinlich hervor. Dem Herzoge Bogislaw VIII. hatte Gerhard von Dewitz (II.) mit Ge-

---

*) Siehe oben pag. 1. und 2.

wall einen Theil von Camp, Stadt und Haus Daber abgenommen, wider den Willen des Fürsten hatte er diese Besitzungen behalten, jetzt verfügten seine Nachkommen, ohne Rücksicht auf den Willen des Landesherrn, ganz nach eignem Gutdünken, über ihre Güter. Erst Bogislav X. brachte die fürstliche Macht wieder zu Ehren und Ansehn.

Man hat aus der Zusicherung der gesammten Hand, welche die Dewitze den Ebersteinen ertheilten, zu viel gefolgert, wenn man daraus den Schluß zog, daß die Güter der Dewitze freie Erbgüter waren. Die Worte, auf welche man ganz besonders Gewicht gelegt hat: „so scholen so odder ere eruen treden an dat land to der Doberen, also id licht an einen grentzen vnde scheyden, vnde wy dat lant myt vnsen eruen alder vrigest boseten hebben," sprechen nicht im mindesten gegen ein Lehns-verhältniß. Sie sind eine sehr gewöhnliche Formel und werden eben so wohl bei Lehnen als Allodien angewendet. Als am 27. October 1497 Achim von Dewitz an den Herzog Bogislav X. sein halbes Schloß und die halbe Stadt Daber mit seiner Mannschaft und allen Gütern gegen Schloß und Städtchen Satzig mit aller Zubehör vertauschte, wurde diese Formel in dem Vertrage über diesen Tausch mehrmals gebraucht. Achim von Dewitz überließ dem Herzoge sein Lehn und Erbe, Burg, Stadt und Güter, so quit und frei er sie besessen hatte.*) Der Fürst übergab gleichfalls das Schloß Satzig mit dem Städtchen, der Mannschaft und den Gütern an Achim von Dewitz so quit und frei, als Seine Gnade sie bisher gehabt und gebraucht hatte,**) nur sollte Achim von Dewitz diese Besitzungen zu Lehn empfangen und Lehnspflicht davon thun. Dazu gab der Herzog an Achim von Dewitz das Erbe und Lehn des Nartze von Güntersberg und seines verstorbenen Bruders Hans von Güntersberg. Wenn Nartze ohne männliche Lehnserben sterben würde,

---

*) So quith vnde frigh, also ik de borch, Stadt vnde güeter besoten hebbe, vnde myne voroldern de vp my geeruet hebben.

**) so quith vnde so frigh, also syne gnade de borch mit deme Stedeken vnde ere to behoringe both her gehat vnde gebruket heft.

sollte Achim von Dewitz dessen Güter so quit und frei empfangen, wie die Günterderberge sie besessen hatten.*)

In dem Vertrage vom 22. Januar 1473 hatten die Dewitze den Grafen von Eberstein die festesten Versicherungen ihrer beständigen Freundschaft gegeben. Alles Gute, was sie den Ebersteinen irgend thun könnten, wollten sie nimmer unterlassen. Entstände jemals aus irgend einer Ursache zwischen ihnen eine Zwietracht, so sollten zwei der ältesten Mannen von jeder Seite an die Gränze gesandt werden, um die Sache auszugleichen, damit zwischen ihnen oder ihren Erben sich in keinerlei Weise Hader und Zwietracht zu allen Zeiten erhöbe.**) Die Freundschaft währte dessenungeachtet nicht lange, schon im Jahre 1478 waren beide Familien in einer heftigen Fehde gegeneinander. Ob Gerhard IV. damals noch lebte, ist zweifelhaft. Die Fehde selbst werden wir unten bei der Geschichte des Hans von Dewitz, (no. 72), der sich unter den Dewitzen am meisten an ihr betheiligte, näher kennen lernen.

Nachkommen hat Gerhard von Dewitz IV. nicht hinterlassen.

71.

Züls von Dewitz, Knappe.

Der älteste Sohn des Ritters Ulrich von Dewitz VII. führt einen Namen, welcher in der Dewitzschen Familie auffallend ist. Es sind in ihr sonst

---

*) Dar to gift syne gnade my vuda mynen erven Curtze van Gunterobergyn van Rowenten vade gynes broder Hans van Gunterobergyn in Goth verstarven erve vade len, vnd Curtze auuder gmaliko lens erven in goda vorsurven is . . . . . so quith vade so fsigh, also de Curtze vade Hans vorssreuen vade ere voreldyren qaltent vade frigent gehath vade begerten hebben vade an syne gnade vade syner gnaden erven vallende werden.

**) allent wes wy myt den rmen ghuden vmine erve willen, vade der erest dan kumm, dat wil wy gnamer leten; wuret, dat ghot affave, hir benoen bomlghn two kracht tuschen en vade van alk vorhout, dat were vmme welke sake dat it were, so wil wy twe vmme aldesten mmme leghen ere twe Mamne schickten vade genalen uppe de graatze, al sulke tverdracht to beharvede wte vade mate dar mre to vindenede, dat tuschen en vade vm edder den erve alk menerleye wys hader edder entwelrncht verhvat the allen tiden, dat sy in welker tunte dat id sy.

nur deutsche Namen üblich. Zülo aber ist eine Abkürzung des wendischen Namens Sulislav oder Zulislav. Wahrscheinlich erhielt er diesen auf Rügen öfters vorkommenden Namen, weil seine Mutter eine Purbus war.[*]

Zülo von Dewitz bestätigte mit seinem Vater Ulrich, seinem Vetter Gerhard IV. und seinem Bruder Hans das Privilegium der Stadt Daber am heiligen Christabende 1461. Die beiden Brüder Zülo und Hans erhielten aus Daber jährlich zusammen 23 Mark Erbär. — Er lieh im Jahre 1463 von Roland in Daber 50 Mark. —

König Erich starb im Frühlinge des Jahres 1359 zu Rügenwalde 78 Jahre alt. Seine Pommerschen Lande hätten der Wolgaster Linie (Erich II. und Wartislav X.) zufallen müssen, aber auch Otto III. von Stettin machte Ansprüche auf sie. Kurfürst Friedrich II. von Brandenburg glich die Zwistigkeiten dahin aus, daß Herzog Otto die vordere Hälfte von Hinterpommern, also das Gebiet von der Jhna bis zum Gollenberge erhielt; dem Wolgaster Fürsten fiel der östliche Theil bis zur Grenze Pommerellens zu. Das Land Daber gehörte in Folge dieser Theilung zum Herzogthum Stettin. Am 21. März 1461 bestätigte Otto III. dem Bischofe von Cammin, den Grafen von Eberstein und allen andern Ständen, Prälaten, Herren, Mannen und Städten des Landes Pommern ihre Privilegien und ertheilte ihnen neue Vorrechte, starb aber noch in demselben Jahre. Mit ihm erlosch der Stettiner Zweig des Pommerschen Fürstenstammes und die Stände des herrenlosen Landes spalteten sich in zwei Parteien. Die eine hing dem Kurfürsten von Brandenburg an, welcher das Land beanspruchte, weil es bei der Mark zu Lehn ginge, die andere wandte sich den Wolgaster Herzogen zu, als ihrer erblichen geborenen Herrschaft. Kaiser Friedrich III. erließ die widersprechensten Entscheidungen, bald sprach er das Land dem Kurfürsten, bald den Herzogen von Wolgast zu. Am 21. März 1465 trug er in Wienerisch-Neustadt das Fürstenthum Stettin, Pommern, Cassuben und Wenden, soweit Herzog Otto daselbst besessen, den Markgrafen Friedrich und Albrecht von Brandenburg als Reichslehn auf und

---

*) Der Name Zülo (Zules, Zyles. Zulis. Zylis. Zullich u. s. w., kommt auch als Familienname der Nebell häufig vor, und findet sich noch jetzt in den Ortsnamen: Zülsdorf (bei Arnswalde) und Zülshagen (bei Dramburg).

befahl den Ständen von Stettin in zwei Erbvertriefen, bei Verlust aller Freiheiten und Rechte, den Markgrafen Erbhuldigung zu thun, wies auch die Herzoge an, dem Kurfürsten bei der Besitzergreifung des Landes nicht hinderlich zu sein. Georg Podiebrad, König von Böhmen, hatte schon unter dem 7. Februar 1465 aus Prag den Herzogen von Pommern ein Drohschreiben zukommen lassen, daß er dem Mitkurfürsten helfen werde, das Heimfallrecht zu erlangen, falls ihm darin Eintrag geschehe. Erschreckt durch so ernstliche Schritte leisteten mehrere angesehene Geschlechter der Landschaft Pommern, Graf Albrecht von Eberstein, die Borken, Dewitze, Plinnies von der Ostar, die Wedell zu Kremzow, dem Markgrafen Huldigung. Zwar gelangten diese nicht zum wirklichen Besitz des Landes, doch verstanden sich die Herzoge Erich II. und Warislaw X. dazu, am 21. Januar 1466 zu Soldin dem reichsfreien Besitz des Herzogthums Stettin und Pommern*) zu entsagen und es als freies Lehn anzuerkennen, welches sie von der Mark empfangen hätten. Nach dem Aussterben des Pommerschen Fürstenstammes, sollten alle Länder desselben an Brandenburg fallen, die Städte des Landes Stettin sollten beiden Fürstenhäusern, so oft es verlangt würde, Erbhuldigung thun. Die Markgrafen Friedrich und Albrecht vertrugen sich mit den Herzogen Erich und Warislaw über Titel und Wappen von Stettin, Pommern, Cassuben und Wenden, welche sie gemeinsam führen sollten. Solche vollkommene Ausgleichung bezeugten Prälaten und Vasallen der Mark und Pommerns. Von letzterer Seite die Grafen Albrecht und Ludwig von Eberstein, der Abt zu Colbaz, der Komthur zu Wildenbruch, Plinnies von der Ostar, der Kanzler Claus Damitz, Jaroslav Barnekow, Ejule von Dewitz, viele andere Pommersche Edelleute und die Sendboten der Städte Stettin, Stargard, Treptow und Greifenberg. Diesem Vertrage versagte jedoch Kaiser Friedrich III., durch eine Botschaft der Pommern umgestimmt, die Bestätigung. Unter dem 14. October 1460 erließ er aus Gratz ein ernstes Mandat an die Herzoge, in welchem er bei Strafe von 1000 Mark löthigen Goldes verbot, sich in eine Veränderung jener Lande ohne des Kaisers und des Reiches Erlaubniß einzulassen. Er hob aus kaiserlicher Macht-

---

*) Das Herzogthum Stettin und Pommern war das von Otto III. beherrschte Gebiet, wegen ihrer übrigen Lande blieben die Pommerschen Herzoge reichsunmittelbar.

vollkommenheit alles auf, was hierin geschehen war. Auf dieses Gebot des
Kaisers erklärten die Herzoge den Vertrag von Soldin für nichtig. Vergeblich
bemühte sich Kurfürst Friedrich II., die Pommern zum Halten des Soldi-
ner Vertrages zu bewegen, alle Verhandlungen und Tagfahrten fruchteten nichts.
Es kam zum Kriege, für welchen 13 oder gar 19 Reichsfürsten dem Kurfürsten ihren Beistand zugesagt hatten; von ihnen allen erhielten die Herzoge an
einem Tage Absagebriefe. Im Spätsommer 1468 nahm der Krieg seinen Anfang, doch hatte der Kurfürst nicht den gehofften Erfolg. Die Pommern setzten sich tapfer zur Wehre, die mit Brandenburg verbündeten Reichsfürsten
leisteten nur in geringem Maße die versprochene Kriegshülfe, unter dem 14.
October 1468 untersagte der Kaiser ihnen die Unterstützung des Markgrafen.
Auf Betrieb der Pommerschen Stände ward auf den 6. Januar 1469 ein Tag
nach Prenzlau anberaumt. Dort gelobten am 8. Januar der Kurfürst Friedrich II. und die Herzoge von Pommern mit Handschlag und Mund auf
offenem Markte vor einer Versammlung von 3000 Menschen, den Vertrag von
Soldin zu halten. Am folgenden Sonntage, 15. Januar, leisteten die Stände
von Pommern, Stettin und von der Tollense dem Kurfürsten Friedrich II.
die Erbhuldigung. In einer gleichzeitigen Aufzeichnung über dieselbe heißt es,
nachdem erwähnt ist, daß zu Garz die „man im lande to Stettin", zu Prenzlau die „Tollenzer vnd ander Stettiner man" gehuldigt vnd den Eid geleistet
hätten, weiter: „Nach der wise haben do Pommerschen geslechte, als grave
Albrecht von Newgarte, Erasmus, Berne vnd Claus do Borken, Czuls von
Dewitz, er Tinniges von der Oft, Hasse den Redel to Cramppow, end er
bruder vnt rettern gehuldigt vnt gelobt, aber nicht gesworn, vnt beruwen sich
freiheit; haben sy do nich, so sollen sie noch sweren." Die Geschlechter werden vor den Mannen ausgezeichnet, sie rühmen sich gewisser Freiheiten vor
dem übrigen Adel und beanspruchen das Recht, hier keinen Eid leisten zu dürfen. Diese Geschlechter, die Eberlteine, Borken, Dewitze, Osten und
Redell, sind lauter Familien, die später zu den Schloßgesessenen gezählt
wurden.

Der Krieg brach sehr bald wieder aus, schon im Frühjahre 1469 fielen
die Pommern verheerend in die Neumark ein. Es war vergeblich, daß der
Kaiser am 14. Juli 1469 allen Reichsfürsten die Unterstützung Brandenburgs
nochmals untersagte und an demselben Tage aus Graz den Kurfürsten innerhalb 63 Tagen vorlut, um sich vor ihm mit den gleichfalls citirten Pommer-

schen Herzogen zu verantworten, bei Strafe des Verlustes aller Lehne und Freiheiten und 1000 Pfund löthigen Goldes. Der Krieg hatte seinen Fortgang, bis am 27. August 1400 bei dem Dorfe Mescherin unweit Garz, an der Oder durch Polnische Vermittelung ein Waffenstillstand geschlossen wurde.

Kurfürst Friedrich II. übergab im Jahre 1470 die Kurwürde nebst der Mark seinem Bruder Albrecht. Dieser um Kaiser und Reich hochverdiente Fürst wußte Friedrich III. von seinem Rechte so zu überzeugen, daß der Kaiser ihn am 12. Dezember 1470 zu Graetz mit dem Herzogthum Stettin, Pommern, Cassuben und Wenden belehnte. Diesmal gelang es den Pommern nicht, Friedrich III. zur nochmaligen Aenderung seines Ausspruches zu bewegen. Im Vertrage zu Prenzlau (31. Mai 1472) behielt der Kurfürst die von ihm eroberten Städte und Schlösser Garz, Vierraden, Löcknitz, Alt-Torgelow, Pasewalk und Klempenow, das Herzogthum Pommern-Stettin wurde von Erich II. und Warislav X. als Brandenburgsches Lehn anerkannt. Der Kurfürst übertrug es ihnen mit Hand und Mund, sie leisteten Lehnsversprechen und gelobten, sich zu verhalten, wie sie als Lehnsleute zu thun schuldig seien. Die Stände des Landes sollten angewiesen werden, dem Kurfürsten die Erbhuldigung zu leisten. Der Kaiser bestätigte am 2. Mai 1473 zu Augsburg diesen Vergleich und belehnte den Kurfürsten nochmals mit dem Herzogthum. So war zwar für einige Zeit der Frieden hergestellt, in Warislavs Herzen blieb aber der alte Groll gegen die von ihm bitter gehaßten Märker, vornehmlich ließ ihm der Verlust der Feste Garz keine Ruhe, rastlos war er darauf bedacht, sie wieder zu gewinnen. Erich war des Krieges müde, an seinem Herzen zehrte der Gram über seine Gemahlin Sophie, welche seiner vergessend, fern von ihm in Rügenwalde Hof hielt und im Verdachte stand, in verbotener Liebe mit ihrem Hofmeister Hans von Massow zu verkehren. Er starb schon am 6. Juli 1474. So ist es denn leicht erklärlich, daß in dem Streite, welchen die Wahl des Grafen Ludwig von Eberstein zum Bischofe von Cammin hervorrief, die Dewitze, Gerhard IV., Zülz und Hans, den Grafen Ludwig und Albrecht von Eberstein am 22. Januar 1473 auf ihrem Schlosse zu Daber die Erbfolge im Lande Daber bei dem Erlöschen ihres Mannesstammes zusicherten,[*] ohne hiebei der Fürsten zu gedenken, welche weder Macht noch Lust

---

[*] Vergl. Gerhard IV. (ao. 70.)

hatten, mit den mächtigen Vasallen einen Zwist anzufangen. Daß aber die
Dewitze daran dachten, ihr Mannesstamm könne bald erlöschen, lag gar
nicht so fern. Das ehedem so zahlreiche Geschlecht war damals sehr zusammen geschmolzen. Gerhard IV. war ohne Erben, die Hoffnung für die
Fortpflanzung des Geschlechtes beruhte nur auf Jüls und Haus. Beide
hatten Söhne, indessen es war ja ein Zweig nach dem andern ausgestorben,
und man konnte also wohl besorgen, das Geschlecht nahe sich dem Untergange.
Wie bald die Freundschaft der Dewitze mit den Grafen von Eberstein in
eine Fehde überging, haben wir schon bei Gerhard IV. gesehen. Noch ehe der
Friede mit den Ebersteinen hergestellt war, sahen die Dewitze einen weit stär-
kern und mächtigern Feind vor ihrer Burg, den Kurfürsten Albrecht Achilles, den berühmtesten Kriegshelden jener Zeit, von dem Aeneas Sylvius
sagt, daß er in mehr Schlachten gekämpft, als andere Fürsten derselben Zeit
gesehen oder von ihnen gelesen.

Dem Herzoge Wartislav war es wirklich gelungen, durch den klugen
Anschlag des Bartholemaeus Brusehaver am Montage nach Misericordias Domini (21. April) 1477 wieder in den Besitz von Garz zu gelan-
gen. Wenige Tage darauf, am 24. April, hatte Heinrich von Linkstaedt,
Hauptmann zu Uckermünde, Vierraden eingenommen. Dies war mitten im
Frieden geschehen, und Kurfürst Albrecht Achilles klagte vor aller Welt, daß
Herzog Wartislav, sein gehuldigter und gelobter Lehnsmann, aller Eidespflicht
vergessend, ihm unabgesagt und unabgeklagt das Seine genommen. Bogislav X., der seinem Vater Erich II. gefolgt war, hatte sich gegen den Rath und
Willen seines Oheims Wartislav mit der Markischen Prinzessin Magaretha,
einer Tochter des Kurfürsten Friedrich II., vermählt, beide Pommersche Fürsten waren seitdem einander entfremdet. Jetzt aber verband sich Bogislav mit
dem Oheime und sandte „von seines Oheimes Wartislav wegen", einen Ab-
sagebrief an die Markgrafen Albrecht und Johann, nahm auch sofort mit Wartislavs Hülfe am Himmelfahrtsfeste (30. April) das Schloß Löcknitz. Albrecht hatte seinen Sohn Johann als Statthalter der Mark eingesetzt, er selbst
weilte im schönen Franken. Daher traf bei ihm die Kunde vom Verluste des
Schlosses Löcknitz gleichzeitig mit dem Absagebriefe Bogislavs ein. Seine
Mahnung an diesen, zur Lehnspflicht zurückzukehren, war erfolglos. Mit einem
Heere von mehr als 20,000 Mann zu Roß und zu Fuß, 600 Trabanten und
einer großen Zahl von Geschützen, begleitet von seinen Söhnen Johann und

Friedrich, vielen Herren und Grafen aus Franken, Schwaben und selbst aus
Bayern, zog er gegen die Herzoge von Pommern, auch der Märkische Adel war
zu ihm gestoßen. Einer solchen Heeresmacht unter einem solchen Kriegsfürsten
waren die Pommern nicht gewachsen. Bahn, den Johannitern gehörig, wurde
verbrannt, Bernstein und Satig wurden schnell genommen, die Umgegend
von Pyrit und Colbatz ward mit Feuer und Schwert verwüstet. Bogislav X. suchte seine Zuflucht in Daber, dem festen Schlosse der Dewitze.*)
Albrecht Achilles folgte ihm und stand am Bartholomäus vor Daber. Dre-
ben im Schlosse lagen mit dem Herzoge 200 Pommersche Edelleute. Anfänglich versuchte man sich hier zu halten, und der Markgraf schickte sich an, Schloß
und Stadt mit Gewalt zu nehmen. Schon war zum Sturm geschossen und
der Sturm mit dem Rennfähnlein angeordnet, da entsank dem Herzoge der
Muth, er bat um freies Geleit und ritt zum Kurfürsten in das Lager. Er
wälzte die Schuld des Krieges auf seinen Oheim Wartislav und verpflichtete
sich am Sonntage vor Bartholomäus, am 23. August, im Feldlager vor Daber mit Treuen an Eidesstatt, von dem Kriege, welchen Albrecht mit Wartislav habe, ganz abzustehen und gelobte, Garz noch in dieser Woche abzutreten,
wogegen er Satig und Bernstein wieder erhalten sollte. Herzog Wartislav
solle in den Frieden eingeschlossen sein, wolle er nicht darein willigen, so möge
er sein Abenteuer bestehen. Zwei gleichlautende Zettel wurden besiegelt, jeder
der beiden Fürsten erhielt einen, und an demselben Tage verbanden sich Albrecht und Bogislav im Lager bei Breitenfelde, eine Meile von Daber,
bei fürstlichen Treuen und Würden, mit gemeinschaftlicher Kraft den Herzog
Wartislav zu hindern, daß er seine Lande entfremde und andern zuwende.
Der Kurfürst zog von Daber ab und gedachte Garz in Besitz zu nehmen.
Bogislav geleitete ihn, um ihm die Feste zu übergeben. Da sie sich auf eine
halbe Meile der Stadt genähert hatten, bat Bogislav um Erlaubniß, in die
Stadt zu reiten, die Thore zu öffnen und alle Dinge richtig zu machen. Als

---

*) Anno domini Millesimo IIIICLXXVIII feria sexta ante festum Jacobi Marchio de-
struxit Banen et incendit etiam contconquesivit villas Piritze et incendit Bernstein, et contoquen-
ter Smolic et Daberen eodem anno. Ä templin Diplomatische Beiträge zur Geschichte Pommerns aus der Zeit Bogislafs X. pag. 405.

aber der Kurfürst in die Thore einreiten wollte, fand er sie verschlossen, und man schoß mit Büchsen auf ihn. Bogislav hatte sein Wort nicht halten können, denn in Garz herrschte Wartislavs Partei und gestattete dem jungen Fürsten nicht, über die Stadt zu verfügen.*) Ein furchtbarer Verheerungskrieg brach wieder aus, die Märkischen und Pommerschen Gränzlande wurden entsetzlich verwüstet. Kirchen wurden geplündert, Glocken weggenommen, Priester todt geschlagen, Frauen und Jungfrauen ermordet. Am 26. Juni 1470 wurde endlich der Friede zu Prenzlau geschlossen, welcher den Kriegen zwischen Pommern und Marktern für immer ein Ziel setzte. Bogislav erkannte die Oberlehnsherrschaft des Kurfürsten an, wie der Kaiser es angeordnet hatte. Er empfing das Land von Albrecht, der es ihm mit Hand und Mund übertrug, zu Lehn, und that dem Kurfürsten Lehnspflicht, „als ein getreuer Lehnsfürst und Mann seinem Lehnsherrn von Lehnswegen zu thun schuldig ist." Garz blieb im Besitze des Herzogs von Pommern. Wartislav X. erlebte den Frieden nicht, er war am 13. Dezember 1478 zu Barth gestorben.

Sehr bald nach Beendigung dieses Krieges, welcher die Dewitze so nahe berührt hatte, starb auch Züls von Dewitz. Sein Tod wird auf der in den Lehnsakten von 1769 befindlichen Stammtafel in das Jahr 1480 gesetzt.

Züls von Dewitz hatte eine für die Familie sehr wichtige Erwerbung gemacht. Neben den Dewitzen waren die Troyen im Lande Daber begütert, auch ein Theil der Stadt gehörte ihnen, an der Burg scheinen sie nie einen Antheil gehabt zu haben. Wann und wie dieses Geschlecht in den Besitz der Güter im Lande Daber gekommen ist, und wie viel sie inne hatten, ist nicht zu ermitteln. Nach Micraelius hat Muze von Troye ums Jahr 1442 den Dewitzen die Stadt Daber „erbiret."**) Auch Brüggemann***) hat diese Angabe aufgenommen, über die aus Urkunden nichts erhellt.†) Daß nicht die ganze Stadt von den Troyen an die Dewitze abgetreten sein kann, geht unter andern aus der Urkunde vom St. Matthaeus Tage 1366 hervor,

---

*) Barthold IV. a Nr. 2 und 323.
**) VI., 381.
***) Beschreibung von Pommern D., 296.
†) Kratz, die Städte der Provinz Pommern pag. 101.

nach welcher Graf Jacob von Fürstenberg den Rathleuten von Neu-Stargard seine Besitzungen im Lande Daber verpfändete. „Unde dar to dath wy hebben yn deme lande to Dobern yd szy an dem husze unde an der stad" heißt es dort. Daß die Herzoge einen Theil der Stadt besessen hatten, welchen ihnen die Dewitze abnahmen, wissen wir aus der Geschichte Gerhards II. (S. 124). Somit kann um 1442 nur ein Antheil an der Stadt in den Händen der Troyen gewesen und von diesen an die Dewitze überlassen sein. Urkundlich aber steht fest, daß Züls von Dewitz Treyensche Güter im Lande Daber erwarb. Im Jahre 1487 verglichen sich Hans von Dewitz und sein Sohn Achim mit Georg von Dewitz, dem Sohne des Züls von Dewitz, und setzten fest, daß Georg die Güter voraus haben sollte, welche Claus Troye besessen, so wie sich ihrer Züls bis an sein Ende bedient hätte.*) In einem zweiten Vergleiche vom Jahre 1490 zwischen den Vettern Achim und Georg von Dewitz wird bestimmt, daß jeder von ihnen die Güter und Einkünfte besitzen sollte, welche ihren Vätern zugekommen wären, und ist hier mehrmals gesagt, daß Georg die Güter und Mühlenpächte, welche dem seligen Claus Troyen gehört hätten, zum Voraus behalten sollte.**) Auf welche Art Züls von Dewitz in den Besitz dieser Güter gekommen war, ergeben die beiden Urkunden nicht, wir erfahren aber aus ihnen, daß die beiden Brüder Züls und Hans sämmtliche Dewitzsche Güter unter sich getheilt hatten.***) Von Züls waren aus guter Freundschaft an Hans 90

---

*) unde nomlick to voren uth dat gut dat clavee troye plach to hebben in aller manthen wo oick Czals seliger dochtnien des wente an syn sterflike ende gebruket heft, dat Jurghen der sulvigen guder aick so het gebruken noch.

**) dat Jurghen alle guder unde molan pacht, dy Clavee troyen seligken gehoret hebben, to voren uth hebban, besitten, unde behalden schall vor Achim sine even unde erfloveen ungehindert. . . . . .

dy behalen by even plichten eygen, welke guder unde molanpacht Claves troyen pleghen tohorende unde dy schall Jurghen tovorn uth behalden.

doch schall Claves troyen gut hir mit nicht todende hebben, wrumbe Jorghene toverne sttkiven.

***) herna so schall in Jschlck Achim unde Jurghen hebben unde behalden dy guder, tyme unde renthe also eve eldern dy ervals guslekth unde sick gebruket hebben also dat grötken ere manne unde althesden dy dat vot vothm wall werden eygen unde kunt maken. Unde uth hanse seligken in der dellege ingholvellen in unde gehet heft schall Achim

---

Mark Greises jährlicher Rente überlassen werden, welche dieser im Voraus haben sollte.*) Wahrscheinlich hing dies damit zusammen, daß Züls durch die Tropeschen Güter einen größeren Besitz hatte als Hans, daher er seinem Bruder eine größere Einnahme an baarem Gelde zugestand, als derselbe zu fordern berechtigt war. Die Ritter Heinrich und Ulrich Bork hatten dies Zugeständniß vermittelt. Die Art, wie Züls und Hans die Güter im Lande Tabor theilten, ergiebt ein noch vorhandenes Register, welches Hansens Enkel, Henning von Dewitz VII., im Jahre 1540 aus den alten Registern, die von seinem Großvater Hans und seinem Vater Achim auf ihn vererbt waren, hatte anfertigen lassen. Daraus ersehen wir, daß bei der Theilung jeder der beiden Brüder nicht eine Anzahl ganzer Güter erhielt, sondern in jedem einzelnen Gute seinen Antheil hatte. Wir kommen auf dies Register bei Henning VII. zurück und werden dann genauer darauf eingehen.

Zur Gemahlin hatte Züls von Dewitz, nach der Angabe des Präpositus Mevius zu Tabor in einer Leichenrede auf Stephan von Dewitz vom Jahr 1669, die Gräfin Agnes von Hohenstein, Tochter des Grafen Albrecht von Hohenstein zu Vierraden und Schwedt. Schloß und Stadt Schwedt kaufte jedoch erst im Anfange des Jahres 1481 Johann II., Graf von Hohenstein, Herr zu Vierraden und Amtmann zu Neu-Angermünde, von Hans Aschersleben. Ein Graf Albrecht kommt um jene Zeit in der Heldrunger-Vierradenschen Linie gar nicht vor. Graf Johann II. hinterließ eine Tochter Anna, welche sich mit dem Grafen Ulrich von Reinstein vermählte.**) Die Angabe des Präpositus Mevius muß also auf einem Irrthum beruhen. Eben derselbe nennt in einer andern Leichenrede, die er dem im Jahre 1615 verstorbenen Georg von Dewitz hielt und im Jahre 1673 drucken ließ, Katharina von Wussow aus dem Hause Curow als die Gemahlin des Züls von Dewitz. Im Jahre 1490 lebte dessen Wittwe noch. Von ihrem Leibgedinge

___

tokoma, unde wath Czule soligdere in der dalingde togevallen is unde gehan heff, schall Jurghen beholden.

*) unde sind dy drutliek mark gelde jarliker rendte dy Czule umme gudes enthebeyd, unde frantowlapp willen Hanse gheven hadde, wo dat durch der hinrie unde ulrik barken by ever twigher bevunde gedediinget wurth.

**) Baltische Studien, IV. Jahrgang, II. Heft pag. 145 und 151. Vergl. die Stammtafel der Grafen von Hohenstein pag. 219 und 220. ibid.

waren 10 Mark versetzt, und wurde in dem Vergleiche zwischen Achim und Georg von Dewitz von diesem Jahre die Bestimmung getroffen, daß man die Briefe darüber sich geben lassen und lesen sollte. Wem es gelänge, das Geld zu lösen, der sollte die 10 Mark für die Frau wieder frei machen oder sonst sich mit ihr vergleichen und ihren Willen thun.*)

Jüls von Dewitz hatte 4 Söhne: 1. Georg, 2. Achim, 3. Johann, 4. Tönnies und eine Tochter Dorothea.

72.

Hans von Dewitz II., Knappe.

Er war der zweite Sohn des Ritters Ulrich von Dewitz VII. (67) und bestätigte mit seinem Vater, seinem Vetter Gerhard IV. (70) und seinem Bruder Jüls (71) am heiligen Christabende 1461 das Privilegium der Stadt Daber. Von dieser erhielt er mit Jüls zusammen jährlich 23 Mark Erbär. Am Tage Vincentii (22. Januar) 1473 schlossen die Vettern und Brüder Gerhard (IV.), Jüls und Hans (II.) von Dewitz auf dem Schlosse zu Daber ein Bündniß und einen Erbvertrag mit dem Grafen Ludwig von Eberstein, postulirten Bischofe von Cammin, und dessen Bruder Albrecht. Die Dewitze sicherten zwar den Grafen ihren Beistand in dem durch Ludwigs Wahl zum Bischofe veranlaßten Streite und die Erbfolge in dem Lande Daber bei dem Erlöschen des Dewitzschen Mannesstammes zu,**) im Jahre 1470

---

*) Der ihrem marck geldes halven dy vns de Caulschen lissgedinghe vorsettet sint schalme dy brive dar over gheven latten, lessen vnde wems dat bekumpt talemende, dy schall der fruwen dy ihrem mark wedder frigge schlor ane sich mit er allinm vnde eren willen tuuken.

Die verschiedenen Angaben des Präpositus Nevius rühren vielleicht daher, daß Jüls von Dewitz zweimal verheirathet war, immer aber könnte seine Gemahlin, Gräfin Agnes von Hohnstein, nicht eine Tochter eines Grafen Albrecht, Herrn von Vierraden und Schwedt, gewesen sein.

**) Vergl. Gerhard IV. (S. 151.)

lagen aber beide Geschlechter in einer Fehde, die mehrere Jahre dauerte. Graf Albrecht von Eberstein entschuldigte sich 1476 bei dem Hochmeister des Deutschen Ordens, daß er nicht zum Tage nach Bütow kommen könne, weil sein Friede mit den Dewitzen, Osten und Flemmingen zu Ende gehe. Den Anlaß zu der Fehde gab ein Streit zwischen den Grafen Ludwig und Albrecht von Eberstein und dem Ritter Tinnies und dessen Bruder Wedige von der Osten um das Schloß und die Stadt Plathe. Die beiden gräflichen Brüder machten Anspruch auf einen Antheil von Plathe, den sie schon 45 Jahre in Besitz gehabt zu haben behaupteten. Die Brüder Tinnies und Wedige von der Osten gestanden ihnen ein Anrecht an Plathe nicht zu. Die von der Osten fanden an den Dewitzen, Wedeln, Borken, Flemmingen, Köllern und der Stadt Stargard Bundesgenossen. Von den Dewitzen wird besonders Hans erwähnt. Die Grafen von Eberstein beklagten sich im Jahre 1477 bei dem Herzoge Bogislav X. darüber, daß Herr Tinnies von der Osten, Hans von Dewitz, die Borken von Stramehl und die Flemminge mit ihren Knechten und Mannen Reveling Schwelinz, der im Stifte angesessen und mit den Ebersteinen verbündet war, überfallen und durch Raub und Brand ihm und seinen armen Leuten einen Schaden von 500 Gulden zugefügt hätten. Ferner hätten des Hans von Dewitz und der Borken Knechte die Wohnung der Brüder Wolf und Wülfe Manteufel abgeschlichen, Wülfe wäre von ihnen gegriffen, und alles, was sie gefunden, hätten sie fortgeschleppt. Sie wären aus der Borken und Dewitze Städten und Schlössern hervorgebrochen und hätten den Raub dorthin gebracht; der angerichtete Schaden müsse auf 1000 Rheinische Gulden berechnet werden. Bogislav X. setzte mehrere Rechtstage an, um den blutigen Hader beizulegen und die Parteien zu versöhnen. Am Sonnabend vor Jubilate 1479 beschied er die Grafen von Eberstein einerseits und die von der Osten und ihre Freunde andererseits nach Greifenberg. Diesen Rechtstag verlegte er am Tage Petri und Pauli (29. Juni) auf einen andern Tag, an welchem die streitenden Parteien zu Greifenberg erscheinen sollten. Hans von Dewitz wird hier wieder unter den Genossen der von der Osten namentlich aufgeführt. Außer ihm sind von der Ostenschen Partei genannt Korsten Flemming, Ritter, Wedige und Ewald von der Osten, der Sohn des inzwischen verstorbenen Ritters Tinnies. Am 31. August 1479 sprach Bogislav zu Greifenberg das Urtheil in dieser Sache. Beide Theile hatten ihm Schloß und Stadt Plathe mit den Schlüsseln zu Schloßlauben übergeben"

Dieses alles wurde ihnen wieder überantwortet, und die Grafen von Eberstein, Ludwig und Albrecht, ebenso Wedige und Ewald von der Osten sollten in ihren vorigen Besitz von Plathe gelangen. Weil aber die Grafen, nachdem Plathe an Bogislav zu rechtem Schloßglauben übergeben war, dem Herzoge in sein Land vor Plathe („in vnse landt vor Plathe") bei „wissentlichem Frieden" mit Macht und Gewalt und mit fliegendem Banner („mit uthgeslagenem Banner") gezogen waren: so sollten die Ebersteine allen zugefügten Schaden den von der Osten, deren Lehnsleuten und allen andern ersetzen, auch dem Herzoge wegen Friedensbruchs eine Geldsumme nach dem Gutachten der fürstlichen Räthe als Strafe zahlen. Der Urtheilsspruch des Herzogs sollte binnen 6 Wochen und 3 Tagen vollzogen werden. Dies geschah aber nicht, die Wiedereinsetzung der Grafen von Eberstein in ihren früheren Besitzstand verzögerte sich, und es brach die Fehde wieder aus. Am Tage Mariä Reinigung (2. Februar) 1480 beraumte daher Bogislav aufs neue einen Tag an, um alle zwistigen Sachen zwischen den Ebersteinen und den von der Osten zu schlichten. Von der Ebersteinischen Partei wurden eingeladen: Die Grafen Ludwig und Albrecht, der Ritter Christoph von Polentz, Hunrich von Barnemsleben, Jacob Bansin, Henning Smuth zu Wangeritz und die Köller zu Siegellow, welche diesmal auf der Eberstein'schen Seite standen. Von der Osten'schen Partei sind genannt: Der Ritter Karsten Flemming, Wedige und Ewald von der Osten, die Borken und die Dewitze. Auf der Tagefahrt zu Greifenberg gelang es endlich am Donnerstage vor Vocem Jucunditatis 1480 dem Herzoge und seinen Räthen Heinrich Borck, Karsten Flemming, Werner von der Schulenburg, Bernd Maltzan, Adam Podewils und anderen eine vollständige Ausgleichung herbei zu führen und den langen Zwist beizulegen. Die Grafen von Eberstein traten ihren Antheil an Schloß und Stadt Plathe nebst den dazu gehörigen Dörfern erblich an die von der Osten gegen Zahlung von 2000 Mark ab, worauf letztere auch mit diesen Besitzungen belehnt wurden. Außer dem Gelde erhielten die Ebersteine noch ganz Trutzlatz und Berkow nebst Antheilen an der Trutzlatzer und alten Zampelmühle. Graf Ludwig war um Ostern desselben Jahres aus dem geistlichen Stande getreten, um sich mit der Gräfin Walpurgis von Hohenstein zu vermählen.

Daß noch während der Fehde mit den Ebersteinen, Albrecht Achilles um Bartholomäus 1478 vor dem Schlosse der Dewitze lag, ist bei Züls von Dewitz erzählt. Dort ist auch erwähnt, daß Bogislav X. durch den am

13. Dezember 1478 erfolgten Tod seines Oheims Wartislav X. alleiniger Herrscher von Pommern geworden war und am 26. Juni 1479 mit den Märkern den Frieden zu Prenzlau geschlossen hatte. Seine Sorge war nun darauf gerichtet, das ganz gesunkene fürstliche Ansehen zu heben, und in der That ist er der Schöpfer einer kräftigen Fürstengewalt in Pommern geworden. Um diese zu begründen, mußten vor allen Dingen die fürstlichen Einnahmen vermehrt werden. Wie Kantzow berichtet,*) fand Bogislav im Anfange seines Regiments im ganzen Lande zu Stettin nicht über 600 Mark Stralnaugen, das sind 125 Gulden Rheinisch, an Einkommen, zu Wolgast 1000 Mark Sundisch, das sind ungefähr 334 Gulden, und zu Barth 100 Mark Sundisch. Ein fürstliches Domanium war fast nicht mehr vorhanden, in den Händen des Adels war ein unverhältnißmäßig großer Landbesitz. Die Landesschlösser und Vogteien, selbst die Residenzen der Herzoge waren um 1478 fast alle entweder im erblichen Besitze von adligen Familien oder für unerschwingliche Summen verpfändet. Bogislav umgab sich bald mit klugen und tüchtigen Räthen. An ihrer Spitze stand Werner von der Schulenburg, seit 1480 Hauptmann des Landes Stettin (Statthalter), neben ihm finden wir Heinrich Bork, Adam Podewils und Georg Kleist, den Kanzler. Während vordem die Räthe sich nur auf Erfordern am Hoflager einstellten, waren sie jetzt beständig um die Person des Fürsten und empfingen ihre Besoldung. Außer diesen Männern, welche ihren bleibenden Aufenthalt am Hofe hatten, werden aber auch noch andere Räthe genannt, die nur als gelegentlich berufener Beistand in der Nähe des Fürsten verweilten. Zu diesen gehörte Hans von Dewitz.

Um die Einkünfte des Fürsten zu vermehren und seine oberlehnsherrliche Gewalt zu befestigen, waren die Räthe bestrebt, erledigte Lehne einzuziehen, wobei freilich nicht immer wohlbegründete Rechte der Vasallen berücksichtigt wurden. Die gesammte Hand der Vettern, auch desselben Namens und Wappens, mußte bei Erledigung von Lehnen genau nachgewiesen werden, geschahe dies nicht, so wurde das landesherrliche Anfallrecht geltend gemacht.

---

*) Kantzow Pomerania II., 170.

Ein solcher Fall trat ein, als nach dem Tode des Hans Bonin dessen Vettern Peter und Kort Bonin die hinterlassenen Lehngüter für sich in Anspruch nahmen. Um die Sache zum Austrage zu bringen, wurde Hans von Dewitz vom Herzoge zum Lehnrichter ernannt und entschied als solcher im Beirathe von 12 herzoglichen Räthen am 5 April 1483 zu Rügenwalde, daß die Güter des Hans Bonin, Ansaumes Sohnes, dem Herzoge heimgefallen seien, da die Bonine die gesammte Hand nicht beweisen könnten, und daß die dem Peter Kleist auf jene Güter verliehene Anwartschaft zu Recht bestehe.

Hans von Dewitz befand sich damals in Rügenwalde in der Umgebung des Herzogs Bogislav und nahm auch an der Berathung über andere wichtige Angelegenheiten Theil. Um das Gerichtswesen zu ordnen, setzte Bogislav dort am Montage nach Quasimodogeniti, 3. April, 1486 im Lande Pommern Hauptleute und Vögte ein, die in seiner Abwesenheit Gericht halten sollten. Jedermann sollte bei dem Vogte, unter dem er belegen war, seine Klagen anbringen, und dieser mit Zuziehung der fürstlichen Räthe, die in seiner Vogtei angesessen waren, die Sachen entscheiden. Wer sich durch den Ausspruch des Vogtes beschwert glaubte, sollte seine Sache vor dem Herzog selbst bringen, aber niemand bei Strafe des Landfriedensbruches eigenmächtig gegen die Entscheidung der Vögte handeln. Hierbei waren zugegen: Die edelen, würdigen und ehrbaren Herr Albrecht, Graf von Eberstein, Ulrich Westphal, Dekan der Kirche zu Cammin, Dr. Nicolaus Krause, Dr. Bernhard Rohr, Domherren zu Cammin, Werner von der Schulenburg, Hans von Dewitz, Gert Below, Peter Glasenapp, Adam Petewils, Friedrich Krummel, Joachim Borf, Lorenz und Hans Steventin, Peter Kleist und die Sendboten des Raths der Städte Stargart, Schlawe und Rügenwalde.

Am folgenden Tage, 4. April, verglich sich Bogislav mit der Stadt Schlawe wegen der Verwaltung und Einkünfte des dortigen Gerichts unter Vermittelung seiner Räthe und sieben Getreuen Albrecht, Graf von Eberstein, Ulrich Westphal, Dr. Nicolaus Krause, Dr. Bernhard Rohr, Werner von der Schulenburg, Hans von Dewitz, Peter Glasenapp, Adam Petewils, Eberhard Mantzufel, Peter, Drewes und Jürgen, Vettern von Kleist, Lorenz und Hans, Vettern von Steventin, Heinrich Rakmer, Vogt zu Stolp und der Sendboten des Raths der oben genannten Städte.

Im Jahre 1487 finden wir Hans von Dewitz und seinen Sohn Achim in einem Familienzwiste mit Georg von Dewitz, dem Sohne des

verstorbenen Jüls. Dieser war bei dem Tode seines Vaters mit seinen Brüdern noch unmündig gewesen, daher hatten Hans und Achim die Vormundschaft über sie geführt. Als nun Georg großjährig geworden war, beschuldigte
er seine Vormünder, daß sie seine väterlichen Güter nicht uneigennützig und
sorgfältig verwaltet hätten. Mit dieser Klage war er ganz im Rechte; das
geht schon daraus hervor, daß im Jahre 1512 Achim vom Herzoge Bogislaw X. verurtheilt wurde, an Georg für die in diesem Streite angewendeten
Kosten 1200 Gulden zu zahlen. Am Montage nach Misericordias Domini
1487 wurden zu Daber die Bettern von Dewitz durch den Grafen Ludwig
von Eberstein, Heinrich Borck zu Falkenburg und Christoph von Polenz, Ritter
und Vogt der Neumark, Werner von der Schulenburg, Adam Podewils, Vogt
zu Belgard und Erhard Manteufel „in der Freundlichkeit mit beider Theile
Wissen, Willen und Vollmacht besprochen, geeinigt und zu einem vollkommenen
Ende verglichen und vertragen." An Georg von Dewitz wurde der ihm
von seines Vaters wegen zukommende Theil von Schloß, Stadt und Land zu
Daber mit allen Zinsen, Pächten, Pflichten, Renten, Hebungen, Nutzen und
Zubehör übergeben, die Güter, welche Claus Trotze besessen hatte, wurden ihm
im Voraus eingeräumt. Auf eine Rechenschaft über die Zinsen und Renten,
welche seit des seligen Jüls Tode Hans und Achim in ihrer Eigenschaft
als Vormünder erhoben hatten, auch über die Abgaben von den Lehnsleuten
und Bauern im Lande zu Daber und über andere Einnahmen, die von ihnen
erhoben waren und Georgen zugekommen wären, ferner über die Verwaltung
von Georgs Gütern, welche sie herunter gebracht haben sollten, verzichtete
Georg, um der Verwandtschaft willen, für sich und seine Erben. Die Schulden des verstorbenen Jüls, welche noch nicht bezahlt waren, namentlich eine
Schuld an Ulrich Borck, für die sich Hans verbürgt hatte, und das, was
Georgs Schwester zukam, sollte Georg aus seinen Gütern bezahlen. Die Kanonen (bassen), das Pulver, die Pfeile, die alten Urkunden (olde segelle)
und Briefe, die auf sie sämmtlich lauteten, sollten zu Hansens und Georgs
und ihrer beiderseitigen Erben und des Schlosses Bedarf, Nutzen und Besten
aufbewahrt bleiben, so daß sie und ihre Erben dieselben nach ihrem Wohlge-
fallen gebrauchen könnten. Was nach der Theilung zwischen Jüls und Hans
an Lehnen, Leibgedingen und andern Gütern herrenlos geworden und noch
nicht getheilt war, sollte gleich auseinander getheilt werden, so daß Hans mit
seinem Sohne Achim die eine Hälfte und Georg die andere Hälfte erhielt.

Auch übergab Hans von Dewitz an Georg sieben Seiten Speck, sechs Kühe, funfzig Schafe (zwei Theile alte Schafe und der dritte Theil Lämmer von diesem Jahre), acht Schweine, sechs Grapen (nicht die besten und nicht die geringsten), zwei Kessel, drei Drömt Gerste zur Sommersaat, einen Wispel Roggen und einen Wispel Hafer. Aller Unwille, der sich zwischen Hans und Achim von Dewitz eines Theils und ihrem Vetter Georg von Dewitz andern Theils wegen der Vormundschaft, Erhebung der Zinsen, Besteurung der Hufenleute und Bauern und aller andern Güter erhoben hatte, sollte hiemit gänzlich ausgeglichen und alle Ansprüche, die von Georg gegen seine Vettern geltend gemacht waren, erledigt sein. Ueber diesen Vergleich wurden zwei gleichlautende Schriften abgefaßt, vom Grafen Ludwig von Eberstein und Werner von der Schulenburg besiegelt und jeder Partei eine übergeben. Beide Urkunden befinden sich im Originale im Wusseower Familien-Archive.

Hans von Dewitz ist wahrscheinlich im Jahre 1490 verstorben. Seine Gemahlin war Sophie Manteufel, eine Tochter des Ritters Anton Manteufel auf Polzin und Arnhausen. Er hinterließ einen Sohn Achim und zwei Töchter Ursula und Dorothea. Sein Geschlecht erlosch schon im Anfange des siebzehnten Jahrhunderts mit seinem Urenkel Franz. Wir lassen daher gleich die

Geschichte der Linie Hansens von Dewitz II.

folgen.

73.

Achim von Dewitz II., Ritter,

der einzige Sohn des Hans von Dewitz (no. 70), hatte mit seinem Vater die Vormundschaft über Georg von Dewitz verwaltet, da dieser bei dem Tode seines Vaters Züls noch unmündig war. Achim muß also mehrere Jahre älter gewesen sein als sein Vetter. Der Zwist, welcher wegen der Verwaltung von Georgs Gütern und Einkünften zwischen diesem und seinen Vormündern entstanden war, hatte durch den Vergleich vom Montage

nach Misericordias domini 1487 so wenig seine Erledigung gefunden, daß er
gleich nach Hansens Tode wiederum ausbrach. Die Sache wurde, jedenfalls
von Georg, dem Herzoge Bogislaw X. zur Entscheidung vorgelegt. Im Namen und an Stelle des Fürsten*) wurde zu Daber am Montage nach Galli
und Lulli (16. October) 1490 ein zweiter Vertrag durch den Grafen Ludwig
von Eberstein, den Ritter Heinrich Borck, Vogt zu Saßig, Werner von der
Schulenburg, Dr. Bernhard Rohr, Komthur zu Wildenbruch, Ethard Manteufel zu Polzin, Ludwig Wussow, Richter zu Stettin, Johannes von Wedell,
Domherrn zu Cammin, Jacob Borck, Kirchherrn zu Pasewalk, Henning Borck
zu Stramehl, Ewald von der Osten, Vogt im Lande zu Greifenberg, und Curt
Flemming, Erbmarschall im Lande zu Pommern, vermittelt. Nunmehr sollten
die ehrbaren, tüchtigen Achim und Georg, Vettern von Dewitz, vollständig zu Rechte gebracht, verglichen und auseinandergesetzt sein. Der erste Receß zwischen ihnen vom Montage nach Misericordias domini 1487 sollte in
Kraft bleiben, so daß Georg alle Güter und Mühlenpächte, die dem seligen
Claus Troye gehört hatten, vor Achim und seinen Erben ungehindert voraus
besitzen und behalten sollte. Im Uebrigen sollte jeder der beiden Vettern die
Güter, Zinsen und Renten so besitzen, wie ihre Väter sie getheilt hatten. Am
nächsten Sonntage sollten Achim und Georg je zwei Freunde in Daber zur
Stelle haben, alle Lehnsleute, Altsitzer und Bauern aus allen ihren Gütern
und Dörfern sollten vorgeladen werden, um auszusagen, welche Güter und
Mühlenpächte Claus Troyen gehört hätten, welches der Antheil eines jeden
der beiden Brüder Jürß und Hans in den übrigen Gütern gewesen wäre, und
wem von beiden bei ihren Lebzeiten jeder Bauer die Pacht und den Zins zu
geben pflegte. Dabei sollte es bleiben, und sollte hierüber von Stund an deutliche
Schriften und Register aufgesetzt werden. Würde die Vergleichung dieser Register
ergeben, daß der eine mehr Renten oder Pflichtigkeiten hätte als der andere,
so sollten die beiderseitigen Freunde mit den Lehnsleuten und Altsitzern dies
sofort ausgleichen. Was der eine mehr hätte als der andere, sollte in zwei
gleiche Hälften getheilt und jedem eine gegeben werden. Nach also geschehener
Theilung sollte Georg von Stund an für sich und seine Erben aus seinen

———

*) In and des inhenhiem hachgebanen fertren unde herrn, herrn Bugyelaffs to Stettin,
pomern, Cammin, der wende hertoghen u. s. w.

Gütern seinem Vetter Achim 30 Mark Geldes an jährlichen Zinsen und Hebungen mit allen Gerechtigkeiten abtreten. Die Güter, aus denen Achim diese Einkünfte im Boroms bezog, sollten von den Freunden bestimmt werden und weder die besten noch die schlechtesten sein. Dies waren die 30 Mark, welche schon Jüls seinem Bruder Hans überlassen hatte. Das Leibgedinge ihrer Großmutter und die freien Schultzen sollten zur Hälfte getheilt werden, die Lehnsleute (guden mans) dagegen sollten dritten zugetheilt bleiben, doch so, daß Achim und Georg keinen derselben über Billigkeit beschweren durften, sondern von ihnen nur das forderten, was billig und recht wäre. Wegen des Ackers und Landes, darum sie uneinig waren, sollten die Lehnsleute und Altsitzer auf Pflicht und Gewissen befragt werden, was ein jeder von den beiderseitigen Gütern zu seinem Antheile gehabt und genutzt hätte, dies sollten auch die Söhne erhalten. Um künftig jede Zwietracht und Mißhelligkeit zu vermeiden, sollte, wenn die Theilung stattgefunden, zu gänzlicher und vollkommenerer Rechtskraft vom Landesherrn Konfirmation und Bestätigung erbeten werden. Wenn Achim sich etwas zugeeignet hätte, was zum Dienste Gottes gehörte, das sollte er wieder herausgeben. Ueber einzelne Streitpunkte z. B. über 200 Mark, die zu einer Vicarie gehörten, über welche Elhard Manteuffel Patron war, über die Kosten einer Brücke, die Achim hatte machen lassen, kurz über alles, was einer sonst noch gegen den andern hatte, war von beiden Vettern die Entscheidung Herrn Heinrich Borl, Werner von der Schulenburg und Herrn Bernhard Rohr als Schiedsrichtern überlassen, bei deren Ausspruch sollte es ohne Widerrede bleiben. Falls am nächsten Sonntage die beiderseitigen Freunde mit den Lehnsleuten und Altsitzern sie wegen der Theilung ihrer Güter und ihres Landes nicht würden vergleichen können, so sollte dies dem Landesherrn vorbehalten bleiben, und was dieser oder die von ihm beauftragten Räthe erkennen und entscheiden würden, danach hätten sich Achim und Georg unweigerlich zu richten. Diese gelobten durch Handschlag den vom Herzoge verordneten Vermittlern so wie einander Treue und versprachen, wider diesen Vergleich keinen Einspruch zu erheben. Zwei gleichlautende Recesse wurden aufgenommen, mit den Siegeln des Grafen Ludwig von Eberstein und Werners von der Schulenburg*) versehen und je einem der beiden Vettern übergeben.

*) Ihre Siegel galten zugleich für die übrigen Schiedsmänner, „welkern segellen vy andern dissagheeinde uns nampelich hir mit to gebruken."

Schon im Jahre 1486 hatte Achim von Dewitz den Herzog Bogislav X. nach Braunschweig begleitet, als dieser im Herbste jenes Jahres seine Schwester, die stattlich große und schöne Prinzessin Katharina, dem Herzoge Heinrich dem Aeltern als Braut zuführte. Dem Pommerschen Fürsten folgten 800 wohlgerüstete Reiter, alle in Roth gekleidet. Die adligen Vasallen und die Mannschaft aus den Städten wurden zu diesem Zuge aufgeboten, und erging das Ausschreiben auch an alle „Dewitzen thor Uaborr." Am Freitage vor Jacobi sollten die Schloßherren (Gleichherren) aus Hinterpommern in Gollnow zu dem Zuge stoßen. Hans von Dewitz war bereits bejahrt und wird nicht mitgezogen sein, Georg im Anfange der zwanziger Jahre ist wahrscheinlich, Achim aber bestimmt unter der reisigen Schaar gewesen, die den Herzog begleitete.

Nach einigen Jahren (1490) wird Achim von Dewitz in dem Streite des Herzogs Bogislav X. mit Bernd Maltzan erwähnt. Wie Franz von Sickingen und seine Standesgenossen im südlichen Deutschland sich der wachsenden fürstlichen Macht zu erwehren und das Ansehen des Adels aufrecht zu erhalten suchten, so finden wir ähnliche Bestrebungen auch im nördlichen Deutschland. Bernd Maltzahn, ein Mann von festem, unbeugsamem Sinne und trotz des Beinamens „der böse Bernd" von edlem ritterlichen Character, ist nicht mit Unrecht der Pommersche Sickingen genannt worden. Er war in Pommern der Repräsentant des Adels, welcher der Fürstenmacht sich nicht beugen wollte. Die Maltzane, auf dem festen Schlosse, rein Wolde, gesessen, hatten mit den Demminern gefehdet. Um Michaelis 1483 waren beide Parteien durch Bogislav X. verglichen, nur der Ritter Bernd Maltzan setzte die Feindschaft fort. Der Herzog war bemüht, auch ihn mit der Stadt Demmin zu versöhnen und forderte ihn vor Gericht, um die Sache zum Austrage zu bringen. Bernd in der Ueberzeugung, in seinem Rechte zu sein, weigerte sich beharrlich zu erscheinen, stellte sich auch nicht ein, als der Herzog einen Rechtstag auf den 24. Juni 1490 angesetzt hatte. Daher wurde er am folgenden Tage vom Ritter Heinrich Borck, als dem Herzoge verordneten Richter, seiner Pommerschen Güter für verlustig erklärt, der Herzog in dieselben eingewiesen und ermächtigt, mit Gewalt von ihnen Besitz zu ergreifen. Hiebei waren 10 Prälaten, 24 adlige Vasallen und die Abgeordneten von 24 Städten zugegen. Unter den obligen Vasallen befand sich Achim von Dewitz. Im Sommer 1491 zerstörte Bogislav den Wold und zog Berndts Güter ein, da dieser in seinem Widerstande beharrte. Die Maltzans wandten sich an das eben gestiftete Reichskammergericht und erwirkten im Jahre 1498 einen Vergleich, nach welchem Bogislav ihnen die Güter wieder geben und den ihnen zugefügten Schaden mit 4000 Rheinischen Gulden vergütigen mußte.

Der Stamm der Pommerschen Fürsten schien dem Erlöschen nahe zu sein. Bogislavs unglückliche Ehe mit der Maerkischen Prinzessin Margaretha blieb kinderlos, der Fürst, von einem gewaltigen Hirsch auf der Jagd im Derfe Liebgarten schwer verwundet, stand 1488 am Rande des Grabes. Im Jahre 1489 starb seine Gemahlin; der Gram darüber, daß Bogislav sie nicht einmal an sein Siechbette ließ, brachte die schon kränkliche in das Grab. Daher dachte Brandenburg an einen nahen Heimfall der Pommerschen Lande. Von den Maerkischen Räthen wurde im Jahre 1490 oder Anfangs 1491 *) ein Verzeichniß der Pommerschen Ritterschaft und der festen Plätze entworfen, deren man Brandenburgischer Seits für den Fall des Todes Herzogs Bogislav X. und der Erledigung der Pommerschen Lande sicher zu sein, oder zunächst sich versichern zu müssen glaubte. Darin heißt es: „Item Achtung zu haben, so der fall geschee uff den Graven zu Nawgardien, dy dewitzen" u. s. w.

Herzog Bogislav vermählte sich zum zweiten Male mit der Polnischen Prinzessin Anna, welche am 2. Februar 1491 mit nie gesehener Pracht in Stettin einzog. Alsbald wurde der alte Streit über die Oberlehnsherrlichkeit Brandenburgs erneuert. Kurfürst Johann wollte das immer noch zweideutige Verhältniß ins Klare bringen. Bogislav log daran, sein zukünftiges Geschlecht von drückenden Verpflichtungen frei zu machen. Der Pommersche Fürst sträubte sich gegen die Anerkennung des im Jahre 1479 zu Prenzlau übernommenen Lehnsverhältnisses. Nach vielen Verhandlungen kam zu Pyritz ein Vergleich zu Stande (20. März 1493). Johann bekannte, daß, obgleich das ganze Herzogthum von Pommern nach kaiserlicher Begnadigung von Brandenburg zu Lehn

---

*) Kraß (Geschichte des Geschlechts von Kleist I., 125) hat nachgewiesen, daß dieses Verzeichniß in die oben angegebene Zeit zu setzen ist.

rührte, er aus sonderlicher Liebe und Freundschaft für sich und seine Erben den Herzog Bogislav und dessen Erben auf ewige Zeiten des Lehnsempfanges ledig spreche. Er begab sich, so lange Bogislavs Stamm blühete, für sich und seine Erben jeder oberstherrlichen Forderung an Pommern. Dagegen erhielt er das Anfallrechte des gesammten Herzogthums durch Bogislav und dessen Stände zugesichert. So oft die Pommerschen Landstände ihren Fürsten huldigten, sollten sie sich an Eidesstatt verpflichten, nach dem Abgange des Pommerschen Fürstenstammes niemand als den Kurfürsten zum Herrn zu nehmen. Die Erneuerung solcher Briefe, wie beide Fürsten jetzt ausstellten, ward bei jedem Todesfalle beider Häuser angelobt. Die Pommerschen Stände, Herren, Prälaten, Mannen und Städte, stellten an demselben Tage einen Revers aus, in welchem sie dem Kurfürsten Johann von Brandenburg für den Fall des unbeerbten Todes Bogislavs oder seiner Erben die Nachfolge in den Pommerschen Landen zusicherten. Die Urkunde ist prächtig ausgestattet, 150 gelbe Wachssiegel hängen an 38 vielfach verschlungenen Schnüren von dunkelrother Seide. Der Herrenstand ist mit 2, der Prälatenstand mit 13, die Ritterschaft mit 113 und die Städte sind mit 22 Siegeln vertreten. Achim von Dewitz hat diesen Revers mit vollzogen, auch sein Siegel hängt an der Urkunde.

Herzog Bogislav I. war in seinem Lande zu Macht und Ansehen gelangt, im Innern herrschte leidliche Ordnung, mit den Nachbarn war Friede. Da faßte er den Entschluß, nach dem heiligen Grabe zu wallfahrten. An den Kreuzzügen hatte nur einer seiner Ahnen, Kasimir II., im Jahre 1219 Theil genommen, nach dem heiligen Grabe und nach Rom waren mehrere gepilgert. In der zweiten Hälfte des fünfzehnten Jahrhunderts sehen wir nicht selten fürstliche Pilger das heilige Land besuchen. Kurfürst Friedrich II. von Brandenburg, Herzog Albrecht von Sachsen der Herzhafte, Herzog Balthasar von Mecklenburg und Friedrich der Weise, Kurfürst von Sachsen, hatten solche Pilgerfahrten unternommen. Es lag also in dem Zuge Bogislavs nach Jerusalem nichts auffallendes. Ihn mochten zugleich noch andere Beweggründe zu diesem Unternehmen veranlassen. Vielleicht wollte er sich in seiner fürstlichen Macht in Teutschen Landen und am Hofe Maximilians zeigen.

Trotz der Bitten seiner Gemahlin Anna ordnete er alle Dinge in seinem Lande, empfahl dieses seinem Schwager, dem Könige Johann Albrecht von Polen, dem Könige Johann von Daenemark und den Herzogen von Mecklenburg, übergab neben der Herzogin Anna die Regierung dem Bischofe Benedict von Cammin und dem Kanzler Jürgen Kleist, und brach am 16. Dezember 1496, Freitag nach Luciae, mit einem erlesenen Gefolge von Stettin auf. Zunächst ging die Reise zum Römischen Könige nach Worms, bis dahin diente ihm sein Gefolge für Sold und Entschädigung.

Um ihn hatten sich die angesehensten Vasallen des Landes geschaart, die Zahl der gerüsteten Pferde betrug 191, mit dem Hofgesinde waren es 300 Rosse. Achim von Dewitz war mit 5 Pferden erschienen und stand in der vierten Rotte, welche Ewald von der Osten führte. Es war nämlich Werner von der Schulenburg Reisemarschall, Lürede Maltzan, Degener Buggenhagen, Ewald von der Osten, Döring Ramel und Peter Podewils waren Rottenmeister. Die erschienenen Vasallen, jeder von mehreren berittenen Knechten begleitet, waren in 6 Rotten getheilt, an deren Spitze je einer von den genannten Edelleuten stand. Ueberall wurde der glänzende Zug ehrenvoll empfangen; am 24. Februar 1497 traf er in Worms ein, fand hier aber nur Maximilians Gemahlin, die Römische Königin Blanca Maria. Daher machte sich Bogislaw am Sonnabend vor Ostern (25. März) nach Insprud auf den Weg, wohin er am 6. April gelangte. Nachdem er vom Römischen Könige Urlaub zu seiner Reise nach Jerusalem erbeten und erhalten hatte, setzte er am 15. April die Fahrt weiter fort. Seinen Reisemarschall Werner von der Schulenburg sandte er mit allen Edelleuten und Rossen von Insprud zurück, nur die eigentlichen Wallbrüder, unter ihnen Achim von Dewitz, zogen auf Reisekleppern mit ihm gen Venedig. Dort verweilte er vom 24. April bis zum 4. Juni, weil die Zurüstungen zur Ueberfahrt nach dem heiligen Lande so lange dauerten. Mit mehreren Ungarischen, Böhmischen, Oesterreichischen und andern Herren, die sich dem Herzoge angeschlossen hatten, miethete dieser ein großes Segelschiff, welches die Pilger am 4. Juni Mittags bestiegen. Zwischen dem Kap Malea und Cauria wurden sie am 30. Juni von einem Türkischen Geschwader, das aus 9 größern und kleinern Fahrzeugen bestand, angegriffen. Tapfer setzte sich die Christenschaar gegen die Ungläubigen zur Wehre, obwohl es an Harnischen und Helmen fehlte, die man nicht auf die Wallfahrt mitgenommen hatte. Man wollte lieber sterben, als in die Hände der Türken fallen. Am folgenden Tage ließen diese die tapfern Streiter weiter ziehen, welche etliche Todte zu beklagen hatten, mehrere waren leicht, andere schwer verwundet. Bogislaw selbst hatte eine leichte Wunde davon getragen, mit einem Pfeile war er durch einen Finger geschossen, Achim von Dewitz be-

fand sich unter den Schwerverwundeten. Am 8. August landete die Pilger-
schaar zu Jaffa, am 20. hielt sie ihren Einzug in Jerusalem und besuchte an
den folgenden Tagen die heiligen Orte in und bei der Stadt. Am 24. wurde
sie zum heiligen Grabe geführt; dort schlug um Mitternacht Bruder Hans
von Preußen den Herzog Bogislav zum Ritter des heiligen Grabes und gab
ihm Macht, den Ritterschlag anderen aus seinem Gefolge zu ertheilen. Sofort
wurden von Bogislav zu Rittern geschlagen: Tegener Bugenhagen, Curt Flemming, Karsten Bork, Peter Podewils, Döring Ramel, Curt Kralewitz, Ewald
von der Osten, Otto von Wetell, Achim von Dewitz, die den Ritterstand
hernach auch geführt haben, und Michael Podewils, Achim Brech, Siegmund
Barfuß, Arnt Ramel, Christoph von Polenz der Jüngere, welche den Stand
jedoch später nicht führten. Außer den Genannten erhielten auch Oesterreicher,
Böhmen, Ungarn und Braunschweiger, die sich im Kampfe gegen die Türken
tapfer gehalten hatten, vom Herzoge den Ritterschlag.

Am 30. August verließen die Wollbrüder Jerusalem und stiegen schon am
folgenden Tage, Abends spät, bei Jaffa zu Schiffe, um zur Heimath zurückzukehren. Nach einem großen Sturme liefen sie Sonntag, den 22. October früh,
in den sichern Hafen von Modon und blieben dort 7 Tage. Am 18. November landeten sie glücklich in Venedig, wo sie als hochgeehrte Gäste aufgenommen wurden, da die Kunde von ihrem heldenmüthigen Kampfe ihnen vorangegangen war. Nachdem Bogislav den Papst Alexander VI. in Rom aufgesucht
und in Innsbruck König Maximilian begrüßt hatte, betrat er am 11. April bei
Garz den Boden seines Pommerlandes und zog am folgenden Tage in Stettin
ein, feierlich eingeholt und mit großer Freude empfangen. Seine Gemahlin
starb fast aus überschwänglicher Freude in seinen Armen, „und die jungen
Herrlein sind um ihn hergelaufen und haben ihn, der eine hier, der andere
dort bei den Kleidern gezogen, und gesprungen und geschrien: Vater! Vater!
und ist unaussprechliche Freude im ganzen Hofe und in der ganzen Stadt
gewesen.“*)

Am 19. Juli 1490 quittirten zu Stettin der Bischof Martin von Cammin, der Dompropst Bernhard Egbrecht daselbst, Tessen Kleist, Komthur zu

---

*) Kantzow Pomerania II, 265—266.

Zachow, Degener Bugenhagen, Ewald von der Osten, Achim von Dewitz, Curt Flemming, Peter Pederwitz, Curt Kralewitz, Otto von Liedell, Ritter, und 27. andere Pommersche Vasallen dem Herzoge Bogislav über den versprochenen Sold und Ersatz des erlittenen Schadens auf der Reise nach Venus.

Bogislav hatte auf der Rückfahrt von Jerusalem während des siebentägigen Aufenthaltes zu Moren mit Achim von Dewitz am 27. October 1497 einen Tauschvertrag geschlossen. Sie waren dahin übereingekommen, daß Achim für sich und seine Erben dem Herzoge sein Lehn und Erbe, nämlich das halbe Schloß und die halbe Stadt Daber mit der Mannschaft, allen Dörfern, Gütern, Pachten, Hebungen, Erbächen und Mühlenpächten, die er bisher dort gehabt hatte, mit allen Rechten, Herrlichkeiten, Kirchlehnen, anderen geistlichen und Mannlehnen, so frei als er und seine Vorfahren Schloß, Stadt und Güter besessen hatten, erblich abtrat. Auch was in späteren Zeiten ihm oder seinen Erben im Lande Daber anheimfallen würde, sollte an den Fürsten kommen. Dafür gab der Herzog Achim und seinen Erben Burg und Schloß Satzig mit dem Städtchen davor, sammt allen Dörfern, Gütern und der Mannschaft, die damals von Alters her dazu belegen waren, mit Pachten, Hebungen, Zinsen, Kirchlehnen, Mannlehnen, Herrlichkeiten, Rechten, Mühlen, Aeckern, Wiesen, Weiden, Seen, Fischereien, Gehölzen, Heiden, Jagd, Mooren und Brüchen, so frei erblich zu besitzen, wie der Herzog alles gehabt hatte, nur daß Achim von Dewitz und seine Erben Schloß und Güter zu Lehn empfangen und lehnspflicht davon thun sollten. Ferner erhielt Achim von Dewitz die Anwartschaft auf die Lehne Karstens von Güntersberg zu Ravenstein und dessen verstorbenen Bruders Hans von Güntersberg. Diese sollten mit allen Rechten und Gerechtigkeiten und allem Zubehör, so frei die Güntersberge sie besessen hatten, von dem Herzoge oder seinen Erben an Achim oder dessen Erben überwiesen werden, wenn Karsten von Güntersberg ohne männliche Erben sterben würde. Bis zur Erledigung dieser Lehne verpflichtete sich der Herzog, jährlich zu Martini an Achim von Dewitz oder dessen Erben aus dem Zolle zu Daron 300 Mark herzoglicher Münze und aus der Stargarter Mühle 6 Wispel Roggen Mühlenpacht zu entrichten. Diese Gefälle sollten von Stund an aufhören, sobald die Güntersbergschen Lehne an Achim von Dewitz oder dessen Erben gefallen sein würden. Verstürbe Karsten von Güntersberg nicht ohne männliche Erben, und wollten der Herzog oder dessen

Erben von der Zahlung der 300 Mark und 6 Wispel Roggen befreit werden, oder wünschten Achim und seine Erben die Hebungen aus dem Zolle und der Mühle nicht länger zu beziehen, so sollten der Herzog oder dessen Erben ihnen andere Lehngüter von demselben Werthe und Ertrage geben. Wenn Zatzig an Achim von Dewitz und seine Erben überantwortet würde, wollte der Herzog ihnen noch 500 Gulden herzoglicher Münze auszahlen, 50 Gulden hatte Achim von Dewitz von dem Herzoge bereits baar erhalten. Endlich sollten nach Vollziehung des Tausches der Herzog oder dessen Erben an Achim von Dewitz oder seine Erben wegen der vielen treuen Dienste, die er dem Fürsten geleistet hatte, 9 Bauern zu Zatzig binnen Jahr und Tag als Angefäll überlassen. Bei Ausfertigung der Urkunde über diesen Vertrag (z. d. Wedem nach Christi Geburt 1497 am Abende Simonis und Judae) waren als Zeugen zugegen: Martin Maritz, Temprobst zu Colberg, Degener Buggenhagen, Erbmarschall im Lande zu Barth, und Peter Petewitz, Hofmarschall. Wenn Achim von Dewitz von Bogislav schon 50 Gulden empfangen hatte, so rührte dies vielleicht daher, daß von dem Herzoge für ihn das Passagegeld ausgelegt war. Jeder Begleiter des Herzogs mußte die eine Hälfte desselben dem Schiffsführer bei der Hinfahrt zum gelobten Lande in Venedig und die andere Hälfte bei der Rückfahrt zu Jaffa im Voraus bezahlen. Die ganze Summe belief sich auf 50 Ducaten, und stand damals der Ducaten einem Goldgulden an Werth gleich.

Für Bogislav muß es von besonderer Wichtigkeit gewesen sein, Daber zu erhalten, sonst würde er sich mit dieser Angelegenheit nicht auf seiner Pilgerfahrt beschäftigt haben. Entweder hatte er in dem Kriege mit Albrecht Achilles die Wichtigkeit dieses Ortes erkannt, oder er wünschte, ein festes Landresschloß inmitten der Besitzungen seiner mächtigsten Vasallen in seiner Gewalt zu haben, da sein Streben dahin gerichtet war, mit fürstlicher Macht überall im Lande zu gebieten.

Der Tausch fand nach der Rückkehr aus Palästina wirklich statt, auch starb Karsten von Güntersberg sehr bald ohne männliche Erben, daher fielen seine Güter an Achim von Dewitz. Nach kurzer Zeit machte Bogislav den Tausch aber wieder rückgängig. Die bezügliche Urkunde (z. d. Belgard: Sonnabend vor Mariae Himmelfahrt (13. August) 1502), welche bisher unbekannt gewesen zu sein scheint, befindet sich im Wussower Familien-Archive. Herzog Bogislav bekennt und bezeugt in ihr, daß er dem gestrengen, seinem Rathe und lieben Getreuen Herrn Achim von Dewitz, Ritter, die Burg Saatzig mit Zubehör und die Güter der verstorbenen Karsten und Hans von Güntersberg zu Ravenstein und Flete für Achims Antheil an Schloß, Stadt und Land Daber abgetreten habe, daß er aber aus manchen Ursachen bewogen worden sei, Herrn Achim von Dewitz die Dabersschen Besitzungen zurückzugeben und ihm nebst seinen Erben darauf neue Siegel und Lehnbriefe zu ertheilen. Dagegen nehme er — der Herzog — Saatzig, Ravenstein und die anderen Güter, welche Achim von Dewitz empfangen, wieder an sich. Was Bogislav an Bauten und Verbesserungen in Daber vorgenommen, auch was er eingelöst hatte, desgleichen die Ziegel, welche er hatte brennen lassen, und den Kalk, der schon verwendet oder noch vorräthig war, sollte Achim von Dewitz für die Bauten und Verbesserungen, die seinerseits stattgefunden, für den Zulauf des Ackerwerkes, das die Wittwe Karstens von Güntersberg als Leibgedinge besessen hatte, und für die in Saatzig gebrannten Ziegel behalten. Sonst sollte ein jeder das, was nicht zur Burg gehörte, mitnehmen. Die 500 Gulden, welche der Herzog an Achim von Dewitz in baarem Gelde gezahlt hatte, sollte der letztere für die Kosten des Umzuges behalten, um seinen ritterlichen Stand desto besser führen zu können. Wenn sich jedoch ergeben würde, daß die Güter in Saatzig und Ravenstein in einem schlechtern Zustande wären als diejenigen, welche der Herzog im Lande Daber wieder abtrat, so sollte Achim an Bogislav gelegentlich 200 Gulden als Entschädigung zurück zahlen. Der Rücktausch und Umzug wurde auf Montag vor Mariae Geburt (8. September) festgesetzt, bis dahin sollte ein jeder das Korn, welches er gebaut hatte, ausreichen lassen, um es zu behalten. Die Aussaat im Herbste sollte schon von einem jeden auf seinem Ackerwerke bestellt werden. Beide Theile gaben einander über diesen Vertrag gegenseitig einen besiegelten Reversbrief.

Kantzow berichtet zwar, daß Degener Bugenhagen, Curt Flemming, Karsten Berl, Achim von Dewitz und die übrigen Gefährten Bogislavs auf seiner Pilgerfahrt „stets seine treuesten und vornehmsten Räthe waren," und „ihm so verwandt wurden, daß er sie und sie ihn wiederum als Kinder hielten." [*] Indessen verhielt sich in Wirklichkeit die Sache anders. Der

---

[*] Kantzows Pomerania II, 270 und 271. Th. Kantzows Chronik, herausgegeben von Fr. L. A. von Medem pag. 817.

Herzog brachte von seiner Reise drei berühmte Gelehrte nach Pommern mit, den Doctor beider Rechte Johann von Kitscher, aus einem artigen Geschlechte Meißens, und zwei Italiener Petrus von Ravenna und dessen Sohn Vincentius. Diese besaßen Ohr und Herz des Herzogs und berieten ihn eine Zeitlang*) übel genug. Leider hörte er sie lieber als seine alten grabsinnigen Räthe, die ihm nicht zu schmeicheln verstanden. Die alten treuen Diener des Fürsten wurden zurückgesetzt, so lange die Fremden im Lande verweilten, und fielen gar in Ungnade, wie dies Loos selbst den verdienten und klugen Werner von der Schulenburg schon vor Pfingsten 1498 traf. Mehrere Jahre verschwindet er ganz aus dem Rathe des Fürsten. Auch zwischen dem Herzoge Bogislav und Achim von Dewitz trat eine Spannung ein. Denn in dem Vertrage über den Rücktausch von Satzig und Daber erklärte der Fürst, „daß er aus sonderlicher Gunst, Gnade und Güte seiner Räthe Achim von Dewitz alle Ungnade und Vergehungen, die er bis auf den heutigen Tag gegen ihn als seinen Fürsten vollbracht und begangen hätte, und die dem Herzoge angezeigt und wohl bewußt wären, verziehen habe. Weder der Herzog noch seine Erben wollten dies Achim oder seinen Erben jemals gedenken, dafür aber sollten diese, wie Achim für sich und seine Erben zugesagt und gelobt hatte, dem fürstlichen Hause künftig um so treuer dienen."

Bei öffentlichen Angelegenheiten wird Achim von Dewitz nach der Rückkehr aus dem heiligen Lande nur einmal erwähnt. Am 9. Januar 1499 starb Kurfürst Johann von Brandenburg, ihm folgte der sechszehnjährige Joachim I. Daher wurde der zu Pyritz am 26. März 1493 geschlossene Erbvertrag erneuert und bestätigt. Am 31. Dezember 1500 gaben Herren, Prälaten, Mannen und Städte, so wie alle Unterthanen und Einwohner des Herzogthums Pommern dem Kurfürsten Joachim von Brandenburg einen Revers über die Eventualsuccession nach Erlöschen des herzoglichen Pommerschen Hauses. Der Ritter Achim von Dewitz und sein Vetter Georg von Dewitz haben diesen Revers mit vollzogen.

---

*) Die beiden Italiener verließen Pommern schon 1503 wieder. Johann von Kitscher folgte ihnen im nächsten Jahre 1504.

Bei Privatangelegenheiten begegnen wir Achim von Dewitz noch längere Zeit. Im Jahre 1504 lieh er von dem Vicarien zu Daber 50 Mark,
wofür er eine Hufe in Plantikow verpfändete, welche jährlich 4 Mark Pacht
eintrug. 1504 belehnte er die von Hanowen mit dem Dorfe Lasbeck
und halb Schmolsdorf. In demselben Jahre verlieh er mit seinem Vetter
Georg am Tage Scholasticae der heiligen Jungfrau (10. Februar) zu Daber
ihren Lehnsleuten, den Gebrüdern Thomas und Henning Lebbin, mehrere
Güter, Zinsen und Rechte. Es werden namentlich aufgeführt: 30 Scheffel Malz
jährlich aus der Mühle zu Daber, 28½ Hufen in Külmhagen, 2 Rossähren-
Länder, 4 Buschen und ein Theil des Kirchlehns daselbst, nebst der freien
Fischerei auf dem Oderfee und dem Mühlenteiche vor dem Slawinkel, die
Mühle in Plantikow mit ihrer Gerechtigkeit, 5 Hufen in Zarchlin, der halbe
Kniephof mit Zubehör, in Daberkow 15 Hufen, 8 Hufen mit dem Brandel-
walle und die freie Fischerei mit kleinem Zeuge auf dem Quern-See. Alle
diese Güter sollten die Gebrüder Lebbin so besitzen, wie der verstorbene Georg
Lebbin sie gehabt hatte.

Gegen das Ende seines Lebens verschrieb Achim von Dewitz seiner
Ehefrau Catharina von der Osten aus dem Hause Woldenburg mit Zustimmung seiner Söhne Henning und Christoffer seine Güter in Bernhagen, Breitenfelde und Plantikow zum Leibgedinge. Herzog Bogislaw ertheilte hiezu im Jahre 1513 die Genehmigung. Achim von Dewitz ist
wahrscheinlich im Jahre 1520 verstorben; er hinterließ 5 Söhne: 1. Henning, 2. Christoffer, 3. Steffen, 4. Jacob, 5. Georg und eine
Tochter Margaretha.

74.

Ursula von Dewitz,

eine Tochter Hansens von Dewitz II. (72), war an Tönnies Vork,
auf Labes gesessen, verheirathet.

75.

Dorothea von Dewitz I.,

eine zweite Tochter Hansens von Dewitz II. (72), war in erster Ehe
an Kaspar von Ramele, in zweiter Ehe an Balzer von Werell
vermählt.

76.

Henning von Dewitz VII.,

Achims II. (no. 73.) ältester Sohn, wird zuerst im Jahre 1513 erwähnt,
als er mit seinem Bruder Christoph die Zustimmung dazu gab, daß seiner
Mutter als Leibgedinge die Güter Bernhagen, Breitenfelde und Plantikow, so
weit Achim dieselben besaß, verschrieben wurden. Vom Herzoge Bogislav X.
erhielt er im Jahre 1514 aus der Stadt Treptow an der Rega 150 Gulden
Erbär angewiesen. Nach der Musterrolle von 1523 hatte er mit seinen Brüdern, ohne ihre Lehnsleute, 6 Pferde zu stellen, darunter einen gepanzerten
Streithengst.*) Am Sonnabend nach Pauli Bekehrung (25. Januar) 1531
bekannte Clawes Weiger, erbgesessen zu Plantikow, daß er mit seinen Vettern Lorenz und Hans Weiger, erbgesessen zu Faulenbenz, sein Erb und Lehn
zu Faulenbenz gegen deren Erb und Lehn zu Plantikow, Cramonsdorf und
Weitenhagen nebst der Vogtei zu Daber vertauscht habe, und daß ihm jene
diese Güter vor den Vettern Georg und Henning von Dewitz als ihren
Lehnsherren verlassen hätten. Dabei waren Zeugen die Kirchherren Michael
Weiger zu Massow, Henning Süring zu Plantikow, Nicolaus Süring zu

---

*) Es pro de Henning von Dewitz wyt eynem brudern aze de Maneschop darumbe eynen
verdachten hengst. Klempin und Kratz, Matrikeln und Verzeichnisse der Pommerschen Ritterschaft vom XIV. bis in das XIX. Jahrhundert pag. 191.

Schoenau (Sand-Schoenau), ferner der alte Clawes Süring zu Meetow, Joachim Stettin zu Kortenhagen und Thewes Stettin zu Darz erbgesessen. Bis auf die beiden letzten gehörten auch die Zeugen den Geschlechtern an, welche Vasallen der Dewitze waren. Ein Kröger und zwei Sürinze waren Pfarrer, der Adel bekleidete damals sehr häufig geistliche Aemter. Aus diesem Tauschvertrage zwischen den Krögers geht auch hervor, daß die Vogtei zu Daber diesem Geschlechte verliehen war.

In dem Lehnbriefe, welchen die Herzoge Barnim und Philipp am 20. Dezember 1534 den Brüdern und Vettern Jobst, Tönnies und Henning von Dewitz ertheilten, wird der letztere als Rath bezeichnet.*) Michaelis führt ihn unter den Landräthen auf.**) „Rath und lieber Getreuer" wird er ebenfalls in einer Urkunde genannt, in der Herzog Barnim X. am Tage Luciae (13. Dezember) 1553 zu Stettin einen Vergleich bestätigte, durch den die Irrungen, welche schon zwischen Hans und Achim von Dewitz einerseits und Georg von Dewitz andererseits wegen ihrer Güter obgewaltet hatten, völlig beigelegt wurden. Wir wissen aus der Geschichte Hansens II. und Achims II., daß bereits zweimal eine Ausgleichung stattgefunden hatte, es waren aber noch einige Sachen streitig geblieben. Um diese zu erledigen, wählten im Jahre 1540 die Vettern Jobst und Henning zu Vermittlern und Beiständen Wolff von Wedell, zu Freienwalde und Uchtenhagen, und Matzke Bork, zu Falkenburg und Pansin erbgesessen, und „vereinigten sich unter einander vetterlich und freundlich." Die Streitpunkte werden sehr genau in dem Vergleiche einzeln aufgeführt; sie beziehen sich sämmtlich auf unbedeutende Gegenstände: Einige Ackerhöfe, Bauerhöfe, Kämpe, Wiesen, einen kleinen See,***) mehrere Krüge, endlich eine Anzahl kleiner Gefälle an baarem Gelde und Naturalien, von denen Hennigen in Summa 0 Gulden und 29 Groschen, 16 Hühner, 6 Scheffel Hafer und 5 Viert Roggen, Jobsten 10 Gulden weniger einen Schilling zuerkannt wurden. Beachtenswerth ist, daß bei dieser Gelegenheit der erste lutherische Pastor zu Daber, Herr Kaspar Zingler,

---

*) dem Ehrbaren auch Unserm Rath und lieben getrewen Henning von Dewitz.
**) III, 2 pag. 351.
***) das Seeigen bey Meetow an den Vierbergen gelegen.

erwähnt wird. Er genoß „ein Beneficium", welches Jobsten gehörte. Nachdem Jobst von Dewitz und sein Beistand Wolff von Wedell, ebenso Henning von Dewitz und dessen Beistand Matzke Bork den Vergleich unterschrieben hatten, wurde er den beiden „Unterhändlern" bis zur Besiegelung und weitern Vollziehung zu treuen Händen in Verwahrung gegeben.

Jobst von Dewitz starb, ehe „die Notel besiegelt und vollzogen war;" er hinterließ einen unmündigen Sohn Bernd, der unter Vormundschaft des Hofmarschalls Rüdiger Massow, Wolffs von Wedell und anderer nicht namentlich genannter Freunde des seligen Jobst stand. Die Vettern Henning und Bernd, so wie des letzteren Vormünder wandten sich an den Herzog Barnim X. mit der Bitte, einige fürstliche Räthe zu verordnen, damit der Vergleich besiegelt und vollzogen würde. Der Herzog bestellte hiezu Joachim Podewils, Landvogt zu Stolp, und Jürgen Ramel zu Weitenhagen erbgesessen.*) Die beiden Unterhändler Wolff von Wedell und Matzke Bork waren wieder zugegen. Der zwischen Jobst und Henning getroffene Vergleich wurde in einzelnen Punkten berichtigt, wobei man auf das Genaueste zu Werke ging. So hatte sich z. B. ergeben, daß 8 Groschen aus einer Wurth in Schmelzdorf, welche Henningen schon erblich zustan, ihm noch einmal angerechnet waren. Um ihn hiefür zu entschädigen, wurden ihm 8 Groschen jährlicher Hebung aus Braunsberg von Bernd angewiesen. Aehnliche kleine Berichtigungen fanden bei einzelnen Höfen, Wiesen, Gehölzen u. s. w. statt, alles ist sehr sorgfältig erwogen und bestimmt bezeichnet. „Das allen zu Urkundt haben wir verordnete Commissarien und bewilligte underhendeler verbenant, Desgleichen auch wir Henning's und Berndt von Dewitzen, Auch Jch Rüdiger Massow hoff Marschallgk unnd hauptmann zum Sazigk als Berndt Dewitzen neben Wolff von Wedeln und Andern verordneten Vhormunderen unser Angeborn Pitzschafft unthen an diesem brieff gehenget. Welches alles abgehandelt und Angenommen ist worden zu der Daber Jm funfzehnhundert und sechs und viertzigten Jare, am Mittwoch nach Galli, welches ist gewesen der zwantzigste Tag des Monats Octobris"

---

*) Weitenhagen ist nicht das bei Daber gelegene Gut der Dewitze, sondern Weitenhagen im Lande Stolp. Jürgen Ramel mit seinem Bruder „thom Weitenhagen" stellte nach der Musterrolle von 1523 fünf Pferde.

mit diesen Worten schließt die sehr weitläufige Verhandlung. Der Herzog Barnim zu Stettin wurde als oberster Vormund Gerards um seine Bestätigung gebeten, welche am Tage Luciae 1563, also nach sieben Jahren, erfolgte.

Henning von Dewitz ließ nach dem Vergleiche mit Jobst im Jahre 1540 ein Register über seine Besitzungen und Einkünfte aufnehmen, welches noch in dem Dewitzschen Familien-Archive aufbewahrt wird. Das Titelblatt dieses interessanten Documentes hat folgende Aufschrift: „Wy vorgan, dath Wordt Gottes bliicht Ewig. Jck Hennynck van Dowitz hovbe dihb Register Schriven laten uth den olden Registern, so mia Grotvader und Vader an my georveth, in dem Jahr dusent Viffhundert und Vortigsten am avendt Petri und Pauli (29. Juni)." Die Besitzungen und Einkünfte Hennings werden ganz speciell angegeben. Aus diesem Register geht hervor, daß jeder der beiden Vettern Antheile in allen Gütern hatte; wir erfahren die Namen der Bauern, welche in den verschiedenen Dörfern Hennings gehörten und ersehen, was jeder derselben jährlich an Geld, Getreide Flachs, Eiern, Hühnern u. s. w. an die Herrschaft zu geben hatte. Ebenso sind die Abgaben und Leistungen der Schulzen, Krüger und Müller angeführt. Die Güter, in welchen Henning Antheile besaß, waren nach damaliger Schreibart: Brunzberg, Margenhagen, Bredenfelde, Breitenhagen, Cremonstorff, Bagershagen, Plantlow, Schönenwoldt, Vernehagen, Rutz, Bertzin, Cardelin, Schloysin, Lütiken-Benz, Groten-Benz, Smoltekorp, Malkewin, Guskemin, Höckensberge, Wollers, Zalmow, Haselouwe, Meiern, Reggow, Schönewre, Rakem. Der Antphol ist zu Cardelin gerechnet, Kluffow, wo keine Bauern waren, ist nicht erwähnt, von Hesselle ist beiläufig als Henningen zugehörig die Rede.*) Haus und Städtchen Daber gehörten beiden Vettern zu gleichen Theilen, jeder besaß die Hälfte, bezog aus der Stadt Einkünfte und hatte bei Daber Acker und Wald.

Wie genau Henning dies Register hatte anfertigen lassen, mögen folgende Proben zeigen: Brunzberg: 1 Josth Schulte III hovo gift my IIII Mark

---

*) Daberkow und Braunsfort, in denen nach der Hufenmatrikel von 1625 Hennings Sohn Franz Antheile besessen hatte, fehlen in dem Register. Labbeck war ganz im Besitze der Hannowen (Lehnsdiente der Trowe).

IIII Schilling und VIII Schilling Denstgelt I Schepel roggen I top flassen I Stige eigar I groschen tins, I rockhon de Denst hortt minem fedder und my gelick dhar hebben de von Wedel nichts an.

2. Olle Trettinoko II hoven X Mark und II Groschen II Toppe flassen und II Stige eigar II Groschen tinese I Schepel roggen II rockböner gift noch X böner van I Wurth.

In dieser Weise ist das ganze Register mit großer Genauigkeit abgefaßt. Nach ihm hatten die beiden Vettern das Kirchlehn überall gemeinschaftlich*), die Priesterbauern und die Bauern, welche zum heiligen Geiste (Hospitale), dem St. Jürgen (Armenhause) und den Kirchen gelegen waren, thaten beiden Vettern Burgdienste, die Lehnsleute blieben ihnen gemeinsam. Von Gehölzen und Seen waren einige in gemeinschaftlichem Besitze, doch so, daß jeder der Vettern seinen bestimmten Antheil hatte, andere waren ungetheilt, noch andere waren jedem allein zugelegt; die Hopfenwälle besaßen sie gemeinsam. Es werden auch etliche besondere Leistungen erwähnt. Einige Schulzen, wie in Külz und Schleißin, hatten jeder Henningen ein Dienstpferd zu halten, der Schulze in Schoenwalde war verpflichtet, den beiden Vettern ein- bis dreimal des Jahres ein Nachtlager zu gewähren, wenn sie dort auf der Jagd waren. Auch der Müller in Reggow mußte jährlich zweimal ein Nachtlager bei Gelegenheit der Jagd hergeben, außerdem hatte er unter andern 1 Pfund Pfeffer und 14 Mandeln trocknen (geräucherten) Aal zu liefern. Dienstpferde hielten für Henning noch der Krüger in Breitenfelde und ein Bauer in Jordelin.

Henning von Dewitz war ein reicher Mann, daher wurde bei Anleihen seine Bürgschaft nicht nur von seinen adligen Freunden, sondern auch von Fürsten gesucht.**) Für Herzog Barnim X. hatte er sich gegen Rüti-

---

*) Nur in Lobbed stand das Patronat den Hannowen zu.
**) Die Dewitze wurden überhaupt im sechzehnten und siebzehnten Jahrhundert bis zum dreißigjährigen Kriege außerordentlich häufig als Bürgen in Anspruch genommen. Es ist noch ein Aktenstück von Originalurkunden über Bürgschaften, welche sie leisteten, vorhanden, aus dem einiges hier mitgetheilt werden mag. Die bedeutendsten Bürgschaften übernahmen sie für die Loitzen und den Grafen Ludwig von Eberstein. Außerdem verbürgte sich Henning unter andern für Joachim von der Schulenburg auf Löckniz (1250 Gulden, 1000 Gulden, 1000 Gulden, 900 Gulden), Richard von der Schulenburg auf Löckenitz (1000 Gulden), Maßke Borf auf Strumchl (1000 Gulden), Jürgen Borf den Jüngern

ger Massow, Hauptmann zu Satzig, für 1500 Gulden verbürgt, der Fürst gab ihm d. d. Stettin Montag nach Andreae 1532 die Versicherung, daß er durch diese Bürgschaft keinen Schaden erleiden solle. 1552 d. d. Stettin Montag nach Allerheiligen wünschte der Fürst wiederum Hennings Bürgschaft gegen Rüdiger Massow für 1000 Gulden. Montag nach Viti 1550 richtete Barnim an Henning von Dewitz von Stettin aus ein Schreiben, in welchem er ihm kund that, daß der von den Ständen bewilligte Landschoß nicht vollständig eingegangen sei, es müsse deshalb eine Summe Geldes, welche sich in dem beiliegenden Schuldbriefe angegeben finde, von den Loitzen aufgenommen werden, Henning möge die Verschreibung mit vollziehen und sich gegen die Loitzen verbürgen. Doch Henning sandte dem Herzoge das Document un-vollzogen zurück, erhielt es aber sofort d. d. Colbatz Montag nach Petri und Pauli mit der Aufforderung wieder, dasselbe, wie die anderen Bürgen gethan, mit seinem Siegel zu versehen. Ihm scheint die Sache ungelegen gewesen zu sein, denn noch einmal gab er es seinem Landesherrn unbesiegelt zurück. Die Loitzen weigerten sich, den Schuldbrief ohne Hennings Bürgschaft anzunehmen, und so ging das Document ihm zum dritten Male mit der Anweisung zu, dasselbe nunmehr jedenfalls mit seinem Siegel zu bekräftigen (d. d. Colbatz Montag nach Visitationis Mariae). Henning und Bernd von De-witz übernahmen auf den Wunsch Barnims, der sich an jeden von ihnen in einem besonderen Schreiben wandte (d. d. Stettin den 29. November 1551), eine Bürgschaft für 3000 Thaler gegen Bartholomäus Swave, Hauptmann zu Bütow, und wurden am Sonnabend nach Nicolai desselben Jahres vom Her-zoge aufgefordert, seine Bürgen für die Summe von 1500 Gulden gegen die Brüder Jacob, Claus, Lorenz und Asmus Puttkamer zu Zettin zu werden. Selbst für die geringe Summe von 180 Gulden stellte der Herzog dem Hans

---

auf Stramehl (50 Gulden), Franz und Tham von Podewils auf Demmin (die Summe ist nicht angegeben). Bernd von Dewitz I. leistete für Joachim von der Schulenburg Bürgschaft (37 [?] Thaler). Bernd I. und Franz I. bürgten für Heinrich Bork auf Pansin (500 Thaler), Jobst von Dewitz II. war Schadlosbürge für Erdmann, Freiherrn von Frid-dag und Rönschaar zu Bildenbruch (500 Thaler), Georg von Wedel auf Neuwedel (2500 Gulden), Baltzar von Wedel auf Schwerin (500 Gulden) Bernd Bork auf Labes (650 Thaler), Otto Bork auf Stramehl (50 Gulden) u. s. w.

Eickstedt, zu Stettin wohnhaftig, Bürgen und schickte (d. d. Stettin Montag nach Andreae 1555) die Schuldverschreibung an Henning von Dewitz zur Besiegelung. Joachim II von Brandenburg, zu dessen Tugenten die Sparsamkeit nie gehörte, lieh als Kurprinz von Marcus Putkamer zu Pobetow 2600 Gulden zu 6 pC. und wandte sich (d. d. Cöln an der Spree am Tage Martini Episcopi 1534) an Henning von Dewitz mit dem Begehren, für diese Summe zu bürgen.

Bei wichtigen Landes-Angelegenheiten wird Hennings Name nicht selten genannt. Bischof Erasmus von Cammin war am 27. Januar 1544 plötzlich auf seinem Schlosse zu Bast gestorben, die Herzoge konnten über die Wahl seines Nachfolgers nicht einig werden. Barnim präsentirte den Grafen Ludwig von Eberstein, einen gelehrten Jüngling, der seine Studien unter Leitung Jobsts von Dewitz zu Wittenberg gemacht hatte und bereits zu der Würde eines Dompropstes zu Cammin und Domsängers zu Colberg gelangt war, Philipps Stimme fiel auf Jacob von Zitzewitz. Auf dem Landtage zu Treptow war keine Einigung zu Stande gekommen, daher wurde die Sache den Landräthen übertragen und eine Tagefahrt an der Swine festgesetzt. Jeder der beiden Fürsten ernannte aus den Räthen sechs Schiedsrichter. Von Barnim wurden erwählt: Jacob Globeler, Rüdiger Massow, Bartholomaeus Grave, Jochim Pedewils, Henning von Dewitz und Volff von Wedell, von Philipp wurden bestellt: Jochim und Jobst, Gebrüder Maltzan, Herige Bugenhagen, Dubislaff Eickstedt, Matthaeus Normann und Dr. Nicolaus Wenthlow. Aber auch diese konnten über die von den Fürsten vorgeschlagenen Männer nicht einig werden und brachten schließlich den Doctor Pommer, Johannes Bugenhagen, in Vorschlag, welcher am 24. Juni 1544 vom Kapitel zum Bischofe erwählt wurde. Als dieser das Bisthum nicht annahm, ward Bartholomaeus Grave, Kanzler des Herzogs Barnim und Amtmann zu Bütow, zum Bischofe ernannt.

Während des Schmalkaldischen Krieges war Pommern in banger Aufregung. Die Herzoge waren Mitglieder des Schmalkaldischen Bundes, und Philipp hatte seinem Schwager, dem Kurfürsten Johann Friedrich von Sachsen, 300 Reiter zu Hülfe geschickt. Aus Furcht, von einem kaiserlichen Heere überzogen zu werden, rüsteten die Pommerschen Fürsten in ihren Landen und ließen am Montage nach Cantate (9. Mai) 1547 durch den Grafen von Eberstein, Rüdiger Massow, Achim Maltzan, Ulrich von Schwerin, Baltzer vom Wolde,

Reimar vom Wolde und Jacob Putlamer ein Verzeichniß der Offiziere des Pommerschen Heeres anfertigen, in welchem Henning von Dewitz als Rittmeister aufgeführt wird.

1553 am 4. Dezember bestätigte Herzog Barnim X. den Grafen von Eberstein ihre Privilegien auf ihren Gütern, Henning von Dewitz war als Zeuge zugegen.

Seit Bogislav X. waren unter dem Einflusse der Sächsischen und Wittenbergischen Gelehrten Neuerungen im Pommerschen Lehnswesen eingeführt, über welche die Ritterschaft, zumal in Hinterpommern, Beschwerde geführt hatte, sie wünschte die Herstellung ihrer althergebrachten Rechte. Die Herzoge Barnim und Philipp halfen endlich den vielfach wiederholten Klagen ab und ertheilten durch den Landtagsabschied zu Stettin vom 9. Februar 1560 ihren Prälaten, Herren, Mannen und Städten die Freiheiten und Rechte, welche ihnen durch die Herzoge Otto III., Erich II., Bartislav X. und Bogislav X. zugesichert waren. Die Fürsten versprachen, ohne Bewilligung der Stände keinen Krieg anzufangen und Bündnisse zu schließen; müßten sie aber nothgedrungen sich in einen Krieg begeben, so sollten die Landstände ihnen außerhalb und innerhalb des Landes folgen und treulich dienen, „Dem guten Rathe und der treuen Wohlmeinung gemeiner Landstände" wurden Erbtheilungen, Erbeinigungen und Verträge unter den Landesherren unterworfen. Ohne große erhebliche Ursachen oder vorhergehenden Rath der vornehmsten Land- und Hofräthe wollten die Fürsten keine anderen Hauptleute und Vögte einsetzen als solche, die in ihren Landen geboren, gesessen und wohnhaftig waren. Ansprüche der Fürsten an ihre Landstände oder der letzteren an die ersteren sollten in Güte durch die Hof- und Landräthe entschieden und jedes gewaltsame Einschreiten vermieden werden. Bei Streitigkeiten und Mißverstand unter den Fürsten wurde die Entscheidung den Ständen anheimgegeben. Den Handel treibenden Kaufleuten wurde Schutz und den Schiffbrüchigen Sicherung des Eigenthums zugesagt. Die alten Stammlehne wurden den Vettern von einem Namen, Schild, Helm und Geburt zugesichert. Starb Jemand ohne „Leibes-Lehns-Erben" und hinterließ eheliche, unberathene Töchter oder Wittwen, so sollten diese „ihres Vaters oder Mannes Lehn Jahr und Tag und darnach so lange besitzen, bis daß die Töchter ihren Brautschatz und Geschmücke, auch andere gebührliche Ausrichtungen und Gerechtigkeit, und die Wittwen ihr eingebrachtes Heirathsgut und was ihnen sonst gebührt" bekommen hätten oder dersel-

den genugsam versichert werden wären; doch müßten sie die Güter ordentlich
verwalten. Die solchen Wittwen mit landesherrlicher Genehmigung ausgesetzten Leibgedinge durften ihnen ohne des Fürsten Erkenntniß nicht widerrechtlich entzogen werden. Wenn bei dem Tode eines Vasallen, der ohne Leibes-Lehns-Erben war, sich nicht so viel Baarschaft und fahrende Habe fand, daß man die Schulden damit bezahlen konnte, so sollte das Lehn die Schulden, welche mit Bewilligung des Landesherrn gemacht waren, tragen. Endlich versprachen die Herzoge für sich und ihre Erben, Landschaft und Städte zu keinem andern Fürsten oder Herrn zu weisen, um demselben zu huldigen oder verpflichtet zu werden, als bereits geschehen; dagegen sollten Prälaten, Herren, Mannen und Städte den Herzogen allen schuldigen Gehorsam jeder Zeit erzeigen, wie es getreuen Räthen, Lehnsleuten, Unterthanen und Landsassen nach ihrer Lehnspflicht gebührte.

Herzog Philipp I. starb am 14. Februar desselben Jahres, ehe er diese Urkunde hatte vollziehen können, sie wurde nur von Barnim unterzeichnet. Philipps Söhne, Johann Friedrich, Ernst Ludwig und Barnim der Jüngere, ließen an sie ihres Vaters Insiegel hängen und unterschrieben sie auf ihrem Hause und Schlosse Wolgast am 12. Juni 1560 im Beisein des Herzogs Barnim und ihrer Räthe und sieben Getreuen: Heinrich Normann, Statthalter des Stiftes Cammin, Ludwig Graf von Eberstein, Martin von Wedell, Remthur zu Wildenbruch, Ulrich von Schwerin zu Spantelow, Balzer vom Wolde, Hauptmann auf Uckermünde, Henning von Dewitz zu Daber, Dr. Lorenz Otto, Kanzler des Herzogs Barnim, Valentin von Eickstett, Kanzler der jungen Fürsten zu Wolgast u. a. m.

Im Maerz des Jahres 1561 wurde zu Stettin eine große Synode gehalten, an welcher nicht nur die Superintendenten[*]) Magister Paulus von Rhoda, Doctor Jacobus Runzius, Doctor Georgius Venetus und andere vornehme Theologen und Pastoren der Kirchen in Pommern, sondern auch viele Landstände Theil nahmen. Diese Synode ist dadurch besonders wichtig, daß auf ihr das Corpus doctrinae Pommeranicum festgestellt wurde d. h. die Sammlung derjenigen Schriften der lutherischen Kirche, nach welchen in Pommern gelehrt

---

*) So hießen damals bloß die Generalsuperintendenten.

und geprrtigt werden sollte. Graf Ludwig von Eberstein, Jürgen Ramel, Landvogt zu Stolp, Henning von Dewitz, Mahle Berl zu Pansin, Bartholomäus Svave,*) Dr. Lorenz Otto und andere angesehene Männer wohnten dieser Synode bei.

Im August 1563 zog der wilde Herzog Erich der Jüngere von Braunschweig, der sich in aller Welt im Kriege versucht hatte, mit 600 Reitern in schwarzen Harnischen, 3000 Hackenschützen, 3000 Landsknechten mit langen Spießen, 11 Stücken Geschütz und einer Menge Proviant- und Rüstwagen durch Pommern. Ihn begleitete ein ungeheurer Troß von Gesindel nebst 1500 und wohl noch mehr losen Weibern, junge Kinder wurden in Körben und auf Schiebkarren mitgeführt. Ueberall verbreiteten diese zügellosen Schaaren Schrecken; in Stettin waren die Bürger unter die Waffen getreten und hatten die Straßen, durch welche der Heerhaufe ziehen mußte, zu beiden Seiten besetzt, die anderen Straßen waren mit einer Wagenburg und Ketten versperrt. Was der Zweck dieses Zuges gewesen, ist unklar geblieben. Nach unmenschlicher Verwüstung der Umgegend von Danzig nahm Erich seinen Rückzug wieder durch Pommern, wo das zuchtlose Kriegsvolk die ärgsten Greuel verübte, so daß der Pommersche Landmann noch nach 60 Jahren seine Erlebnisse nach „Herzog Erichs Durchzuge" zu berechnen pflegte.**) Da die Wehrlosigkeit des Landes bei dieser Gelegenheit zu sühlbar an den Tag gekommen war, wurde durch den Landtagsabschied zu Stettin am 21. Dezember 1563 zur Versorgung mit Kriegsbedürfnissen in den nächsten 4 Jahren eine sechsjache außerordentliche Steuer angeordnet und deren Ertrag in zwei besonderen Landkasten zu Stettin***) und Anklam aufbewahrt. Die Aufsicht wurde zuverlässigen Männern als Oberaufsehern und Oberrinnehmern anvertraut. Zu diesen wurden von Herzog Barnim ernannt: Heinrich Normann, Statthalter des Stiftes Cammin, Ludwig Graf von Eberstein, Henning von Dewitz, Landvogt zu Greifenberg und andere. Als Landvogt zu Greifenberg ist Henning auch in einem Schreiben des Grafen Ludwig von Eberstein d. d. Naugard den 6. Februar 1564

---

*) Bartholomäus Svave hatte im Juli 1549 auf das Bisthum Cammin verzichtet und lebte als fürstlicher Rath und Hauptmann zu Bülow.

**) Friedeborn II., 61 und 62.

***) Der Stettiner Landkasten wurde später nach Stargard gebracht.

bezeichnet, in welchem der Graf sich verpflichtet, ihn gegen allen Schaden und Nachtheil sicher zu stellen, da Henning und einige andere Freunde des Grafen sich am Tage Katharinä (25. November) 1563 für die Summe von 10,000 Thalern, die dem Grafen Ludwig von Eberstein von den Leipzen geliehen war, verbürgt hatten. An demselben Tage (25. November 1563) lieh Henning dem Grafen Ludwig 4000 Thaler, wofür Wulff von Bredell zu Freienwalde, Bernd von Dewitz zu Daber, Ewald von der Osten zu Wolkenburg und Meßigk Borl zu Labes die Bürgschaft übernahmen. Am 2. December 1563 machte Graf Ludwig bei Henning eine neue Anleihe von 455 Thalern.

In einem Manuscripte aus dem achtzehnten Jahrhundert, welches eine Sammlung einzelner, zum Theil sehr schätzenswerther Nachrichten über die Dewitzsche Familie enthält, findet sich bei Henning folgende Notiz: „Martinus Chemnitius Cancellarius Stettinensis in Consilio scabali in causa Schmelingo contra Budden in renen Beylagen hat eine Urthel in Sachen Moritz Damitzen contra Jochim Ramel, unter welcher er verzeichnet, daß die Urthel Mittwochs nach Invocavit 23. Februarii Anno 1564 zu Alten-Stettin auf dem Fürstlichen Hofe in der Rath-Stube durch Johann Fallen, dieser Sachen verordneten Beisitzer und von dem Lehnrichter, als dem Herrn Landvogt Henning von Dewitz, dazu bevollmächtiget, publiciret sei."

Im Jahre 1556 war Henning Canonicus praebendatus des Domstiftes Camin geworden. Er starb am Johannistage des Jahres 1564, sein Wohnsitz war Hoffelde gewesen. Dies geht aus dem Register von 1640 hervor, worin es heißt: „So dar mehr Diekstelle by Unsern gütern befunden würden, hören Uns sämptlich gelick. Uthgenamen was yck up dem Hoffelde in miner Feltmarket hebbe, hört my allene." „De grote radewisch neige ick thom Hoffelde." Ferner ist in einer Klageschrift vom Jahre 1600, in welcher Hennings Sohn Franz gegen Otto Borl den Jüngern auf Roggow Beschwerde führt, bemerkt: „Item wahr, daß des von Dewitzen Vater auf der Lest-Market Schonew diese Wische, die große Rade-Wische genannt, für Sechtzig Jahren zu dem Unterflß nach Hoffelde laut seinem Erdtheil Register gebrauchet." Hennings Gemahlin war Dorothea Borl aus dem Hause Falkenburg, ihre Mutter war Anna von Polenz. Wople Borl zu Falkenburg und Pansin erbgesessen, den wir als Hennings Beistand bei dem Vergleiche mit Jobst und Bernd von Dewitz kennen gelernt haben, war sein

Schwager. Wegen dieser Verwandtschaft finden wir Henning am 9. Juli 1534 zu Königsberg in Preußen auf der Hochzeit des Antonius Bort, eines Rathes des Herzogs Albrecht. Die Wittwe Hennings überlebte ihren Gemahl längere Zeit. Mit ihrem einzigen Sohne Franz war sie wegen ihres Witthums in Mißhelligkeiten gerathen, die durch einen Vergleich zu Treptow an der Rega am 7. Januar 1566 beigelegt wurden. Als Kuratoren „Vormünder)" der Wittwe erschienen hiebei Graf Ludwig von Eberstein, Matzke Bort zu Falkenburg und Panstn und Wießigt Bort zu Labes, als Zeugen waren Karsten Manteuffel zu Arnhausen, Jacob Zitzewitz zu Muttrin und Bernd von Dewitz zugegen. Ihr Wittbum erhielt Frau Dorothea aus den Gütern Schmelzdorf und Zarchlin, in Daber hatte sie ihren Wohnsitz. Hier sollte ihr Franz im nächsten Sommer „an der Bach" eine bequeme Wohnung mit Küche, zwei Stuben, anstoßenden Kammern, Keller, Backhaus und Stall erbauen; inzwischen war ihr das ganze neue Haus mit allen Gemächern und dem Keller auf dem Schlosse überlassen. Weil Franz der Mutter nicht die Hälfte des Geldes für die bei dem Tode des Vaters verhandene Wolle und die Hälfte der damals verhandenen Baarschaft, wie es ihr zukam, hatte verabfolgen lassen, verpflichtete er sich, ihr, so lange sie lebte, jährlich 200 Thaler am Tage Katharinae in ihrer Wohnung zu zahlen, wofür sich Karsten Manteuffel und Bernd von Dewitz verbürgten. Sie starb am 10. Januar 1587 zu Zarchlin, der Kirche in Daber vermachte sie eine Obligation über 200 Gulden, welche auf Ribart von Wedell lautete.

Henning von Dewitz hinterließ einen Sohn, den eben genannten Franz, und vielleicht auch eine Tochter Ilse.

77.

Christoph von Dewitz I.,

der zweite Sohn des Ritters Achim von Dewitz II., gab seine Zustimmung mit seinem Bruder Henning, als ihr Vater Achim im Jahre 1513 seiner Ehefrau Katharina von der Osten seine Güter Bernhagen, Breitenfelde und Plantikow als Leibgedinge bestimmte. Sonst wird er nicht erwähnt.

78.

Stephan von Dewitz I.

Herzog Friedrich von Holstein vermählte sich nach dem Tode seiner Gemahlin mit Sophie, Bogislavs X. Tochter. Im September des Jahres 1518 führte Bogislavs Sohn Georg die Schwester mit 300 gerüsteten und wohlgeschmückten Pferden nach Kiel dem Bräutigam zu. In seinem Gefolge befand sich Steffen von Dewitz mit 5 Pferden, zweimal wird er in der Rechnungslegung über die Ausgaben bei dieser Brautfahrt genannt.[*]) Man hat angenommen, Steffen wäre identisch mit Christoph, und es hätte eine Verwechselung der Namen Steffen und Stoffer stattgefunden, denn ein Steffen als Sohn Achims kommt außerdem nicht vor. Unmöglich wäre eine solche Verwechselung der Namen nicht, sie folgt aber noch nicht aus dem Umstande, daß Steffen sonst nirgend erwähnt ist, da die beiden jüngsten Söhne des Ritters Achim von Dewitz.

79.

Jacob von Dewitz VI. und

80.

Georg von Dewitz I.,

auch nur einmal und zwar in dem Vergleiche zwischen Henning und Jobst von Dewitz im Jahre 1540 genannt werden. Jobst verzichtete darauf, sich

[*] Steffen Dewitz [...] vor X [...] vp V perde
[...] XVI [...] vp XVI meht.
XXVII [...] Steffen Dewitzen vp VII mehl III perde.

an die Brüder Jacob und Henning wegen der Kosten zu halten, die sein seliger Vater in dem Streite mit Hans und Achim von Dewitz gehabt hatte, und für welche Georgen, Jobsts Vater, durch des Herzogs Bogislav Urtheil eine Entschädigung zuerkannt war.*) Henning dagegen entsagte allen Ansprüchen an ein Vorwerk in Voigtshagen, das durch Absterben Balzer Weigers an Jürgen, Hennings Bruder, und Henning gefallen war.

Jacob von Dewitz VI. war mit einer Manteufel vermählt. Sämmtliche Brüder Hennings haben keine bekannten Nachkommen hinterlassen.

81.

Magaretha von Dewitz I.,

Tochter des Ritters Achim von Dewitz II., war an Henning Manteufel auf Coelpin (im Bisthum Cammin) verheirathet.

82.

Franz von Dewitz I.,

einziger Sohn Hennings von Dewitz VII., wohnte in Hosselde. Er vermittelte am 22. März 1546 in Gemeinschaft mit dem Grafen Ludwig von Eberstein einen Vergleich zwischen Hermann von Blücher auf Plasse und den von der Osten auf Wolfenburg.**)

Im Jahre 1568 fanden vielfache Verhandlungen zwischen dem Herzoge Johann Friedrich und den Pommerschen Ständen wegen Erhöhung der Steuern statt. Johann Friedrich, ein gebildeter und gelehrter Fürst, gebrauchte zur Bestreitung seines großen Aufwandes sehr bedeutende Geldmittel und war mit

---

*) Diese beruht nach dem von Bogislav X. im Jahre 1512 gefällten Urtheil 1300 Gulden, vergl. Hans von Dewitz II. (72).
**) Zellmer, handschriftliche Nachrichten über die Familie von Dewitz.

Schulden überladen. Graf Ludwig von Eberstein, derselbe, welcher 1544 zum Bischofe von Cammin vorgeschlagen war, hatte sich erboten, der fürstlichen Kammer einen reichlichen Zuschuß zu verschaffen und die jährlichen Einkünfte so zu erhöhen, daß die Kammerschulden getilgt werden könnten, während er selbst nicht im Stande war, seine eigenen Schulden zu bezahlen und mit den Einkünften seiner Güter auszukommen. Auf seinen Rath versuchte Johann Friedrich die Accise und Tranksteuer in Pommern einzuführen. Die Stände verweigerten ganz entschieden die Einwilligung hiezu und waren lieber bereit, außerordentliche Steuern aufzubringen, anstatt das Land durch bleibende Auflagen zu belasten. Um diese Angelegenheit zu ordnen, wurde ein Ausschuß ernannt, welcher aus dem Grafen Ludwig von Eberstein, Georg Borck dem Aeltern, Franz von Dewitz, Friedrich von der Osten, Blitten Manteufel und anderen bestand. Auf dem Landtage zu Stettin am 30. November 1588 bewilligten die Landstände 10 außerordentliche Steuern, und der Herzog ertheilte an demselben Tage den Revers, die Stände mit neuen Zöllen und mit der Accise verschonen zu wollen.

Am 9. Februar 1600 starb Johann Friedrich mitten unter den Karneval-Lustbarkeiten zu Wolgast ganz plötzlich, am 15. März wurde er in Stettin feierlich beigesetzt. Franz von Dewitz wohnte dem Leichenbegängnisse bei, nach Elzow war er Rath des Herzogs Johann Friedrich und Hauptmann zu Belgard und Neustettin.*)

Ansehnliche Verluste erlitt er durch Bürgschaften, die er für den Grafen Ludwig von Eberstein übernommen hatte. Die an denselben baar ausgeliehenen Gelder scheint Franz eingetrieben zu haben, so erhielt er z. B. die Summe von 4000 Thalern, welche sein Vater Henning am Tage Katharinä 1563 dem Grafen Ludwig vorgeschossen hatte, von Bernd von Dewitz, einem der Bürgen des Grafen, zurück gezahlt. Weniger gelang es ihm, ohne Nachtheil bei den Bürgschaften davon zu kommen. Franz und Bernd von Dewitz mußten mit Felix Podewils auf Crangen und Demmin wegen geleisteter Bürgschaften an die von Cuitzow, von Arnim und Hahn für den Grafen Ludwig die Summe von 39,872 Thaler bezahlen.

*) Elzows Angaben sind nicht immer zuverlässig.

Noch schwerer wurde Franz von Dewitz durch den Banquerott der Loitzen, welcher im April des Jahres 1572 ausbrach, betroffen. Joachim Persen auf Gutzlaff hatte an die Loitzen 4000 Gulden geliehen; als Bürgen waren von diesen Franz und Bernd von Dewitz, Schwantes Tessen und Jacob Monnichow (München?) gestellt worden. Bekanntlich zahlten die Loitzen nicht, Jacob Monnichow starb, und seine Erben, ebenso Schwantes Tessen wurden für nicht zahlungsfähig erklärt. Die beiden Dewitze hatten also die Schuld zu bezahlen, nur weil sie nicht im Stande waren, baares Geld aufzutreiben, wurden dem Joachim Persen 15 Bauerhöfe in Maldewitz und Hödenberg vom fürstlichen Hofgerichte in Stettin zuerkannt, welche er am 30. November 1584 an seinen Schwager Daniel Kleist zu Damen für 6000 Gulden verkaufte, da er selbst in großer Geldverlegenheit war. Franz von Dewitz gehörten 6 Bauern, die zu 2,750 Gulden geschätzt waren. Anfänglich hatte sich Daniel Kleist geweigert, die Bauern nach dieser Taxe anzunehmen, da ein Bauer, der nur 2 oder 2½ Hakenhufen *) ohne Fischerei, Holzung, mit geringem Heuschlage und sehr unbedeutenderen Gerechtigkeiten hatte, auf 500, 600 und 700 Gulden veranschlagt war, also doppelt so theuer, als er werth sein mochte. Dazu kam, daß kein zu den 15 Bauern „kriegener Hof oder Bauwerk" vorhanden war. Indessen weil „in diesen beschwerlichen Zeiten diese Lande alles Geldes und Vorrathes erschöpfet und entblößet und von niemandem Geld aufzubringen war", verstand sich Daniel Kleist endlich dazu, die 15 Bauern für 6000 Gulden Pommerscher Währung, den Gulden zu 24 Schilling Lübisch oder 32 Groschen Pommersch gerechnet, zu kaufen; auf jeden Bauern kamen somit durchschnittlich 400 Gulden. Die 15 Bauern zusammen brachten an Pächten und Dienstgeld nur 162 Gulden ein. Joachim Persen versprach, die Bauerhöfe seinem Schwager Daniel Kleist zum erblichen und eigenthümlichen Besitze zu überweisen, auch den fürstlichen Lehnbrief über sie beizubringen und zu diesem Zwecke die Klage gegen die Dewitze fortzusetzen. Bernd von Dewitz war nämlich gestorben, seine Erben erkannten das Urtheil des Hofgerichtes nicht an, Franz von Dewitz und Schwantes

---

*) Man unterschied Hagerhufen, Landhufen und Hakenhufen. Eine Hagerhufe enthielt 60, eine Landhufe 30 und eine Hakenhufe 15 Morgen.

Tehen hatten gleichfalls dagegen bei dem kaiserlichen Kammergerichte apellirt. Im Jahre 1597 bezogen die Kleiste aus den 15 Bauerhöfen noch Pacht, Dienstgeld und andere Gefälle. Dies geht aus der Kirchen- und Pfarrmatrikel von Malkewin und Höckenberg von 1597 hervor. In ihr heißt es: „Patroni seynd die Gestrenge, Edle und Ehrenveste Franz, Jobst und Curd, Gevettern und Gebrüder die von Dewitzen auff Daber und Hofelde erbselessen, weil aber Asmus und Adrian Gebrüder die Kleiste von den 15 Bauren zu Malkewin und Heydenberg, welche itzgedachten Patronen zuständig, Pacht, Dienstgeld und Anders haben, wollen sie sich auch des Kirchlehns annaßen. — Zwo Hufen hat der Pastor in Gebrauch, sonsten seyn noch zwo Pfarrhufen aufm Malkewinschen Felde, davon der Pastor die Ernde gebrauchet und jährlich von jeglicher Hufe 1 fl. Pacht zu heben hat. Die Dienste aber haben die Patronen; itziger Zeit aber nehmen Asmus und Adrian die Kleiste das Dienstgeld davon.“

Den Lehnbrief für die Kleiste erlangte Joachim Berßen nicht, in dem Lehnbriefe der Dewitze vom Jahre 1601 erscheinen Malkewin und Höckenberg als Dewitzsche Lehne. In der Hufenmatrikel von 1628 sind die Kleiste bei Malkewin und Höckenberg gar nicht genannt; die Dewitze waren also wieder in den Besitz der Höfe gekommen, wahrscheinlich hatten sie die Kleiste abgefunden.

Dies war nicht der einzige Verlust, welchen Franz von Dewitz durch die Leitzen erlitt. In Gemeinschaft mit Bernd von Dewitz und Schwanirs Tehrn hatte er gegen Christoph Baden zu Butterfelde eine Bürgschaft für 14,000 Thaler übernommen, welche er allein berichtigen mußte, da seine Mitbürger nicht zahlen konnten. Er stellte die von Wedell, Valentin von der Osten und Kaspar Flemming als Bürgen und verpfändete diesen zu ihrer Sicherheit sein Gut Meeslow um eine Summe von 22,600 Thalern. Valentin von der Osten cedirte später seine Rechte an die Wittwe Curia von Dewitz, eine geborne von Blankenburg, wodurch Meeslow wieder an die Familie von Dewitz kam.

Ferner hatte sich Franz von Dewitz mit Franz von Arnim für die Leitzen gegen Joachim von Bredow, kurfürstlich Brandenburgischen Oberhofmeister verbürgt. Um sich seiner Verpflichtungen zu erledigen, verpfändete er sein Gut in Daber 1584 an Alexander von Bredow und Georg Ribbek für

8,242 Thaler. Auch Zarchlin, Groß-Benz und Garbezin waren von ihm verpfändet.

Gegen die von Bolstow hatte er gleichfalls für die letzten Bürgschaft geleistet. Um jene zu befriedigen, ließ er im Jahre 1599 seinen Krughof in Sallmow mit dem dazu belegenen Acker durch Hermann Blücher und Hans Ubeste schätzen und trat ihm nebst einer Wiese bei Scheenau an die Bolslewen ab. Von diesem erwarb Otto Bork der Jüngere, auf Reggow*) erbgesessen, den Krug in Sallmow mit Zubehör und beanspruchte nun anstatt jener Wiese eine andere, die sogenannte große Radewiese, welche an den Krüger zu Sallmow verpachtet gewesen war, niemals aber zu dem Kruge gehört hatte. Dies war die Veranlassung zu einem Morde.

Im Juli 1600 ließ Otto Bork die große Radewiese, ungeachtet ihm dies verboten war, abmähen. Als Franz von Dewitz dies erfuhr, schickte er seinen „Hauptmann" Antonius von Hanow mit einigen Dienern zu Otto Bork, der sich in Sallmow aufhielt, und ließ ihn bitten, von der großen Radewiese abzustehen, sandte ihm auch den Vertrag mit den Bolslewen, damit er sich überzeugen möchte, daß eine andere Wiese zum Kruge gelegt sei. Demnach wurde auf Otto Borks Befehl das Heu den Leuten genommen, die dabei bewaffnet waren, eingefahren. Der Schütze Hans Möller in Scheenau zeigte dies Franz von Dewitz an, der hierauf nochmals seine Diener zu Otto Bork schickte und ihn in aller Güte aufforderte, sich des Heues zu enthalten; den Dienern hatte er ernstlich eingeschärft, jeden Streit und Wortwechsel zu melden. Diese ritten ohne Waffen nach der Wiese, bei ihrem Anblick ergriffen die Borkschen Bauern die Flucht, Otto Bork, sein Bruder Berndt Bork und „zwei große Jungen, alle Tage Borks werth", der eine Jochim Schulz, der andere Metzigk Bork (aber nicht adligen Herkommens) geheißen, blieben mit gespannten langen und kurzen Rohren in der Wiese. Kaspar Koch, ein Dewitzscher Diener, rief den Bauern zu, sie möchten nicht fliehen, man sei in keiner bösen Absicht gekommen, sondern man habe nur ein Wort oder zwei mit Otto Borken zu reden. Antonius Hanow bat diesen, zu ihm von der Wiese

---

*. Ein altes Borksches Gut zwischen Labes und Wangerin gelegen, nicht das Dewitzsche Reggow bei Daber.

auf das Land zu kommen, er habe nichts zu fürchten, seines Junkers und
Lehnsherrn Auftrag wolle er nur an ihn ausrichten. Ein kurzes gespanntes
Rohr in der Hand und ein langes unter dem Arm trat Otto Vork an das
Land mit den Worten: „Der sich fürchtet, den hole der Teufel." Hanow bot
ihm freundlich einen „guten Abend" und theilte ihm seines Lehnsherrn Bitte,
die Wiese zu verlassen, mit. Während diese beiden mit einander verhandelten,
rüstete sich in der Wiese Bernd Vork mit den beiden großen Jungen, die von
Jochim Vork zu Rosenfelde geliehen waren. Sie sattelten ihre Pferde, spann-
ten die Büchsen, sprengten auf die Dewitzschen Diener los, schwenkten die Rohre
um die Köpfe, tummelten die Pferde, und der große Junge Jochim Schulz
rief einem der Dewitzschen Leute zu: „Hörst du, Kaspar Koch, ich habe nicht
Leib oder Kind zu verlieren, sondern nur einen Leib, ich möchte dir wohl eine
Kugel in die Haut schießen!" Hätte Hanow solches nicht gewehrt, so würde
er wirklich den Kaspar Koch zu seinem Unheil erschossen haben. Hierauf rief
Bernd Vork demselben Kaspar Koch zu: „Du bist allzeit so klug, bist du ein
redlicher Kerl, so reite herzu und wechsle eine Kugel mit mir, ich bin alle
Tage so viel Kerls als du bist!" dabei rückte Bernd Vork auf Kaspar Koch
los und spannte den Hahn. „Diese freundliche Zumuthigung und Aufforderung,
so des Dewitzen Diener wiederfahren," wurde von Otto Vork und Antonius
Hanow beschwichtigt, beide geboten ihren Leuten Frieden zu halten, und Otto
Vork trat mit Antonius Hanow und Kaspar Koch ein wenig bei Seite, um
ihnen die Antwort mitzutheilen, welche sie an ihren Junker überbringen sollten. Plötzlich wurde Jochim Kamefe, ein Dewitzscher Diener, von dem andern
großen Jungen, Metzig Vork, hinterrücks durchschossen, mit sofort jagte dessen
Genosse Jochim Schulz dem Klepper des Jochim Kamefe eine Kugel durch den
Kopf, so daß Mann und Pferd zusammenstürzten und auf der Stelle todt blieben. Hiermit noch nicht zufrieden, wandte sich Jochim Schulz an Kaspar
Koch mit der Drohung: „Du hast mir den Arm entzwei geschossen, ich will
dir wieder so viel geben!" Doch ritt nun Otto Vork mit seinem Gesinde nach
Tollnow, dort aßen und tranken sie, begten und pflegten sich. Am 20. Juli
kam Otto Vork zu Jobst und Curt von Dewitz auf das Schloß nach Daber,
brachte die beiden großen Jungen und mehrere andere von seinen Leuten mit,
ging mit den ersteren öffentlich auf das Rathhaus, verweilte etliche Tage und
ließ seine Leute Franzen zum Trotz, der doch hier die Gerichtsbarkeit hatte,
mit langen und kurzen Rohren bewaffnet sich in den Straßen der Stadt

umhertreiben; das Heu von der Rabewiese nahm er an sich. Vergeblich hat Franz von Dewitz seine Vettern, die Uebelthäter fest zu nehmen und gegen genugsame Kaution an ihn auszuliefern, auch seine Klage bei dem Landesfürsten fruchtete nichts. Dieser erließ zwar an Otto Vork einen sehr ernsten Befehl, er möge die Thäler haftfest machen, indessen dies geschahe nicht.

Franz von Dewitz ertheilte mit Bernd von Dewitz am Himmelfahrtstage 1568 den Wollenwebern in Daber ein Privilegium, Weihnachten 1580 erhielten die Schneider ein solches, am heiligen Neujahrsabende 1587 wurde den Franz, Jobst und Curt von Dewitz das Privilegium der Garnweber bestätigt, welches ihnen der Rath, so weil sich dessen Jurisdiction erstreckte, ausgefertigt hatte. Allein, ohne seine Vettern bestätigte Franz das Privilegium der Stadt Daber vom heiligen Christabende 1401 mit den Worten: „Dies Privilegium habe ich heute den 15. September 1519 wissentlich confirmirt. Franz von Dewitz." Wir vermissen hier die Namen der beiden anderen Dewitze, Jobst und Curt, die wir neben Franz in dem Privilegium der Garnweber vom Jahre 1587 finden. Die Bestätigung durch Franz allein ist um so auffallender, da er seinen Sitz nicht in Daber hatte seine Vettern aber hier wohnten. Er scheint diese nicht zugezogen zu haben, weil er mit ihnen gespannt war. Noch in späterer Zeit stand Franz bei der Dewitzschen Familie in keinem guten Andenken. Die Brüder Christian Heinrich und Gustav Georg von Dewitz, Curts Enkel, beschuldigten ihn lange nach seinem Tode, „er habe aus Bosheit, unwissend der anderen Vettern als Jobst und Curt das Privilegium der Stadt bestätigt, weil er keine Erben gehabt."

Daß unter den Dewitzen damals kein freundschaftliches Verhältniß statt fand, ersehen wir schon daraus, daß die beiden Brüder Jobst und Curt ihrem Vetter Franz nicht einmal auf seine Bitte Beistand gegen die Mörder seines Dieners und die Räuber seines Eigenthums leisteten, sondern sogar seinen Feind Otto Vork und dessen Leute mehrere Tage gleich nach dem Morde auf ihrem Schlosse zu Daber beherbergten und den Unfug duldeten, der unter ihren Augen Franzen zum Hohn in der Stadt verübt wurde. Die vorhandenen Akten theilen uns aber auch Näheres über die Streitigkeiten mit, die zwischen Franz und seinen Vettern obwalteten. Schon mit Bernd war er mehrfach in Zwist gerathen und zwar unter andern noch wegen des alten Familienzwistes der von ihren Großvätern herrührte, in Folge dessen Achim von Dewitz durch ein Urtheil des Herzogs Bogislav X. vom Jahre 1512 angewiesen war, seinem Vetter Georg 1200 Gulden für Zehrung und Kosten in jener Streitsache zu zahlen.*) Achim hatte an Georg das Kapital nicht entrichtet, ihm aber die Nutzung einiger Bauerhöfe anstatt der Zinsen angewiesen, diese Einkünfte hatten auch Georgs Erben bezogen. Franz hatte um das Jahr 1540 etliche von diesen Höfen verkauft. Bernd erhielt also nicht mehr die Gefälle aus denselben, daher kündigte er seinem Vetter Franz das Kapital von 1200 Gulden. Die Sache wurde von dem Herzoge Johann Friedrich zu Franzens Gunsten entschieden. Es wurde in dem Erkenntniß darauf hingewiesen, daß durch die Vergleiche vom Jahre 1540 und vom 20. October 1540, welche die Bestätigung des Herzogs Barnim im Jahre 1563 erhalten hatten, alle Irrungen zwischen Jobst und Henning, so wie zwischen Bernd und Henning gänzlich und gründlich verglichen wären, daß insbesondere „Jobst sich all der Rest und Zehrung halber, so sein seliger Vater Jürgen von Dewitz in hangenden Rechten gethan und ihm durch den durchlauchtigen und hochgebornen Fürsten und Herrn, Herrn Bogislav zuerkannt laut des Urtheils, ganz und gar für sich und seine Erben verziehen und abgesagt, Jacob und Henning und ihre Erben nimmer darum zu beschuldigen." Hier war Franz allerdings in seinem Rechte, was jedoch in einem Streite mit Jobst II., Bernds Sohn, nicht der Fall war. Franz hatte, wie wir wissen, sein Gut in Daber verpfändet, die Pfandbesitzer waren Willens, es weiter zu verkaufen und tragen es Jobsten an. Dieser beschickte durch den Pastor zu Darbezin, Martin Friedewald, seinen Vetter und ließ bei ihm anfragen, ob er das Gut auslösen dürfe. Er erhielt zur Antwort: Franz wäre ganz damit einverstanden, wenn er dies thäte, er gönne das Gut niemandem lieber als seinem Vetter Jobst. Als dieser aber im Besitz des Gutes war, beklagte sich Franz über ihn, er leugnete, eine solche Antwort durch den Pastor gegeben zu haben und beschuldigte Jobst, das Gut widerrechtlich an sich gebracht zu haben. Er verbot den Bauern, den Acker für Jobst zu bestellen, ließ „bei nachtschlafender Zeit heimlich durch vier Kerle zwei der besten Ochsen vom Gute wegtreiben, da er doch bei der von Bredow Verwalter Zeiten nicht ein

---

*) Vergl. Haus von Dewitz II. 72.

Huhn aus dem Hofe hatte wegnehmen dürfen", veräußerte oder verschenkte auch einen zum Hofe gehörigen Harnisch, welchen die von Bredow zur Bestellung ihres Roßdienstes angekauft hatten. Im Verlauf des langwierigen Streites, welcher dem Herzoge Johann Friedrich zur Entscheidung vorgelegt wurde, machte Jobst seinem Vetter den Vorwurf, er gönne das Gut lieber Fremden als den eigenen Verwandten. Jobst blieb im Besitz desselben. So hat sich von Hans von Dewitz bis zu seinem Urenkel Franz, vom Entstehen bis zum Erlöschen dieser Linie, durch alle Generationen ein Unfriede mit den Nachkommen des Jürd von Dewitz hindurchgezogen. Ohne Schuld war hier Franz bestimmt nicht, hatte er sich doch sogar mit seiner Mutter ihres Wittums wegen entzweit. Verwandte und Freunde mußten ins Mittel treten, um beide mit einander zu versöhnen, und die eigene Mutter hatte so wenig Vertrauen zu dem Sohne, daß Carsten Manteuffel und Bernd von Dewitz für die Zahlung der 200 Thaler, welche Franz seiner Mutter für ihre Lebenszeit zahlen sollte, als selbstschuldige Bürgen Gewähr leisteten, um nur den Frieden herzustellen.

Franz von Dewitz starb am 27. Juni 1605 und wurde am 16. Juli zu Daber mit einem sehr ansehnlichen und prachtvollen Leichenbegängnisse bestattet. Seine Gemahlin, Anna von Hahn aus dem Hause Basedow, wohnte als Wittwe zu Bernhagen und starb dort am 26. Mai 1611. Die Kirche dieses Orts besitzt einen silbernen Kelch mit Patene und zwei große zinnerne Leuchter, die von ihr geschenkt sind. Der Kelch zeigt auf seinem Fuße das Hahnsche Wappen und die Buchstaben A. V. H. F. V. D. N. W. *) Die Leuchter tragen die Inschrift ANNE: HAKEN: FRANZ: VON: DEWITZ: ELICE: HAWS: FRAW: ANNO 1541. Die Sacramentsgeräthe und die Leuchter sind noch im Gebrauch.

Franz hatte mit seiner Gemahlin in einer kinderlosen Ehe gelebt, durch seinen Tod wurden die von ihm besessenen Güter erledigt, und es entstand unter seinen Vettern über ihren Besitz ein vieljähriger Rechtsstreit. Nach dem Pommerschen Lehnsrechte fielen Franzens Güter an Jobst von

---

*) Anna von Hahn Franz von Dewitz nachgelassene Wittwe.

Dewitz als an den nächst berechtigten Agnaten, und dieser wurde durch eine Verordnung des fürstlichen Hofgerichtes zu Stettin am 19. November 1600 in die Erbschaft eingewiesen.

Jobsts Bruder Curt war schon vor Franz gestorben und hatte minderjährige Söhne hinterlassen; deren Vormünder trugen auf Cassation dieser Verordnung an und machten geltend, daß Jobsts Brudersöhne zu gleichen Theilen mit ihm erben müßten, weil die Dewitze die gesammte Hand bei ihren Lehnen hätten. Durch Verfügung des fürstlichen Pommerschen Hofgerichts zu Stettin vom 5. December 1606 wurden sie abgewiesen, weil nach den alten Pommerschen Landesprivilegien die nähern Grade den entfernteren vorgingen. Die gesammte Hand könne nicht die Wirkung haben, die alten Rechte aufzuheben, sie sei vielmehr als eine Begünstigung zu dem Zwecke gestaltet, daß, wenn wegen der Länge der Zeit die Geschlechter ihre Agnation nicht nachweisen könnten, sie darum der Succession nicht verlustig gehen dürften, und die Lehne an die Landesfürsten fielen, sondern kraft gesammter Hand als remedii subsidiarii die Succession gesichert bliebe. Die Vormünder der Söhne Curts von Dewitz appellirten gegen diesen Bescheid bei dem kaiserlichen Kammergericht zu Speier, und ihr Advocat Dr. Joachim Golz vertheidigte ihre Sache durch Berufung auf das Sächsische Lehnsrecht. Das fürstliche Pommersche Hofgericht ertheilte dem Dr. Golz einen sehr ernsten Verweis d. d. Alten-Stettin den 15. April 1607: Es wäre zu verwundern, daß der Curator Litis Dr. Joachim Golz so pertinaciter die irrige Meinung seiner Clienten zu vertheidigen sich unterstehe. Nicht wisse man, ob es aus Unwissenheit oder malitia geschehe, deren jedes ihm wenig Ruhm gäbe und seinem Amte mit nichten gemäß wäre. Jobst von Dewitz bat nunmehr um die Belehnung mit den Gütern seines Vetters Franz, und das fürstliche Hofgericht ertheilte d. d. Alten-Stettin den 25. April 1608 den Bescheid, daß er die Belehnung empfangen und solches seinem Lehnbriefe inserirt werden solle, jedoch dürfe hiemit seinen unmündigen Gevettern und derselben Proceß am kaiserlichen Kammergerichte nichts präjudicirt sein. Herzog Philipp II. erließ in dieser Sache d. d. Alten-Stettin 20. November 1609 einen ausführlichen Abschied, in welchem dargelegt wurde, daß in Pommern die Erbfolge nicht nach Sachsischem Lehnsrechte ohne Rücksicht auf den nähern Verwandtschaftsgrad stattfände, es gehe vielmehr der nähere Grad stets den entfernteren vor. Die Belehnung zur gesammten Hand, welche die Dewitze zuerst im Jahre 1534 gesucht und empfangen hätten, ändere hierin nichts und begründe keineswegs die Geltung des Sächsischen Lehnrechtes. Sie sei nur zu einem sonderlichen Privilegio der Pommerschen Ritterschaft indulgiret, daß, wenn Lettern, so von einem Stamme hergekommen, merkten, es möchte ihnen oder künftig ihren Nachkommen der Beweis Agnationis schwer fallen, weil in vielen Landen die Stammbücher, womit man einer jeden Person Gradum Agnationis erweisen könne, nicht im Gebrauch seien, für feudum mutuam et vicissitudinariam Successionem bitten, welche dieses wirke, daß, obschon die Agnation künftig nicht könne probiret werden, sie dennoch kraft der gesammten Hand oder reciprocae Investiturae unter einander succedirten. „Weil nun in gegenwärtigen der von Dewitzen Falle facti qualitas, daß Jobst von Dewitz nähern Grad für seines Bruders Söhne habe, notoria ist, und nicht kann geläugnet werden, denn ferner in diesem Herzogthum bekannten Rechtens, daß die Verleyhung der gesammten Hand Jus Agnationis et Proximitatis, so in genuinen Saple rl. Rechten verstattet wird, nicht aufhebe, vielmehr conservire und erneuere:" so habe man nicht gesehen, mit was für Fug die gebetene Sequestration von Franz von Dewitz Lehngütern könne angetretten oder durch Curt von Dewitzen Söhne der gesuchte weitläufige Proceß in Prossessorio oder Petitorio verstattet werden. „Es wäre denn, daß man ob frivolam unius Contradictionem hätte wollen oder sollen dem andern sein offenbahres Recht vorenthalten, und durch die Sequestration die Güther dem Lehn-Herrn und dem Lehn-Mann zum Nachtheil im Verderben kommen lassen, oder daß man im Fürstl. Hoffgericht etlichen Advocaten, so ex litibus et periculis Clientum ihren Nutz suchen, hätte folgen, und mehr auf den Vortheil, welchen die Sportulae judiciales in dieser Sache hätten geben können, sehen, als was recht und billig ist, hätte folgen wollen."[*] Nach heutigem Proceße wurde Jobst von Dewitz durch einen herzoglichen Commissarius Hans von Hechhausen, Hauptmann zu Marienflies, in den Besitz der von Franz von Dewitz an ihn gefallenen und ihm zuerkannten Güter gesetzt.

---

[*] Aus eigener Sammlung verschiedener glaubwürdiger, guten Theils nie gedruckter Urkunden und Nachrichten. Greifswald gedruckt bei Hieronymus Johann Struck 1747. pag. 319—328, 326—331.

83.

Ilse von Dewitz I.,

Gemahlin Paul's von Wopen auf Hopen Patrizer und Mutter Henning's von Wopen, war vielleicht eine Tochter Henning's von Dewitz VII. Es ist über sie nichts Näheres bekannt, und nur der Name ihres Sohnes führt auf die Vermuthung, daß Henning von Dewitz VII. ihr Vater war.

Geschichte der Linie des Jürß von Dewitz.

—

84.

Georg von Dewitz, Knappe,

ältester Sohn des Jürß von Dewitz (71), gehört zu den bekanntesten Männern der Dewitzschen Familie. Als Jürß starb, waren seine Söhne sämmtlich unmündig, daher führten ihr Oheim Hans (72) und dessen Sohn Achim (73) die Vormundschaft über sie. Georg wurde 1487 großjährig und übernahm seine väterlichen Güter, beklagte sich aber darüber, daß die Vormünder dieselben heruntergebracht und mehr zu ihrem als zu seinem und seiner Brüder Vortheil verwaltet hätten. Die hieraus entstandenen Streitigkeiten wurden durch die schon erwähnten Verträge vom Montage nach Misericordias domini 1487 und vom Montage nach Galli und Rulli 1490 beigelegt. Aus den gepflogenen Verhandlungen läßt sich erkennen, daß Georgs Beschwerden nicht unbegründet waren.*)

Am Martinsabende 1491 verkaufte Georg von Dewitz zu Neu-Stargard unter Bedingung des Rücklaufes dem ehrsamen Manne Matthias Befental und

---

*) Vergl. Hans von Dewitz II. (72) und Achim von Dewitz II. (73).

dem Martin Sandow, Patronen einer Vicarie in der Stargarder Marienkirche zum Altare des heiligen Nicolas, welche Matthias Besental gegründet
hatte, so wie an Joachim Besental, Altaristen an dieser Vicarie, 8 Rheinische Gulden in Gold oder guter gebräuchlicher Münze jährlicher Rente, auf
St. Martins Tag zahlbar, von 2 Bauerhöfen in Braunsberg für 100 Rheinische Gulden oder so viel in gebräuchlicher Münze.*) Georgs Mitlober
und Bürgen waren der Ritter Heinrich Vork auf Fallenburg, Vivigenz von
Eberell auf Arenzow, Karsten von Winterberg auf Ravenstein, Georg Tebbin
auf Breitenhagen und Paul Hanow auf Labbes erbgesessen. Das Geld nahm
Georg von Dewitz auf, um seine Verhältnisse zu ordnen, er hat sich wahrscheinlich in jener Zeit verheirathet.

Im Jahre 1508 am 10. Februar belehnte er mit seinem Vetter Achim
von Dewitz die Gebrüder Thomas und Henning Tebbin mit mehreren
Gütern, Zinsen, Pächten und Gerechtigkeiten in Taber, Breitenhagen, Plan-
titzow, Darchlin, Kuiryhof und Tabertow.**)

Wahrscheinlich war er mit dem Herzoge Bogislav X. im Jahre 1480
nach Braunschweig gezogen, denn das Aufgebot war an „alle Dewitzen thor
Taberr" ergangen.***) In dem Verzeichnisse der Pommerschen Ritterschaft
und der festen Plätze, welches am Ende des Jahres 1490 oder Anfangs 1491
von den Märkischen Räthen entworfen wurde, um zu wissen, welcher Pommerschen Vasallen man sicher wäre oder sich versichern müßte, wenn Bogislav X.
ohne männliche Nachkommen sterben sollte, ist Georg unter „den Dewitzen,
auf die Achtung zu geben" mit aufgezählt.†) Beide Male ist er aber nicht
ausdrücklich genannt. Seinen Namen finden wir unter dem Reverse, welchen
die Herren, Prälaten, Mannen, Städte und alle Einwohner des Herzogthums
Pommern dem Kurfürsten von Brandenburg Joachim I. am 31. December
1500 zu Pasewall ausstellten, und in welchem sie dem Brandenburgischen Fürsten die Erbfolge in Pommern bei dem Erlöschen des herzoglichen Mannes-

---

*) Der eine Hof wurde von Lorenz Rasebanz bewohnt, die Rasebanz sind heute noch
eine bäuerliche Familie in Braunsberg.

) und *) vergl. Achim von Dewitz II. (73).

†) Bergl. Achim von Dewitz II.

stammet pflicherten. Der Ritter Achim von Dewitz und Georg von
Dewitz haben die Urkunde unterschrieben und ihre Siegel an sie gehängt.[*]
Seit 1510 erscheint Georg als Landvogt zu Greifenberg, auch war
er fürstlicher Rath. Nach der Musterrolle von 1523 hatte er ohne die
Lehnsleute 8 Pferde zu stellen, darunter einen gepanzerten Streithengst,[**] während sein Vetter Henning und dessen Bruder nur 6 Pferde, unter diesen
einen gepanzerten Hengst, stellten. Georgs Besitz war wegen der von seinem
Vater Jürß erworbenen Tropenschen Güter größer. Aus dem Verhältniß der Roßdienste, welche die Vettern Georg und Henning leisten
mußten, ergiebt sich, daß die Tropen ungefähr den siebenten Theil der damaligen Dewitzschen Güter besessen hatten.

Nach dem Tode des Herzogs Bogislav X. stand Georg von Dewitz
dessen Nachfolgern fest und treu zur Seite. Bei der Geschichte seines Sohnes
Jobst werden wir auf die politischen und kirchlichen Zustände so wie auf die
Geschichte Pommerns zu jener Zeit genauer eingehen und sie im Zusammenhange darstellen müssen, weil Jobst von Dewitz überall rathend und ord-
nend eingriff, hier kann nur Einzelnes erwähnt werden, so weit es bei der
Geschichte Georgs in Betracht kommt.

Noch von Bogislavs X. Zeiten her fand eine Spannung zwischen den
Herzogen und dem Grafen Wolfgang von Eberstein statt. Das Land Massow
war um 1490 an die Eberstine verpfändet, Graf Albrecht erscheint 1481 als
Pfandbesitzer. Dessenungeachtet bestätigte Bogislav X. im Jahre 1501 der
Stadt Massow das lübische Recht, das Stadtfeld und die Holzung, die wüste
Feldmark Holzhausen, die Seeen und Mühlen vor der Stadt und alle Freiheiten, welche andere Städte hätten, ohne eines Anrechts der Grafen zu erwähnen. Das entfremdete für längere Zeit die Eberstine dem Herzoge, sie
neigten sich zu Brandenburg und schlossen sich dem Kurfürsten an, der gern
diese Gelegenheit benutzte, um seine Partei in Pommern zu vergrößern. Er
ertheilte am 29. September 1518 dem Grafen Georg in Ansehung seiner getreuen Dienste die Anwartschaft auf Märkische Lehne und nahm ihn gegen

---

[*] Vergl. Achim von Dewitz II.

[**] 8 perde Jurgen van Dewitze uber Dalen ane de mannschop, darunder eynen verdeckten hengst. Klempin und Kratz Matrikeln und Verzeichnisse pag. 179.

80 Gulden Jahrgeld für fünf gerüstete Pferde noch auf drei Jahre an je nem Hof. Graf Wolfgang, ein gelehrter Herr, der in den geistlichen Stand getreten war, wurde, dem Bischofe Martin Carith und dem Domkapitel ganz genehm und erwünscht, auf Empfehlung Joachims I. vom Papste Leo X. zum Coadjutor des Bisthums Cammin ernannt. Bogislav verwarf jedoch als Patron des Stifts die Wahl und setzte es durch, daß sein vertrauter Rath und ehemaliger Erzieher seines Sohnes Georg, der eifrig katholische Erasmus Manteufel, Coadjutor wurde. Graf Wolfgang von Eberstein härte aber nicht auf, seine Ansprüche und Rechte geltend zu machen, und sein Bruder, Graf Georg, ging in seinem Groll so weit, daß er seine Besitzungen in Pommern verkaufen und sich aus allem Lehnsverbande mit dem Herzoge losfagen wollte. Bogislav, dem in seinem Streite mit dem Markfürsten Joachim I. über das Recht Pommerns, auf den Reichstagen Sitz und Stimme zu haben, daran gelegen sein mußte, einig mit den Ständen seines Landes zu sein, versöhnte sich mit dem Grafen Georg und belehnte ihn am 9. Februar 1523 mit Stadt und Land Wassene, wofür derselbe sich verpflichtete, von Stunt an den Dienst bei dem Markfürsten aufzusagen. Mit dem Grafen Wolfgang wurde die Sache erst nach Bogislavs X. Tode ausgeglichen. Georg I. und Barnim X. vermittelten am 6. Januar 1524 zu Colberg eine Einigung zwischen dem Bischofe Erasmus und Wolfgang von Eberstein, wobei von den fürstlichen Räthen Wirigeni von Eickstedt und Georg von Dewiß ganz besonders thätig waren. Graf Wolfgang erhielt 800 Gulden als Ersatz seiner Kosten, die er in Rom zur Behauptung seiner Anrechte an das Bisthum aufgewendet hatte, ferner den stiftischen Antheil von Quartenburg und die Zusicherung der ersten Prälatur, welche der Bischof zu verleihen haben würde. Hiemit war auch das gute Einvernehmen der Ebersteine mit den Fürsten wieder völlig hergestellt. Diese Aussöhnung mit dem einflußreichen Wolfgang, einem Gliede des angesehenen Geschlechts in dem Stande der Ritterschaft, war um so wichtiger und das Verdienst, welches sich Georg von Dewiß durch ihre Herbeiführung erworben hatte, um so größer, da den jungen Fürsten durch Unzufriedenheit der Stände der Anfang ihrer Regierung sehr erschwert wurde. Namentlich weigerten sich die Städte, vor der Bestätigung ihrer Privilegien und Abstellung lästiger Abgaben die Huldigung zu leisten; nach und nach bequemten sie sich jedoch dazu. Georg von Dewiß war im Gefolge der Herzoge, als diese die Huldigung der Stadt Greifswalde entgegen nahmen und ihr gleich darauf am Sonnabend

nach Judica 1524 die Privilegien bestätigten. Degener Bugenhagen, Erbmarschall des Landes Barth, Ritter, Livigenz von Eickstedt, Kämmermeister, und Georg von Dewitz, Landvogt von Greifenberg, sind die ersten von den Räthen, deren Namen wir unter der Bestätigungsurkunde lesen. An demselben Tage verliehen die Fürsten der Stadt das Recht, einen Jahrmarkt auf Allerheiligen zu halten, und auch diese Urkunde haben die drei genannten Räthe als die ersten vollzogen. Am hartnäckigsten unter allen Städten sträubte sich Stettin gegen die Huldigung, sie drang auf vorherige Konfirmation der Privilegien und Abschaffung der Zölle zu Damgarten und Wolgast. Da die Herzoge hierauf nicht eingehen wollten, und es zu keiner Verständigung kam, beriefen sich die Stettiner 1525 auf Schiedsrichter, nämlich auf den Bischof Erasmus von Cammin, den Grafen Georg von Eberstein, Georg von Dewitz,[*] Livigenz von Eickstedt und einige Städte. Der Zwist wurde erst später völlig ausgeglichen, denn die Stettiner gaben zwar die Zusicherung, daß sie den Fürsten so treu und gehorsam sein wollten, als wenn sie gehuldigt hätten, blieben aber dabei, daß sie die Huldigung nur nach ausgetragener Sache leisten würden.

Im Jahre 1526 waren die Dewitze, Georg und Jobst, Vater und Sohn, in Danzig, als dort Herzog Georg I. mit dem Könige Siegismund von Polen, dem Bruder seiner Mutter Anna, die Angelegenheit wegen des noch nicht gezahlten mütterlichen Brautschatzes ordnete und den Besitz von Bütow und Lauenburg den Pommerschen Fürsten sicherte. Den von Herzog Georg für sich und seinen Bruder Barnim X. am 4. Mai 1526 ausgestellten Revers haben beide Dewitze vollzogen. Herr Erasmus, Bischof zu Cammin, und Georg von Dewitz, Landvogt zu Greifenberg, sind als die ersten unter den angeführten Zeugen genannt. Auch die Ratifikation des am 26. August 1529 zwischen Brandenburg und Pommern zu Grimnitz geschlossenen Vertrages unterschrieb Georg von Dewitz am 25. October desselben Jahres zu Stettin als einer der ersten aus der Ritterschaft. Als die Herzoge Georg und Barnim 1530 dem Reichstage zu Augsburg beiwohnten, wo sie

---

*. Der plattdeutsche Kantzow nennt pag. 167 Georg von Dewitz unter den Schiedsrichtern vor Livigenz von Eickstedt, die Pomerania II., 337 giebt Jobst von Dewitz nach Livigenz von Eickstedt an. Wir sind Kantzows plattdeutscher Geschichte gefolgt.

am 26. Juli vom Kaiser Karl V. die Belehnung mit ihren Ländern empfingen, war in Pommern die Statthalterschaft dem Grafen Georg von Eberstein, Georg von Dewitz, Bivigenz von Eickstedt und Balzer Sedel anvertraut. Bei den Verhandlungen über die Theilung der Pommerschen Lande im Jahre 1531 zwischen Georg I. und Barnim X., und nach des ersteren Tode zwischen Barnim X. und Philipp I. im Jahre 1532, gehörte Georg von Dewitz zu den 12 Räthen, welche als Schiedsmänner einberufen waren, um die beiden Hälften der Pommerschen Lande zu bestimmen.

Zum wohlverdienten Lohne für seine Verdienste erhielt Georg von Dewitz am 14. März 1530 von den Herzogen Georg und Barnim das Angefäll der Güter des Georg Pansin auf Darz und Resenow zugeliefert. Vom Herzoge Bogislav X. war dem fürstlichen Rathe Ritter Ewald von der Osten zu Wolkenburg die Anwartschaft auf diese Güter ertheilt worden, falls Jacob Pansin ohne männliche Erben sterben würde. Da dieser einen Sohn Georg Pansin hinterließ, erklärten die Herzoge Georg und Barnim jenes Anrecht für erloschen und eröffneten ihrem treuen Rathe und Landvogte zu Greifenberg Georg von Dewitz die Anwartschaft auf die Lehne des Georg Pansin zu Darz und Resenow. Wenn besagter Georg Pansin oder seine männlichen Lehnserben nach Gottes Schickung aussterben würden, sollten jene Güter als Gnadenlehen an Georg von Dewitz oder dessen männliche Leibeserben fallen. Barnim X. und Philipp I. konfirmirten am 20. Dezember 1534 nach Georgs von Dewitz Tode diese Anwartschaft seiner Erben; durch die Lehnbriefe vom 9. Juni 1569 und 25. Juni 1575 wurde „die Anwartung und Gnadenlehnsgerechtigkeit" auf die Güter Georg Pansins wiederholt bestätigt. In dem Lehnbriefe von 1714 werden alle früheren Lehnbriefe „dero Wörtlichen Inhalt in allen Ihren Puncten und Clauseln" bestätigt, „jedoch die von Jürgen von Pansin herrührenden Güter, weil es damit schon vor diesem in einen andern Stand gerathen, ausgenommen." Diese Güter waren nämlich an Berndt von Dewitz I. gefallen, von dessen Erben aber wieder verkauft.

Als Clawes Weiger zu Plantikow sein Erbe und Lehn zu Raulenkrug gegen das Erbe und Lehn, welches seine am letzteren Orte gesessenen Vettern Lorenz und Hans Weiger in Plantikow, Cramonsdorf und Kleinbagen hatten, und gegen die ebendaselbst zustehende Vogtei in Daber vertauscht hatte, verließen die beiden Weiger, Lorenz und Hans, jene ihre Lehne vor Georg und Henning von Dewitz als ihren Lehnsherren, und daß dieses geschehen, bezeugte Clawes Belger am Sonnabend nach St. Pauli Bekehrung 1531.[*])

Kantzow theilt über Georg von Dewitz folgende Notiz mit: „Georg von Dewitz ist landvogt zum Greifenberge gewest, und wen man behertzigen männlichkeit und gemüt, und seine historien, wie er von seinen feinden ist verfolget worden, wie sie ine bis in den tot gejagen, unter die füße zukerbet, und mit saltz und gestrichen, damit sie wolten versuchen, ob er noch lebete, und wie er es alles austrug, und wie sie ine darnach fingen, und er doch noch für sie alle bleib, und sich an inen rechnet, beschreiben solte: würde es viel sein."[**]) Schade, daß Kantzow es nicht beschrieben hat; es ist über die von ihm angedeuteten Vorgänge nichts bekannt, wir ersehen aus dieser kurzen Mittheilung aber wenigstens, daß Georg von Dewitz ein bewegtes Leben gehabt hat und ein tapferer streitbarer Mann gewesen ist. Nach Elzow hat er sich in seinen jüngeren Jahren gern in Kriegsdiensten gebrauchen lassen.

Georg von Dewitz starb im Jahre 1594 etwa 70 Jahre alt, seine Gemahlin war Hypollia Bork, eine Tochter des Ritters Brand Bork auf Labes, Parstin und Falkenburg. Er hinterließ 2 Söhne: 1. Jobst und 2. Ihnnies, nebst 2 Töchtern: 1. Anna und 2. Ilse. Daß er mit väterlicher Treue für die Erziehung seiner Kinder sorgte, beweist die hohe Bildung und Gelehrsamkeit seines Sohnes Jobst, an dessen Wirksamkeit und Ansehn er sich noch erfreuen durfte, denn er starb nur acht Jahre früher als Jobst.

85.

Achim von Dewitz III., Pfarrer.

Am 3. August 1490 wurde Achim von Dewitz als Pfarrer an der Mutterkirche zu Mullentin und deren Filial Zienkow auf Präsentation

---

*) Vergl. Henning von Dewitz VII.
**) Thomas Kantzow von Medem p. 404. Kantzow Pomerania II, 402.

der tüchtigen Männer Ebel Pritze und Albrecht, genannt Bleiger, angestellt. Dieser Achim kann nur ein Sohn Jüls gewesen sein. Die Brüder Jüls und Hans waren die einzigen Stammhalter der Familie, Hans hatte einen Sohn mit Namen Achim (73), somit muß dieser gleichzeitige Pfarrer Achim von Jüls abstammen. Daß er auf die Präsentation der Bleiger das Pfarramt in Mullentin erhielt, weist uns auch nach Daber, denn die Familie Bleiger war im Lande Daber als Lehnsleute der Dewitze erbgesessen. Es war zu jener Zeit noch sehr gewöhnlich, daß Söhne aus den vornehmsten Familien des Kreis in den geistlichen Stand traten. Am 30. Dezember 1490 verliehen die Vettern Achim von Dewitz II. und Georg II. eine Vicarie in der Daberschen Kirche, welche durch Resignation Thammes von Schoening (des bekannten Kanzlers Herzogs Bogislav X.) vacant geworden war, an Jacob Perl, und am 11. Dezember 1490 gaben sie eine andere Vicarie in derselben Kirche dem Priester Johannes von Wedell.

86.

Johann von Dewitz II., Ritter.

Kantzow bemerkt an der Stelle, wo er berichtet, die Dewitze hätten den Grafenstand fallen lassen, weil ihr Vermögen zum standesmäßigen Aufwande nicht hinreiche: „Wiewohl zu unsern zeiten der Johann Dewitz ritter, und sein bruder Georg von Dewitz landvogt zum Greiffenberge statliche leute und des vermögens well gewest, das sie den stand well unverweislich hatten führen thönen",[*] und bei Micraelius lesen wir: Auch war Johann von Dewitz Ritter, und dessen Bruder Jürgen Landvogt zu Greiffenberg."[**] Auf Micraelius würde nicht viel zu geben sein, und hätten wir nur ihn zum Gewährsmann, so könnte man annehmen, er mache Hans, den Chelm Georgs, zum Ritter und dessen Bruder; denn diesen Ritter Johann von Dewitz finden wir in keiner Urkunde, über-

---

[*] Kantzow Pomerania L., 341.
[**] Micraelius VI., 342.

haupt wird er sonst nirgend erwähnt. Indessen da Kantzow ihn als den Bruder Georgs nennnt, von beiden Dewitzen auch als von seinen Zeitgenossen spricht, so können wir füglich an der Richtigkeit dieser Angabe nicht zweifeln.*)

Daß Johann von Dewitz die Ritterwürde führte, war in jener Zeit schon etwas besonderes; es dürfte aber gerade in diesem Umstande ein Wink liegen, die auffallende Erscheinung zu erklären, daß ein so angesehener Mann nie in den Angelegenheiten seines Vaterlandes vorkommt. Wahrscheinlich war er ein kriegslustiger Held, der sich außerhalb Pommerns wacker in Kämpfen tummelte und die Ritterwürde erwarb.

Der Pommersche Adel war früher zu fremden Kriegsdiensten weniger geneigt gewesen als seine Standesgenossen in anderen Deutschen Ländern. Doch finden wir schon um 1400 die Dewitze und andere angesehene Pommersche Geschlechter häufig im Dienste des Deutschen Ordens, und als am Anfange des sechzehnten Jahrhunderts die Kriege zwischen Pommern und Brandenburg ihr Ende erreicht hatten, führten die großen Bewegungen jener Zeit und die engere Verbindung, in welche Pommern nunmehr mit dem Deutschen Reiche getreten war, den streitbaren Adel des Landes zahlreich unter fremde Fahnen. Graf Georg von Eberstein diente im Jahre 1520 dem Hochmeister Albrecht von Brandenburg mit 100 gerüsteten Pferden gegen Polen, Pommersche Edelleute hatten sich zu Adel von Mintwitz gethan, als dieser 1528 den Bischof von Lebus befehdete. Als Landgraf Philipp von Hessen 1534 den vertriebenen Herzog Ulrich von Würtenberg wieder in sein Land einsetzte, waren Pommersche Krieger in seinem Heere;*) im Schmalkaldischen Kriege (1547) dienten diese überall, in der Deutschen Leibwache des Kaisers Karl V., unter seinen Fahnen, bei Sachsen, Braunschweig u. s. w. Ja Pommersche Krieger waren 1527 mit Georg Frundsberg über die Alpen gestiegen und hatten an der Erstürmung Roms Theil genommen, und in der zweiten Hälfte des sechzehnten Jahrhunderts sehen wir Pommern in Frankreich für die Hugenotten kämpfen,

---

*) Wenn bekanntlich die von Kosegarten herausgegebene Pomerania auch weder von Thomas Kantzow noch von seinem Freunde Nicolaus von Klempzen herrührt, sondern eine erweiterte Bearbeitung Kantzows ist, so sind ihre Angaben doch wohl zu brauchen.

*) Ranke Deutsche Geschichte im Zeitalter der Reformation II., 471.

wo sie durch ihre Tapferkeit hohen Ruhm errangen. Gaspard de Cauly, Bicomte de Tavannes, ein eifriger Katholik, mußte bei aller Französischen Eitelkeit bekennen, daß die Reiter aus Pommern und Franken sich durch hohen Muth und Tapferkeit auszeichneten. Unsere Pommern hatten damals jenen berühmten und bewunderten Zug durch Frankreich bis ins Perigord mitgemacht und zum Frieden von St. Germain en Laye (2. August 1570) geholfen.

Johann von Dewitz, der am Schlusse des fünfzehnten und am Anfange des sechszehnten Jahrhunderts lebte, wird also wohl unter den Pommern gewesen sein, welche die Kriegslust unter fremde Fahnen führte; hier wird er Ruhm und Ehre erstritten haben.

87.

Cönnies von Dewitz I.

ist in genealogischen Nachrichten als ein Sohn Jüles bezeichnet, über ihn fehlen sonstige Angaben.

88.

Dorothea von Dewitz II.,

Gemahlin Jasper Ramels, verpfändete im Jahre 1520 mit Bewilligung Herzogs Bogislav X. an die Vicarie binnen der Stadt Regenwalde 3 Gulden jährlicher Pacht aus einem Hofe zu Simarözo für 50 Gulden. Im Jahre 1527 am 7. August bewilligten die Herzoge Georg I. und Barnim X., daß Urban Ramel, zu Wusterwitz erbgesessen, seiner Mutter, Dorothea von Dewitz, Jasper Ramels Wittwe, 300 fl., das halbe baare Vermögen, die halbe fahrende Habe nach des Landes Gewohnheit als Leibgedinge verschreibe. Im Jahre 1520 war Dorothea von Dewitz schon Wittwe, ihr Sohn Urban Ramel wird 1523 im Anschlage der Ritterschaft aufgeführt.*)

---

*) 2 perde Urban Ramell to Wusterwitz. Klempin und Kratz Matrikeln und Verzeichnisse p. 170.

Jost von Dewitz
Hauptmann zu Wolgast
geb. 1491 gest. 1542

Ohne Zweifel war sie die Schwester Georgs von Dewitz, welche in desjen Vergleich mit Hans und Achim vom Montage nach Misericordias domini 1487 erwähnt wird.*)

89.

Jobst von Dewitz I.,

ältester Sohn Georgs von Dewitz II., Landvogts zu Greifenberg, gehört zu den größesten Männern, die je in Pommern geboren wurden, und hätte er in einem einflußreichen Staate gelebt, so würde man ihn unter den berühmtesten Staatsmännern nennen, welche die Geschichte kennt. In ihm vereinigte sich alles, was einen Mann wahrhaft groß macht. Tiefe Frömmigkeit des Herzens, Aufrichtigkeit und Demuth waren Tugenden, die ihn zierten, dabei war er reich begabt. Er hatte einen klaren, scharfen Verstand, eine große staatsmännische Klugheit und einen praktischen Blick. Hiezu kamen eine sehr gediegene wissenschaftliche Bildung und eine gründliche Gelehrsamkeit. In ihm tritt uns das Bild eines ganzen Mannes entgegen. Alle Pommerschen Geschichtschreiber stimmen in seinem Lobe überein.

Bei Kantzow, seinem Freunde und Zeitgenossen, heißt es von ihm: „Daber ist ein kleines Städlyn, aber doch bei sanct Otten zeiten bereits namhaftig, da mans Dobona geheißen. Dasselbige können wyr deßhalben nicht nachlaßen, das es ist ein vaterland und leben des hochberömten hern Jost von Dewitzen, der zu unseren zeiten unter dem Pomerischen adel seiner lere, geschicklichkeit und frömmigkeit halben billig den fürtritt hat. Den was in der religion und studiis und andern sachen des gemeinen nutzes zum besten gefordert wird, mag man ime billig zum fürnehmlichsten wol zuschriben. Und nachdem er fast alle thund und laßend im regiment ist, und solches nicht ohne neiet und abgunst kann erhalten werden, ist er solcher maß und aufrichtigkeit gegen iderman, das ine nymands wes zeihet, sundern bei idern

---

*) wol Jürgen unter unser noch gewen schal.

man lieb und werth gehalten wird. Von diesem Herrn Jost von
Dewitzen were viel lobs zu schreiben, wen es unverdachter schmeichelei geschehen möchte; aber nach seinem Tode wirds unvergessen bleiben.*)

In der Pomerania lesen wir, nachdem erwähnt ist, daß die Dewitze
einst den Grafenstand geführt, ihn aber aufgegeben hätten, weil sie ihn nicht
standlich genug halten konnten, Folgendes: „Wiewoll diesen tag Jürgen sehn
Jobst von Dewitzen, des herzog Philipsen von Pommern oberster rath-
thund vnd lassen wie man saget, die anter haus ist, demselben standt nicht
alleine well halten khonte, sonder auch seiner lehre, damit er leicht-
lich alle vnsers landes edelleute vbersteiget, vnd aller tugendt
halben solcher großen ehr und standt woll werth were; davon ich albier dester
messiger schreiben will, weil er noch im leben ist, damit es nicht eine heuchelei
geachtet werde, aber nach seinem abgange werden noch well viel andere sein,
die es nicht verschweigen werden.“**)

Valentin von Eichstedt berichtet über ihn: „Unter den vielen, ihrer
Tugend wegen belobten und ausgezeichneten Männern des Geschlechts der
Dewitze sahen wir in unseren Tagen Jobst von Dewitz vor allen hervor-
strahlen, einen Mann, der durch Pflege der Wissenschaften und jegliche
Tugend ruhmvoll sich auszeichnete. Als vortrefflicher Rechtsgelehrter lehrte
er aus Italien zurück und wurde, schon als Jüngling an den fürstlichen Hof
gezogen, Rath bei den erlauchten Pommerschen Fürsten. Mit der größten
Rechtlichkeit führte er hohe und wichtige Geschäfte aus, oft wurden ihm die
ehrenvollsten Gesandtschaften übertragen, und bewies er sich hiebei ebenso wie bei
der Verwaltung anderer Aemter als ein höchst gewissenhafter Mann. 51 Jahre
alt ging er in die selige Ewigkeit und hinterließ jedermann das trefflichste
Vorbild. Sein Andenken wird stets in Ehren bleiben.***)

Cramer schildert ihn in seiner Pommerschen Kirchenhistorie als einen
Mann großen Ansehens, weise, verständig und gelehrt.†) Der neueste Ge-
schichtsschreiber Pommerns, Barthold, rühmt ihn nicht weniger als die alten
Chronisten. Er erwähnt ihn in seiner Geschichte von Rügen und Pommern sehr

---

*) Thomas Kantzow von Mehru p. 407 und 409.
**) Kantzow Pomerania I., 340.
***) Epitome Annalium Pomeraniae pag. 75.
†) Große Kirchen-Chronik III., 31 p. 87. Kleine Kirchen-Chronik III., 21 p. 97.

oft, nennt ihn den „hellsehendsten" unter den Räthen des Herzogs Philipp I.[*]) und bemerkt bei der Erzählung von dem Zwiespalte der Pommerschen Herzoge über die Besetzung des Bisthums Cammin im Jahre 1544: „Der kluge und redliche Berather ihres Hauses, Jobst von Dewitz, war zwei Jahre vorher gestorben, und niemand gleich ihm fähig, den Zwist der Fürsten zu versöhnen.[**])

Geboren war Jobst von Dewitz im Jahre 1491. Er hatte eine sorgfältige Erziehung genossen und sich eine gediegene wissenschaftliche Bildung erworben, auch hatte er sich in fremden Ländern umgesehen. Wir besitzen von ihm einen Brief an den jungen Grafen Ludwig von Eberstein, dessen Studien in Wittenberg er leitete. Der Brief ist in ächt klassischem Latein geschrieben, sein Inhalt zeugt von dem klaren Geiste des großen Mannes. Das Schreiben verdient vollständig mitgetheilt zu werden, und gebe ich es daher in der deutschen Uebersetzung. Jobst schreibt:

„Herzinnig habe ich mich über Euren Brief gefreut, edler Graf, schon deswegen, weil er lateinisch geschrieben war. Dann aber besonders, weil er mir die besten Hoffnungen Eurer und Eurer Studien wegen gegeben hat. Denn ich bin überzeugt, daß Ihr ein Mann werdet, wie alle es hoffen, ich aber nach der Freundschaft, die unsere Vorfahren verbunden hat, die auch zwischen mir und Eurem vortrefflichen Vater stattfindet, auf das innigste wünsche. Denn wie sollte ich nicht die besten Hoffnungen hegen, da Ihr in kaum drei Jahren die Regeln der Grammatik bei so wankender Gesundheit, daß man oft um Euer Leben besorgt sein mußte, gründlich durchgemacht habt. Bestimmt wird durch diesen Euren achtungswerthen Eifer der grundverkehrte und verderbliche Wahn des Pommerschen Adels vernichtet werden, der es für schimpflich hält, wenn ein Edelmann sich mit den Wissenschaften beschäftigt. Und doch giebt es nichts Vorzüglicheres, als wenn man mit dem Adel der Geburt eine wissenschaftliche Bildung verbindet, die einen viel höhern Werth hat als alle anderen Vorzüge. Das beweisen die Alten, welche vor Jahrhunderten gelebt haben, nun aber von allen einstimmig höchlichst belobt werden. Auch

---

[*] Barthold IV. b. pag. 281.
[**] Barthold IV. b. pag. 315.

Euch wird man loben, und nicht bloß werden es unsere Zeitgenossen thun, sondern auch die künftigen Geschlechter, wenn ihr bei reiferen Jahren Eure Kenntnisse zum Wohl unseres Vaterlandes verwendet! Ja Ihr werdet auch anderen ein leuchtendes Vorbild sein, da sie auf die zu sehen pflegen, welche die Vornehmsten im Lande sind. Heil Euch, edler Graf! Fahret fort, wie Ihr angefangen habt. Künftig wird von Eurem hohen Ruhme auch ein Theil auf mich fallen, da ich zu diesen Studien Euch veranlaßt habe, ja vielleicht mein Beispiel Euch auf diese Bahn geführt hat. Eben so sehr wie Ihr, sehnte ich mich darnach, Euch zu Wittenberg oder an einem anderen passenden Orte aufzusuchen. Interessen dies war nicht möglich, weil ich mich an keinem Orte länger als einen Tag aufgehalten habe, so daß ich keine Gelegenheit hatte, Euch irgend wohin zu rufen. Nach Wittenberg konnte ich aber nicht kommen, weil meine Reise mir vom Herzoge vorgeschrieben war. Daher müssen wir uns in das Geschick fügen und unsere Trennung mit Geduld ertragen, bis Gott der Herr uns zusammenführen wird. Soll ich nun noch über die Art, wie Ihr Eure Studien von nun an einrichten dürftet, reden, so weiß ich wohl, daß Ihr dort Männer zur Seite habt, die Euch besser rathen können als ich, vornämlich unsern Philippus (Melanchthon), diesen Mann, der in allen Dingen den größten Scharfsinn besitzt, in dieser Beziehung aber auch zugleich das glücklichste Urtheil hat, sodann Euren Lehrer, der ja ohne Zweifel ein sehr gelehrter Mann ist, weil Philippus ihn empfohlen hat. Dennoch möchte auch ich Euch meinen Rath ertheilen, und vielleicht gilt er bei Euch etwas. Ich würde also dafür halten, daß es für Euch ersprießlich sein möchte, wenn Ihr nach den Regeln der Grammatik auch Logik und Rhetorik triebet. Hiermit nenne ich Euch zugleich zwei Wissenschaften, doch sind diese so eng mit einander verbunden, daß wenn Ihr eine gefaßt und verstanden habt, Ihr auch die andere Euch leicht aneignen werdet, so daß Ihr Euch durch die Menge der Wissenschaften nicht abschrecken lassen dürft. Ganz bestimmt sind die beiden genannten einem Manne, der in den Staatsdienst treten will, ganz unentbehrlich, weil er ohne die eine nicht angemessen und geschmackvoll reden, ohne die andere bei den Berathungen nicht richtig überlegen kann. Welchen Ruhm schon jener Schatten der Beredsamkeit und richtigen Ueberlegung, welcher uns übrig geblieben ist, vielen Männern gebracht hat — von Nutzen und Vortheil will ich gar nicht einmal sprechen — werdet Ihr künftig selbst erfahren. Ihr dürft auch ja nicht die Moralphilosophie vernachlässigen, von der das Justinianeische oder, wenn ihr lieber wollt, das Civilrecht ein Theil ist. Laßt aber im Anfange die Erläuterungen, welche Accursius, Bartolus und andere jenes Schlages hiezu geschrieben haben, bei Seite, denn wenn Ihr wollt, könnt Ihr sie später studiren. Hier habt Ihr, mein theurer Graf, die Methode, nach welcher ich die Studien meines einzigen Sohnes Gerud zu leiten Willens bin; indessen laßt Euch den Rath Philippi und Eures Lehrers mehr gelten als den meinigen. Gehabt Euch wohl! Schweidnitz den 6. August 1541. Jobst von Dewitz."*)

Nach Valentin von Eickstedt hat Jobst von Dewitz seine Studien in Italien gemacht, besonders hatte er das Studium der Rechte getrieben. Früh wurde er an den Hof gezogen, da sein Vater Georg von Dewitz bei dem Herzoge Bogislav X. in Würden und Ansehn stand. Jobsts Betheiligung an Staatsgeschäften läßt sich aber erst nach dem Tode dieses Fürsten nachweisen, in dessen letzten Regierungsjahren redlichen Männern der Aufenthalt am Hofe höchlichst verleidet war. Bogislav hatte lange löblich regiert und unterstützt durch seine wackeren Räthe in dem zerrütteten Lande Ruhe und Sicherheit hergestellt und Pommern in einen blühenden Zustand gebracht. Doch konnten die treuesten und bewährtesten Männer sich nicht bis an ihr Ende des Zutrauens des Herzogs erfreuen. Er gab Ohrenbläsern Gehör und ließ sich durch diese bewegen, aus geringen Ursachen einem alten treuen Rathe so ungnädig zu werden, daß er aller gethanen Dienste vergaß und ihn nicht mehr hören und sehen wollte. Daher kamen selbst Männer wie Werner von der Schulenburg, Georg Kleist, Henning Steinwehr und Ewald Massow bei ihm in Ungnade, „und ist kaum einer von seinen Räthen oder Dienern hingegangen, daß die Afterreder nicht einen Pfeil auf ihn gefedert hätten. So hat denn unser Herzog solche Leute, dadurch dem Lande viel Gutes geschah, zu derselben Zeit hinweggenommen, und hat solcher Leute Abgang nicht allein dem Herzoge Bogislav sondern auch dem ganzen Lande

---

*. Als im Jahre 1544 nach dem Tode des Bischofs Erasmus Herzog Barnim XI. den Grafen Ludwig von Eberstein für das Bischofsamt von Cammin vorschlug, Philipp I. aber seine Beistimmung versagte, gaben die Wittenberger Reformatoren Luther, Bugenhagen, Cruziger, Melanchton und Major dem Grafen Ludwig das Zeugniß, daß er ein junger züchtiger Mensch sei, den sie seiner Sitten wegen nicht zu tadeln wüßten, doch war ihnen seine Jugend bedenklich.

entgelten. Darum begann nun auch Herzog Bogislavs Wesen viel schlimmer zu werden."*)

Der Fürst, schon dem Greisenalter nahe, ergab sich zügelloser Wollust, zog sogar aus seinem Schlosse in ein Haus am Marienkirchhofe zu Stettin, um seinem unordentlichen Leben ungestört fröhnen zu können. Die mahnenden Worte seiner noch übrigen wohlgesinnten Räthe machten ihn verdrießen, daher zogen sich diese nach und nach ganz zurück. Um die Regierungsgeschäfte kümmerte er sich fast gar nicht, mied die Berathungen mit seinen Söhnen, nahm heimlich Geschenke und richtete nach Gunst. Straßenräuber und Wegelagerer erhoben sich wieder, und es ward ärger als je zuvor.

Als Bogislav am 30. September 1523**) um Mittag, zu Häupten seines Vetters sitzend, verschieden und seine Leiche in St. Ottes Dom stattlich und feierlich beigesetzt war, herrschte im Lande überall Verwirrung und Unordnung. Das fürstliche Ansehen war gesunken, der Streit zwischen Pommern und der Mark wegen der Oberlehnshoheit war noch nicht in allen Punkten verglichen, es drohete mehrmals offener Krieg auszubrechen. Ein geordneter Rechtsgang im Lande lag gänzlich darnieder, der Adel wollte sich den Fürsten nicht fügen, die Städte verweigerten den Nachfolgern Bogislavs die Huldigung, in ihrem Innern waren kirchliche und politische Unruhen, beide vielfach in Verbindung mit einander. Gegen die bisherige Macht des Raths erhoben sich die Gemeinden, es kam zu gewaltsamen Auftritten. Die Reformation begann, sich in Pommern Bahn zu brechen, und blieb diese Bewegung nicht immer in den Schranken des Wortes Gottes; auch in Pommern finden wir Bilderstürmer, die Kirchen und Altäre zerstörten. Unruhige Prediger und Schwarmgeister reizten das Volk zum Ungehorsam gegen die Obrigkeit und zur Bilderseßlichkeit gegen die Landesherren. Als Bischof Erasmus von Manteuffel einstmals nach Stargard kam, schrieen ihm die Kinder, Knechte und der gemeine Mann auf den Straßen nach: Wulf Heuchler! Wulf Heuchler! und warfen ihn mit Koth, kaum kam er ohne ärgere Beschimpfung davon. Da die Bauern sahen, daß Städte und Adel sich gegen die

---

*) Kanzow Pomerania II., 325—326.
**) Der Todestag Bogislavs X. wird sehr verschieden angegeben.

Landesherren scheien, regte sich auch in ihnen die Lust, über Adel und Städte herzufallen und sich von der drückenden Dienstbarkeit zu befreien.

In diesem Zustande hinterließ Bogislav X. das Land. Gehen wir 30 Jahr vorwärts, „so stehen wir mit dem Jahre 1552 auf der Höhe der Selbstentwickelung des Pommerschen Staates in politischer und kirchlicher Hinsicht." Von 1552 bis 1626 „sind mit Ausnahme weniger Störungen die 70 glücklichsten Jahre unseres Vaterlandes, während welcher unter dem Segen des Friedens, der Blüthe bürgerlicher Wohlfahrt und zeitgemäßer Ausbildung der Wissenschaften und Künste, einerseits die ständische Verfassung festere Formen gewann, andererseits die Landeskirche, den Schwingungen des deutschen Protestantismus das eigene Bewußtsein nicht preisgebend, eine besondere Gestaltung festhielt."*) Es war die goldene Zeit des alten Pommerlandes. Aus einer Zeit trüber Gährung und scheinbar heilloser Verwirrung war das Land in 30 Jahren gerettet und zu einer nie gekannten Ruhe und Blüthe gebracht. Es verdankte dies Loos neben seinen Fürsten den herzoglichen Räthen und vor allen unserm Jobst von Dewitz. Schon gleich nach dem Regierungsantritte der Söhne Bogislav X. nimmt er eine hervorragende Stelle unter den Räthen ein, welche die Person der Fürsten bleibend umgaben.

Die beiden jungen Herzöge, Georg I. und Barnim XI., waren sehr verschieden. Georg hatte fast die stattliche Körpergröße seines Vaters, er war ein ernster Fürst von unermüdlicher Thätigkeit. „Herdurch mit Freuden" lautete sein Reim, der alten katholischen Kirche war er eifrig zugethan. Barnim, gütig und sanft, ermangelte der männlichen Entschlossenheit seines Bruders, er war nicht frei von sittlichen Mängeln. Zu jener Zeit ging die Rede im Lande: „Herzog Georg hat einen frischen Muth, Herzog Barnim ist schönem Jungfräulein gut." Gern beschäftigte er sich mit Drechseln, daher man ihn zum Spott den Spillendreher nannte. Der Reformation war er schon als Jüngling zugewandt gewesen; er hatte die Universität Wittenberg besucht und hier im Jahre 1519 die Würde eines Rectors magnificentissimus bekleidet. Als solcher hatte er, umringt von einer Anzahl bewaffneter Studenten, Luther nach Leipzig zum Kolloquium mit Dr. Eck begleitet. Gespannt hörte er der Disputation zu, während die Leipziger Professoren ganz sanft schliefen.

---

*) Barthold IV. b., 347—349.

Beide so verschiedene fürstliche Brüder übernahmen die Regierung gemeinschaftlich, doch blieb dem erfahrenern, ältern Herzoge Georg das entscheidende Gewicht. Als Räthe standen ihnen zur Seite: Herr Degener Bugenhagen, Ritter, Birigenz von Eickstedt, Baltzer Seckel, Dr. Valentin Stoyentin, „ein sehr vornehmer, biederer und gelehrter Mann," Jobst von Dewitz, „ein nicht geringerer Mann," Rüdiger Massow, Herr Nievland Brume, Jacob Wobeser, Zabel vom Wolde, Dr. Eickstedt, Bartholomaeus Suave und andere Beiräthe.*)

Obwohl die Städte sich anfänglich weigerten, den Fürsten vor Bestätigung ihrer Privilegien die Huldigung zu leisten, verstanden sie sich mit Ausnahme von Stettin doch bald hiezu. Auch Stralsund zeigte sich zu gütlichen Verhandlungen geneigt, und die Fürsten, durch Stoyentin, Jobst von Dewitz und Webeser wohl berathen, einigten sich mit dieser mächtigsten Stadt Pommerns, welche sich bereit erklärte, die Huldigung vor Bestätigung ihrer Privilegien zu leisten. Um diese entgegen zu nehmen, ritten Georg und Barnim um Johannis 1525 mit 400 gerüsteten Pferden zum Einzuge ein. Bischof Erasmus von Cammin, Graf Enno von Ostfriesland, die Grafen Georg und Wolfgang von Eberstein, Degener Bugenhagen, Rüdiger Massow, Stoyentin, Jobst von Dewitz, Richard von Schulenburg und viele andere heimische und fremde Edelleute waren in ihrem Gefolge. Die Stadt schwur den Huldigungseid, und am 25. Juni wurden ihre Privilegien bestätigt.

In Stolp hatte ein übereifriger Prediger der evangelischen Lehre, Amandus, Unruhen erregt. Er predigte dort gewaltig und hieß die Fürsten und Herren, wenn sie dem Evangelio Widerstand leisteten, mit Kampen werfen und aus dem Lande jagen. Auf sein Anstiften setzte das Volk den katholischen Rath ab, stürmte die Kirchen, entfernte aus ihnen Bilder und Altäre und machte dem alten Kirchen- und Stadtregimente ein Ende. Georg zog, um die Stadt zu züchtigen, um Martini 1525 mit starkem Gefolge in sie ein. Zur Strafe für den verübten Unfug mußte Stolp 800 Gulden bezahlen, der alte Rath wurde wieder eingesetzt, auch sollte der alte Gottesdienst wieder hergestellt werden. Einmüthig aber erklärten die Stolper, sie würden lieber alles leiden, als die Messe wieder zulassen. Jobst von Dewitz und Jacob

---

*) Plattdeutscher Kantzow 163.

Wofern, beide bereits dem Lutherthum zugethan, stimmten den Herzog zur Nachgiebigkeit, und er überließ es dem Gewissen der Bürger, ob sie die Messe hinfort hören wollten oder nicht, da er in solchen Sachen dem Gewissen nicht zu viel thun wollte.

Jobst von Dewitz hatte nämlich schon im Jahre 1524 Luther persönlich kennen gelernt, wie in Heinrich Schwallenbergs Historia Pomeraniae pragmatica, welche in der Landschafts-Bibliothek zu Stettin als Handschrift vorhanden ist, berichtet wird. Dort heißt es: „Es hat sich zugetragen, daß Anno 1524 Jobst von Dewitz vom Herzog Georgio verschicket worden, welcher, nachdem er sein Gewerbe verrichtet, auf der Rückkehr seine Reise nach Wittenberg genommen, sich daselbst in ein Wirthshaus geleget, und den Wirth gefraget, ob es wahr, daß bey ihnen ein Mönch sey, welcher, wie er in der Fremde vernommen, heftig auf das Papsthum schelte und große Veränderung in der Religion anrichte? Darauf der Wirth geantwortet: Ja, es sei wahr, und der Mönch ein Doctor Theologiä und Professor der Universität, ein vortrefflicher gelahrter Mann, der seine Lehre mit Heiliger Schrift beschürfe, und offenbare viel aus der Propheten und Apostel Schriften, da man zuvor nichts davon gewußt. Darauf Dewitz sagt: Wenn er ein solcher herrlicher Mann ist, so wird er hoffärtig seyn, da er sich nicht von jedermann sprechen lasse? Darauf der Wirth: O nein! er ist ein schlechter (schlichter) Mann, der mit Kindern redet, und gegen jedermann freundlich und lustiges Gemüthes ist. Da spricht Dewitz: O, mein lieber Wirth, ich wollte gern mit dem Manne reden, darum wollet ihr ihn nebst einigen anderen Professoren auf den folgenden Tag zur Mittagsmahlzeit meinetwegen einladen; so sollen meine beyde Diener mitgehen, und ihnen anzeigen, daß ich sie bitten lasse. Also sind die Professores am andern Tage nebst Luthero des Dewitzen Gäste gewesen. Da denn gedachter Dewitz viel mit Luthero wegen der Religion geredet und letzlich gesagt: Mein lieber Herr Doctor! Wenn wir in Pommern nach Stettin einen gelehrten Mann begehrten, so würde ich wahrlich an E. Ehrwürden schreiben. Darauf Lutherus geantwortet: Was an ihm wäre, das wolle er gern thun. Auf diese beyderseits Abrede machet sich auf ein Proto-Baccalaurus Johannes Tietz, ein wohlbelesener Mann, und kommt nach Stettin. *)

*) Baltische Studien I.1. Jahrgang I. Heft 1833 pag. 164—162.

Das Verhältniß des Herzogs Georg zu den Ständen seines Landes war immer gespannter geworden. Daher rief er zum ersten von den beiden fürstlichen Brüdern gehaltenen Landtage Anfangs Februar 1526 allein die Abgeordneten der Städte nach Wollin und ließ diesen hier durch Jobst von Dewitz vortragen: „Der Pommersche Adel, darunter doch die vornehmsten und tapfersten nicht gewesen, hätte etliche Briefe unter unbekannten Signeten an Fürstliche Gnaden geschrieben, daß sie nicht gesinnt wären, den Landschoß, welcher dem Herzoge Bogislav X. bewilligt war, zu geben; hätte auch die Städte nach Stettin verschrieben unter dem gefärbten, falschen Schmink und Schein, daß sie wegen Abstellung der Mordbrennerei daselbst verhandeln wollten, welches J. F. G. nicht wenig befremdet, weil ihnen allein aus fürstlicher Obrigkeit obliege, die Landesbeschädiger zu strafen, jene Adligen auch gerade diejenigen wären, so die Straßenbeschädiger hauseten, hegeten und handhabeten. S. F. G. hätten überdem innerhalb fünfviertel Jahren wenigstens zwanzig Missethäter gerechtfertiget, sie hoffeten also, Städte würden, als getreue Unterthanen, sich solcher Versammlung billig enthalten."

Die Städte antworteten: „Sie könnten zwar nicht gewiß versprechen, überall diese Versammlung nicht zu beziehen, da die Briefe nicht an den Rath allein, sondern an die ganze Gemeinde kammen; weil aber im Rath noch nichts beschlossen, so könnten sie die Vertröstung geben, daß ihre Aeltesten sich ungezweifelt so verhalten würden, als sie vor Gott dem Allmächtigen, J. F. G. und jedermann bekannt sein möchten, und hätten ohne Zweifel ihrer Ehren und Eiden nicht vergessen, welchen sie wohl nachleben würden." Sie verlangten die Erlaubniß, wenn sie die Landesbeschädiger beträfen, sie unmittelbar anzuhalten und „rechtfertigen" (bestrafen) zu dürfen. Der Fürst versprach, „durch seine Amtleute allen Schnapperein nachdrücklich zu wehren, wenn aber Städte jemanden auf frischer That begriffen, sollten sie ihn gefänglich annehmen und J. F. G. wieder vermelden, alsdann wollten J. F. G. daran sein, damit die Missethat und Unadelheit gebührlich gestraft würde." Auf den Antrag der Fürsten, werthlose Münzen, namentlich Preußische, Rigaische und Schwedische abzuschaffen, gaben die Städte die Erklärung ab, daß sie vor der Hand nicht vermögend wären, in deren Abschaffung zu willigen, bäten aber bei der Gelegenheit, daß J. F. G. ihnen vermöge ihrer alten Briefe das Münzrecht nachgeben möchten.*) Die Fürsten waren mit dieser Antwort zufrieden, hielten es jedoch nicht für thunlich, den Städten die Münze sofort zu vergönnen. Der Landtag blieb also ohne eigentliches Resultat.

In demselben Jahre begleitete Jobst von Dewitz mit seinem Bater Georg von Dewitz den Herzog Georg nach Danzig. Dort hatte eine gewaltsame Veränderung des kirchlichen und weltlichen Regiments stattgefunden. Man hatte die Bilder aus den Kirchen gebrochen, die Mönche waren aus der Stadt geflohen, der alte katholische Rath war abgesetzt. König Siegismund von Polen, der Mutterbruder der Pommerschen Herzoge, begab sich nach Danzig, um die alte Ordnung wieder herzustellen. Auf die Nachricht von der Reise des Oheims, beschlossen die Herzoge, ihn persönlich zu begrüßen, mit ihm die Verhandlungen wegen des Brautschatzes ihrer Mutter Anna zum Austrage zu bringen, auch die Angelegenheit wegen der Lande Lauenburg und Bütow zu ordnen. Barnim blieb daheim, Georg aber zog mit 300 wohlgerüsteten Pferden nach Danzig. Mit ihm waren Bischof Erasmus von Cammin, Georg von Dewitz, Landvogt von Greifenberg, Balewin Stoyentin, der Rechte Doctor und Hauptmann zu Leiz, Jacob Dobeser, Kanzler und Hauptmann zu Lauenburg, Rüdiger Massow, Hofmarschall und Hauptmann zu Saziz, Marcus Putzarner, Landvogt zu Stolp, Lüdele Hahn, Hauptmann zu Uckermünde, Jobst von Dewitz, Achim Maltzan, Erbmarschall des Landes Stettin und Hauptmann zu Wolgast, Jürgen Bort zu Treptow, rürele Massow zu Rügenwalde Hauptleute und andere. Schon einen Tag früher als König Siegismund traf Georg in der Stadt ein, mit Schrecken sahen die Danziger die stattliche Schaar, denn es hatte sich das Gerücht verbreitet, der Herzog von Pommern werde die Aufrührer strafen. Am nächsten Tage hielt der König seinen Einzug mit 1000 Pferden Polnischer Rüstung. Lächerlich war der buntscheckige Hause anzusehen, der unter Bärenleitermusik, dem Klange der Sackpfeifen und anderer wundersamer Instrumente**) durch

---

*) Herzog Georg hatte aufgehört zu münzen, weil die Nachbarn die Pommerschen Goldgulden durch Auswechselung gegen schlechtere aus dem Lande zogen. Nach dem Vertrage mit Boguslav X. mußten die Städte ihren Hammer gleichfalls legen, wenn die Fürsten den ihrigen ruhen ließen: nun begehrten sie ihre alte Freiheit, jederzeit münzen zu dürfen, zurück.

**) oder mit anderm murrichem Dinge. Plattdeutscher Reimspruch 16??.

die Straßen zog. Siegismund war hoch erfreut über die Anwesenheit der ansehnlichen Pommerschen Schaar und behielt den Neffen fünf Wochen bei sich; auch Herzog Albrecht von Preußen stellte sich ein. Der König führte den katholischen Gottesdienst wieder ein und ließ die Häupter der Bewegung, so viel man ihrer habhaft wurde, hinrichten. Zum Dank für den Beistand, welchen Georg ihm geleistet, verglich er sich mit den Pommerschen Fürsten am 3. Mai 1526 dahin, daß er ihnen und ihren männlichen Leibeserben die Aemter Lauenburg und Bütow verlieh, ohne von ihnen Lehnsdienste zu fordern; nach dem Erlöschen des Mannsstammes der Herzoge von Pommern sollten die beiden Aemter zum vollen freien Eigenthum an das Reich und die Krone Polen zurückfallen. Am 4. Mai, dem folgenden Tage, stellte Herzog Georg von seinet- und seines Bruders Barnim wegen ein besonderes Lehnsbekenntniß aus, in welchem er versicherte, daß sie die Aemter Lauenburg und Bütow gegen Erlaß von 14,000 Ungarischen Goldgulden von dem noch nicht gezahlten Brautschatze ihrer Mutter erblich und von aller Lehnspflicht völlig frei erworben hätten, so jedoch, daß sie und ihre männlichen Erben bei einer jeden neuen Polnischen Krönung zu einer neuen Lehnsempfängniß gehalten sein wollten und sollten. Unter dem 3. Mai hatte König Siegismund für Georg und Barnim einen Schuldbrief ausgestellt, in welchem er sich verpflichtete, 14,000 Ungarische Goldgulden als noch rückständigen Rest des Brautschatzes seiner Schwester Anna in bestimmten Terminen an die Herzoge von Pommern zu zahlen. Das Lehnsbekenntniß Georgs vom 4. Mai bezeugen die erwähnten vornehmen Vasallen, welche sich in seinem Gefolge befanden.*)

Noch wichtiger als der Vergleich mit Polen wegen der Aemter Lauenburg und Bütow war der Vertrag zu Grimnitz zwischen Pommern und Brandenburg am 26. August 1529. Nach den bisher abgeschlossenen Verträgen war nichts darüber bestimmt, wie es mit Sitz und Stimme der Pommerschen Fürsten auf den Reichstagen gehalten werden sollte. Bogislav X. hatte, wie es scheint, auf dem Reichstage zu Nürnberg im Jahre 1522 (23. März bis 8. Mai) Sitz und Stimme genommen, von Brandenburg wurde aber den Pommern das Recht hiezu streitig gemacht.**) Unausgetragen war ebenfalls noch

*) Cramer Geschichte der Lande Lauenburg und Bütow II. pag. 86—94. 96.
**) Micraelius III., 322.

immer der Zwist über das Heirathsgut der ersten Gemahlin Bogislavs, der unglücklichen Magaretha, welches Brandenburg zurückforderte. Mit wenigen Räthen ritt Herzog Georg, von Dividau, von Eichstedt überredet, zum Kurfürsten Joachim nach dem Jagdschlosse Grimnitz, wo beide Fürsten einen Vertrag schlossen und beschworen, welcher den Pommerschen Ständen, die zum 16. October nach Stettin verschrieben waren, vorgelegt wurde. Brandenburg entsagte der Lehnshoheit über Pommern und erkannte dieses als unmittelbares Reichslehn an. Jede Belehnung der Pommerschen Herzoge mußte aber drei Monate vorher dem Kurfürsten bekannt gemacht werden, damit er in Person oder durch Verordnete derselben beiwohnen und mitbelehnt werden konnte. Vor der Belehnung mußte jedesmal der Grimnitzer Vertrag von dem Herzoge und den Ständen Pommerns erneuert und dem Kurfürsten die eventuelle Erbhuldigung geleistet werden. Pommern behauptete Sitz und Stimme auf dem Reichstage, jedoch nie über einem regierenden Markgrafen. Im Falle des Aussterbens des Pommerschen Stammes war Bestätigung aller Privilegien der Pommern ausbedungen, ehe die Erbhuldigung verlangt würde. Der Kurfürst durfte schon jetzt Titel und Wappen Pommerns führen, die Herzoge waren aber nicht verbunden, ihm diesen Titel in Briefen beizulegen. Für Frau Margarethas Brautschatz und Baarschaft sollten die Pommerschen Fürsten in drei Terminen 50,000 Gulden zahlen. Zugleich war eine Heirath zwischen dem verwittweten Herzoge Georg und der Märkischen Prinzessin Margaretha verabredet, und dieser eine Mitgift von 20,000 Rheinischen Gulden ausgesetzt. Es mißfiel den Pommerschen Ständen zwar gar sehr, daß bei der jedesmaligen Belehnung ihrer Herzoge der Kurfürst oder vier Bevollmächtige desselben zugegen sein sollten, auch war es ihnen anstößig, daß die Eventualhuldigung dem Kurfürsten in jeder Stadt geleistet werden sollte, da es ihnen genügend dünkte, wenn sie auf einem gemeinen Landtage geschähe endlich waren sie mit der Rückzahlung von 50,000 Gulden und der neuen Märkischen Heirath unzufrieden. Doch der Vertrag war einmal geschlossen und beschworen, und wollten sie den Herzog Georg nicht als „unmündig" darstellen, so mußten sie zustimmen, wiewohl es eine große Verbitterung gab. *)

---

*) Plattdeutscher Kanzow 178.

Daher genehmigten Prälaten, Herren, Mannen und Städte den Vergleich, und am 25. October 1529 wurden die Reversalien des Kurfürsten, der Herzoge von Pommern und der Stände dieses Landes ausgefertigt und übergeben. Die Streitigkeiten wegen der Oberlehnshoheit zwischen Pommern und Brandenburg waren nun endlich ganz beseitigt, und am 23. December desselben Jahres wurde die ältere zu Cöln an der Spree zwischen den Märkischen und Pommerschen Fürsten geschlossene Erbeinigung zu Saatzig erneuert, rüdele Hahn, Hauptmann zu Ueckermünde, Jobst von Dewitz, Hauptmann zu Wolgast, der Domherr Nicolaus Brune und Rüdiger Maßow unterzeichneten die Urkunde. Hier finden wir Jobst von Dewitz zuerst als Hauptmann zu Wolgast, noch im Jahre 1523 erscheint er ohne diese Bezeichnung z. B. in einem Lehnbrief, welchen die Herzoge Georg und Barnim am 29. August den Weihern auf Leba, Zreest, Labenz u. s. w. ertheilten.

Nachdem die Verhältnisse mit Brandenburg vollständig geordnet waren, zogen die Pommerschen Fürsten im Jahre 1530 zu dem Reichstage nach Augsburg, um ihre Länder von Kaiser Karl V. zu Lehn zu empfangen. Georg von Dewitz blieb als Mitglied der von den Herzogen eingesetzten Statthalterschaft in Pommern, Jobst begleitete seine Fürsten und Herren. Gewiß hat er zu Augsburg der Uebergabe der Augsburgischen Confession beigewohnt. Bei der Belehnung befand er sich in der unmittelbarsten Nähe seiner Herzoge. Diese Belehnung wird uns folgendermaßen geschildert: Kaiser Karl V. saß in der ganzen kaiserlichen Pracht auf dem Leinmarkte auf dem Throne, um ihn die Kurfürsten und Fürsten des heiligen Römischen Reichs. Joachim, Kurfürst von Brandenburg, erhob sich von seinem Sitze, trat vor den kaiserlichen Thron und protestirte feierlich gegen die Belehnung der Pommern, wenn ihm nicht nach den bestehenden Verträgen die Berührung der Lehnsfahnen gestattet würde. Durch den Mund des Erzkanzlers erhielt er gewährende Antwort. Hierauf wurde von Pommerschen Edelleuten der kaiserliche Stuhl auf schnellen Rossen umrannt. Nach den Rennen stiegen die Herzoge Heinrich der Jüngere von Braunschweig und Lüneburg, Herzog Heinrich von Mecklenburg, Herzog Ernst von Braunschweig und Lüneburg und Herzog Albrecht von Mecklenburg von ihren Rossen. Diese vier Herren waren mit fürstlichen Gewändern, mit Perlenschmuck und goldenen Ketten gar köstlich angethan. Alle vier gingen neben einander mit Stiefeln und Sporen die Stufen des Gerüstes hinauf, knieten vor des Kaisers Majestät, wie sich zu thun gebührte, und baten um die Belehnung der

Pommerſchen Herzoge, wobei Herzog Heinrich von Braunſchweig das Wort führte. Hinter den vier Fürſten kurten etliche verordnete Pommerſche Räthe, nämlich Jacob Wobeſer, Jobſt von Dewitz und Lorenz Kleiſt. Der Kaiſer ſagte Gewährung der Bitte zu und Heinrich von Braunſchweig dankte. Nachdem der Thron dreimal umrannt war, nahten die Herzoge Georg und Barnim mit ſtattlichem Gefolge zu Pferde. Die Roſſe trugen die Wappenfarben der Pommer- ſchen Lande, neun Fahnen mit den verſchiedenen Wappen der Pommerſchen Fürſten und die rothe Blutfahne, das Zeichen des kaiſerlichen Blutbannes als die zehnte, wurden von angeſehenen Pommerſchen Edelleuten vorausgeführt. Antonius Rahmer, Hofmarſchall, eröffnete den Zug mit der Blutfahne, ihm folgten Graf Wolfgang von Eberſtein mit der Stettinſchen, Gerſchall von Beltheim, Kom- thur, mit der Pommerſchen, Rüdele Hahn mit der Kaſſubiſchen, Achim Hahn mit der Wendiſchen, Liedege Bugenhagen mit der Barthſchen, Maste Bork mit der Rügenſchen, Georg Küſſow mit der Wolgaſtſchen, Wolfgang von Wedell mit der Uſedomſchen und Otto von Wedell mit der Gützkowſchen Fahne. Georg und Barnim ſtiegen von ihren Henghſten, betraten in bunt verzierten Kleidern, mit Herzoghüten bedeckt, die Freitreppe, knieten mit den Braunſchweigiſchen und Mecklenburgiſchen Herzogen vor der kaiſerlichen Majeſtät nieder, und noch einmal bat Heinrich von Braunſchweig um ihre Belehnung. Nach abermaliger Gewährung der Bitte knieten der Reichserzkanzler rechts, der Biſchof von Hil- desheim links neben den Kaiſer, auf deſſen Schooße das Evangelienbuch aufge- ſchlagen lag, die Herzoge ſprachen den Lehnseid, die Finger auf die Worte des Evangeliums geſtreckt. Darauf wurden die Fahnen vorgehalten, und griffen der Kaiſer, beide Herzoge und der Kurfürſt von Brandenburg mit der Hand an jede einzelne. Zum Beſchluſſe berührten noch die Fürſten den Knopf des entblößten Reichsſchwertes, welches der Kaiſer am Griff hielt, und begaben ſich ſodann in die Reihe ihrer Mitfürſten.

Bei den Verhandlungen über die kirchlichen Verhältniſſe auf dieſem be- rühmten Reichstage traten die Fürſten nicht beſonders hervor. Doch merkte man, daß Georg mit den eifrig katholiſchen Fürſten, dem Kurfürſten von Bran- denburg, dem Herzoge von Baiern und Georg von Sachſen verkehrte, während Barnim ſich dem Kurfürſten von Sachſen, Johann dem Beſtändigen, und deſſen Freunden näherte. Für Pommern war Seitens des Fürſten noch nichts über die Geſtaltung der Kirche entſchieden.

Die Dewitze hatten aber für ihr Land Daber bereits die Entscheidung getroffen. Schon im Jahre 1530 wird Caspar Zingler als lutherischer Prediger in Daber genannt, der hier das reine Wort Gottes verkündigte und das Sacrament in beiderlei Gestalt austheilte. In diesem Jahre entlief zu Freienwalde in Pommern der Pfarrer der Stadt, Namens Paulus Ritzmann, zu Freienwalde gebürtig und seit 1449 im Amte, „ein ungelehrter Mann, aber ein großer Clamante." Weil er die reine Lehre nicht annehmen wollte, verließ er die Gemeinde und begab sich nach Maricufließ. Da nahm ihn der Praepositus Joachimus Melkatin zum Pastor auf, an welchem Orte er auch sein Leben beschloß. Nachdem er verlaufen war, hatten die Freienwaldischen zwei Jahre lang aus Mangel gelehrter Leute keinen Prediger, daher die Bürger, welche die reine Lehre angenommen hatten, nach Daber gingen, um das Wort Gottes zu hören und das Sacrament in beiderlei Gestalt zu empfangen.*) Damals wurde der Theil der Kirche, welcher heutigen Tages noch die Freienwalder Kapelle heißt, erbaut, so daß die Dabersche Kirche die Gestalt einer unvollendeten Kreuzkirche hat.

Die beiden Brüder Georg und Barnim hatten bisher gemeinschaftlich regiert, Barnim aber drang nun auf eine Erbtheilung, und trotz seines Sträubens mußte sich Georg dazu verstehen. Es wurden also zwölf der vornehmsten Räthe aus dem Lande einberufen, um wegen der Theilung zu verhandeln. Diese waren: Georg und Wolfgang, Grafen von Eberstein, Gottschalk von Belsheim, Lomthar zu Wilkenbruch, Georg von Dewitz, Landvogt zu Greifenberg, Hans Owstien zu Cuilow, Wolfgang Borf, Landvogt der Neumark und Hauptmann von Schivelbein zu Labes erbgesessen, Richard von der Schulenburg zu Pentun, Jacob Lobefer, Hauptmann zu Ravenburg, Willem Plate, Landvogt auf Rügen, Hans Borf zu Roxenwalde, Nicolaus Brune, Domherr zu Cammin und Stettin, und Henning Borf, zu Labes gesessen.**) Jedem Fürsten wurden vier Räthe und ein Secretarius zum Beistande gegeben. Der Bischof von Cammin, Lirigenz von Eichstedt, Jobst von Dewitz, Willen

---

*) Cramer große Pommersche Kirchen-Chronik III., 78. Kleine Pommersche Kirchen-Chronik III., 89—90.

**) Geschichte der Einführung der evangelischen Lehre im Herzogthum Pommern von Fr. L. B. von Medem pag. 88.

Plate als Räthe und Nicolaus von Klempzen als Secretarius bildeten George
Brisland; bei Barnim waren Lüdele Hahn, Balthasar Seckel, Antonius Roß-
ner, Bartholomaeus Suave als Räthe, und Moritz Damitz als Secretarius.[*])

Die zwölf Unterhändler setzten am 30. Marz 1531 die vorläufigen Bestimmungen der Theilung auf; ehe diese aber wirklich zu Stande kam, starb
Herzog Georg am 9. Mai 1531 mit den Worten: „Herr Jesu, in deine Hände
befehle ich meinen Geist", erst 38 Jahre alt. „Ist sonsten ein ganz löblicher
Ernsthafter, Fried- und Rechtliebender Fürst gewesen, ohne das er zu hart
wider das Evangelium auch unverstand geeifert hat," sagt Cramer von ihm.

Nach George Tode führte Barnim das Regiment eine Zeitlang alleine,
denn Philipp, George junger Sohn, war am Hofe des Pfalzgrafen, seines
Oheims, in Heidelberg. In Pommern trieben, als Georg gestorben war, die
adligen Wegelagerer mit großem Rechtheil ihr Unwesen. Den sanften Barnim
fürchteten sie nicht und pflegten zu sagen: „Der Einäugige ist nun todt, vor
dem Spillentreher hat es keine Noth."[**]) Am übelsten und ärgsten hausten die
Manteufel, Michael, Karke, Fritze, Heinrich und David, Brüder und Vettern.

Barnim beschloß mit den vornehmsten Räthen, unter denen Jobst von
Dewitz nicht fehlte, die Ruhe im Lande wieder herzustellen. Zu Johannis
1531 sollten in allen Aemtern zugleich die Straßenräuber angegriffen werden,
die benachbarten Fürsten wurden gebeten, ihre Gränzen um diese Zeit zu besetzen, damit niemand entfliehen könne. Die tapferen Helden Hans Berl,
Hauptmann zu Belgard, und Zabel von Eselte, Hauptmann zu Neu-Stettin,
welche schon oft Leib und Leben bei Verfolgung der adligen Straßenräuber ge-
wagt hatten, ebenso Bischof Erasmus und die Grafen von Eberstin saßen
zum Kampfe gegen die Schnapphähne auf. Der Herzog selbst überfiel am gedachten Tage den Schlupfwinkel der Manteufel, Poppelow. So geheim die
Sache auch betrieben war, die Manteufel hatten es doch ausgekundschaftet und
waren geflohen, denn sie hatten stets große Hunde, die liefen allenthalben um

*) Plattdeutscher Kantzow 183. Die Angabe Kantzows stimmt nicht mit der bei Medem
abgedruckten Urkunde Sterrin, nach welcher Ulrich Plate zu den 12 Unterhändlern gehörte,
während Kantzow ihn unter dem Beistande des Herzogs Georg nennt.

**) Den Einäugigen nannten sie den Herzog Georg, weil er sich auf der Jagd das
linke Auge ausgestochen hatte.

Poppelow herum, und melveten es an, wenn sie hörten oder witterten, daß
fremde Leute kamen. Auch hatten die Manteufel Schwestern, die saßen in
hohen Erkern, lagten in das Land und warnten die Brüder, wenn sie etwas
ersahen. Schon der Vater Gerd Manteufel war ein Erzränker, und als er
auf dem Todtenbette lag, und seine Söhne weinend um ihn herstanden, rief
er ihnen das Trostwort zu: „Was steht ihr Tölpel hier und weint? Aus,
aus und erwerbet etwas, wie ich gethan habe!" was sie hernach auch redlich
thaten. Auf einem Kahn über den See entrannen die Räuber, so daß Herzog
Barnim in Poppelow niemand fing als Joachim Manteufel und etliche Bauern,
die mit geraubet hatten. Poppelow brach er in den Grund, zerstörte auch die
andere Burg der Manteufel Klein-Poppelow in Polen. Die Hauptleute in
Hinterpommern und der Bischof fingen ebenfalls nur einen jungen Woldecke
und einige Bauern, die andern entkamen, denn die Gränzen von Polen und
der Mark waren nicht mit solchem Fleiß bestellt, wie Herzog Barnim gebeten
hatte. Die Güter der Straßenräuber zog der Herzog ein, die Fräulein ließ
er ihres Gefallens ziehen, die Gefangenen brachte er nach Stettin, wo
einige hingerichtet wurden. Joachim Manteufel ward als unschuldig, Woldecke
seiner Jugend wegen frei gegeben. Barnim erließ ein strenges Edict gegen die
Straßenräuber. Als die Manteufel sich auf ihren Gütern wieder einfanden,
wurden sie von ihren Bauern weggeschlagen, Michael und David fing Achim
Raumer auf Traheim und schickte sie zum Gericht dem Herzoge. Fritz wurde
aus der Ritterschaft treulos und kam verachtet in der Fremde um, der „andere
Anhang" nahm theils ein böses Ende wie der sogenannte Herzog Barnim,
ein Puslaner, welcher ertrank, und dessen Bruder, Herzog Kolle geheißen, der
erschlagen wurde, theils bekam er einen heilsamen Schreck. War Barnims
Anschlag auch nicht ganz gelungen, so kam doch wieder Sicherheit und Friede
in das Land, der Kaufmann und sonst jedermann konnte ungefährdet seine
Straße ziehen.

Im Herbste desselben Jahres kehrte Georgs Sohn, Herzog Philipp, von
Heidelberg in sein Land zurück. Barnim ließ ihn durch den Grafen Wolfgang
von Eberstein sammt etlichen anderen Räthen mit 50 Pferden heim holen.

*) Kantzow Pomerania II., 591—594. Plattdeutscher Kantzow 193—195.

Philipp, etwas über 16 Jahre alt, war ein wohlgebildeter junger Herr, der sich schon am Heidelberger Hofe durch ritterliche Gewandtheit ausgezeichnet hatte. Ihm gebührt der Rang unter den besten Pommerschen Fürsten, mit Besonnenheit und Festigkeit hat er Pommern durch die Zeiten der Verwirrung hindurch geführt. Streng hielt er auf seine Fürstenehre und dennoch verkehrte er leutselig mit seinen Unterthanen. Er war ganz ein Mann zu dem Jobst von Dewitz paßte, und wir finden beide sehr bald mit einander innig verbunden.

Barnim, als der ältere Fürst, gedachte die Regierung auch für seinen Neffen zu führen, wie es einst Georg, Philipps Vater, für Barnim, den jüngeren Bruder, gethan hatte. Doch Philipp drang auf die Mitregierung, Barnim aber zog eine Erbtheilung der gemeinsamen Regierung vor, da er das Leibgedinge von 5000 Gulden für Georgs hinterbliebene Wittwe nicht mittragen wollte. Die zwölf Unterhändler wurden mit einigen Veränderungen wieder einberufen;[*] als Beistand wurden dem Herzoge Philipp zugeordnet: Jobst von Dewitz, Rüdiger Massow, Wilken Blate und Lorenz Kleist, Herzog Barnim behielt seinen vorigen Beistand. Am 20. April 1532 vereinigten sich die Bevollmächtigten zu Wolgast über einen Entwurf zur Landestheilung, welche vorläufig auf 8 Jahre gültig sein sollte; die Fürsten aber konnten darüber nicht einig werden, in welcher Weise die Theilung vor sich gehen sollte. Philipp verlangte, Barnim solle die Theile ordnen, und er wollte das Recht haben, die Wahl zu treffen; Barnim wies dies als ein unter Fürsten ungewöhnliches Verfahren zurück und bestand darauf, daß über die den ihnen gemeinschaftlich festgesetzten Theile geloost werden sollte. Man verglich sich endlich dahin, daß man den Ausspruch des Reichskammergerichtes in Speier einholen wollte, und dieses erachtete die Entscheidung durch das Loos für angemessen. Auf Michaelis 1532 schrieben die Herzoge einen Landtag nach Wolgast aus

---

[*] Bischof Erasmus gehörte diesmal zu den Unterhändlern; im Jahre 1531 scheint er an den Verhandlungen gar nicht Theil genommen zu haben. Am 30. März 1531 wurden die vorläufigen Bestimmungen über die Theilung zu Stettin festgesetzt und unter dem 5. April luden die Herzoge Georg und Barnim den Bischof ein, sich am 14. Mai in Stettin einzufinden, um den Berathungen über die zu Augsburg gefaßten Beschlüß in Betreff der Türkensteuer beizuwohnen.

und nahmen hier mit Wissen und Willen der Landschaft die Theilung vor. Alles war von den verordneten Vermittlern sorgfältig erwogen und beide Landestheile waren so geschickt bestimmt, daß, wenn den Fürsten selbst die Wahl zugestanden hätte, keiner gewußt haben würde, welcher Theil vorzuziehen wäre. Als nun das Loos gezogen werden sollte, wurden Eberke Hahn und Achim Maltzan ausgeschickt, um einen unverdächtigen jungen Burschen anzugreifen. Sie trafen einen jungen Krockow, der so eben nach Wolgast gekommen war, griffen ihn auf und führten ihn in das Gemach der Fürsten. Der arme Junge meinte, er solle in den Tod gehen, schrie bitterlich und rief, er habe ja nichts gethan. Er wurde bedeutet, daß und wie er das Loos ziehen sollte. Die Fürsten und Räthe, auch die Bürgermeister und Rathleute der Städte Stralsund, Stettin, Stargard und Greifswald standen von fern umher in gespannter Erwartung, was das Glück bringen werde. Der Junker zog das Loos und legte Pommern (Stettin) in Herzog Barnims und Wolgast in Herzog Philipps Hand, die beiden Grafen von Eberstein traten herzu, jeder nahm eines Fürsten Loos und rief es laut aus; der junge Krockow wurde von den Herzogen reichlich beschenkt. Darauf schritt man zur Theilung der Räthe, Kanzler, des Hofgesindes, der Rüstungen, Geschütze und des Hausgeräthes. Das Archiv und anderes, was ohne Schaden nicht getheilt werden konnte, wurde zu Wolgast im Thurme aufbewahrt. Noch an demselben Tage, 21. October 1532, vollzogen die Fürsten zu Wolgast den Receß über die Theilung ihrer „Herzog- und Fürstenthümer, Graf- und Herrschaften, Einkommen und Nutzungen", welcher auch von den Unterhändlern, unter ihnen Georg von Dewitz, und den „besonderen Räthen" der Herzoge als Zeugen unterschrieben wurde. Als Barnims Räthe sind genannt: Baltzer Seckel, Eberke Hahn, Antonius Natzmer und Bartholomaeus Swave, als Philipps Räthe: Jobst von Dewitz, Rüdiger Massow, Nicolaus Bruné und Lorenz Kleist.

Barnim begab sich hierauf nach Stettin, seine vornehmsten Räthe waren Graf Georg von Eberstein, Achim Maltzan und Bartholomaeus Swave, der zum Kanzler erhoben wurde. Philipp blieb in Wolgast und behielt den „trefflichen, gelehrten" Jobst von Dewitz und seinen neuen Kanzler Nicolaus Bruné als die bedeutendsten seiner Räthe an seinem Hofe. Der erste im Rathe war aber Jobst von Dewitz, der zugleich die Würde des Schloßhauptmanns in Wolgast bekleidete. Der milde und gelehrte Sleventin war schon im Jahre 1527 gestorben. Dagegen trat der geistreiche

Thomas Rantzow als Secretarius in des Fürsten Dienst, befreundete sich eng mit Jobst von Dewitz und hat aus eigener Anschauung dessen segensvolle Thätigkeit geschildert.*)

Philipps Lage war Anfangs eine sehr schwierige. Er hatte seine Stiefmutter mit einem unverhältnißmäßig großen Leibgedinge zu versorgen, fand Schulden und ein zerrüttetes Regiment vor, dabei eine große kirchliche Aufregung. Treue und geistvolle Männer aber standen ihm zur Seite, die ihn wohl beriethen, vor allen Dingen aber „ließ er unserm Herrgott weiter rathen, darum er auch den Reim führte: Das Gott will."**) Er schaffte sofort die schreiendsten Mißbräuche ab, beschränkte seinen Hof, ordnete das Gerichtswesen, saß oft selbst zu Gericht und hielt auf die Ausführung der Urtheile. Das gefiel den Unterthanen von dem jungen Fürsten sehr wohl. Der Adel, unter dem früheren Zwist der Fürsten übermüthig und hartnäckig geworden, versuchte sich die Jugend des Fürsten zu Nutze zu machen, er verweigerte die Steuern, namentlich an die Geistlichen. Doch er hatte sich in dem jungen Herzoge getäuscht; ohne Scheu hielt der Fürst über ihn Gericht und ließ die Execution gegen ihn vollstrecken. Als der Adel solchen Ernst sahe, fügte er sich den Anordnungen des jungen Landesherrn und zollte ihm die gebührende Achtung.

Auch die Städte wollten sich nicht fügen. Die Pasewalker vertrieben den Rath, weil dieser auf den Befehl des Kaisers und der Pommerschen Fürsten den Neuerungen in der Religion wehrte, erwählten andere Bürgermeister, ließen in das Kloster und thaten den Mönchen große Gewalt. Auf die Klage des Raths schickte Philipp seine Räthe nach Pasewalk und gebot der Stadt, den Rath wieder anzunehmen und Frieden zu halten. Mit Mühe wurden die Pasewalker dahin gebracht, daß sie den alten Rath wieder einsetzten, doch thaten sie dies nicht aus Gehorsam gegen den jungen Fürsten, sondern aus Rücksicht auf die angesehenen und hochgeehrten Räthe.

Das Verlangen nach Einführung der Reformation wurde in Pommern namentlich in den Städten, so mächtig, daß die Fürsten sich dagegen nicht län-

---

*) Thomas Rantzow war seit 1528 Secretarius der beiden Fürsten, Georgs I. und Barnims X. gewesen, nach der Theilung des Landes zwischen Barnim und Philipp blieb er an des letztern Hofe.

**) Plattdeutsche Rantzow 201.

ger sträuben konnten, wenn sie sich nicht um Land und Leute bringen wollten. Philipp war, wie sein Vater, anfänglich der alten katholischen Kirche zugethan, wurde aber durch Jobst von Dewitz für die lutherische Lehre gewonnen. Hierüber lasse ich den alten Cramer berichten:

„In der Religion, erzählt dieser, ist Herzog Philipsen zwar Papistisch geblieben, hat auch an etlichen Orten Evangelische Prediger heissen abschaffen, doch hat er nichts gefährliches fürgenommen, und welche da höhers Standes, entweder in Städten, oder unter denen vom Abel waren, so ihre Prediger hielten, denen ists frey nachgegeben.

Es war aber unter seinen Räthen ein Mann grosses ansehens, Adeliches Standes, weiß, verstendig und gelehrt, mit nahmen Jost von Dewitz, derselbe beliebte die reine Evangelische Lehr, fing derowegen an, glimpflich den jungen Herzog Philipsen zu ermahnen, damit er gegen die Evangelischen Prediger gnädiger würde, dargegen aber war am Hoffe Niclaus Bruno der Cleresey zugethan, H. Philipsen Cantzler, welcher da hart hielt ober die Päpstische Religion: zu dem waren noch alle Kirchen und Collegia voll Thumbherrn, Münch und Chorschüler, so wol auffm Lande als in Städten, welche da grosse Macht und ansehen halten: kam hinzu, daß etliche fürnehme vom Abel und auß den Städten gar und gantz nicht lust hatten zur enderung, und hielten hart über die alten bräuch und vermeinte geistlichen, welche auch letzten fleiß sparreten, sondern beflissen sich mit Bitt, Geschenken, Verehrungen, gunst bey hohen Häuptern zu erhalten, dahero man dann vermeinet, daß Niclaus Bruno und andere grossen Nutz und Vortheil geschaffet, und Gelt geschwieget haben, dardurch der lauff des Evangelii sehr gehemmet ward. In welchem Streit und zerrüttung gleichwol Jost von Dewitz nicht abließ, alle gelegenheit in acht zu haben, seinen Jungen Herrn auch ans Licht des Evangelii zu bringen, brachte ihme zu wegen die Schriften Lutheri, Philippi, Pomerani, insonderheit die Bibel, und die Augsburgische Confession, welche nechstes Jahres gefasset, und Keyser Carl obergeben war worden, welche der Herzog mit grossen fleiß und ernst, der Sachen gewiß zu sein, gelesen hat, und wenn er etwan gezweiffelt, hat er mit seinem Herrn Vaters Bruder Herzog Barnim die Sache beredet, offt von der Religion gesprech gehalten, und was wol zu thun were, berathschlagt. In solchen Gesprächen, in welchen der heilige Geist zugegen kräfftig und thätig gewesen ist, hat der hochlöbliche Fürst Herzog Barnim seines Bruders Sohn geführet, Grund der warheit von der Buß, vom Abend-

mahl des Herrn, dabei vngrund von Anrufung der Todten, vom Verbot des
Ehestandes gezeiget, vnd vermahnet, das er diese Göttliche Warheit belieben
vnd annehmen solte, vnd damit keine nachrede vnd einiger vordacht der leicht-
fertigkeit vnd vngewißheit der Lehre halben sein möchte, so muste das der einige
Grund sein, das man die Schrifften der Propheten vnd Apostel zum Richtschnur setze. Also ward Herzog Philipp durch göttliche wirkung des heiligen
Geistes zum Euangelio gebracht, vnd durch Herzog Barnim fürnemlich beleh-
ret. Von der Zeit an sparete Herzog Philippus keinen fleiß, wie er möchte
die rechte Religion pflanzen vnd erweitern lassen, vnd der Religion wegen
Fried im Lande machen.“[*])

Um die kirchlichen Angelegenheiten zu ordnen, lud der ältere Fürst Barnim seinen jungen Neffen am 27. Juli 1534 von Rügenwalde aus zu einer
Berathung nach Cammin auf den Bartholomäustag ein. Er selbst würde nur
seine vertrautesten Räthe mitbringen, Herzog Philipp möge desgleichen thun.
Schon unter dem 2. August erwiederte Philipp von Wolgast aus, daß er sich
am bestimmten Tage zu Cammin einfinden werde. Die Zusammenkunft, bei
welcher Jobst von Dewitz zugegen war, fand wirklich statt, und da er „als
der hellsehendste unter den Wolgastischen Räthen“[**]) beistimmte,
ward der Entschluß gefaßt, alle Klagen der Unterthanen wegen der Religion
zu beseitigen und zu diesem Zwecke einen Landtag zu halten. Dies verkündig-
ten die Fürsten durch ein öffentliches Ausschreiben und setzten den Landtag auf
den Tag Luciae (13. Dezember) 1534 zu Treptow an der Rega an. Bugenhagen wurde eingeladen, demselben beizuwohnen und erhielt hierzu die Erlaubniß vom Kurfürsten Johann Friedrich. Auf diesem für die kirchliche Entwicke-
lung Pommerns so wichtigen Landtage wurde als Hauptsache bestimmt, daß im
ganzen Lande das heilige Evangelium lauter und rein gepredigt, alle Papiste-
rei und Cärimonien, die wider Gott wären, abgethan, und es in den Kirchen
so gehalten werden solle, wie Dr. Bugenhagen und die anderen Prediger es
in der Kirchenordnung festgesetzt hätten. Die Fürsten hatten mit Sicherheit

---

*) Große Pommersche Kirchen-Chronik III., Cap. 31 pag. 86—87.
Kleine Pommersche Kirchen-Chronik III., Cap. 21 pag. 96—98.
**) Berthold IV. b p. 220.

auf die volle Beistimmung ihrer Stände gerechnet, weil die Städte und der
Adel so hart darauf gedrungen hatten, es solle die Reformation eingeführt
werden. Indessen nicht bloß der Bischof von Cammin, die Landeskibte, die
Kapitel und Äbster widersetzten sich den Beschlüssen des Landtages, sondern
auch ein großer Theil des Adels und selbst einige Städte waren dagegen.
Von den letzteren protestirten Stralsund, Stettin und Stargard besonders gegen die landesherrliche Kirchenvisitation. Der Adel war mit den Beschlüssen
über die geistlichen Güter nicht zufrieden, er wähnte sich in seinen Rechten
gekränkt, da er namentlich geltend machte, daß die Klöster von ihm und für
ihn gestiftet wären, sie sollten gewissermaßen eine Herberge für alte betagte
Edelleute sein; er verlangte daher, daß die Klostergüter zu Gunsten des Adels
verwendet würden. Die Fürsten aber erwiederten, nach den Fundations- und
Schenkungsbriefen seien ihre Ahnen und sie Gründer und Patrone der Klöster, welche keineswegs für den Adel bestimmt wären. Dies gehe schon daraus
hervor, daß seit Menschengedenken in allen Klöstern des Landes kaum zwei
oder drei vom Adel gewesen, und diese wenigen nicht in ihrem Alter sondern
in der Jugend darin aufgenommen wären. Daher würden die Fürsten hierin
nach ihrem Gutdünken verfahren. Dennoch bestand der Adel hartnäckig auf
seiner Forderung, und da diese nicht erfüllt wurde, rieth er den Fürsten von
Neuerungen in Religionssachen ab und warnte vor des Kaisers Ungnade, während er früher, so oft von den Fürsten die Befolgung der kaiserlichen Edicte
und der Reichsabschiede befohlen wurde, geantwortet hatte, daß er in Sachen,
das heilige Evangelium berührend, Gott mehr als den Menschen zu gehor-
chen schuldig sei, man möge sein Gewissen nicht beschweren. Die Fürsten ließen sich durch solche Widerrede nicht abschrecken, und als der größte Theil des
Gegenparts vom Landtage fortritt, wurden die Beschlüsse ohne Beistimmung
des eigenmüthigen Adels gefaßt, und die neue Ordnung der Kirche in Pommern
somit begründet.

Wie hoch steht Jobst von Dewitz hier über den Meisten seiner adligen
Zeitgenossen! Nicht sein Vortheil leitete ihn, sondern innerlich durchdrungen
von der Kraft und Wahrheit des Wortes Gottes, suchte er nur das Heil der
Kirche Christi; treu ergeben seinen Fürsten und auf die Wohlfahrt seines Vaterlandes bedacht, war er bemüht, das Ansehen des Landesherrn zu stärken
und dessen Macht zu erweitern, damit Pommern aus dem Zustande der Unsicherheit käme und von einer festen Hand regiert würde.

Müssen wir einräumen, daß nicht in Pommern allein, sondern auch in anderen Ländern die Selbstsucht sich trübend in die Verbreitung der Reformation einmischte, so dürfen wir uns doch an der strragen Gewissenhaftigkeit der Dewitze erfreuen, mit welcher sie alles Eigenthum der kirchlichen Institute auf ihrem Gebiete sicher stellten und Bestimmungen trafen, um alle Eingriffe in dasselbe fern zu halten. In dem Vergleiche zwischen den beiden Vettern Jobst und Henning, durch welchen alte Irrungen, die von ihren Ältern herrührten,*) im Jahre 1540 beigelegt wurden, lesen wir folgende Bestimmungen: „Ohne das haben wir auch vor gut angesehen, daß alle Höfe, Hufen, Aecker und Hebungen der Kirchen bei denselben bleiben, und daß sich keiner unter ihnen derselben unterwinden soll. Derhalben auch Jobst von Dewitz den Dienst an Steffen Sümenicht abgetreten, welcher der Kirchen zu Bernhagen zugehört und seinem Vater Jürgen eine Zeitlang deshalben gethan war, daß er ihm (Steffen Sümenicht) eine Hufe zu dem Rathen geliehen. Dieweil sichs aber zu vielen Malen begiebet und zuträgt, daß dieselbigen Hufen und Aecker mit eigenen Leuten von den Patronen nicht können besetzt werden, soll es die Gestalt haben, daß die Kirchherren selbst dieselben ihres Gefallens, doch mit der Dewitze Rath besetzen mögen. Wo das nicht geschehen kann, und die Kirchherren die Hufen vor sich selbst gebrauchen wollen, sollen sie dazu die nächsten sein. So sie aber das ganz oder zum Theil nicht thun können oder wollen, soll die Hälfte gedachter Hufen und Aecker Jobstens und die andere Hälfte Hennings Leuten zu ihren Hufen gethan werden, sie aber für ihre eigene Person sollen sich des Brauchs nicht unterwinden. Das auch ein jeglicher von ihnen zu der Kirche und denselben Dienern schuldig, soll er ohne Weigerung entrichten. Wir wollen uns auch versehen, sie werden die Hebungen von den geistlichen Lehnen nicht in ihren Nutz sondern zu rechtschaffenem Dienste Gottes und zu Ehren seines heiligen Namens, dahin es auch gehört, wenden, und hiermit handeln, als sie vor Gott bekennen wollen, Aergerniß, die daraus, so es anders gebraucht werde, erfolgen würde, vermeiden.“

Als nun das heilige Evangelium in Pommern angenommen war, und es zuvörderst alles Fleißes bedurfte, daß die Kirchen visitirt und die Kirchendiener mit geeigneten Personen besetzt wurden, baten die Städte, die Fürsten möchten

---

*) Vergl. Henning von Dewitz VII. (76). S. 184.

durch Bugenhagen und ihre Räthe die Visitation halten lassen, ehe der Doctor wieder aus dem Lande ziehe. Gern sagten dies die Fürsten zu, und es wurde damals die erste große Kirchenvisitation in Pommern gehalten, an der auch Jobst von Dewitz Theil nahm.

Den Stettinern lag daran, den alten Zwist mit den Fürsten wegen der Erbhuldigung beigelegt zu sehen, sich auch mit ihren Herzogen wegen der durch den Bürgermeister Hans Stoppelberg erregten Unruhen zu vertragen. Sie wandten sich deßhalb an Bugenhagen und die anderen Städte mit der Bitte, eine Unterhandlung zwischen den Fürsten und der Stadt Stettin zu Stande zu bringen. Die Fürsten waren hiezu bereit und bestimmten auf Quasimodogeniti 1535 einen Tag zur Verhandlung in Stettin. Zu Reminiscere wurde Bugenhagen Behufs der Visitation dorthin geschickt. „Da sah man aber zuerst, welch ein schweres Ding es sei, die Visitation recht zu halten. Denn ehe man das irdische Gut verläßt, verließe man lieber den ganzen Himmel."[*] Der Rath wollte die Kleinodien und das Silber der Kirchen nicht zur Visitation bringen, sondern verlangte, es zur Nothdurft der Stadt zu behalten; ja er wollte nicht einmal angeben, was oder wie viel davon vorhanden sei. So wurde die Visitation nur zum Theil erledigt. Den Visitationsbescheid erließen Bugenhagen, Jobst von Dewitz, Jacob Wobeser, Rüdiger Maßow, Nicolaus Brune und Bartholomäus Swave.[**] Hand in Hand mit der Visitation ging das Auslöhnungsgeschäft zwischen der Stadt und dem Landesherrn. Nach langen Verhandlungen wurde „am Tage Georgii (23. April) zwischen den Herzogen Barnim und Philipp an einem und Bürgermeister und Rath der Stadt Stettin am andern Theile, wegen der Erbhuldigung, der Zölle, Münze, Mühlen, Kornschiffens und anderer Punkte ein Recht ausgerichtet durch den Grafen Georg von Eberstein, Jobst von Dewitz, Jacob Wobeser, Christoph Lorbeer, Bürgermeister, und Franz Wessel, Rathsherrn, beide aus Stralsund, als von beiden Theilen erwählten Commissarien und Schiedsleuten."[***] Die Fürsten vergaben alle Ungnade und die Stettiner versprachen,

---

[*] Plattdeutscher Kanzow 218.

[**] v. Medem, Geschichte der Einführung der evangelischen Lehre im Herzogthum Pommern 282.

[***] Friedeborn, Historische Beschreibung der Stadt Alten-Stettin II. pag. 28. und 29.

die Erbhuldigung zu leisten, wenn die Landesherren es fordern würden. Sie
verstanden sich zu einer Geldstrafe, zahlten die Hälfte des Wolgaster Zolles,
erkannten das fürstliche Gericht an, setzten den Bürgermeister Hans Loitz,
welcher aus der Stadt hatte fliehen müssen, in sein Amt wieder ein und gestanden den Fürsten verschiedene Gerechtigkeiten zu. Also wurden die Herzoge
mit den Stettinern verglichen, und das ganze Land freute sich dessen.

In Pasewalk finden wir Jobst von Dewitz mit Bugenhagen und Nicolaus Brune gleichfalls als Visitator. Am Sonnabend nach Viti (15. Juni)
1535 haben die drei genannten den Visitationsabschied erlassen.*) Vor der
Visitation war über die Stadt ein strenges Gericht wegen der schon erwähnten Unruhen ergangen. Weil man bei jener Gelegenheit gezeigt hatte, wie
wenig man den jungen Fürsten achtete, zog Philipp um Ostern 1535 in die
Stadt ein und ließ 10 Unruhstifter zum Gericht nach Ueckermünde bringen.
Hierdurch beabsichtigte er zugleich, die Stettiner, mit denen die Verhandlungen
damals noch im Gange waren, und die sich nicht fügen wollten, zu schrecken.
Dies gelang ihm auch, und die Strenge, welche der Fürst in Pasewalk gezeigt hatte, machte Stettin zur Ausföhnung noch geneigter. Als diese stattgefunden hatte, und die Fürsten von einander scheiden wollten, brachte Philipp
zur Berathung, wie mit den Gefangenen von Pasewalk verfahren werden
solle. Barnim und alle Räthe waren der Meinung, man müsse wenigstens
einige, welche die rechten Anführer gewesen, richten, denn des Muthwillens
geschehe viel in den Städten, und wo man ihn nicht bestrafe, würde noch
ein größerer Schaden daraus entstehen. So brach denn Philipp in Begleitung
Bugenhagens, welchen er der Visitation halber mitnahm, nach Ueckermünde
auf, um das Urtheil über die gefangenen Unruhstifter zu sprechen. Er ließ
den Scharfrichter kommen und befahl ihm hinzurichten. Der Hauptmann von
Ueckermünde Lüdeke Hahn, dessen Frau sammt ihren Jungfrauen, das ganze
fürstliche Hofgesinde, selbst Bugenhagen baten mit Thränen um Begnadigung.
Der sonst so milde Fürst schien diesmal unerbittlich zu sein, verstand sich aber
endlich dazu, sieben der Verurtheilten frei zu lassen und sie nur in Geldstrafe
zu nehmen, doch drei als die eigentlichen Rädelsführer sollten unweigerlich

_____

*) s. Neben pag. 269.

hingerichtet werden. Da trat Bugenhagen vor und sprach: „Gnädiger Herr! Euer Fürstl. Gnaden haben das Amt von Gott dem Herrn und thun E. F. G. billig daran, daß Ihr Muthwillen und Unrecht strafet. Darum hatte ich mir wohl vorgesetzet, nicht ein Wort mehr hierin zu reden. Aber weil derselbe Gott, von dem E. F. G. den Befehl der Strafe des Bösen hat, von uns armen Sündern mehr denn zu hoch erzürnet wird, also daß wir keiner Gnade würdig sind, so ist er dennoch so barmherzig, daß er seine Strafe fallen läßt oder doch mildert, wenn wir uns bekehren. Dieses Exempels bitte ich, wolle E. F. G. eingedenk sein, und so E. F. G. dafür hielte, daß diese armen Leute, wozu sie sich hoch und theuer erbieten, sich bessern werden, so wolle E. F. G. sich ihnen gnädig beweisen und ihnen das Leben lassen." Thränen erstickten die Stimme des Reformators, so daß er nicht weiter reden konnte. Da ward der edle Fürst blaß, setzte sich tief erschüttert und schwieg eine lange Weile, weil er nicht darüber eins werden konnte, was er thun solle. Endlich stand er auf, forderte seine Räthe zu sich, die lange von ferne gestanden und nichts mehr hatten sagen dürfen, und befragte sie um ihre Meinung. Als diese sahen, daß der Fürst durch des Doctors Rede tief bewegt war, gaben sie die Versicherung, die Verurtheilten würden sich ohne Zweifel bessern, da sie vor dem Tode gestanden hätten. So ließ der Fürst ihnen das Leben und strafte sie wie die anderen um Geld. Das Verfahren des Fürsten, dessen Ernst und Milde man zugleich erkannte, machte einen großen Eindruck im Lande, so daß die Städte stiller und fügsamer wurden. Daher ließen sich auch die Rasewalter im Sommer desselben Jahres die Visitation gefallen. Nur Stralsund blieb bei seinem Widerspruche, und als Bugenhagen mit Jobst von Dewitz und Nicolaus von Klempten vom Herzoge Philipp als Visitatoren dorthin gesandt wurden, wies man sie entschieden zurück. Man besorgte, daß der Fürst und seine Räthe, wenn sie Vermögen und Silber, namentlich Urkunden und Briefe der Kirchen einsehen würden, darunter für die Stadt Nachtheiliges finden möchten. Doch nahmen die Stralsunder eine schriftliche Anweisung an, wie sie selbst ihre Kirchen und Kirchenämter zu bestellen hätten, richteten sich indessen wenig danach.

Nach den Treptower Beschlüssen sollten die Klöster des Landes eingezogen werden. Dies geschah ohne Schwierigkeit, nur im Kloster Neuenkamp stießen die Fürsten auf Widerstand. Am 8. Mai 1535 ritt Herzog Philipp, begleitet von Bugenhagen, Jobst von Dewitz, Willen Plate, Landvogt auf Rügen,

Nicolaus Brune, Nicolaus Klempken, dem Landrentmeister, und dem Secretarius Thomas Rampow in das Kloster ein. Der Abt Johannes Wollner ging auf das Anerbieten einer Gesammtabfindung von 600 Gulden, einigen Naturalleistungen und einer Wohnung auf dem Klosterhofe in Stralsund zwar ein, heimlich aber klagte er bei Johannes Huls, dem Abte des Mutterklosters zu Alten-Kamp bei Cöln. Dieser erwirkte ein Mandat des Reichskammergerichts zu Speier, welches den Herzogen von Pommern bei Strafe von 50 Mark Goldes befahl, die Treptower Beschlüsse aufzuheben. Unter dem 8. Juni 1635 sandte Johannes Huls dieses Schreiben an die Pommersche Ritterschaft und forderte sie dringend auf, der Einziehung der Feldklöster, als zum unwiederbringlichen Nachtheil und Schaden der gemeinen Landschaft gereichend, sich zu widersetzen. Das Kloster blieb jedoch eingezogen.

Bischof Erasmus und das Kapitel hatten erklärt, daß sie sich nicht vom Römischen Reiche trennen könnten, und gebeten, man möge sie nicht zur Annahme der Treptowschen Kirchenordnung nöthigen. Die Fürsten schrieben daher eine Tagefahrt an der Swine auf Johannis 1535 aus. Dort wurde die Sache vom 24—27. Juni verhandelt. Bischof und Kapitel versicherten, daß sie die Herzoge als ihre Landesherren anerkennten, auch bereit wären, in Zeiten der Noth Leib und Gut mit ihnen einzusetzen, sie hätten auch das Evangelium und die Kirchenordnung bei sich angenommen, sie sähen es gern, daß jedermann im Stifte zum Evangelium sich bekenne, und würden niemand daran hindern, aber so öffentlich die Kirchenordnung anzunehmen, scheine ihnen mißlich zu sein. Denn das Stift habe einige Güter und Gerechtigkeiten in der Mark und in Mecklenburg, welche es verlieren könne, wenn es lautbar würde, daß man das Evangelium angenommen hätte. Ein solcher Verlust würde auch den Fürsten als Patronen und dem ganzen Lande zum Nachtheile gereichen. Die Fürsten waren mit dieser Erklärung zufrieden. Bei den Verhandlungen waren zugegen: Joost von Dewitz, Jacob Klobeser, Bartholomaeus Traxe, Rüdecke Hahn, Lerentz Kleist, Achim Maltzan, Alexander von der Osten, Otto von Klebell, Thomas Kampow und andere.

Die meiste Schwierigkeit machte der Pommersche Adel bei Durchführung der Beschlüsse des Treptower Landtages, den er größten Theils ja schon vor dem Schlusse verlassen hatte. Er stand in dem Wahne, ohne seine Beistimmung dürfe nichts geschehen. Die herzoglichen Räthe, hellblickende, erfahrene, fromme, zugleich aber auch auf die Erweiterung des landesherrlichen Rechts bedachte Männer, waren jedoch entschlossen, durchzuführen was sie für heilsam erkannten, und ließen sich durch das Gebahren des Adels wenig beunruhigen. Am Donnerstage nach Miserikordias domini (16. April) 1535 richteten die Prälaten und die Ritterschaft Pommerns, von Stettin aus, an „den ehrenvesten, hochgelahrten und würdigen Jobst von Dewitz, Jacob Wobeser, Bartholomaeus Suave und Nicolaus Brune jetzund zu Stettin sämmtlich und sonderlich, unsere besonderen Freunde" ein Schreiben und baten, „die herzoglichen Räthe, als von Adel, möchten der Landesfürsten und der ganzen Landschaft gemeines Bestes bedenken und dazu helfen, daß niemand an seinem Stand und Gütern turbiret würde, auch dafür Sorge tragen, daß die Fürsten nicht in kaiserliche Ungnade fielen und in Veränderung der geistlichen Güter keine Aenderung ohne Rath der Obrien und Freunde von der Pfalz und Braunschweig und ohne Vorwissen der Prälaten und Ritterschaft vorgenommen würde, zumal der Kaiser einen Reichstag zu Worms auf den ersten Mai angesetzt hätte, um über diese Sachen zu verhandeln." Die Fürsten achteten auf diese Versammlung der Prälaten und Ritterschaft gar nicht, weil sie von ihnen nicht für gesetzlich anerkannt wurde. Sie ertheilten ihnen daher auf ein auch an die Herzoge gerichtetes Gesuch keine Antwort, ja sie verboten dergleichen Zusammenkünfte des Adels mit Hinweisung auf die goldene Bulle als unstatthaft.

Im August desselben Jahres versammelte sich dessenungeachtet der Adel abermals in Jarmen und wandte sich in einem Schreiben vom 8. dieses Monats an dieselben fürstlichen Räthe. Er bat, mit der Kirchenveränderung inne zu halten und beklagte sich darüber, daß er weder von den Fürsten noch von den Räthen auf sein erstes Schreiben beschieden worden sei. „Man fahre mit der Veränderung ohne der Ritterschaft Rath fort, die Einziehung der Klöster müsse dem Adel zu großem Nachtheil und Schaden gereichen, und würde dadurch das adlige Herkommen dieser löblichen Fürstenthümer in kurzen Jahren ausgerottet werden. So möchten denn die herzoglichen Räthe, als von altem adligen Herkommen, bei den Fürsten mit fleißigen Bitten anhalten, daß diese sich das adlige Herkommen und die treuen Dienste, so ihnen der Adel vielfältig mit seinem Blute erzeigt, mit Gnaden zu Herzen führen wollten." Der Schluß des Schreibens lautet: „Wollten wir uns zu Euch als adliges Herkommens und Liebhaber des Adels gänzlich vertrösten. Dann Euch als unsern günstigen Freunden wiederum zu dienen sind wir willig." An demselben Tage ersuchte die Ritterschaft den Herzog Philipp, die Klöster nicht einzuziehen, da sie zur Erhaltung des Adels dienten. Beide Herzoge ertheilten auf diese Beschwerden des Adels im September 1635 — Barnim am 12., Philipp am 25. — Bescheid. Thomas Kantzow hat die Antwort abgefaßt, ohne Zweifel hat zu ihr Jobst von Dewitz vornehmlich Rath ertheilt, jedenfalls ist sein Freund und Verehrer Kantzow hier wie überall ganz auf seine Gedanken eingegangen. Unter andern ist in diesem Bescheide gesagt: „Wo man die Sachen, wie sie an sich selbst sind, ermessen wird, sind das Stift, Domkirchen, Feldklöster für die von Adel, wie ihr angezeigt, nicht fundirt. Denn das Christenthum hat den Unterschied zwischen den Personen nicht, Adel oder unedel; nachdem alle Christen durch den Glauben Glieder Gottes, ein Leib und Reich worden, mag obberührter Unterschied zwischen ihnen nicht bestehen. Ueber das thun die ganze Teutsche Nation in Künsten und aller Geschicklichkeit sich mehren, dadurch wir denn auch gedrungen werden, Versehung zu thun, damit die Unseren von der Ritterschaft auch dermaßen erzogen und abgerichtet werden, daß wir durch dieselben in und außerhalb unserer Landschaft bei Kaiserlicher Majestät, den Ständen des Reichs, unseren Herren und Fremden, unser Fürstlich Anliegen und Amt treiben mögen, und hierum haben wir die beiden Stift und Güter dazu verrignet, nämlich Marien und St. Otten Kirch unserer Stadt Alten-Stettin zu einer Universität in dem Treptowschen Abschied verordnet, der Hoffnung, daraus werde sich alle Gut und Tugend mehren und adlige Handlung zunehmen. Wenn wir frei, was uns dünkt, austreten möchten, sind wir der Meinung, wo die Ritterschaft von dem Herkommen der Klöster Freiheit oder Erhaltung in denselben sich trösteten oder darauf verließen, daß dadurch ewiglicher Abfall von adligem Wesen würde eingeführet. Adlig ist an Recht zu wandeln mit Mühe und Arbeit, Ehr, Ruhm und Gut zu erwerben, nicht in die Winkel zu verkriechen, und wissen nicht, ob diejenigen, so Arbeit oder dasjenige, was adliger Handlung zuständig, zu vermeiden, in Klöster sich begeben, verdienen, daß sie adligen Herkommens oder Förderung sich rühmen oder geniessen mögen." Der Adel gab sich jedoch nicht so leicht zufrieden, er mochte es nicht ertragen, daß die reichen Klostergüter in die Hände der Fürsten übergingen und mit Amtleuten besetzt wurden. „Dasselbe war dem Adel sehr zuwider, sie pochten und scharreten sehr darum, aber die Fürsten ließen es sich nicht kümmern."*)

---

*) Plattdeutscher Kantzow 222.

Im Jahre 1539 wurde ein Landtag zu Stettin gehalten, um den Beschwerden des Adels abzuhelfen und endlich zum Frieden zu kommen. Jobst von Dewitz hatte schon im Juni dieses Jahres im Namen des Herzogs Philipp mit Herzog Barnim zu Stargard über mancherlei Punkte sich geeinigt, welche zur Berathung vorgelegt werden sollten. Unter dem 28. August schrieb er aus Neuen-Kamp an den Grafen Georg von Eberstein, den ersten Rath des Herzogs Barnim, sandte ihm das Schreiben, durch welches der Adel im Namen der beiden herzoglichen Räthe (des Grafen Georg und Jobsts von Dewitz) einberufen werden sollte, und bat, Georg von Eberstein möge es mit Namensunterschrift und Siegel versehen, wie dies schon Jobst von Dewitz gethan, denn solle es dem Marschall des Pommerschen Adels zugeschickt werden. Er stellte dem Grafen anheim, wenn er es für gut befinde, ein anderes Schreiben abzufassen und dieses unter des Grafen Petschaft in ihrer beider Namen an den Adel zu senden. Am 23. November trat der Landtag zusammen, eine Einigung zwischen den Fürsten und der Ritterschaft kam aber nicht zu Stande. Die Fürsten theilten am 7. December der Ritterschaft ihre Eröffnung über die stattgehabten Verhandlungen mit. Sie erklärten, in Beziehung auf die Kirche in Cammin, die Feld- und Jungfrauen-Klöster und beide Kollegiat-Kirchen zu Alt-Stettin „die Sachen unserem Herrgott zu übergeben und dieselben in seine Hand zu stellen, und derhalben hinfür mit der Ritterschaft keine Tageleisung zu halten, sondern mit dem, was I. F. G. der Ritterschaft fürschlagen lassen, fortzufahren und dasselbige ins Werk zu bringen." „Im Fall aber, wo die Ritterschaft dieser Sachen halber zusammen schicken würde, seien I. F. G. willens, an dieselbe Graf Georgen, Jobst von Dewitzen, Lütke Hanen, Jacob Wobesern und Rüdiger Massowen zu fertigen.*) Diese Eröffnung ist unterschrieben von dem Bischof zu Cammin, Lüdeke Hahn, Jobst von Dewitz, Joachim Maltzan, Jacob Wobeser, Rüdiger Massow, Bartholomäus Svave, Baltzer vom Wolde, Nicolaus Brune, Alexander von der Osten und Otto von Wedell. Mehrere Jahre schleppte sich die Sache noch hin, bis der Adel die Hoffnung aufgab, die Feldklöster der fürstlichen Hand zu entreißen. Er ließ sich daran genügen, daß die Jung-

---

*) Medem 296.

frauen-Klöster mit ihren Gütern und Einkünften als Zufluchtsstätten abliger
Fräulein fortbestanden.

Das Pommersche Fürstenhaus war dem Erlöschen nahe, es stand nur auf
4 Augen, die ganze Hoffnung des Landes auf Erhaltung des alten Fürstenstammes beruhte auf dem jungen Herzoge Philipp, der bis zum Jahre 1536
unvermählt war. Dringend wurde er gebeten, sich eine Gemahlin zu wählen, damit das Land nicht unter fremde Herrschaft käme. Der Fürst berieth mit
seinen Räthen darüber, welche Prinzessin er heimführen solle, holte auch den
Rath seines Oheims, des Kurfürsten von der Pfalz, ein. Man machte ihm
verschiedene Vorschläge; als er aber von des Kurfürsten von Sachsen, Johann
Friedrich, Schwester Maria hörte, wie christlich und vortrefflich die erzogen
wäre, neigte sich sein Herz ihr am meisten zu. Bugenhagen, durch den Philipp wahrscheinlich auf diese Prinzessin aufmerksam gemacht war, erhielt den
Auftrag, schriftlich bei dem Kurfürsten anzufragen. Er that es und fand, daß
Johann Friedrich nicht abgeneigt war, die Schwester dem Pommerschen Herzoge zu geben. Im August des Jahres 1535 schickten die Fürsten von Pommern ihre Räthe, Jobst von Dewitz und Bartholomäus Swave, an den
Hof des Kurfürsten, sie sollten um die Aufnahme in den Schmalkaldischen
Bund nachsuchen, zugleich sich auch die Prinzessin Maria besehen. „Die zogen
hin und besahen das Fräuchen, das gefiel ihnen überaus wohl."*) Sie brachten ihren Fürsten den Bescheid, daß der Kurfürst dem Herzoge Philipp seine
Schwester mit einem Brautschatze von 20,000 Joachimsthalern zur Gemahlin
geben wolle, Philipp möge zur nächsten Fastnacht nach Torgau kommen und
die Sache zum Abschluß bringen, auch so ihm das Fräuchen gefiele, sofort
Hochzeit halten." „Diese Botschaft behagte Herzog Philipp wohl."**) Auf
Valentini (14. Februar) 1536 ritten daher beide Herzoge mit 200 wohlgerüsteten Pferden und einem glänzenden, prächtig geschmückten Gefolge ihrer angesehensten Edelleute aus und kamen am Freitage vor Fastnacht (25. Februar)
nach Torgau. „Da besah Herzog Philipp das Fräuchen und gefiel ihm wohl,
darum wurde die Heirath vollzogen." Am 27. Februar, dem folgenden Sonntage, geschahe am Nachmittage durch Luther die Trauung. Viele Fürsten,

---

*) **) Plattdeutschen Kantzow 224.

Grafen und Herren hatten sich eingestellt, auch waren Dr. Justus Jonas, Philippus Melanchthon, Dr. Bugenhagen und viele Doctores und Magistri zugegen. Gleichzeitig traten die Pommerschen Fürsten in den Schmalkaldischen Bund. Als dem Herzoge Philipp am 13. Februar 1540 sein erster Sohn aus dieser Ehe geboren wurde, standen am Sonntage nach Reminiscere Fräulein Margaretha, der Herr von Putbus, Jobst von Dewitz, Nicolaus Brune, Nicolaus von Klempzen*) und andere bei dem jungen Prinzen, der nach Philipps Vater Georg genannt wurde, Gevatter, Prinz Georg ist nicht zur Regierung gelangt, er starb als Kind schon im Jahre 1644.

Zu besonderer Freude gereichte Jobst von Dewitz die Erneuerung der Universität Greifswald. Sie hatte unter den kirchlichen Stürmen ein kümmerliches Dasein gefristet; im November 1539, nachdem Herzog Philipp einige tüchtige Männer berufen hatte, wurden ein Rector und Decane erwählt und am 16. dieses Monats die Hochschule feierlich für neu eröffnet erklärt. Da nun Herzog Philipp selbst nach Greifswald kam, gingen der Rector Nicolaus Glossenius sammt allen Professoren und Studenten und die Pedelle mit silbernen Sceptern in einer großen Procession zu ihm in die Herberge, empfingen ihn mit einer lateinischen Rede und dankten für die fürstliche Gnade, welche der Universität wiederfahren war. Darauf antwortete Jobst von Dewitz im Namen des Landesfürsten in einer herrlichen und zierlichen lateinischen Rede und erklärte, daß der Herzog noch viel mehr auf die Universität zu verwenden Willens wäre.**)

Im Jahre 1540 ward der alte Streit zwischen den Fürsten und der Stadt Stettin ganz ausgeglichen. Den Vertrag, welcher im Jahre 1535 geschlossen war, hatte die Bürgerschaft unter dem Verwande, daß die Schiedsrichter parteiisch zu Gunsten der Fürsten entschieden und der Stadt beschwerliche Lasten auferlegt hätten, bald wieder verworfen. Am Freitage nach Petri Kettenfeier (1. August) wurde nun abermals „auf vorhergehende fleißige Unterhandlungen des Grafen Georg von Eberstein, Jobst von Dewitz und Jacob Löbeiers" ein Vergleich zwischen den Herzogen und der Stadt Stettin

---

*) Einleitung zum Plattdeutschen Kanzow von Bohmer pag. 78. Fräulein Margaretha war die Schwester des Herzogs Philipp.
**) Cramer große Kirchen Chronik III., cap. 38 p. 105.

getroffen und vollzogen,*) nachdem schon im Juli die Stadt beiden Fürsten, Barnim und Philipp, in Gegenwart Brandenburgischer Gesandten Treue gelobt hatte. Auch andere Städte wie Greifswald (dessen Privilegien am St. Michael Abend 1540 vom Herzoge Philipp bestätigt und von Jobst von Dewitz mit vollzogen wurden), Anklam und Demmin leisteten in demselben Jahre dem Herzoge Philipp die Huldigung, selbst Stralsund bequemte sich um Michaelis 1541 dazu.

Am 8. Februar 1541 war nach Ablauf der vorläufigen Theilungsfrist die völlige Erbtheilung zwischen Barnim und Philipp unter Jobsts Mitwirkung zu Stande gekommen; nach der Entscheidung des Looses blieben die Fürsten in ihrem bisherigen Besitze. Philipp besuchte noch in diesem Jahre den Reichstag zu Regensburg und empfing hier am 5. Juli die Pommerschen Lande zu Lehn, Jobst von Dewitz führte bei dieser Gelegenheit im Namen des Herzogs das Wort und bat um die Belehnung. Am 6. August finden wir ihn in Schweidnitz, wohin er vom Herzoge Philipp gesandt war; von dort hat er den Brief an den Grafen Ludwig von Eberstein geschrieben, den wir schon kennen. Diese Reise hatte er ohne Zweifel von Regensburg aus gemacht, wahrscheinlich waren es verwandtschaftliche Beziehungen der Pommerschen Fürsten, die ihn nach Schlesien führten. Bogislavs X. Tochter Anna, Barnims Schwester, war nämlich mit dem Herzoge Georg von Liegnitz, Besitzer des Herzogthums Brieg, vermählt gewesen. „Aber die gute Fürstin hatte mit ihm wenig guter Tage, denn er war im Haupte etwas schwach. So lebte er auch nicht lange und ließ keine Erben, darum die Fürstin in ihrem Leibgute zu Lübben in Schlesien Wittwe blieb und sich nicht wieder veränderte, unangesehen, daß hernach König Gustav von Schweden nach ihr hat freien lassen."**) Sie erreichte ein hohes Alter.

So sahe Jobst von Dewitz seinen verehrten und geliebten Fürsten im gesicherten Besitze seines Landes, hochgeachtet innerhalb und außerhalb Pommerns, glücklich in seinem Hause an der Seite einer frommen, liebenswürdigen Gemahlin, er sahe die Predigt des reinen Wortes Gottes in Pommern eingeführt und durfte auf eine neue Blüthe der Landesuniversität hoffen. Alles

---

*) Heideborn II., 40.
**) Kantzow Pomerania II., 313 und 314.

dieses war hauptsächlich die Frucht seiner Umsicht und seiner treuen Dienste. Daß er von seinen Fürsten mit mannigfachen Gnadenerweisungen bedacht wurde, war somit natürlich. Schon im Jahre 1529 (d. d. Stettin Mittwoch nach Reminiscere) erhielt er von den Herzogen Georg I. und Barnim X. für sich und seine ehelichen Erben die Anwartschaft auf die sämmtlichen im Fürstenthum Rügen gelegenen Lehngüter Rydwaris und Balzers von Rotermund (Vaters und Sohnes) und Hans Krassows. Von diesen Gütern sind als Rotermundsche namhaft gemacht: Bentzomtil, Boldewitz, Maschenholt, Kutelwitz, Rhgendorpp und der Roldenhof, als Krassowsche werden genannt: Schwechenitz, Palecen und Siggernow.*) Wiederholentlich bestätigten die Pommerschen Fürsten den Nachkommen Jobsts diese Anwartschaft. Berndt von Dewitz erhielt die Bestätigung von Philipp I. d. d. Wolgast, Dienstag in den heiligen Pfingstfeiertagen 1558, und von den Herzogen Johann Friedrich, Bogislav, Ernst Ludwig, Barnim und Kasimir, Gebrüdern, d. d. Wolgast, Sonnabend nach Matthaei Apostoli 1567. Den Brüdern Jobst II. und Curt von Dewitz wurde die Anwartschaft auf diese Güter vom Herzoge Ernst Ludwig d. d. Wolgast den 10. Februar 1585 zugesichert. Philipp Julius ertheilte d. d. Stettin Donnerstag vor Palmarum 1606 Jobst II. von Dewitz und den Söhnen des verstorbenen Curt von Dewitz einen Konfirmationsbrief. Zuletzt erneuerte und bestätige Bogislav XIV. d. d. Wolgast den 25. April 1626 diese Zusicherungen seiner Vorfahren den Gevettern und Gebrüdern Jobst II., Berndt, Heinrich und Georg von Dewitz.**) Dennoch sind die Dewitze nie in den Besitz dieser Güter gelangt. Als Vorpommern unter Schwedische Herrschaft kam, wurde von der Krone Schweden den Freiherren von Putbus die Lehnsanwartschaft auf die Rotermundschen und Krassowschen Güter ertheilt. Die Dewitze protestirten hiergegen im Jahre 1650 und baten um Konfirmation ihrer wohlbegründeten Ansprüche. Unter dem 9. Februar 1700 wurden sie jedoch schließ-

---

*) Für die Namen der Güter ist oben die Schreibweise beibehalten, welche sich in der noch vorhandenen, sehr gut erhaltenen Originalurkunde findet. Bei ihrer Abfassung waren zugegen: Bischof Erasmus von Cammin, Bürgern von Eickstädt, Hans Berk, Hauptmann zu Belgart, und Thomas Kanzow, Secretarius. An ihr hängen die Siegel der beiden Herzoge Georg und Barnim, letzteres fest vollständig erhalten, von erstern nur ein kleiner Theil, auf welchem man die Buchstaben IVRO liest.

**) Die drei letzteren sind die Söhne Curts.

lich abschläglich beschieden, weil die Krone Schweden nicht durch Erbschaft, sondern ex commiss. Imperii in satisfactionem die Verpommerschen Lande erwerben hätte. Spätere Schritte, um ihre Ansprüche zur Geltung zu bringen, scheinen die Dewitze nicht gethan zu haben, da sie erkannten, daß dieselben ganz fruchtlos sein würden.

Um dieselbe Zeit, vielleicht auch etwas später, als Jobst von Dewitz die Anwartschaft auf die Retermunder und Krassower Güter erhielt, wurde ihm das Gnadenlehn über Lütken-Plumsow und Belelow, welches vorhem die Herzoge ihrem verstorbenen Rathe Zabel von dem Wolde zugesichert hatten, ertheilt. Am 13. Mai 1538 bestimmten die Herzoge Barnim und Philipp, daß, wenn Jobst in den Besitz dieser Güter gelangen würde, er die Wittwe Zabels von dem Wolde mit 400 Gulden abzufinken hätte. Die Dewitze haben auch diese Güter nie besessen.

Noch ein anderer Beweis von der Huld des Herzogs Philipp möge hier erwähnt werden. Am Sonntage Oculi (20. Maerz) 1541 sicherte der Fürst seinem Rathe und Hauptmann des Amtes Belgast Jobst von Dewitz für mannigfaltige treue Dienste, welche dieser dem Herzoge Georg, vornehmlich aber dem Herzoge Philipp selbst geleistet hatte und ihm noch leisten würde, ein Gnadengeschenk von 5000 Gulden zu. Herzog Philipp oder dessen Erben sollen diese Summe an Jobst von Dewitz oder dessen Erben in guter gangbarer Münze und Landeswährung zu Martini 1542 auszahlen. Zu mehrerer Sicherheit verbürgen dies mit dem Herzoge Philipp, auf des Fürsten Wunsch, Jürge, Herr zu Putbus, Jobst Maltzan zu Cummerow, Ulrich Schwerin zu Spantelow, Achim Zitzwitz zu Muttrin, Henning von Arnim zu Gerswalde und Betege von der Osten zu Carow. Bei Ausfertigung des Gnadenbriefes waren zugegen: Nicolaus Brune, Balthasar vom Wolde, Doctor der Rechte und Kanzler, Otto von Wedell, Hofmarschall, Nicolaus von Klempten und Erasmus Husen, Secretarius. Damals war in jeder Beziehung die Zeit der höchsten Blüthe der Dewitze in Pommern, nie haben sie vor oder nachher in einem solchen Ansehen gestanden, niemals sind sie so reich und begütert gewesen. Sie hätten zu jener Zeit, wie Kantzow bemerkt, den Grafenstand nach ihrem Vermögen sehr wohl führen können und wären um ihrer Tugenden und Verdienste willen einer solchen Ehre auch werth gewesen.*) Seinen Reich-

---

*) Kantzow Pomerania I., 331.

thum wandte Jobst unter andern dazu an, die Burg seiner Väter zu vergrößern. Von ihm rührt der Theil des Taderschen Schlosses her, welcher der Stadt zugekehrt ist, und der ein besonderes Gebäude gebildet hat. Die sehr wohl erhaltene Hinterfront zeigt noch, welch ein stattlicher Bau es gewesen ist, ganz würdig eines so herrlichen Mannes, wie Jobst war. Im Jahre 1539 ließ er diesen Theil des Schlosses erbauen und an demselben das in Stein gehauene Wappen der Dewitze und Arnim befestigen. Dies Wappen hat nach dem Verfall des Schlosses der Rittmeister Karl Friedrich Ludwig von Dewitz abnehmen und über die Thür des von ihm neu erbauten herrschaftlichen Wohnhauses in Maltewin einmauern lassen, wo es sich noch befindet.*)

Jobst von Dewitz hat das Gnadengeschenk seines Fürsten nicht mehr erhalten, er starb schon am 20. Februar 1542 im rüstigen Mannesalter von 51 Jahren, zum großen Schmerze seines Herzogs und des ganzen Vaterlandes. Seinen Verlust fühlte man bald bei dem Streite der beiden Pommerschen Fürsten über die Besetzung des Bisthums Cammin und in der Angst, welche über Pommern in Folge des Schmalkaldischen Krieges kam. Er wurde auf Befehl des dankbaren Herzogs mit einem standesmäßigen Leichenbegängnisse in der fürstlichen Gruft zu Wolgast beigesetzt. Bartholomäus Amantius, Juris utriusque Doctor et Poëta laureatus, hat ihn in lateinischen Versen besungen, die in deutscher Uebersetzung etwa also lauten würden:

Zierde des Adels, Bewahrer der alt ehrwürdigen Sitten,
Vorwärts strebend und doch treu des Vergangnen gedenk,
Wahrhaft war er und ernst, im Recht, in Gesetzen erfahren,
Und durch scharfen Verstand war er im Rathe berühmt.**)

*) Dr. J. Kugler bemerkt in seiner Pommerschen Kunstgeschichte (Baltische Studien 1840, VIII. Jahrgang, I. Heft p. 144—150): „Die Formen des gothischen Baustyles haben sich in Pommern bis tief in das sechszehnte Jahrhundert hinein erhalten, und sie zeigen an den Facaden einiger Prachtgebäude dieser Zeit nach eine schöne und eigenthümliche Nachblüthe. Dahin gehört zunächst der eine erhaltene Flügel des herzoglichen Schlosses zu Ueckermünde, der zufolge einer daran befindlichen Inschrift im J. 1546 erbaut ist. Eine verwandte Weise der Decoration sieht man ferner an der sehr schönen und malerischen Ruine des Schlosses von Dahre und zwar an demjenigen Theile dieses Schlosses, der, nach der Stadt zu liegen, als der größere und jüngere erscheint. Das ganze Schloß muß in seiner Integrität einen bewunderungswürdig schönen Anblick gewährt haben.

**) Nobilitatis honos, veteris servator honesti, Venturique avus, praeteritique memor, Vir gravis et verus, aequi legumque peritus, Consilio egregius, clarus et ingenio.

Jobsts Gemahlin war Cäcilie von Arnim, Tochter des Kurbrandenburgischen Raths und Hauptmanns zu Ruppin, Bernhard von Arnim auf Gerswalde, Boitzenburg und Biesenthal, und der Frau Sophie von Alvensleben. Schon am 16. Juni 1538 setzte Jobst seiner Ehefrau für den Fall seines Todes das Leibgedinge fest, und wurde von den Herzogen Barnim und Philipp am 29. Juli desselben Jahres diese Leibgedingsverschreibung bestätigt. Als Wittwe nahm sie ihren Wohnsitz zu Daber, wo sie am 25. Juni 1576 starb. Es sind uns auch einige Blicke in das Familienleben Jobsts von Dewitz vergönnt. Wie treu er für die Erziehung seines einzigen Sohnes Bernd, welcher den Namen nach dem Großvater Bernd von Arnim führte, Sorge trug, zeigt uns der Brief an den jungen Grafen Ludwig von Eberstein, an dessen Schlusse Jobst bemerkt, daß er in der beschriebenen Weise seinen Sohn Bernd zu erziehen beabsichtige. Auf das innige Familienleben in seinem Hause läßt ein Brief schließen, welchen Jürgen von Arnim am Tage Valentini (14. Februar) 1544 an seine „ehrbare und viel tugendsame, freundliche und geliebte Schwester, Jobst von Dewitz gottseligen nachgelassene Wittwe", geschrieben hat. Es spricht sich in diesem einfachen Briefe eine herzliche zärtliche Liebe des Bruders zur Schwester aus. Er bedauert, daß sie mit ihren Kindern nicht hat nach Gerswalde kommen können, weil eine ihrer Töchter krank gewesen war. Sämmtliche Geschwister wären dort bei einander gewesen und würden es gerne gesehen haben, wenn Gott der Herr es so hätte schicken wollen, daß auch Cäcilie unter ihnen gewesen wäre und sie sich gar freundlich hätten unterreden dürfen. Er bittet, sie möge ihn mit ihren lieben Kindern doch recht bald besuchen und versichert, daß er ihr und ihren lieben Kindern allewege freundlich und gern zu Dienen bereit sei. Er schickt seiner Schwester zwei Rehkeulen mit der Bitte, sie mit freundlichem Willen anzunehmen. Zu seiner Schwestersohn fügt er die Worte hinzu: „Auch lieber Ohm Bernd es hat mich Dein Diener von Deinetwegen um einen Hund gebeten, den ich Dir dann hiermit überschicke, bitte, willst ihn zu freundlichem Willen annehmen nur will mich versehen, er wird dir gefallen." Der ganze überaus treuherzige Brief trägt das Gepräge innigster brüderlicher Liebe und zeigt, wie herzlich die Arnimschen Geschwister mit einander verbunden waren. Wie innig wird hiernach das Verhältniß der Ehegatten Jobst von Dewitz und der Frau Cäcilie gewesen sein. Von der Liebe und Dankbarkeit der Kinder dieses edlen Ehepaares giebt ein sehr schönes, in der Daberschen Kirche vorhandenes Denkmal

Zeugniß, welches Bernd von Dewitz und seine Schwester ihren Eltern haben setzen lassen. Ottilie von Arnim starb nämlich in Daber und ist in der Kirche der Stadt in dem Gewölbe, welches sich vor dem Altare befindet, beigesetzt. Ein Leichenstein bezeichnet ihre Ruhestätte. Nach dem Urtheile eines Kunstkenners, zeichnet diesen Stein „die sorgfältige, saubere, ja wohl mit Recht schön zu nennende Arbeit" aus. Auf dem Steine, der 8 Fuß hoch und 4 Fuß breit ist, sind sehr zierlich Jobst von Dewitz und seine Ehefrau Ottilie von Arnim in mindestens zwei Zoll erhabener Arbeit ausgehauen. Der Mann in voller, sehr reich und prächtig verzierter Rüstung, die rechte Hand auf den Dolch, die linke auf den Knauf des Schwertes stützend; über die linke Schulter hängt eine, wie es scheint doppelte, sehr große Gnadenkette, das Haupt ist entblößt, der offene Turnierhelm steht ihm zu Füßen. Seine Gemahlin trägt ein einfaches, nur an den äußern Rändern verziertes, neumodartiges Gewand, am Halse ein mit einem Kreuze geziertes Kleinod und hat die Hände auf der Brust gefaltet. Zwischen ihren Häuptern stehen ihre Wappen, das von Dewitzsche und von Arnimsche, in den vier Ecken finden sich je 2 Wappen ihrer Ahnen: Rechts vom Haupte des Jobst von Dewitz das Dewitzsche und Borksche, rechts zu seinen Füßen das Wussowsche und von Eisensche, links vom Haupte seiner Ehefrau das Arnimsche und Bredowsche, links zu ihren Füßen das Sparrsche und Flessensche. Sämmtliche Wappen sind vollständig mit Helmzier. Die Hauptinschrift am äußersten Rande des Steines in alten deutschen erhabenen Buchstaben lautet:

Anno MVLXXVI den XXV Junp uff den Abent zwischen X und XI ist de E. und viel tugentsame Ottilia von Arnim, Bernd von Arnim auf Gerswolde Dochter, des Gestrengen E. und Ernfesten Jost von Dewitz, Hermann uff Wolgast, und auf der Daber erpsessen, Ehefrowe christlich und selig in Gott entschlaffen. Der Seelen Gott gnedig sey." Auf einer unter den Füßen der Ottilie von Arnim angebrachten Tafel steht: „Ihr geliebter Ehman Jost von Dewitz ist gestorben im Jar 1542 ahm 20. tach February und lich zu Wolgast begraben, dem Gott Gnade." Die Inschrift, welche sich auf einer zu Jobsts Füßen angebrachten Tafel befindet, hat sehr gelitten. Nach einer alten Nachricht lautete sie: „Diesen Stein und Begräbniß hat der gestrenge und ehrenveste Bertel von Dewitzen, ihr geliebter Sohn, sammt seiner Schwester aus christlicher und freundlicher Liebe setzen lassen." Die Orthographie ist hier offenbar geändert. Auf einer kleinen Tafel, unmittelbar unter Jobsts Versen

im Jar
1517

der Umschrift lautet:

Anno M.V^c.XVII. den XV. juny vy den abent zwischen X. vnd XI.
ist de E vnd vestdugentsame Litau von teuem Goel von teuem

steht: „im Jahr 1577." Die an der Jackettleidung Jobsts von Dewitz befindlichen 6 Plätschen werden gewöhnlich für 6 Zehen gehalten, und knüpft sich hieran eine Sage. Auf dem sogenannten Wallberge unweit Daber soll ein Schatz verborgen liegen, den nur ein Dewitz heben kann, welcher, wie sein reicher Ahnherr Jobst, 6 Zehen und 6 Finger haben und den Namen Jobst führen wird. Früher befanden sich in der Kirche zu Daber auch die von Holbein gemalten Bilder Jobsts von Dewitz und seiner Gemahlin Otilie von Arnim, die jetzt im Besitze des Herrn von Dewitz auf Coelpin sind.

Nicht 6 Zehen und 6 Finger wünschen wir einem Nachkommen des vortrefflichen Mannes, dessen Bild wir hier, so weit es möglich war, gezeichnet haben, das aber ist unser Wunsch, daß sein Geist auf seinem Geschlechte ruhen möge, dann wird dieses den Schatz finden, welcher unvergänglich ist, und wird selbst ein Schatz und eine Zierde unseres Vaterlandes sein.

Jobst von Dewitz hinterließ einen Sohn Gerad und zwei Töchter Hyppolita und Ursula.

90.

Tönnies von Dewitz II.,

Georgs von Dewitz II. (83) zweiter Sohn. In dem Lehnbriefe vom 20. Dezember 1534 werden Jobst und Tönnies von Dewitz als Georgs Söhne und Erben genannt, sonst wird dieser Tönnies nirgend erwähnt.

91.

Anna von Dewitz III.,

Georgs von Dewitz II. Tochter, war an Brand Borck auf Stramehl verheirathet. Die Herzoge Georg I. und Barnim X. bestätigten am 20. Juli 1526 der Anna von Dewitz, Wittwe des Brand Borck, auf Stramehl erbgesessen, den vorgelegten Leibgedingsbrief.

92.

Ilse von Dewitz II.,

gleichfalls eine Tochter Georgs von Dewitz II., ist unverheirathet gestorben.

93.

Gerd von Dewitz I.,

einziger Sohn Jobsts von Dewitz I. (89), „fürstlich Pommerscher Landrath, ist ein frommer, gottesfürchtiger und vermögender Mann gewesen, welcher wegen seines ehrlichen, aufrichtigen und getreuen Gemüths, so er gegen seinen Nächsten gehabt und ehmals großen Widerwillen und Schaden deshalb erfahren müssen, ein rühmliches Zeugniß hinter sich gelassen."[*]

Seinen Vater, von dem er zur Frömmigkeit erzogen und zu wissenschaftlichen Studien angehalten war, verlor er früh, bei dessen Tode war er noch unmündig. Von seinen Vormündern lernen wir aus dem Vergleiche zwischen ihm und Henning VII. (76) vom 20. October 1546 den Hofmarschall und Hauptmann zu Satzig Rüdiger Massow und Wolff von Wedell auf Freienwalde und Uchtenhagen. Auch von anderen Vormündern ist in jenem Vergleiche die Rede, sie werden aber nicht namhaft gemacht.

Herzog Philipp I. war am 14. Februar 1560 unter frommen Gesprächen mit seinem Seelsorger im festen Vertrauen auf die Gnade seines Heilandes entschlafen. Kaiser Maximilian II. trug darauf, daß die jungen Pommerschen Fürsten ihre Lehne bis zum Ende des Jahres 1563 empfangen sollten. Vor der Lehnsempfängniß hatten die Stände des Landes dem Kurfürsten von Bran-

---

[*] Chyer.

denburg die Erbhuldigung zu leisten, und die Erbverträge mit der Mark mußten erneuert werden. Auf dem Landtage zu Treptow an der Rega, im Januar 1566, wurde hierüber und über andere wichtige Sachen verhandelt. In dem Landtagsabschiede vom 10. Januar wurde darein gewilligt, daß von den Ständen die Reversalien, welche an den Kurfürsten wegen der Erbhuldigung zu übergeben waren, unterschrieben werden sollten, wozu vom Herzoge Barnim aus der Ritterschaft Egidius Flemming, Bernd von Dewitz und andere bestimmt wurden. In demselben Landtagsabschiede wurden auch aus beiden Regierungen, Stettin und Wolgast, Deputirte zur Anschaffung des gemeinen Vorraths von Geld, Munition u. s. w. verordnet, aus Barnims Landen ward Bernd von Dewitz hiezu ebenfalls ernannt.

Joachim II. willigte ein, daß diesmal die Lehnsempfängniß der Erbhuldigung und Erneuerung der Erbverträge ausnahmsweise vorangehen dürfe, und die Fürsten mit den Landständen Pommerns stellten auf dem Landtage zu Treptow an der Rega am 28. September 1566 dem Kurfürsten einen Revers aus, daß seine Rechte hierdurch nicht beinträchtigt werden sollten, Bernd von Dewitz zu Daber hat ihn mit unterschrieben.

Philipps Sohn Johann Friedrich (seit 1569 Herr des Stettiner Landes, da Barnim die Regierung niedergelegt hatte) war in beständiger Geldnoth, daher wurden ihm mehrere Male von den Ständen außerordentliche Steuern zur Abtragung seiner Schulden bewilligt. Dies war auch auf dem Landtage zu Wollin im Juni 1573 der Fall, wo man dem Herzoge 4 außerordentliche Steuern innerhalb 4 Jahren zugestand, zu deren Einnehmern Henning von Wolde, Statthalter und Decan zu Cammin, Egidius Flemming, Bernd von Dewitz und Gregorius Bruchmann, Bürgermeister in Stettin, verordnet wurden.

Bei der Bestätigung der Greifswalder Privilegien im Jahre 1567 ist Bernd von Dewitz als Zeuge angeführt.

Jobst von Dewitz hatte seinem Sohne ein sehr ansehnliches Vermögen hinterlassen, von welchem diesem ein großer Theil verloren ging. Mit seinem Vetter Franz war Bernd von Dewitz in den Bauereien der Loitzen verwickelt, da beide sich für diese verbürgt hatten. Ganz besonders schwere Verluste erlitt er aber durch den Grafen Ludwig von Eberstein und büßte durch diesen weit mehr ein, als sein Vetter Franz. Schon zu der Summe von 30,372 Thalern, welche die beiden Dewitze, Franz und Bernd, mit Felix Bohrwitz wegen der von ihnen geleisteten Bürgschaften an Albrecht von Lui-

zow, Franz von Arnim und Paris Hahn zahlen mußten, hatte er einen un-
gleich größeren Theil beizutragen als Franz. Der Graf hatte den Bürgen,
von welchen an die drei genannten Gläubiger Zahlung geleistet war, mehrere
Güter mit allen Zubehörungen, Gerechtigkeiten, Einkünften, Nutzungen und den
darin gesessenen abliegen Lehnsleuten verpfändet, und zwar an die Bürgen Albrechts von Quitzow das Vorwerk Zickerle mit den Dorfschaften Zickerle, Truh-
laß, Berlow, Döringshagen und Düsterbeck, an die Bürgen Franzens von Arnim die Dörfer Zampelhagen, Langlavel, Maslow und Leistilow, und an die
Bürgen des Paris Hahn die Dörfer Hindenburg, Holdow, Groß-Salow und
Minten. Durch die Verpfändung der Güter an seine Gläubiger wollte der
Graf mancherlei Ungelegenheiten und Unkosten, ganz besonders das lästige Einreiten vermeiden. Wenn nämlich die geliehenen Gelder nicht rechtzeitig gezahlt wurden, war der Gläubiger berechtigt, von dem Schuldner oder dessen
Bürgen ein Einlager an einem bestimmten Orte, gewißermaßen als eine Schuld-
haft, zu fordern. So heißt es z. B. in einem Schuldbriefe des Grafen Ludwig von Eberstein d. k. Naugart am Tage Katharinae 1634 über 2000 Thaler,
welche er von Bernd von Dewitz geliehen hatte, und für die Bleiff von
Bieveli zu Freienwalde, Karsten Manteufel zu Arnhausen, Diunies und Ale-
ander von Wetell zu Uchtenhagen die Bürgschaft übernommen hatten: „Auf
den Fall, da wohlgedachter, unser gnädige Herr Graf Ludwig oder Ihrer Gnaden Herren Brüder mit Bezahlung der 2000 Thaler Hauptsumme und 120
Thaler Rente sammhaftig und zu rechter Zeit, wie oben geschrieben stehet, nicht
bezahlen, in einem oder mehreren oben gesetzten Stücken und Punkten brüchig
werden, so wollen wir oben angezeigte Bürgen sammt unseren Erben dafür
sachwaltig und selbstschuldig sein und jeder für sich selbst mit seiner eigenen
Person, zwein Knechten und dreien reisigen Pferden, wenn wir derhalben von
Bernd von Dewitz, seinen Erben und Mitbeschriebenen*) darum schriftlich er-
mahnet und ersuchet werden in unserer Behausung oder Gegenwärtigkeit, so
wollen wir auf die erste Erforderung von Stund an unser einer auf den andern nicht weisen, nach ihm auch nicht harren, noch keinerlei Behelf darwider
suchen, sondern stracks aufsitzen und reiten gegen Alten-Stettin oder Neu-Star-

---

*) Die Mitbeschriebenen sind die etwaigen berechtigten Inhaber des Schuldbriefes, von
denen im Eingange der Verschreibung neben Bernd von Dewitz und seinen Erben die Rede ist.

gard*) in eine gemeine ehrliche Herberge und halten darin ein rechtes Einlager, wie Einlagers Recht und Gewohnheit ist, scheiden auch Tag und Nacht nicht daraus, sondern die Gebrechen, darum wir zum Einlager kommen sein, dann erstlich ohne allen Behelf dem vielgemeldeten Bernd von Dewitz, seinen Erben und Mitbeschriebenen gänzlich und alle erfüllet, beide am Hauptstuhl, sammt allen versessenen Renten und daraus allens gelaufenen beweislichen Schaden, Unkost und Interesse, den ersten Schilling mit dem letzten, entrichtet und bezahlet, und scheiden dann aus der Herberge mit Bernds von Dewitz, seiner Erben und Mitbeschriebenen Wissen und gutem Willen." Solche Einlager, die sehr kostspielig waren, hatten die Bürgen des Grafen Ludwig von Eberstein häufig seinetwegen halten müssen, die dabei aufgewendeten Kosten mußte der Graf natürlich ersetzen; es forderte z. B. Franz von Dewitz für Einlagers-Kosten 555 Gulden und 16 Sundische Schillinge.

Johann Friedrich und Casimir, die Lehnsherren des Grafen Ludwig, ertheilten zur Verpfändung der gräflichen Güter den Consens und verfügten die Einweisung der Gläubiger in dieselben, doch nun appellirte Graf Ludwig an das Reichskammergericht. Es ist schon S. 16 berichtet, daß die Dewitze und Podewilse bis zur Zeit Friedrichs des Großen Versuche gemacht haben, für ihre Forderungen befriedigt zu werden. Am 24. November 1691 kamen beide Familien dahin überein, daß jede von ihnen die aus Processen oder gütlichen Verhandlungen entstehenden Kosten zur Hälfte tragen wollte, und ebenso sollte von dem, was sie auf dem einen oder dem andern Wege erreichen würden, die eine Hälfte den Dewitzen, die andere den Podewilsen zufließen. Sie haben jedoch gar nichts erreicht.

Graf Ludwig von Eberstein schuldete an Bernd von Dewitz auch noch andere ansehnliche Summen, welche dieser dem Grafen theils baar geliehen, theils für ihn bezahlt hatte. Nach den im Dewitzschen Archive bis jetzt aufbewahrten Obligationen hatte Bernd an den Grafen zunächst eine Forderung von 1000 Gulden, die schon Ludwigs Vater, Graf Georg, am Tage Martini 1546 geliehen hatte, sodann lautet ein Schuld-

---

*) In einem andern Schuldbriefe ist Daber nebst Stargard als Ort des Einlagers genannt.

brief d. d. Naugard am Tage Katharinae 1564 auf 2000 Thaler, welche Graf Ludwig von Bernd von Dewitz baar erhalten hatte. Nach einer Obligation d. d. Naugard den 14. Februar 1576 war Graf Ludwig ihm 12,220 Thaler schuldig; diese Summe war theils an den Grafen theils für denselben von Bernd gezahlt. Endlich bekennen die Söhne des Grafen Ludwig, Georg Kaspar, Albrecht und Volrath, gegen die Söhne Bernds, Jobst und Curt, in einer Schuldverschreibung d. d. Zampelhagen den 24. October 1598, daß wegen einer wohlbegründeten Forderung Bernds von Dewitz an den Grafen Ludwig von Eberstein, noch 10,000 Thaler zu zahlen seien und versprechen, diese an Bernds Erben zu entrichten. In der Obligation vom 14. Februar 1576 ist bemerkt, daß Bernd von Dewitz um des Grafen Ludwig willen eine goldene Kette, deren Werth 400 Ungarische Gulden betrug, für 172 Thaler versetzt hatte. Die Kette war ihm abhanden gekommen, und er verlangte vom Grafen eine Erstattung des Schadens, welche dieser auch verhieß. Einige Abschlagszahlungen empfing Bernd von den Bürgen des Grafen, wie von Karsten Manteufel 800 Thaler auf die 2000 Thaler, es blieb aber eine Schuld von 24,666 Thalern Seitens des Grafen zu tilgen. Für einen Theil dieser Summe wurde Bernd von Dewitz vom Herzoge Johann Friedrich und dem Bischofe Kasimir ganz besonders und ausdrücklich in die Ebersteinschen Güter Zampelhagen, Langlacel, Maslow und Kristilow, zugleich mit den Bürgen Franzens von Arnim, eingewiesen. Indessen auch diese 24,666 Thaler sind den Dewitzen verloren gegangen. Bernd war durch diese Verluste in seinen Vermögensverhältnissen so herunter gekommen, daß er sein Gut in Daber für 22,000 Thaler an die Luschows verpfänden mußte.

Andererseits machte er einige Erwerbungen und befreite seine Güter von darauf haftenden Abgaben. Er gelangte nämlich in den Besitz von Darz und Rosenow, auf welche Güter bereits sein Großvater Georg von Dewitz die Anwartschaft und Gnadenschutzgerechtigkeit erhalten hatte.*) Ferner erhielt er 7 Hufen und einen Wald in Schwuchow, welche früher ein von Grape besessen, nach dessen Tode als Gnadenlehn.

*) Am 6. December 1542 beliehnte Herzog Barnim X. den Grafen Georg von Eberstein mit der Anwartschaft auf die Dörfer Darz und Rosenow und die anderen Lehngüter Georg Benstads, sie nach dem anderweiten Abgange Bernds von Dewitz gegen die gewöhnliche Lehnspflicht zu besitzen.

Auf den Dewitzschen Gütern und der Stadt Daber haftete noch seit der Zeit vor der Reformation die Abgabe des Zehnten an das Camminer Domkapitel. Berud schloß am 7. Februar 1568 einen Vergleich, durch welchen für 750 Gulden der Zehnte für immer abgelöst wurde.

Bernd von Dewitz starb am 2. Januar 1584 und wurde am 16. dieses Monats zu Daber bestattet. Seine Gemahlin Ursula von Rohr war eine Tochter des Brandenburgschen Oberhauptmanns der Grafschaft Ruppin Curt von Rohr auf Neuhausen, Freienstein und Blankenburg, und der Frau Anna von Bülow; sie starb im Jahre 1610. Bernd hatte 3 Söhne: 1. Jobst, 2. Stephan, 3. Curt und fünf Töchter: 1. Ortilie, 2. Ursula, 3. Deliciana, 4. Margaretha und 5. Elisabeth.

94.

Hyppolita von Dewitz,

Jobsts I. (80) Tochter, war an Matthias von Schmeder auf Wäsenfelde verheirathet. Er war der Sohn des bekannten Heinrich von Schmeder, den Bartholomaeus Sastrow in seiner Selbstbiographie als einen höchst wunderlichen Mann schildert. Hyppolita von Dewitz starb am 28. Februar 1612. An der Südwand der Kirche zu Beliz steht ein aus Stein mit Bildhauerei gearbeitetes sauberes Epitaphium auf Matthias von Schmeder (geboren 1531, gestorben 10. April 1596) und dessen Gemahlin Hyppolita von Dewitz, welches im Jahre 1602 errichtet ist.

95.

Ursula von Dewitz I.,

eine zweite Tochter Jobsts I., Gemahlin Melsigk Borks auf Scheenwalde, lebte noch 1624 im hohen Alter zu Daber, wo sie am 24. Januar dieses Jahres die ihr gehörige Hälfte eines Hauses in der Fuhrstraße zu Stettin an Bernd Joachim von Dewitz für 700 Gulden überließ. Die beiden

Schwäger Messigl Bork und Bernd von Dewitz hatten es im Jahre 1568 von einem gewissen Tubbenthal gekauft.

96.

Margaretha von Dewitz II.

Nach einem im Geheimen-Staatsarchive zu Berlin verhandenen Leibgedingsbriefe, der Montag nach Mariae Himmelfahrt 1518 konstruirt ist, war eine Margaretha von Dewitz mit Franz von Priegnitz auf Tannenwalde verheirathet. Vielleicht war auch sie eine Tochter Jobsts I. und hatte den Namen nach der Prinzessin Margaretha, der Schwester Philipps I. War Jobst nicht ihr Vater, so kann sie nur von einem der Söhne Achims II. (73) abstammen, die eine Schwester dieses Namens hatten. Mit Margaretha, der Tochter Bernds von Dewitz I. (93), darf sie nicht verwechselt werden, denn diese wird in der Ehestiftung vom 6. März 1587 als Jungfrau bezeichnet, sie vermählte sich damals also zum ersten Male.

————

Durch die Söhne Bernds von Dewitz I, Jobst II. und Curt I, sind zwei Linien der Pommerschen Dewitze begründet, welche noch in zahlreichen Gliedern blühen. Wir verfolgen zuerst die ältere Jobst-Linie und sodann die jüngere Curt-Linie, vorher aber geben wir einige Notizen über Bernds übrige Kinder.

97.

Stephan von Dewitz II.,

zweiter Sohn Bernds von Dewitz I. (93), starb am 8. Mai 1583 im Jünglingsalter.

98.

Ottilie von Dewitz I.,

Bernds von Dewitz I. älteste Tochter, hatte ihren Namen nach ihrer Großmutter. An Ulrich Bork den Eltern auf Stramehl vermählt, erhielt sie nach der Ehestiftung d. d. Daber Dienstag nach Neujahr 1563 als Ehegeld 400 Gulden und als väterliches und mütterliches Erbe 700 Gulden, außer Kleinodien, Schmuck, Kleidern und anderen zur Aussteuer gehörigen Sachen.

99.

Ursula von Dewitz II.,

Bernds von Dewitz I. zweite Tochter, war wie ihre Vaterschwester Ursula I. an einen Meßigl Bork verheirathet.

100.

Deliciana von Dewitz,

Bernds von Dewitz I. dritte Tochter, war die Gemahlin Ulrich Borks des Jüngern auf Stramehl.

101.

Margaretha von Dewitz III.

Im Jahr 1587 am 6. März Vormittags 10 Uhr ließ Ludwig von Mörner, Klosterhauptmann zu Cörin, bei Jobst und Curt von Dewitz durch Ulrich Bork um ihre Schwester, die Jungfrau Margaretha von

Dewitz (Berndts vierte Tochter) werden. An demselben Tage wurde die Erbstiftung aufgesetzt, und die Brüder versprachen, dieser ihrer Schwester ebensoviel an Aussteuer, wie die Gemahlin Ulrich Borks von ihrem seligen Vater Berndt erhalten hatte.*) Die Hochzeit fand am 5. 6. und 7. Januar 1589 statt, dem in dieser Ehe am 29. Februar 1592 gebornen zweiten Sohne wurde der Name Crenz Wendevich gegeben; schon am 10. Februar 1593 starb Ludwig von Wörner.

<h2 style="text-align:center">102.</h2>

<h3 style="text-align:center">Elisabeth von Dewitz I.,</h3>

Berndts von Dewitz I. jüngste Tochter, war an Heinrich von Blankenburg, Königlich Polnischen Landrichter zu Friedland, verheirathet, mit dem sie sich am 7. December 1591 verlobte. Nach dem im Jahre 1606 erfolgten Tode desselben vermählte sie sich zum zweiten Male mit Hans Jürgen Borsus auf Cunersdorf.

---

*) Mit den benachbarten Borken waren die Dewitze durch Verschwägerung vielfach verwandt, daher kann es nicht auffallen, daß sich in der Kirche zu Daber neben dem Denkmale Johns von Dewitz und seiner Gemahlin Ottilie von Krenin ein zweiter ganz ähnlicher (doch bei weitem nicht so sorgfältig gearbeiteter) Stein befindet, welcher die Gestalten des Wulff Bork und seiner Ehefrau Jutta von Puthus zeigt. Die letztere hatte als Wittwe ihren Aufenthalt in Daber genommen, auch die Puthus waren mit den Dewitzen verschwägert. Tracht und Stellung des Wulff Bork und seiner Gemahlin sind ganz ähnlich wie auf dem Dewitzschen Steine, nur ist der Mann mit dem Helme bekleidet. Auf der rechten Seite des Steines sind das Borksche, Bismarcksche, Bohnsche und Mellensche Wappen, auf der linken Seite das Puthussche, Ebersteinsche, Motzlesche und Bons von Putlitzsche ausgehauen, der Stein ist etwas kleiner als der andere. Die Inschrift lautet:

Gutte geborne von puttpus, wulff borken auff lebes Nagetauen Witfauu, Ist den 22. october Anno 1569 gottuselich alhier tor daber entslapen, der leib aber hier, die seele dort, derselb ganße gut. Amen.

---

59. Ulrich I., Graf von Fürstenberg † 1365

60. Egbard VII. Graf. bis 1386. Gem: Gräfin von Eberstein.
61. Jacob V (Genj.) † 1377.
62. Gerhard I., Graf. bis 1367.

63. Ulrich III. Graf. bis 1400.
64. Egbard VIII., Graf, bis 1410. Gem: Eleonore Gräfin von Eberstein.

65. Eberhard III bis 1430
67. Ulrich VII., Ritter. 1456. Gem: Eleonore : Pulbus.

71. Jils. Gem: Ruth v. Blumow. 1476.

81. Georg II. Landvoigt. 1462–1531. Gem: Hypolita v. Bord.
82. Achim III Pfarrer. 1496.
83. Johann II Ritter.
84. Tomnes I
85. Dorothe... Gem: Johann...

89. Jobst I. Haupton zu Wolgast 1491–1538. Gem: Cäcilie v. Armim.
90. Tomnes II. 1531.
91. Anna III. Gem: Brand Bord.
92. Alje II.

93. Berndt I. Landrath † 1581 Gem: Ursula v. Rohr
94. Hypolita. Gem: Matthias v. Schmeckter.
95. Ursula I. Gem: Melchior v. Bord
96. Margaretha I. Gem: Franz v. Brigma

106. Jobst II. Ziehe Taf. III.
107. Stephan II. † 1581.
108. Cäcilie I. Gem: Ulrich v. Bord.
31. Curt. Ziehe Taf. VII.
95. Ursula II. Gem: Michal v. Bord.

57.
Bede IV.

59.
Henning V.

61.
Ulrich VI.
Knappe.

62.
Hebige
Knappe.

63.
Gerhard D.
Ritter,
bro, 1617.

64.
Otto III.
1467.

58.
Ulrich IV.
Knappe.

60.
Ulrich V.
Knappe.

69.
Ulrich VIII. Knappe
1431.

65.
Henning VI.
Ritter. 1495.

72.
Hans II.
† 1491
Gem Sophie v. Mauteufel.

70.
Gerhard IV. Knappe
1473

74.
Achim II. Ritter.
† 1521
Gem Kath. v. d. Osten.

75.
Ursula.
Gem Tönnies
v. Lord.

73.
Dorothea I.
Gem 1 Kaspar v. Ramelt.
2. Balber v. Bedell.

76.
Henning VII.
† 1561
Gem: Doroth. Ford

77.
Christoph I.

78.
Stephan I.

79.
Jacob VI.

81.
Georg I.

81.
Margaretha I.
Gem: Henning Man
teufel.

82.
Franz I. † 1620,
Gem: Anna v. Hahn.

83.
Ille I.
Gem: Paul v. Bloven.

101.
Margaretha III.
ford. G: Ludw. v. Morner.

102.
Elisabeth I.
G: 1. H. v. Blankenburg
2. H. J. v. Borfne.

B.

Geschichte der Pommerschen Jobst=Linie.

103.

Jobst von Dewitz II., Landrath,

ältester Sohn Berndts von Dewitz I. (93), wurde nach seinem trefflichen Großvater genannt. Er war im Jahre 1551 geboren, genoß eine gute Erziehung und ging eine Zeitlang auf Reisen. Als ein angesehener, hochgeachteter Mann erscheint er bei verschiedenen Gelegenheiten.

Barnim XI., der Bruder und Nachfolger des prachtliebenden Herzogs Johann Friedrich, war bemüht, den Aufwand am Hofe zu beschränken, und mancherlei Mißbräuche, die er bei Uebernahme der Regierung vorgefunden hatte, abzustellen. Er forderte daher eine Anzahl angesehener und verständiger Männer am 2. Mai 1603 an den Hof, um durch sie und die Hofräthe die Beschaffenheit der fürstlichen Aemter, deren Einnahmen und Ausgaben revidiren zu lassen. Diese Männer waren: Ewald Flemming, Jobst von Dewitz, Wedige von Wedell, Andreas Bork der Aeltere und Joachim von Wedell. Das Werk blieb aber unvollendet, da Barnim noch in demselben Jahre am 1. September 54½ Jahre alt starb. Allgemein glaubte man, daß Seelenkummer und Schmerz über die Erfolglosigkeit seiner Bemühungen für das Wohl seines Landes und Trauer über die ungetreue böse Welt das Ende des wohlmeinenden, guten Fürsten beschleunigt habe. Jobst von Dewitz, unter dem 19. September dazu eingeladen, wohnte seinem feierlichen Leichenbegängnisse (18. October) in Stettin bei. Barnims Nachfolger war Bogislav XIII. „der biederste, frommste und tadelloseste" unter den Söhnen Philipps I. Mit bangen Gedanken übernahm er, schon fast 60 Jahre alt, die Regierung, durch die traurigen Anzeichen, welche seines Bruders Barnim Beisetzung begleiteten, wurde die Angst seines Herzens noch gesteigert. Als nämlich die fürstliche Leiche eben aufgehoben war, um in feierlicher Prozession in die Schloß-Kirche getragen zu werden, begann ein lauter Regen zu fallen, der bald in einen starken Platzregen mit Hagel überging. Als man die Hälfte des Weges zurückgelegt hatte und in die große Domstraße gelangt war, fuhr ein heller Blitzstrahl von dröhnendem Donnerschlage begleitet, in den Thurm der Jacobi-Kirche und zündete dort. Von dem Fürsten und vielen bangen Gemüthern wurde dies als ein böses Zeichen für den Pommerschen Herzogsstamm angesehen.

Auf dem Landtage, welcher noch in demselben Jahre zu Stettin zusammen trat, 29. November 1603, erklärte sich Bogislav XIII. bereit, den gehäuften Beschwerden der Städte abzuhelfen. Die Landräthe, einen Ausschuß der Städte hatte Johann Friedrich beseitigt, da sie ihm unbequem waren, anstatt ihrer hatte er sich mit Kammerräthen umgeben, die ihm stets zu Willen waren. Ohne die Landstände, welche bis zum Anfange des funfzehnten Jahrhunderts nur aus der Ritterschaft und den Städten, seit jener Zeit aber aus „Prälaten Mannen und Städten" bestanden, durften wichtige Landessachen nicht berathen und beschlossen werden. Da jedoch die Landstände nicht immer versammelt sein konnten, bildete sich allmählig die Praxis, daß für die dauernde Wahrnehmung ihrer Gerechtsame ein eigener ständischer Ausschuß bestellt wurde. Dieser tritt seit dem Anfange des funfzehnten Jahrhunderts hervor und wurde bei allen wichtigen Regierungshandlungen zu Rathe gezogen. Er hieß „der gemeine Rath," in der zweiten Hälfte des sechzehnten Jahrhunderts wurde dafür der Titel „Landrath" üblich, die Mitglieder wurden „Landräthe" genannt. Im sechzehnten Jahrhundert, wo überhaupt der Hofadel ein überwiegendes Ansehen erhielt, verschwanden die Mitglieder des Landraths aus den Städten völlig. Als Bogislav auf dem Landtage zu Stettin (29. November 1603) aufs neue gebeten wurde, die Landräthe wieder einzusetzen, da dies von Barnim nicht geschehen war, erfüllte er diesen Wunsch seiner Städte. Mit Beseitigung der verhaßten Kammerräthe ernannte er sofort 13 Landräthe, jedoch nur aus den

vornehmsten Kriegsgeschlechtern. Sie waren Graf Stephan Heinrich von Eberstein, Ewald und Hans Heinrich von Flemming, Joachim von Wedell der
Jüngere, Werner Wachholz, Henning Borck, Claus Zastrow, David von der
Osten, Damian Winterfeld, Jobst von Dewitz, Joachim Kleist zu Nemerin,
Georg Weiher (weil aber Weiher bald darauf starb, trat an seine Stelle Georg Krockow) und Dyke von der Zinne. Die Landräthe mußten, so oft sie
auf und außer den Landtagen zu Hofe verschrieben wurden, sich einstellen und
zum allgemeinen Besten mitrathen helfen. Sie waren der Fürsten Räthe in
allen wichtigen Angelegenheiten, zu den Gerichtstagen wurden sie wechselsweise
erfordert, daher sie auch der Rechte kundig sein mußten, sie wurden zu Gesandtschaften und Commissionen gebraucht, zugleich waren sie aber auch Behü-
ter und Vertreter der ständischen Freiheiten und Rechte; ohne Verantwortlich-
keit durften sie zum Besten des Landes Erinnerungen machen. Stehende Besoldung ward ihnen nicht zu Theil, nur wenn sie von den Fürsten zu Diensten verschrieben wurden, erhielten sie vom Hofe Speisung für sich und ihre
Pferde; traten sie im Auftrage und Namen der Stände zusammen, so wurden
ihnen von diesen Zehrungskosten verabreicht. Wie sehr man vergessen hatte,
daß ursprünglich zum gemeinen Rathe oder Landrathe auch Mitglieder aus den
Städten gehörten, geht aus der Erklärung Bogislavs XIII. vom 10. Mai 1605
hervor, es sei von Alters her im Herzogthum Stettin so gehalten worden,
daß die Landräthe nur aus dem Grafenstande und der Ritterschaft und nicht
aus den Städten genommen seien. Diese letzteren hätten es den Fürsten nicht
angemuthet, auch nicht darum gebeten, aus ihnen Landräthe zu ernennen. Die
auf den Landtagen wiederholt vorgetragenen Erinnerungen bewirkten jedoch, daß zunächst für den Wolgaster Ort durch den Landtagsabschied vom 10. März 1614
die Bestellung der Landräthe wieder aus den drei Ständen der Prälaten, der
Ritterschaft und der Städte bewilligt wurde. Für die Stettiner Regierung
genehmigte dies Herzog Bogislav XIV. auf dem Landtage zu Stettin im
Jahre 1634.*)

Bogislav XIII. nahm nach Verabschiedung des im November 1603 gehaltenen Landtages wichtige und heilsame Veränderungen an seinem Hofe vor,

---

*) Vergl. die Einleitung zu Kratz die Städte Pommerns von Dr. Klempin pag. LXII.
u. f. w.

beschränkte seine Hofhaltung und entließ die überflüssigen Hofbedienten. Hie-bei ließ er sich von denselben Männern, welche zu gleichem Zwecke schon Her-zog Barnim zu sich gefordert hatte, berathen, nämlich von Ewald Flemming, Jobst von Dewitz, Werner von Wedell, Andreas Borck und Joachim von Wedell.

Zur Lehnsempfängniß schickte Bogislav XIII. gegen Ende des Jahres 1605 seine Räthe nach Prag zum Kaiser Rudolph II., auch Jobst von Dewitz war unter dieser Gesandtschaft, welche alles wohl anrichtete und, neben der Be-lehnung zur Gesammthand, für beide Pommersche Fürsten am 3. Januar 1606 das Privilegium erwirkte, daß die Summe von 300 Gulden, über welche hin-aus eine Appellation an das Reichskammergericht verstattet werden war, auf 500 Goldgulden erhöht wurde, damit dem muthwilligen und leichtsinnigen Appel-liren Einhalt geschähe.

Nach kurzer Regierung starb Bogislav am 7. Maerz 1606, ihn überleb-ten 5 Söhne, Philipp, Franz, Bogislav, Georg und Ulrich, unter denen ein Bruderzwist auszubrechen drohte, weil der Vater keine Bestimmung über die Vertheilung des Erbes getroffen hatte. Mit Zuziehung der Landstände, wurde die Erbschaftsangelegenheit unter den fürstlichen Brüdern oder friedlich geord-net; einem jeden der Fürsten standen mehrere Räthe zur Seite, außerdem warden mit gemeinsamer Uebereinstimmung zu Unterschiedlern ernannt: Hans Heinrich Flemming, Landvogt zu Stolp und Schlawe als Director, Ewald Flemming, Landmarschall, Joachim von Wedell zu Blumberg, Henning Borck zu Woitzel, Jobst von Dewitz, Igte von der Zinne, Damian Winterfeld, Kaspar Otto Glasenapp und Joachim Kleist, welche auch alle gehorsam erschienen. Kaspar von Wedell und Andreas Borck der Aeltere zu Regenwalde, die gleich-falls dazu verordnet waren, blieben aus, der erstere wegen einer Krankheit, in die er plötzlich gefallen, der andere wegen tödtlichen Abganges seiner Haus-frau. Nach vielen Unterhandlungen, vom 25. August bis zum 2. October 1606, wurde vorläufig auf 8 Jahre ein Vergleich geschlossen, zu dessen Gedächtniß Philipp II., der Älteste unter den Brüdern und Nachfolger des Vaters in der Regierung, eine goldene Denkmünze prägen ließ, welche auf der einen Seite zwei Hände, Füllhörner haltend, mit der Umschrift: Una Salus Patriae Fratrum Concordia Constans, auf der andern den Herzogshut, von einer Schlange umgeben, mit der Jahreszahl 1606 zeigte.*)

---

*) Friedeborn III, 51—54.

Im März 1613 traten, vom Herzoge Philipp II. einberufen, zur Revision und Berathschlagung des über die fürstliche Hofgerichts-Ordnung verfaßten Visitations-Abschiedes und etlicher zur Polizei gehörigen Punkte, einige Männer aus den Prälaten, der Ritterschaft und den Städten in Stettin zusammen. Diese waren Curt Flemming, Landmarschall, Hans Heinrich Flemming, Decan und Johann Chinow, Thesaurarius zu Cammin, Jobst von Dewitz, Richard Putkamer, Andreas Borst, Dubislav von Wedell, Jochim Kleist, Rüdiger Massow, Friedrich von der Osten, Hans Billerbeck, Otto Rüdiger Glasenapp, Andreas Monchow (Münchow) und die Bürgermeister Alexander von Ramin zu Alt-Stettin, Thomas Milbenitz zu Stargard und Wulff Putkamer zu Stolp. Es wurde beschlossen, daß die Berathungen dem bevorstehenden Landtage noch einmal vorgelegt und nach erfolgter Annahme publicirt und ins Werk gerichtet werden sollten.

Philipp II. forderte d. d. Stettin den 22. November 1613 Jobst von Dewitz auf, zwei Bürgschaften für Gelder zu übernehmen, welche die Obereinnehmer des Landkastens zu Stargard angeliehen hatten, und die betreffenden Schuldverschreibungen „mit seinem Siegel und Subscription zu bekräftigen". Franz Borst hatte dem Landkasten eine Summe Geldes,*) die von ihm vorgeschossen war, gekündigt; um ihn zu befriedigen, waren von der Frau Barbara Bersen, Kaspars von Wedde nachgelassenen Wittwe, zu S. Katharinä jenes Jahres 5000 Gulden angeliehen. Eine andere Summe von 11,000 Thalern hatte Joachim von Wedell dem Landkasten gekündigt, deßhalb waren zu demselben Termine 2000 Gulden von Samuel Schwalgen, der Rechte Doctor und Syndicus der Stadt Stettin, aufgenommen. Beide neuen Gläubiger hatten neben anderen auch Jobst von Dewitz als Bürgen vorgeschlagen.

Schnell ging der alte Greisenstamm der Pommerschen Herzoge seinem Ende entgegen. Philipp II. starb 45 Jahre alt, am 3. Februar 1618. Er war der letzte bedeutende Fürst Pommerns, welches über den frühen Tod des leutseligen, liebenswürdigen und redlichen Herrn schmerzlich trauerte. Sein Bruder Franz, der bisher als Bischof von Cammin in Cöslin Hof gehalten

---

*) Es scheinen 10,000 Gulden gewesen zu sein, die vorliegende Urkunde ist etwas beschädigt und die Zahl nicht genau zu erkennen.

hatte, folgte ihm in der Regierung des Landes und überließ das Bisthum seinem jüngern Bruder Ulrich. In den Personalien Syphaus von Dewitz IV. (164), einem Urenkels Jobsts II., wird mitgetheilt, daß Jobst vom Herzoge Franz, dem Patrone des Stiftes, beauftragt war, im Namen des Landesfürsten der Installation des Herzogs Ulrichs als Bischof von Cammin, beizuwohnen und die Introduction zu verrichten. Nach kurzer Regierung starb Franz am 27. November 1620 im vier und vierzigsten Jahre seines Alters. Bogislav XIV., der als Nächstberechtigter die Regierung übernahm, erließ d. d. Alten-Stettin den 23. August 1621 an Jobst von Dewitz ein Schreiben mit der Aufforderung, den Revers der Landstände, welcher Behufs der Erneuerung der Erbverträge mit Brandenburg ausgestellt werden mußte, durch Anhängung seines Siegels mit zu bekräftigen.

Die Prinzessin Anna, Schwester Bogislavs XIV., hatte sich am 4. August 1619 mit dem Herzoge Ernst von Croy und Arschott vermählt; am 26. August 1620 gebar sie einen Sohn, Ernst Bogislav, bei dessen Taufe die Landstände, Prälaten, Grafen, Ritterschaft und Städte zu Gevattern gebeten wurden. Dieselben verehrten dem jungen Prinzen zum Pathengeschenke 2000 Gulden, die bei dem Landkasten zinsbar behalten werden sollten. Nach dem Tode ihres Gemahls (7. October 1620) wünschte die fürstliche Wittwe eine Obligation über dieses Kapital zu haben und brachte Jobst von Dewitz als Mitbürgen in Vorschlag. Herzog Bogislav XIV. ließ daher eine Schuldverschreibung ausfertigen, versah sie mit Unterschrift und Siegel und sandte sie d. d. Alten-Stettin den 22. November 1621 Jobst von Dewitz zu, mit dem gnädigen Begehren, er möge sie unterschreiben und besiegeln.

Herzog Ulrich, Bischof von Cammin, starb am 31. October 1622 auf seinem Hofe zu Pribbernow unweit Stepenitz, im Alter von 34 Jahren. Während seiner Krankheit wurde in öffentlichen dazu angeordneten Bettstunden um Fristung seines Lebens inbrünstig zu Gott gefleht. Mit ihm begruben die treuen Pommern die letzte Hoffnung auf die Erhaltung ihres Herrscherhauses, denn auch Herzog Georg war schon am 17. Maerz 1617 verstorben, und die beiden regierenden Fürsten, Philipp Julius in Wolgast und Bogislav XIV. in Stettin, waren ohne Erben. Bei dem feierlichen Leichenbegängnisse Ulrichs führten Jobst von Dewitz und Peter von Glasenapp die verwittwete Herzogin Anna von Croy und Arschott.

Jobst von Dewitz ließ es sich angelegen sein, die Vermögensverhältnisse der Familie zu bessern. Er verkaufte zu diesem Zwecke mit seinem Bruder Curt am 21. September 1590 das Dorf Darz an den fürstlich Stettinischen Rath und Oberkämmerer Peter von Kamele, zu Kassehne erbgesessen. In der Urkunde über diesen Verkauf erklären die beiden Brüder von Dewitz, daß sie hiezu wegen dringender Schulden, die sie von ihrem Vater geerbt hatten, genöthigt wären. Die Kaufsumme betrug 9000 Gulden Pommerscher Währung, den Gulden zu 24 Schilling lübisch gerechnet, wovon die Dewitze 7500 Gulden baar ausgezahlt erhielten. Die übrigen 2000 Gulden wurden für eine Schuld abgerechnet, welche Peter von Kamele und andere, wegen einer Bürgschaft gegen die Wangeliuen, von ihnen zu fordern hatten. Die Gläubiger waren durch Urtheil und Recht in das Gut Wussow und die dazu gehörigen Dörfer wegen dieser Summe, welche sie für die Dewitze hatten zahlen müssen, eingewiesen; sie gaben nun Siegel und Briefe zurück, und Wussow wurde somit von den darauf haftenden Schulden befreit. Die beiden Dewitze hatten Darz zuerst dem Grafen von Eberstein zum Kaufe angeboten, weil diesem vom Herzoge Barnim am Tage Nicolai 1542 die Anwartschaft auf Darz und Rosenow, für den Fall des Aussterbens der Linie Bernds von Dewitz, ertheilt war, die Grafen verzichteten aber auf Darz, da Herzog Johann Friedrich das Gut durch seinen Günstling Peter von Kamele für sich ankaufen ließ. Dieser Fürst, ein großer Freund der Jagd, hatte in der Stettiner Haide eine neue Wildbahn angelegt und das dort gelegene Jagdhaus „zum Zack" zu einem prächtigen Schlosse erweitert, es auch durch Teiche, Gärten und andere Anlagen verschönert. Es wurde nach ihm Friedrichswalde genannt und zu einem Amte erhoben, zu welchem er mehrere Dörfer legte, die er theils von den Aemtern Colbatz und Marienflies nahm, theils ankaufte. Auch Rosenow erwarb er, nach der Hufenmatrikel von 1628 gehörte es, wie Darz, zum fürstlichen Amte Friedrichswalde, die Dewitze besaßen dort nichts.*) Bei dem Verkaufe von Darz waren als Unterhändler für die Dewitze Bernd von Arnim auf Beitzenburg, kurfürstlich Brandenburgischer Landvogt der Uckermark, Bernd von Arnim auf

---

*) Nach Micrælius III. Buch II. Theil pag. 373 kaufte Herzog Johann Friedrich von Jobst Bork zu Pansin dessen Antheil an den Dörfern Rosenow (Rosow) und Damerfitz.

Gerswalde, Hauptmann zu Gramzow, und Georg von Arnim auf Schernemark, für Peter von Ramele der Landmarschall Ewald Flemming auf Bork, Lorenz Petewils auf Ziplow, Schloßhauptmann zu Stettin und Johannes Chinnow auf Chinnow zugezogen. Johann Friedrich ertheilte d. d. Alten-Stettin den 6. November 15** den beiden Dewitzen den Consens zum Verkaufe ihres Lehngutes an seinen Rath, Oberkämmerer und „Hauptmann zum Friedrichswalde" Peter von Ramele.

Die Gebrüder von Dewitz, Jobst und Curt, lösten im Jahre 15** das Gut Daber, welches ihr Vater für 22,000 Thalern an die von Cultow verpfändet hatte, wieder ein. Auch die von Franz von Dewitz verpfändeten Güter Daber, Groß-Benz, Farbezin und Jarchlin wurden von Jobst eingelöst. Das letztere Gut mit 24 Pflugdiensten, 4 Kossäthen und 2 Freischulzen hatte Franz von Dewitz an Balthasar von Wedell zu Schernebek für 12,500 Thaler, die er Martin von Wedell, dem Vater Balthasars, schuldig geworden war, pfandweise verset. Balthasar von Wedell überließ das Gut für denselben Pfandschilling an Georg von Pariow und übergab ihm 52 Haupt-Rindvieh, 44 Schweine, 30 Gänse und 600 Schafe. Als Jobst von Dewitz Jarchlin wieder einlösen wollte, fand er, daß Georg von Pariow das Gut sehr verschlechtert hatte und erst nach langem Streite kam ein Vergleich zu Stande, in Folge dessen Jobst das Gut annahm. Daß er nach dem Tode des Franz von Dewitz dessen Güter erbte, ist schon bei diesem erwähnt. So schien es, als würden die Dewitze sich von den erlittenen Verlusten erholen, aber diese Hoffnung währte nur kurze Zeit, der dreißigjährige Krieg vernichtete bald den ehemaligen großen Wohlstand der Familie für immer. Ehe wir jedoch ein Gut nach dem andern aus den Händen der Dewitze verschwinden sehen, überblicken wir noch einmal ihren Besitz im Anfange des siebzehnten Jahrhunderts. Wir lernen ihn aus der „Matricul Derer Huffen und Häuser, auch anderer Steuerbahrer Güter im Lande zu Pommern, Fürstl. Alten Stettinischen Regierung de Anno 16**, abgefasset auß den Steuer Registern, so Anno 16**. 16**. 1621. 1624. 1627 eingesandt werden," kennen. Darin werden als Dewitzsche Güter angegeben: Plantelow, Cornhagen, Farbezin, Kulze, Ramt, Schraew, Schleßin, Malkesin, Puldenbek, Weichow, Zabnow, Haselow, Reggo, Wiesow, Brunsberg, Brekenfelde, Breitenhagen, Cramonstorff, Veiglahagen, Garchelin, Gustemin, Schmelzdorff, Schernewalde, Großen-Benz, Luten-Benz, Lutow, Taberkow, Daber, Brunstorf und Mar-

rnhagen. Den zu Jarchlin gehörigen Amtshof und den Rittersitz Hesselde, die beide nicht angeführt sind, besaßen sie ebenfalls.*) In mehreren von diesen Gütern hatten auch andere Familien Antheile, die Borken in Sülz, Maldewitz, Woldow, Haselau, Scheenau, Gallnow, Roggow, Austerwin und Klein-Benz, die Wedell in Austerwin, Braunsberg, Weitenhagen und Scheenwalde. Braunsfort und Marienhagen waren Wedellsche Güter, von denen die Dewitze nur Antheile besaßen, in Marienhagen standen ihnen auch das Pfarrenerbrecht und die Straßengerechtigkeit zu. Pfarrlehnsleute der Dewitze waren zu jener Zeit: Jürgen Lebbin, Faustin Hanow, Augustin Hanow, Henning Hanow, Tennies Hanow, Tinnies Hanow, Jürgen Weyer, Abam Weyer, Hans Elbring, Heuning Elbring, Jacob Schnell, die Klempzowen, unter denen Ludike Klempzow besonders genannt wird, und die Preckeln. Das Gut Kasbed hatten die Hanowen ganz zu Lehn.

Sämmtliche Besitzungen der Dewitze versteuerten 1014½ Hackenhufen, 18 Keßhufen, 13 Mühlen, 16 Krüge, 10¼ Schmiede, 21 Schäfer, 21 Schäferknechte und 15 Hirten. Die Häuser der Stadt Daber, 42 ganze und 80 halbe Erben, wurden an Steuerwerth 170 Hackenhufen gleich geschätzt. Die Lehnsleute hatten 149½ Hackenhufen, 2 Keßhufen, 1 Mühler, 3 Krüger, 7 Schäfer und 5 Schäferknechte zu versteuern. Die Stadt Daber und die Lehnsleute sind in der oben angegebenen Gesammtsumme mit eingerechnet. Die Ritterhufen sind nicht mit gezählt, weil diese der Adel steuerfrei besaß, da er für sie die ursprünglich sehr kostspieligen Roßdienste leisten mußte.

Jobst von Dewitz vermählte sich erst im reiferen Mannsalter mit Anna von Wedell, einer Tochter des Landraths Joachim von Wedell des Jüngern auf Blumberg und Kremzow und der Frau Ilse von Arnim, Otto von Arnim auf Scheenemark Tochter. Anna von Wedell war am 3. Mai 1578 geboren, die Verlobung fand am 12. October 1597, die Hochzeit am 18. Juni 1598 statt. Joachim von Wedell gab seiner Tochter 5000 Gulden Pommerscher Währung Ehegeld und eine Aussteuer im Werthe von 1000 Gulden mit. — Jobst von Dewitz schenkte der Daberschen Kirche

---

*) Außerdem ist ein Gut Schwanenwel angegeben, welches in den Matrikeln und Verzeichnissen der Pommerschen Ritterschaft vom XIV. bis in das XIX. Jahrhundert, herausgegeben von Dr. Klempin und Kratz, S. 211 für Schönebeck oder Schönenberg gehalten wird. Es kommt Schwanenwel a. a. O. pag. 215 auch unter den Wedellschen Besitzungen vor.

ten noch in ihr befindlichen Altar, welcher das Dewitzsche Wappen mit der Unterschrift J. v. D., das Wedellsche Wappen mit der Unterschrift A. v. W. und die Jahreszahl 1614 zeigt. Jobst starb am 13. Juni 1628 im Alter von 72 Jahren, seine Wittwe lebte noch im Jahre 1639 zu Beruhagen; er hatte 4 Kinder, drei Söhne: 1. Bernd Joachim 2. Heinrich, 3. Stephan und 1 Tochter Ilse.

104.

Bernd Joachim von Dewitz I.,

der älteste Sohn Jobsts von Dewitz II., wurde am 16. April 1599 geboren, seine Namen erhielt er nach seinen beiden Großvätern Bernd von Dewitz und Joachim von Wedell. Sein Leben war reich an Trübsalen, die während des dreißigjährigen Krieges über ihn ergingen.

Pommern mußte die Unthätigkeit, welche es den großen Bewegungen der Zeit gegenüber bewies, hart büßen. Wäre der muthige streitbare Sinn der Väter in den Pommern gewesen, das reich bevölkerte und reiche Land hätte ein anderes Loos gehabt, aber Adel und Städte waren erschlafft und unkriegerisch geworden. Schon zur Zeit des Schmalkaldischen Krieges hatte man sich nicht entschließen können, ernstliche Rüstungen zur Abwehr der drohenden Gefahr zu treffen. Wurden die Städte von den Fürsten ermahnt, für Kraut und Loth, Harnische und Hellebarten Sorge zu tragen, so beschwerte man sich über zu hohen Aufschlag, münschte mit neuen Steuern verschont zu bleiben, oder schlug wohl gar in Gegenwart des Fürsten mit Fäusten auf den Tisch und rief: „Gnädiger Herre, dat liden de Mutten (Geldbeutel) nich."*) Doch suchte und fand damals noch der Adel Pommerns Gelegenheit, sich in den Heeren fremder Fürsten hervorzuthun. Weit größer war die Schlaffheit vor dem Ausbruche des dreißigjährigen Krieges, es schien als wäre in dem langen Frieden aller männliche Sinn verschwunden. Herzog Philipp II. hatte im Jahre

---

*) Riemann Geschichte der Stadt Greifenberg pag. 162 und 163.

1606 dem Adel gebieten müssen, statt im Wagen zu fahren, sich der Rosse zum
Reiten zu bedienen. In den Städten hörte man die Klage, daß die Sitte des
Vogelschießens ganz abkomme, weil bei dieser Uebung gar keine Ergötzung sei.
Wehrlos gab sich Pommern der Willkür der kaiserlichen und Schwedischen Herrn
Preis. Als Bogislaw XIV. im Jahre 1626 das Landesaufgebot zusammen rief,
um den Durchzug einiger tausend Söldner, welche Gustav Adolph zum Kriege
gegen Polen an der Elbe und in Mecklenburg hatte werben lassen, abzuweisen,
stellte die Ritterschaft von Wolgast statt 481 nur 200 Pferde. Die adligen
Herren selbst blieben größtentheils zu Hause, an ihrer und der reisigen Knechte
Stelle erschienen Kutscher, Bäcker, Fischer und „unversuchtes Lumpengesindel,"
anstatt der starken Hengste, schickten sie kleine schwache Klepper. Die vordem
so kriegsmuthigen Städte Greifswald und Stralsund beriefen sich auf ihre
Privilegien, welche ihnen nur die Vertheidigung der eignen Mauern auferlegte.
Selbst die viel gepriesene Vertheidigung Stralsunds erscheint bei genauer Be-
trachtung nicht in dem glänzenden Lichte, wie sie gewöhnlich dargestellt wird.

Von den unsäglichen Leiden, welche das Land zu erdulden hatte, blieben
natürlich auch die Dewitze nicht verschont. Die Güter Bernd Joachims
wurden dermaßen verwüstet, daß er sich mit den Seinigen kaum kümmerlich
erhalten konnte. Im Jahre 1634 verkaufte er gemeinschaftlich mit seinem Bruder Stephan die Güter Mölln und Jarchlin mit dem Antheilhof wiederkäuflich
auf 25 Jahre an den Landrath Bernd von Dewitz aus der Cart-Linie,
doch wurde er auch hierdurch nicht vor gänzlichem Vermögens Verfalle bewahrt
zuletzt gerieth er in Concurs. Am 13. August 1645 starb er, 46 Jahre alt,
ward am 15. August, nach alter Gewohnheit, von dem Rathe zu Daber
in einen eichenen Sarg gelegt, bis zur Beerdigung in das Vordergewölbe
der Kirche in Saulb beigesetzt und von den Leuten des St. Georgen- und St.
Spiritus-Hospitals 6 Wochen bewacht, 4¼ Wochen lang ward in allen Kirchen der Daberschen Präpositur für ihn geläutet.

Im Jahre 1618 hatte er sich, erst 19 Jahre alt, mit Eva von Flemming, Tochter des Gustavius von Flemming auf Boed, Maßcow und Ribber-
tow und der Frau Anna von Wreech aus dem Hause Krenzow verheirathet.
Er hatte 3 Kinder, 2 Söhne: 1. Jobst und 2. Bogislav nebst einer
Tochter Anna.

105.

Jobst von Dewitz III.,

ältester Sohn Bernd Joachims von Dewitz I. (104), ward am 26. December 1619 geboren, bezog am 28. Januar 1637 die Senatorschule in Stettin, starb aber schon am 12. Juni 1638.

106.

Boguslav von Dewitz,

der zweite Sohn Bernd Joachims von Dewitz I. (104), geboren am 22. September 1623, starb am 14. Juni 1634. Es herrschte in diesem Jahre in Pommern eine pestartige Krankheit, die viele Menschen hinwegraffte.

107.

Anna von Dewitz IV.,

Tochter Bernd Joachims von Dewitz I. (104), verheirathete sich im Jahre 1640 mit dem Schwedischen Obersten Georg von Dewitz auf Miltzow. Sie war seine zweite Gemahlin, und obgleich er viel älter und in Folge vieler Kriegsstrapazen kränklich, ja zuletzt immer bettlägerig war, führte sie mit ihm doch eine sehr glückliche Ehe. Nach seinem Tode (14. Februar 1650) vermählte sie sich im Jahre 1654 zum zweiten Male mit dem Kurbrandenburgschen Geheimrath, Hofgerichts-Präsidenten, Dompropst zu Colberg, Hauptmann und Burgrichter zu Saatzig Matthias von Krockow. Im Jahre 1675 verlor sie diesen ihren Gemahl wiederum und brachte als Wittwe die übrige Zeit ihres Lebens theils in Daber theils in Plathe zu. Am 7. October 1687 setzte sie zu Plathe ihren letzten Willen auf. Haupterbin war eine

Tochter aus der ersten Ehe, Sophie Juliane, Gemahlin des Landraths Vincenz von Blücher auf Plothe. Sie bedenkt aber auch andere Verwandte, besonders ihre beiden Enkelinnen, die Töchter des Landraths von Blücher, denen sie unter andern das Gut zu Daber vermachte, welches von ihrem Vater Bernd Joachim von Dewitz herrührte. „Soll aber meinem Vetter, dem Herrn Christen (Joachim Balthasar von Dewitz) belieben, das Guth wieder einzulösen," heißt es dann weiter, „so soll es Ihm umb 13 tausend Rthlr. gelassen werden, mit allem Vieh und allem, was dazu gehöret. Einem andern aber soll es nicht geringer gelassen werden, denn 16 tausend Rthlr. . . . Darzu habe ich Weltenhagen vor 1500 fl. gekauffet und das Hauß bauwen lassen. Es soll meine Tochter so lang die Abnützung davon haben, biß die Mädchens verheurathet." Mehreren Verwandten bestimmte sie künstliche silberne Geräthe als Andenken, z. B. dem Obermarschall von Grumblow einen Springbrunnen und ein Schiff, einem Herrn von Ramwer eine Windmühle u. s. w. Ihre Diener und Dienerinnen sollten Kleider, zum Theil auch Geldsummen erhalten, die ganz armen unter ihren Leuten wurden vorzugsweise bedacht. Der Kirche in Daber vermachte sie 100 Thaler, um den Altar zu renoviren, 50 Thaler hatte sie zu diesem Zwecke schon früher „verehret." Der Herr Licentiat (Präpositus Mevius) erhielt 10 Thaler zu einem Mantel. Nachträglich sind die Worte hinzugefügt: „Mein Vetter der Christer, wo Er mich begraben läst, soll von den großen 3 Bechern einen haben." Dieser letzte Wille der Frau Anna ist ein schönes Denkmal ihrer Frömmigkeit, ihrer Liebe zu den Verwandten, ihre Freundlichkeit gegen ihre Untergebenen und ihrer Mildthätigkeit gegen Arme. Er beginnt mit den Worten: „Im Nahmen der Heiligen und Hochgelobten Dreifaltigkeit. Amen. Kund und zuwissen sey hiemit jedermänniglichen, Insonderheit denen hieran gelegen, nachdem allen Menschen des leidigen Sündenfalles wegen überleget (auferlegt ist, was Gott gefällig die Schuld der Natur abzulegen, und durch den zeitlichen Todt aus dieser schnöden Welt zu segnen, in was willen einem jeden oblieget, bey Krankheit sein Hauß zu bestellen, und wie ich es nach meinem Tod will gehalten haben: So habe ich Anna von Dewitzen, des Woll Seel. Hrn. Hofgerichts Präsidenten Matthias v. Krockowen nachgelassene Frau Wittwe in Erwegung und bey gutem Verstande meinen letzten Willen hiemit aufrichten und bestätigen wollen. Da ich denn zuforderst die Unaußsprechliche Barmherzigkeit Gottes anrufe, Er wolle mir umb des Verdienstes seines lieben Sohnes Jesu Christi willen meine begangene Sünde und Missethat gnädig vergeben, und nach diesem Zeitlichen die ewige Freud und Seeligkeit und fröhliche Aufferstehung aus lauter Gnaden und Barmhertzigkeit verleihen. Amen.

Am Altare der Taberschen Kirche befindet sich folgende Inschrift:

„Dem Allmächtigen Gott zu Ehren und seinem Heiligen Hause zum Zierrath hat auff verordnung

Der Wohlgebohrnen Frauen Anna von Dewitzen, des auch Wohlgebohrenen Herren Matthias von Krockowen Churf. Brandenburgischen geheimen Raths, hinterpommerisch, Hoffgerichts Praesidentens, Hauptmanns zu Saatzig und Canonici bei der Collegiat Kirche zu Colberg hinterlaßenen Frau Witwen, dieses Altar deren einzige Tochter und Erbin Frau Sophia Juliana von Dewtzin, des Wohlgebohrenen Herren Vincentz Blüchers Churf. Hinter-Pommerischen Landraths auff Plathe, Taberkow etc. Erbherrens nachgelaßene Witwe zieren und staffieren laßen.

So geschehen
den 2ⁿ. September Anno 1650.

108.

Heinrich von Dewitz I,

zweiter Sohn Jobsts von Dewitz II. (103), ist als Kind gestorben.

109.

Stephan von Dewitz III.,

der dritte Sohn Jobsts von Dewitz II, (103), wurde am 20. Januar 1607 zu Taber geboren. In einer Sammlung von einzelnen kurzen Notizen, welche wahrscheinlich von dem Präpositus Johannes Flacow zu Taber herrührt und den Zeitraum von 1586 bis 1634 umfaßt, ist bemerkt: Anno 1607 20. Jan.

ist dem resp. und E. Jobst von Dewitz der andere Sohn geboren,[*]) signum gegen diesen Tag ist in Molleri Allmanach gewesen ☿ lat. piscis und dann ein solch signum 𝆯, welches bedeutet: böser, kranker und unglückseliger Tag. Diese Geburt ist geschehen im Anfange Dienstags oder am Ende des vorigen Tages, da gleiche Zeichen gestanden. Wie der Zeiger im Städtlein auf die Nacht 12, des Junker Jobst von Drvitzen aber ausgeschlagen. Den Reumehn oder Sonnenschein haben wir des vorigen Sonnabends, ist der 17. Januar gewesen, getriegt." Am 4. Februar wurde Stephan von Dewitz getauft, seine Pathen waren Bastian und Hans von Wedell auf Schwerin und Nörenberg erbgesessen, nebst mehreren Frauen und Jungfrauen, die nicht genannt sind. Im Jahre 1017 wurde er auf die Schule zu Stargard in Pommern gegeben, er wohnte im Hause des Rectors M. Paul Coler und zeichnete sich durch Fleiß und gute Fortschritte aus. Nach drei Jahren bezog er 1620 in Begleitung seines Hofmeisters Samuel Lange die Universität Frankfurt, bei welcher er, nach seiner noch vorhandenen Matrikel, am 15. Juli 1620, also erst 13½ Jahre alt, inscribiret wurde. Nur ein Jahr lang blieb er dort, wegen der Schwächlichkeit seines Baures mußte er nach Hause zurückkehren. Gern hätte er noch andere Universitäten besucht, sich auch auf Reisen in fremden Ländern umgesehen, doch erlaubte ihm dies sein Bater nicht, welcher der Unterstützung seiner Söhne um so mehr bedurfte, da der dreißigjährige Krieg auch Pommern zu bedrohen anfing. Nach dem Tode des Baters suchte er seinen Bruder Bernd Joachim zu bewegen, daß er die Verwaltung der sämmtlichen, beiden Brüdern zugefallenen Güter verläufig allein übernehmen möchte. Indessen trug dieser wegen der unruhigen Zeiten Bedenken, hierauf einzugehen; er gestattete dem jüngern Bruder nur eine kurze Abwesenheit, welche Stephan dazu benutzte, mit dem kaiserlichen Feldmarschall von Arnim, einem Verwandten, den Zug nach Preußen gegen Gustav Arolph mitzumachen. Nach seiner Rückkehr nahm er seinen Wohnsitz zu Hoffelde und bewirthschaftete seine Güter. Am 9. Mai 1630 verheirathete er sich mit Esa Barbara von Pluel, einer Tochter Ludwigs von Pful auf Hohenstenow, Löwenberg und Tornow und der Frau Margaretha von Flemming aus dem Hause Boed,

---

[*]) Der als Kind verstorbene Sohn Heinrich ist nicht mitgezählt.

geboren am 20. Juni 1611. Sie brachte ihrem Manne an Ehrgeld, Aussteuer und Erbschaften die zu jener Zeit nicht unbeträchtliche Summe von
21,820 Gulden zu,[*]) was ihm in seinen traurigen Zeiten sehr zu Statten kam
und ihn vor dem Loose seines Bruders Bernd Joachim, der zuletzt ganz in
Armuth gerathen war, bewahrte. Doch hatte nicht der Reichthum der Jungfrau Eva Barbara von Pfuel den Junker Stephan von Dewitz bewogen,
sich um deren Hand zu bewerben, wir lernen ihn als einen sehr zärtlichen
Bräutigam und treuen, liebevollen Ehemann kennen. Sein Bruder Bernd
Joachim hatte eine Tochter des Eustachius von Flemming auf Boeck zur Gemahlin, die Mutter der Eva Barbara war ebenfalls eine Flemming aus dem
Hause Boeck. So hatte Stephan von Dewitz Gelegenheit gehabt, seine nachherige Gemahlin kennen zu lernen und lieb zu gewinnen. Es findet sich noch
ein Brief vor, den er als Bräutigam geschrieben hat, und der also lautet:

„Wol Edle geborne vil Ehr still undt tugentreiche, hertzallerliebstes auserweltes schönes hertzigen. Ir liebes und discretes brieflein habe ich in meiner anheimkunft von . . . gantz wol entfangen undt will höchster freuden daraus erfaren, daß mein hertzallerliebstes hertz annoch bei guter gesundtheit undt
zimlichen hinkommen, vor mich habt die Meinigen haben wir annoch dem getreuen Gott zu dancken, ob ich zwar wol in hertzliche traurigkeit und Melancolia
wegen dieses verzuges undt auffschiebung der angesetzten Zeit geraten undt mir
in meinen hertzen wol recht eine Unmöglichkeit gedacht, so lange von meine
liebsten zu sein, Ursache der großen liebes flam so mihr stündlich in meinem
hertzen Quälen thut, den dises feur hatt auch solcher Maßen gewachsen undt
bei Mir zugenommen, daß ich an nichtes anderes als an mein hertzallerliebstes hertz gedencken kan, welche libe Mühr dise Zeit so großen Trauß und leidt
getan, daß ich auch vermeinet zu sterben wegen dises verzuges undt gleich wie
ein schiffman zur Zeit des Ungewitters die wellen bricht, der hoffnung, sich in
den hafen zu retiriren, ohn alles zeter anstoßet undt strauchet, also Ergehet es
mihr Unseligen auch, der ich vermeinet hatte, durch dise angesetzte Zeit einmal

---

*) So giebt es Stephan von Dewitz selbst an, indem er in der Leibgedings-Ver-
schreibung für seine Ehefrau vom 25. April 1607 alles ihm von derselben Zugebrachte in
baarem Gelde berechnet.

aus den melancolischen gedancken zu kommen, weil es aber nicht geschehen, Muß
ich mich patientiren; den Meiner hertzallerliebsten hertzbrechendes undt höfli-
ches brißlein hat mihr mein hertz also widerum erlabet, daß diße itz angesetzte
Zeit mit gedult erwarten kan und gedencken, o je keller der winter, je lenger
undt schöner der sommer sein pfleget, undt je größer die bekümmerniß, desto
mer freude daraus entstehet, und habe nichts höhers und libers von dem
liben Gott zu bitten undt zu wünschen, als daß er uns beiderseits die libe
gesundtheit, bestendigen fride undt heil verlenen wolte, daß diser terminus nicht
weiter aufgeschoben, besondern seinen gelucklichen vertzgang alsden gewinnen
mochte. sonsten habe ich noch aus meines hertzallerliebstern lipchen schreiben
verstanden, daß unser beiderseits abrede nach itziger Zeit alda keine lechin zu
bekommen undt Mein hertzigen an Mihr begeret, diselbe so lange zu behalten
die alßi ißt; verhalte darauf Meinem lipchen nicht, daß ire Jar auf Ostern ißt
umbgewesen undt si derwegen wechgezogen, wil mich aber doch so lange behel-
fen, bis mein hertzallerliebstes hertz, Gott gebe mitt fride undt gesundtheit alßi
kommet, so wollen wir alsdan zusehen, daß man hir Eine bekomme. Auch tuhe
ich mich zum Eren dinstfleißigsten bedancken legen Mein hertzallerliebstes schönstes bildrchen vor das ubersichdtes libes treutzlin, welches mihr den warlich so
angenem gewesen, daß ich auch zu demselben in Meinem hertzen alse gesprochen,
als ich es ans der Schachtel genommen: o du gelucksseliges geschenk der aller-
getreuesten undt schönsten unter allen, selig bißu, den mein hertzallerliebste dich
mitt ihren allerlibesten händlein gemachet hatt. Ich aber noch glucksseliger
der es entfangen als derjenige, so ihr gewißer zu dienen ißt, als allen andern
auf diser Welt, undt wolte mich wol gelucklich schetzen, wen ich solches legen
Mein auserweltes hertzigen recompensiren konte, welches schwer man nicht geschehen kan, aber dennoch in unser Gott gebe gelucklichen zusammenkunst mitt vil
liplichern küßchen soll recompensiret werden. bevel hiemit Mein hertzallerliebstes
auserweltes schönes hertz der getrewen bewahrung Gottes, Mich aber in ihre
stetes werende libe und trewe, wie den mein auserweltes schetzichen sol hin
widerumm versichert sein, daß Amor sie dermaßen in mein gemüte hatt einge-
drucket undt geflantzet, daß ich sie ihmer, ob ich gleich abwesent, in meinen hertzen vor mich sehe, daraus auch mein lipchen nicht kommen sol, so lange ein
eintziges geberte des lebens an Mihr zu sparen. Mit gantz Ehren Dienstlichen bitten, mein schönstes hertz wolle ohnbeschwer ihre undt meine hertzallerliebste Fr. Matter, herrn Bruder undt Junkfer schwester meinen unterteniegen ·

gehorsam, freundwillige Dinste und Erengruß präsentiren, meinen herzallerliebsten schonsten sipchen aber wünsche ich so vil hundert tausend mal Melion tausent guter noch, als sterne am firmament des himmels sein, wie ich den auch sterlich verbleiben tuhe

Meiner herzallerliebesten

gettrewer Eern Diner

bis in den thot

Stephan von Dewitz."

In den ersten Jahren seiner Ehe führte Stephan von Dewitz ein glückliches, angesehtes Familienleben. Die kaiserlichen Heere waren von Gustav Adolph aus Pommern vertrieben, und der Kriegsschauplatz hatte sich von den Gränzen des Landes entfernt. Stephan von Dewitz konnte im Jahre 1633 zwei Bauerhöfe in Daberlow von Joachim Süring, der sie als Afterlehn besaß, laufen, auch löste er drei Höfe in Sallatow und einen in Kulchow von den Borten, an die sie verpfändet waren, wieder ein. Doch schon in demselben Jahre mußte er eine goldene Kette und zwei Diamantringe von den Kleinodien seiner Frau für 450 Gulden versetzen, um die Kontribution aufzubringen; aus Mangel an Mitteln konnten diese Pretiosen nicht wieder eingelöset werden. Mittelst Kontraktes vom Dienstage in den heiligen Ostern 1634 verkaufte Stephan mit seinem Bruder Bernd Joachim an den Landrath Bernd von Dewitz auf Meesow die Güter Kütz und Jarchlin mit dem Kniephof für 16,262 Gulden auf 25 Jahre. Auch von Schwedischen Truppen, welche im Lande standen, wurden die Dewitzschen Güter arg mitgenommen. „Anno 1635 vom 4. bis 8. Mai," wird in der oben erwähnten Sammlung einzelner Notizen berichtet, „ist ein großer Marsch Schwedischer Reiter durch den Daberschen Distrikt gegangen und durch das Städtlein, wodurch die Leute sehr ruinirt, überall geprügelt und geschlagen, der Marsch ist nach Cüstrin gegangen." Bald wurde es noch schlimmer, als nach der Schlacht bei Nördlingen der Schwedische Reichskanzler Oxenstierna eine größere Besatzung in Pommern zusammenzog, das schon ausgesogene Land mit zuchtlosen Söldnern füllte und immer neue Geldsummen forderte. Im nächsten Jahre, 1635, rückten kaiserliche Kriegsvölker ein, nahmen am 28. September den wichtigen Paß bei Garz an der Oder und zogen von dort nach Starzard. Am 29. September verließ Stephan von Dewitz mit seiner Familie die Heimath und floh nach Friedland

in Polen, „dem Lande des goldenen Friedens," wo viele Pommern Sicherheit
suchten. Die Dewitzschen Güter wurden ganz zu Grunde gerichtet, die Wohnungen standen zum Theil verlassen und zerfielen, Aecker konnten nicht bestellt
werden. Noch lange nachher waren in den Dörfern „wüste Höfe," und „wüste
Hufen" lagen in der Haide. Die Kaiserlichen und die Schweden hauseten
entsetzlich, wohin sie kamen. Bis heute hat sich im Munde des Volkes die
Erinnerung an die Gräuel jener längst vergangenen Jahre erhalten. Man
pflegt hie und da zu sagen: „Es ist wie in der Banérschen Zeit," ohne
von Banér, dem zügellosesten der Schwedischen Heerführer, etwas vernommen
zu haben. Der Verfasser hörte diese Redensart bei Gelegenheit mancher
Ereignisse des Jahres 1848 aus dem Munde Pommerscher Landleute,
und auf seine Frage, ob man von Banér und dessen Zeit etwas wisse, antwortete man mit „nein," sägte aber hinzu, so spreche man von recht argen
Frevelthaten.

Es liegt ein Brief d. d. Daber den 8. Februar 1638 vor, in welchem
der Verwalter von Hoffelde an Stephan von Dewitz nach Polen Bericht
über die von dem Kriegsvolke verübten Schäden erstattet. Er schreibt:

„Wol Edler Gestrenger Vester und Manhafter insonders großgünstiger
undt gebietender Juncker, nebst Anwünschung aller glückseligen Wolfart verhalte
Ew. Gestr. hiemitt unterdienstlichen nicht, daß es leider Gotte also allhie daher gehet, daß mans mit Menschen Zungen fast nicht aussprechen kann. Der
Rittmeister ist den 7. Febr. zu Höffelde uffgebrochen, hatt das Hausgeräthe
in allen, was da ist vorhanden gewesen, mitt sich hinweggenommen, einen
Corporall hatt er hinter sich gelassen, welcher von ihm befehliget, die Schafe
von dar, so noch vorhanden, wegtreiben zu lassen. Zugleichen soll er das
Flachs in Daber führen lassen. Sonsten muß ich Ew. Gestr. hiebenebenst
mitt Schmerzen berichten, daß des Junckern große Pfanne, welche wir wohl
verwahret hatten, durch ehrlose Verräther beim Rittmeister verrahten worden,
will dieselbe nebenst der kleinen Braw-Pfanne undt dem großen Kessel, so im
Brawhause vorhanden, mitt Gewaldt wegführen lassen. Sonsten hat er mir
durch seinen Corporall berichten lassen, ich sollte Ew. Gestr. avisiren, daferne
sie ein Werckt hetten undt dasselbe dem Rittmeister überließen, so wolte er
Ew. Gestr. die Pfannen undt das Flachs wiederumb abfolgen lassen. Solches
müste dem allerhöchsten Gotte im hohen Himmel erbarmen, daß diejenigen, so
zuletzt in Hoffelde recht woll mitt gelebet, ize dasselbe verlassen wollen undt

nun es alda alles verzehret, wollen sie ander leute Güter auch verzehren helfen. Die benußten 600 Schafe, dar Ew. Gestr. von geschrieben, welche ich
mit großer Mühe von den Schlangeschen habe wieder bekommen, seindt vor
8 Tagen von den Majorn seinen Reutern weggetrieben worden, undt ob ich
woll zwar von Stundt an zur restituirunge gedachter Schafe freundlich an
ihn geschrieben undt ihn darin gebethen, Selbige meinem Armen Juncker wiederumb abfolgen zu lassen, so habe ich dennstnoch nichtes bei ihm erhalten
können. Ew. Gestr. gedenken auch in ihrem Schreiben, daß man die Schafe
vor Newgarten oder Daber treiben solle lassen, so verhalte ihn darauff unterdienstlichen nicht, daß sie so wenig zu Newgarten als Daber sicher sein, sie
haben die Schafe, so sich bei der Daber aufgehalten, schon für 14 Tagen weggenommen undt weggetrieben. Vorgestern hat noch der Rittmeister Ambro-
sius die Weilenhagenschen Schafe, so sich auch allhie zu Daber auffgehalten,
wegstreiben lassen, Juncker Berndts Schafe von Jardelin seindt auch all fort.
Ew. Gestr. gedenken auch einer salva guardia, so nacher Hesselde solle geleget werden, berichte ihn darauf, daß der Rittmeister alles weggenommen,
daß also nichtes mehr alda verhanden, da einer von leben konnte. Das Rind-
viehe ist mehrentheils todt, es ist auch nicht ein Spierleinchen uff Hesselde
geblieben, sondern es ist alles unordentlich verquellet worden, daß ich elender
betrubeter Mensch fast nicht weiß, wie mans anstellen solle, undt ich auch ihnen
fast nicht mehr trauen darff.

Gott weiß, daß ich bei E. W. Gutern das meinige gethan, wie einem
redlichen Menschen gebuhret, weil aber der Betrugk undt die große Kriegsge-
fahr überhandt nimmt, weiß ich nicht, wie mans weiter angreiffen soll. Junker Bernd Joachims Volk wirdt übel tractiret, kan nicht ein Bislein Brodt
mehr von ihres Junckern Gutern erlangen, zu deme hat der Juncker zu Bernhagen großen Brandschaden erlitten, indem nicht mehr als die bloße Scheunen
von dem Bauernvolke gereitet. Die Mutter*) ist ja Gottlob noch zimblich im
stande, habe ihretwegen den Capiteen Lauter ... angesprochen undt gebethen,
daß er zu ihrem Unterhalte ein wenig Korn wolte abfolgen lassen, welches
auch geschehen, hat sich erboten, so lange er da lieget, ihr die hülffreiche Hand
zu leisten. Juncker Heinrich von Dewitzen große Stube in Daber im Ader-
hoffe haben sie zu einen Pferdestalle gemachet, es bleibet auch nichtes ganztes

*) Die Wittwe Jobst's II. hatte ihren Wohnsitz in Bernhagen.

in beiden Aderhöffen, allweil die halbe Leib Compagney darinnen lostten, der Allerhöchster Gott wende doch aller Feuerschaden, so noch zurr Zeit haben E. G. deswegen keinen erlitten. Gott behüte und bewahre es hinfüro, in dessen allergnädigsten Schutze E. G. sampt Ihren herzlieben angehörigen getreulich empfohlen.

Raplim den 8. Februaril Anno 1038.

Des Junkern D. W.
Diener A. B."

Mehrere Jahre hielt sich Stephan von Dewitz in der Fremde auf.
Obgleich er selbst Noth leiden mußte, sorgte er doch, so viel in seinen Kräften
stand, für seine armen, schwer geplagten Unterthanen in der Heimath. Er
verkaufte im Jahre 1639 in Polen für 550 Gulden Pommersch eine goldene
Kette nebst einem „stattlichen Kleinod von 12 Diamanten," welches seine Haus-
frau mitbekommen hatte, und verschaffte dafür seinen Bauern theils Saat-
und Brodkorn theils Vieh und Anspannung. Im Jahre 1642 treffen wir ihn
wieder auf seinen Gütern an; er war in diesem Jahre bei der Ausgleichung
eines Streites zwischen den Dewitzen und dem Dorfe Hermelsdorf thätig.

Als die Trangsale des Krieges aufgehört hatten, kam Stephan von
Dewitz in bessere Verhältnisse. Er bezahlte von dem Vermögen seiner Frau
an die von der Osten 10,186 Gulden, die auf seinem Gute Voigtshagen hafteten, bewirthschaftete seine Güter sorgfältig und brachte es wieder zu einigem
Wohlstande. Um die Contributionen aufzubringen, welche die Kriege des großen Kurfürsten nöthig machten, versetzte er im Jahre 1659 noch einmal mehrere Kleinodien seiner Frau für 500 Gulden.

Mit der Wittwe und Tochter seines Bruders Bernd Joachim führte
Stephan einen langwierigen Proceß wegen des Antheils an dem Schlosse
zu Daber, welchen nach dem zwischen beiden Brüdern am 13. August 1629
aufgerichteten Erbvertrage Bernd Joachim bewohnt hatte. Als dessen Tochter
Anna sich in zweiter Ehe mit dem Hofgerichts-Präsidenten Matthias von
Brockow verheirathet hatte, schloß dieser mit Stephan von Dewitz am 6.
Juli 1654 zu Colberg einen gütlichen Vergleich, zu welchem auch Stephans
ältester Sohn Jobst Ludwig hinzugezogen wurde. Die beiden Dewitze,
Vater und Sohn, überließen unbeschadet ihres Antheils an der Schloß- und
Burggerechtigkeit dem von Brockow, gegen Auszahlung von 2000 Gulden Pom-
mersch, die Wohnung auf der Burg, so weit sie dem verstorbenen Bernd Joa-
chim gehört hatte, nebst der Schloßgerechtigkeit. Sie behielten sich vor, daß,

wenn bei Todesfällen auf Stephans und seiner Erben Seite jemand in dem alten Erbbegräbnisse in der Kirche zu Daber beigesetzt werden sollte, ihnen nach altem Gebrauch das Schloß während „der Ausrichtung" eingeräumt werden müsse.

Damals fing die Burg an zu verfallen, das halbe alte Schloß war während des dreißigjährigen Krieges schon fast zur Ruine geworden, auch das neue erst im Jahre 1538 von Jobst von Dewitz I. erbaute Haus war sehr baufällig. Von den Brüdern Jobst II. und Curt, Berndt I. Söhnen, war das Schloß bewohnt gewesen, jeder hatte seinen besondern Eingang, die Stuben, Kammern, Gewölbe und Keller waren unter sie zur Hälfte getheilt. Nach Jobsts Tode hatte sein ältester Sohn Bernd Joachim das halbe Schloß bis an sein Lebensende bewohnt und in gutem Stande erhalten. Curts Söhne, Bernd, Heinrich und Georg theilten „ihren halben Antheil am neuen Hause Daber" durch Vergleich vom 3. Mai 1676 unter sich. Sie machten drei Kaveln und ließen durch einen kleinen Knaben das Loos ziehen, um zu entscheiden, welche Kavel jedem Bruder zufallen sollte; die beiden jüngern Brüder Heinrich und Georg tauschten aber später die ihnen zu Theil gewordenen Kaveln um. Jeder der drei Brüder war verpflichtet, seine Kavel in gutem Stande zu erhalten, damit den anderen kein Schaden an ihren Antheilen entstände. Verursachte einer von ihnen dem andern Schaden durch seine Nachlässigkeit, so hatte er ihm denselben zu ersetzen. Sie waren verbunden, in Freuden- und Trauerzeiten einander ihre Gemächer zu leihen, „jedoch mit dem Reservat, daß daran nichts verwahrloset werde." Gemeinschaftlich sollten „das Thorhaus nebst der alten Küche, das Material vom alten Thurm, der Berg vor der langen Brücke, die Schloßwälle und Gräben um das Haus und dessen Gränzen und Male herum" den Brüdern verbleiben. In dieser der Curt Linie gehörigen Hälfte des Schlosses befanden sich ein großer Saal und zwei „glüsene" oder „vergütsete" Gemächer. Curts Söhne nahmen ihre Wohnung nicht im Schlosse, sondern theils im Städtlein Daber auf dem daselbst erbauten Rittersitze, theils zu Maldewin und Braunsberg und thaten nichts zur Instandhaltung ihrer Hälfte der Burg. Sie besserten nichts an Dach und Fach und ließen das Gebäude so verfallen, daß wegen des „bösen Daches" und der mangelnden Fenster durch das einlaufende Wasser an verschiedenen Stellen die Sparren verfaulten, die Böden und Zimmer bis auf den Keller durchlechten und die Balken anfingen, schadhaft zu werden.

Da hierdurch auch die andere Hälfte des Schlosses litt, weil beide Antheile ein Haus bildeten, wurde Stephan von Dewitz gegen Heinrich, Georg und Bernd, Gebrüder und Gevettern von Dewitz, im Jahre 1648 wegen nothwendiger, von ihnen verabsäumter Reparaturen des Schlosses bei den „von Ihro Königlichen Majestät zu Schweden wohlverordneten Hofgerichts-Verwaltern und Räthen" zu Stettin klagbar. Er trug darauf an, den Dewitzen aus der Curtlinie bei 500 Thalern fiscalischer Strafe aufzugeben, ihren Schloßantheil auszubauen. Als dessenungeachtet alles im alten Zustande blieb, gab Matthias von Krodow, nachdem er 1654 die gut erhaltene Hälfte des Schlosses erworben hatte, eine Beschwerde bei dem kurfürstlichen Hofgerichte in Colberg darüber ein, daß die Besitzer der andern Hälfte, Landrath Bernd von Dewitz und seine Vettern, Heinrich, Georg und Georg Heinrich, an dem Hause noch nichts gebessert hätten, es vielmehr ganz verderben ließen; es sei bereits so baufällig, daß es leicht im nächsten Winter einfallen könne, wenn nichts daran geschähe. Da in Landtagsabschieden schon längst verordnet wäre, „solchane kostbare Häuser als eine Zierde des Landes in baulichem Esse oder Stande zu erhalten," so bittet er, „denen von Dewitz ernstlich und bei Verlust der Schloßgerechtigkeit anzubefehlen, bei jetziger Sommerzeit durch einen Maurer das Dach befestigen und vor Regen und Schnee wohl verwahren zu lassen und ihren Antheil in gutem Stande zu erhalten." Schon unter dem 11. Juli 1654 erging vom Hofgericht an die genannten Dewitze eine Verfügung, in der es heißt: Wir befehlen Euch hiemit ernstlich, daß Ihr diesen Sommer die unfehlbare beschaffung thuet, damit das Haus im baulichen wesen erhalten und Supplicanten durch Eure nachlässigkeit kein schade zugezogen werde; Mit ausdrücklicher Verwarnung, daß Ihr aufm widrigen fall, Supplicanten den zugefügten schaden, so Ihm daraus entstehen möchte, zu ersetzen angehalten, auch mit ernster arbiträrstrafe angesehen werden sollet. Habt Euch hienach zu achten und für schaden zu hüten." Da die Verklagten sich hienach nicht achteten, reichte Matthias von Krodow noch mehrere Beschwerden ein, in denen er darauf drang, die kurfürstliche Behörde möge für die Erhaltung des Hauses Sorge tragen. Das Hofgericht erließ auch in den Jahren 1656 und 1657 wiederholt ernste Rescripte an die betreffenden Dewitze z. B. unter dem 3. Februar, 20. April und 26. August 1657. In den beiden letzten wurde eine Strafe von 400 Thalern angedroht, und die Verfügung vom 26. August schließt mit den Worten: „So befehlen Wir Euch nochmalen hiemit Ernstlich und bey 400 Rthlr. Straffe, ernehutes Hauß inner 6 Wochen nach Instruction dieses am Dache, Balken, Mauren und sonsten dergestalt abssort zu repariren, damit Supplicant an Seinem Antheil von Euch keinen schaden empfinden möge, oder aber daferne Ihr demselben nicht alsobalt nachkommen werdet, Klägern Cautionem de damno infecto zu praestiren. So lieb Euch ist die Straffe zu vermeiden. Wonach Ihr Euch zu achten." Trotz solcher Drohungen wurde am Schlosse nichts gebessert, es verfiel immer mehr.

Am 20. April 1667 setzte Stephan von Dewitz für seine Ehefrau das Leibgedinge fest. In der Verschreibung spricht er mit derselben innigen Liebe von seiner Gemahlin, mit der er einst als Bräutigam an sie geschrieben hatte. "Demnach Ich Stephan von Dewitz," heißt es im Eingange des Leibgedingsbriefes, "meine herz vielgeliebte Hausfrauw, Die wol Edle, viel Ehr undt Tugendreiche Frau Eva Barbara von Flüsin a[l]schen Anno 1630 den 9. May nach Gottes Schickung geheyrathet undt mit derselben numehr Ins Sieben undt Dreyßigste Jahr, Gott lob undt Danck, Christ — endt friedlich im Ehe Stande Zusammen gelebet, Sie mir auch alle eheliche Liebe undt Treue erwiesen, unter in sonderheit in den vergangenen trübseligen Kriegesjahren, undt da man offtermahlß hinwegk fliehen undt in der frembde sich aufhalten, auch großes Elendt undt Jammer aufstehen müßen, nicht allein getreulich bey mihr aufgehalten undt tröstlich gewesen. Sondern auch alle Ihre gehabte praetiosa undt paraphernal güter auß herzlicher getreuer affection mir für gesetzet undt dahin gegeben, oder daß in der Haußhaltunge wie auch sonsten allenthalben der maßen umbsichtig undt außwertiglich sich erzeiget, daß Ich es zum Höchsten zu rühmen undt mit allem möglichen Danck billigt zu erkennen habe" u. s. w. Das Leibgedinge war sehr bedeutend, es bestand in den Gütern Hoffelde und Sallmow mit allem Zubehör und allen Gerechtigkeiten, der Fischerei auf dem Cuern, Daber, Oder- und Plantikowschen See, den Fischteichen innerhalb der Gränzen und Male der beiden Güter Hoffelde und Sallmow, der Roggowschen Wassermühle nebst deren Korn- und Kalpacht, den Fischen auß der Scheenauschen, Groß-Benzischen und Daberschen Mühle, dem Arbeitshafer aus Labbes, allen Gelt und Kornpächten, welche Stephan von seiner Bauern und der Borken Unterthanen aus Sallmow und Groß Benz zu heben hatte, ferner sicherte er seiner Gemahlin den ihm zustehenden Antheil an dem Patronatsrechte in allen Dewitzischen Gütern, an der Jurisdiction des Burggerichts zu Daber undt an der Erbgerechtigkeit über die Af-

trtlehmolente und das Städtlein Tabor zu. Mit ihm unterschrieben und besiegelten seine beiden Söhne Jobst Ludwig und Joachim Balthasar
den Erbheringsbrief. Frau Elsa Barbara überlebte ihren Gemahl nicht, sondern starb vor ihm am 7. November 1667. Sie hatte 24 Jahre lang mit
großer Geduld die Schmerzen eines solchen Leibes getragen und hinterließ den
Ihren einer frommen, sanften und liebreichen Frau. Sehr bald folgte ihr
Stephan von Dewitz. Als er gegen Ende des Jahres 1667 in das
Gehölz bei Sallmow geritten war, überfiel ihn eine Unpäßlichkeit, die er wenig
achtete. Sein Zustand verschlimmerte sich aber, da die Rose mit einer starken
Geschwulst hinzu kam. Er fühlte, daß sein Ende nahe war und bereitete sich
christlich auf den Tod vor. Am 24. Januar 1668 betete er mit großer An-
dacht seine Beichte und empfing das heilige Abendmahl von seinem Beichtvater,
dem Pastor Matthias Prilupp zu Rossow, in der Nacht darauf starb er um
1 Uhr, indem er mit großer Freudigkeit seine Seele in die Hände seines Erlösers befahl. Am 2. Februar wurde er zugleich mit seiner Ehefrau in dem
Dewitzschen Erbbegräbnisse in der Kirche zu Tabor beigesetzt. Die Leichenrede
hielt der Präpositus Vicarius Moenius zu Tabor, sie erschien im Druck und
führte nach dem Geschmack jener Zeit den Titel: „Pharmäischer Trost-Zucker-
Confit wieder die bittern Colaquinten des natürlichen Todes, von dem Gottes-
gelahrten Apostel Paulo, aus der allerherrlichsten geistlichen Apothek und Offi-
cin Göttlichen Wortes, als ein bewährtes medicinalisches Geheimniß, denen
Cher- und Krenkindern Gottes, in den letzten Zügen zum Labsal in 2 Cor.
5, 1 sqq: hinterlassen." In ihr rühmt Moenius, daß „Stephan von Dewitz
und seine Gemahlin sich verhalten als rechte alte Deutsche gegen die Jungen
exemplarisch, denen sie kein Aergerniß gegeben mit Schwelgen, Heßfarth u. s. w.,
die sich in ihrem Leben und Thun mehrentheils nach der alten deutschen gra-
vitätischen Welt hielten, und sich der unnehmenden Impietät und Banität des
letzigen Saeculi in Moribus entschlagen. Sie waren (salva conscientia et
gloria Dei) friedsam, schiedlich, verträglich, mäßig, genügsam, gerecht im Handel und Wandel, fromm und gottesfürchtig."

Stephan von Dewitz hatte 10 Kinder, 6 Söhne: 1. Jobst Ludwig,
2. Joachim Balthasar, 3. Friedrich Wilhelm, 4. Georg, 5. Christoph Henning,
6. Gerd Joachim und 4 Töchter: 1. Anna Margaretha, 2. Ilse Juliane, 3.
Margaretha Elisabeth, 4. Eva Sophie.

110.

Ilse von Dewitz III.,

Tochter Jobsts von Dewitz II. (103), geboren am 7. August 1614, verheirathete sich am 25. Februar 1633 an Gerd von Manteuffel zu Poltin.

111.

Jobst Ludwig von Dewitz, Landrath,

ältester Sohn Stephans von Dewitz III. (109), wurde am 6. August 1631 zu Hofselde geboren, bezog 1647 das Pädagogium zu Alt-Stettin und besuchte dasselbe bis 1650. Es war ihm nicht möglich, sich noch länger den Studien zu widmen, da Stephan von Dewitz der Unterstützung des Sohnes bedurfte, um die im dreißigjährigen Kriege ganz herunter gekommenen Güter in einen bessern Zustand zu bringen und von Schulden zu befreien. Er vermählte sich am Sonntage Septuagesimae 1656 mit Anna Gertrud von Steinwehr, Wulffs von Steinwehr auf Zützichow Tochter. Ihre Mutter Anna von Flemming aus dem Hause Boeck war eine Schwester der Frau Eva von Flemming, Gemahlin Bernd Joachims von Dewitz I. (104). Beide Eltern der Jungfrau Anna Gertrud waren verstorben, daher vertrat bei der am 29. April 1653 geschlossenen Eheflifttung Frau Eva die Stelle der Mutter der Braut, welcher als Heirathsgut 13,000 Gulden zugesichert wurden. Jobst Ludwig sollte dieses Geld „nach bester Gelegenheit zur Melioration und Besserung seiner Lehne" anwenden. Für den Fall seines unbeerbten Todes sicherte er seiner Gemahlin das ganze Gut Wussow zu, sie sollte es „besitzen, genießen und unhinderlich besser ihrer Gelegenheit nach gebrauchen, oder auch anderen ein zuthun, zu veräußern oder zu verpfänden vollkommener Macht und Gewalt haben." Der Bräutigam verpflichtete sich, „Christoph Hennings von Wedell darauf haftende Pöste und habende Jura mit der Jungfrauen Gelder förderlichst an sich zu handeln und also das Gut Wussow plenarie zu befreien." Jobst Lud-

wig erfüllte sein Versprechen, er kaufte den dritten Theil von Wusson, welchen Christoph Henning von Wetzell auf Groß-Kazlow von dem Consario Berndt
Joachim von Dewitz her besaß, an sich, die beiden anderen Theile dieses Gutes trat ihm am Tage Catharinae 1665 sein Vater Stephan für 7000
Gulden ab. Hierin consentirte Jobst Ludwigs Bruder Joachim Balthasar,
welchem an demselben Tage das Gut Voigtshagen von dem Vater für
3000 Gulden mit Consens Jobst Ludwigs überlassen wurde. Jeder der beiden Brüder begab sich aller Ansprüche auf das Gut des anderen, mit Ausnahme des Lehnsrechts. Auf die übrigen väterlichen Güter behielten sie sich
alle Rechte vor; nach dem Tode der Eltern sollte alles, was diese „an Lehnen, beweg- und unbeweglicher, todter und lebendiger Fahrniß, Allodialia, aus-
stehenden Schulden, Erbfällen und dergleichen" nachlassen würden, zu ganz
gleichen Theilen an die Brüder fallen.

Mittelst Vertrages vom 27. Juni 1671 übergaben Jobst Ludwig und
Joachim Balthasar von Dewitz ihr Gut Natem an mehrere Gläubiger erb-
und eigenthümlich für 12,041 Gulden 22 Schillinge Schulden. Diese Forde-
rungen rührten von Jobst II. und Stephan III. her; die Gläubiger, sämmtlich
in Alt-Stettin, waren: 1. Die St. Marien-Kirche (320 Gulden 12 Schillinge), 2. die Erben des Bürgermeisters Dillier (1425 Gulden), 3. des Dr.
Medicinae Nicolaus Schulz (3680 Gulden),[*] 4. des Seidenhändlers Martin
Bartholomaeus (2141 Gulden), 5. des Kämmerers Hermann Berdhel (341
Gulden 10 Schillinge), 6. der Hofgerichts-Advocat Johann Christoph Wagener,
Cessionarius der Erben Jacob Gabriels (336 Gulden) und 7. Erdmann Lin-
demann (1058 Gulden).

Jobst Ludwig nahm seinen Wohnsitz in Wusson. Im Jahre 1683
finden wir ihn, obwohl erst 22 Jahr alt, in öffentlichen Angelegenheiten thä-

---

[*] Der Wittwe des Dr. Nicolaus Schulz hatte Stephan von Dewitz d. d. Alten Stettin
1682 folgenden Schein ausgestellt:

„Ich Stephan von Dewitz auff Daber undt Hofstede Erbsessen, Urkunde undt bekenne
krafft diesem, daß Ich den Fr. Dr. Nicolai Schultzen Sehl. hinterlassener Frau Wittwen, wegen berichter genugter Wahrheiglicht, daß Sie die beiden Schuldposte, mit welchem mein
Sehl. Vatter Ihr verhafftet gewesen, Bad raubwüchsen Fluß setzen lassen, auß gutem
freien willen ohne Ihre begehren Einen gutten festen Taller, undt 2 achtentheil Salter
jährlich auff Galli, so lange Ich der Poste bei mir haben werde, verehren undt in Ihre
behandlung schicken will, welches aber gar nicht an den Ausern noch am Capitall gekurtzet
werden soll, darüber Ich diesen Schein ertheilet habe."

tig. Durch den Westphälischen Frieden erhielt der große Kurfürst Hinterpommern zugesichert, aber erst nachdem am 4. Mai 1653 der Stettinische
Gränzreceß zwischen Schweden und Brandenburg geschlossen war, erfolgte im
Juni desselben Jahres die wirkliche Einräumung des Landes an Friedrich Wilhelm. Dieser ließ auf einem Landtage zu Stargard (vom 19. Juli 1653 bis
zum 11. Juli 1654) die Verwaltung seiner Hinterpommerschen Lande berathen
und festsetzen. Durch ein Rescript d. d. Cöln an der Spree den 8. Juni
1653 wurde befohlen, daß aus jedem Geschlechte einer oder mehrere sich zum
Landtage einstellen sollten. Aus der Dewitzschen Familie wohnten ihm der
Landrath Bernd von Dewitz auf Meseow und Jobst Ludwig bei. Es war der
erste und letzte Landtag, welchen Kurfürst Friedrich Wilhelm für Pommern zusammen rief. Auch bei dem feierlichen Leichenbegängnisse des Herzogs Bogislaws XIV. war Jobst Ludwig zugegen. Die Leiche des Fürsten hatte 17 Jahre
unbeerdigt gestanden, am 25. Mai 1654 wurde sie zu Stettin in die Gruft
seiner Väter gesenkt, der Regimentsstab ward zerbrochen, die Bischofsmütze nebst
der Trauerfahne wurden zerrissen und in das Grab geworfen, Siegel, Schild
und Helm zerschnitten und unter Schweden und Brandenburg getheilt, welche
gemeinschaftlich die Kosten der Bestattung (gegen 50,000 Thaler) trugen. Pommern weinte dem letzten Fürsten des alten Greifenstammes viele Thränen
nach; als aber im Jahre 1662 der große Kurfürst mit seiner Gemahlin und
seinen Prinzen durch Hinterpommern reiste und Treptow an der Rega besuchte,
besang der Hofmedicus Balthasar Zastrow dies frohe Ereigniß in einem Ge-
dichte, welches beginnt:

> Nun Pommern streich die Grämel-Runzeln
> Von deiner blassen Stirne ab,
> Laß dein verlübtes Winsel-Grunzeln
> Bescharret werden in ein Grab.

Nach dem Tode des Landraths Bernd von Dewitz auf Meseow (24. Martz
1667) wurde Jobst Ludwig zum Landrathe ernannt. Er bewährte sich in
diesem Amte als ein Mann von großer Tüchtigkeit und Thätigkeit. In den
damals herrschenden Vorurtheilen war er freilich nicht weniger befangen als
die meisten seiner Zeitgenossen. Ueberall sahe man den unmittelbaren Einfluß
übernatürlicher Kräfte und dämonischer Gewalten, man war geneigt, bei den
einfachsten Vorfällen auf Zauberei zu schließen, die Hexenprocesse waren noch
an der Tagesordnung. In einem notariellen Protokolle, betreffend einen dem

Landrath Jobst Ludwig von Dewitz auf Klüssow durch Zauberei zugefügten Schaden, heißt es:

„Es referiret Friedrich Gralow, des Herrn Landraths von Dewitzen treuiger Diener, daß, wie der Verwalter Spieder von Plantlow 88 Stück Schweine, so ihme der Her Landrath rechtmäßiger Weise in seinem Gehöge, ungeachtet er ihm zuvor hätte warnen laßen unde er doch den ganzen Herbst durch darinnen wider Recht und Gewohnheit gehütet, abpfänden laßen, nachdem er dem Herrn Landrath 4 Thaler vor muthwilligen Eintrang und Hütung, welches er biebischer Weise gethan, erlegen müßen, abgeholet er nachfolgende Worte, welches der Klüssowsche Schäfer mit angehört, außgesprochen: „So als Jl Recht tou dem Pandtgeld hebben, so mög jll od verbruden, dat sel juw noch ein juwer Pandtgeld warten.“ Auf solche Draworte wär sofort des andern Tages, als des Herrn Landraths Jaselschweine in Seinem Gehöge gehütet worden, wobei 3 Hüter gewesen, ein Wulff gestürzet, welcher die 4 besten Zucht-Sauen, so rüchtig, niedergerißen und zu Tode gebißen, ungeachtet nun der Schäfer von Klüssow auch eine große Anzahl Schweine dabei gehabt, ist doch nicht eines getroffen worden, besondern blos des Herrn Landraths seine, worauff der Herr Landrath solchen Schaden sich zu tieffen Gemüthe ziehet, absonderlichen da er davor hält, daß dieses ein Effect von den Draumworten, so Spieder gethan hatt, unde bittet, die Obrigkeit welle denselben do non amplius nocendo Caution bestellen laßen und daß er deßfalß gebührlichen bestrafet werde.

Daß obiges Friedrich Gralow in Aegenwart Herrn B. Marten Hlmern vor mich juhß. Notar. außgesaget, solches attestire ich J. Bever Notar. Publ. Caesar. m. p.“

Die Verhandlung ist ohne Datum, wahrscheinlich rührt sie aus den Jahren 1680 bis 1683 her.

Höchst characteristisch für die Denk- und Anschauungsweise jener Zeit ist eine in den vorhandenen Acten enthaltene Beschwerte Joachim Balthasars von Dewitz, des Bruders Jobst Ludwigs, gegen den Pastor Joachim Gevelberg in Schennwalde bei Daber vom Jahre 1681.

An der Kirche jenes Ortes befand sich ein Weinstock, vom dem einige Trauben von den Kindern oder anderen Leuten aus der Gemeinde abgepflückt worren. Der Pastor Gevelberg kündigte an zwei aneinander folgenden Sonntagen nach der Predigt von der Kanzel unter Androhung des Bannes an, die

Thäter möchten sich mit ihm wegen der entwendeten Weintrauben abfinden. Da sich niemand meldete, that er sie öffentlich in den Bann dergestalt, daß er sie dem Teufel mit Leib und Seele übergab, der sie bis an ihr letztes Ende außen, nach dem Tode aber in den Abgrund der Hölle mit sich nehmen sollte. Das Gebäude um den Kirchhof war sehr niedrig: es begab sich also, daß der Dorfbulle über dasselbe gestiegen war und von den Trauben gefressen hatte. Bald darauf fing er an, mager zu werden, und starb nach einiger Zeit.

Joachim Balthasar von Trewitz beklagte sich nun bei dem kurfürstlichen Hinterpommerschen Konsistorium zu Stargard über den Pastor. Er beschwerte sich darüber, daß dieser sich nicht allein unterfangen habe, die üblichen Accidentien eigenmächtig zu steigern, einige Leute aus bloßer Feindschaft vom Beichtstuhle abzuweisen und andere ohne Ursache in den Predigten öffentlich sehr zu schimpfen, sondern auch um einiger Weintrauben willen, so an der Kirche abgerissen, die Thäter, so er vermeinet, öffentlich in den Bann gethan und sie mit Leib und Seele dem Teufel übergeben, dergleichen verschuldet habe, daß der Bulle im Dorfe, welcher von den Trauben gefressen, nach gethanem Banne sofort kranck geworden und so lange „grämlet," bis er gestorben. Das Konsistorium ertheilte den Bescheid, daß dergleichen Excesse allerdings dem Priesteramte directe zuwider seien, und da sie bei den Zuhörern ein großes Aergerniß angerichtet hätten, der Prediger sich auch der Verstoßung vom Beichtstuhl und Abkündigung des Bannes aus bloßer Privatsache angemaßet, während er doch, selbst bei triftigen Gründen, solches ohne Erkenntniß des Konsistoriums nicht hätte thun dürfen, dabei ohnedem ganz unverantwortlich wäre, daß er wegen einiger Weintrauben eine Seele dem Teufel freventlich zu ewiger Qual übergeben, obgleich ihm obgelegen, seiner Zuhörer Seelen Seligkeit nach aller Möglichkeit zu suchen: so seien solche Ursachen wohl zureichend, daß er von dem kurfürstlichen Konsistorium ab officio entfernt werden könne. Weil aber ex actis sich nicht ergebe, daß gedachter Prediger bereits von dem Konsistorium verwarnt wäre, sich in seinem Amte dergleichen Excesse nicht zu erlauben, so solle er auf ein Jahr von seinem Amte suspendiret werden. Der Tod des Bullen ist mit Stillschweigen übergangen.*)

---

*) Dr. Tholuck erwähnt in der Geschichte des kirchlichen Lebens des siebzehnten Jahrhunderts (II. Abtheilung pag. 125) theilweise dieses Vorfalls zum Beweise, wie viel sich ein Prediger noch im Jahre 1641 habe herausnehmen dürfen, versetzt aber den Ort S., wo er

Auch über mehrere auf den Dewitzschen Gütern geführte Hexenprocesse sind Actenstücke vorhanden. Nach Ausweis derselben wurden hier 1682 in einem Vierteljahre drei Hexen verbrannt: Eva Neumanns aus Malderwin am 9. Juni in Hosselde, Engel Dubbeke am 14. Juli in Klussow und Eva Moyses am 1. September in Daber.

Das Urtheil über Eva Neumanns lautet: „In Inquisitions Sachen contra Eva Neumanns, Hans Partheyen Eheweib, in puncto venasicii Erkennen und Sprechen Wir Jobst Ludewig und Joachim Balzer Gebrüder von Dewitzen, respective Churfürstl. Hinter Pommerscher Landrath wie auch Sr. Churfürstl. Durchl. zu Brandenburg bei Dehro Leib Regiment zu Roß Wolbestalter Oberster auff Daber, Klussow und Hosselde Erbherren, nach eingeholten Rath der Rechtsgelahrten vor Recht: Daß Inquisita wegen bekanter Zauberey mit dem Feuer vom Leben zum Tode zu straffen sey, wie wir denn solches also erkennen und Sie dahin urtheilen." Von Rechts Wegen.

Daß diese Urtheil deßmen Rechten und Unß zugefertigten Alten gemeß, Solches bezeugen wir Director und Aßeßores des Churf. Brandenb. Hinter Pomm. Schöppenstuhl zu Stargard, Urkundlich unter Unserm hierbei
L. S.   aufgedruckten Scabinat Insiegel. Geschehen Stargard den 3. Juni ao 1682.

Die Untersuchungs-Acten sind von dem Landrath Jobst Ludwig von Dewitz eigenhändig folgendermaßen überschrieben:

    Cum Deo Triuno

    Acta Inquisitorialia

      In puncto beschuldeter Zauberey

         contra

    Eva Neumanns und dessen Ehemann

           Hans Parteyen

    ein Garnweber aus Malderwin.

    Actum Hosselde den 24. Aprilis 1682.

---

sich zugetragen, in die Umgegend von Frankfurt an der Oder. E. ist jedoch Schorrnwalde bei Daber, in den Acten, welche dem Verfasser vorliegen, findet sich wörtlich das von Dr. Thomä Mitgetheilte.

Exod. 22, 18. Levit. 20, 27. Deut. 18, 10. seq.
Die Zauberin sollte nicht leben lassen Deut. 13, 13. 14.
Cap. 17, 4. 5. Cap. 19, 18.

Wan eine Uebelthat Dir wird angesagt und hörest es, so solt Du wol darnach fragen, und wenn Du findest das gewis wahr ist, daß solcher Greuel in Israel geschehen ist, so sollst denselbigen Mann oder dasselbige Weib ausführen, die solches Uebel gethan haben, zu Deinem Thor.

Der höchste Gott als Ober Richter
Im Himmel und der Erden
Ist auch in diesem
Gerichte.

Ein Bild damaliger Sitten und Lebensverhältnisse gewähren uns auch die vielfachen Streitigkeiten, welche Jobst Ludwig von Dewitz hatte. Weitläufige Acten handeln davon, aus welchen nur einige Mittheilungen hier eine Stelle finden mögen.

In einen heftigen Zwist war Jobst Ludwig mit dem damaligen Präpositus der Synode und Pastor zu Daber Licentiat Movius gerathen. Ohne Vorwissen der Patrone hatte dieser einen Daberschen Bürger, einen übelberüchtigten, dem Trunke ergebenen, verlegenen und diebischen Menschen, Namens Joachim Piepenburg, als Küster eingesetzt. Mit dem Kirchenprovisor Martin Timm, einem ehrenwerthen Manne, kam am 22. August 1682 der ganz betrunkene Küster Piepenburg auf dem Kirchthurme, wo der Provisor eine Reparatur vornehmen ließ, in Wortwechsel und beleidigte ihn gröblich. Als er vom Provisor zurecht gewiesen wurde, entgegnete er: „Ich bin so viel wie Du, wir waren zwei gleich dumme Jungen, als wir zusammen in die Schule gingen, und du bist kein Haar besser als ich. Ich fürchte mich vor dem Teufel nicht!" Martin Timm wies ihn vom Thurme fort, Piepenburg aber setzte sich auf einen Balken und schrie: „Und wenn die Welt voll Teufel wär und wollten mir verschlingen, so fürcht ich ihn doch nicht so sehr, es muß mir doch gelingen." Als der Provisor sich über Joachim Piepenburg bei „dem Herrn Vicarianten" (wie Movius sich nennen ließ) beschwerte, fand er kein Gehör, der Küster drang sogar in das Haus Martin Timms ein und schmähte ihn mit ehrenrührigen Worten. Grade damals kam der Oberst Joachim Balthasar von Dewitz nach Daber und klagte bei dem kurfürstlichen Brandenburgischen Konsistorium in Stargard gegen Movius, der „gern Hans in allen Gassen sein und die Hand in allen Sachen haben wolle." In seiner Vertheidigungsschrift behauptete der Präpositus, die Klage gegen ihn rühre nur „von Feinden seines ihm von Gott befohlenen Amtes her, die lieber Böses denn Gutes, falsch denn recht und also gern alles zum Verderben mit falschen Zungen redeten und schrieben." Dies bezog sich auf den Landrath Jobst Ludwig von Dewitz, gegen den Movius den Verdacht hegte, daß er den Oberst von Dewitz gegen ihn aufgewiegelt hätte. Der Landrath Jobst Ludwig wandte sich jetzt mit folgendem Schreiben an die Pastoren der Synode:

„Wohl Ehrwürdige Großachtbare und Wohlgelahrte, Insonders Großgünstige HochgeEhrte Herren.

Nachdem Ich von demjelben, was Licentiat Movius Pastor und Präpositus in Daber am 27. Februarii anni currentis wieder den Herrn Obersten Jochim Baltzer von Detzitzen in das Churfürstl. Hinterpommersch. Consistorium eingeschoben, Copey vor gebühr erhalten, so befinde, das gedachter Licentiat mich darinnen folgendermaßen aestimiret und austuffet:

    1. Vor seinen Gott befohlenen Amtsfeindt,

    2. Der lieber Böses den Gutes,

    3. Falsch vor Recht,

    4. mit falscher Zungen redet und schreibet.

Als werden alle Herren Pastores in diesem Daberschen Synodo schuldigst ersuchet, Dero Meynung abzugeben, ob mihr diese Injurien mit bestande der Warheit können nachgesaget und nachgeschrieben werden, undt ob nicht vielmehr das Contrarium vor Gott undt aller Welt offenbahr, daß Ich

    1. Ein freund des Ministerii bin,

    2. Ein aufrichtiger Patron der Kirchen, Schulen undt Hospitalen,

    3. Ein Tutor der Wittben und Weißen,

    4. Daß Ich rede und schreibe allewege was redlich undt wahr ist.

Bitte demnach nochmahlen dienstlichen dieses mit Ihrer Subscription zu bekräftigen.

Gestalt Ich dieses Erzeugnüß von einem Jedweden aufrichtigen Ehrlichen Prediger im ganzen Lande, die Mich kennen, zu erhalten getrawe, alß werden die Herren umb desto vielmehr, weil Ich Ihr Patronus bin, Mihr ein solches nicht denegiren können, verbleibe

Signatum
Wuſſow den 1ⁿ.
Martii 1693.

Meiner HochgeEhrten Herren ſampt und
ſonders zu ſchuldigſten Dienſten Stets ver-
bunden
Jobſt Ludwig von Dewitz Churfürſtl.
Brandenburgſcher beſtellter Pommerſcher
Landrath.

Das verlangte Zeugniß wurde ihm ausgeſtellt. Der Paſtor zu Jarbezin,
Petrus Ulſichius, ſchrieb: „Es ſind große Injurien, die wider unſern hochgeEhrten und großgünſtigen Herrn Patronen von dem Licentiaten Herrn Mo-
vio ausgeſprenget werden, Movius hat es ſchwer zu verantworten.“

Der Paſtor Chriſtianus Sieſert in Breitenfelde erklärte: „Daß mein
Herr Patron, der Herr Landrath von Dewitzen mir kein Böſes ſondern Gutes
erwieſen, auch nicht falſchheit oder Unrecht im reden und ſchreiben gegen mir gebrauchet, ſondern mir vielmehr alle Ehre, affection und Patrönliche Willfäh-
rigkeit erzeiget, ſolches bezeuge mit eigenhändiger ſubſcription.“

Aehnlich äußerten ſich die Paſtoren Joachim Wietman in Jarchlin, Cas-
parus Stukiſch in Labbed, Johann Jacob Debele in Reggow, M. Chriſtian
Beier in Dleeſen, Joachim Werelberg in Scheenwalde und Chriſtian Cunradi
in Cramenstorf.

Durch die Verfügung des Conſiſtoriums vom 8. Maerz 1694 wurde Joachim Pirpenburg ſeines Amtes entſetzt. Die Dewitze als Patrone wollten einen gewiſſen Dröſe, der nicht aus Daber war, als Küſter vociren, Movius
machte geltend, daß die Beſtellung eines neuen Küſters ein unſtreitiges „con-
nexum Pastoratus et Praepoſiturae“ ſei und war mit der Wahl des
Dröſe nicht einverſtanden. Er wandte gegen ihn ein, daß er nicht das Kir-
chengeläut und Uhrſtellen verſtehe, „darauf ſonderlich mit zu ſehen, damit das
koſtbare Geläute durch Untüchtigkeit des Küſters zum unverantwortlichen Schaden der Kirche nicht verabſäumet werden möge.“ Singen und ableſen müſſe der
Küſter auch, wenn sacra zu Daberkow zu verwalten ſeien, ob er dazu geſchickt,
werde die Probe ergeben. „Manchmal habe ein Küſter ein beſſer Mundwerk
zum Schlingen als zum Singen.“ Es wurde von dem Präpoſitus ein Daber-
ſcher Bürger Paul Halrabeck als Küſter empfohlen. Das Schreiben an die
Patrone ſchließt Movius alſo:

„Patrönlichen ordentlichen respect habe ich niemahlen aus den Augen geſetzt und weiß, daß geſittente Menſchen favor unter das tägliche Brod

gehöret, werde auch mir höchst empfohlen seyn laßen, schuldige aber nicht blinde observantia und folge zu praestiren und weil Patronische Ehre und respect den Priesterlichen nicht aufhebet, sollen die Herren Patroni die Prediger alß Ehrwürdige tractiren. Des Herrn General-Superintendenten Exellenz wird ehesten Tages hier und alßdann von obigen Sachen weiter zu conferiren seyn. Solte aber beym Hochlöblichen Churfürstlichen Consistorie angeordnetermaßen die Confirmation des Dröse gesuchet werden, werde Ich noch dagegen einkommen. Wie mir mein H. Ambt conferiret worden, alßo muß Ich auch nach höchster Angelegenheit vigiliren, daß nicht das geringste Stück oder Gerechtigkeit davon abgehe, das muß gantz bleiben, obschon der es getragen, durch den Tode zerstücket wird. Herr Gott gieb Friede und stewre allen denen kräfftig, die nicht Deine, sondern nur Ihre eigene Ehre suchen und sey mit Deiner Hülffe nahe denen, die dich fürchten. Verbleibe

Ew. Hochwohlgeb. und Hochedelgeb.
HochMann-Vesten Gestrengen beständiger Vorbitter und Aufwärter biß
zum Tode

Samuel Mevius Ss Theol. Licent.
Pastor in Daber und Synodi Praepositus mpp."

Daber ao 1634
18. Martii.

Einen ärgerlichen Handel hatten sämmtliche Dewitze mit Dinnies von Kettow, dem von des Hanowen halb Rasbed, so wie ein Aderhof, einige Bauern und etliche Restäcker in Schmelzdorf als Pfandbesitz überlassen waren. Der Landrath Jobst Ludwig forderte von ihm, als einem Afterlehnsmanne, die Leistung von Homagialdiensten, namentlich bei Leichenbegängnissen in der Dewitzschen Familie. Diese Dienste verweigerte Dinnies von Kettow, und es trat zwischen ihm und den Dewitzen ein gespanntes Verhältniß ein. Auch mit den Hanowen entzweite er sich um eine Kleinigkeit, indem er einige Pachthühner nicht lieferte, welche er aus dem Rasbeder Kruge an die Erben des verstorbenen Jobstin von Hanow zu geben hatte. Die Vormünder der Hanowschen Minorennen drohten mit der Einrichtung einer Klage bei den Dewitzen als Lehnsherren, von Kettow aber äußerte „er achte die Dewitze für nichts." Die Klage gegen ihn ging ein, und die Dewitze erließen an ihn, als ihren Lehnsmann, folgendes Mandat: „Es wird Dinnies von Kettow auß beygefügtem zu ersehen haben, was seligen Jobstin von Hanowen nach-

gelaffener Kinder verordnete Vormünder wieder Ihn wegen vorenthaltener
Pachthühner auß dem Labbeckschen Kruge vor Klage führen, wird demnach Ver-
klagtern anbefohlen, Kläger inner 4 Wochen zu befriedigen oder in gleicher
frist causas quare non beizubringen. Wornach sich zu achten.

Signatum Daber den 20. April 1660.

L. S. Sämptliche von Dewitz auff Daber Erb- und Burggesessen."

Dieses Mandat richte Tinnies von Lettow an das kurfürstliche Hofgericht zu Stargard ein und führte darüber Beschwerde, daß die Dewitze ihn
„gar schimpflich tractiret hätten," indem sie ihm keinen adligen Geschlechtstitel
gegeben, ja ihm nicht einmal einen Gruß entboten hätten, „eben als Alexander Magnus, da denselben nach Ueberwindung der Perser der Hochmuth ein-
nahm," verführten sie mit ihm. Weil er wegen der Güter Labbeck und Schmelzdorf einen Proceß mit ihnen führe, und sie ihm deßwegen schon gehäffig seien,
so bäte er, die Klage der Hanowschen Vormünder möge an das Hofgericht verwiesen und den Dewitzen ernstlich anbefohlen werden, daß sie ihn nicht vor
ihr forum zögen. Das kurfürstliche Hofgericht befahl d. d. Stargard den 18.
Mai 1669 den Dewitzen „ohne einige Beschimpfung des Supplicanten hinfür-
ner rechtmäßig zu prozediren oder zu gewarten, daß widrigenfalls die von Tinnies von Lettow erbetene Verordnung erfolgen müsse." Die Dewitze erließen
nun eine ausführliche Vertheidigungsschrift, welche, wie die Handschrift zeigt,
von Jobst Ludwig verfaßt ist. Sie sprachen ihr Erstaunen darüber aus,
daß in „Menslenr" Tinnies von Lettow Anklage „solche grobe und kahle Schulfuchsereien, als das Gleichniß vom Hochmuth des Alexandri Magni, so sich
hoc loco so reime als eine Faust aufs Ohr, hineingeflicket wären. Dies hätte
der Concipient oder Advocatus nicht leiden sollen; denselbigen könnten sie gar
nicht für einen rechten Advocatus oder Sacerdos Justitiae anerkennen, weil
er solche tückischen Schulfuchsereien, womit sich Knaben in den Schulen aus
dem Curtio oder Justino schleppten, wider ehrliche Leute anbrächte, die ihm ihr
Lebtage nicht zuwider gewesen, ja von ihm nicht wüßten, ob er in rerum na-
tura lebe oder was er für eine Creatur sei. Leider müsse heutigen Tages geklaget werden: Advocati hodierni coverunt melius calumniari quam par-
tes. Kläger selbst aber habe sich wohl vorzusehen, daß es ihm nicht ergehe,
wie jenem Frosche bei Aesopo, der aufgeborsten und zerplatzt sei, welches sie
ihm doch nicht gern gönnen wollten. Uebrigens verführen sie mit dem Titel
also: Wenn jemand von ihnen privatim an den Kläger schriebe, so hieße es

„Wohl Edler geborner Herr, Hochgeehrter Herr Chmd." Erließen sie ein Mandat an ihn als an ihren Lehnsmann, so schrieben sie: „WohlEdler und Mannvester, Insonders großgünstiger Herr und Freund, Wir können Euch nicht vorenthalten" u. s. w. Das letzte Mandat hätten sie jedoch ohne Titel erlassen, weil Dinnies von Lettow sich ungebührlich über sie geäußert und gesagt habe, er frage nichts nach den Dewitzen, denn auf einen groben Klotz gehöre ein grober Keil. Wenn er vorgebe, die Dewitze seien gegen ihn gehässig, so könne er dies durch nichts beweisen, es sei vielmehr (jedoch citra injuriam dictum) salva venia Eine . . , wie man sonder Laesion der Civilitaet nicht wohl ausreden könne. So wolle denn Ein Hochlöbliches Hofgericht dem Kläger nicht Gehör geben, sondern die Verklagten in ihren Rechten schützen und den Dinnies von Lettow anhalten, vor ihrem Burggerichte sich zu gestellen, da sie nach ihren Lehnbriefen die Jurisdiction über ihre Afterlehnsleute hätten, auch seit mehr als 200 Jahren die Formel: „Unser Lieber Getreuer, wir können dir nicht vorenthalten," in den Anschreiben an dieselben gebraucht würde.

Am verdrießlichsten war der Hader zwischen Jobst Ludwig und seinen Vettern aus der Curt-Linie, den Brüdern Rittmeister Christian Heinrich und Hauptmann Gustav Georg von Dewitz. Der erstere führte gegen die beiden letztere viele Processe, weil sie in seinen Waldungen Holz fällen ließen, auf seinem Felde hüteten, sich die ihm gebührende Straßengerechtigkeit anmaßten und sich andere Eingriffe in seine Gerechtsame erlaubten. Dazu kam eine Klage gegen Gustav Georg von Dewitz wegen grober Injurien, die ein starkes Actenstück ausfüllt. Am 18. October 1688 hatte der Landrath Jobst Ludwig einige Quartiers- und Gerichtssachen in Daber zu expediren und nahm dieselben auf der Oberstube des Rathhauses mit Zuziehung des Burggerichts-Secretarius Johann Beyer vor. Der Hauptmann Gustav Georg hatte an demselben Tage Geschäfte in der untern Stube des Rathhauses und bedurfte gleichfalls des Burggerichts-Secretarius. Der Landrath versprach, seine Sachen schnell zu erledigen, der Hauptmann begab sich in sein Haus und speisete dort mit Melchior Heinrich von Wedell und einem Herrn von Brockhusen, die beide zu den ihm obliegenden Geschäften als Commissarien zugezogen waren. Um 2 Uhr Nachmittags kam Gustav Georg sehr erregt auf die Rathsstube, ließ den Notar Beyer hari an, fragte, warum er nicht herunter käme und seines Amtes, wie sich gebühre, wartete. Er fluchte und schalt so laut, daß man es über den ganzen Markt hören konnte. Der Landrath stand vom

Tische auf, hieß ihn freundlich mit der Hand willkommen und sagte: „Nun Herr Bruder, jetzo ist es geschehen, er wird gleich kommen." Da fuhr ihn der Hauptmann in Gegenwart mehrerer Leute mit den Worten an: „Du Kerl, wie kommst du dazu und machst mir und meinem Bruder, dem Rittmeister, so vielen Proceß, du hast ja nichts, womit willst du den Proceß ausführen?" Zugleich schlug er mit der Faust auf den Tisch. Jobst Ludwig entgegnete: Er wisse es nicht anders anzufangen, er müsse gegen die beiden Vettern wohl klagen, da sie ihre Leute nicht in Ordnung hielten, sondern ihnen den Rücken stärkten, wenn sie dem Landrathe zuwider handelten, während seine Leute in einer solchen Disciplin gehalten würden, daß die Vettern über dieselben keine Klage führen könnten. Der Hauptmann blieb in seinem Zorne, schlug noch einmal mit der Hand auf den Tisch und schrie aus Leibeskräften: „Du hast nichts, du bist ein Bettler und willst doch mit uns Processe führen, bestelle mir Caution, und du sollst mir Caution bestellen, die Sachen mit mir auszuführen, denn du hast nichts." „Ob Ich nun wohl," schreibt Jobst Ludwig in seiner Beschwerde an die kurfürstliche Regierung „die- sem häßlichen Injurianten und Invasoren ein paar Ohrfeigen zum anfang auf die zur unzeit und wider recht von Mihr schimpfliche in praesens frembder Leute geforderte Caution hätte reichen und Meinen Dienern einen Wink geben können, diesen rasenden Menschen von der Treppe zu werffen: So habe doch suma patientia Mich also gezwungen, daß ich diesem Injurianten nicht Ur- sach zu einem besonderen unglück geben wollen, und ist derselbige, wie er ge- sehen, daß Ich Ihm cedirte, mit schmähen und Pochen davon gegangen. Nun bin ich mit demselben weit über dreißig Jahr in vieler Begebenheit, bald im guten, bald im bösen zusammen gewesen, da Er sich allemahl wie ein Lamb bezeiget, weiß nicht, wo Er vor dieses mahl des Herculis Löwenhaut ergriffen und sich so kühnlich erwiesen. Ich erinnere Mich aber, daß Nechsthin das Churfürstl. Edict wegen gezündelt und duellirend von dem Herrn Praeposito in Daber von der Kantzel publiciret worden, das hat sich dieser Injuriant be- dienen wollen, denn hätte Ich solches nicht mit schuldigstem respect bedacht, und diesen Injurianten bastioniren lassen, so hätte er Mich in Unglück gestürtzet, allein Gott hat es nicht haben wollen und Mihr vor diesmahlen die patience gegeben. Wenn denn diese Beschimpfung 6 Personen mit angesehen und an- gehöret: So habe solches Ew. Churfürstl. Durchl. unterthänigst klagen wollen, und wird Ew. Churfürstl. Durchl. Hochlöbsame Hinter-Pommersche Regierung eine solche Beschimpfung dem Churfürst. Orter gemäß sofern auf frischer that zu bestraffen wißen, geschiehet es nicht, will Ich davon protestiret haben, dafern ein mehres davon herkommet."

Dem Hauptmann Gustav Georg von Dewitz wurde sein ungebührliches Verhalten nachdrücklich verwiesen.

Nach dem Tode des großen Kurfürsten (29. April 1688) baten die Dewitze dessen Nachfolger, den Kurfürsten Friedrich III., ihnen „einen General-Lehnbrief aller Gewohnheit nach auszuantworten zu lassen." Der Landrath Jobst Ludwig reichte im Namen aller Dewitze das Gesuch ein, dem eine unter dem 24. September 1689 abgefaßte Specification der Dewitzschen Besitzungen beigefügt war. In dieser waren auch die Güter angegeben, welche sich jure crediti in fremden Händen befanden. Hiernach waren damals folgende Güter aus der Familie gekommen:

1. Das Gut Daber, welches Bernd Joachim von Dewitz I. besessen hatte, mit dem Gütlein Weitenhagen als Pertinenz. Besitzerin war die Frau Landräthin von Blücher, geborne Sophie Juliane von Dewitz, eine Enkelin Bernd Joachims von Dewitz.

2. Breitenfelde besaßen die verwittwete Frau von Plßen, geborne Barbara Elisabeth von Dewitz, eine Urenkelin Curts von Dewitz, des Stifters der Curt-Linie, und Kaspar Heinrich von Wallow, der Gemahl einer andern Urenkelin desselben, Ida Lucretia von Dewitz.

3. Plantikow war im Concurse Bernd Joachims von Dewitz I. an dessen Gläubiger gekommen. Jetzt waren Besitzer die Erben des Landraths von Patkamer, des Kanzlers Chemnitz und des Bürgermeisters Tillirs.

4. Braunsberg nebst Antheilen von Rabem, Jasmin und Schmelzdorf, so weit es von Georg von Dewitz, einem Sohne des genannten Curt von Dewitz herrührte, befand sich im Besitze der Erben der Frau von Hallard, gebornen Cunigunde von Dewitz, einer Tochter Georgs von Dewitz.

5. Rabem war von Jobst Ludwig und Joachim Balthasar von Dewitz an mehrere Gläubiger in Stettin überlassen. Da diese nicht lehnsfähig waren, behielten die Dewitze das Lehnsrecht und die Lehnspflichten.

6. **Ballnow** besaßen die Wittwe Georg Heinrichs von Dewitz, eines Enkels des mehrfach erwähnten Curt von Dewitz, geborene Eva Sophie von Borck, eine Frau Hofräthin Praetorius und „die Cassirsche.“[*]

7. **Jarchlin**, so weit es von Georg von Dewitz, dem Sohne Curts von Dewitz herrührte, war im Besitze des Regierungsraths von Carnitz.

8. Die beiden Viehhöfe in **Kniephof** waren an den Schloßrentmeister Gaster verpfändet, standen aber zur Reluition, weil der Besitzer nicht lehnsfähig war.

9. Das halbe Gut **Bernhagen** war in Folge des Concurses Bernd Joachims von Dewitz I. an Ekhard von Manteufel, den Sohn der Schwester Bernd Joachims, Ilse von Dewitz (no. 110), anstatt Muttererbes cedirt. Ekhard von Manteufel hatte es aber den Dewitzen zur Reluition angeboten.

Von den Afterlehnsleuten waren die Weiger (Weyher), Särings, Lebbine, Preckel und Schuelle ausgestorben, die Hauewe saßen noch in Rasbeck und Schmelzdorf. Von ihnen hatte Tinnies von Rettow halb Rasbeck und in Schmelzdorf einen Ackerhof, einige Bauern und Kossäthen an sich gebracht. In Breitenfelde war ein minorenner Sohn des verstorbenen Adam von Klempzen, sehr bald erlosch hier dieses Geschlecht ganz.

Jobst Ludwig von Dewitz hatte manche Leiden zu tragen. Er verlor am 17. August 1669 seine Gemahlin, die acht Tage nach der Geburt einer Tochter starb. Auch drückten ihn Schulden, welche er von seinem Vater überkommen hatte, sehr hart. Die Erben eines Bürgermeisters Kunkenreich verklagten ihn wegen einer Forderung, die sie an ihn hatten, und weil er nicht zahlen konnte, wurde von dem Hofgerichte in Stargard die Execution gegen ihn verfügt. Flehentlich bat er in mehreren Eingaben, es möge die Execution nicht vollstreckt werden, er würde vollständig ruinirt sein, wenn man von seiner geringen Habe ihm noch etwas nähme. „Habe nur auf meinem ganzen Hofe 24 Kühe,“ schreibt er unter andern, „wen die durch Execution sollen weggeraubet werden, würde das guth vollendts

[*] Der Name der Cassirschen ist nicht angegeben, es erhellt jedoch anderweitig, daß es die Wittwe des Ober-Kassirer Köhler war.

ruinirit werden, wovon soll ich Seiner Churfürstl. Durchl. alle Monath 38
Thaler Contribution geben. . . Diesemnach erbiete mich dahin, weil Gottlieb
gute Mast vorhanden, künstigen Martini 50 fl. Pommerscher wehrung in pa-
rata pecunia abzuführen, und dem folgende Jährlichen damit ohnfehlbahr
zu continuiren, bis die Kläger ihre Befriedigung haben, undt kan das Exe-
cutorial bis zur Zahlunge in seinem vigour verbleiben. . . Ich kan es an
Eydesstaat versichern, wenn ich das Geld hätte, oder wüste es unter einem
stein oder im hertzen, so wolte ich es herauster klauben, damit ich von den
Spöttischen sichreten, so des Gegentheils Advocat wieder mich, jedoch unver-
dient, führen soll, raud liberiren könte. . . . . Ich habe die schulde nicht gemachet, besondern sie rühret ex Paternals her. . Bitte also ümb Gottes und
der heyligen Justitz willen, man wolle mich nicht gar auß dem Lande jagen,
undt mir undt meinen armen Kindern das trockene Brodt vor dem munde
wegrauben laßen, die Kläger seyndt ja keine arme Leuthe, Gott wird hierinnen
ein einsehen thun, thäte es die verfluchte monatliche Hufensteuer nicht, wolle
ich mich nicht also plagen laßen. Gott sey es geklaget, daß Keiner im Churfürstlichen Hofgerichte eine Compaßion mit denen Debitoren hat, besondern alle
die Verordnungen ad nutum der reichen Creditoren eingerichtet werden. Ich
bezeuge es mit Gott, woferne dieses nicht geendert wird, werde ich durch solche
harte pressur auß dem Lande getrieben werden." Er erbot sich, diese und
andere Gläubiger in sein Gut Justemin einzuweisen. Dies Anerbieten wurde
aber nicht angenommen und das Hofgericht erließ d. d. Stargard den 23.
Maerz 1697 den Bescheid, die Execution könne nicht aufgehoben werden, fügte
indeßen hinzu: „Es wird aber dem Exeautori anbey undt Krafft dieses hiemit injungiret, die Execution also zu verrichten, damit dem Supplicanten
Saat- undt Brodtkorn, wie auch nöthiges Zugvieh beym Gute verbleibe."

Am 7. April 1678 verheirathete sich Jobst Ludwig von Dewitz zum
zweiten Male mit Juliane Eleonore von Kaßow, hinterbliebenen Tochter des Herrn Martin Lander von Kaßow auf Blankenhagen und der Frau
Anna Margaretha Dilies. An Ehegeltern erhielt sie von der Mutter 400
Thaler, und wurde festgesetzet, daß Jobst Ludwig hiervon 2000 Thaler an
seine beiden Schwestern, die an den Herrn von Günterßberg auf Liebenow
und an den Oberstlieutenant Alexander Magnus von Sydow vermählt waren,
außzahlen sollte. 1000 Thaler erhielten die Erben des Kämmerers Trebieß
in Alt-Stettin und 1000 Thaler der Oberst von Brißewitz, an den sie Aegi-

dius Dubislav von der Often erlirt hatte. In die Forderungen, Rechte und
Hypotheken dieser Gläubiger traten Juliane Eleonore von Ralfow und deren
Erben. Außer dem Ehegelde zahlte die Frau von Ralfow kurz vor der Verheirathung 300 Thaler für die Hochzeits-Kosten, der Bräutigam übernahm es
dagegen, die Hochzeit selbst auszurichten. Endlich empfing Jobst Ludwig
von seiner Schwiegermutter „aus guter Affection" 700 Thaler. Als Leibgedinge sicherte er seiner Frau das Gut Zallnow zu, nebst dem „Uebermaße an
Klußow, so über der Kinder erster Ehe Versicherung davon übrig sein möchte."

In den letzten Jahren seines Lebens litt Jobst Ludwig von Dewitz
an heftigen Steinschmerzen; er sah sie als Vorboten des Todes an, auf den
er sich gottselig vorbereitete. Auf seinem Todtenbette war er getrost, ja voll
großer Freudigkeit, er gab seinem Beichtvater Conrad Ackermann die Versicherung, daß er ohne Angst sei und sich mit ganzer Zuversicht auf die Gnade
seines Heilandes Jesu Christi verlasse. Fröhlichen Herzens nahm er von den
Seinigen Abschied, übergab sie dem großen Gotte als einem getreuen Vater
und ermahnte sie zur Nachfolge ihres Erlösers. Oft hörte man ihn rufen:
„Seht doch, wie die heiligen Engel um mich herumstehen!" Am 4. Januar
1686 Abends um 8 Uhr entschlief er, nachdem er zu wiederholten Malen mit
gen Himmel gehobenen Händen ausgerufen hatte: „Herr Jesu löse auf!" Er
war ein Mann von aufrichtiger Frömmigkeit, dies beweist sein Ende, von großer Tüchtigkeit, davon zeugen die vielen noch vorhandenen, von seiner Hand
geschriebenen Acten, und von hoher Bildung, dies geht aus der von ihm hinterlassenen Bibliothek hervor, welche nach dem vorliegenden Verzeichnisse besonders aus historischen, juristischen und theologischen Werken bestand. Von
den letzteren sind z. B. angeführt: Augustini confessiones und meditationes,
Joh. Gerhardi meditationes, Confessio belgica, Dr. Daniel Cramers große
Pommersche Kirchenchronica, Dr. Joh. Bugenhagens Passional, herausgegeben
von Dr. Cramer, ferner befanden sich in ihr die Schriften von Philander von
Sittenwald, von Joh. Balthasar Schuppius, ein Exemplar des Moran (lateinisch), Herodot, Virgil u. s. w.

Die Leichenpredigt, welche zu Stargard 1687 im Druck erschien, hielt Jobst
Ludwigs früherer Gegner, der Präpositus Morius; sie war betitelt: „Glän-
biger Lehn-Männer unter dem Volke Gottes freudiger Sammergang zu ihrer
uralten Gnaden-Lehn und himmlischen Erb-Burg-Freiheit für allem Welt-
Uebel nach dem göttlichen Lehn-Brief Esaiae cap. 25 v. 20." In ihr wird gesagt:

Jobst Ludwig von Dewitz gehöre mit unter die Equites sanctae crucis oder des heiligen Kreuz-Ordens aus vielen und mancherlei Ursachen, er wird ein vir pius, probus, sedulus, pallens genannt.*) Movius rühmt seine Abstammung aus einer uralten, zu Friedens- mit Kriegszeiten durch besondere treue Dienste und Tapferkeit hochangesehenen Familie. Er versichert, das Geschlecht der Dewitze sei so alt, daß dessen Ursprung und Anfang fast unbekannt geworden, und nicht ohne Grund hätten hochvornehme gelehrte Männer die Meinung geheget, man müsse es von der ehemals berühmten Familie der Decier in Rom ableiten.

In der ersten Ehe waren dem Landrath Jobst Ludwig von Dewitz 7 Kinder geboren, 3 Söhne: 1. Stephan, 2. Bernd Joachim, 3. Friedrich Wilhelm und 4 Töchter: 1. Eva Elsa, 2. Anna Juliane, 3. Barbara Marie, 4. Hedwig Eleonore. Aus der zweiten Ehe hatte er 6 Kinder, 2 Söhne und 4 Töchter: 1. Julius Leander, 2. Balthasar Nicolaus, 3. Anna Sophie, 4. Dorothea Elisabeth und zwei früh verstorbene Töchter, deren Namen unbekannt sind. Die Wittwe Jobst Ludwigs lebte noch im Jahre 1713 in Stettin.

112.

Joachim Balthasar von Dewitz,
General-Lieutenant,

zweiter Sohn Stephans von Dewitz III. (no. 109), wurde nach glaubwürdigen Nachrichten am 25. Februar 1636 auf dem Hause Hosselev geboren. Da seine Eltern im Herbste 1635 nach Polen geflohen waren und dort mehrere Jahre verweilten, müssen sie inzwischen in der Heimath gewesen sein. Bis in sein sechzehntes Jahr genoß er im älterlichen Hause Privatunterricht und war nicht abgeneigt, seine Studien fortzusetzen. Allein die Vermögensverhältnisse Stephans von Dewitz waren in jenen schweren Zeiten so zerrüttet, daß er außer Stande war, den Sohn auf Schulen zu unterhalten. Er brachte ihn

---

*) Ein frommer, rechtschaffener, thätiger, gebeugter Mann.

daher an den Hof des Herzogs Christian von Sachsen-Merseburg, wo er einige Jahre Silber-, hernach Kammer- und endlich Jagd-Page war und sich durch sein Verhalten die Gunst des Herzogs in dem Maße erwarb, daß dieser ihm die Oberforstmeisterstelle in der Nieder-Lausitz antrug. Weil aber Joachim Balthasar einen Jäger, mit dem er in Streit gerathen war, dergestalt verwundete, daß derselbe nach 11 Tagen starb, so sahe er sich genöthigt, vom fürstlichen Hofe zu fliehen. Indessen die Sache wurde beigelegt, er durfte nicht nur an den Hof zurückkehren, sondern es ward ihm auch freigestellt, das angebotene Amt zu übernehmen. Der Dienst bei dem Herzoge von Merseburg war ihm jedoch verleidet, da er auch schon früher ein nicht näher bezeichnetes Unglück bei Hofe gehabt hatte; deßwegen zog er es auf Rath seiner Eltern vor, in kurbrandenburgische Kriegsdienste zu gehen und trat in das Kavallerie-Regiment des Generalmajors von Quast. Im Jahre 1666 wurde er Lieutenant und nach 3 Jahren, 1669, Kapitain-Lieutenant. Als der große Kurfürst 1672, im Bündnisse mit dem Deutschen Kaiser Leopold, zum Schutze Hollands gegen Ludwig XIV. von Frankreich, die Waffen ergriff, machte Joachim Balthasar von Dewitz diesen Feldzug als Rittmeister mit. Schon am 6. Juni 1673 schloß der Kurfürst zu Vossem Frieden mit Frankreich, ergriff aber im nächsten Jahre von neuem die Waffen, entrüstet über die Gewaltthätigkeiten, welche die Franzosen in der Pfalz verübten. Er schloß mit dem Kaiser, Spanien und Holland ein Schutz- und Trutzbündniß und zog im August 1674 an der Spitze von 20,000 Mann nach dem Main, wo er sich mit den kaiserlichen Truppen vereinigte. Joachim Balthasar von Dewitz avancirte in diesem Feldzuge zum Oberstwachtmeister, indem er in die Stelle des vor der Neuwieder Schanze gefallenen Oberstwachtmeisters von der Marwitz rückte. Das Regiment stand jetzt unter dem Befehl des Obersten von Meerner, Generalmajor von Quast war mit Tode abgegangen. Während Friedrich Wilhelm gegen Ende des Jahres 1674 mit seinen Truppen im Elsaß stand, fielen die Schweden durch Ludwig XIV. veranlaßt, unter dem Feldmarschall Wrangel in die Mark ein, plünderten Dörfer und Städte, trieben das Vieh weg und erpreßten schwere Brandschatzungen. Die Gräuel des dreißigjährigen Krieges kehrten noch einmal zurück, den Soldaten war jeder Frevel und jede Grausamkeit gestattet. Vergeblich bemühte sich der Kurfürst am Bundesgenossen gegen Schweden, nur Holland erklärte dieser Macht den Krieg, der Kaiser und die Deutschen Reichsfürsten waren zu keinem Entschlusse zu bringen. Da brach Friedrich Wilhelm zu Ende Mai

1675 plötzlich mit seiner Armee aus Franken auf und zog in Eilmärschen seinem Lande zu Hülfe. Am 11. Juni hatte er Magdeburg erreicht, wo er sein Fußvolk zurückließ und mit der Reiterei auf den Feind losging. Nur etwa 1000 Musketiere, die auf 140 Wagen fortgeschafft wurden, und 13 Geschütze nahm er außer der Kavallerie mit. Rathenow wurde überfallen und nach kurzem Kampfe genommen, da der Schwedische Oberst Wangelin, welcher mit einem Dragoner-Regimente dort eingerückt war, keine Ahnung von der Nähe des Kurfürsten hatte. Am 18. Juni wurden die Schweden bei Fehrbellin geschlagen. Hier wie bei Rathenow hatte der Oberstwachtmeister Joachim Balthasar von Dewitz mitgefochten und namentlich in der Schlacht bei Fehrbellin Gelegenheit gefunden, sich rühmlich auszuzeichnen. Er mußte das Kommando des Regiments übernehmen, da der Oberst von Mörner an seiner Seite gefallen und der Oberstlieutenant von Treffenfeld*) verwundet war. Zwei feindliche Regimenter, das Baron Wochmeistersche und das Delwigsche, nebst drei Schwadronen Finnländer warf er über den Haufen, ohne eine Wunde zu erhalten. Noch während der Schlacht ernannte ihn der Kurfürst zum Oberstlieutenant. Den Krieg gegen Schweden setzte Friedrich Wilhelm mit Glück fort, er rückte in Vorpommern ein, eroberte die festen Plätze, vertrieb die Schwedischen Truppen aus Rügen, nahm Stettin, und selbst Stralsund, wo der Feldmarschall Königsmark befehligte, kapitulirte. Die Schwedische Besatzung von Stralsund erhielt freien Abzug mit allen kriegerischen Ehren und wurde von Colberg nach Schweden übergesetzt. Oberstlieutenant von Dewitz begleitete sie mit 800 Pferden durch Vorpommern und die Insel Usedom und sorgte für ihre Verpflegung. Da der große Kurfürst „die treuen und unverdrossenen Dienste, welche der Oberstlieutenant Joachim Balthasar von Dewitz sowohl bei jetziger Kriegs-Expedition als sonsten geleistet, in Gnaden angemerket, auch darauf gnädigst bedacht gewesen, wie sie demselben eine wirkliche Gnade erweisen möchten, und dann sich gefunden, daß der Oberstlieutenant von Dewitz und sein Bruder

---

*) Joachim von Treffenfeld diente bis zum Jahre 1675 unter dem Namen Henning mit großer Auszeichnung in der Armee. Bei Fehrbellin focht er mit einem solchen Heldenmuthe, daß ihn der Kurfürst dort adelte und ihm den Namen Treffenfeld beilegte. Er wurde mit Gütern beschenkt, zum Obersten ernannt und starb 1679 als Generalmajor von der Kavallerie.

ein von ihren Voreltern ihnen zugefallenes Vorwerk im Herzogthum Pommern,
genannt Radem, nebst den zugehörigen Pertinentien einigen Schwedischen Bedienten und Bürgern aus Alten-Stettin wegen einiger Schulden in solutum
abgetreten, das aber anjetzo als Feindesgut dem kurfürstlichen Fiscus zugefallen," so schenkte Seine Kurfürstliche Durchlaucht d. d. Hauptquartier Schwahn
in Mecklenburg den 19. September 1675 dem Oberstlieutenant von Dewitz
dieses Vorwerk mit allen Zubehörungen, wie es den Schwedischen Creditoren
cedirt und abgetreten war. Er sollte Radem wieder mit denselben Rechten
besitzen wie seine Vorfahren; das den Schwedischen Beamten und Bürgern in
Stettin zustehende Recht wurde gänzlich annullirt und die in ihren Händen
befindlichen, auf das Vorwerk bezüglichen Documente wurden cassirt und aufgehoben.

Mittelst Schenkungsbriefes d. d. Zeltlager vor Stettin den 30. Juli 1677
sicherte Kurfürst Friedrich Wilhelm seinem Oberstlieutenant Joachim Balthasar von Dewitz, auf dessen Bitte, das sogenannte Dewitzen Haus in Stettin zu, welches unter den Pommerschen Herzogen die Dewitze frei von allen
Lasten besessen hatten. Es war ihnen vom Rath der Stadt Stettin entzogen
und zu dasselbe der Syndicus der Stadt gesetzt. Nach der Eroberung Stettins
sollte der Oberstlieutenant von Dewitz das Haus mit allen Privilegien und
Beneficien, wie seine Vorfahren es besessen hatten, als freies Eigenthum wieder
erhalten. Sehr wahrscheinlich ist dies Haus dasselbe, welches Berud von Dewitz I. (no. 95) von einem gewissen Lubbenthal gekauft hatte. Nach tapferer
Vertheidigung ergab sich am 16. December 1677 die Schwedische Besatzung
von Stettin, der Magistrat bat den Kurfürsten um Gnade, gelobte alte
Treue und huldigte ihm am 10. Januar 1678. Die Stadt wurde nicht weiter gestraft, die Stettiner blieben im Besitze des Gutes Radem und des Dewitzen Hauses, Joachim Balthasar aber ging, trotz seiner Schenkungsbriefe,
leer aus.

Der König von Schweden, vom großen Kurfürsten aus allen seinen Deutschen Besitzungen vertrieben, versuchte, diesen an einer andern Stelle anzugreifen und fiel im Spätherbste 1678 in Preußen ein. Ungeachtet des ungemein
strengen Winters brach Friedrich Wilhelm am 30. December 1678 von Berlin dorthin auf, ließ sein Heer auf Schlitten über das fest gefrorene Haff bringen und fand die Schweden, erschreckt durch die unerwartete Nachricht von
seiner Ankunft in Preußen, schon auf dem Rückzuge. Ueberall, wo das Bran-

tenburgische Heer sie traf, wurden sie geschlagen und zu eiliger Flucht gedrängt. Der Generalmajor von Schöning wurde kommandirt, mit 1000 Reitern und 500 Dragonern, welche damals zugleich den Infanteriedienst versahen, den fliehenden Feind zu verfolgen. Er setzte sich am 25. Januar (4. Februar) in Bewegung, unter ihm stand der Oberstlieutenant von Dewitz. Am ersten Tage erreichte er das Dorf Zwingi, wo ihm vier Geschütze in die Hände fielen. Den 26. Jan. verfolgte Schöning den Feind bis Balesch; auf die Nachricht, daß die Schweden Twergen passirt wären, brach er noch in der Nacht eben dahin auf, doch erreichte die Kälte eine so lästige Höhe, daß es nicht möglich war, zu Pferde zu bleiben. In Twergen erfuhr Schöning, daß die Schweden ihr Fuhrwerk verbrannt und die Bagage auf einzelne Pferde gepackt hätten, um desto schneller zu entkommen, zwei Kanonen und 30 Wagen mit Kriegsbedürfnissen hatten sie im Stiche gelassen. Zurückkehrende Patrouillen brachten die Meldung, daß der Feind bereits über Telsche hinaus wäre; in der Besorgniß, ohne Gefecht seine Bestimmung nur halb erreicht zu haben, beauftragte der General am 28. den Oberstlieutenant von Dewitz mit 300 der besten Pferde und ertheilte ihm den Auftrag, den Feind wo möglich zum Stehen zu bringen. Inzwischen hatte auch der Feldmarschall Horn beschlossen, den ihm folgenden unbedeutenden aber unbequemen Brandenburgischen Abtheilungen sein Dasein ernstlich zu erkennen zu geben. Er hatte noch einmal so viel Truppen, dabei war er an Artillerie bedeutend überlegen. Er war eben beschäftigt, sich dreiviertel Meilen jenseits Telsche aufzustellen, als ihn am 28. Mittags Dewitzens voransprengende Dragoner erblickten. Schöning hiervon unterrichtet, jagte voraus und fand seinen Oberstlieutenant in einer unvortheilhaften Lage, kaum 300 Schritte von der Schwedischen Aufstellung; er ließ daher den Marsch seines Gros beschleunigen, während er selbst sich noch genauer von der Stellung und Stärke des Feindes unterrichtete. Nachdem er seine ganze Schaar vereinigt hatte, ordnete er sie auf einer Anhöhe, die Dragoner saßen ab und stellten sich zu beiden Seiten in einem Gebüsche auf. Dewitz eröffnete das Gefecht um 4 Uhr Nachmittags, griff mit großem Ungestüm an und warf einige feindliche Kompagnieen über den Haufen, bald verbreitete sich der Kampf über die ganze Aufstellung. Nach etwa einer Stunde zogen sich die Schweden langsam zurück, es fing an Abend zu werden, und Schöning glaubte des Sieges gewiß zu sein. Doch bald erneuerte der Feind das Gefecht und schien zum Angriff übergehen zu wollen. Die Dra-

ganzer mußten aufsitzen und machten einen Chor auf die feindliche Stellung.
Es kam zu einem Kampfe Mann gegen Mann, der bei der Dunkelheit des
Abends in Verwirrung überging und endlich wegen der Finsterniß und der
Erschöpfung auf beiden Seiten abgebrochen werden mußte. Die Schweden
hatten sehr bedeutende Verluste erlitten, in der Nacht verließen sie das Schlachtfeld. Am 30. Januar schickte der General von Schöning den Oberstlieutenant
von Dewitz an den Kurfürsten ab, um ihm den Verlauf des Treffens zu
melden.*) Nur mit 1000 Reitern und 500 Mann Fußvolk erreichte der Feldmarschall Horn die Stadt Riga, während der Kurfürst in die Mauern des
geretteten Königsbergs einzog, nachdem es nur 14 Tage bedurft hatte, um
Preußen von den Schweden zu befreien.

Im Februar 1679 wurde Joachim Balthasar von Dewitz zum
Leibregimente zu Pferde versetzt, welches der Oberst von Sydow kommandirte,
nach dessen Tode er im April desselben Jahres zum Obersten befördert und
mit der Führung des Regimentes betraut wurde. Dieses brachte er bald in einen
solchen Zustand, daß es für das beste Regiment zu Pferde galt. In Mecklenburg brachen Mißhelligkeiten zwischen dem Herzoge Gustav Adolph zu Güstrow
und den Ständen aus, die beide Theile in weitläufige und kostspielige Rechts-
händel bei den Reichsgerichten verwickelten. Vergebens unterhandelten kaiserliche Commissarien, um eine gütliche Vereinbarung zu Stande zu bringen; es
wurde die Besetzung des Landes durch Kriegsexecutions-Truppen betrieben. Da
ließ der große Kurfürst im Jahre 1684 Brandenburgische Truppen in Mecklenburg einrücken.**) An ihrer Spitze stand der Oberst von Dewitz, der
mehrere Jahre mit seinem und dem Leibregiment Troßmeyer das Land besetzt
hielt und sich in den sehr schwierigen Verhältnissen so vorsichtig und klug be-
nahm, daß ihm Kurfürst Friedrich Wilhelm und Herzog Gustav Adolph ihre
volle Zufriedenheit bezeigten.

Als im Jahre 1686 der große Kurfürst dem Kaiser Leopold I. 8000
Mann unter dem General von Schöning gegen die Türken zur Hülfe schickte,

*) Kurd Wolfgang von Schöning Leben und Kriegsthaten des General Feldmarschalls
Hans Adam von Schöning pag. 67—62.
**) Der Sohn des Herzogs Gustav Adolph, Prinz Karl, war mit einer Tochter des
großen Kurfürsten, Maria Amalie, vermählt.

besand sich unter diesen Truppen zwar auch ein Theil des Leibregiments zu
Pferde, der Oberst von Dewitz machte aber den Feldzug nicht mit. Das
Schreiben des Kurfürsten Friedrich Wilhelm, welches d. d. Potsdamb den 20.
Decembris Anno 1685 „an den Oberßen und Kommandeur vom Leib-Regi-
ment zu Pferde, von von Dewitz", erging, lautet:

„Friedrich Wilhelm Kurfürst u. s. w. Unßerm u. s. w.

Nachdem wir gnädigst resolviret, zu Folge des mit der Römisch Kaiserlichen Majestät aufgerichteten Tractats, Derselbigen einigen Succurs wider
den Erbfeind zu zuschicken und selbigen von allen Unßern Regimentern und
Garnisonen unterm Kommando Unßers Geheimen Kriegs-Raths und General-
Lieutenants des von Schöning zu detaschiren;

Als ergehet unser gnädigster Befehl hiemit an Dich*) von Unßerm unter
Deinem Kommando stehenden Leib-Regiment zu Pferde von jeder Kompagnie
24 Mann und vom ganzen Regimente eine Prima-Plane dergestalt parat zu
halten, daß die Mannschaft den 1. Martii marschieren könne, da dann mit
derselben vor dem Aufbruch zu liquidiren, was ihr restiret, und derselben mit
auf den Weg zu geben, was rückständig befunden werden wird.

Die auskommandirte Mannschaft muß ohne Tadel, nicht zu alt noch zu
jung, und aus Leuten bestehen, so schon im Felde gewesen sein, auch mit gutem
Gewehr und vollkommener Montirung versehen werden.

Was für Offiziere vom Regiments-Stabe eigentlich mitgehen sollen, solches besagt die Specification und finden, daß Du einen guten Ober-Offizier
ehestens anhero schickest, welcher bei Unßerm General-Lieutenant, dem von Schöning, sich angebe, und von demselben wegen der Standarten, Zelte, der vom
Regimente abgehenden Mannschaften halber, und auf was Art, item wie viel
wieder zugeworben werden sollen, und wohin sonst, wegen anderer zu diesem
Marsch erforderten Nothwendigkeiten, Unßere gnädigste Intentionen gehen, Nachricht und Ordre nehmen. Sind Dir übrigens in Gnaden gewogen."

---

*) Die Generale sind in den Berathungen, welche bei dieser Gelegenheit erlassen
wurden, mit Ihr, die Oberßen und die Offiziere unter ihnen mit Du angeredet.

In einem spätern Schreiben d. d. Potsdamb den 20. Januarii Anno 1680 heißt es:

„Aus Unserer Ordre vom 29. December v. J. wird Unsre gnädigste Intention Dir bekannt gemacht sein, was wir von Unserm Leib-Regiment zu Pferde zu dem Marsche nach Ungern auskommandiret wissen wollen, gestalt es dabei sein Bewenden gewissermaßen hat, und haben Wir nöthig gefunden, zu Abzielunge dieser Unserer Intention Dir anderweit hierdurch in Gnaden anzubefehlen, von gedachtem Unserm Leib-Regimente 144 Einspännige insgesamt auszukommandiren, wobei denn ein Oberstwachtmeister, ein Prediger und ein Proßoß mitzugeben, und von der Prima-Plane ein Lieutenant, ein Kornet, ein Wachtmeister, ein Quartiermeister, drei Corporals, zwei Trompeter, ein Musterschreiber, ein Feldscheerer, ein Fahnenschmied und ein Sattler, und Ist die Mannschaft dermaßen parat zu halten, daß sie gegen den 1. April wirklich marschiren könne, maßen sie denn auch vor dem Aufbruche von denen von Uns dazu verordneten Commissarien annoch gemustert werden soll; und subsistiren Wir übrigens in allem den Inhalte Unserer vorhin angezielten Ordre. Der bleiben Dir in Gnaden gewogen."[*]

Der Oberst von Strauß führte das aus den Mannschaften des Leibregiments und fünf anderer Regimenter zu Pferde combinirte Regiment, er fiel bei der Belagerung von Ofen.

Der große Kurfürst starb am 29. April 1688, bei seinem Leichenbegängnisse erschienen unter den Truppen in der Parade auch die sechs Stamproquiren des Leibregiments zu Pferde, kommandirt von dem Obersten von Dewis.

Kurfürst Friedrich III. betheiligte sich gleich im Anfange seiner Regierung an dem Kriege, welchen Ludwig XIV. aus geringfügigen Ursachen gegen Deutschland anfing, in welchem auf seinen Befehl die blühenden Ufer des Rheines durch Melac in Einöden verwandelt wurden, der namentlich die Pfalz dermaßen verwüstete, daß alle Scheußlichkeiten des dreißigjährigen Krieges nichts gegen die Frevel und Mordbrennereien sind, welche die Franzosen damals in diesem Deutschen Gaue verübten. Friedrich war überdies persönlich gegen

---

[*] Aus Biessigung von Schoening Leben und Kriegsthaten des General Feldmarschalls Hans Adam von Schoening pag. 295–297.

Ludwig XIV. gereizt, da er sich von diesem bei mehreren Gelegenheiten rück-
sichtslos behandelt glaubte; besonders fühlte er sich dadurch verletzt, daß der
König von Frankreich unterlassen hatte, bei dem Tode des großen Kurfürsten
Trauer anzulegen.

Der Oberst von Dewitz stand mit seinem Regimente und zwei Ba-
taillonen Infanterie Anfangs bei den Sächsischen und Hessischen Truppen am
Oberrhein. Bald wurde er von dort zu der Brandenburgischen Armee abbe-
rufen, war bei der Belagerung von Kaiserswerth, und, nachdem diese Stadt
kapitulirt hatte, rückte er mit dem Kurfürsten Friedrich, welcher seine Truppen
selbst befehligte, gegen Bonn vor. Während der Belagerung dieses Ortes
wurde von Dewitz mit 1000 Pferden nach der Eifel detachirt, um die Armee gegen einen feindlichen Ueberfall zu decken. Als Bonn mit Sturm genommen war (October 1689) stieß er wieder zu den übrigen Truppen und
wurde noch im Jahre 1689 zum Generalmajor befördert, zugleich blieb er
Chef des Leibregiments zu Pferde. Im Jahre 1693 finden wir ihn als Generallieutenant. Als solcher berichtete er d. d. Cöln den 11/21 Mai 1693 an
den Kurfürsten über mancherlei Schwierigkeiten bei Unterbringung der Brandenburgschen Truppen in die Winterquartiere. Wir theilen seinen Bericht mit,
welcher zugleich einen kleinen Beitrag über die damaligen Verhältnisse des heiligen Römischen Reichs Deutscher Nation liefert. Er schreibt:

„Ew. Kurfürstl. Durchlaucht gnädigste zwei Restripte vom 1. und 5. Mai
habe ich gestern hier in Cöln zu erhalten die Ehre gehabt und zugleich Dero
gnädigste Antwort über den Juten Gummern und über Logirung der Graude-
Mousquetairs, Gensd'armes mit übrige setzt ins Erzstift Cöln eingerückte
Truppen.

Wie nun der Land-Commissarius von Bernsau Namens der Regierung
wegen der Logirung mir gleich Anfangs abschlägige Antwort gegeben, also sind
sie auch bei der einmal gefaßten Meinung verblieben, obgleich auch sie bei Au-
näherung der drei Baudisschen Dragoner-Compagnieen und der Gensd'armes
jedesmal besonders und von neuem darum begrüßet, und ist des Bernsau Antwort allemal dahin ausgefallen: man überfiele sie mit Gewalt, indem ihr gnädigster Herr deswegen nicht sei requirirt worden, sie müßten es Gott und aller
Welt klagen und inmittelst Alles geschehen lassen, protestirten aber wider diese
Proceduren — welcher Art derdrießlicher Reden wohl noch mehr vorgefallen,
weswegen zwar alle Vorstellungen gethan, namentlich daß sie anstatt 17 Com-

pagniren zu Pferde und 15 zu Fuß, jetzt nur 7 zu Pferde und 5 zu Fuß aufnehmen sollten — Alles aber vergeblich — so daß ich also die Eintheilung der Quartiere selbst machen müssen. Auch die Gensd'armes rücken heute heran. Man sagt, der hiesige Generallieutenant von Bernsau sei dieserhalb zu Ihro Königl. Majestäten von England gereiset.

Der oben genannte Land-Commissarius kam dieser Tage zu mir und proponirte, daß sie nunmehr die 24,000 Thaler Quartiergelder zu zahlen resolviret, jedoch mit Abschlag der vom Jahre her noch habenden Gegenrechnung von 8000 Thaler unter der Bedingung:

1. daß ich die anmarschirenden Gensd'armes contremandiren und die schon im Lande (stehenden Grands-Mousquetairs und Sonsfeldschen 3 Compagnieen nach dem Cleveschen wiederum zurück gehen lassen und

2. daß ich den Kriegsrath Leyderttroß sofort auf freien Fuß stellen sollte.

Ich erwiederte indessen hierauf, daß die Gegenrechnung der 8000 Thaler nicht statt haben würde, indem wir von ihnen selbst vor der Zeit hierher gefertret worden, um gegen die Hessischen die Quartiere zu maintainiren, auch wäre es nicht Manier bei Kriegszeiten, solche Interimsquartiere, da der Soldat aus dem Felde käme und welche sie den Hessischen und anderen frei verstattet, aus in Anrechnung zu bringen.

Die Truppen zu contremandiren, welche zur Begegnung der etwa feindlichen Desseins bei Zeiten zuvorkommen sollten, stünde nicht bei mir, ebenso wenig könnte ich den Kriegsrath Leyderttroß losgeben, ehe nicht des Juden halber Satisfaction geschehen.

Der Statthalter Graf Königseck ist nun wieder hier und habe ich ihm gestern zu erkennen gegeben, wie man sich gegen uns bezeige, auch über den Juden habe ich mit ihm geredet und finde ihn raisonable genug. Er hat mir bis heute Resolution versprochen, die ich indessen jetzt bei Abgang immer noch nicht erhalten kann.

Von des Feindes Mouvement nach dieser Gegend hier vernimmt man noch nichts und sind die meisten Truppen nach dem Oberrhein und der Seeküste gegangen; das Gerücht, daß sie Rheinfels attaquiren wollen, erhält sich noch, wie wohl der allda commandirende Hessische Generalmajor von Görtz desfalls noch nichts vermuthet.

In Paris soll die Pest dergestalt grassiren, daß sich auch der ganze Hof retiriren müssen. Jetzt eben schickt mir der Graf Königseck Ihren General-

Argumenten und läßt mir sagen, daß er in Sachen des Juden nichts für sich
allein unternehmen könnte, sondern solche vor das Collegio gehöre, und ließe
er nochmalen ersuchen, die Grands-Monsquetairs, Gensd'armes und drei
Sundsldische Compagnien aus dem Lande marschieren zu lassen, worauf ich
jedoch erwiedert: Wer ihnen denn die Freiheit gegeben, unsere Unterthanen in
Ew. Kurfürstl. Durchlaucht Angelegenheiten mit dem, so Dero Truppen zur
Subsistenz haben sollten, zu Deroselben großem Nachtheil wegzunehmen? Also
möchte er sich nicht wundern, daß selbigen zu resistiren, ihnen nur eine gewisse Zeit und Ziel gesetzt würde; ich wollte dieselbe abwarten, versicherte
ihnen aber, daß mein gnädigster Herr diesen Ton, nicht wie sie meinten, so
leicht hinstellen würden. Die Truppen aber aus dem Lande gehen zu lassen,
stände bei mir nicht" u. s. w.

von Dewitz."*)

Zu jener Zeit scheint Joachim Balthasar von Dewitz mit dem
damaligen Obrist, nachherigen General-Feldmarschall Dubislav Gneomar von
Natzmer in einem nahen freundschaftlichen Verhältnisse gestanden zu haben.
In einem Berichte Natzmers über den Antheil, welchen er selbst an den Ereignissen des Jahres 1688 hatte, heißt es:

„Da bei unserer Armee, welche der Feldmarschall Flemming befehligte,
das Gerücht verbreitet war, wir würden an den Operationen der großen Armee
unter König Wilhelm (von England) keinen Antheil nehmen, so beschloß ich,
mir unter der Hand die Erlaubniß zu verschaffen, als Volontair zu derselben
gehen zu dürfen; ich erhielt solche schriftlich vom Kurfürsten, machte jedoch
nicht sogleich davon Gebrauch, indem ich erst abwarten wollte, welche Rolle
unserer eigenen Armee zu Theil werden würde. Als aber hierauf der Feldmarschall eine Rückwärtsbewegung nach dem Cölnischen vornahm, so paßte das
nicht in meinen Sinn, ich vertraute vielmehr gleich auf dem ersten Marsche

*) Aus Biesigung von Schorung Leben und Kriegsthaten des General-Feldmarschalls
Dubislav Gneomar von Natzmer pag. 147—150.
Nach den bei der gedruckten Leichenrede auf Joachim Balthasar von Dewitz vorhandenen Personalien ist er im Jahre 1694 Generallieutenant bei der Kavallerie geworden, nach
von Schönings Angabe bekleidete er diese Charge schon 1688 bei Abstattung des oben mitgetheilten Berichtes.

mein Geheimniß an den General von Dewitz und bat ihn, dem Feldmarschall bekannt zu machen, daß ich nach Inhalt einer schriftlich bei mir habenden kurfürstlichen Erlaubniß, die Armee jetzt verlassen und zu den alliirten
Truppen gehen würde. Dewitz eilte zu Flemming, fand aber den Feldmarschall gar nicht dafür gestimmt und kam mit dem Auftrage zurück, mir davon
abzurathen."*)

Nach dem Tode des Generalmajors Hans Heinrich von Schlabrendorf
war Joachim Balthasar von Dewitz zum Gouverneur der Festung
Colberg ernannt worden (1693), er blieb aber bis zum Ryswicker Frieden
1697 bei der Armee. Die ihm in Colberg verliehene Stelle trat er um so
lieber an, da er in der Nähe seiner väterlichen Güter sein konnte. Obwohl
er von diesen während seiner langen Dienstzeit beinahe beständig entfernt war,
ließ er sie doch nicht aus den Augen, sondern war bemüht, den Wohlstand der
Familie wieder zu heben.

Sein Vater Stephan von Dewitz hatte ihm schon am 25. November
1663 das Gut Voigtshagen mit allem Zubehör für 9000 Gulden übergeben.
Außer den Besitzungen, welche ihm nach dem Tode seines Vaters zugefallen waren,
brachte er auch eine Anzahl Güter an sich, die schon aus der Familie gekommen
waren, andere erwarb er von Gliedern des Dewitzschen Geschlechts. Das
eine Gut bei Daber kaufte er im Jahre 1693 von den Erben der Frau Hof-
gerichtspräsidentin von Brodow, gebornen Anna von Dewitz.**) Der Besitz
dieses Gutes wurde ihm von der Daberschen Bürgerschaft streitig gemacht, welche
behauptete, die Güter bei Daber gehörten ihr, die Dewitze hätten dieselben ge-
waltsam an sich gebracht. Die Sache kam so weit, daß sie der kurfürstlichen
Regierung in Stargard zur Entscheidung vorgelegt wurde. Bei dieser Gelegenheit reichte der Generallieutenant von Dewitz einen Bericht ein, in welchem
er einen kurzen Abriß der Geschichte seiner Familie in Pommern giebt, um
nachzuweisen, daß die Ansprüche der Daberschen Bürgerschaft ganz ungegründet
seien. Er führt an, daß die Dewitze seit 1352 im Besitze von Schloß und
Stadt Daber nebst 29 umliegenden Dörfern gewesen. Von den beiden drei

*) von Schorning a. a. O. pag 151-52.
**) Vergleiche Anna von Dewitz IV. (no. 107).

Daber gelegenen Gütern sei je eins den beiden Söhnen Bernds, Jobst und Curt, zugefallen. Nach Jobsts Tode sei in der brüderlichen Theilung zwischen dessen Söhnen, Joachim Berud und Stephan, das Dabersche Gut dem ersteren überlassen, und als dieser 1645 verstorben, habe es seine Wittwe behalten. Von dieser sei es an ihre Tochter Anna von Dewitz gekommen, die es wieder an ihre Tochter erster Ehe Sophie Juliane von Dewitz, Gemahlin des Landraths von Blücher auf Plathe, vererbt habe. Nach dem Tode der Frau Landräthin von Blücher, habe er, Joachim Balthasar von Dewitz, das Gut von deren Kindern für baares Geld gekauft. Er schließt mit den Worten: „Es ist also an unserm Geschlecht dieses Gut 347 Jahre ohne einige Ansprache geblieben, so zweifle nicht, daß, wenn Er. Kurfürstlichen Durchlaucht die Sache hören werden, daß Sie solchem falschen Anbringen unserer Bürger nicht Raum geben, sondern selbige mit unbefugten Klagen abweisen werden."

Im Jahre 1694 kaufte Joachim Balthasar sämmtliche aus dem Concurse Georgs von Dewitz, des Sohnes Curts, herrührende Güter, außer Braunsberg, nämlich: Radem nebst der Mühle, Justemin und Schmelzdorf von dem Kanzler von Kredow und den Erben des Generalmajors von Hallart, dazu von dem ersteren den Freischulzenhof in Sülz, einen Hof in Plantikow, einen und einen halben Hof in Schmelzdorf, zwei Höfe in Schweawald, einige Aal-Dichte aus der Groß-Benzer Mühle, Antheile an der Holzung im Hermelsdorf und der Woistze, in der Rabewer Haide, im Bussewer- und Kieber-Gehäge, das Bernhagensche Herrenholz und Antheile am Quern, Daber, großen und kleinen Oder, so wie am Plantikower-See, das Gut Jarchlin erstand er von dem Geheimerath von Carniz. Das halbe Gut Gollmow erwarb er von der Frau Obereaßler Köhler und der Frau Hofräthin Practorin, den Buslowschen Antheil dieses Gutes von den Erben des Landraths Jobst Ludwig von Dewitz. Von der Frau Obereaßler Köhler kaufte er auch 2 Bauerhöfe in Roggow, einen dritten Bauerhof ebendaselbst löste er von der Kirche zu Plathe ein. Die drei Höfe gehörten der Curt-Linie und waren im Concurse Georg Heinrichs von Dewitz auf Maltewin veräußert worden. Von den Erben Georg Heinrichs von Dewitz erstand er den Krug in Schoenwalde. Ebendaselbst kaufte er von Melchior Heinrich und Magnus Gustav von Wedell 4½ Bauerhöfe mit 10 Hufen und von Melchior Heinrich von Wedell 3½ Wedellsche Bauerhöfe. Von Erhard von Manteuffel auf Hohen-Wardin und Polzin erwarb er dessen Holztafeln im Hermelsdorf,

in der Woitke und der Rabener Haide, dessen halbe Ansorderung an das
Gut Justemin und einen Bauerhof in Plantikow. Haselen wurde ihm theilweise von Henning Erdmann von Kleist, einem Schwiegersohne des Hauptmanns Gustav Georg von Dewitz, überlassen, einen andern Theil verpfändete ihm sein oben genannter Vetter Gustav Georg. Der Oberstwachtmeister Ulrich Felix von Dewitz trat ihm die Güter Meesow, Plantikow, Jarchlin*) und das Gut Rülz ab, ebenso den einen zu Meesow
gehörigen Vieh- und Knießhof, den andern zu Jarchlin gehörigen Vieh- und
Knießhof kaufte er von dem kurfürstlichen Schloßbrennmeister Gaster. Ferner
hatte er einen Antheil an Daberkow in seinen Besitz gebracht, und der Antheil von Rabenz, welchen er mit seinem Bruder Jobst Ludwig an mehrere
Gläubiger in Stettin verkauft hatte, wurde von ihm relirt. Auch die bri-
tzewschen Besitzungen in Lasbed (das halbe Gut) und Schmelzkorf (einen
Ackerhof, einige Bauern und Kossäthen) hatte er erworben, so wie noch ven
verschiedenen Besitzern eine bedeutende Anzahl von Bauerhöfen, mehrere einzelne Hufen, Holzkaveln, Teiche, Lichte und Rodungen an sich gebracht. Durch
ein kurfürstliches Rescript vom 20. Maerz 1694 wurden ihm aus besonderer
Gnade die Güter, welche aus der Familie veräußert gewesen, und die er an
dieselbe zurückgebracht hatte, wiederum als altväterliche Lehne conferirt.

Wie Joachim Balthasar von Dewitz sein Streben darauf richtete,
den alten Grundbesitz der Familie und hiemit ihren Wohlstand zu erhalten,
so ließ er es sich auch angelegen sein, das Schloß der Dewitze in Daber vor
dem Verfalle zu retten. Wir wissen schon aus der Geschichte Stephans von
Dewitz III. (109), daß die Burg dem Einsturze nahe war. Die beiden Brüder aus der Curt-Linie, Landrath Christian Heinrich und Hauptmann Gustav
Georg, hatten sich in Folge mehrerer Verfügungen des kurfürstlichen Hofgerichts für Hinterpommern dazu verstanden, im Jahre 1680 an ihrem Antheile
eine Reparatur vorzunehmen, deren Kosten sie auf 200 Thaler berechneten,
dieselbe war aber nicht ausreichend, ihr Theil blieb verfallen, bald hatte die

---

*) Daß Jarchlin unter den von Joachim Balthasar erworbenen Gütern zweimal ge-
nannt ist, hat darin seinen Grund, daß die Dewitzschen Güter aus mehreren Antheilen bestanden.

ihnen zugehörige Stube keinen Ofen und keine Fenstern mehr. Joachim Balthasar hielt das „altväterliche Stammhaus" seines Geschlechtes in hohen Ehren und suchte es ganz in seinen Besitz zu bringen. Es gelang ihm auch, fünf Sechstel des Schlosses zu erwerben, er besaß die Hälfte der Jobst-Linie und erstand hiezu die beiden Theile Berads und Georgs aus der Curt-Linie, seine Vettern Christian Heinrich und Gustav Georg hatten nur ein Sechstel. Ihm gehörten 12 Gemächer, während jene, außer einigen andern Räumlichkeiten, nur eine Stube besaßen. Von Gliedern der Familie von Dewitz wurde das Schloß nicht mehr bewohnt, es war indessen noch bewohnbar. Joachim Balthasar ließ einen Schneider, Namens Hintze, in seinem Theile wohnen. Der Mann führte die Aufsicht über die Burg und hatte die Schlüssel zu sämmtlichen Thüren in Verwahrung.

An seine beiden Vettern richtete der Generallieutenant von Dewitz d. d. Meciow den 12. Juli 1696 folgendes Schreiben:

„Wohlgebohrne Herren,

Hochgeehrte Herren Vettern!

Es ist denenselben der Zustand des Daberschen Hauses bekannt, und daß selbiges solchen nach ohne gänzlichen Einfall darin ferner nicht bleiben könne. Weil ich aber auch, so lange mir selbiges nicht ganz zuständig, zur Wiedererbauung dessen nichts anwenden kann, So habe ich hiedurch von Meinen Hochgeehrten Herren Vettern vernehmen wollen: Ob Sie mir Ihr daran noch habendes Antheil umb ein billiges verlauffen, oder aber mir das Meinige abhandeln wollen, welches ich Ihnen umb ein raisonables gern überlassen will, und bitte mir Ihre Meinung darauff in Antwort zukommen zu lassen. Solten Sie aber verhoffen sich zu keinem dieser beyden Vorschläge resolviren, würde uns doch der Richter zu einem helffen müssen, wiewohl ich das Vertrauen habe, daß Sie in Erwegung, wie bei der bisherigen Communion alles reparieren nicht allein nachgeblieben, sondern waß man auch etwa angewendet, vergebens gewesen, und uns gleichwoll zur Schande gereichet, daß unser Stammhauß also zu grunde gehen solte, sich der Billigkeit nach finden werden. Der ich übrigens verbleibe

Meiner hochgeehrten Herren Vettern

Dienstwilligster Diener
J. B. v. Dewitz."

Anfänglich gingen Christian Heinrich und Gustav Georg freundlich auf den Vorschlag des Generallieutenants von Dewitz ein. Sie antworteten:

Wohlgebohrner Herr,
HochgeEhrter Herr Generallieutenant!

Aus deßen Schreiben ersehen wir, daß der Herr Generallieutenant in den Gedanken stehet, unser antheil am Schloß Daber uns abzukaufen oder seines Buß zu verkauffen, wir können uns der dieses mahl nicht categorice erklähren, ehe und bevor wir wißen, was der Herr Generallieutenant vor seines verlanget, wenn uns solches kund gemacht, wollen wir uns weiter erklähren, wir hielten aber unmaßgeblich davor, daß es am besten wehre, daß man es in statu quo laße, alßdan wir erbötig seyn, das unßerige zu dem bau beyzutragen u. s. w."

Joachim Balthasar forderte für seinen antheil 1000 Thaler baares Geld, welches sofort gezahlt werden sollte. Dazu verlangte er, die Vettern sollten ihm „Caution bestellen, daß sie das Schloß ohne Verzug rühmlich und anständig wieder auf- und erbauen wollten." Christian Heinrich und Gustav Georg erklärten, sie würden das ganze Schloß übernehmen und die geforderte Summe entrichten, in Betreff des Baues müsse es ihnen jedoch überlaßen bleiben, wie viel sie an der Burg repariren wollten, sie hielten es vorläufig für genügend, wenn dieselbe unter ein gutes Dach gebracht würde. Sie gedächten, es „mit der Zeit, wenn sie oder die Ihrigen nach Gottes Willen zu Mitteln gelangen sollten, anständig und der Familie zu Ehren auszubauen. Es liege nichts daran, wenn dieses nicht sogleich geschehen könne, da das Schloß in dem jetzigen Zustande schon viele und lange Jahre sich befunden habe." Hierauf ging Joachim Balthasar nicht ein, da er fürchtete, daß ein gründlicher Ausbau ganz unterbleiben würde, wenn die Vettern ihn nicht sofort ausführten. Es entstand ein sehr erbitterter Streit, man wandte sich an die churfürstliche Regierung zu Stargard. Christian Heinrich und Gustav Georg weigerten sich entschieden, ihren Antheil abzutreten, sie verlangten, ihr Vetter solle ihnen überlaßen, was er am Schloße von der Curn-linie erworben hatte, so daß jede Linie wieder im Besitze der Hälfte ihres Stammhauses wäre. Wenigstens wollten sie sich eine Stube behalten, sie hätten dann doch ein Nachtlager, wenn in Daber, wie es neuerlich in Regenwalde und Dramburg der Fall gewesen, feiner ausbräche und sie davon auf ihrem Rittersitze betroffen würden. Ihre Fischer, Hirten, Botenläufer und Insßiente, welche sie zu ihrer Nothdurft und Nahrung gebrauchten, wohnten in kleinen Häusern, die unten im

Schloßgraben erbaut wären. Diese Häuser könnten sie nicht abbrechen, da sie keinen Platz besäßen, um dieselben anderswo aufzusetzen. Sie würden auch die Ehre und die Rechte der Schloßgesessenen verlieren, wenn sie keinen Theil am Schlosse hätten. Es fehlten ihnen die Geldmittel und das Bauholz, um dem Generallieutenant dessen ganzen Antheil abzukaufen und das ganze Schloß gründlich zu repariren. Sie beschwerten sich darüber, daß dieser ihr Vetter darauf ausgehe, mit seiner großen Macht und seinem vielen Gelde sie ganz aus dem Ihrigen zu setzen. Er bestehe darauf, daß er mit ihnen das Schloß nicht gemeinschaftlich besitzen wolle. Nun hätten sie aber in allen Orten gemeinschaftliche Güter, er könne also mit demselben Rechte sagen: „Ich habe Streit mit euch wegen des Daberschen Landes, ich will euch Geld geben und euch laufen lassen."

Dagegen machte Joachim Balthasar mit Recht geltend, daß der gemeinschaftliche Besitz der Burg zuletzt den völligen Ruin derselben herbeiführen würde. Daß in dem Schloßgraben Strohkathen ständen, sei sehr gefährlich, das ganze Schloß, ebenso die Gebäude des Hauptmanns Christian Georg und sein eigener Ackerhof könnten sehr leicht abbrennen, wenn in solchen Kathen Feuer ausbräche. Uebrigens seien diese ohne seinen Konsens im Schloßgraben, der ihnen gemeinschaftlich gehöre, erbaut. Zudem müßten sie schon deßwegen abgebrochen werden, damit die alte Brücke über den Schloßgraben wieder hergestellt werden könne, weil es ohne dieselbe nicht möglich sei, mit Kutschen auf das Schloß zu fahren, wenn man sich nicht größter Gefahr aussetzen wolle. Ohne allen Grund sei die Besorgniß der Vettern wegen des Verlustes der Schloßgerechtigkeit, wenn sie ihm ihren Antheil am Schlosse überließen. Die Herren von Kleist, von Bork und von Manteufel verblieben Schloß- und Burggesessene, obgleich deren Schlösser injuria temporum untergegangen seien. Es mache nicht die Bewohnung des Schlosses einen Schloßgesessenen, sondern die Abkunft aus einer schloßgesessenen Familie, sonst würden wenige im Lande für Schloßgesessene gehalten werden dürfen, weil auf den meisten noch vorhandenen Schlössern nur einer aus der Familie seinen Wohnsitz habe. Sein Vetter, der Oberstwachtmeister von Dewitz, habe ihm sein Anrecht am Schlosse abgetreten, nichts desto weniger bleibe dieser ein Schloßgesessener.

Eine Commission kam nach Daber und besah das Schloß, in welchem die Commissarien noch logiren konnten. Der landesherrliche Bescheid, welcher d. d. Stargard den 10. October 1694 erging, lautete: Die Antheile sollten durch Sachverständige abgeschätzt und der Geldwerth festgestellt werden, sodann sollte das Loos entscheiden, wem das Schloß zufalle und wer mit Geld für seinen Antheil abzufinden sei.

Der Generallieutenant Joachim Balthasar von Dewitz war sehr unpäßlich, als dieser Bescheid erlassen wurde. Seit 22 Jahren hatte er am Podagra gelitten, in der letzten Zeit kamen heftige Steinschmerzen dazu. Durch seinen bald darauf erfolgten Tod war der gänzliche Verfall des Schlosses entschieden, dessen Ruine noch jetzt von seiner früheren Schönheit zeugt. (Vgl. S. 254.) Joachim Balthasar von Dewitz starb am 9. April 1699, am Morgen des heiligen Osterfestes zu Colberg, und wurde am 11. Juni in Roggow beerdigt, in der dortigen Kirche hängt sein Bild. Die treuen Dienste, welche er seinem Landesherrn und seinem Vaterlande geleistet, erkannte der Kurfürst in einem eigenhändigen an seine Wittwe gerichteten Schreiben mit den gnädigsten Ausdrücken an. In der Familie wird sein Andenken als eines Mannes von aufrichtigem Gemüthe, unerschrockenem Muthe, wahrer Frömmigkeit, gründlicher Erkenntniß des Wortes Gottes und redlichem Streben, das Ansehn des Geschlechts zu erhalten, stets in Ehren bleiben. Er entschlief mit den Worten: Herr Jesu, Herr Jesu! Der Text seiner Leichenrede war der Spruch: „Gott sei Dank, der uns den Sieg gegeben hat durch unsern Herrn Jesum Christum. 1 Cor. 15, 67."

Der Oberstwachtmeister Ulrich Felix von Dewitz hielt bei seiner Beerdigung eine Trauerrede, in welcher er den „Wohlseligen Herrn Generallieutenant als einen zwar durch den Tod besiegten, doch aber auch in dem Tode siegenden Helden" darstellte. Er sagt unter andern: „Was aber das Beste, so war er ein Held nicht nur in Menschen, sondern auch in Gottes Augen, ein Held in Ansehung rühmlicher Tugenden. Unser Held war gesund im Glauben, exemplarisch im Leben und in seinem Gottesdienst eifrig, seinem Herrn war er getreu bis aufs Blut, gegen seine untergebenen Officiere und Soldaten, welche ihn auch heute schmerzlich beklagen, war er ernstlich doch freundlich, und wenn es nöthig, gutthätig und gnädig. Sonderlich aber bezeugete er sich auch als ein Held gegen seine geistlichen Feinde, er konnte sich dieses Kampfes nicht entbrechen, ihm als einem größten Christen war nicht unbekannt, daß geistliche Feinde nicht durch leibliche Schwerdter sondern durch geistliche Waffen müßten besiegt und überwunden werden, und als er denn auch in dieser Art des Streites wohl zu kämpfen wußte, so hat er auch den Sieg und die Krone davon getragen."

In den der gedruckten Leichenpredigt des Pastors Gottfried Aurn in Colberg angehängten Personalien heißt es von Joachim Balthasar von Dewitz:

„Was sein christlich und aufrichtig geführtes Leben und Wandel betrifft, so hat der Wohlselige Herr Generallieutenant mit seinem Exempel dargethan, daß Gottesfurcht und ein unerschrockener Soldatenmuth gar wohl beisammen stehen können. In Glaubenssachen hat er eine solche Erkäntniß gehabt, daß Er sich bei allen Ihme Zeit Lebens vorgekommenen Begebenheiten weder durch Furcht noch Gefahr, weder durch angebotene Ehre noch andere Reitzungen verleiten lassen. Wie er von Seinem Ihme von Gott verliehenen Segen zu Gottes Ehren, in Erbauung derer Gottes Häuser und an die Armen reichlich hergegeben, solches ist bekandt, und zu seinem rühmlichen Andenken vor Augen, dabei er nicht unterlassen sich für Gott als einen armen und hochverschuldeten Sünder zu bekennen, und bei demselben die Vergebung um Christi willen zu suchen, deßhalb Er sich öfters durch die Beichte mit Gott versöhnet, und das heil. Abendmahl empfangen, dessen Er auch in seiner Krankheit sich gebrauchet, und 2 Tage vor seinem Absterben noch theilhaftig werden."

Verheirathet war Joachim Balthasar von Dewitz dreimal. Seine erste Gemahlin, mit welcher er sich am 18. Februar 1660 verheirathete, war Anna Hedwig von Meerner, Tochter des Obersten Bernd Joachim von Moerner, Erbherrn auf Zellin, und der Frau Anna Catharina von Schaplow. Sie erhielt eine Mitgift von 4003 Thalern, nämlich 2003 Thaler mütterliches Erbtheil und 2000 Thaler Ehegeld, welche ihr das Gut Peigtshagen zugesichert wurde. In der sehr ausführlichen Ehestiftung ist ihre reiche Ausstuer an goldenen und silbernen Kleinodien, Diamanten, Silberzeug, Wäsche, Betten, Kleidern, Kopfschmuck u. s. w. im Einzelnen angegeben. An Kleidern erhielt sie z. B. einen weißen Atlasrock, einen schwarzen seidenen Rock von Französischen Stoffen, einen grauen seidenen Rock, einen schwarzen Taffet-Rock, einen grauen halb seidenen und halb wollenen Rock mit goldenen und silbernen Schnüren, einen blümerant farbenen Taffet-Rock mit silbernen Rauten, einen schwarzen Türkischen Rock. Dazu kamen an Unterröcken: Ein leibfarbener Atlasrock mit einer Gold- und Silberkante, ein bunter von Französischem Seidenstof, ein meergrüner Taffet-Rock mit Schnüren, ein schwarzer Taffet-Rock. Ferner sind angegeben ein schwarzer Plüschpelz und ein rothes tägliches Kleid.

Diese Gemahlin verlor Joachim Balthasar schon im Jahre 1672. Sie starb, 22 Jahre alt,[*] in Nürnberg, wohin sie sich begeben hatte, um ihrem Manne, der damals den Krieg gegen Frankreich mitmachte, näher zu sein. Ein Sohn und fünf Töchter waren in dieser Ehe geboren.

Im Jahre 1677 vermählte sich Joachim Balthasar von Dewitz, nach fünfjährigem Wittwerstande, mit Margaretha Dorothea von Dewitz, einer Tochter des verstorbenen Landraths Bernd von Dewitz auf Meesow und der Frau Barbara Sophie von Cuestien. Da der Landrath Bernd von Dewitz so verschuldet gewesen war, daß es nach seinem Tode zum Concurse kam, konnte seiner Tochter kein baares Geld mitgegeben werden, doch wurden ihr 2000 Thaler Ehegeld versprochen. Bis zur Auszahlung dieser Summe ward an Joachim Balthasar von Dewitz ein Antheil von Plantikow,[**] welcher den Erben Bernd von Dewitz gehörte, überlassen, wogegen er seiner Gemahlin das Gut Heffelte anwies. Aus dieser Ehe waren fünf Kinder, zwei Söhne und drei Töchter entsprossen, als Joachim Balthasar im Jahre 1692 zum zweiten Male Wittwer wurde.

Noch einmal vermählte er sich 1694 mit Luise von Derfflinger, einer Tochter des berühmten Feldmarschalls Freiherrn von Derfflinger, durch deren sehr bedeutendes Vermögen er in den Stand gesetzt wurde, einen großen Theil der Dewitzschen Familiengüter wieder zu erwerben. Die Ehe blieb kinderlos, währte auch nur einige Jahre. Luise von Derfflinger überlebte ihren Gemahl, sie starb im Jahre 1704. Am 11. Maerz dieses Jahres hatte sie zu Stargard in Pommern ihr Testament gemacht, in welchem sie ansehnliche Kapitalien für milde Zwecke bestimmte. Es heißt in dem Testamente:

„Noch vermache ich den Armen in Colberg . . . . . 2000 rthlr.

Imgleichen den Armen in Stargard . . . . 2000 rthlr.

Ferner den Armen in Cüstrin . . . . 2000 rthlr.

---

[*] Sie war am 15. September 1650 geboren.

[**] Es war es in der Ehestiftung vom 21. April 1677 festgesetzt; durch einen Nachtrag vom 11. Mai 1677 wurde an Joachim Balthasar von Dewitz anstatt Plantikow das Gut Sülz abgetreten. Als Vater- und Muttererbe seiner Gemahlin Margaritha Dorothea von Dewitz waren dem Generallieutenant von Dewitz außer dem Ehegelde noch 2000 Thaler zugesagt. Für 1000 Thaler wurde ihm eine Schuldforderung an einen von Stülpnagel überwiesen, für die andern 1000 Thaler erhielt er bis zur Auszahlung „als sichere Hypothek" das Gut Reetzow, so weit es sein verstorbener Schwiegervater besessen hatte. Der bewußte Vertrag ist zu Stargard am 10. Novembre 1692 geschlossen.

Und den Armen in Frankfurt an der Oder ebenfalls . . 2000 rthlr.
Noch soll die Reggowsche Kirche haben . . . . 100 rthlr.
Gleichermaßen legire ich dem Hospital in Daber . . . 500 rthlr.,
dergestalt, daß solches Kapital an einem gewissen Ort befestiget und die Zinsen,
wann an des Hospital Gebäuden nichts zu bauen, jährlich unter die Armen
daselbst ausgetheilet werden, wann aber dieselbigen zum nöthigen Bau erfordert
werden, sind sie dazu anzuwenden." „Diese Regata aus Dabersche Hospital
wie auch, was ich nebst diesen noch legiren werde, sollen von dem bey mir
vorhandenen baaren Gelde so fort abgeführet werden. Weil nun dieses mein
beständiger letzter Wille ist, und ich das vorhin übergebene Testament auß dem
Hofgerichte zurück genommen und hiedurch gänzlich geändert, auch aufgehoben
habe: So erbitte ich S. T. den Herrn Regierungsrath und Consistorii Di-
rectorem von Wobesern zum Executore dieses meines letzten Willens: Daß Er
mit allem Fleiß dahin sehen möge, daß dieser meiner Disposition in allem
punctuel nachgelebet werde, insonderheit daß die den Armen hierselbst in Pommern vermachten Gelder zu der wahren Armen Behuff und Nutzen überall
mögen verwandt, die dem Hospital in Daber vermachten Sechshundert Thaler sicher bestätiget und nach meiner Anordnung verfahren werde." Am 5.
Februar 1705 wurde das Testament in Hoffrelte publicirt. Ihrer Disposition
ist indessen nicht „in allem punctuel nachgelebet," denn der König Friedrich I.
überwies von den 2000 Thalern, welche je für die Armen der Städte Colberg, Stargard, Cüstrin und Frankfurt an der Oder ausgesetzt waren, die
Hälfte der Invalidenkasse, so daß für jede der genannten Städte nur 1000
Thaler blieben. Dies geschah aus dem Grunde, „weil die Armen und Unver-
mögenden bei der Miliz von dieser milden Stiftung um so weniger ausgeschlossen sein sollten, je mehr es bekannt sei, daß die vermachten Summen von
Militairpersonen und im Kriege erobert und auf die Stifterin gekommen seien."
Für Stargard sind diese 1000 Thaler auf Meesow eingetragen, und es wird
eine unveränderliche Rente von jährlich 50 Thalern davon an den Magistrat
gezahlt.

Joachim Balthasars Kinder waren:

1. Aus der ersten Ehe: 1. Stephan Beind, 2. Barbara Katharina, 3.
Anna Luise, 4. Elisabeth Sybille, 5. Christiane, 6. Eine Tochter, die bald nach
der Taufe starb, und deren Name unbekannt ist.

II. Aus der zweiten Ehe: 7. Christian Ludwig, 8. Friedrich Wilhelm, 9. Sophie Auguste, 10. Marie Agnes und 11. Magdalene Sybille.

113.

Friedrich Wilhelm von Dewitz I.,
Kammerjunker,

dritter Sohn Stephans von Dewitz III. (109), wurde am 26. Februar 1634 zu Friedland in Polen geboren. Da er eine Neigung zum Hofleben zeigte, erhielt er auf Empfehlung des Generallieutenants von der Golz eine Stelle als Kammerjunker bei dem Herzoge August von Holstein, der in Preußischen Diensten stand, zugleich wurde er Fähnrich bei dessen Leibcompagnie. Von Jugend auf führte er einen frommen, christlichen Wandel, war allem liederlichen Leben feind und in seinem Verhalten gegen jedermann freundlich und liebreich. Durch seinen liebenswürdigen Character erwarb er sich bei Hohen und Niedrigen Liebe und Achtung. Auch der Herzog schätzte ihn und versprach ihm eine eigene Kompagnie unter seinem Regimente, sobald der Kriegszug nach Ungarn stattfinden würde, wohin das Deutsche Reich dem Kaiser Leopold I. Hülfsvölker senden wollte. Friedrich Wilhelm von Dewitz starb aber, bevor der Herzog sein Versprechen erfüllen konnte. Von einem Lieutenant Siewert waren der Herzog und mehrere Officiere, unter diesen auch von Dewitz, zur Hochzeit einer Tochter eingeladen. Der Fürst beauftragte ihn, seine Stelle zu vertreten, da er selbst der Einladung nicht Folge leisten konnte. Von Thale, wo Dewitz im Quartier stand, reiste er am 11. Dezember 1662 ab. Nach seiner Gewohnheit hatte er die frühen Morgenstunden im Gebete, Bibellesen und Singen geistlicher Lieder zugebracht, an diesem Morgen hatte er mehrere Sterbelieder gesungen. Zu seinem Wirthe äußerte er, als er von ihm Abschied nahm, „sein Herz wäre ihm sehr schwer, wenn es nur seinen Eltern wohl ginge." Der Weg führte ihn durch Osterwied, wo ein Hauptmann vom Holsteinischen Regiment im Quartier war. Dieser hatte eine Gesellschaft von Officieren und anderen Herren von Adel zu sich geladen, welche sich im Wein zu gütlich gethan hatten und nun zum Vergnügen mit geladenen Pistolen nach einem brennenden Lichte schossen. Als sie den Kammerjunker von

Dewitz vorbei reiten sahen, nöthigten sie ihn mit Gewalt, bei ihnen zu bleiben. Kaum aber befand er sich eine Viertelstunde in der Gesellschaft, so ward er durch einen Pistolenschuß an der linken Seite des Kopfes tödtlich verwundet und starb nach einer Stunde. Die Sache wurde von dem kurfürstlichen Kriegsrathe untersucht, der Thäter ließ sich aber nicht ermitteln, und da fest stand, daß niemand den Kammerjunker von Dewitz mit Absicht hatte tödten wollen, so nahm man von einer Bestrafung der Anwesenden Abstand. Mit einem eigenhändigen Condolenz-Schreiben des Herzogs von Holstein wurde der Leichnam nach Daber gesandt und hier in der Familiengruft beigesetzt.

114.

Georg von Dewitz III.,

vierter Sohn Stephans von Dewitz III. (109), geboren am 23. Februar 1641, starb am 5. Juni 1645.

115.

Christoph Henning von Dewitz,

fünfter Sohn Stephans von Dewitz III. (109), geboren am 10. November 1644, starb am 16. Januar 1645.

116.

Berud Joachim von Dewitz II.,

sechster und jüngster Sohn Stephans von Dewitz III. (109), geboren am 17. October 1646, starb am 20. November desselben Jahres.

117.

Anna Margaretha von Dewitz I.,

älteste Tochter Stephans von Dewitz III. (109), geboren am 26. Mai 1633, wurde im Jahre 1660 an den königlich Polnischen Oberstwachtmeister Ewald von der Golz, Erbherrn auf Broyen und Machelin verheirathet.

Sie erhielt nach der Ehestiftung vom 12. September 1660 eine Mitgift von 4000 Gulden, nämlich 3000 Gulden Ehegeld und 1000 Gulden als Vater- und Muttererbe. Für Ausrichtung der Hochzeit wurden dem Bräutigam ferner 300 Gulden versprochen, weil das Mahl, welches die Eltern der Braut gaben, wegen der traurigen Zeiten nur „gering sein und als eine vollkommene hochzeitliche Ausrichtung" nicht gelten konnte. Außerdem sollten dem Bräutigam „wegen noch mangelnden Haus- und Acysgeschmuckes" 300 Gulden gezahlt werden; dazu erhielt die Braut Betten, Wäsche und Kleidungsstücke.

118.

Ilse Juliane von Dewitz,

zweite Tochter Stephans von Dewitz III. (109), geboren am 30. Dezember 1634, vermählte sich im Jahre 1670 an Joachim Christoph von Winterberg, Erbherrn auf Liebenow.

Nach dem Tode der Eltern setzten sich die Brüder Jobst Ludwig und Joachim Balthasar am 25. März 1668 zu Hosselde mit ihren drei jüngsten damals noch unverheiratheten Schwestern auseinander. Diese letzteren erklärten, sie würden mit der Aussteuer an Vater- und Muttererbe, desgleichen an Brautschay, welche die älteste Schwester erhalten hätte, ganz zufrieden sein, „zumal sie aus kindlicher Zuversicht dafür hielten, daß ihre herzlieben Eltern für ihr leibliches Kind am besten würden gesorgt und ihr dasselbe ausgemacht haben, was recht und billig gewesen, auch die Beschaffenheit der Lehne habe ertragen können." Die beiden Brüder legten ihnen aber einiges hinzu, da durch den Tod des dritten Bruders Friedrich Wilhelm ihr Vermögen sich verbessert hatte.

119.

Marie Elisabeth von Dewitz,

dritte Tochter Stephans von Dewitz III. (109), wurde am 13. Dezember 1642 geboren und im Jahre 1660 an Johann von Schönebeck, Erbherrn auf Bellin, Northausen und Blesin und nachmaligen Obersten und Kommandanten der Festung Colberg, vermählt.

120.

Eva Sophie von Dewitz,

vierte Tochter Stephans von Dewitz III. (109), geboren im Jahre 1644, war in erster Ehe mit dem Brandenburgischen Obersten Alexander Magnus von Sydow auf Gößow, Fallenwalde und Treßin erbgesessen, vermählt (1670). Nach dessen Tode verheirathete sie sich anderweitig mit Zacharias Friedrich von Goerßen auf Grüttel und Prentzel, Kurbrandenburgischem Kammerherrn und Amtshauptmann zu Mühlenhoff.

Es ist interessant, die vollständige Ausstener einer adligen Dame jener Zeit kennen zu lernen. Daher möge hier mitgetheilt werden, was die jüngste Tochter Stephans von Dewitz bei ihrer Verheirathung mit dem damaligen Oberstwachtmeister Alexander Magnus von Sydow als Ausstattung erhielt. In der Eheftiftung vom Tage Katharinae 1670 ist zugleich das Leibgedinge ausführlich angegeben, welches ihr für den Fall ihres Wittwenstandes ausgesetzt wurde; dieses ist ebenfalls der Mittheilung werth.

„Der Jungfer Eva Sophia von Dewitz sollten folgende Föste zu ihrer gänzlichen Vergnügung- und Abstattung aus den Hoffelbischen und Sollmowschen Lehnen" entrichtet werden:

1. Eine Summe von 4000 Gulden Pommerscher Währung, jedoch so
bescheidentlich, daß darunter 3000 Gulden Brautschatz und nur die übrige Summe
von 1000 Gulden Vater- und Muttererbe sein und bleiben sollte.

2. 100 Gulden obiger Währung zum Geschenke,

3. 100 Gulden zu einem Gastmahl,

4. 300 Gulden zur Ausrichtung der Hochzeit,

5. 300 Gulden für „Kopf- und Halsgeschmücke,"

Summa 4800 Gulden Pommerscher Währung in baarem Gelde,

6. 4 gute unträchtige Kühe und 1 Stärke,

7. Neue standesgemäße Hochzeitskleidung,

8. An „Bettengewand, Kisten- und Kastengeräth:

18 Paar Laken, 12 große Betten mit Zechen, 10 Pfühle, 9 Kissen, Vor-
hänge vor 2 Himmelbetten, 8 lange Tafellaken, darunter 3 damastene, 14
zwillichne Tischtücher, 18 Handtücher, darunter 2 damastene, 8 Paar Kissen-
bühren, 4 Dutzend Servietten, darunter 1 Dutzend damastene."

Obschon zum Kopf- und Halsgeschmuck 300 Gulden an Geld gegeben
wurden, so willigten die Brüder doch ein, daß die Jungfer Braut ihren Antheil
an Perlen, Ringen und dergleichen jungferlichen Schmuck, den ihre selige Frau
Mutter gehabt, behalten durfte.

Der Bräutigam verpflichtete sich, „seine herzliebste Gesponß und künftiges
Ehegemahl landüblich zu verleibzüchtigen." Ihr zugebrachtes Geld sollte sie,
wenn ihr Gemahl vor ihr sterben würde, zurückhalten, und da dieses in 3000
Gulden Brautschatz und 1000 Gulden Vater- und Muttererbe bestand, so
sollten die 3000 Gulden nach Maerkischer Konstitution um 1500 Gulden vermehrt werden. Konnte das Geld nicht gleich entrichtet werden, so war es mit
6 Procent zu verzinsen. Die Morgengabe und alles, was der Bräutigam vor,
in und nach der Hochzeit seiner herzliebsten Gesponß schenken würde, desgleichen alle Hochzeitsgeschenke, wie auch alles dasjenige, was sie an Geld, Silber,
Kleinstein, Perlen, Ketten, Kleidung, Kisten- und Kastengeräthe und anderen
Paraphernal-Stücken zubringen würde, sollte sie hinweg zu nehmen befugt sein.
Sie sollte mit standesmäßigen artigen Trauerkleidern versehen und ihr ein
guter verdeckter Wagen mit zwei Kutschpferden und dazu gehörigem Zeuge
(Geschirr) verabfolgt werden. Die Lehnserben des Ehemannes waren verbunden, ihr zur Wittwenwohnung ein Haus in Cüstrin, oder wo sie sonst sich nie-
derlassen wollte, zu kaufen oder ihr dafür 600 Thaler baar zu entrichten.

Haus oder Geld fiel im Falle ihres Todes oder ihrer Wiederverheirathung an die Erben des Mannes zurück. Verzichtete sie auf ein eigenes Haus und auf das Geld, so mußte ihr während ihres Wittwenstandes in Cüstrin oder an einem anderen von ihr zum Aufenthalte gewählten Orte ein angemessenes Haus gemiethet werden. Zur Alimentation erhielt sie nach ihrer eigenen Wahl entweder jährlich 350 Gulden Maerkischer Währung oder folgende Lieferungen in Naturalien und Geld:

3 Wispel Roggen, 3 Wispel Gerste, 2 Wispel Hafer, 1 feisten Ochsen oder 12 Thaler, 6 Hammel, 6 Schaafe, 6 Binger (jüngende Lämmer), 3 feiste Schweine oder 3 dreijährige Faselschweine und dazu 15 Scheffel Gerste zur Mast, 3 Achtheil „rinterne" Butter, 6 Schock Schaafkäse, 15 Gänse, 30 Hühner, 4 Schock Eier, 10 Thaler zu Fischen, 20 Thaler zu Gewürz, 12 Thaler zu Holz, 1 halbe Tonne Häring, 2 Scheffel Erbsen, 4 Scheffel Buchweizen, 1 Tonne Lüneburger Salz.

Von den acht Söhnen der Brüder Jobst Ludwig und Joachim Balthasar von Lewitz hat nur einer, Stephan, der älteste Sohn des ersteren, das Geschlecht fortgepflanzt, er ist der Stifter der Neu-Coelpiner Linie. Außer ihm hat zwar je ein Sohn der genannten beiden Brüder Nachkommen gehabt, ihr Zweig ist aber schon nach wenigen Generationen wieder erloschen. Ehe wir zu der Geschichte der Neu-Coelpiner Linie und deren Stammvaters Stephan IV. übergehen, geben wir die Nachrichten über die anderen Nachkommen Jobst Ludwigs und Joachim Balthasars.

121.

Gerd Joachim von Dewitz III.,

der zweite Sohn Jobst Ludwigs von Dewitz (III.) aus der ersten Ehe, wurde 1663 geboren, starb aber nach einigen Jahren an den Blattern.

122.

Friedrich Wilhelm von Dewitz II.,
Generallieutenant,

dritter Sohn Jobst Ludwigs von Dewitz (111) aus der ersten Ehe, geboren am 10. Mai 1668 zu Wussow, erhielt den ersten Unterricht durch Hauslehrer und besuchte dann die Schule in Neu-Ruppin. Von frühester Jugend an zeigte er eine vorherrschende Neigung für den Soldatenstand und trat schon 1682, vierzehn Jahre alt, mit Erlaubniß seines Vaters, als gemeiner Musketier in Brandenburgsche Dienste. Er kämpfte am 12. September 1683 als Sergeant vor Wien gegen die Türken; einige Jahre später (1686) finden wir ihn in Ungarn, wohin 8000 Mann Brandenburger unter dem Generallieutenant von Schoening gezogen waren, um dem Kaiser Leopold im Kriege gegen die Türken Hülfe zu leisten. Diese Truppen erwarben sich bei der Eroberung von Ofen durch ihre Tapferkeit so großen Ruhm, daß sie von den Türken Feuermänner genannt wurden. Friedrich Wilhelm von Dewitz hat in einem noch aufbehaltenen Briefe diese Eroberung geschildert. Er schreibt:

„Im Lager vor Ofen den 23. Aug. 1686,
2. September

zwei Stunden nach der Eroberung.

So viel wir von der Eroberung der Stadt Ofen in Eil zu melden wissend, ist der Anfall durch die Churbrandenburgischen geschehen und hat des Herrn Generalmajor von Straußen Sohn, welcher sich mit vier Pistolen versehen gehabt, die Pallisaden zum ersten erstiegen, die mit Säbeln in Bereitschaft stehenden Türken unter Loßbrennung derselben abzuhalten, bis die andern ihm hauffenweise folgten. Darauf diese in vollem Wüten auff sie zugetrungen, das Innere retranchement erobert und alles niedergemacht. Der Herr Generallieutenant von Schoening ist selbviert in der Stadt gewesen, ehe noch die völlige Eroberung geschehen, denn die Kaiserlichen vigoureusement gefolget; jedoch wurden diese letztern von dem Feinde dergestalt zurückgehalten, daß sie schon zu weichen begannen, ja leicht die Hoffnung der remportirung durch unzeitiges retiriren gar verloren hätten, wenn nicht der Herr Generallieutenant von Schœning diese durch die Seinigen par force zum sechsten zurückgewiesen und animiret, da denn alles drunter und drüber gegangen. Kein Kind ist in der fourie geschonet worden, sondern alles hat durch das Schwerdt sein Ende beschlossen, außer einige, die von denen Generals-Personen partenniret. Der Herr Generallieutenant von Schœning hat zwei vornehme Juden auff dero anhaltendes Bitten das Leben gegen Ausstellung der gethanen offerten von 25,000 Thaler Wechsel auf Leipzig geschenket und in einem Keller gefänglich eingeschlossen, wie auch zwei der schönsten Frauenpersonen, die ein Mahler nicht schöner bilden kann, hat er sich jammern lassen, daß er ihnen gleichfalls in Ansehung ihres großen Wehklagens und Zußfalltens quartier gegeben und zu sich genommen. Der Herr Generalmajor Barfuß, der sich in dieser action auch tapfer gehalten, und von jedem extraordinaire gerühmt wird, hat auch einen vornehmen Türken, so ein aga sein sol, gefangen behalten, über diesen noch vier andere Türken, die sich grausam gewehret, daß es nicht zu beschreiben, wegen ihrer Großmühtigkeit aber behehalten, um solche Sr. Churfürstl. Durchlaucht zu präsentiren. In der fourie hat der gemeine Mann mit dem Feinde grausam tyrannisiret, und was er erhaschet, erschlagen und halb lebendig auffgeschnitten, in Meinung, das verschlungene Geld aus dem Gedärme zu beuten. Dieser Sturm ist in vollem Gesichte der gantzen türkischen armée, die auff einem Berge in bataille gestanden, geschehen, dagegen aber die Kaiserlichen und Alliirten in gleicher Schlachtordnung gestanden, den Feind zu observiren. Keiner aber hat sich von seinem Ort gerücket, wohin er sich nach der Eroberung gewendet, ist unbekant. Die Churbayerschen haben vom Schloß nicht herunter kommen können, sondern mit höchstem Verdruß zusehen müssen, wie die Eroberung geschehen. Die Zahl der Todten ist noch unbenennet, davon jedoch wo nicht heute, doch ehstes eine Liste zu erwarten. Dieses Glück ist nechst Gott einig und allein denen Churbrandenburgschen zuzuschreiben, wie denn auch der Hertzog von Lothringen den Herrn Generallieutenant von Schœning zum Sturm embrassiret und bekennet, daß durch dessen conduite der gute success geschehen. Gott sey gedanket, daß Se. Churfürstl. Durchlaucht in dero hohem Alter noch dieses erlebet, daß Keyser und Könige Sie für den großen Augustum declariren müssen. Im Sturm sind geblieben der Oberst-

lieutenant von Trützschler, der Capitain von Hacke von den Dragonern und
Lieutenant von der Marwitz, von Gemeinen kaum zehn.*)"

Nach diesem Feldzuge ging Friedrich Wilhelm von Dewitz zur Kavallerie über und trat bei der Kompagnie seines Bruders, des damaligen Rittmeisters Stephan von Dewitz, in das Leibregiment zu Pferde, dessen Chef
der Oberst Joachim Balthasar von Dewitz (112) war. Vier Monate
lang that er die Dienste eines gemeinen Reiters, wurde dann (1688) Fähnrich und im nächsten Jahre (1689) Lieutenant. In dem Kriege gegen Frankreich, welchen Kurfürst Friedrich III. bald nach seinem Regierungsantritt führte,
avancirte er zum Kapitain-Lieutenant (7. März 1692), wurde unter dem 10.
März 1693 zum Rittmeister ernannt und erhielt die durch den Tod seines
Vetters, des Rittmeisters Carl Bogislav von Dewitz, vacant gewordene
Kompagnie. In der Schlacht von Neerwinden und Landen (29. Juli 1693)
empfing der Rittmeister von Dewitz zwei so gefährliche Wunden, daß er als
todt auf dem Schlachtfelde liegen blieb. Sein Bruder, der Oberstwachtmeister
Stephan von Dewitz, welcher ebenfalls verwundet war, schickte nach beendetem Kampfe einen Trompeter auf das Schlachtfeld mit dem Auftrage, den
vermißten Rittmeister von Dewitz unter den Todten aufzusuchen und zu beer-
digen. Der Mann fand einen todten Offizier, hielt ihn für den Rittmeister
von Dewitz und begrub ihn. Er hatte sich jedoch geirrt, Friedrich Wilhelm von Dewitz war bereits gerettet; ein Bürger aus Landen hatte ihn
vom Schlachtfelde in ein benachbartes Dorf gebracht, wo man ihn sorgfältig
pflegte, so daß er völlig wieder hergestellt wurde.

Nachdem er einige Male die Kränkung hatte erfahren müssen, bei dem
Avancement übergangen zu werden, erfolgte am 20. Februar 1705 seine Ernennung zum Major. Im Spanischen Erbfolgekriege zeichnete er sich durch
Muth und Tapferkeit aus, eroberte mit dem Rittmeister von Buddenbrock, dem
nachmaligen Feldmarschall, den wichtigen Paß Menin an der Lys, focht rühmlich in der Schlacht bei Oudenarde (11. Juli 1708) und wurde während der
Belagerung von Ryssel (vom August bis zum December 1708**) durch ein

---

*) Die Verluste waren doch bedeutender, bei der Belagerung von Lien waren über-
haupt 30 Offiziere gefallen, 61 waren verwundet.
**) die Stadt ward am 22. October, die Citadelle am 8. Dezember übergeben.

auf den 12. Mai 1709 zurück datirtes Patent zum Oberstlieutenant ernannt.

Gegen Ende des Spanischen Erbfolgekrieges erhielt er den Befehl, aus
allen Preußischen Regimentern, die in Holland standen, je fünf Mann aus der
Kompagnie auszuheben und nach Spandau zu führen (1712). Die Leute,
welche durch das Loos bestimmt wurden, waren sehr mißvergnügt, daß sie ihre
Regimenter verlassen sollten, und beschlossen, unterwegs davon zu gehen. Der
Oberstlieutenant von Dewitz entdeckte jedoch diesen Anschlag, und es gelang
ihm, die Leute durch seine Freundlichkeit zu beschwichtigen, so daß sie ihm willig folgten. Durch königliches Patent vom 16. Juni 1714 avancirte er zum
Obersten und Kommandeur des Leibregiments zu Pferde, dessen Chef er auch
nach dem Ableben des Generallieutenants Wolff Christoph von Hackeborn
wurde (1725.)

Im Jahre 1715 treffen wir ihn mit dem Leibregimente zu Pferde in
Vorpommern an, als König Friedrich Wilhelm I. am Kriege gegen Karl XII.
von Schweden Theil nahm. Die Preußische Armee erschien in neuen sauberen
Montirungen und gewährte zugleich einen sehr kriegerischen Anblick, so wohl gerüstete Truppen hatte man in Deutschland noch nicht gesehen. Als Frucht
dieses Feldzuges erhielt Preußen Stettin nebst dem Bezirke zwischen der Oder
und Peene und den Inseln Usedom und Wollin (1720.) Unter dem 16. Juni
1725 wurde Friedrich Wilhelm von Dewitz zum Generalmajor befördert
und mit der einträglichen Amtshauptmannschaft zu Balga in Preußen begna-
digt. Als zwischen Frankreich und dem Kaiser Karl VI. wegen der Polnischen
Königswahl*) ein Krieg ausgebrochen war, ließ König Friedrich Wilhelm
10,000 Mann an den Rhein rücken, welche durch ihre Ausstattung und die
Fertigkeit in Kriegsübungen wiederum allgemeine Bewunderung erregten. Auch
das Leibregiment zu Pferde befand sich unter diesen Truppen. Den Generalmajor von Dewitz hatte der König wegen seines vorgerückten Alters und
seiner vielen Blessuren von dem Kommando des Regiments enthoben und zum
Gouverneur der Festung Stettin bestellt. Doch Friedrich Wilhelm von

*) Ludwig XV. von Frankreich hatte für seinen Schwiegervater Stanislaus Lerzinski
Partei genommen. Karl VI. erklärte sich für den Kurfürsten August von Sachsen, welcher
unter dem Schutze Russischer Waffen als König August III. ausgerufen wurde.

Dewitz bat um die Erlaubniß, an der Spitze seines Regiments ins Feld rücken zu dürfen, die ihm auch ertheilt wurde (1734.) Während der kurzen Dauer dieses Krieges fand er keine Gelegenheit, sich auszuzeichnen. Im Jahre 1730 wurde er Generallieutenant, starb aber schon am 25. October desselben Jahres zu Schoenebeck im Magdeburgschen. Seine Leiche wurde nach Daffow gebracht und in dem Gewölbe der Kirche zu Klein-Benz beigesetzt. Er selbst hatte diese Kirche erbaut (1718), und bis in die neueste Zeit bezeichnete ein prächtiges Monument mit seinem in Oel gemalten Bildnisse seine Ruhestätte. Die Kirche mußte im Jahre 1859 abgebrochen werden, sein Bild ist jedoch in der neuen Kirche wieder angebracht.

Da der älteste Bruder Stephan von Dewitz das Gut Coelpin in Mecklenburg erworben hatte, war von Friedrich Wilhelm von Dewitz durch einen mit seinen Geschwistern und seiner Stiefmutter unter dem 2. Mai 1699 geschlossenen Erbvergleich Daffow für die Summe von 18,192 fl. Pommerscher Währung übernommen. Stephan von Dewitz behielt sich und seinen männlichen Nachkommen in diesem Vertrage die Gesammthand an den Pommerschen Gütern der Dewitze vor, desgleichen das Recht, sich in Briefen und Urkunden „Erbherr auf Daber" schreiben zu dürfen, auch sollten die Prediger schuldig sein, für ihn und seine Familie auf der Kanzel jeder Zeit zu bitten. Der Besitzer von Daffow war kraft des Kontraktes gehalten, an Stephan von Dewitz und dessen Erben Mittheilung von allen für die Dewitzsche Familie wichtigen Ereignissen zu machen und in jeder Beziehung das Interesse des nach Mecklenburg übergesiedelten Zweiges wahrzunehmen. Alle Lehnbriefe, Urkunden und Verträge wegen der Dewitzschen Güter sollten in gutem Verwahrsam bei dem Hause Daffow bleiben; gebrauchten Stephan von Dewitz und dessen Nachkommen irgend welche von diesen Briefschaften, so sollten solche ihnen gegen einen Revers ausgeliefert werden, und sie berechtigt sein, eine vidimirte Abschrift zu nehmen.

In dem Vergleiche war auch festgesetzt, daß Friedrich Wilhelm von Dewitz „verbunden sein solle, ein Inventarium aufzurichten, in was für einem Zustande das Gut Daffow nebst den darauf befindlichen Gebäuden und Pertinentien bei der Tradition befunden werden, imgleichen wie die Winter und Sommersaat bestellt, und was an allerhand Vieh vorhanden gewesen, wie dann auch dabei die Beschaffenheit der Bauern, so zu dem Gute Daffow gehörten, und wie sie in ihrem esse stünden, auch was der Acker von den wüsten Bauerhöfen, so an andere verarrhendiret worden, an Pension getragen, voll und ürlich zu verzeichnen und zu exprimiren." Dies geschah und das noch aufbehaltene „Inventarium des Gutes Bussow, in welchem Stande es anno 1699 gewesen, als der Herr Rittmeister Friedrich Wilhelm von Dewitz solches angetreten," giebt ein höchst anschauliches, aber freilich wenig ansprechendes Bild des ganzen Gutes. Sämmtliche zum Rittersitze gehörigen Wohn- und Wirthschaftsgebäude, die bis in die kleinsten Einzelnheiten beschrieben werden, befanden sich in einem sehr schlechten Zustande. „Das Wohnhaus," heißt es z. B. „ist quer auf dem Hofplatze gestanden à 9 Gebinde giebelrecht mit einem Strohdach, bei demselben ein Taschengebäude von 7 Gebinden, mit Splitt gedeckt, so aber schon ganz verfaulet und das Dach nichts nütze. Diese Gebäude in Fachwerk in- und auswendig gekleimet, aber einige Fächer ganz ausgewichen, sind auswendig vormals zwar abgeweißt gewesen, vom Regen aber ganz abgespült. Die Platen am Wohnhause sonderlich nach dem Hofplatze sind ganz verfault. Vor der Hausthür in dem vestibulo sind auf beiden Seiten zwei Fenster gewesen, die Thür dauer von fichtenen schlechten Dielen zusammen geschlagen. Die Hausthür gebrechen in Antheerwerk verfertiget, von fichtenen Dielen mit guten Hespen, der Hausflur bis an die Treppen mit Flursteinen belegt, der Schornstein zum Backofen in der großen Stube ist bis zum Dache ausgemauert, bei diesem Schornstein ist ein Eingang zum Keller gemauert, der Keller ist mit Balken belegt und in 3 Keller abgetheilt. Zur großen Stube geht eine Treppe von 5 Stufen, die Stubenthür ist von fichtenem Holze, so all nebst den Hespen, der Ofen von schwarzen Billerkacheln geht zugleich in die kleine Stube, der Fußboden mit kleinen Flursteinen belegt. In dieser großen Stube sind 3 Fenster, zwei von 4 Tafeln und das dritte von 6 Tafeln, so am Glase noch etwas gut, am Blei aber nichts nütze, die Fensterlaften und Rahmen sind zwar von fichtenem Holze, aber wenig nütze, sondern verfault. Aus der großen Stube geht man zur kleinen, welche mit Dielen belegt, so alt und nicht in einander gestrichen, sondern nur bloß zusammen gelegt, in derselben ein kleiner Schweif (Kamin), welcher in den Schornstein vom Ofen geht. In dieser kleinen Stube sind 2 Fenster, jedes mit 4 kleinen Tafeln, so beides an Laften und Rahmen, an Blei und Glase nichts nütze, die Stubenthür nach dem Hausflur, beim Schweif mit den Zangen, ist von fichtenem Holz roth angestrichen und alt. Aus dieser kleinen Stube geht eine Thür voriger Art nach des jetzigen Herrn Landraths Kabinet, in

welcher ein Fenster von 4 Tafeln, so nichts nutze, aus diesem Kabinet geht
noch eine Thür in die große Stube, so alt und nichts nutze. . . . . Eingangs
des Rittersitzes ist ein großer Thorweg nebst einer Pforte, die Thüren davor
sind alt, von sichtenen Dielen, die Thorpfosten von eichenem Holze, so alt und
schon verfaulet. Bei diesem Thorwege in dem kleinen Obstgarten ist ein kleines
im Quadrat gebautes Gigiament von Grund aus mit Mauersteinen gemauert,
worin der selige Herr Landrath seine Briefschaften verwahrlich gehalten, in
diesem Stübchen sind 2 Fenster, jedes mit 4 Tafeln, noch 3 gar kleine vier-
eckige Fensterchen, der Ofen von schwarzen Bildkacheln. Dieses Häuschen, weil
es auf einem sumpfigen Grunde gestanden, ist im Herbste und Frühjahr, wenn
es nasse Jahre gewesen, über eine halbe Elle voll Wasser gestanden u. s. w."
Aehnlich war die Beschaffenheit aller übrigen Gebäude, einige droheten sogar
einzustürzen. Die Bewehrungen, größtentheils aus Hackelwerk, waren schadhaft, in den Gärten standen nur wenige tragbare Bäume, die Teiche waren
dicht mit Schilf und Strauch bewachsen und konnten nicht gebraucht werden.
Die Winter- und Sommersaat betrug 207 Scheffel Roggen, 72 Scheffel Gerste,
06 Scheffel Hafer und 2 Scheffel Erbsen. Der Viehstand belief sich auf 10
Kühe, 4 einjährige Rinder, 2 einjährige Stärken, 2 Ochsenrinder und 1 Bullen,
in Summa 25 Haupt Rindvieh. Dazu kamen 20 Schweine (unter diesen 13
Säue), 11 Gänse, 20 kalekutsche Hühner, 30 kleine Hühner und 8 Enten.
An Schaafen waren vorhanden: 49 tragende Mutterschaafe, 60 Hammel und
80 Jährlinge, in Summa 189 Stück.

Die zu dem Gute Blussow gehörigen Bauerhöfe lagen in den Dörfern
Farbezin, Schloissin, Klein-Benz und Groß-Benz.

In Farbezin waren 10 Höfe, von denen 7 von Unterthanen, 3 von freien
Leuten bewohnt wurden. Außer diesen Bauern besaß dort der in den Acten
häufig erwähnte treue Diener des Landraths Jobst Ludwig von Dewitz, Namens Friedrich Gralow, einen kleinern Hof. Wegen seiner vieljährigen treuen
Dienste hatte ihm der „wohlselige Herr Landrath" Haus und Scheune erbauen
lassen, dazu eine halbe Hufe Landes nebst Beiland und Wiesen gelegt und
ihm dieses alles für seine Lebenszeit verliehen. Hiefür that er keine andern
Dienste, als daß er der Herrschaft in Blussow auf Erfordern aufwartete. Sieben Hufen waren unbebaut und lagen in der Haide.

In Schloissin bewohnte ein Freimann einen Hof, zu dem 6 Hufen gehörten, die aber größtentheils wüst waren und in der Haide lagen, es wurden

kaum 18 Scheffel Roggen ausgesäet. Ein anderer Freimann hatte eine Stätte mitten auf der Straße für 8 Thaler gekauft und aus eigenen Mitteln dort ein Häuschen mit einer Scheune gebaut, die kaum 6 Thaler werth waren. Dieser Mann hatte das Land von einem wüsten Bauerhofe inne.

In Klein-Benz waren 3 Bauerhöfe, 2 von Unterthanen, 1 von einem Freimann bewohnt, die übrigen Bauerhöfe waren wüst, das Land lag in der Haide.

In Groß-Benz waren 3 von freien Leuten bewohnte Bauerhöfe, 2 andere Bauerhöfe waren wüst, das Land — 4½ Hufen — lag in der Haide.

Die freien Leute gaben der Herrschaft „Pension" (Geldpacht) und leisteten keine Dienste, die Pension betrug zwischen 10 und 30 Thalern; nur ein Freimann in Farbezin zahlte kein baares Geld, sondern that in der Woche 4 Tage mit seinem eigenen Vieh und 1 Tag „zu Fuß" Dienste.

Durch den Vergleich vom 2. Mai 1699 wurden an Friedrich Wilhelm von Dewitz auch noch einige zum Gute Klützow gehörigen Pertinentien, welche sich damals in fremdem Besitz befanden, cedirt, damit er selbige seiner bessern Gelegenheit nach, ihm selbst zu Gute reluiren und wieder an sich bringen möchte," nämlich 1. das Gütlein in Farbezin, 2. die Freischulzen in Kölz und Berchagen, 3. die Farbezinsche Mühle mit ihren Töchtern.

Nach dem Tode seines Stiefbruders Balthasar Nicolaus (13. April 1725) erbte Friedrich Wilhelm von Dewitz dessen Gut Daber nebst 9 dazu gehörigen Bauerhöfen in Groß-Benz. Der Oberstlieutenant Otto Balthasar von Dewitz auf Coelpin trat durch einen Vergleich d. d. Klützow den 6. April 1726 „seinem vielgeliebten Vater-Bruder, Herrn Generalmajor Friedrich Wilhelm von Dewitz, erb- und eigenthümlich seinen ganzen Antheil und Lehnsrecht an dem eröffneten Lehngut in Daber und dessen Pertinentien ab und begab sich aller daran gehabten Ansprüche dergestalt, daß der Herr Generalmajor nunmehr und a Dato dieses Vergleiches an mit dem Gute und dessen Pertinentien als mit seinem Propro eigenen zu schalten und zu walten nach selbst eigenem Gefallen Macht haben sollte. Für solche Cession bezahlte der Herr Generalmajor an seinen auch vielgeliebten Vetter, den Herrn Oberstlieutenant Otto Balthasar von Dewitz, die Summe von 750 Thalern baar." Ueber das Gut Daber und die 9 Bauerhöfe in Groß-Benz ist ebenfalls ein unter dem 30. Mai 1725 aufgenommenes, sehr specielles Inventarium vorhanden, in welchem die Angaben über die Bauerhöfe weit eingehender sind

als in dem Inventarium über das Gut Wussow. Im Ganzen waren die Höfe
von der nämlichen Beschaffenheit, und es genügt, um die Verhältnisse der
Bauern kennen zu lernen, die Mittheilung folgender Angaben über einen
Bauerhof:

„Christian Winkelmanns Hof. Zwei Söhne sind Soldat, zwei Töchter,
Marie von 22 und Anne Sophie von 14 Jahren. Das Haus ist von 5 Gebinden nebst an beiden Seiten angebauten Abseiten. Es ist im Holz, Dach-
und Fachwerk alt und muß gebauet werden, sonderlich muß die Abseite am
Garten nothwendig gebauet werden. Die Stubenthür mit eisernen Hespen
und Klinken, der Kachelofen ist alt, wie auch die beiden Fenster voll Löcher.
An der Stube ist eine kleine finstere Kammer, davor eine alte Thür mit eisernen Hespen und Ueberwurf; die Hausthür ist alt und gehet in Holz. Ueber
dem Feuerheerde sind Bohlen geleget, sonst aber kein Boden im Hause, als
daß über der Stube einer ist, davor eine ganz alte Thür.

Die Scheune von 6 Gebinden, hofwärts mit angebauten Abseiten, ist in
Holz und Dach noch mittelmäßig, von den Blänken sind viele offen, die Vieh-
ställe sind mit nöthigen Kämmen versehen, auf dem Hofe steht ein Backofen
ohne Schauer. Der Brunnen ist von Steinen angesetzt ohne Schrank mit
einem alten Stiel, das Thor mit den Thüren ist neu, die Bewährung besteht
theils aus einem Haselwerk, theils Zaun, 17 Obstbäume, große und kleine,
stehen in den Gärten.

Hat an Acker 2½ Hufen, dabei völlige Winter- und Sommersaat bei
dem Hofe.

Giebt 6 Thaler Steuer und dienet nach Daber alle Tage selbander.
Giebt noch 1 Gans, 2 Hühner, 2 Stiegen Eier, 2 Pfd Flachs, 1 Maaß
Hofer, spinnt 6 Stücken Garn.

Hat 4 Pferde, 2 Ochsen, 2 Kühe, 1 diesjährig Kalb, 5 Schweine, 8
Schaafe, 5 alte Gänse, 8 Hühner. Die todte Hofwehrstücke als Wagen, Pflug,
Sense u. s. w. sind vorhanden.“

Am 15. Mai 1725 wurde das Gut Daber durch den Burggerichts-
Secretair Johann Philipp Baumann zu Rangard als Commissarius für den
damaligen Obersten Friedrich Wilhelm von Dewitz in Besitz genommen.
Nachdem Baumann sich in Begleitung des Wussower Inspectors Michael Kühl
und des Notarius Heinrich Dewitz um 10 Uhr Vormittags in den Rittersitz
zu Daber verfügt und dort dem Verwalter Friedrich Giese, die Holzwärter

Ueder und Schwemung, wie auch die neun zu dem Gute gehörigen und die-
nenden Unterthanen aus Groß-Benz, die auf Erfordern erschienen waren, vorgefunden hatte, zeigte er ihnen auf dem Hausflur den ihm zugegangenen Befehl Seiner Königlichen Majestät, d. d. Stettin 9. Mai 1725, vor, nach welchem er im Namen des Obersten Friedrich Wilhelm von Dewitz die Besitzergreifung vornehmen sollte. Hierauf fährt er in der von ihm aufgenommenen
Verhandlung also fort: „Von dar bin ich in die Küche Eingangs des Hauses
zur linken Hand gegangen, allwo ich ein Feuer machen lassen, hierauf habe
ich einen Splitter aus dem Pfosten der Hausthür, wenn man herausgehet
zur rechten Hand, gehauen und zu mir genommen, mit dem ausdrücklichen
Vermelden, daß ich hiedurch die possession offenstehen Lehn-Gutes im Nahmen des Herrn Christen Friedrich Wilhelm von Dewitz auf Königlichen Befehl salvo jure der Land-Erben ergriffen haben wollte, und hätten praesentes
nunmehro den Herrn Christen von Dewitz als nächsten Lehnsfolger und Herrschaft des Gutes zu erkennen. Weil auch der Notarius Dewitz dem dieselbst
wohnenden Herrn von Dewitz, als welcher von denen Land-Erben ebenfalls mit
Vollmacht versehen seyn soll,*) Nachricht von meinem Hierseyn gegeben hatte;
So lasen derselbe noch währenden actu in der Ritterstub und gratulirte nach
verlesenem allergnädigsten Befehl zu dem actu. Nachdem dieses geschehen, verfügte ich mich in des seeligen Herrn von Dewitz Wohn-Stube, woselbst ich eine
Cammer mit des Notarii Dewitzen Pittschaft versiegelt habe, deßgleichen sind
alle Kasten, Spinde etc., die sowohl in der Stube, als auf dem Hausfloor
stehen, mit dieses Notarii Pittschaft richtig versiegelt, und ist zu mehrerer
Sicherheit veranstaltet, daß jede Nacht zwey Unterthanen aus Groß-Benz im
Hause wachen müssen. Und ist solchergestalt, wie hier verzeichnet, dieser actus
in praesentia obenbenannter vollenzogen und im Nahmen Gottes beschlossen.“

Nur einige Jahre blieb Friedrich Wilhelm von Dewitz im Besitze
des Daberschen Gutes, er verkaufte es mit den 9 Groß-Benzer Bauern mittelst Kontraktes vom 15. December 1728 an den Landrath Christian Heinrich
von Dewitz aus der Curt-Linie. Dieser trat ihm dafür sein Antheilgut in
Farbezin ab, nebst einem dortigen Bauerhofe, welchen der Unterthan Michael

---

*) Der Notarius Heinrich Dewitz war Bevollmächtigter der Lehnerben.

Röhrenberg bewohnte, wie auch diesen Röhrenberg selbst mit seinen Kindern als Erbunterthanen, desgleichen einen Kathen mit Zubehör ebendaselbst. Ferner cedirte der Landrath Christian Heinrich von Dewitz an den Generalmajor Friedrich Wilhelm von Dewitz alles, was er in Schleffsin besaß, ebenso seinen Antheil am Bussower Gehöge. Dazu zahlte er baar 7366 Thaler 16 Groschen.

Als zum Gute Daber gehöriges „Regale" ist in dem Inventarium vom 30. Mai 1725 „das alte Schloß, so bald völlig zum Steinhaufen werden wird" angegeben. Bei Gelegenheit der Verhandlungen des Generalmajors Friedrich Wilhelm von Dewitz mit seinem Vetter Christian Heinrich über den Verkauf des Daberschen Gutes wurde ein Anschlag über den Werth desselben aufgenommen, in dem es heißt: „Das Dabersche Schloß, ob es zwar jetzo nicht mehr im Stande bewohnet zu werden, so steht doch die Gewölbe, das Gemäuer nur die Materialien hiervon noch in Anschlag zu bringen." In dem Kontrakte vom 16. December 1729 ist bemerkt, daß an den Landrath Christian Heinrich von Dewitz „die alten rudera des Schlosses Eingangs zur rechten Hand ganz, von demjenigen Theil des Schlosses zur linken Hand aber, so itzo annoch in den Mauern stehet, das Antheil, so zu diesem Gute gehöret," überlassen seien.

Die Gemahlin des Generallieutenants Friedrich Wilhelm von Dewitz war Anna Eleonore von Krafft, nachgelassene Tochter Wolff Heinrichs von Krafft auf Delitz am Berge in Sachsen und der Frau Anna Sophie von Trotha. Am 3. September 1713, als er so eben aus dem Feldzuge in Brabant zurückgekehrt war, fand seine Hochzeit statt. Nach der Eheskiftung vom 16. Juli 1713 brachte ihm seine Ehefrau, außer Paraphernalien, 2000 Thaler baar zu. Er hatte 5 Söhne: 1. Wolff Ludwig, 2. Friedrich Wilhelm, 3. August Albrecht, 4. Stephan Gottlieb, 5. Bernd Heinrich und 2 Töchter: 1. Anna Luise und 2. Sophie Dorothea.

123.

Eva Eva von Dewitz,

älteste Tochter erster Ehe des Landraths Joost Ludwig von Dewitz (111), war an den Regiments-Quartiermeister unter dem Leibregiment zu Pferde

Georg von Rüchel auf Barckenow vermählt. In der Ehestiftung d. d.
Bußlow den 10. Maerz 1684 klagt Jobst Ludwig von Dewitz darüber, daß er
„wegen erschrecklicher Geldschulden von seinen Voreltern nichts Freies an seinen
Gütern geerbt, sondern sowohl Bussow als Sallnow von den Mitteln seiner
beiden Ehefrauen habe anlaufen und für diese beiden Güter seit 1655 gegen
12,000 Thaler contribuiren müssen. Daher könne er seiner Tochter nur 2000
Gulden an Ehegeld, darunter ihr mütterliches Antheil und Erbe einbegriffen,
mitgeben. Dieses Geld wolle er, sobald der höchste Gott ihm einige Mittel
in die Hände geben würde, erlegen. Dann heißt es wörtlich: „Damit Er
(Georg von Rüchel) aber unterdessen zu stillung seiner Noth einige Ergötzung
hat, will Ich Ihm jährlichen, weil ich sehr mit der Contribution beleget bin,
einhundert Thaler dergestalt erlegen, als funffzig Reichsthaler auf Martini
und funffzig Reichsthaler auf Johannis, auch damit künftigen Martini des itzt
lauffenden Jahres den Anfang machen, und jährlichen damit continuiren, biß
Ich in etwa in Abtragung des Uebrigen auf einmahl oder in höhern Terminen gelangen kann.“

An Silbergeräth erhielt Eva Elsa nur 1 silbernes vergoldetes mittelmä-
ßiges Känndchen und 2 silberne Löffel, an Zinn: 1 Gießbecken und Gießkanne,
6 Schüsseln und 12 Teller, die ganze Ausstattung war dürftig.

124.

Anna Juliane von Dewitz,

zweite Tochter des Landraths Jobst Ludwig von Dewitz (111) aus erster Ehe,
vermählte sich 1696 nach dem Tode ihres Vaters an Coelestin von
Greiffenpfeil auf Schönfeldt und Heinrichsdorf. Ihr Bruder Stephan
von Dewitz sicherte in der Ehestiftung vom 25. Januar 1696 in seinem und
des abwesenden Bruders Friedrich Wilhelm Namen ihr vorläufig nur
das mütterliche Erbtheil als Ehegeld zu, „und weil Herr von Greiffenpfeil
vornehmlich die Person Seiner nunmehr vertraueten Eheliebsten und derer
Geschlechte beliebet, so hat Er Sich mit dem vorgedachten Versprochenen woll-
begnügen lassen.“

Nach dem Tode Coelestins von Greiffenpheil vermählte sich die Frau Anna Juliane zum zweiten Male mit Achatius von Borl. Sie starb im Jahre 1712.

125.

Barbara Marie von Dewitz,

geboren 1650, und

126.

Hedwig Eleonore von Dewitz,

die beiden jüngsten Töchter erster Ehe des Landraths Jobst Ludwig von Dewitz (111), sind unverheirathet geblieben. Sie bewirthschafteten gemeinschaftlich die Güter ihres Bruders Friedrich Wilhelm von Dewitz von 1699 bis 1718 und wohnten in Wussow. Von dort zogen sie 1718 nach Stargard in Pommern, wo sie ebenfalls zusammen lebten und unter dem 15. Juli 1727 ein gegenseitiges Testament errichteten. Hedwig Eleonore überlebte ihre Schwester Barbara Marie, die am 21. Mai 1734 zu Stargard in tiefer Melancholie starb, und als auch sie im Maerz 1736 zu Stargard gestorben war, erbten ihr Bruder, der Generallieutenant Friedrich Wilhelm von Dewitz, und ihr Neffe, der Oberstlieutenant Otto Balthasar von Dewitz, den ansehnlichen Nachlaß, welchen beide Schwestern erspart hatten.

127.

Julius Leander von Dewitz,

ältester Sohn des Landraths Jobst Ludwig von Dewitz (111) aus der zweiten Ehe, wurde im Jahre 1680 geboren und starb als Kind.

128.

Balthasar Nicolaus von Dewitz,

der zweite und jüngste Sohn des Landraths Jobst Ludwig von Dewitz (111) aus der zweiten Ehe, geboren 1682, war von Jugend auf sehr schwächlich. Er führte ein stilles eingezogenes Leben und hielt sich lange bei seiner Mutter in Stettin auf. Durch Kontrakt d. d. Stargard an der Ihna den 12. April 1717 kaufte er von dem Oberstlieutenant Stephan Bernd von Dewitz auf Hoffelde dessen Rittergut zu Daber mit allem Zubehör. Als Pertinentien sind angegeben: Der Antheil an dem großen neuen Schlosse und „die alten Rudera," so weit der Verkäufer beides besessen, die Mühlen- und Mühlenpächte in Daber, als 147½ Scheffel Korn, das Recht der Freimachung der Schweine, welches auf der Mühle haftete, das Dabersche Grundgeld — 1½ Thaler, — die Feldmark Küllenbarge mit dem Wall, die Fischerei auf dem Daber-See — 6 Klippenzüge, — der große Teich im Gehäge nebst den übrigen dazu gehörigen Teichen sammt der Rohrplagge, an Holzung das Küstengehörge (36 Morgen Buchen und Eichen), die nach der Theilung des Hermelsdorf und der Woiżle dem Gute Daber beigelegten 31 Morgen Holz „in dem spitzen Ort," so wie in dem Benzer Holze 2 Eller-Kaveln, zusammen 9 Morgen 22 Quadratruthen, zu Strauchwerk. Ferner gehörten zum Daberschen Gute 9 Bauerhöfe in Groß-Benz, die mit den darauf wohnenden Unterthanen, ledigen und verheiratheten sammt deren Kindern, mochten sie zu Hause oder auswärts sein, an Balthasar Nicolaus von Dewitz verkauft wurden. Nur reservirte sich der Verkäufer den Bauch Christoph Wiencke, desgleichen die Benzer Mühle mit den dazu belegenen Mahlgästen und der Mühlenpacht. Die „kein-Straße" in Groß-Benz verblieb aber bei dem Gute Daber, eben so das jus venandi zu Daber und Groß-Benz, wie auch das jus patronatus an beiden Orten nebst den in den Kirchen befindlichen Gewölben, Chören und Stühlen, welche diesem Gute bisher zugestanden hatten, indessen sollte dem Oberstlieutenant Stephan Bernd von Dewitz unbenommen sein, wenn er mit Gliedern seiner Familie die Kirche zu Daber dann und wann besuchen wollte, das dortige Chor mitzubetreten. Der Kaufpreis betrug 10,100 Thaler.

Balthasar Nicolaus verzichtete aber zugleich auf sein Anrecht an den Ruffowschen Antheil von Sallnow, welcher mittelst Kontrakt vom 6. Februar 1697 von den Erben Jobst Ludwigs von Dewitz an den Generallieutenant Joachim Balthasar von Dewitz verkauft war, um die „altväterlichen Creditoren" zu befriedigen. Wegen Revocation dieses Gutsantheils hatte Balthasar Nicolaus mit seinem Vetter Stephan Bernd, einem Sohn des Generallieutenants Joachim Balthasar, einen Proceß geführt, in welchem zu seinem Gunsten entschieden war, nun aber gab er die von ihm erstrittenen Rechte auf und übertrug sie auf Stephan Bernd.

Als er am 13. April 1725 unverheirathet starb, waren seine nächsten Lehnserben Friedrich Wilhelm von Dewitz II. und Otto Balthasar von Dewitz auf Coelpin. Letzterer überließ dem ersteren seinen Antheil und Lehnsrecht an das Dabersche Gut für 750 Thaler. Wie oben mitgetheilt ist, ging dieses Gut sehr bald in den Besitz des Landraths Christian Heinrich von Dewitz über.[*)]

129.

Anna Sophie von Dewitz,

älteste Tochter des Landraths Jobst Ludwig von Dewitz (111) aus der zweiten Ehe, ist zweimal verheirathet gewesen und zwar zuerst an den Hauptmann von Berg und nach dessen Tode an den Oberstlieutenant von Blankenburg auf Möhlin.

---

*) Vergl. Friedrich Wilhelm von Dewitz II. Nach dem Kontrakte vom 15. December 1724, der zwischen Friedrich Wilhelm von Dewitz II. und Christian Heinrich abgeschlossen wurde, erhielt der letztere mit dem Gute Daber an Holzung: Etwa 30 Morgen im Lütkenberge, größtentheils Eichen und Buchen zu Bauholz und zur Mast, 33 Morgen 150 Quadratruthen im Groß-Borger Holze, meistens Eichenholz, zum Theil auch Eichen, und 5 Morgen 307'|, Quadratruthen im Hermelsdorf, Fichten zu Bauholz. Friedrich Wilhelm von Dewitz reservirte sich „diejenigen Klippenjäge auf dem Daberschen See, so sonst zu diesem werthesten Gute gehöret, und solche werden dem Herrn Landrath nicht mitverkauft." Auch behielt er für sich den einen adligen Stuhl unten in der Daberschen Kirche

130.

Dorothea Elisabeth von Dewitz,

zweite Tochter des Landraths Jobst Ludwig von Dewitz (111) aus der zweiten Ehe, war die Gemahlin des Hauptmanns Ernst Bogislav von Wobeser.

Aus seiner zweiten Ehe hatte Jobst Ludwig von Dewitz noch zwei andere Töchter, die sehr frühzeitig starben, und deren Namen nicht einmal bekannt sind.

131.

Wolff Ludwig Ernst von Dewitz,

ältster Sohn des Generallieutenants Friedrich Wilhelm von Dewitz II. (122), geboren am 10. Maerz 1714, starb am 16. August 1720.

132.

Friedrich Wilhelm von Dewitz III.,

zweiter Sohn des Generallieutenants Friedrich Wilhelm von Dewitz II. (122), geboren am 20. October 1715, trat in das Regiment seines Vaters, starb aber schon am 28. Dezember 1738 als Kornet zu Groß-Salza und wurde in der dortigen Kirche beigesetzt.

---

nach dem Ältos, verpflichtete sich aber, diesen Stuhl an keinen Fremden zu verkaufen. Sollte derselbe über kurz oder lang an jemanden aus der Familie veräußert werden, so stand das Vorkaufsrecht dem Landrathe Christian Heinrich von Dewitz zu.

133.

August Albrecht von Dewitz,
Oberst,

der dritte Sohn des Generallieutenants Friedrich Wilhelm von Dewitz II. (122), wurde am 16. Juli 1721 geboren. Nachdem er eine Zeitlang das Pädagogium in Halle besucht hatte, trat er 15 Jahre alt (1736) in das Baireuthsche Dragoner-Regiment, wurde nach 3 Monaten Fahnenjunker, rückte 1739 zum Fähnrich und 1740 zum Lieutenant auf. Als solcher machte er die beiden ersten Schlesischen Kriege mit und focht in den Schlachten bei Mollwitz, Chotusitz, Hohenfriedberg und Kesselsdorf, bei Chotusitz wurde er verwundet. Im Jahre 1751 nahm er den Abschied aus dem Preußischen Dienste und trat in die Polnische Armee, bei welcher er 1754 zum Hauptmann ernannt wurde, 1755 ward er Major und Adjutant des Polnischen Großfeldherrn Grafen von Branicki, 1765 avancirte er zum Obersten. Am 10. Juli desselben Jahres machte er aus unbekannten Gründen seinem Leben ein Ende, indem er sich erschoß. Er ist nie verheirathet gewesen.

Ein großes Verdienst erwarb sich August Albrecht von Dewitz um die Familie dadurch, daß er die Hesselschen Güter, deren Lehn durch den Tod des Vice-Präsidenten Karl Joseph von Dewitz (1753) eröffnet war, bei derselben erhielt. Hiebei wurde er durch seinen Freund, den Kammerherrn von der Osten auf Plathe, unterstützt. Ueber den Besitz dieser Güter entstand ein langwieriger Proceß. Die Wittwe des Vice-Präsidenten Karl Joseph von Dewitz (geborne Gräfin Albertine von Podewils, die sich an den königlichen Geheimerath und spätern Staatsminister von Fürst wieder verheirathete) wollte 12 Güter an die Gläubiger ihres Gemahls überlassen, dagegen machten die Brüder August Albrecht, Stephan Gottlieb und Bernd Heinrich von Dewitz als die nächsten Agnaten des Verstorbenen ihr Lehnrecht geltend. Der damalige Rittmeister Stephan Gottlieb von Dewitz wandte sich an den König Friedrich II. mit der Bitte, den Streit durch eine militairische Commission entscheiden zu lassen. Der König beschied ihn d. d. Potsdam den 20. August 1756 durch folgendes Kabinetsschreiben:

„Mein lieber Rittmeister von Dewitz. Ich ertheile Euch auf Euer Schreiben vom 12. dieses hierdurch in Antwort, wie es nicht angehet, Euch in Euren
gemeldeten Proceß-Sachen die gesuchte Commißion zu accordiren, indem solches
der Justiz-Verfaßung zuwider läuft. Indeßen habe ich doch dem Großkanz-
ler von Jariges befohlen, daß er zur Coupirung aller Weitläuftig'keiten und
schleunigen Beendigung dieser Proceße das Nöthige an die Pommersche Regierung verfügen soll, wie Ihr solches aus dem copeylichen Einschluß ersehen
werdet. Ich bin Euer wohlaffectionirter König."

Der Rittmeister von Dewitz gab sich hiemit nicht zufrieden, sondern richtete
unter dem 7. März 1757 noch einmal dieselbe Bitte an den König, der ein
zweites Kabinetsschreiben d. d. Potsdam den 9. März 1757 an ihn erließ,
welches lautete:

„Mein lieber Rittmeister von Dewitz. Ich ertheile Euch auf Euer Schreiben vom 7. d. hierdurch in Antwort, wie es gar nicht angehet, daß Ich den
Streit, welchen Ihr mit der verehelichten von Fürst von neuem anfangen
wollet, durch eine militairische Commißion beurtheilen laßen könne, und wundert
es Mich nur, daß Ihr Mir dergleichen einmal anmuthen sein könnet, da Ihr
ja wohl wißet, daß solches wider die Landesgeseße und Ordnungen läuft, nach
welchen ein jeder sein Recht in den geordneten Instanzen suchen muß. Ich
bin Euer wohlaffectionirter König."

Nachdem der Proceß vier Jahre gedauert hatte, wurde er durch eine vom
Könige verordnete Commißion gütlich beigelegt. Die Brüder August Albrecht,
Stephan Gottlieb und Bernd Heinrich von Dewitz erhielten die
Güter und übernahmen die Verpflichtung, 104,000 Thaler Schulden zu bezah-
len; anfänglich hatten die Allodialerben des verstorbenen Vice-Präsidenten
Karl Joseph von Dewitz die Auszahlung von 125,000 Thalern gefordert. Von
der vereinbarten Summe bekam die noch lebende Mutter Karl Josephs 53,000
Thaler und deßen Wittwe 14,000 Thaler. Die Gebrüder von Dewitz sahen
sich genöthigt, zur Tilgung der von ihnen übernommenen Schulden mehrere
Güter zu veräußern, doch behielten sie sich das Wiederkaufsrecht vor. Sie
überließen Voigtshagen nebst dem dazu gehörigen Bauerhofe in Schornwalde auf 36 Jahre für 19,000 Thaler an Johann Christoph von Holzendorf,
Lobbed gleichfalls auf 36 Jahre für 12,000 Thaler an Johann Karl Birkholz, Kleinenhagen (a) auf 30 Jahre an die Wittwe des Kreiseinnehmers Kühl,
geborne Juliane Sophie Böttcher, für 9,000 Thaler, Justemin für 5600

Thaler, an den Lieutenant und nachmaligen Landrath Johann Daniel von Neppert und dessen Gemahlin, Elisabeth Amalie von Dewitz, Haseleu (erblich) für 10,000 Thaler an die Gebrüder von Rüchel, Major Adam Siegfried und Hauptmann Eustach Wilhelm, Radem und Schloissin (a) mit Ausschluß einiger Zubehörungen für 11,600 Thaler an den Kriegs- und Domainenrath Christoph Ernst August von Platen, Plamitow und Cramonsdorf auf 30 Jahre an den Kriminalrath und nachmaligen Geheimen-Justizrath Johann Joachim Loeper und Hoffelde mit dem Vorwerk Luisenhof an die Mutter Karl Josephs von Dewitz, geborne Luise Emilie von Ziethen, auf deren Lebenszeit.

Eine Anzahl der von ihnen geerbten Güter rührte aus der Curt-Linie, namentlich von Georg von Dewitz, dem Sohne Curts her. Auf diese machte der Landrath Christian Heinrich von Dewitz das Relutionsrecht geltend, was einen Proceß zur Folge hatte. Nach einiger Zeit wurde aber „von beiden Theilen resolvirt, das durch den Proceß unterbrochen gewesene gute Vernehmen wieder herzustellen, eine beständige Harmonie und wahre Amität in der Familie zu stiften, und solches durch einen dauerhaften Vergleich zu befestigen," der unter dem 20. Januar 1764 zu Daber geschlossen wurde. Der Landrath Christian Heinrich von Dewitz begab sich aller an den Oberstlieutenant August Albrecht und den Major Stephan Gottlieb von Dewitz gemachten Ansprüche, insonderheit des Relutionsrechtes auf die von dem Generallieutenant Joachim Balthasar von Dewitz durch Kontrakt vom 8. November 1694 gekauften, aus dem Concurse Georgs von Dewitz herrührenden Güter mit deren Pertinentien. Dagegen überließ der Major Stephan Gottlieb von Dewitz an den Landrath Christian Heinrich von Dewitz sein Antheilgut in Groß-Benz so wie alles, was das Bussewsche Haus dort besaß, mit Ausschluß der sogenannten Arngloppel und des Fischerkathens. Außerdem wurden von den Gebrüdern August Albrecht und Stephan Gottlieb von Dewitz an Christian Heinrich die Braunsbergsche Kavel im Hermelsdorf von 73 Morgen 90 Quadratruthen und 15 Quadratfuß, der Meesowsche Antheil im Benzer Holze nebst dem Rechte auf ein Sechstel an der Mastung und Kavelung der Eichen, 8 Klippenzüge auf dem Daber-See in dem sogenannten Brüschen-Ende, ferner das Relutionsrecht an dem Gute Braunsberg und dem Gütchen Daberlow mit allem Zubehör abgetreten.

Es war sehr schwierig, wenigstens einen Theil der erstrittenen Güter im Besitze zu erhalten, da die Dewitzschen Brüder im siebenjährigen Kriege bedeutende Schäden und Verluste erlitten hatten. Ein Attest des Landraths Christian Heinrich von Dewitz d. d. Daber 20. August 1762, in welchem den Gebrüdern Dewitz die gehabten Kriegsschäden bescheinigt werden, lautet:

„Auf Verlangen des Herrn Oberstlieutenant und des Herrn Major, Gebrüder von Dewitz, wird denenselben hiedurch attestiret:

Daß die Kriegs-Schaden-Stände bei deren Gütern Meesow, Hasleu, Sallmow, Schöneu, Rabern, Daffow, Jarbezin, Kleinen-Benz, Schläffin, Großen-Benz und Schönenwalde, insoweit solche von der Rußischen Invasion herrühren, sich laut denen nach Königl. allergnädigster ordre und Vorschrift geschehenen Untersuchung und eingegebener Schaden-Liquidation de anno 1760, 1761 und 1762, in Summa auf 112,602 rthlr. 11 gl. 9 pf. belaufen, und daraus allein an großem Vieh 178 Pferde, 150 Ochsen, 301 Kühe und jung Vieh, imgleichen 3642 Schaafe genommen, überdem aber noch an der Seuche 481 Häupter Rind-Vieh crepiret sind;

Was den Zustand der Einwohner und Unterthanen betrifft, so ist solcher sehr schlecht, indem sie weder Brod- noch Saat-Korn behalten, und wegen Mangel des letzteren und des Zug-Viehes können die Felder nicht gehörig besäet werden.

Da den 1. Decbr. a. pr. die Königl. Trouppen in Jarbezin von den Rußen attaquiret worden, so ist das Dorf bey dieser affaire rein ausgeplündert, wie es denn in Daffow, Klein-Benz, Schläffin, Rabern und Schöneu nicht besser ergangen; die Zimmer und Bewehrungen sind in itzt benannten Dörfern theils gänzlich ruiniret, auch verschiedene abgebrannt, theils stark beschädiget, und überhaupt werden die Dörfer Jarbezin, Schläffin, Kleinen-Benz, Rabern, Schönau und das Gut Daffow ihrem itzigen Zustande nach unter die schlechtesten dieses Creyses mitgezählet."

Weil alles vorräthige Sommer- und Winterkorn fortgenommen war, konnten die Felder nicht bestellt werden, Zäune, Bewehrungen, Thore und Thüren waren verbrannt, die Fenster eingeschlagen. In Schläffin waren 2 Bauerhäuser und eine Scheune, in Schönau eine Schäferei abgebrannt, 5 Scheunen nebst der Kirche waren in dem letzteren Orte abgebrochen und die Daffower schönen Zimmer sämmtlich arg beschädigt. Der Schaden in den einzelnen Dörfern belief sich z. B. in Meesow auf 12,688 Thlr. 9 Sgr.

9 Pf., in Schoenau auf 11,973 Thlr. 13 Sgr., in Radem auf 12,892 Thlr. 22 Sgr. 2 Pf., in Farbezin auf 22,064 Thlr. 6 Sgr. 10 Pf., in Bussow auf 11,909 Thlr. 2 Sgr. u. s. w.

Der Oberst August Albrecht von Dewitz war ein Mann, in dessen Character sich manche edelen Züge finden. Seinen jüngeren Brüdern Stephan Gottlieb und Bernd Heinrich überließ er (27. December 1746) die Güter Bussow, Farbezin, Schloissin (b), Groß-Benz (a) und Klein-Benz für die Summe von 23,000 Thalern, obgleich sie auf 40,000 Thaler abgeschätzt waren; auch war er bereit, die Hoffeldschen Güter unter sehr billigen Bedingungen an einen aus der Familie abzutreten, es lag ihm nur daran, daß sie den Dewitzen erhalten blieben. Für die Geschichte seines alten Geschlechtes interessirte er sich in so hohem Maße, daß er den lebhaften Wunsch hegte, sie gedruckt zu sehen; er sparte keine Kosten, sichere Nachrichten über die Familie zu sammeln. Um so mehr ist sein Ende zu bedauern.

134.

Stephan Gottlieb von Dewitz,
Oberst,

vierter Sohn des Generallieutenants Friedrich Wilhelm von Dewitz II. (122), geboren in Tangermünde am 23. Juli 1723, besuchte das Pädagogium und die Universität zu Halle und trat nach vollendeten Studien in das Leibregiment Kürassiere. Bald wurde er Kornet, in der Schlacht bei Keßelsdorf war er Adjudant, 1756 avancirte er zum Rittmeister, 1759 rückte er zum Major auf. Er machte den siebenjährigen Krieg mit und erhielt für seine im Felde bewiesene Tapferkeit den Orden pour le merito. Mit dem Character als Major nahm er den Abschied, wurde aber später noch zum Oberstlieutenant und Obersten ernannt. Anfänglich wohnte er in Bussow, während der letzten Jahre seines Lebens hatte er seinen Sitz zu Hoffelde. Mit seinen beiden Brüdern August Albrecht und Bernd Heinrich erbte er die Güter Bussow, Farbezin, Schloissin, (b) Groß Benz (a) und klein-Benz, welche, wie oben mitgetheilt ist, August Albrecht durch Vergleich vom 27. December 1746 ihm und dem jüngsten Bruder abtrat. Der letztere, Bernd Heinrich, überließ mittelst Vertrages vom 22. September 1747 diese Güter an Stephan Gottlieb zum alleinigen Besitze, an den nach dem Tode seiner Brüder auch die Hoffeldschen Güter, Hoffelde, Roggow, Sollmow, Schönau, Schönwalde (a und b) und Meesow fielen.*)

In seinem Alter war er sehr wunderlich, oft schloß er sich Tage lang ein und ließ niemanden vor sich. Seine Enkelin Henriette von Dewitz, eine Tochter des Joseph Friedrich von Dewitz auf Daber, aus der Curt-Linie, die in seinem Hause erzogen wurde, mußte häufig der Probirstein seiner Laune sein. Wenn das Kind dem Großvater den Morgengruß brachte und von ihm mit Liebkosungen empfangen wurde, wagten auch die übrigen Hausgenossen ihm zu nahen; wies er jedoch die Kleine kurz ab, so floh jeder, selbst seine Frau, seine Nähe, da alsdann jeden Augenblick ein Ausbruch seines Zornes zu fürchten war. Noch lebt er in der Erinnerung des Volks, in der Gegend von Hoffelde weiß man allerlei Geschichten von dem „tollen Obersten" zu erzählen.

Nicht lange vor seinem Tode schenkte er der Kirche zu Klein-Benz die Summe von 300 Thalern. In dem Donations-Instrumente d. d. Hoffelde den 19. Maerz 1780 ist bestimmt, daß die Zinsen von 100 Thalern jährlich am Sonntage nach dem 25. October, als dem Sterbetage des Generallieutenants Friedrich Wilhelm von Dewitz, des Erbauers der Kirche, unter die wirklich Armen und Nothleidenden aus den Wussowschen Gütern durch den Prediger mit Zuziehung der Kirchenvorsteher vertheilt werden sollten. Die freie Auswahl der Armen behielt der Oberst Stephan Gottlieb von Dewitz sich und seinen Nachkommen vor. An dem bezeichneten Sonntage sollte „der Prediger nach geschehener Predigt der Gemeinde nicht nur die vorzunehmende Wohlthat anzeigen, sondern auch zugleich jedesmal in Erinnerung bringen, daß ein jeder sich des Dankes in Ansehung der Wohlthaten, so von dem Allmächtigen der Dewitzschen Familie erwiesen, befleißige, demnächst die Gabe, als einen Beweis der aufrichtigen Neigung Gutes zu thun, empfange und für die Wohlfahrt der Angehörigen des adligen von Dewitz-Wussowschen Hauses und deren Nachkommen sein Gebet verrichte." Die Zinsen von 200 Thalern sollten so

*) Ueber die Betheiligung Stephan Gottliebs von Dewitz an der Erwerbung der Hoffeldschen Güter ist zu vergleichen August Albrecht von Dewitz (131).

lange gesammelt werden, bis davon eine Uhr auf dem Thurme der Klein-Benzer Kirche angeschafft werden könnte. Wenn dies geschehen, sollte von den Zinsen der 200 Thaler zuförderst für das tägliche Aufziehen der Uhr dem Kirchenvorsteher jährlich ein Thaler gezahlt, das Uebrige, wenn es nicht zur Erhaltung der Uhr erforderlich sein würde, zum Besten der Kirche angewendet werden.

Von der Hand Stephan Gottliebs von Dewitz findet sich folgende Bemerkung zu der Schenkung in den Acten: „Ich habe meiner Klein-Benzer Kirche, welche nach Gottes Willen meine Ruhe-Stelle sein soll, 300 Thaler geschenkt. Dieses Kapital wird zum Besten der Kirche ausgethan, die fallenden Intressen werden zum Besten gedachter Kirche asservirt und wenn die Summe so ist, daß solche zum Besten der Kirche kann ausgethan werden, soll es geschehen. Das geistliche Consistorium hat mit diesem Kapital nichts zu thun, und fordere ich den am Gerichtstage vor den Richter aller Richter zur Verantwortung, der hierwider handelt. Rache und ewige Verdammniß sei über ihn! Sollte der allmächtige Gott meine Last tragenden Tage, da es mit mir nach meinen Jahren bereits an die 12. Stunde gekommen, verlängern, so werde dieses gesetzte Kirchen-Kapital noch mit zweihundert Thalern vermehren.

Symbolum: O Mensch bedenke stets dein Ende, wir fahren schnell dahin, der Tod kommt oft behende."

Den Bestimmungen des Obersten Stephan Gottlieb von Dewitz wurde genügt. Die Zinsen von 100 Thalern sind in der vorgeschriebenen Weise lange vertheilt worden; seit einer Reihe von Jahren ist dies nicht mehr geschehen, da eigentliche Arme in den Gütern Bussow und Klein-Benz, welche zur Klein-Benzer Kirche gehören, nicht vorhanden sind. Die Zinsen werden jetzt jährlich in der Sparkasse angelegt, um bei vorkommenden Gelegenheiten, ihrer Bestimmung gemäß, verwendet zu werden. Eine Thurmuhr wurde gleichfalls angeschafft, sie existirt noch, ist aber nicht mehr im Gange, auch nicht reparaturfähig; der Küster in Klein-Benz bezieht dessenungeachtet seine Remuneration für das Stellen derselben.

Stephan Gottlieb von Dewitz starb am 9. Juni 1787 zu Hossfelde und wurde im Gewölbe zu Klein-Benz beigesetzt. Die an seinem Sarge befestigte Gedenktafel ist, nach dem im Jahre 1859 erfolgten Abbruche der alten Kirche und nach der Vermauerung des Gewölbes, in der neuen Kirche zu Klein-Benz aufgehängt.

Seine Güter wurden, da sein einziger Sohn vor ihm gestorben war, nach dem Vergleich mit seinen Allodialerben vom 29. Juli 1788 zusammen für den Werth von 80,000 Thalern von seinen nächsten Lehnsfolgern, den Gebrüdern Stephan Werner, Karl Heinrich Friedrich und Bodo Christoph Balthasar von Dewitz, Söhnen des Oberstlieutenants Otto Balthasar von Dewitz auf Coelpin, in Besitz genommen.

Die Güter Plantikow und Cramonsdorf, welche die Brüder August Albrecht, Stephan Gottlieb und Bernd Heinrich von Dewitz am 28. März 1754 an den Kriminalrath Johann Joachim Loeper auf 30 Jahre überlassen hatten, waren von Stephan Gottlieb, nachdem seine Brüder unbeerbt gestorben, dem genannten Pfandbesitzer am 23. Juli 1768 für 24,041 Thlr. 11 Sgr. 6 Pf. erblich abgetreten. Die Lehnsvettern Stephan Werner, Bodo Christoph Balthasar, Karl Ludwig, Joseph Friedrich und Karl Heinrich Friedrich von Dewitz hatten hiezu ihren Konsens ertheilt und sich aller Lehnsansprüche auf diese Güter begeben.

Verheirathet war Stephan Gottlieb von Dewitz seit 1747 mit Renata Margaretha von Bennavoire. Sie war die Tochter eines Französischen Refugié, Peter von Bennavoire, der in der Preußischen Armee als Grand-Mousquetair diente, 1748 Generalmajor, 1757 Generallieutenant und Ritter vom schwarzen Adler-Orden wurde; er starb 1759.

Die Kinder des Obersten Stephan Gottlieb von Dewitz waren: 1 Sohn, Friedrich Peter Stephan, und 5 Töchter: 1. Eleonore Henriette, 2. Luise Sophie, 3. Amalie Dorothea, 4. Charlotte Helene und 5. Wilhelmine Margarethe Ernestine. Seine Witwe starb am 2. Februar 1795.

135.

Bernd Heinrich von Dewitz,

fünfter und jüngster Sohn des Generallieutenants Friedrich Wilhelm von Dewitz II. (122), geboren am 27. Januar 1725, trat in das von Brebauische Kürassier-Regiment, avancirte zum Kornet und machte den zweiten Schlesischen Krieg mit, in welchem er den Schlachten bei Hohenfriedberg und Kesselsdorf beiwohnte. Nach dem Frieden nahm er den Abschied und zog sich in die Stille zurück. Er tritt sehr wenig neben seinen Brüdern, den Obersten August Albrecht und Stephan Gottlieb hervor. Dem letzteren überließ er durch Vergleich vom 22. September 1747 die vom Vater ererbten Güter, nachdem der älteste Bruder August Albrecht dieselben am 27. December 1746 den beiden jüngeren Brüdern abgetreten hatte. Er war mit einem Fräulein von Massow verheirathet.

136.

Anna Luise von Dewitz, I.

älteste Tochter des Generallieutenants Friedrich Wilhelm von Dewitz II. (122), wurde am 6. October 1717 geboren. Sie war an den Major von Berlikow verheirathet, der bei Kesselsdorf fiel.

137.

Sophie Dorothea von Dewitz,

zweite Tochter des Generallieutenants Friedrich Wilhelm von Dewitz II. (122), geboren am 11. Juli 1722, starb als Kind am 5. Februar 1730.

138.

Friedrich Peter Stephan von Dewitz,

einziger Sohn des Obersten Stephan Gottlieb von Dewitz (134), starb als Kind vor dem Vater.

139.

Eleonore Henriette von Dewitz,

älteste Tochter des Obersten Stephan Gottlieb von Dewitz (134), geboren den 17. April 1749, war an den Major Bernd Friedrich von Arnim in Danzig verheirathet.

140.

Luise Sophie von Dewitz,

zweite Tochter des Obersten Stephan Gottlieb von Dewitz (134), geboren am 27. März 1750, vermählte sich am 27. November 1766 mit Joseph Friedrich von Dewitz auf Daber von der Curt-Linie.

141.

Amalie Dorothea Karoline von Dewitz,

dritte Tochter des Obersten Stephan Gottlieb von Dewitz (134), geboren am 25. Februar 1753, war mit dem Major von Salisch in Stargard in Pommern vermählt (1780).

142.

Charlotte Helene Karoline von Dewitz,

vierte Tochter des Obersten Stephan Gottlieb von Dewitz (134), geboren am 20. Februar 1755, war die Gemahlin des Majors Karl Ludwig von Dewitz auf Waldewin von der Curt-Linie.

143.

Wilhelmine Margaretha Ernestine von Dewitz,

fünfte und jüngste Tochter des Obersten Stephan Gottlieb von Dewitz (134), starb am 18. December 1764, erst dreiviertel Jahre alt.

144.

Stephan Bernd von Dewitz,
Oberstlieutenant und Landrath.

ältester Sohn des Generallieutenants Joachim Balthasar von Dewitz (112) aus der ersten Ehe, geboren am 21. März 1672, diente eine Zeitlang als Militair und avancirte bei dem königlichen Preußischen Leibregimente zu Pferde bis zum Oberstlieutenant, nahm dann seinen Abschied und wurde Landrath des Dewitzschen Kreises. Seinen Wohnsitz hatte er in Hosselde. Er liebte Pracht und Aufwand und war seiner vielen Schulden wegen genöthigt, mehrere Güter zu veräußern. Daber verkaufte er (12. April 1717) für 10,100 Thaler an seinen Vetter Balthasar Nicolaus von Dewitz (128), Schmelzdorf verpfändete er (10. Juni 1710) an den Daenischen Hauptmann Otto Adrian von Esling auf 24 Jahre, an den er die Güter Jarchlin, Kniephof und Sülz auf die Zeit vom 25. Merz 1708 bis zum 25. Merz 1738 für 19,600 Thaler ebenfalls überlassen hatte. Während dieser Zeit kamen die Güter in verschiedene Hände. Frau von Burgsdorf kaufte Jarchlin und Kniephof, von ihr erstand sie (30. September 1718) der Canonikus Johann August von Koven. Sülz war zur Hälfte an den Amtmann Johann Kieseling weiter verpfändet, die andere Hälfte hatte der Dr. juris Lange erworben, der sie an den Amtmann Johann Müller veräußerte (30. December 1724). Der damalige Kapitain, spätere Oberst August Friedrich von Bismark, ein Schwiegersohn Stephan Bernds von Dewitz, kaufte mittelst Kontrakts vom 27. April 1725 Jarchlin und Kniephof von dem Canonikus von Koven, so wie durch Kontrakt vom 2. April 1727 Sülz von den Amtleuten Johann Kieseling und Johann Müller. Für alle drei Güter zahlte er 23,000 Thaler (für Jarchlin und Kniephof 16,000 rthl., für Sülz 7000 rthl.)

Er trug bei dem Könige Friedrich Wilhelm I. darauf an, diese Güter ihm als Kunkellehne zu verleihen und die gesammte Hand daran seinen Brüdern Georg Friedrich, Karl Ludolph und Alexander Wilhelm zu conferiren, so daß sie auch auf deren Descendenten männlichen und weiblichen Geschlechts vererbt werden könnten (1733).

Durch Vergleich vom 3. Januar 1726 hatten schon einige Dewitze aus dem Hoffelschen Hause — Generallieutenant Friedrich Wilhelm II, Oberstlieutenant Stephan Bernd und Oberstlieutenant Otto Balthasar — dem Kapitain August Friedrich von Bismarck ihr Lehnsrecht an Jarchlin und Suierhof und ihr Reluitionsrecht an das damals noch verpfändete Gut Rütz abgetreten. Andere Dewitze weigerten sich, hierin zu willigen. Nachdem aber der Landrath Christian Heinrich von Dewitz unter dem 15. Februar 1751 seinen Lehnsansprüchen an diese drei Güter entsagt hatte, und die Söhne des Hauptmanns Christian Heinrich von Dewitz, Jacob Wilhelm und Karl Ludwig, von der Curt-Linie nach dem vorhergegangenen gerichtlichen Aufgebote, durch die Rechtssprüche vom 20. October 1751, 21. Februar 1752 und 3. October 1753 mit der Einlösung der Güter Suierhof, Jarchlin und Rütz waren präcludirt worden, kamen solche nach dem Tode des Hauptmanns Bernd August von Bismarck an seine Kinder, Friedrich August und Charlotte Henriette, und sind noch jetzt im Besitze der Familie v. Bismarck.

Plantikow und Cramonsdorf überließ Stephan Bernd von Dewitz am 10. Mai 1725 für 19,500 Thaler dem Geheimrath Georg Eberhard von Wessel auf 30 Jahre. Nach abgelaufener Wiederkaufsfrist wurden die Güter reluirt, aber gleich wieder an den Kriminalrath Johann Joachim Korver verkauft.*)

Wie sein Vater Joachim Balthasar machte auch Stephan Bernd von Dewitz den Versuch, das ganze Dabersche Schloß zu erhalten. Er protestirte (8. August 1699) gegen den an den Generallieutenant Joachim Balthasar von Dewitz erzangenen Bescheid vom 19. October 1698, nach welchem durch das Loos über den Besitz des Schlosses entschieden werden sollte, und behauptete, daß ihm gegen angemessene Entschädigung das der Curt-Linie gehörige eine Sechstel abgetreten werden müsse, da er bereits fünf Sechstel besäße. Die Acten ergeben nicht, ob und wie er beschieden ist, so viel aber erhellt aus ihnen, daß er im Besitz seines Schloßantheils blieb, den er mit seinem Gute Daber an Balthasar Nicolaus von Dewitz (128) im Jahre 1717 verkaufte. Von diesem erbte Gut- und Schloßantheil zu Daber 1725

---

*) Vergl. Stephan Gottlieb von Dewitz (134).

Friedrich Wilhelm von Dewitz II. (122), der bereits 1728 an den Landrath Christian Heinrich von Dewitz aus der Curt-Linie überließ, welcher nunmehr das ganze Schloß besaß, daran aber nicht mehr besserte, weil es zu sehr zerfallen war.*) Nach und nach wurde es zur völligen Ruine.

Im Daberschen Kirchenbuche findet sich folgende Bemerkung: „Den 26. Junii als Dom. V p. Trinit. ist ein jüdischer Jüngling, der vorhero wohl unterrichtet, in Gegenwart des Herrn Major von Rhöder und dessen Eheliebsten, Herrn Oberstlieutenant Stephan Bernd von Dewitz und dessen Frau Gemahlin, Herrn Borken auf Krapig und dessen Frau Eheliebsten, Herrn Rittmeisters von Dewitz auf Klüssow und (anstatt der prinzipalesten Pathin und Taufzeugin, Ihro Gnaden der verwittweten Frau Generalin und Gouverneurin von Hosseltz,) der Frau Rittmeisterin von Rostitz in der Daberschen Kirche bei sehr volkreicher Gemeinde von Fremden und Einheimischen, im Namen der heiligen Dreifaltigkeit solemnissime nach vorher gehaltener Predigt aus dem 122 Psalm B. 6 und 9, auch Sermon vor dem Altar aus dem 2. und 3. Verse des 111 Psalmes, praesente Dn. Pastore Lasbec, als Informatore und Dn. Pastore Maldew, von mir (Vicariat Mronus) getaufet und Bernd Ludwig Gottlieb genannt worden. Dieser Täufling ist aus Polen gebürtig gewesen, Gott sei gelobet, der gebe ihm Beständigkeit zu seiner Seelen Seligkeit. Amen.

Bei diesem heiligen Belehrungswerke ist nächst Gott und dem heiligen Predigtamte vorgemeldeter Herr Oberstlieutenant von Dewitz der getreueste Beförderer gewesen."

Stephan Bernd von Dewitz starb am 4. März 1728, er ist in der Kirche zu Reggow beigesetzt, in welcher sich noch sein Bild befindet. Er hinterließ 72,000 Thaler Schulden. Seine Gemahlin, mit der er sich am 26. November 1697 verheirathete, war Luise Emilie von Ziethen, eine Tochter des Generalmajors und Gouverneurs von Minden Hans von Ziethen auf Logau und der Frau Katharine Charlotte von Derfflinger, einer Tochter des Feldmarschalls Freiherrn von Derfflinger. Die Kinder aus dieser Ehe waren 4 Söhne: 1. Hans Balthasar, 2. Bernd Friedrich, 3. Bernd Ludwig, 4.

*) Vergl. Friedrich Wilhelm von Dewitz II. (122).

Karl Joseph und 6 Töchter, 1. Stephana Charlotte, 2. Johanna Hedwig, 3. Johanna Elisabeth, 4. Luise Jacobine, 5. Marie Christiane und 6. Sophie Eleonore.

Die Wittwe Stephan Bernds von Dewitz starb 1760 in Collnow 77 Jahre alt.

145.

Barbara Katharina von Dewitz I.,

älteste Tochter des Generallieutenants Joachim Balthasar von Dewitz (112) aus der ersten Ehe, geboren 1667, wurde 1684 an den Obersten Hans Siegismund von Gräsewitz auf Görke und Moratz vermählt, nach dessen Tode sie sich am 31 October 1694 an den Hannöverschen Obersten Joachim Ernst von Podewils auf Krangen und Sadow wieder verheirathete. Sie starb am 7. September 1742.

146.

Anna Luise von Dewitz II.,

zweite Tochter des Generallieutenants Joachim Balthasar von Dewitz (112) aus der ersten Ehe, war die Gemahlin Karl Ferdinands von Lallow auf Blankenhagen, Rützenow, Babig, Ernshagen u. s. w. Sie wurde 1697 Wittwe.

147.

Elisabeth Sybille von Dewitz,

dritte Tochter des Generallieutenants Joachim Balthasar von Dewitz (112) aus der ersten Ehe, war anfänglich mit dem Rittmeister Christian

Friedrich von der Osten auf Warnitz und sodann mit dem Oberstwachtmeister Karl Friedrich von dem Borne auf Beruschen und Zolno
verheirathet.

148.

Christiane von Dewitz,

vierte Tochter des Generallieutenants Joachim Balthasar von Dewitz
(112) aus der ersten Ehe, war mit dem Schwedischen Kapitain Christoph
von der Osten auf Warnitz und Wizmitz vermählt.

Die fünfte Tochter Joachim Balthasars von Dewitz aus der ersten
Ehe, deren Namen unbekannt ist, starb bald nach der Geburt zu Hesseltee.

Eine von den oben genannten Töchtern ist auch an einen Herrn von
Zichlinski verheirathet gewesen, und kann dies nur in zweiter Ehe entweder
Anna Luise oder Christiane gewesen sein.

149.

Christian Ludwig von Dewitz I.,

ältester Sohn des Generallieutenants Joachim Balthasar von Dewitz
(112) aus der zweiten Ehe, geboren am 4. September 1681 zu Brandenburg
an der Havel, wurde nach dem Tode seiner Mutter in das Haus des Gar-
nisonpredigers Gottfried Auen zu Colberg gegeben und besuchte die dortige
Schule. Er wuchs zu einem wohlgesitteten reich begabten Jünglinge heran,
starb aber schon am 6. Mai 1697 an den Blattern mit den Worten: „Meinen Jesum laß ich nicht!"

150.

Friedrich Wilhelm von Dewitz IV.,

der zweite Sohn des Generallieutenants Joachim Balthasar von Dewitz
(112), ist als Kind 2½ Jahre alt gestorben.

151.

Sophie Auguste von Dewitz,

älteste Tochter des Generallieutenants Joachim Balthasar von Dewitz (112) aus der zweiten Ehe, geboren zu Hoffelde im Februar 1679, wurde am 31. Januar 1604 im noch nicht vollendeten 15. Lebensjahre an den Kammerherrn, Amtshauptmann zu Marienfließ und Dompropst zu Colberg Georg Christoph von Wachholz auf Dargißlav, Schwedt u. s. w. verheirathet. Am 23. Maerz 1698 starb sie im Wochenbette bei der Geburt ihres vierten Kindes mit den Worten: „Ach, Herr Jesu wie lange!" nachdem sie von ihrem Ehegatten zärtlich Abschied genommen und ihre Kinder gesegnet hatte. Bei der „Abführung des hochadligen Körpers" von Marienfließ in das Erbbegräbniß zu Dargißlav hielt der Pastor M. Quodvult Deus Abraham Müller zu Marienfließ die Leichenrede über den Text, „welchen die Wohlselige Selbst zu Ihrer Niederkunfft erwehlet" aus Psalm XVIII. B. 2, 3 und 4. Sie hatte nämlich ihren Tod bestimmt erwartet und alle Angelegenheiten sorgfältig geordnet.

152.

Marie Agnes von Dewitz,

zweite Tochter des Generallieutenants Joachim Balthasar von Dewitz (112) aus der zweiten Ehe, ist jung gestorben.

153.

Magdalena Sybille von Dewitz.

dritte Tochter des Generallieutenants Joachim Balthasar von Dewitz (112) aus der zweiten Ehe, wurde die Gemahlin des Polnischen und Kursächsischen Obersten Friedrich Wilhelm von der Marwitz auf Wormsfelde.

154.

Hans Balthasar von Dewitz,

155.

Bernd Friedrich von Dewitz,

geboren am 3. Mai 1709, und

156.

Bernd Ludwig von Dewitz,

geboren am 22. April 1714, gestorben am 11. Februar 1717, waren die drei ältesten Söhne des Oberstlieutenants und Landraths Stephan Bernd von Dewitz (144). Alle drei starben als Kinder.

157.

Karl Joseph von Dewitz,

Präsident,

vierter und jüngster Sohn des Oberstlieutenants und Landraths Stephan Bernd von Dewitz (144), geboren am 15. Januar 1718, wurde durch Privatunterricht so weit vorbereitet, daß er die Universität beziehen konnte. Seine Studien machte er in Frankfurt an der Oder und in Halle. Nicht lange nach dem Abgange von der Universität wurde er Kriegsrath und bald darauf Regierungsrath in Stettin. Er verheirathete sich 1742 mit der Gräfin Albertine von Podewils, einer Tochter des Preußischen Etats- und Kabinetsministers Grafen von Podewils. In demselben Jahre erfolgte seine Ernennung zum Vice-Präsidenten bei der pommerschen Regierung. Friedrich der Große sandte ihn 1751 als außerordentlichen Gesandten an den kaiserlichen Hof nach Wien.

Karl Joseph von Dewitz hatte, wie sein Vater, eine große Neigung zum Aufwande und vermehrte die auf seinen Gütern lastenden Schulden sehr bedeutend. Um dieselben zu tilgen machte er den Versuch, die Dewitzschen Güter in Allodien umzuwandeln und seine Lehnsvettern zur Aufhebung des ganzen Lehnsverbandes in der Familie zu vermögen. Er wandte sich deshalb besonders an den Landrath Christian Heinrich von Dewitz als den Senior der Familie und bemühte sich, ihn für seinen Plan zu gewinnen. Unter dem 24. October 1747 schrieb er von Stettin aus:

„Hochwohlgeborner Herr,
Hochzuverehrender Herr Landrath
Werther Herr Vetter!

Ich habe seit einer Zeit mich mit Nachsehung der Familien-Acten im hiesigen Lehns-Archiv beschäftiget, und dabei das Landbuch adhibiret, da ich denn nicht leugnen kann, daß die annoch wenigen Güter dem Geschlecht überall gar sehr verschuldet sind, und es uns samt und sonders schwer fallen dürfte, ohne Veräußerung derselben uns davon loszumachen. Ich habe solchem abzuhelfen also auf allerhand Mittel gedacht, dieweil ich es meines Orths so nöthig wie irgend einer habe, ich soll aber kein hinlängliches ausfündig machen. Es wäre denn, daß wir sämmtliche Gevettern uns dahin vereinigten, die Lehnsbarkeit unserer mehr gedachten Güter aufzuheben und sie allodificiren zu lassen. Hierdurch würden sie von größerem Werth sein und wir vermieden zugleich viele Beschwerden und Kosten, als s. g. lehnsherrlichen Consens, Muthung und dergleichen . . . und hiernach ist per allodificationem unser Credit sowohl als unsere Güter gutentheils mehr werth. Ich überlasse also Ew. Hochwohlgeboren tanquam seniorem familiae, in wiefern dieselbige alles dieses acceptable halten, und erbitte mich dero Meinung darüber aus. Ew. Hochwohlgeboren haben ihre Kinder, und Ihnen wird aus eigener Erfahrung bekannt sein, wie spärlich Ihnen etwas zu erwerben in unserm Stande die Mittel dazu zu finden sind. Ich sollte daher glauben, daß wir mittelst Beiseitsetzung aller alten Verfassungen des Geschlechts, so dermahlen ohne dem von keinem Nutzen weiter sind, auf das Solide vor die unsrigen sehen müßten, und dieses wäre in der That der Eingangs von mir gethane Vorschlag. Die Zeiten bessern sich unsernthalben nicht . . . Ich ersuche demnach Ew. Hochwohlgeboren wiederholentlich auf das inständigste, und um Dero eigenen Vortheils halber, dieses alles genau zu erwägen und ein und andere Nebendinge nicht dem gemeinschaftlichen Besten vorzuziehen u. s. w."

Auch die Einwilligung des Oberstlieutenants Otto Balthasar von Dewitz auf Coelpin suchte Karl Joseph von Dewitz zu erlangen. Beide Vettern waren aber sehr entschieden gegen seine Absichten, sie erachteten die Allodification der Güter nicht für vortheilhaft, sondern vielmehr für höchst nachtheilig. Der Landrath Christian Heinrich von Dewitz „ersuchte seine gesammten Geschlechtsvettern, ihrem so alten Geschlechte die Ehre wiederfahren zu lassen, ad exemplum ihrer so werthen Vorfahren unter dem nexu einer getreuen Lehnsfolge gleich anderen des ganzen Landes zu verbleiben." Er richtete an sie d. d. Daber den 31. März 1749 ein Anschreiben, in welchem er „als Senior Familiae den übrigen Geschlechtsverwandten preponirte, wie höchst nöthig es sei, bei der damaligen geringen Anzahl der Familie und den bekannten nahrlosen schlechten Zeiten darauf bedacht zu sein, daß dieselbe sich conservire und nicht je mehr und mehr in Verfall gerathe. Er habe bemerkt, daß diejenigen Geschlechter, welche einen gewissen Lehnstamm unter sich ausgemacht, sich allemal erhalten, und in casu providentiae besser als diejenigen, so darauf nicht bedacht gewesen, dabei gefahren seien. Er wolle also dem Geschlechte anheimstellen, ob dasselbe nicht gleichfalls auf Bestimmung eines Lehnstammes à proportion eines jeden Vermögens bedacht sein und solchergestalt auf das Ansehn und die Erhaltung des von so vielem Saeculis her bekannten Dewitzschen Namens reflectiren wolle. Zu dem Ende brachte er in Vorschlag, daß bei dem Daberschen Hause 4000 fl. Pommerisch, den fl. zu 16 gl. gerechnet, bei dem Bernhagenschen Hause 1000 fl., bei dem Hoffeldschen Hause 15,000 fl. und bei dem Klützowschen Hause 4000 fl. festgesetzt werden möchten."

Der Vice-Präsident von Dewitz bemerkte d. d. Hoffelde den 4. April 1749 unter diesem Anschreiben: „Ob ich gleich 15,000 fl. in consideration der großen malorum meiner Mutter und meiner Frau halber sehr viel halte, so will ich dennoch in consideration, daß solches zum soutien der familie gereichet, mir gefallen lassen, daß der Lehnstamm so hoch bei meinem Hause bestimmt werde." Die Erklärungen der anderen Lehnsvettern finden sich in den Acten nicht, der Vorschlag kam jedoch nicht zur Ausführung. Dagegen nahm Stephan Gottlieb von Dewitz (134) den Plan, die Güter zu allodificiren, wieder auf, fand aber an den Brüdern Stephan Werner, Karl Heinrich Friedrich und Bodo Christoph Balthasar von Dewitz, sowie an dem Landrath Christian Heinrich von Dewitz abermals energische Gegner, so daß auch er die Allodification nicht durchsetzen konnte.

Der Vice-Präsident Karl Joseph von Dewitz besaß die Güter Hoffelde mit dem Vorwerke Luisenhof, Reggow, Sallmow, Meeslow, Voigtshagen, Halelow, Schoenau, Ladbek, Daberlow, Justemin, Ratem, Schmelzdorf, Gleitenhagen, Schloissin und Schoenwalde ganz oder theilweise, außerdem einzelne Höfe in Plamilow (1), Schoenwalde (2) Schmelzdorf (1½) und Rütz (den Freischulzenhof). Schmelzdorf verkaufte er (21. März 1739) mit Genehmigung seines Vormundes, des Landraths von Bork auf Wangerin, auf 30 Jahre an seinen Schwager, den Oberstlieutenant August Friedrich von Bismarck, für 6,100 Thaler.*) Die Gebrüder Stephan Werner, Karl Heinrich Friedrich und Bodo Christoph Balthasar von Dewitz entsagten im Jahre 1783 dem Wiedereinlösungsrechte. Den ihm zugehörigen Theil von Daberlow überließ Karl Joseph von Dewitz am 29. Januar 1751 für 4,200 Thaler auf 25 Jahre an den Rittmeister Friedrich Wilhelm von Gelembek.

Mit seinen nächsten Lehnsvettern aus dem Wussower Hause, August Albrecht und Stephan Gottlieb von Dewitz, hatte Karl Joseph nie in einem guten Verhältnisse gelebt; nach seinem Tode entstand zwischen jenen und seinen Allodialerben ein Proceß, welcher, nachdem er vier Jahre gedauert hatte, durch einen gütlichen Vergleich beigelegt wurde. Die Wussower Vettern erhielten die Güter und übernahmen die Auszahlung von 104,000 Thalern Schulden. Hierin waren 14,000 Thaler für die Wittwe und 53,000 Thaler

---

*) Der Damische Hauptmann Otto Florian von Colluz, welcher Schmelzdorf vom Stephan Gerub von Dewitz auf 24 Jahre gekauft hatte, erdirte es dem Hauptmanns Christian Heinrich von Dewitz aus der Cart-Linie, von dessen Erben es Karl Joseph am 20. Februar 1739 erkaufte.

für die Wwen Karl Josephs von Dewitz, welche den Sohn überlebte,
mit eingerechnet. Der letzteren wurde auf Lebenszeit das Gut Hossecke mit
dem Vorwerk Luisenhof überlassen.*)

Karl Joseph von Dewitz starb am 17. Januar 1753 zu Wien an
den Blattern. In J. C. Dæhnerts Pommerscher Bibliothek wurde damals
folgende Anzeige seines Todes veröffentlicht: Am 17. Jenner ist in Wien der
Hochwohlgeborne Herr Karl Joseph von Dewitz, Sr. Königl. Majestät
bei der Pommerschen Regierung wohlbestellter Vice-Präsident und accreditirter
Minister am Römisch-Kaiserlichen Hofe, auf Hossecke, Beigtshagen, Dobertow,
Klettenhagen u. s. w. Erb- und Schloßgesessen nach einer kurzen Krankheit an
den Blattern im 36. Jahre seines Alters gestorben. Stettin bedauert diesen
Verlust um so viel mehr, als es in demselben einen eben so großen Gönner der
Gelehrten und edelmüthigen Freund der Wissenschaften und freien Künste, als
überhaupt einen Mann von den vortrefflichern persönlichen Eigenschaften ver-
liert. Er hinterläßt als Wittwe eine geborne Gräfin von Podewils; Tochter
Sr. Excellenz des Königl. wirkl. Geheimen Staats- und Cabinets Ministers;
hat aber nicht das Glück gehabt, in dieser Ehe Leibeserben zu sehen.**)

Die Wittwe Karl Josephs von Dewitz hatte eine Zeitlang ihren
Wohnsitz in Stettin. Wegen ihrer großen Schönheit und ihres geistreichen
Wesens wurde sie in verschiedenen Sprachen besungen. Eine Probe der ihr
dargebrachten poetischen Huldigungen theilt Dæhnert in der Pommerschen
Bibliothek mit.

„Ein vornehmer Freund des von Dewitzschen Hauses," berichtet er, „besang den Albertinen-Tag als den Namenstag der verwittweten Frau Präsiden-
tin von Dewitz, gebornen Gräfin von Podewils, in folgendem Quatrain:

L'Aurora nous annonce en ce jour Albertino;
Celebrez ce bona nom, Vous tous qui l'adorés!
Son Oeil est enchanteur, sa Figure est divine,
Et l'Amour pour nous plaire a choisi le Cypres.

---

*) Vergl. August Albrecht von Dewitz (135).
**) J. C. Dæhnerts Pommersche Bibliothek II, 3c.

Eine deutsche Feder gab diesem Stück folgende Gestalt:

Aurora bringet uns den Tag der Albertine,
Auf, die ihr sie verehrt, er muß euch festlich sein!
Wie zaubernd ist ihr Blick, wie göttlich Gang und Miene!
Die Lieb' hüllt sich zum Sieg hier in Cypressen ein.

Ein anderer Dichter gab demselben ein lateinisches Ansehen auf die Art:

Nunciat en Albertinam, praenuntia Solis;
Quotquot adornatis plaudite! Ovate! Deam.
Quam victrix oculis, membris quam diva venustas!
Corda domat, dum stat fronto cupressus, Amor.*)"

In zweiter Ehe war sie mit dem Preußischen Staatsminister von Fürst verheirathet, der 1770 wegen des bekannten Müller Arnoldschen Processes in Ungnade fiel und seine Entlassung aus dem Staatdienste erhielt.

158.

Stephana Charlotte von Dewitz,

älteste Tochter Stephan Bernds von Dewitz (144), geboren 1706, war an den Obersten August Friedrich von Bismarck vermählt, welcher im Jahre 1742 bei Chotusitz fiel. Sie ist die Aeltermutter des Ministerpräsidenten Grafen Otto von Bismarck Schönhausen.

159.

Johanne Hedwig von Dewitz,

zweite Tochter Stephan Bernds von Dewitz (144), geboren 1708, starb als Kind.

---

*) Dorfmer! Bibliothek III. 36.

160.

Johanne Elisabeth von Dewitz,

dritte Tochter Stephan Bernds von Dewitz (144), geboren 1711, ist jung gestorben.

161.

Luise Jacobine von Dewitz,

vierte Tochter Stephan Bernds von Dewitz (144), geboren 1712, war an den Preußischen Hauptmann du Rosay verheirathet.

Rolaz du Rosay (sic)

162.

Marie Christiane von Dewitz,

fünfte Tochter Stephan Bernds von Dewitz (144), geboren 1716, starb 1717.

163.

Sophie Eleonore von Dewitz,

sechste Tochter Stephan Bernds von Dewitz (144), geboren 1710, war die Gemahlin des Herrn von Schoenfeld.

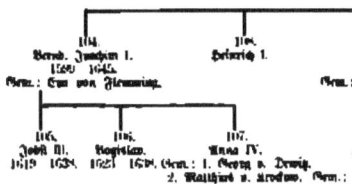

103.
Jobst von Drewig, Landrath.
1566 – 1624.
Gem.: Anna v. Bieberll.

104.
Bernd. Joachim I.
1590 1645.
Gem.: Eva von Flemming.

102.
Heinrich I.

Gem.:

105.
Jobst III.
1619 1634

106.
Bogislav.
1621 1634. Gem.: 1. Georg v. Drewig.
2. Matthias v. Arnheim. Gem.:

107.
Hans IV.

Tafel III.

zu

nitt IV.

Stephan von Dewitz

Königl. Preuß. General Lieutenant

geb. zu Wusow d. 24. Aug. 1668 gest. zu Stettin d. 8. April 1735

V.

Geschichte der Neuen Coespiner-Linie.

164.

Stephan von Dewitz IV.,
Generallieutenant,

ältester Sohn des Landraths Jobst Ludwig von Dewitz (III), der Stifter der Neuen Coespiner-Linie, wurde zu Klüssow am 24. August 1658 geboren und nach seinem damals noch lebenden Großvater Stephan genannt. Bis zum Jahre 1710 hat er selbst seine Lebensgeschichte aufgezeichnet.

Seiner guten Anlagen wegen sollte er sich nach dem Willen des Vaters den Studien widmen. Im Alter von noch nicht 15 Jahren war er reif für die Universität, und schon war es bestimmt, daß er sich nach Frankfurt an der Oder begeben sollte. Er zog jedoch den Militairdienst vor und trat mit Bewilligung seines Vaters am 1. Mai 1673 unter das Mörnersche Cavallerie-Regiment bei der Kompagnie seines Vaterbruders, des damaligen Oberstwachtmeisters Joachim Balthasar von Dewitz. Hier ließ er sich als Freireiter aufnehmen und diente so von unten auf, „denn er hielt dafür, daß er dadurch am besten lernen könne, was Unteren zu thun obliege, und was Obere hinwiederum zu fordern hätten." Im Jahre 1674 marschirte er im Kriege gegen Frankreich mit dem Mörnerschen Regimente nach dem Elsaß, 1675 machte er den Ueberfall von Rathenau und die Schlacht bei Fehrbellin mit, so wie den Feldzug gegen die Schweden in Pommern. Am 1. März 1676 wurde er zum Quartiermeister ernannt, bei der Belagerung von Stettin (1677) erhielt er die Stelle eines Adjudanten in dem Regimente des Obersten von Treffenfeld, nahm aber am 12. Februar 1678 den Abschied von diesem Regimente und trat in das Dragoner-Regiment des Obersten von Sydow, wurde am 11. Juli 1678 Lieutenant bei der Leibkompagnie und wohnte als solcher der Eroberung Greifswalds bei. Als der große Kurfürst die Schweden aus Preußen vertrieb, war er unter den Truppen (1000 Pferde), mit denen der Oberst von Treffenfeld am 20. Januar 1679 einen Theil der Schwedischen Armee bei Splitter unweit Tilsit schlug.

Nach Beendigung des Krieges übertrug Kurfürst Friedrich Wilhelm das Leibregiment zu Pferde dem Obersten von Sydow, auf dessen Wunsch der Lieutenant Stephan von Dewitz am 3. Merz 1679 ebenfalls in dies Regiment versetzt wurde. Oberst von Sydow starb schon am 19. April desselben Jahres, ihm folgte im Kommando des Regiments der Oberst Joachim Balthasar von Dewitz, Stephan von Dewitz rückte am 24. April eben dieses Jahres zum Kapitain-Lieutenant auf, am 23. März 1681 erhielt er als Rittmeister die durch den Abschied des Oberstwachtmeisters von Rahmer vacant gewordene Kompagnie.

Er vermählte sich am 24. Juni 1683 mit Iliabe von Dewitz, einzigen hinterbliebenen Tochter Ottos von Dewitz des Aeltern auf Coelpin. Sie brachte ihm den größten Theil dieses Gutes zu, im folgenden Jahre kaufte er den übrigen Theil von Coelpin für 6000 Thaler, mit Konsens des Herzogs Gustav Adolph zu Wästrow, von den nachgelassenen Töchtern Ottos von Dewitz des Jüngern, Dorothea und Anna Margaretha.

Bald rückte er wieder ins Feld, als Kurfürst Friedrich III. gleich nach Antritt seiner Regierung in einen Krieg mit Frankreich verwickelt wurde, und avancirte am 18. Juli 1690 im Feldlager bei Genappe zum Oberstwachtmeister. Im nächsten Jahre (1691) verfiel er in eine gefährliche Krankheit, so daß man an seiner Genesung zweifelte. Indessen 1693 finden wir ihn in der Schlacht zwischen Neerwinden und Landen, wo er mit großer Tapferkeit focht. Er stieß mit seiner Schwadron auf zwei Französische Schwadronen, warf sie über den Haufen und durchbrach sie, erhielt aber zwei Schrammschüsse in die

Seite, und drei Kugeln waren durch seine Kleider gegangen. Zur beständigen Erinnerung an die wunderbare Güte Gottes, welche ihn aus so großer Lebensgefahr errettet hatte, feierte er hinfort jährlich den Tag dieser Schlacht (29. Juli) als einen Fast-, Dank- und Bettag.

Im Anfange des Jahres 1694 sehen wir ihn während der Winterquartiere seine Vermögensverhältnisse ordnen. Die herzogliche Kammer zu Güstrow machte eine starke Forderung an das Gut Coelpin, wegen einiger Korn- und Geldpächte, Stephan von Dewitz legte die Sache durch gütlichen Vergleich bei. Auch brachte er den oben erwähnten Ankauf des halben Gutes Coelpin von den Töchtern Ottos von Dewitz des Jüngern zum völligen Abschluß. 1695 machte er die Belagerung von Namur mit und wurde am 24. August dieses Jahres zum Oberstlieutenant befördert. Nicht lange nachher stürzte er im Lager vor Brügge mit dem Pferde und brach den linken Arm.

Nach dem Frieden zu Ryswick (1697) wurde das Leibregiment zu Pferde nach Preußen verlegt. Der Oberstlieutenant Stephan von Dewitz war zu Königsberg in Preußen 1699 vierzehn Wochen lang ganz contract an Händen und Füßen, wobei er heftige Schmerzen litt. 1702 wurde er, d. d. Strelitz den 3. März, von dem Herzoge Adolph Friedrich I. zu Mecklenburg-Strelitz mit dem ganzen Gute Coelpin, dem dazu gehörigen Antheil von Ballwitz und einem Bauerhofe in Kublank belehnt. Derselbe Fürst bestätigte, d. d. Strelitz den 4. Februar 1704, den Vergleich, welcher zwischen dem Herzoge Gustav Adolph zu Güstrow und Stephan von Dewitz am 24. Januar 1694 über die von Coelpin zu entrichtenden Korn- und Geldpächte geschlossen war.

Während des Spanischen Erbfolgekrieges nahm er an dem Ruhm der Preußischen Truppen Theil. Nachdem er am 22. Januar 1704 Oberst geworden war, führte er 1706 das Leibregiment zu Pferde nach Brabant. In der Schlacht bei Malplaquet (11. Sept. 1709), der mörderischsten im ganzen Kriege, hatte er besondere Gelegenheit, sich auszuzeichnen. Mehrere Stunden hielt er mit seinem Regimente unter den feindlichen Kanonen, drang dann in die Französischen Verschanzungen ein und warf eine Abtheilung der Grands-Mousquetairs nach einem scharfen und blutigen Gefechte über den Haufen. Zur Belohnung seiner treuen und tapfern Dienste ernannte ihn der König Friedrich I. am 21 Januar 1710 zum Brigadier. Der Friede zu Utrecht endete am 11. April 1713 den Krieg zwischen Preußen und Frankreich. Im

nächsten Jahre, 28. Juli 1714, übertrug Friedrich Wilhelm I. dem Obersten
Stephan von Dewitz das Kommando des Baireuthschen Regiments, welches durch den Tod des Generalmajors Freiherrn von Erlmarth erledigt worden war, und ertheilte ihm 1715 ein auf den 14. Mai 1713 zurück datirtes
Patent als Generalmajor, am 31. Mai 1716 wurde dem Baireuthschen Regiment der Name des Dewitzschen beigelegt. Bei einer großen Musterung
der Truppen im Lager bei Wangiten unweit Königsbergs in Preußen ward
Stephan von Dewitz am 8. Mai 1721 zum Generallieutenant befördert.

Einen großen Verdruß erlebte er nicht lange vor seinem Ende. Im
Jahre 1722 hatten sich mehrere Offiziere des Dewitzschen Regiments derar-
tiger Vergehen schuldig gemacht, daß durch das Kriegsgericht einige zur Kassa-
tion, andere zur Festungsstrafe verurtheilt wurden. Der Generallieutenant
von Dewitz wurde von aller Schuld freigesprochen, und der König Friedrich
Wilhelm I. versicherte ihn unter dem 14. April 1723 ausdrücklich durch ein
allerhöchstes Schreiben seiner beständigen und unwandelbaren Gewogenheit.
Dennoch beschleunigte, wie es scheint, dieser Verfall seinen Tod. Er starb
am 24. April 1723 zu Berlin; schon seit zwei Jahren hatte er an heftigen
Steinschmerzen gelitten, zu denen in der letzten Zeit noch ein Fieber kam. In
Coeslin ist er beigesetzt, aus Berlin aber wurde seine Leiche auf Befehl des
Königes Friedrich Wilhelm I. in sehr feierlicher Weise am 29. April geleitet.

Nachdem der Feldprobst Gedicke eine Standrede gehalten hatte, führte
ein Bataillon vom gräflich Dönhoffschen Regiment mit verdecktem Gewehr
und gedämpftem Spiel, kommandirt vom Major von Groeben, die Leiche aus
der bisherigen Wohnung des Generallieutenants von Dewitz durch die Straßen
von Berlin. Der Sarg stand auf einem mit 6 Pferden bespannten schwarzen
Trauerwagen, vor welchem 2 Lieutenants in langen Trauermänteln mit schwarzen sammetüberzogenen Marschallstäben gingen. Neben dem Wagen gingen 12
Unteroffiziere in schwarzen Trauermänteln, dem Wagen folgte die Dienerschaft
des Verstorbenen, den Schluß machten wieder 2 Lieutenants in Trauermänteln mit sammetüberzogenen schwarzen Marschallstäben. An diesen Zug schlossen
sich 8 mit 6 Pferden bespannte Trauerkutschen und 14 andere Kutschen, in
denen sich der General-Feldmarschall Graf von Wartensleben, der General
der Kavallerie Baron von Katzmer, und eine große Anzahl anderer Generäle
und hoher Offiziere befanden. Vor Berlin wurde die Leiche durch die 12
Unteroffiziere von dem Wagen gehoben und auf einen andern Leichenwagen

gesetzt. Während dies geschah, gab das Bataillon 3 Salven, jene wurde aus 3 Kanonen von dem Wall beantwortet. Am 1. Mai kam die Kricke in Cörlsin an.

Stephan von Dewitz war ein tapferer Offizier, ein treuer Diener seines Königs und ein frommer Christ. Im Schlusse seines von ihm selbst aufgesetzten Lebenslaufes hat er die Worte hinzugefügt: „Zeit meines Lebens soll nächst Gott das meine einzige Sorge sein, meinem Allergnädigsten Könige mit aller unverfälschter Treue und unterthänigsten Gehorsam, auch ungescheuten Lebens und Blutes, redlich zu dienen." Als ihn ein alter Freund und Kriegsgefährte auf seinem letzten Krankenlager besuchte und ihn fragte, ob er wohl gern sterben wolle, gab er sogleich zur Antwort: „Judas Maccabäus hat gesagt, des Herrn Wille geschehe, und das sage ich auch!" Gern sahe er es, wenn der bekannte freimüthige Probst Reloff ihn besuchte und sich mit ihm über das Wort Gottes unterhielt. Er entschlief mit den Worten: „Herr Jesu hilf mir!" Sein Wahlspruch während seines Lebens lautete: Christus mea lux (Christus ist mein Licht)!

Die Kinder Stephans von Dewitz waren 2 Söhne: 1. Otto Balthasar, 2. Ludwig Christoph und 3 Töchter: 1. Anna Dorothea, 2. Sophie Hedwig, 3. Ilsabe Lucie.

165.

Otto Balthasar von Dewitz I.,
Oberstlieutenant,

ältester Sohn des Generallieutenants Stephan von Dewitz IV. (164), geboren am 8. Juni 1684, trat in Dänische Kriegsdienste und avancirte bis zum Oberstlieutenant. Nachdem er seinen Abschied genommen hatte, bewohnte er sein Gut Coelpin und bewahrte bis an sein am 16. Juni 1749 erfolgtes Ende den Ruf eines guten Christen, aufrichtigen Menschenfreundes und großen Wohlthäters der Armen. Seine ihm gleichgesinnte Gemahlin Dorothea Elisabeth von Raven, aus dem Hause Brechen und Hohlendorf, war ebenfalls eine Frau von wahrer Frömmigkeit, die mit großer mütterlicher Treue ihre zahlreichen Kinder erzog; sie starb am 16. Januar 1758.

Die Kinder dieses trefflichen Ehepaares waren 4 Söhne: 1. Stephan Werner, 2. Otto Ludwig Christoph, 3. Karl Heinrich Friedrich, 4. Bodo Christoph Balthasar und 7 Töchter: 1., Ilsabe Sophie, 2. Helene Juliane, 3. Beata Lucie, 4. Elisabeth Sophie, 5. Marie Eleonore, 6. Margaretha Dorothea, 7. Anna Dorothea.

166.

Ludwig Christoph von Dewitz,

zweiter Sohn des Generallieutenants Stephan von Dewitz IV. (164), geboren am 25. September 1693, starb am 6. Januar 1696.

167.

Anna Dorothea von Dewitz I.,

älteste Tochter des Generallieutenants Stephan von Dewitz IV. (164), geboren am 28. Januar 1686, verheirathete sich am 9. März 1708 mit dem Tarnischen Hauptmann Bodo Christoph von Jasmund zu Netlin, Carpin und Groß-Schoenfelt.

168.

Sophie Hedwig von Dewitz,

zweite Tochter des Generallieutenants Stephan von Dewitz IV. (164), geboren am 9. Februar 1687, starb am 20. April 1700.

169.

Ilsabe Lucie von Dewitz,

dritte und jüngste Tochter des Generallieutenants Stephan von Dewitz IV.

(164), geboren am 7. November 1688, wurde am 9. Februar 1709 die Gemahlin des Herrn Balthasar Karl von Dechow auf Glozin und Rossow.

Die drei Söhne Otto Balthasars von Dewitz (165): Stephan Werner, Karl Heinrich Friedrich und Bodo Christoph Balthasar wurden die Stammväter der drei Zweige der Neuen-Coelpiner Linie, der Häuser Coelpin, Wussow und Hossfelde. Die Nachrichten über sie geben wir unten bei der Geschichte dieser Häuser.

170.

Otto Ludwig Christoph von Dewitz,
Hauptmann,

der zweite Sohn des Oberstlieutenants Otto Balthasar von Dewitz (165), wurde am 30. Juli 1730 geboren. Er trat 1750 in Holländische Kriegsdienste, wurde Kadet im Regimente des Fürsten von Waldeck, am 1. Januar 1752 avancirte er zum Fähnrich und im Jahre 1755 zum Lieutenant. Er trat 1757 in Preußische Dienste und wurde Hauptmann, starb aber schon in demselben Jahre unverheirathet zu Dresden an den Wunden, die er in einem Treffen erhalten hatte.

171.

Ilsabe Sophie von Dewitz,

älteste Tochter des Oberstlieutenants Otto Balthasar von Dewitz (165), geboren 1718, war die Gemahlin Johann Heinrichs von Plönnies auf Benzin.

172.

Helene Juliane von Dewitz,

zweite Tochter des Oberstlieutenants Otto Balthasar von Dewitz (165), geboren 1720, starb am 5. October 1730 an den Blattern.

173.

Beate Luise von Dewitz,

dritte Tochter des Oberstlieutenants Otto Balthasar von Dewitz (165), geboren 1721, ist unverheirathet (nach 1796) in Coelpin gestorben.

174.

Elisabeth Sophie von Dewitz,

vierte Tochter des Oberstlieutenants Otto Balthasar von Dewitz (165), geboren 1723, wurde 1752 Hofdame bei der verwittweten Herzogin von Mecklenburg zu Mirow. Nach deren Tode blieb sie am Hofe des Herzogs Adolph Friedrich IV. zu Neu-Strelitz bis zu ihrer Verheirathung mit Zabel Leopold Christoph von Genzkow auf Zahle, nachmaligem Vice-Landmarschall.

175.

Marie Eleonore von Dewitz,

fünfte Tochter des Oberstlieutenants Otto Balthasar von Dewitz (165), geboren 1726, war die Gemahlin des Schwedischen Oberstlieutenants Balthasar Friedrich von Barnekow. Einige Jahre vor ihrem Tode verfiel sie in Melancholie und starb in gänzlicher Geisteszerrüttung bei einem Prediger auf dem Lande in Mecklenburg, welchem sie von ihren Angehörigen zur Pflege übergeben war.

176.

Margaretha Dorothea von Dewitz,

sechste Tochter des Oberstlieutenants Otto Balthasar von Dewitz (165), wurde 1728 geboren und verheirathete sich am 4. November 1767 mit dem

kaiserlichen Hauptmann Karl Pribert Johann von Barneckow, einem
Bruder des oben genannten Oberstlieutenants von Barneckow. Als Wittwe
lebte sie bei ihrem Bruder, dem Landdrosten Karl Heinrich Friedrich von
Dewitz zu Buffow, wo sie am 20. Maerz 1793 starb. In ihrem Testamente
vermachte sie der Kirche zu Klein-Benz ein Legat von 50 Thalern mit der
Bestimmung, daß die Zinsen davon jährlich an 4 Arme aus Klein-Benz und
Barbezin vertheilt werden sollten.

177.

Anna Dorothea von Dewitz II.,

siebente und jüngste Tochter des Oberstlieutenants Otto Balthasar von
Dewitz (165), war am 13. Juli 1733 geboren und starb am 6. Juni 1753
an einer auszehrenden Krankheit.

VI.

Geschichte des Hauses Coespin.

178.

Stephan Werner von Dewitz I.,
Geheimeraths-Präsident und Minister,

ältester Sohn des Oberstlieutenants Otto Balthasar von Dewitz (163), wurde am 20. März 1720 zur großen Freude seiner Eltern geboren, deren Ehe bis dahin zwar nicht kinderlos, jedoch nur mit Töchtern gesegnet gewesen war. Im elterlichen Hause wurde Stephan Werner gottselig erzogen, ging am 6. October 1742 auf die Ritterakademie zu Alt-Brandenburg und bezog im Herbste 1745 die Universität Jena. Mit sehr bedeutenden Fähigkeiten begabt, lag er eifrig den Studien ob; bei Gelegenheit der Doctorpromotion eines Italieners schrieb er als Student eine Abhandlung über das Mecklenburgische Erbjungfernrecht in italienischer Sprache.

Bald nach seinem Abgange von der Universität, zog ihn der mit der Komthurei Mirow apanagirte Herzog Karl Ludwig Friedrich im Jahre 1750 an den Hof und ernannte ihn zum Kammerjunker. Am 6. Juni 1752 starb der Herzog, und am 11. Dezember desselben Jahres folgte ihm im Tode sein älterer Bruder, der regierende Herzog von Mecklenburg-Strelitz Adolph Friedrich III.

Stephan Werner von Dewitz

Königlich Mecklenburgischer Geheimerraths-Präsident
geb. 1730 gest. 1800.

Da dieser keine Söhne hinterließ, ging die Regierung auf den ältesten Sohn Karl Ludwig Friedrichs, den erst 15 Jahre alten Herzog Adolph Friedrich IV., über. Nach dem Testamente des Vaters war die Mutter, Herzogin Elisabeth von Hildburghausen, zur Vormünderin bestimmt und übernahm als solche die Regierung für ihren Sohn, obwohl nach den bestehenden Hausgesetzen dies dem ältesten Agnaten, also dem Herzoge Christian Ludwig II. von Schwerin, zukam. Derselbe ließ daher 5 Kompagnien Schwerinscher Truppen in Strelitz einrücken, denen das Strelitzsche Militair wich. Der junge Herzog selbst floh nach Greifswald, wo er die Universität beziehen sollte, und der Kammerjunker Stephan Werner von Dewitz begleitete ihn dorthin. Unter dem 19. Januar 1753 erklärte Kaiser Franz I. den Herzog Adolph Friedrich IV. für volljährig, und dieser sandte sogleich nach Empfang des kaiserlichen Diploms (25. Januar) den Kammerjunker von Dewitz am 27. Januar zu dem Herzoge Christian Ludwig II. von Schwerin, um demselben von dem Geschehenen Anzeige zu machen.

In Greifswald erwies man dem Herzoge Adolph Friedrich mannigfache Ehrenbezeugungen, er selbst schrieb eigenhändig seinen Namen in die Matrikel der Studirenden und nahm die ihm angetragene Würde eines Rector magnificentissimus an. Auch des Herzogs Begleiter, der Kammerjunker Stephan Werner von Dewitz und der Hofrath Kaspar Adolph Leo, trugen ihre Namen in die Matrikel ein.[*]

Am 2. März verließ der Herzog Greifswald, hielt seinen feierlichen Einzug in Neu-Strelitz und ernannte den Kammerjunker von Dewitz zum wirklichen Kanzleirath mit Sitz und Stimme in der herzoglichen Justiz-Kanzlei. Bald darauf nahm man Stephan Werner als Mitglied in die Deutsche Gesellschaft zu Greifswald. „Auch ist der gelehrte und geschickte Herr S. W. von Dewitz, Sr. Herzoglichen Durchl. von Mecklenburg-Strelitz Kammerjunker und wirklicher Hof- und Justiz-Rath, dieser Gesellschaftlichen Verbindung beygetreten," wird in Dachnerts Pommerscher Bibliothek berichtet.[**]

Die Gränzen zwischen Coelpin und den herzoglichen Meiereien Pragsdorf und Kublich waren seit länger als 40 Jahren streitig gewesen. Um die hier-

---

[*] J. C. Dachnerts Pommersche Bibliothek II., pag. 3 — 23.
[**] II. pag. 110.

aus entstandenen Verdrießlichkeiten zu beseitigen, hatte der Herzog Adolph Friedrich III. auf Ansuchen des Oberstlieutenants Otto Balthasar von Dewitz eine Commission verordnet, welche die Gränzen reguliren und alle Streitigkeiten ausgleichen sollte. Durch den Tod des Oberstlieutenants von Dewitz (am 10. Juni desselben Jahres) und das Ableben des Herzogs (11. December 1752) war die Sache ins Stocken gerathen. Stephan Werner von Dewitz, der nach vorhergegangener Abtheilung mit seinen Brüdern, Besitzer von Coelpin geworden war, trug auf Einsetzung einer anderweitigen Commission an, und am 22. Januar 1753 wurden der Oberjägermeister von Koßboth, der Kanzleirath Jargow, der Landrath von Genßkow auf Dewitz und der Oberstlieutenant von Kapferling auf Gevzin zu herzoglichen Commissarien ernannt.

Nachdem diese alles an Ort und Stelle untersucht hatten, wurde zwischen der herzoglichen Kammer und Stephan Werner von Dewitz ein gütlicher Vergleich errichtet. Die Gränzen zwischen den fürstlichen Meiereien und dem Gute Coelpin wurden genau bestimmt und abgehügelt, zugleich wurden alle Forderungen und Gegenforderungen beider Theile gänzlich abgethan und aufgehoben. Diesen Vergleich unterschrieben im Namen der herzoglichen Kammer der Hofmarschall und erste Geheimerath von Zesterfleth, der Kammerdirector von Aufsebod, der Kammerrath von Blumenow und der Kammerrath von Schwee, wie auch Stephan Werner von Dewitz und die genannten herzoglichen Commissarien.

Im Jahre 1755 begleitete der Kammerjunker von Dewitz den Herzog auf einer Reise nach Frankreich und Holland. Als die Reisenden in Magdeburg einfuhren, schlug durch Unachtsamkeit des Thorwärters der Thorbaum auf den herzoglichen Wagen, in welchem Stephan Werner von Dewitz rückwärts saß, zwischen dem Wagenkasten und dem Kutscher so heftig nieder, daß der Wagen zerschmettert, niemand aber verletzt wurde. Auf dieser Reise ernannte der Herzog seinen Begleiter zum geheimen Legationsrath und sandte ihn nach seiner Rückkehr wiederholentlich an die Höfe zu Berlin, Hannover und Schwerin, ebenso zu den Preußischen und Schwedischen Armeen während des siebenjährigen Krieges.

Im Juni 1759 begleitete der geheime Legationsrath von Dewitz den Prinzen Karl Ludwig Friedrich, ältern Bruder des Herzogs, nach Hannover und Cassel. Im September desselben Jahres ging er mit dem Prinzen Ernst

Gottlieb Albrecht nach Wien, wo er sich fast ein Jahr lang aufhielt. Während dieser Zeit erfolgte 1760 seine Ernennung zum Schloßhauptmann, auch wurden ihm Sitz und Stimme im geheimen Rathscollegium ertheilt.

König Georg III. von England vermählte sich 1761 mit der Prinzessin Sophie Charlotte von Mecklenburg, einer Schwester des Herzogs Adolph Friedrich IV. Am 17. August trat die fürstliche Braut ihre Reise nach England an, in ihrer Begleitung finden wir den Schloßhauptmann von Dewitz. In Stade schiffte man sich ein, die königliche Braut wurde von einer prachtvoll ausgerüsteten Jacht, Charlotta, aufgenommen, der Schloßhauptmann von Dewitz bestieg die Jacht Augusta, ein ansehnliches Geschwader von Kriegsschiffen diente zum Geleite. Kaum war man auf offener See, als ein Sturm losbrach, der die Schiffe von einander trennte. Am 30. August bemerkte man, daß die „Augusta" leck geworden war; das Wasser drang mit Ungestüm in das Schiff, trotz aller Bemühungen gelang es nicht, die schadhafte Stelle zu finden. Vergeblich waren alle Nothschüsse, die übrigen Schiffe konnten der Augusta keine Hülfe leisten, sie waren selbst in Gefahr; in jedem Augenblicke erwartete man den Untergang des Schiffes. Doch als die Noth am größten geworden war, legte sich der Sturm, man fand nun auch den Leck und verstopfte ihn, und am 7. September lief das Schiff glücklich in den Hafen von Harwich ein, worauf dann gleich am nächsten Tage die Vermählung des hohen Paares statt fand. Stephan Werner von Dewitz vergaß die Hülfe des großen Gottes nicht, die ihm zu Theil geworden war, sein ganzes Leben hindurch feierte er den 30. August als einen Lob- und Danktag.

Stephan Werner von Dewitz verweilte bis zum Ende des Jahres in London und traf im Januar 1763 wieder in Strelitz ein. Schon im Juli desselben Jahres begab er sich aufs neue, als außerordentlicher Mecklenburg-Schwerinscher und Strelitzscher Gesandter, an den Londoner Hof, nachdem er vorher zum wirklichen Geheimerath ernannt war. In London wurde ihm so viel Wohlwollen zu Theil, daß er seinen dortigen Aufenthalt zu den angenehmsten Zeiten seines Lebens zählte. Mit dem Mecklenburgschen Prinzen Ernst begab er sich 1764 nach Oxford, wo beide, der Prinz und Stephan Werner von Dewitz, zu Doctoren der Rechte von der Universität creirt wurden. Bei seiner Rückkehr nach Strelitz im Frühjahr 1765 ward er Director des Kammercollegiums.

Zu Ende dieses Jahres lernte er bei dem Herrn von Genzkow auf Jarke das Fräulein Marie Helene Tugendreich von Barteleben kennen, eine Tochter des Hauptmanns Otto Friedrich von Barteleben auf Genzkow und der Frau Marie Charlotte von Barteleben aus dem Hause Seldow. Sie war am 27. Maerz 1746 geboren und von frommen Eltern fern vom Hofe und der großen Welt erzogen. Durch ihr stilles Wesen und ihren frommen Sinn gewann sie das Herz des ernsten Mannes, der sich am 31. Januar 1766 mit ihr verheirathete. Nur kurze Zeit währte diese glückliche Ehe, die Frau von Dewitz starb schon am 22. August, drei Tage nach der Geburt eines Sohnes, an den Blattern, erst 20 Jahre alt, „als eine Christin, die in aller Hinsicht ihr Haus bestellt hatte, betrauert von jedermann." Der tief betrübte Gatte zog sich auf einige Zeit vom Hofe zurück und besuchte seine Freunde in Mecklenburg und Pommern. Im November 1767 wurde ihm das Amt eines Hofmarschalls übertragen, da der Oberhofmarschall von Zesterfleth schon in hohem Alter stand. Noch in demselben Monat ward er auf den Landtag zu Sternberg gesandt und traf bei dieser Gelegenheit mit Fräulein Bernhardine von Bülow, vierten Tochter des Hauptmanns Curt Hans von Bülow auf Schwernalde und Prützen und der Frau Hartwiga Dorothea von Bülow aus dem Hause Camin, geboren am 8. Februar 1747, zusammen. Sehr bald bewarb er sich um ihre Hand, und die eheliche Verbindung wurde am 5. Februar 1768 zu Schwernalde vollzogen. Stephan Werner von Dewitz hat es oft ausgesprochen, daß er dem Herrn seinem Gott nicht genugsam für die Gnade danken könne, die ihm durch diese seine Gemahlin erwiesen sei; er hat erst dort, daß er dendlich erfahren habe, wie tief der Herr verwunden, aber auch wie herrlich er heilen könne.

Als am 18. September 1768 der Herzog Carl Ludwig Friedrich von Mecklenburg sich mit der Prinzessin Friederike Caroline Luise von Hessen-Darmstadt vermählte, wurde der Geheimerath von Dewitz von dem regierenden Herzog Adolph Friedrich IV. nach Darmstadt gesandt, um die Ehepacten zum Abschlusse zu bringen und der Feier beizuwohnen.

Der Oberhofmarschall und erste Geheimerath von Zesterfleth, ein Mann, von dem gerühmt wird, daß er dem Lande durch seine Gebete ebenso genützt, wie durch seinen Rath gedient habe, starb am 6. Januar 1769. Da nun die Geschäfte des Geheimeraths von Dewitz sich bedeutend vermehrten, legte er am 4. Juli dieses Jahres sein Amt als Director der herzoglichen Kammer

nieder, auch hat er um die Entbindung von dem Amte des Hofmarschalls,
welches er nur unter der Bedingung angenommen hatte, daß er es nicht länger verwalten dürfe, als er dem hochverdienten Oberhofmarschall von Zesterfleth eine Erleichterung gewähren könne. Im Jahre 1779 wurde er erster
Geheimerath des Regierungscollegiums, auch erhielt er in demselben Jahre von
dem Könige von Polen den St. Stanislaus- und weißen Adler-Orden. Der
Herzog Friedrich von Mecklenburg-Schwerin berief ihn 1783 als Geheimeraths-
Präsidenten nach Schwerin, er folgte diesem Rufe und zog am 10. April 1784
dorthin. Ein Jahr hindurch benutzte er eine gemiethete Wohnung; der Herzog
ließ jedoch für ihn die sogenannte alte Münze ausbauen, welche er später bewohnte.

Die Dewitze von der Jobst Linie waren in Pommern mit dem Tode
des Ober-sten Stephan Gottlieb von Dewitz auf Hoffelde (134) im
Mannsstamme ausgestorben. Die Güter, welche dieser Lehnsvetter besessen
hatte, fielen an Stephan Werner von Dewitz und seine beiden Brüder
Karl Heinrich Friedrich und Bodo Christoph Balthasar. Es ist
schon oben mitgetheilt, daß Stephan Gottlieb von Dewitz einen Versuch
gemacht hatte, seine Güter zu allodisiciren.*) Da ihm dies nicht gelang, reichte
er an die Pommersche und Camminische Regierung unter dem 19. Februar
1770 das Gesuch ein, es möge seinen Töchtern jure retorsionis dasjenige
Successionsrecht beigelegt werden, welches der Mecklenburgische Adel und dessen
Töchter wider auswärtige Lehnsfolger exerciren, wonach die Töchter des
letzten Besitzers in den Gütern ihres Vaters Zeitlebens bleiben und sogar durch
Heirathen selbige in eine andere Familie bringen könnten." Er machte den
Vettern in Mecklenburg den Vorwurf, sie seien gegen ihn und sein Haus so
unfreundschaftlich gesinnt, daß sie seinen Töchtern die Güter nicht gönnten, daher sie in die Allodisication nicht willigen wollten. Hiezu hat Stephan
Werner von Dewitz in der ihm zugestellten Abschrift dieses Gesuches eigenhändig am Rande bemerkt: "Man bittet den Herrn Major von Dewitz,
nur einen einzigen Fall namhaft zu machen, worin man sich unfreundschaftlich
bezeigt hätte." In der Sache selbst erklärten sich die drei Gebrüder von

---

*) Vergl. Karl Joseph von Dewitz (157) pag. 371.

Dewitz gegen den Antrag ihres Pommerschen Lehnsvetters. In ihrer Eingabe an die Pommersche und Camminsche Regierung vom 10. April 1770 sagen sie: „Was das Recht der adligen Mecklenburgischen Töchter betrifft, welches dort das Erbjungfern-Recht genannt wird, so besteht dieses darin, daß die Töchter eines Vasalli, der ohne männliche Erbes-Descendenten verstirbt, dessen Güter auf Lebenslang jure usufructuario zu genießen haben. So hat es der dortige Landtags-Abschied de Anno 1621. § 27 entschieden. Die Töchter behalten auch dieses Recht, wenn sie gleich verheirathet werden. So viel hat also seine Richtigkeit, daß wenn die Mecklenburgischen Gebrüder von Dewitz ohne männliche Erbes-Lehns-Erben mit Hinterlassung von Töchtern versterben sollten, der Major von Dewitz diesen auf ihre Lebenszeit den völligen usumfructum lassen müßte und nur nach ihrem Ableben zu der wirklichen Succession gelangen könnte. In Pommern aber ist dieses Recht weder in den Gesetzen noch der Observanz gegründet, und wenn also des Majors von Dewitz Gesuch, seinen Töchtern ein gleiches Recht gegen seine Mecklenburgischen Vettern zu bewilligen, stattfinden soll, so kann es nicht anders als durch Ew. Königl. Majestät ausdrücklichen Befehl, daß hierin das jus retorsionis ausgeübt, geschehen, welches wir Dero höchstem Ermessen überlassen." Die Pommersche Regierung wies das Gesuch des Obersten Stephan Gottlieb von Dewitz ab, und die Mecklenburgischen Gebrüder von Dewitz aus der Jobstlinie traten nach seinem Tode sogleich in den Besitz der von ihm hinterlassenen Lehngüter. Die brüderliche Auseinandersetzung wegen dieser Erbschaft erfolgte mittelst Vergleichs d. d. Schwerin den 4. Juli 1788. Der zweite Bruder, Landdrost Karl Heinrich Friedrich von Dewitz, schloß diesen Vergleich, wie ausdrücklich bemerkt ist, nicht für sich, sondern in väterlicher Vormundschaft seiner Söhne.

Um die Güter nicht zu sehr zu zerstückeln, wurden dieselben in 2 Portionen, nämlich die Hosseldsche und die Wussowsche Kavel gelegt, die dritte Portion aber in Gelde bestimmt. Ausgeschieden wurde von den beiden Kaveln das bisher zu Hosselde genannte Gut und Bauernhof Meesow. Der Werth der Hosseldschen Kavel ward zu 30,306 Thalern gerechnet. Sie umfaßte alle die Güter, Rittersitze, Dörfer, Beiläße, Antheile im Hermelsdorf u. s. w., welche der Erblasser, Oberst Stephan Gottlieb von Dewitz, unter dem Gesammtnamen der Hosseldschen Güter besessen hatte. Die Wussowsche Kavel wurde zu 22,023 Thalern abgeschätzt. Zu ihr gehörten

alle die Güter, Rittersitze, Dörfer, Beisässe, Antheile im Hermelsdorf u. s. w.,
welche Stephan Gottlieb von Dewitz unter dem Gesammtnamen der Gussow'schen Güter inne gehabt hatte.

Die auf den Gütern haftenden Schulden betrugen 61,327 Thaler 8 Groschen,
nämlich 51,991 Thaler Lehnschulden und 9336 Thaler 8 Groschen, welche an die
Allodial-Erben des Obersten Stephan Gottlieb von Dewitz zu zahlen waren.
Davon übernahm die Hosseld'sche Kavel 39,305 Thaler 3 Groschen 3 Pfennige
und die Gussow'sche Kavel 22,022 Thaler 4 Groschen 9 Pfennige; die Schulden und der Werth der Güter deckten sich somit. Die schuldenfreie Erbschaft
blieb lediglich das Gut Meesow, welches zu 18,000 Thalern gerechnet wurde,
mithin betrug die Quote des mit Geld abzufindenden Bruders 6000 Thaler.

Der Major Karl Ludwig von Dewitz auf Waldewin aus der Curt-
Linie beanspruchte das Retuitionsrecht auf Meesow, so wie auf einige Gutsantheile und Bauern in Sallmow, Roggow und Scheuenwalde.*) Falls er
sich seiner Ansprüche nicht begeben würde, sollte die Sache im Rechtswege ausgemacht werden, und wenn wider Erwarten dem Major Karl Ludwig von
Dewitz das Retuitionsrecht zuerkannt würde, sollte der halbe Verlust dem Besitzer der Hosseld'schen Kavel, zu der diese Gutsantheile und Bauernhöfe gehörten, erstattet werden, die andere Hälfte des Verlustes mußte die Hosseld'sche
Kavel selbst tragen.**)

Da bisher die gesammten Krüge in den Hosseld'schen und Gussow'schen
Gütern mit Bier und Branntwein von Hosselte aus belegt waren, jetzt aber
der Gussow'sche Antheil einen besondern Herrn erhielt, so sollte künftig der

*) Die sämmtlichen Besitzungen, auf welche der Major Karl Ludwig von Dewitz
den Retuitionsrecht geltend machte, „weil sie ursprünglich der Curt Linie gehört hätten,“
waren von dem Generallieutenant Joachim Balthasar von Dewitz erworben. Sie
waren außer Meesow: Ein Antheil in Sallmow, das von der Frau Oberstlieut. Köhler
für 3000 Gulden gekauft war, ein anderer Antheil in Sallmow, von der Frau Hofräthin
Praetorius für 1350 Gulden gekauft, 2 Bauerhöfe in Roggow, ebenfalls von der Frau
Oberstlieut. Köhler für 400 Gulden erstanden, ein anderer Bauerhof in demselben Dorfe von
der Kirche in Plathe für 225 Gulden eingelöst, und der Krug in Scheuenwalde, für den 300
Gulden gezahlt waren. Den Krug hatte Joachim Balthasar von Dewitz den Erben
Georg Heinrichs von Dewitz abgekauft, die beiden Antheilgüter in Sallmow und die
drei Bauerhöfe in Roggow rührten aus dem Concurse desselben Georg Heinrich von Dewitz her.

**) Ueber den Ausgang dieses Streites vergl. unten Karl Ludwig von Dewitz.

Besitzer von Wussow und der dazu gehörigen Güter und Dörfer nicht verbunden sein, Bier und Branntewein aus Hoffelde zu entnehmen, vielmehr das Recht haben, selbst brauen und brennen zu lassen und seine Rittersitze, Güter, Höfe und Krüge mit Bier und Branntewein zu belegen.

Sollten sich in Holz, Mast, Weide, Jagden, Gewässern und Fischereien Communicaten zwischen den beiden Wateln finden, so wurde für gut befunden, dieselben durch wahre brüderliche Vereinigung aufzuheben, folglich die Hoffeldischen und Wussowschen Antheile, so weit es immer thunlich sein würde, völlig zu separiren und außer aller Gemeinschaft unter sich zu setzen. Meesow aber sollte vorläufig den beiden Brüdern, welche Hoffelde und Wussow überkommen würden, gemeinschaftlich verbleiben.

„Es versteht sich von selbst," heißt es wörtlich, „daß bei allen solchen Ausgleichungen kein Bruder etwas von dem andern begehren wird, welches nur ihm zum Nutzen und dem andern zum Nachtheil gereichet, da gesammte Herren Brüder stets gewohnt gewesen und noch sind, das für eigenen Vortheil anzusehen, was seinem Herrn Bruder nützlich oder nur angenehm ist." „Da die beiden Brüder, welche die Gutslaveln erhalten, von selbst auf Abtragung der Schulden und Verbesserung des Lebens Bedacht nehmen würden, so sei zwar nicht zu vermuthen, daß einer oder der andere sich zum Verkauf seines Antheils entschließen würde. Sollte es aber dennoch geschehen, so stände dem mit Geld abgefundenen Bruder und seinen Nachkommen das jus idem ostorondi zu, und müsse ihm nicht allein vor einem Fremden der Vorzug gelassen werden, wenn er das, was ein Fremder bieten würde, geben wolle, sondern es sollten überhaupt alle ohne Reviens der Brüder und Agnaten an Fremde geschehene Alienationen ungültig und kraftlos sein."

Das Hoffeldsche und Wussowsche Familienarchiv sollte in Hoffelde aufbewahrt werden, es verblieb jedoch in gemeinschaftlichem Besitze des Hoffeldschen, Wussowschen und Coelpinschen Hauses. Von einem Sachkundigen sollte ein Verzeichniß der vorhandenen Acten aufgenommen und je ein Exemplar jedem der drei Brüder zugestellt werden. Da die Dewitzsche Familie noch eine ansehnliche Forderung an die Güter der ausgestorbenen Grafen von Eberstein hatte, so sollten gleich „bei Errichtung des Hoffeldschen Schriften-Inventarii" alle zu dieser Sache gehörigen Urkunden, Acten und Nachrichten besonders verzeichnet und in Ordnung gebracht, auch aus denselben eine „Geschichts- und Proceß-Erzählung" angefertigt werden, um dadurch die fernere Nachforschung

und Betreibung dieser für das von Dewitzsche Geschlecht äußerst wichtigen
Sache thunlich zu machen.

„Sollte nun in diesem brüderlichen Verein der eine oder andere Punkt
übergangen, oder nicht genau genug bestimmt sein, so versprachen Eingangs
genannte drei Herren Brüder von Dewitz deshalb, wo es nöthig sein sollte,
in weitere Conferenz und Vereinigung zu treten und die Sache unter sich brü-
terlich zu verabarren, zumal sie bloß, um unter sich dem Gedächtnisse zu
Hülfe zu kommen und zur Vorschrift für ihre Kinder und Nachkommen die
schriftliche Verfassung dieser obstehenden Vereinbarung nöthig gefunden, die sonst
die unter ihnen stets herrschende brüderliche Liebe, Eintracht und inniges gegenseitiges Vertrauen überflüssig machen würde."

Hierauf erklärte der älteste Bruder Stephan Werner, „daß er, wenn
er sich seinen Herren Brüdern, wie er hoffe, damit gefällig erweisen könne,
ihnen Hoffelde und Klussow cum Pertinentiis ohne mir zu tareln überlassen
und mit der Geldtaxe zufrieden sein wolle." Die beiden Brüder nahmen
diese freundschaftliche Erklärung mit dem aufrichtigsten Danke als einen neuen
Beweis seiner oft erprobten brüderlichen Liebe an. Ferner äußerte Stephan
Werner, daß er aus herzlicher Liebe zu seinen Brüdern und deren Kindern,
da Gott sie mit verschiedenen Söhnen gesegnet, die ganze in 8000 Thalern
bestehende Geldtaxe nicht verlange, sondern zufrieden sein wolle, wenn statt
derselben beide Brüder ihm 4000 Thaler als Geld ohne Zinsen auf Trinitatis 1789 auszahlten und bis dahin jeder von ihnen einen Wechsel über 2000
Thaler als Geld ausstellte; wobei er baldigst wünschte, daß seine Brüder und
deren Kinder unter göttlichem Segen ein gedeihliches Auskommen in den ihnen
angefallenen Lehngütern haben und stets behalten möchten. Der Landvroist
und der Hofmarschall von Dewitz „acceptirten diese Erklärung mit der Rüh-
rung, welche dieser abermalige Beweis der vollkommenen und rühmlichen Liebe
ihres Herrn Bruders in ihnen bestätigte, und wünschten sich und den Ihrigen
Gelegenheit, die brüderliche Empfindung, welche sie gegen ihren Bruder hegen
und stets gegen ihn und seine Nachkommen hegen würden, bethätigen zu können."

Es wurden nun von dem Geheimeraths-Präsidenten Stephan Werner
von Dewitz zwei Zettel, der eine mit dem Worte „Hoffelde," der andere
mit „Klussow" beschrieben, zusammengelegt und in die Tasche gesteckt und sodann in Gottes Namen zur Ravelung geschritten, indem ein jeder der beiden

anderen Brüder einen Zettel aus der Tasche Stephan Werners zog. Nach deren Eröffnung fand sich, daß Hoffelde dem Hofmarschall Bodo Christoph Balthasar von Dewitz und Bülow dem Landdrosten Karl Heinrich Friedrich von Dewitz zu Theil geworden war.

„Hiemit wurde diese Handlung unter dem herzlichen Glückwunsche, daß durch dieselbe die stets unter den drei Brüdern von Dewitz bestandene Einigkeit, brüderliche Liebe und Vertrauen auch auf ihre Kinder und spätesten Nachkommen fortgehen möge, geschlossen."

Stephan Werner von Dewitz erwarb durch Kauf in Mecklenburg die Güter Roggenhagen und Brunn und erlangte von dem Herzoge Karl von Mecklenburg-Strelitz d. d. Neu-Strelitz den 20. April 1796 für sich, seine Lehnserben und deren weibliche Descendenz den Lehnbrief über dieselben. Unter dem 20. September 1796 errichtete er eine letztwillige Verfügung „wegen etwaniger künftiger, in Gottes Hand stehender Lehnsfolge in seinen Gütern Coelpin, Roggenhagen und Brunn. Alles mit Gott." Er ordnete an, wie es für den Fall, daß sein Sohn vor ihm oder doch ohne Lehnserben verstürbe, mit der Succession seiner Brudersöhne gehalten werden sollte. Am Schlusse hat er eigenhändig hinzugefügt: „Zu guter Letzt noch der herzliche Wunsch, daß der allerhöchste und gütige Gott meine Nachkommen nebst den übrigen, wie meine würdigen und frommen Eltern und Voreltern, in Segen und Wohlstand erhalten wolle, sie alle in deren Fußstapfen treten, und wir mit ihnen dereinst in ewiger Freude und Seligkeit zusammen leben können."

Stephan Werner von Dewitz starb als Mecklenburg-Schwerinscher Geheimeraths- Präsident und Minister am 26. Januar 1800 zu Schwerin. Sein Wahlspruch, der sich als Umschrift seines Wappens auf seinem Siegel befand, lautete: duce virtute comito (Gott ist mein Führer, die Tugend meine Begleiterin). An dem von ihm erbauten Wohnhause zu Coelpin stehen unter dem von Dewitzschen und von Bülowschen Wappen die Worte: „Ich und mein Haus, wir wollen dem Herrn dienen." Seine Gemahlin starb am 4. März 1804 zu Pisa nach längeren Brustleiden und wurde am 7. Maerz in Livorno im Holländisch deutschen Nationalgarten beerdigt.

Seine Kinder waren 2 Söhne: 1. Georg Friedrich aus der ersten und 2. Friedrich Georg Karl aus der zweiten Ehe.

179.

Georg Friedrich von Dewitz,

Sohn des Ministers Stephan Werner von Dewitz I. (178) aus erster Ehe, wurde am 19. August 1767 geboren und starb bereits am 1. September desselben Jahres an den Blattern.

180.

Friedrich Georg Karl von Dewitz,

Sohn des Ministers Stephan Werner von Dewitz I. (178) aus der zweiten Ehe, wurde zu Neu-Strelitz am 13. Januar 1779 geboren und verlebte dort seine ersten Kinderjahre. Am 16. April 1784 verließ sein Vater Neu-Strelitz und nahm seinen Wohnsitz in Schwerin, wohin er als Geheimeraths-Präsident berufen war. Friedrich Georg Karl besuchte die dortige Schule und wurde am 29. September 1793 von dem Prediger Nadke eingesegnet. Der Text der Konfirmationsrede war Psalm 118, 24. Mit 19 Jahren bezog Friedrich Georg Karl von Dewitz die Universität Göttingen. Im Jahre 1780 hatte ihn sein Vater bei dem Kapitel zu Havelberg und 1792 bei dem Johanniter Orden einschreiben lassen, dessen Decoration ihm, nach Aufhebung des Ordens in seiner bisherigen Bedeutung, am 12. October 1812 vom Könige Friedrich Wilhelm III. zugesandt wurde. Die Einschreibung in das Kloster Havelberg ist für ihn nie von Folgen gewesen.

Durch den am 26. Januar 1800 erfolgten Tod des Geheimeraths-Präsidenten und Ministers Stephan Werner von Dewitz kam sein Sohn in den Besitz von dessen Gütern, welche zu der Zeit sämmtlich verpachtet waren. Die verwittwete Frau Geheimeraths-Präsidentin von Dewitz als Vormünderin und der zum Vormunde bestimmte Landrath von Rieben auf Ihlenfeld reichten bei dem Herzoge Karl von Mecklenburg-Strelitz das Gesuch ein, den jungen von Dewitz für volljährig erklären zu wollen, und der Herzog erfüllte diese Bitte.

In den ersten Jahren nach dem Tode seines Vaters machte Friedrich Georg Karl von Dewitz mit seiner brustschwachen Mutter eine Reise nach Italien und hielt sich dort einige Zeit auf. Die Mutter starb am 4. März 1804 in Pisa. Eine spätere Reise führte ihn im Jahre 1807 nach der Schweiz. Am 1. September 1812 verheirathete er sich zu Groß-Miltzow mit der zweiten Tochter des Präsidenten Ulrich Otto von Dewitz auf Miltzow und der Frau Barbara Elisabeth von Maltzahn aus Rothmannshagen, Elisabeth Auguste Luise Julie, welche am 8. Januar 1790 zu Miltzow geboren war. Nach seiner Verheirathung übernahm er die Bewirthschaftung von Cœlpin, wo er sich das Wohnhaus neu eingerichtet hatte. Roggenhagen wurde 1813 wiederum an den früheren Pächter Balz verpachtet, 1819 ging die Pachtung auf dessen Erben über und 1820 erhielt sie der Pächter Mercker, Schwiegersohn des Balz. Das Gut Brunn, welches Stephan Werner von Dewitz 1795 von dem Lieutenant von Oertzen gekauft hatte, und in dessen reinen Besitz derselbe, nach Ableben der Lehnstochter, 1796 gekommen war, wurde von Friedrich Georg Karl von Dewitz 1812 an den spätern Landrath von Oertzen, seinen Schwager, der ebenfalls eine Tochter des Präsidenten Ulrich Otto von Dewitz auf Miltzow zur Gemahlin hatte, verkauft.

Am 3. Juli 1813 wurde dem Friedrich Georg Karl von Dewitz zu Cœlpin ein Sohn geboren, der am 26. Juli in der heiligen Taufe die Namen Friedrich Adolph Dietrich bekam. Gevattern waren des Kindes Eltermutter von Maltzahn in Rothmannshagen, geborne v. Zülow, der Landrath von Dewitz zu Berlin und der frühere Vormund der Mutter, der Geheime Kammerrath von Passewitz zu Neu-Strelitz. Dieses Kind war noch nicht drei Jahre alt, als es Gott gefiel, seine Mutter aus diesem Leben abzurufen. Friedrich Georg Karl von Dewitz verlor seine geliebte Frau am Nervenfieber, sie starb am 24. Februar 1816 nach kurzer glücklicher Ehe und wurde am 28. Februar in dem Familien-Gewölbe zu Cœlpin beigesetzt.

Nach ihrem Tode übernahm Julie Kersтом, Tochter des Predigers Kerstům in Neubrandenburg, die Pflege des kleinen hinterlassenen Sohnes und die Führung der Haushaltung. Sie ist dem Cœlpiner Hause länger als 40 Jahre eine treue Freundin gewesen und bewohnte in späterer Zeit ihr eigenes Häuschen in Cœlpin, wo sie am 12. Juni 1858, von allen Gliedern des Dewitzschen Hauses betrauert, gestorben ist und auf dem Kirchhofe ruhet.

Friedrich Georg Karl von Dewitz war eine hochbegabte Persönlichkeit, welche durch eine sehr gediegene Erziehung und viele Reisen gebildet sich ein umfassendes Wissen in Sprachen, Wissenschaft und Kunst angeeignet hatte; er stand bei allen, die ihn kannten, in hoher Achtung und wurde bei Geschäften jeder Art gern zu Rath gezogen. Er war daher auch, so lange seine Gesundheit es erlaubte, vielfach in ständischen Angelegenheiten thätig, mehrere Jahre war er Mitglied des engern Ausschusses von Ritter- und Landschaft zu Rostock. Hiemit verband er ein großes Wohlwollen für andere, ein reges Interesse für alles geistige Leben und einen glücklichen Humor; dies alles blieb ihm selbst auf seinem langjährigen und schmerzlichen Krankenlager. Er litt an der Brust, seit 1830 bildete sich seine Krankheit mehr und mehr aus und fesselte ihn viel an Haus und Bett. Er starb am 31. März 1837 zu Coelpin, Abends zwischen 10 und 11 Uhr, und wurde am 6. April neben seiner Ehefrau im Familien-Gewölbe daselbst bestattet.

181.

Friedrich Adolph Diedrich von Dewitz,
Vice Landmarschall,

einziger Sohn Friedrich Georg Karls von Dewitz (180), geboren am 3. Juli 1813 zu Coelpin, wurde unter den Augen seines Vaters vom 5. bis zum 15. Jahre mit dem zweiten Sohne des Oberstermeisters von Lehsten aus Neu-Strelitz erzogen, besuchte dann das Gymnasium zu Neu-Strelitz und wurde von dem Pastor, spätern Kirchenrath Zehner zu Wehren, in Coelpin, wo die Predigerstelle gerade vacant war, konfirmirt. Im Herbste 1833 ging er nach Berlin zur Universität, von dort zu Ostern 1834 nach Goettingen, und nachdem er hier seine Studien bis Ostern 1836 fortgesetzt hatte, beschloß er dieselben in Berlin, wo er sich bis zum Herbste 1836 aufhielt.

Nachdem er durch den Tod seines Vaters (31. Maerz 1837) in den Besitz von Coelpin und Roggenhagen gekommen war, wurde er auf Antrag seines Vormundes und Oheims, des Landraths von Oertzen auf Brunn, sofort für volljährig erklärt.

Am 26. Februar 1838 verlobte er sich in Zettemin mit Thekla Amalie Caroline Albertine Johanne Sophie von Maltzahn, ältesten Tochter des Freiherrn Helmuth von Maltzahn auf Zettemin und der Frau Elise, gebornen Gräfin Hartenberg. Die Braut war zu Kopenhagen am 21. September 1819 geboren. Am 21. September 1838 feierten sie in Zettemin ihren Hochzeitstag und durch Gottes Gnade 25 Jahre darauf in Ceelpin in frohem Familienkreise, umgeben von 6 blühenden Kindern, ihre silberne Hochzeit.

Friedrich Adolph Diedrich von Dewitz war 9 Jahre Mitglied des engern Ausschusses von Ritter- und Landschaft zu Rostock, nämlich vom Herbste 1844 bis zum Herbste 1853. 1852 kam er vorübergehend in den Besitz des Gutes Zettemin in Pommern, welches sein Schwiegervater sich genöthigt sahe zu verkaufen, das aber später in die Hände des Herrn von Heyden-Linden auf Tützpatz überging. Im Jahre 1845 kaufte er dagegen das Gut Helpte von seinem Vetter Ulrich Otto von Dewitz auf Groß-Miltzow. 1856 war Roggenhagen aus der Pacht gekommen, der alte Pächter Werder verließ es und zog sich für seine letzten Jahre nach Neu-Strelitz zurück, und Friedrich Adolph Diedrich von Dewitz übernahm das Gut selbst.

Im Jahre 1867 wurde er nach dem Tode des Vice-Landmarschalls von Oertzen auf Rattey an dessen Stelle zum Vice-Landmarschall des Stargarter Kreises erwählt.

Seine Kinder sind 3 Söhne: 1. Friedrich Wilhelm Otto Ulrich Karl Helmuth Julius, 2. Stephan Werner, 3. Otto Balthasar und 4 Töchter: 1. Auguste Caroline Cäcilie Wilhelmine Amalie Julia, 2. Elisabeth Alexandrine Friederike Thekla, 3. Caroline Henriette Luise, 4. Anna Margaretha.

182.

Friedrich Wilhelm Otto Ulrich Carl Helmuth Julius von Dewitz,

ältester Sohn des Vice-Landmarschalls Friedrich Adolph Diedrich von Dewitz auf Ceelpin (181), geboren am 6. Januar 1844, besuchte die Schulen zu Lüneburg und Dresden und machte sodann seine Studien auf den Universitäten Heidelberg, Berlin und Rostock.

183.

Stephan Werner von Dewitz II.,

zweiter Sohn des Vice-Landmarschalls Friedrich Adolph Diedrich von
Dewitz auf Coelpin (181), geboren am 4. Januar 1840, besuchte das Bis-
thumsche Gymnasium zu Dresden, wurde daselbst, wie sein älterer Bruder, von
dem Hofprediger und Kirchenrath Dr. Langbein konfirmirt, war dann einige
Jahre auf der Realschule zu Lübeck und widmete sich dem Forstfache.

184.

Otto Balthasar von Dewitz II.,

dritter und jüngster Sohn des Vice-Landmarschalls Friedrich Adolph
Diedrich von Dewitz auf Coelpin (181), geboren am 19. Juli 1853, besucht das Gymnasium zu Lübeck.

185.

Auguste Caroline Ottilie Wilhelmine Amalie Julie von Dewitz,

älteste Tochter des Vice-Landmarschalls Friedrich Adolph Diedrich von
Dewitz (181) auf Coelpin, ist am 21. August 1839 geboren.

186.

Elisabeth Alexandrine Friederike Thekla von Dewitz,

zweite Tochter des Vice-Landmarschalls Friedrich Adolph Diedrich von

Dewitz (181) auf Coelpin, wurde am 3. Januar 1841 geboren, starb aber schon am 7. April desselben Jahres.

187.

Caroline Henriette Luise von Dewitz,

dritte Tochter des Vice-Landmarschalls Friedrich Adolph Diedrich von Dewitz (181) auf Coelpin, am 8. Juli 1842 geboren, verlobte sich am 7. October 1867 mit dem Lieutenant Ulrich von Dewitz-Krebs aus dem Hause Weitenhagen.

188.

Anna Margaretha von Dewitz II.,

vierte und jüngste Tochter des Vice-Landmarschalls Friedrich Adolph Diedrich von Dewitz (181) auf Coelpin, wurde am 8. November 1843 geboren. Im Alter von 18 Jahren erkrankte sie zu Neu-Strelitz an der Unterleibs-Entzündung und starb umgeben von ihren Eltern und Geschwistern, bis auf die beiden abwesenden ältesten Brüder, am 24. Januar 1867 im festen Glauben an ihren Erlöser.

185.
Auguste K. O. W. W. J.
geb. 1839.

186.
Elisabeth W. J. T.
1841.

187.
K. O. Luis
geb. 1842
Gem.: W. v. Dru

VII.

Geschichte des Hauses Wustrow.

— —

189.

Karl Heinrich Friedrich von Dewitz,
Landdrost,

der dritte Sohn des Oberstlieutenants Otto Balthasar von Dewitz auf Crestin (165), wurde geboren am 18. December 1732. Nachdem er die Ritterakademie zu Alt-Brandenburg besucht hatte, trat er mit seinem älteren Bruder Otto Ludwig Christoph (169) in Holländische Kriegsdienste (1750), und zwar als Kadet im Regimente des Fürsten von Waldeck, wurde 1752 Fähnrich und 1765 Lieutenant, verließ aber diesen Dienst und ward 1758 Kammerjunker bei dem Fürsten von Waldeck, der ihn auch zum Hauptmann ernannte. Im folgenden Jahre, 1759, ging er, ebenfalls als Kammerjunker, in den Dienst des Fürsten Christian Günther von Schwarzburg über. In dieser Stellung blieb er bis 1761, begab sich dann in sein Vaterland und widmete sich ganz der Landwirthschaft. Er erwarb um Trinitatis 1766 von denen von Lustow das in Mecklenburg-Schwerin gelegene Gut Woggersin pfandweise, zu welchem ihm der Herzog von Mecklenburg-Strelitz Adolph Friedrich IV. das angränzende herzogliche Gut Zirzow um Trinitatis 1769 verpachtete. Zugleich ernannte ihn der Fürst zum Amtshauptmann und übertrug ihm die

Jurisdiction im Amte Groda, später erhielt er den Titel eines Landdrosten. Er bewohnte Zirzow bis nach dem Tode des Obersten Stephan Gottlieb von Dewitz (134), dessen in Pommern belegene Lehngüter 1787 an ihn und seine Brüder fielen. Da der älteste Bruder Stephan Werner mit einer Geldabfindung zufrieden war, sowie der Landdrost von Dewitz mit dem jüngsten Bruder, Hofmarschall Bodo Christoph Balthasar von Dewitz, um die Güter und erhielt hiebei Bussow, Klein-Benz, Farbezin und Schloissin (b) nebst Zubehörungen. Der Werth aller dieser Güter wurde zu 22,023 Thaler angenommen. Meelow, zu 18,000 Thalern ge-schätzt, blieb vorläufig im gemeinschaftlichen Besitze beider Brüder, wurde aber durch den Vergleich vom 16. September 1791 vom Landdrosten von Dewitz an den Hofmarschall Bodo Christoph Balthasar von Dewitz überlassen. Da-gegen kaufte Karl Heinrich Friedrich von Dewitz am 21. Februar 1796 den Gutsantheil Schloissin (a) von dem Landrathe von Reppert für 4,500 Thaler und Weitenhagen (b), das aus drei Bauerhöfen bestand, am 23. Februar 1796 den Joseph Friedrich von Dewitz aus der Cart-Linie für 3,500 Thaler, Weitenhagen (a) hatte er schon am 29. April 1793 für 10,513 Thaler 8 Groschen von den Erben des Pfandgriesheims Franz Wilhelm Tschirner wieder eingelöst. *)

Durch solche Veränderung seiner Vermögensverhältnisse hatte sich der Landdrost von Dewitz genöthigt gesehen, seinen Abschied aus Mecklenburgschen Diensten zu nehmen und 1788 nach Pommern zu ziehen, wo er sein Gut Bussow bewohnte. Nachdem er einige Jahre seine ererbten Güter bewirth-schaftet hatte, war er Willens, sie zu verkaufen, und da er hiezu die Einwilli-gung seines Bruders und der Lehnsagnaten bedurfte, wandte er sich zunächst an den Minister Stephan Werner von Dewitz.

„Lieber getreuer Bruder," schreibt er an diesen, „mir begegnet ein Ver-fall, den ich nicht erwartet habe. Es findet sich ein Käufer zu meinen sämmt-lichen Gütern, nämlich Bussow, Klein-Benz, Schloissin, Farbezin und Weiten-hagen, Antheil an Groß-Benz und sämmtlichen zu Bussow gehörigen Holzkaveln.

---

*) Tschirner hatte das Gut am 9. September 1774 von der Wittwe des Kreiseinneh-mers Kuhl, gebornen Juliane Sophie Böttcher, erworben. (Vergl. August Albrecht von Dewitz (137).

Der Käufer ist der Herr von Flemming zu Böck und bietet mir 150,000 Thaler Kaufgelder incl. Schlüsselgeld. Dies Kapital bringt zu 4 proCent gerechnet jährlich 6024 Thaler Zinsen. Der Ertrag meiner Güter ist nach der Anlage 4387 Thaler 4 Groschen 4 Pfennige, wenn ich Wustow 2000 Thaler rechne, so ich aber nicht haben dürfte. Ich würde dahero an Zinsen gegen den jährlichen Güter-Ertrag 1636 Thaler 19 Sgr. 0 Pfennige gewinnen. Dieser Kauf ist dahero für mich und meine Söhne sehr vortheilhaft. Ich würde denselben sofort ohne Bedenken abschließen, wenn mir nicht unser brüderlicher Vergleich wegen der Peunmerschen Lehne die Hände bände. Nach diesem muß ich meinem lieben Bruder und den Lehnsagnaten den Verkauf anzeigen und den Konsens dazu einholen, denn sie haben sich das jus idem offerendi ausdrücklich stipuliret, und überdem stehet ihnen dieses auch schon nach der Hinterpommerschen Lehns-Constitution zu.

Ehe ich mich nun in den Verkauf weiter einlasse, frage ich bei Dir, mein einziger lieber Bruder, an: Ob Du darein willigst, daß ich meine oben genannten sämmtlichen Güter an den Herrn von Flemming zu Böck für 150,000 Thaler incl. Schlüsselgeld verkaufen kann, und ob Du mir dazu deinen Konsens ertheilst?

Hast Du diese Güte gegen mich und meine Kinder, dann erwarte ich diesen Konsens schriftlich, und darin muß auch enthalten sein, daß Du nachgiebst, daß ich die Güter erblich verkaufen kann. Dieser Konsens muß nach hiesiger Verfassung gerichtlich vollzogen sein. Schlägst Du mir hingegen diesen Konsens ab, dann bleibe ich im Besitz meiner Güter und werde sie meinen Söhnen nachlassen. Du weißt, daß Deine Rathschläge Regeln meiner Handlungen sind, und auch bei dieser Handlung sollen sie mir zur Richtschnur dienen.

Bist Du recht gesund und munter, und bist Du es nach Gottes Willen noch viele Jahre, dann wird es mir immer zur Freude gereichen. Ich bin zwar ziemlich munter, habe aber seit vier Wochen heftige Kreuzschmerzen, dies ist mir ein ungewohnter Zufall, und er gefällt mir nicht.

Ich bin mit der wärmsten brüderlichen Liebe

Dein

Wustow den 27. Nov. 1797.

ewig getreuer Bruder C. F. von Dewitz.

Dem Schreiben ist als Anlage folgende „Nachweisung des Ertrages, welchen die von Dewitzschen so genannten Waffowschen Güter jährlich bringen," beigefügt:

I. Das Gut Waffow. Bei diesem Gute dienen 4 Bauern aus Jartezin und 3 Bauern aus Klein-Benz. Diese 7 Bauern dienen alle Tage, Sonn- und Festtage ausgenommen, mit einem Gespann und dabei mit einer Person, und außer dieser Person noch mit einer besonderen Person zu Fuß. Der Dienst ist unbestimmt, und was dadurch nicht besorgt werden kann, muß das Gut durch eigene Gespanne und eigene Menschen besorgen lassen. Den Ertrag bestimme ich jährlich auf .... 2000 Thlr.

II. Das Dorf Klein-Benz. In diesem Dorfe sind 5 Bauern angesetzt, 3 davon leisten dem Gute Waffow täglichen Dienst und außerdem geben sie der Herrschaft jährlich und zwar ein jeder

a. 1 Gans, also 3 Stück à 4 Gr. . . . . . 12 Gr.

b. ½ Scheffel Hafer Berliner Maß, also

   1½ Scheffel à 8 Gr. . . . . 12 „

c. 2 Hühner, also 6 Stück à 1 Gr. 4 Pf. . . . 8 „

d. 2 Stiege Eier, also 6 Stiege à 2 Gr. . . . 12 „

e. 2 Töpfe Flachs, also 6 Töpfe à 4 Gr. 1 Thlr.

f. 8 Stücken Heedegarn gesponnen, also

   24 Stücken à 8 Pf. . . . . 16 „

g. 1 Scheffel Mühlenpacht-Korn, also 3

   Scheffel à 10 Gr. . . . . . . 2 Thlr.

                        6 Thlr. 12 Gr.

Die beiden angesetzten Geld-Bauern entrichten:

1. Der freie Krüger Blußgram

a. Geldpacht . . . . 36 Thlr.

b. 2 Gänse à 4 Gr. . . . . . . 8 Gr.

                   36 Thlr. 8 Gr.

2. Der unterthänige Bauer Friedrich Backfuß

a. Geldpacht . . . . 32 Thlr.

b. 1 Gans . . . . 4 Gr.

                   32 Thlr. 4 Gr.

Giebt dieser Bauer sowohl wie der Krüger
Watsgram jährlich 1 Scheffel Mühlenpacht-
korn, also 2 Scheffel à 16 Gr. . . . 1 Thlr. 8 Gr.

75 Th. 8 Gr.

Außer diesem leisten die beiden Geldbauern dem Gute Buffow
folgende Hülfsdienste:

1. Ein jeder giebt jährlich in der Heuernte einen Mäher und
einen Harker auf 2 Tage,

2. in der Sommerernte einen Mäher und einen Harker auf
2 Tage.

Dieser Hülfsdienste ist das Gut Buffow bedürftig und können
daher nicht zum Ansatz kommen.

III. Das Dorf Schleiffin. Hierin ist ein Ackerwerk und 5
angesetzte volle Bauern, diese entrichten jährlich:

1. Der Ackerwerks-Pächter

a. Geldpacht . . . . 100 Thlr.

b. 4 Gänse à 4 Gr. . . . . . . 16 Gr.

c. 2 Scheffel Hafer Berliner Maß à 8 Gr. 16 „

d. 2 Scheffel Mühlenpacht-Korn à 16 Gr. 1 „ 8 „

102 Thlr. 16 Gr.

2. Der freie Schulze Gottfried Wille

a. Geldpacht . . . . 41 Thlr. 12 Gr.

b. 2 Gänse à 4 Gr. . . . . . . 8 „

c. 1 Scheffel Hafer Berliner Maß . . 8 „

d. 4 Hühner à 1 Gr. 4 Pf. . . . . 5 „ 4 Pf.

42 Thlr. 9 Gr. 4 Pf.

3. Der freie Bauer Ewaldt ist dem Schul-
zen Gottfried Wille völlig gleich . . 42 Thlr. 9 Gr. 4 Pf.

4. Der unterthänige Bauer Friedrich Buß
ist dem Schulzen Gottfried Wille völlig
gleich . . . . 42 Thlr. 9 Gr. 4 Pf.

5. Der freie Bauer Kobs

a. Geldpacht . . . . 30 Thlr.

b. 1 Gans . . . . 4 Gr.

c. ½ Scheffel Hafer Berliner Maß . 4 „

d. 2 Hühner à 1 Gr. 4 Pf. . . . .   2 Gr. 8 Pf.
e. 2 Stiege Eier à 2 Gr. . . . .   4 „
f. 1 Scheffel Mühlenpacht-Korn . . .   16 „
31 Thlr. 6 Gr. 8 Pf.

6. Der unterthänige Bauer Wienke
a. Geldpacht . . . . 36 Thlr.
b. 1 Gans . . . . 4 Gr.
c. ½ Scheffel Hafer Berliner Maß . 4 „
d. 2 Hühner à 1 Gr. 4 Pf. . . . . 2 „ 8 Pf.
e. 2 Stiege Eier à 2 Gr. . . . . 4 „
f. 1 Scheffel Mühlenpacht-Korn . . . 16 „
37 Thlr. 6 Gr. 8 Pf.
208 Th. 9 Gr. 4 Pf.

Diese in Schloissin angesetzten Bauern leisten dem Gute Russow nachstehende Hülfsdienste:

1. Der Schulze Gottfried Wille ist frei, weil er Caution gestellet und die Herrschaft diese zinsfrei nutzet.
2. Die übrigen 4 Geldbauern
a. ein jeder verrichtet eine Reise auf 3 Tage,
b. ein jeder giebt einen Mäher und einen Harker auf 2 Tage in der Heuernte,
c. ein jeder giebt einen Mäher und einen Harker auf 2 Tage in der Sommerernte.

Das Gut Russow ist dieser Hülfsdienste bedürftig und kann deshalb nichts zum Ansatz kommen.

IV. Das Dorf Jarbezin. In diesem Dorfe sind zwei Güter, 13 volle Bauern und 2 halbe Bauern. 4 volle Bauern leisten dem Gute Russow und 5 volle Bauern dem Gute Jarbezin täglichen ungemessenen Dienst. 4 Bauern sind Pacht-Bauern, einen Halbbauerhof hat der Gutspächter mit in Pacht, den andern Halbbauerhof hat der Holzwärter in Besitz und nutzet solchen als Gehalt.

1. Der Pächter beider Güter und des Halbbauerhofes giebt jährlich:

a. Geldpacht . . . . 800 Thlr.
b. 3 Hammel à 16 Gr. . . . . . 2 „
c. 3 Gänse à 4 Gr. . . . . 12 Gr.
d. 1 Huhn . . . . 1 „ 4 Pf.

802 Thlr. 13 Gr. 4 Pf.

2. Der unterthänige Schulze Friedrich Kierman
a. Geldpacht . . . . 36 Thlr.
b. 2 Gänse à 4 Gr. . . . . . . 8 Gr.
c. 2 Hühner à 1 Gr. 4 Pf. . . . . 2 „ 8 Pf.

36 Thlr. 10 Gr. 8 Pf.

3. Der freie Bauer Tittberner
a. Geldpacht incl. 4 Thlr. Zinsen für einen
gezahlten Vorschuß von 100 Thlr. . 36 Thlr.
b. 2 Gänse à 4 Gr. . . . . . . 8 Gr.
c. 2 Hühner à 1 Gr. 4 Pf. . . . . 2 „ 8 Pf.

36 Thlr. 10 Gr. 8 Pf.

4. Der unterthänige Bauer Erdm. Köpke
ebenso wie die beiden vorhergehenden 36 Thlr. 10 Gr. 8 Pf.
5. Der freie Bauer und Krüger Eulf
ebenso . . . . 36 Thlr. 10 Gr. 8 Pf.

Außer diesen leisten die 4 Pacht-Bauern dem Gute Wussow
folgende Hülfsdienste:

a. ein jeder verrichtet eine Reise auf 3 Tage
b. ein jeder giebt einen Mäher und einen Harker auf 2
Tage in der Heuernte
c. ein jeder giebt einen Mäher und einen Harker auf 2 Tage
in der Sommerernte.

Das Gut Wussow ist dieser Dienste bedürftig, und kann dafür
nichts in Ansatz kommen.

Die 6 Bauern, die resp. dem Gute Wussow und den Zarbe-
zinschen Gütern Natural-Dienste leisten, geben jährlich an die Herrschaft und zwar ein jeder:

a. eine Gans, also 9 Stück à 4 Gr. 1 Thlr. 12 Gr.
b. ½ Scheffel Hafer, also 4½ Sch. à 8 Gr. 1 „ 12 „

   c. 2 Hühner, also 18 Stück à 1 Gr. 4 Pf.   1 Thlr.

   d. 2 Stiege Eier, also 18 Stiege à 2 Gr.   1 „ 12 Gr.

   e. 2 Töpfe Flachs, also 16 Töpfe à 4 Gr.   3 „

   f. 8 Stücken Heedegarn gesponnen, also

      72 Stücken à 8 Pf. . . . . . 2 „

                               10 Thlr. 12 Gr.

   Der Müller zu Zarbezin giebt jährlich 36
Scheffel Mühlenpacht-Korn à 16 Gr. . 24 Thlr.

   Der Schmidt in Zarbezin giebt jährlich
an Schmiedeglas . . . . 2 „

                               984 Thlr. 20 Gr.

V. Das Dorf Weltenhagen. In diesem Dorfe ist ein Gut
und 9 volle Bauern. Die 9 vollen Bauern leisten täglich
ungemessenen Dienst.

   Der Gutspächter giebt jährlich an Pacht 070 Thlr.

   Außer dem täglichen Dienste giebt ein jeder
der 9 Bauern jährlich an die Herrschaft:

   a. eine Gans, also 9 Stück à 4 Gr. . . 1 Thlr. 12 Gr.

   b. ½ Scheffel Hafer, also 4½ Scheffel

      à 8 Gr. . . . . 1 „ 12 „

   c. 2 Hühner, also 18 Stück à 1 Gr. 4 Pf. 1 „

   d. 2 Stiege Eier, also 18 Stiege à 2 Gr. 1 „ 12 „

   e. 2 Töpfe Flachs, also 18 Töpfe à 4 Gr. 3 „

   f. 8 Stücken Garn gesponnen, also 72

      Stücken à 8 Pf. . . . . 2 „

                       10 Thlr. 12 Gr.

                             980 Thlr. 12 Gr.

VI. Antheil in Groß-Benz.

   Die Wiese wird bei dem Gute Glussow genutzet, der
Fischer liefert wöchentlich den Sommer durch oder 35 Wochen

   a. 17 Pfund Herren-Fische à Pfund 1 Gr.

      mithin à Woche 17 Gr., also auf 35

      Wochen . . . . 24 Thlr. 19 Gr.

b. 32 Pfund Gestade-Fische a Pfund 6
Pf. mithin a Woche 16 Gr., also auf
35 Wochen . . . . 23 Thlr. 8 Gr.

c. Die Winter-Fischerei exercirt der Fischer
mit der Herrschaft zur Hälfte. Der
Fischer giebt die Geräthschaften, die
Herrschaft aber die Arbeitsleute.

48 Thlr. 8 Gr.

4587 Thlr. 4 Gr. 4 Pf.

Ob die Einnahme aus der Forst, ferner der höhere Marktpreis gegen
den Anschlagspreis, so wie auch die Winter-Fischerei und der Ertrag der Jagd
die jährlich abzutragenden Kosten einbringt, ist eine Frage, die ich mit völliger
Gewißheit mit „Nein" beantworten kann.

Wassow den 27. November 1797.

C. F. von Dewitz.

Der Minister Stephan Werner von Dewitz antwortete d. d.
Schwerin den 20. December 1797:

„Mir ist es so unerwartet als unbegreiflich, wie Du je hast auf den Gedanken kommen können, Deine Güter, die über 400 Jahre und länger ein
Erbtheil der von Dewitzschen Familie gewesen sind, veräußern zu wollen, Güter,
auf welchen der gütige Gott Dich so vorzüglich gesegnet — ja recht wunder-
voll und bemerkungswürdig gesegnet hat. Denn wie waren Deine
Vermögens-Umstände 1788, und wie sind sie jetzt nach 9 Jahren? Beantwor-
test Du Dir selbst diese Frage, so müssen sich Dir billig jene biblischen Lob-
und Danksprüche aufdringen 1 Mose 32, 10 und Psalm 116, 12.

Güter, zu deren Besitz Du gleichsam im Schlafe und nächst göttlicher
Segnung durch meine Vorsorge und brüderliche Unterstützung gelanget bist!
Denn hast Du Dich wohl jemals eher um die Pommerschen Familien-Ange-
legenheiten bekümmert, als bis sie durch den Tod des seligen Obersten von
Dewitz aus drei Brüdern zufielen? ich allein habe von dem Tode unsers seligen Vaters an, nämlich von 1749 bis 1787 und also 38 Jahre hindurch, für obige
unsere Familien-Gerechtsame gewacht, die Correspondenz mit dem seligen Landrath
von Dewitz, mit zwei oder drei Regierungsräthen zu Stettin geführt, Sach-
walter besoldet und remunerirt, ohne Dir je einen Schilling in Anrechnung
gebracht zu haben. Und was that ich bei dem Anfall der Pommerschen Lehn-

güter? Antwort: Damit Du und der selige Bruder zu deren Besitz gelangen, und diese Güter bei Eurer beiderseitigen Nachkommen in Saecula Saeculorum bleiben möchten, so entsagte ich mich 1. der Miterwartung, nahm 2. mit der so unbedeutenden, in keinem Verhältniß des innerlichen Werths der Güter stehenden Kleinigkeit von 2000 Thalern für den Abstand von Dir vorlieb, und weil Du damals in schlechten Vermögens-Umständen warst und dabei viele liebe und gutartige Kinder hattest, so schralte ich Dir noch 3. mein Antheil an dem zu reluirenden Gute Casbed, welches Dir 4000 Thaler, wo nicht mehr, gewähret hat.*)

Wie würde ich meinen Consens zur Veräußerung dieser altväterlichen Güter geben, und wie nahe und hummervoll muß es mir zu Herzen gehen, daß Du — zu gleicher Zeit, da unser würdige Freund und Lehnsvetter, der Herr Geheimeraths-Präsident von Dewitz zu Strelitz, und ich, die wir respective nur 2 Söhne und 1 Sohn haben, und breitern, noch mehrerer Acquisitionen zu machen, und für das Ansehn und den Wohlstand der Familie und unserer Nachkommen zu sorgen — Du Deine altväterlichen Güter aus der Familie bringen willst, der Du allein doch 7 Söhne hast. Und warum? Aus Noth? Nein keineswegs!

Noch eine Frage: Hast Du mit Deinen majorennen Söhnen schon über diese wichtige Angelegenheit Rücksprache gehalten? Deine väterliche und vormundschaftliche Pflicht erforderte es doch wohl; ich meines Theils entziehe mich nicht, über manche Angelegenheiten der Familie und meiner Güter meinen noch nicht völlig 18jährigen Sohn zu vernehmen, auch dessen Beirath und Ermessen zu verlangen.

*) Das Gut Casbed war von den drei Gebrüdern von Dewitz, August Albrecht, Stephan Gottlieb und Bernd Heinrich am 1. October 1757 für 13000 Thaler an Johann Carl Wirtholz auf 36 Jahre, von diesem am 24. März 1759 an Curt Heinrich von Bassow zu Lübzin und von diesem am 24. Dezember 1762 dem Kriegsrath Christoph Ernst August von Maltza überlassen. Nachdem es in Concurs gerathen war, wurde es durch den Rechtsausspruch vom 6. October 1779 für 14000 Thaler, als das meiste Gebot, dem Hauptmanne Gotthilf Christian Curt von Mellin zugeschlagen. Von demselben wurde mit den Brüdern Stephan Werner, Karl Heinrich Friedrich und Bodo Christoph Balthasar von Dewitz am 12. August und 21. December 1781 ein erblicher Kaufkontrakt geschlossen, wodurch die Gebrüder von Dewitz dem Hauptmann von Mellin dieses Gut gegen Nachzahlung einer Abfindungssumme von 8000 Thalern, mit gänzlicher Entsagung ihrer Lehns- und Einlösungsrechte, zum unwiderruflichen und eigenthümlichen Besitz abtraten. Brüggemann Topographie von Pommern II. pag. 170.

Du schreibst, die Güter trügen das nicht ein, was die Zinsen des Kaufschillings, zu 4 proCent gerechnet, ausmachten. Diese Angabe läßt folgendes
vermuthen: 1. Entweder muß der Herr Kaufliebhaber wegen sicherer Unterbringung seiner Gelder zu 4 proCent an peinl und besorgt sein, zumal da
der Zinsfuß herab zu sinken anfängt, nun schon Kapitalien zu 3½ proCent
Zinsen zu erhalten stehen, und auch ich gegründete Hoffnung habe, dergleichen
habhaft zu werden, oder der Herr Kaufliebhaber muß 2. einsehen, daß durch
Fleiß — fortgesetzten Fleiß — bei den Gütern, deren Anbau und Bewirthschaftung noch manche Verbesserungen zu machen — und nach denselben ein
höherer Ertrag vorauszusehen.

So viel in ziemlicher Eile — biederer Offenherzigkeit und brüderlichem
Wohlmeinen. Womit Gott befohlen!"

Der Landdrost von Dewitz behielt seine Güter. Er starb zu Wasdow
am 13. Dezember 1802 eines plötzlichen Todes, nachdem seine Gemahlin ihm
schon am 30. October 1796 in die Ewigkeit vorangegangen war.

Im Jahre 1758 hatte er sich mit der Fürstlich Waldeckschen Hofdame
Johanne Henriette Luise von Huyßen, (jüngsten Tochter des Waldeckschen Landdrosten, Geheimeraths und Obervorstehers Theodor von Huyßen
und der Frau Charlotte Sophie von der Sachsen) geboren am 28. Mai 1738,
verheirathet.

Nach der Ehestiftung d. d. Corbach den 6. Juni 1758 brachte sie ihrem
Ehemann 6000 Gulden als Heirathsgut zu, ihr Nachlaß betrug nach dem
Erb- und Auseinandersetzungs-Recesse vom 1. Juni 1798, 45,187 Thlr. 21
Sgr. 2 Pf.

In dieser Ehe wurden 16 Kinder, 9 Söhne und 7 Töchter geboren, nämlich die Söhne: 1. Karl Günther Theodor, 2. Wilhelm Friedrich Ernst, 3.
August Christian, 4. Friedrich Ludwig Leopold, 5. Adolph Christian Ludwig,
6. Jabel Otto Balthasar, 7. Bernhard Ludwig, 8. Steppan Werner, 9. Christian Ludwig, und die Töchter: 1. Sophie Friederike Eleonore, 2. Auguste
Sophie Beate, 3. Johanne Henriette Luise, 4. Charlotte Sophie Ottilie,
5. Sophie Johanne Wilhelmine Franziska, 6. Wilhelmine Magaretha Friederike, 7. Dorothea Marie Christiane.

190.

Karl Günther Theodor von Dewitz,

Landrath,

ältester Sohn des Landdrosten Karl Heinrich Friedrich von Dewitz (189), wurde am 14. December 1759 geboren, widmete sich schon früh dem Soldatenstande und trat in Preußische Dienste. Als Hauptmann im Regimente „Herzog von Braunschweig" machte er den Krieg gegen Frankreich von 1792 bis 1795 mit und wohnte namentlich den Schlachten bei Pirmasens und Kaiserslautern bei.

Als am 13. December 1802 sein Vater gestorben war, fiel ihm in der Erbtheilung das Gut Weitenhagen bei Daber zu; doch blieb er im Militairdienste, avancirte zum Major und nahm an dem unglücklichen Feldzuge von 1806 Theil, in welchem er bei Jena mitfocht. Weil er zu dem Hohenloheschen Corps gehörte, welches bei Prenzlau am 28. November 1806 kapitulirte, war er durch sein Ehrenwort verpflichtet, nicht mehr die Waffen gegen Frankreich zu führen. Er nahm daher seinen Abschied und zog sich auf sein Gut Weitenhagen zurück. Einige Jahre war er Landrath des Naugarter Kreises, starb aber schon am 4. Dezember 1817 zu Naugard.

Er war zweimal verheirathet: In der ersten Ehe mit Dorothea von Engel, aus dem Hause Vrensen in Mecklenburg, (ältesten Tochter des Ober-Stallmeisters Heinrich von Engel und der Frau Friederike von Mecklenburg) welche am 25. December 1803 in Vrensen, dem Ende ihres Lebens, an der Wassersucht starb, nachdem ihre beiden Kinder ihr voran gegangen waren. Seine zweite Gemahlin war Luise von Krebs aus dem Hause Beltheim, die nach seinem Tode als Wittwe in Naugard lebte und dort am 10. December 1834 starb. Seine Kinder aus dieser Ehe waren 5 Söhne: 1. Karl Wilhelm Ludwig Franz, 2. August Ferdinand Karl Adolph, 3. Heinrich Theodor Friedrich Wilhelm, 4. Franz Ferdinand Anton Wilhelm, 5. Constantin Gustav Albert und eine Tochter Luise Charlotte Eleonore Antoinette.

191.

Wilhelm Friedrich Ernst von Dewitz,
Oberstlieutenant.

zweiter Sohn des Landdrosten Karl Heinrich Friedrich von Dewitz (189), geboren am 10. November 1760, trat in Preußische Militairdienste. Im Jahre 1790 war er Hauptmann und 1803 Major im Füselier-Bataillon von Rembow, nahm als Oberstlieutenant den Abschied, wurde aber bei der Gensdarmerie wieder angestellt und stand bis zu seinem Tode, 29. April 1821, als Kreisbrigadier in Neustadt in Westpreußen. Er war in sehr glücklicher aber kinderloser Ehe mit Jeannette von Bernstaedt vermählt. Dieselbe wohnte als Wittwe anfangs in Danzig, später in Stolp, wo sie hochbetagt am 3. Januar 1854 starb.*)

192.

August Christian von Dewitz,

dritter Sohn des Landdrosten Karl Heinrich Friedrich von Dewitz (189), geboren am 4. März 1763, starb bereits im Jahre 1764.

---

*) Eines ihrer Brüder führte 30 Jahre lang das Leben eines Sonderlings in dem Badeorte Zoppot bei Danzig. Er war Offizier gewesen, hatte sodann große Reisen gemacht und kam als vollendeter Menschenfeind nach Zoppot. Hier baute er sich in der einsamsten Strandbüsse eine Hütte, in welcher er mit einer alten Dienerin in völliger Abgeschiedenheit lebte. Sein Bart hing bis auf die Kniee herab, in ein großes weißes Haartuch um den reich gegürteten Gewand gehüllt, saß er gewöhnlich schweigend im finstersten Winkel seiner Hütte; wenn Nachts Sturm und Regen tobten, trat er hinaus und rief mit Donnerstimme Flüche auf das Menschengeschlecht in das Brausen des Windes und des Meeres hinein. Auf einem harten Strohlager fand er am 20. April 1843.

193.

Friedrich Ludwig Leopold von Dewitz,
Oberforstmeister,

vierter Sohn des Landdrosten Karl Heinrich Friedrich von Dewitz (189), geboren am 12. März 1765, wurde auf einer Würtembergischen Forstakademie für das Forstfach gebildet und trat nach beendigten Studien in Würtembergische Dienste, in denen er bis zum Oberforstmeister befördert wurde, auch war er Würtembergischer Kammerjunker. Im Jahre 1799 nahm er seinen Abschied und kaufte die Güter Golz und Janickow bei Dramburg, von welchen er das letztere bald wieder verkaufte. Das Gut Golz, auf welchem er wohnte, bewirthschaftete er — freilich nur mit wenig Erfolg — bis zu seinem im October 1831 am Nervenfieber erfolgten Tode. Am 16. September 1799 hatte er sich mit Auguste Libica von Wedell, Wittwe des Herrn Karl Wilhelm Leopold von Puttkamer auf Globitz, ältesten Tochter zweiter Ehe des Herrn Kaspar Otto von Wedell auf Silligsdorf, Mellen, Altenflier, Voßberg und Wuldow, Schloß- und Burggesessenen auf Freienwalde, vermählt; sie starb im März 1832. Ihm wurden 6 Kinder geboren, 3 Söhne: 1. Karl Ludwig Otto, 2. Adolph Friedrich Bernhard, 3. Julius Heinrich Eduard und 3 Töchter: 1. Auguste Charlotte Henriette, 2. Bertha Hulda Dorothea, 3. Ulrike Clementine Wilhelmine Friederike.

194.

Adolph Christian Ludwig von Dewitz,
Kammerdirector,

fünfter Sohn des Landdrosten Karl Heinrich Friedrich von Dewitz (189), geboren am 25. Mai 1766, erhielt seine wissenschaftliche Ausbildung gemeinschaftlich mit seinem Bruder Friedrich Ludwig Leopold (193) auf einer Würtembergischen Forstakademie und trat in den Würtembergischen Staatsdienst,

den er aber bald wieder verließ. Nachdem er hierauf seinem Vater einige
Jahre bei Bewirthschaftung der Güter zur Seite gestanden hatte, ging er in
Mecklenburg-Strelitzsche Dienste und erhielt 1802 eine Anstellung als Kammerrath, wurde 1809 zum Geheimen-Kammerrath und 1819 zum Kammer-
Director befördert. Er besaß das Lehngut Neverin bei Neubrandenburg,
worauf seinem Vater und dessen Descendenz durch den Lehnbrief vom 30. Juli
1777 Lehnsrechte verliehen worden waren, und das er nach dem Aussterben
der Descendenz der Frau von Bothmer, gebornen Christine Sophie von Dewitz,
angenommen hatte, da seine Brüder ihren Ansprüchen entsagten. Um das
Jahr 1810 verkaufte er dieses Gut. Am 22. August 1832 starb er in Neu-
Strelitz an einem entzündlichen Fieber.

Seine Ehe mit Karoline von Penz, verwittweten Frau von Behr-
Negendank auf Semlow, war mit Kindern nicht gesegnet, welchen Mangel sie
dadurch zu ersetzen suchten, daß sie eine elternlose Waise, Mathilde von
Dalwigk, schon im zarten Alter zu sich nahmen und wie ihr eigenes Kind
mit großer Liebe und Sorgfalt erzogen. Diese Pflegetochter verheirathete sich
an den Kammerherrn von Kardorf und nach dessen Tode an den Konsistorial-
Präsidenten Göschel. Die Frau von Dewitz, geborne von Penz, verlebte ihren
Wittwenstand in Neu-Strelitz. Sie war eine aufrichtige Christin und große
Wohlthäterin der Armen, welche sie bei ihrem Tode tief betrauerten. Sie
starb am 15. December 1850, 86 Jahr alt, sanft und schmerzlos, wie sie es
immer gewünscht hatte. Bei ihrer Beerdigung, 19. December, war die Theilnahme eine allgemeine, selbst die Großherzogin, der Erbgroßherzog nebst Gemahlin und die Herzogin Karoline folgten zu Wagen dem Leichenzuge.

195.

Jakob Otto Balthasar von Dewitz,

sechster Sohn des Landvogtes Karl Heinrich Friedrich von Dewitz
(180), geboren 1767, ist als Kind gestorben.

196.

Bernhard Ludwig von Dewitz,
Hauptmann,

siebenter Sohn des Landdrosten Karl Heinrich Friedrich von Dewitz (189), geboren am 20. November 1764, herzoglich Mecklenburg Schwerinscher Hauptmann, begleitete den Prinzen Gustav Wilhelm von Mecklenburg Schwerin, als derselbe in Preußische Dienste trat, nach Breslau, wo er am 19. Mai 1800 unverheirathet starb.

197.

Stephan Werner von Dewitz III.,
Landschaftsrath,

achter Sohn des Landdrosten Karl Heinrich Friedrich von Dewitz (189), wurde am 9. Januar 1771 zu Beggerow in Mecklenburg Schwerin geboren. Im elterlichen Hause durch tüchtige Lehrer vorbereitet, bezog er im Jahre 1788 die Universität zu Bützow. 1790 trat er als Fähnrich in das 2. Infanterie Regiment des Fürsten von Baireck im Holländischen Solde, in welches er schon als Kind eingeschrieben war. Als Lieutenant machte er den Feldzug in Flandern gegen die Franzosen in den Jahren 1793 und 1794 mit. Er stand 1793 in Mastricht, welches von dem Französischen Heere vergeblich belagert wurde, focht in der Schlacht bei Menin und war bei der Belagerung von Maubeuge. Gegen Ende des Jahres 1794 stand sein Regiment in der Festung Sorge, die von den Franzosen belagert wurde. Die Besatzung mußte kapituliren und er gerieth dadurch in Französische Kriegsgefangenschaft, welche 6 Monate dauerte. Während dieser Zeit lag das Regiment zuerst in Amiens, dann in Bernay in der Normandie. Schon im Januar 1795 zogen die Franzosen siegreich in Amsterdam ein, und Holland wurde in eine Batavische Republik verwandelt. Damit endigte denn auch die Kriegsgefangenschaft u. d von Dewitz kehrte zum Depot seines Regiments zurück. Von 1795 bis 1802 mußte er alle Unannehmlichkeiten der verschiedenen Staatsumwälzungen in den Niederlanden erfahren. Er avancirte in dieser Zeit zum Hauptmann. Im Jahre 1803 ging er auf Urlaub nach Pommern, und da ihm bei der Theilung des väterlichen Nachlasses das Gut Farbezin zugefallen war, bat er um seinen Abschied und übernahm im Frühjahr 1805 das Gut aus den Händen eines Pächters. In demselben Jahre wurde er Landschaftsdeputirter und im Jahre 1809 Landschaftsrath, welches Amt er bis zum Jahre 1832 bekleidete, wo er es wegen zunehmender Altersschwäche niederlegte. Er hatte sich 1808 mit Wilhelmine Sophie Tugendreich von Bornstaedt aus dem Hause Groß Ehrenberg verheirathet, welche, am 6. October 1783 geboren, eine Tochter des Gutsbesitzers Hans Friedrich von Bornstaedt auf Groß Ehrenberg aus dessen erster Ehe mit einem Fräulein von Platen war.

Der Landschaftsrath von Dewitz wohnte zwar in Farbezin, da seine Geschäfte ihn aber Wochen lang entfernt hielten, so verpachtete er das Gut eine lange Reihe von Jahren, übernahm dann wieder selbst die Bewirthschaftung und übergab es endlich im Jahre 1849 seinem Sohne Gustav von Dewitz, worauf er nach Stargard in Pommern zog. Im Sommer 1851 befand er sich in Farbezin zum Besuche; er war für sein hohes Alter noch sehr rüstig und munter, wurde jedoch in der Nacht vom 13. zum 14. Juli plötzlich vom Schlage gerührt und starb ohne vorausgegangenes Krankenlager, 80 Jahre alt. Durch seine wohlwollende Gesinnung, sein liebenswürdiges, gegen jedermann freundliches Wesen und seinen streng redlichen Character hatte er sich die Liebe und Hochachtung aller, die ihn kannten, erworben. Wie sehr der gute alte Herr bemüht war, niemanden auch nur im Mindesten zu verletzen, zeigt folgender kleine Zug: Eines Tages geht er in Begleitung einer Tochter durch Farbezin, ein benachbarter Gutsbesitzer grüßt im Vorbeifahren. Der Landschaftsrath von Dewitz bemerkt dies nicht, erwiedert also nicht den Gruß. Von seiner Begleiterin auf sein Versehen aufmerksam gemacht, sendet er am nächsten Tage sofort durch einen expressen Boten dem Nachbar einen Brief, in welchem er in den höflichsten Worten dringend um Verzeihung seiner Unachtsamkeit bittet.

Seine Wittwe wohnte eine Zeitlang in Stargard, dann in Blüssow bei ihrem Schwiegersohne Otto von Dewitz, wo sie am 14. Februar 1863 im achtzigsten Lebensjahre starb.

Sie hatte ihrem Gemahl 8 Kinder geboren, 3 Söhne: 1. Karl Wilhelm Ernst Werner, 2. Heinrich Wilhelm Werner, 3. Gustav Wilhelm Werner und 6 Töchter: 1. Wilhelmine Dorothea Antonie, 2. Mathilde Sophie Stephanie Luise, 3. Emma Henriette, 4. Auguste Friederike Wilhelmine und 5. Ottilie Adelheid Auguste Luise.

198.

Christian Ludwig von Dewitz II.,

Landrath,

neunter und jüngster Sohn des Landdrosten Karl Heinrich Friedrich von Dewitz (189), geboren am 24. Mai 1772 in Zirzow bei Neubrandenburg, erhielt seine erste Erziehung im elterlichen Hause und wurde bis zum 14. Lebensjahre von Hauslehrern unterrichtet. 1788 trat er als Junker bei dem Regimente Herzog von Braunschweig (bei dem auch sein ältester Bruder Karl stand), welches seine Garnison in Halberstadt hatte, in Preußische Militairdienste. In den Jahren 1792 bis 1794 machte er als Lieutenant unter dem Herzoge von Braunschweig den Krieg gegen Frankreich mit. Wir finden ihn bei dem beschwerlichen und unglücklichen Zuge nach der Champagne und in den Schlachten bei Pirmasens und Kaiserslautern. Nach dem Baseler Frieden (5. April 1795) kehrte er mit seinem Regimente nach Halberstadt zurück. Im Sommer 1802 verheirathete er sich mit Eleonore Friederike Antonie von Engel (geboren den 13. Februar 1773), jüngsten Tochter des Oberstallmeisters von Engel auf Breesen und der Frau Friederike von Mecklenburg.*)

Nach dem Ehevertrage d. d. Neubrandenburg den 16. Juni 1802 erhielt sie zu ihrer Ausstattung 1000 Thaler in Golde und als Brautschatz 8000 Thaler Gold.

---

* Die älteste Tochter des Oberstallmeisters von Engel, Dorothea, war die erste Gemahlin des Majors und Landraths Karl Gunther Theodor von Dewitz, des ältesten Bruders Christian Ludwigs von Dewitz.

Nach dem am 13. December 1802 erfolgten Tode seines Vaters fielen die Güter Bullow, Klein-Benz und Schloiffin dem Lieutenant Christian Ludwig von Dewitz für einen Annahmepreis von 47,107 Thalern bei der Auseinandersetzung mit seinen Brüdern durchs Loos zu. Auf seinen Wunsch wurde er am 7. Januar 1804 als Hauptmann verabschiedet und übernahm mit der ihm eigenthümlichen Energie die Bewirthschaftung seiner Güter, wobei er im vollsten Maße die Drangsale der Französischen Invasion in den Jahren 1806 und 1807, so wie der Freiheitskriege von 1813 und 1814 zu tragen hatte. Er zeichnete sich in jener schweren Zeit durch unermüdlichen Eifer bei allen Unternehmungen zur Erleichterung der Kriegslasten und zur Beförderung des Gemeinwohls aus und scheute dafür kein Opfer und keine Anstrengung. In den Jahren 1813 und 1814 war er Mitglied des Kreis-Ausschusses des Naugard-Dewitzschen Kreises zur Aushebung der Landwehr; außer ihm gehörten dazu der Hauptmann von Rathen auf Breitenfelde, der Bürgermeister Schwirt in Daber und der Schulze Ahlemann in Braunsberg. Auf einer Geschäftsreise traf ihn im Jahre 1814 der Unfall, daß er bei einem Sprunge vom Wagen, als die Pferde mit ihm durchgingen, die rechte Schulter aus dem Gelenke fiel, in Folge dessen er stets einen lahmen Arm behielt. Nach dem Tode seines Bruders Karl Günther Theodor von Dewitz wurde er 1818 zum Landrath des Naugarter Kreises gewählt, sahe sich aber seiner Gesundheit wegen schon im Jahre 1820 genöthigt, um seinen Abschied einzukommen. Die nachgesuchte Entlassung aus seinem Amte wurde ihm durch die Kabinets-Ordre vom 11. Dezember 1820, unter Bezeugung der Allerhöchsten besonderen Zufriedenheit mit seiner guten und treuen Dienstführung, bewilligt und mittelst Kab. Ordre vom 10. Januar 1821 der rothe Adlerorden dritter Klasse verliehen. Nach seiner Verabschiedung litt er mehrere Jahre lang an einer hartnäckigen Leberkrankheit, so daß man für sein Leben fürchtete; er wurde indessen wieder hergestellt, nachdem er 1825 Karlsbad besucht hatte. Er konnte sich aufs neue mit gewohnter Thätigkeit der Bewirthschaftung seiner Güter widmen, auch als Kreisdeputirter des Naugarter Kreises, so wie als ritterschaftlicher Abgeordneter zu den Landtagen der Provinz Pommern sich an öffentlichen Angelegenheiten betheiligen. Um seine Güter zu verbessern, hatte er schon mittelst Kontrakts vom 9. Juli 1819 die sämmtlichen 5 Bauerhöfe in Klein-Benz an sich gekauft und erbaute zur Bewirthschaftung der hierdurch

gewonnenen Tänzereien das Vorwerk **Willkommen** *) Anhaltende Unter-
leibsbeschwerden und damit verbundene Gemüthsverstimmungen veranlaßten ihn,
sich im Jahre 1830 ganz in Ruhe zu setzen. Mittelst Kontrakts vom 16.
Dezember 1839 überließ er seiner Güter für den Kaufpreis von 110,000 Thalern an seinen ältesten Sohn, den Land- und Stadtrichter Otto von Dewitz
zu Wollin, und an seinen Schwiegersohn, den Lieutenant a. D. von Bormann;
seinen Wohnsitz verlegte er im Frühjahr 1840 nach Stettin. Hier verlor er
seine Gemahlin, die nach längerer Krankheit am 9 August 1841 an der
Auszehrung starb. Da nach und nach die näheren Verwandten, welche in
Stettin wohnten, durch ihre Lebensverhältnisse veranlaßt wurden, diesen Ort
zu verlassen, zog der Landrath Christian Ludwig von Dewitz im Jahre
1847 nach Stargard in Pommern, wo er an seiner Tochter, der Majorin
von Bernstaedt, einen Anhalt fand und eine Zeitlang auch mit seinem Bruder
Stephan Werner von Dewitz III. zusammen lebte. Am 19. April 1857
starb er dort im fast vollendeten 85. Lebensjahre.

Die damalige Norddeutsche Zeitung, welche in Stettin erschien, brachte
über ihn aus Stargard folgende Nachricht vom 25. April 1857: „Unsere
Stadt hat durch den Tod des Landraths a. D. von Dewitz wieder einen
beträchtlichen Verlust erlitten. Er war ein warmer Freund und Beförderer
aller Anstalten und Bestrebungen zur Ausbreitung des Reiches Gottes und
ein Wohlthäter vieler Armen, weshalb sein Andenken nicht allein bei seinen
Angehörigen und denen, die ihm näher standen, für welche er ein Gegenstand
hoher Verehrung war, sondern auch bei allen Gutgesinnten der Stadt in Segen
bleiben wird."

Ihm waren in seiner Ehe 8 Kinder geboren, 3 Söhne: 1. Otto August
Heinrich Werner, 2. Karl Hermann, 3. Wilhelm Ludwig Julius und 5 Töchter:
1. Karoline Auguste Friederike, 2. Auguste Luise Eleonore, 3. Albertine Wilhelmine Luise Sophie, 4. Henriette Karoline und 5. Luise Friederike Sophie
Karoline.

---

*) Nachdem im Jahre 1812 Klein Benz von Wussow getrennt worden ist und seit
dem als selbstständiges Gut bewirthschaftet wird, ist der Vorwerk Willkommen wieder eingegangen, und sind die dazu gehörig gewesenen Gebäude theils abgebrochen, theils ist
daraus die neue Gutshofslage gebildet.

199.

Sophie Friederike Eleonore von Dewitz,

älteste Tochter des Landdrosten Karl Heinrich Friedrich von Dewitz (189), geboren am 21. Januar 1762, starb 1763. Sie war eine Pathe der Prinzessin Sophie Charlotte von Mecklenburg-Strelitz, nachherigen Königin von England.

200.

Auguste Sophie Beate von Dewitz,

zweite Tochter des Landdrosten Karl Heinrich Friedrich von Dewitz (189), geboren am 18. October 1769, wurde am 18. Dezember 1797 mit dem Hauptmann Friedrich August von Jagow auf seine bei Pyritz vermählt, dessen zweite Frau sie war. Später besaß der Hauptmann von Jagow das Gut Voigtshagen, wo er auch wohnte. Bei zunehmendem Alter verkaufte er dasselbe und zog nach Stargard; dort starb er 1827. Seine Wittwe, wegen ihres liebenswürdigen und harmlosen Gemüthes allgemein geliebt, hatte noch im hohen Alter das Unfall, ein Bein zu brechen, so daß sie in den letzten Jahren ihres Lebens auf Krücken gehen mußte; allein dies störte ihre immer gleiche Heiterkeit nicht. Sie starb in Stargard im September 1849 im fast vollendeten 80. Lebensjahre an einem Anfalle der Cholera.

201.

Johanne Henriette Karoline von Dewitz,

dritte Tochter des Landdrosten Karl Heinrich Friedrich von Dewitz (189), geboren 1773, wurde am 12. Mai 1793 mit dem Hauptmann Hans

Friedrich von Bornstaedt auf Groß-Ehrenberg, Klein-Ehrenberg und Stabenow vermählt, dessen zweite Frau sie war. Ihren Wittwenstand verlebte sie in Stargard und starb daselbst am 5. April 1835.

202.

Charlotte Sophie Ottilie von Dewitz,

vierte Tochter des Landdrosten Karl Heinrich Friedrich von Dewitz (189), geboren am 13. Mai 1775, verheirathete sich am 8. Juni 1796 mit dem Hauptmann Joachim Friedrich Wilhelm von Wedell auf Ruhnow und Klinningen, mit dem sie in einer kinderlosen Ehe lebte. Ihr Gatte kam in Vermögensverfall, seine Besitzungen wurden im Concurse verkauft, und er wohnte einige Jahre in Schönwalde, welches seine Gemahlin wiederkäuflich besaß. Die schweren Lasten in den Französischen Kriegen nöthigten sie, auch dies Gut zu verkaufen, worauf der Hauptmann von Wedell eine Civilanstellung nachsuchte und als Intendantur-Beamter 1822 in Magdeburg starb. Seine Wittwe wohnte in Stargard und nahm nach dem frühen Tode ihrer jüngern Schwester Wilhelmine (no. 204) deren drei Töchter zu sich, bei denen sie treulich Mutterpflichten erfüllte, bis dieselben verheirathet waren. Im Jahre 1820 verlegte sie ihren Wohnsitz nach Klüssow zu ihrem dortigen Bruder und starb daselbst am 18. März 1832.

203.

Sophie Johanne Wilhelmine Franziska von Dewitz,

fünfte Tochter des Landdrosten Karl Heinrich Friedrich von Dewitz (189), geboren 1777, wurde am 20. August 1798 mit Gottlieb Johann Christian von Nathen, Lieutenant im Dragoner-Regiment Anspach Baireuth, nachherigem Hauptmann und Besitzer von Breitenfelde vermählt. Nach dem Verkaufe dieses Gutes zog sie mit ihrem Gemahl nach Schivelbein und starb dort am 19. November 1840.

204.

Wilhelmine Margaretha Friederike von Dewitz,

sechste Tochter des Landbrosten Karl Heinrich Friedrich von Dewitz (189), geboren 1778, war die zweite Gemahlin des Rittergutsbesitzers Otto Friedrich von Wedell auf Fürstensee; sie starb schon 1813.

205.

Dorothea Marie Christiane von Dewitz,

siebente und jüngste Tochter des Landbrosten Karl Heinrich Friedrich von Dewitz (189), geboren den 6. April 1780, ist unverheirathet geblieben. 1839 stiftete sie einen Fonds zur Besorgung freien Schulunterrichts für arme Kinder in Farbezin. Sie hielt sich abwechselnd bei ihren Geschwistern und sonstigen Freunden und Verwandten auf; bei herannahendem Alter wurde sie von partiellem Wahnsinne befallen und von verschiedenen fixen Ideen gequält, so daß es endlich nothwendig wurde, sie unter Kuratel zu stellen und im Jahre 1843 in einer Irren-Anstalt in Berlin unterzubringen. Zu ihrem Kurator wurde ihr Neffe Otto von Dewitz auf Wussow bestellt.

206.

Karl Wilhelm Ludwig Franz von Dewitz, genannt von Krebs,

ältester Sohn des Majors und Landraths Karl Günther Theodor von Dewitz (100), wurde am 17. Juli 1801 geboren und besuchte zuerst die Stadtschule zu Naugard. Nach dem Tode seines Vaters, 4. Dezember 1817, kam er und seine Geschwister unter die Vormundschaft ihres Oheims, des Landraths Christian Ludwig von Dewitz auf Wussow (198), welcher ihn 1819 auf das Gymnasium zu Stargard in Pommern und bald darauf als

Niemann auf das Joachimsthalsche Gymnasium nach Berlin brachte. Zu Ostern 1826 bezog er die Universität und studirte bis 1829 in Berlin die Rechte und Philosophie. Die philosophischen Studien setzte er sodann, ohne eine öffentliche Anstellung nachzusuchen, privatim fort und hielt sich abwechselnd in Berlin und Naugard auf. 1835 nahm er seinen Wohnsitz zu Stargard in Pommern, wo er eine Privatschule für Knaben hielt und 1837 einen Verein zur Verbesserung des sittlichen und leiblichen Zustandes der dortigen Armen stiftete, der unter dem Namen „Privatverein für Armenpflege" noch jetzt nach 30 Jahren besteht. Im Jahre 1839 setzte er sich mit seinen Geschwistern wegen des väterlichen Nachlasses auseinander und übernahm das Gut Weitenhagen, welches bis dahin verpachtet gewesen war, zum Annahmepreise von 34,000 Thlr., 1840 verheirathete er sich mit Elisabeth von Rückel-Kleist, ältesten Tochter des Generallieutenants und Gouverneurs von Danzig Jacob von Rückel-Kleist und der Frau Albertine von Rückel aus dem Hause Haselen. Als König Friedrich Wilhelm IV. den Preußischen Thron bestiegen hatte, wurde Carl von Dewitz als Deputirter der Ritterschaft des Naugarder Kreises zur Huldigung nach Berlin gesandt, welche daselbst am 15. October 1840 stattfand; auch war er kurze Zeit ritterschaftlicher Abgeordneter zum Pommerschen Landtage. Durch Testament des Oberforstmeisters von Krebs, eines Bruders seiner Mutter, hatte er eine fideicommissarische Anwartschaft auf dessen Gut Veltheim am Fallstein bei Halberstadt erhalten; im Jahre 1853 nach dem kinderlosen Absterben des einzigen Sohnes des Oberforstmeisters von Krebs fiel ihm die Erbschaft des Fideicommiß-Gutes Veltheim zu, mit dessen Besitzergreifung er nun nach der Bestimmung des gedachten Testaments und unter Genehmigung des Königs den Namen von Dewitz, genannt von Krebs für sich und seine Nachkommen annahm, auch das von Krebsche Wappen mit dem von Dewitzschen vereint führte. Seinen Wohnsitz behielt er auch ferner in Weitenhagen, welches er zu einem Sammelpunkte für die Freunde christlicher Bestrebungen in der dortigen Gegend machte. Von öffentlichen Geschäften blieb er fern, betheiligte sich dagegen fleißig bei Unternehmungen zur Förderung des Reiches Gottes; im Jahre 1842 gründete er einen Missions-verein für Weitenhagen und Umgegend.*) Er starb am 13. October 1847 all-gemein betrauert, seine Liebe und Freundlichkeit hatte ihm die Herzen gewon-

---

*) Seit 1846 wird alljährlich im August ein Missionsfest in Weitenhagen gefeiert.

von Dewitz genannt von Krebs.

nen, für viele ist er zum großen Segen gewesen. Sein Ende war, wie er es
sich von seinem Heilande erbeten hatte, sehr sanft. Oft hatte er es im Kreise
seiner Freunde ausgesprochen, daß er zuversichtlich hoffe, er werde nicht eher
sterben, bis der Tod für ihn jedes Grauen verloren habe. An ihm erfüllte
sich des Herrn Wort: „So jemand mein Wort wird halten, der wird den
Tod nicht sehen ewiglich (Joh. 8, 51)". An seinem Todestage lautete die
Losung der Brüdergemeinde, die er täglich mit seinem Hause zu lesen pflegte:
„So bekräftige nun, Herr Gott, das Wort in Ewigkeit, das Du über Deinen
Knecht und sein Haus geredet hast, und thue, wie Du geredet hast (2 Sam. 7, 25)."

Seine Kinder sind: 8 Söhne, 1. Karl Friedrich Ludwig Immanuel, 2.
Ulrich Justus Jacob Karl, 3. Stephan Friedrich Jacob Karl, 4. Otto Bal-
thasar Jacob Karl, 5. Friedrich Gotthilf Jacob Karl, 6. Johannes Michael
Jacob Karl, 7. Ernst Joseph Jacob Karl, 8. Reinhard Theodor Jacob Karl
und 3 Töchter: 1. Elise Luise Albertine Karoline, 2. Albertine Dorothea
Elisabeth Karoline, 3. Lulie Hanna Johanna.

207.

August Karl Adolph Ferdinand von Dewitz,
Generalmajor,

zweiter Sohn des Majors und Landraths Karl Günther Theodor von
Dewitz (180), geboren den 8. Dezember 1807, wurde im Kadetten Corps zu
Culm und Berlin erzogen. Im Jahre 1825 ward er Seconde-Lieutenant bei
dem 14. Infanterie Regimente, verheirathete sich am 31. März 1834 mit
Miranda von Dewitz, ältesten Tochter des Rittmeisters Karl Friedrich
Ludwig von Dewitz auf Waldewin, geboren am 30. Juli 1810, und war
mehrere Jahre Lehrer an der Divisionsschule zu Stargard in Pommern; 1848
wurde er Hauptmann und half mit seinem Regimente den Aufstand der Polen
im Großherzogthum Posen unterdrücken. Sein Regiment wurde mit andern
Preußischen Truppen 1850 nach dem Kurfürstenthum Hessen in Folge der
dort entstandenen Verfassungsstreitigkeiten geschickt; damals wurde der Friede
zwischen den Deutschen Staaten noch einmal durch den für Preußen ungünstigen Vertrag zu Olmütz wieder hergestellt. Der Hauptmann von Dewitz
avancirte 1855 zum Major und Kommandeur des Landwehrbataillons in

Stettin, 1857 wurde er als Major bei dem 21. Infanterie-Regimente nach
Gnesen versetzt, 1859 ward er Ritter des Johanniter-Ordens, 1860 Oberst-
lieutenant und Kommandeur des 4. Westphälischen Infanterie Regiments No. 17.
Im Jahre 1861 erhielt er nach beendigtem Herbstmanöver von dem Könige
Wilhelm I. den rothen Adlerorden vierter Klasse und wurde bei der am 18.
October 1861 in Königsberg erfolgten Krönung zum Obersten ernannt. Im
Herbste desselben Jahres verlieh ihm der Großherzog von Hessen, Chef seines
Regiments, das Komthurkreuz zweiter Klasse des großherzoglich Hessischen Ver-
dienstordens Philipps des Großmüthigen; 1863 erhielt er den rothen Adlerorden dritter Klasse und in demselben Jahre bei Gelegenheit der Jubelfeier des
funfzigjährigen Bestehens seines Regiments das Kommandeurkreuz des Hessischen
Ludwigsordens. Am 18. Juni 1865 wurde er bei der Feier des funfzigjährigen Gedenktages der Schlacht von Belle Alliance zum Generalmajor befördert
und als Kommandeur der 29. Infanterie-Brigade, von Wesel, wo er gestanden
hatte, nach Köln versetzt. Hier starb er am 8. October 1865 nach kurzem Krankenlager an der Lungenentzündung. Er war ein aufrichtig frommer Christ
und ein sehr tüchtiger Soldat.

Seine Kinder sind 3 Söhne: 1. August Karl Ludwig, 2. Karl Adolph
Gebhard, 3. Ludwig Christian Adolph und 5 Töchter: 1. Minna Luise Frie-
derike, 2. Luise Hermine Anna, 3. Maria Auguste Miranda, 4. Elisabeth
Auguste Rosalie, 5. Ida Auguste Friederike.

208.

Heinrich Theodor Friedrich Wilhelm von Dewitz,

dritter Sohn des Majors und Landraths Karl Günther Theodor von
Dewitz (190), wurde am 21. März 1810 geboren und starb am 24. Februar
1825 als Kadet in Berlin.

209.

Franz Ferdinand Anton Wilhelm von Dewitz,

vierter Sohn des Majors und Landraths Karl Günther Theodor von
Dewitz (190), geboren am 4. Dezember 1813, erhielt seine Erziehung im

Kadettencorps. Im Jahre 1830 wurde er Lieutenant im Kaiser Alexander Grenadier-Regimente zu Berlin, 1831 ward er zum 15. Linien-Infanterie-Regimente versetzt, am 16. November 1837 starb er in Minden als Adjutant des dortigen Landwehrbataillons am Nervenfieber.

210.

Constantin Gustav Albert von Dewitz,
Major und Rittergutsbesitzer,

fünfter Sohn des Majors und Landraths Karl Günther Theodor von Dewitz (190), geboren am 30. Januar 1810, wurde im Kadettencorps erzogen und trat aus demselben im Jahre 1834 als Seconde-Lieutenant in das Kaiser Alexander Grenadier-Regiment, schied aber schon im Jahre 1839 aus dem stehenden Heere und ging zur Landwehr über. Er widmete sich der Landwirthschaft und kaufte das Rittergut Cratzig bei Wangerin, welches er 1842 wieder verkaufte; 1843 erwarb er durch Kauf das Gut Gienow bei Dramburg, wo er noch wohnt.

In der Landwehr avancirte er bis zum Major und Führer des zweiten Aufgebots des dritten Bataillons (Graudenz) ersten Garde-Landwehr-Regiments; er ist mit der Landwehr-Auszeichnung, der Hohenzollern-Medaille und dem Kronenorden vierter Klasse decorirt.

Im Jahre 1861 wurde er zum Ritterschafts-Commissarius für das Departement Dramburg-Schivelbein gewählt. Für die Gegend von Wangerin hat er manche Verdienste, ihm ist der Bau der Chaussee von Wangerin nach Dramburg und von Wangerin nach dem Eisenbahnhofe mit zu verdanken, auch stiftete er einen landwirthschaftlichen Verein und leitete denselben 10 Jahre lang. In Gienow hat er vereint mit dem Herrn von Klitzing auf Grasse eine neue Pfarre gegründet und 1865 ein neues Pfarrgehöft erbaut.

Verheirathet ist er seit 1841 mit Marie Caecilie von Sommerfelt. Seine Kinder sind 5 Söhne: 1. Richard Alexander Otto, 2. Friedrich Wilhelm Constantin Felix, 3. Karl August Constantin Felix, 3. Karl August Constantin Victor, 4. Paul Oscar Constantin, 5. Johannes Constantin und 9 Töchter: 1. Anna Luise Charlotte Karoline Auguste, 2. Marie Luise Therese Constance, 3. Constanze Luise Karoline Victoria, 4. Luise Caecilie Therese Felicitas, 5. Caecilie Auguste Charlotte, 6. Therese Karoline Auguste Constance,

7. Elisabeth Hermine Constance, 8. Elisabeth Marianne Constance, 9. Gertrud Caecilie Constance.

211.

Luise Charlotte Eleonore Antoinette von Dewitz,

einzige Tochter des Majors und Landraths Karl Günther Theodor von Dewitz (190), geboren am 5. März 1809, war an den Hauptmann Otto von Szczepanski in Naugard als dessen zweite Frau verheirathet. Sie starb am 11. November 1847 im Wochenbette und hinterließ 10 Kinder. Bei ihrer Verheirathung übernahm sie die Erziehung von 4 Kindern aus der ersten Ehe ihres Mannes, denen sie eine treue Mutter gewesen ist. Sie war eine vortreffliche Frau und ist getrost im Glauben an ihren Heiland entschlafen.

212.

Karl Ludwig Otto von Dewitz,
Assessor,

ältester Sohn des Oberforstmeisters Friedrich Ludwig Leopold von Dewitz auf Goltz (183), geboren am 20. Dezember 1801, besuchte das Pädagogium in Halle, studirte von 1822 bis 1825 in Halle und Greifswald die Rechte und wurde nach vollendeten Studien Auscultator bei dem Landgerichte in Schneidemühl. Im Jahre 1830 wurde er Referendarius bei dem Oberlandesgerichte zu Cöslin, 1842 Assessor bei dem Land- und Stadtgerichte zu Belgard, wo er am 13. Februar 1850 an einem gastrisch nervösen Fieber unverheirathet starb.

213.

Adolph Friedrich Bernhard von Dewitz,
Oberstlieutenant,

zweiter Sohn des Oberforstmeisters Friedrich Ludwig Leopold von Dewitz auf Goltz (183), geboren am 11. November 1804, besuchte das Gymnasium zu Stargard in Pommern und ging 1821 in Militairdienste. Er wurde im Jahre 1823 Lieutenant bei dem 2. Linien-Infanterie-Regimente in Stettin, 1832 Adjutant bei dem Füsilier-Bataillon dieses Regiments, 1837 Regiments-Adjutant, 1843 Hauptmann. Im Jahre 1847 verheirathete er sich mit Antonie Amalie Constantie von Rienitz (geboren am 13. November 1825), einer Tochter des Steuerraths von Rienitz in Stralsund; 1851 wurde er zum Major und Kommandeur des Landwehr-Bataillons in Schneidemühl befördert, 1856 avancirte er zum Oberstlieutenant und wurde als Bataillons-Kommandeur zum 21. Infanterie-Regimente versetzt. Im Januar 1858 nahm er den Abschied und zog nach Berlin. Seine Kinder sind 4 Söhne: 1. Oscar Richard Amadeus, 2. Curt Ulrich Constantin, 3. Roderich Stephan Friedrich, 4. Louis Arthur Julius und 2 Töchter: 1. Martha, 2. Alfa Clara Amalie Ulrike.

214.

Julius Heinrich Eduard von Dewitz,
Hauptmann,

dritter und jüngster Sohn des Oberforstmeisters Friedrich Ludwig Leopold von Dewitz auf Gölz (193), geboren am 26. Dezember 1806, besuchte das Gymnasium in Stargard, widmete sich darauf dem Militairdienste, wurde 1824 Lieutenant im 21. Infanterie-Regimente, 1834 Bataillons-Adjutant und 1840 Hauptmann. Er verheirathete sich 1848 mit Ida Danielowska, starb aber schon im Februar 1862 am Nervenfieber und hinzu getretener Lungenentzündung mit Hinterlassung eines Sohnes Karl Otto August.

215.

Auguste Charlotte Henriette von Dewitz,

älteste Tochter des Oberforstmeisters Friedrich Ludwig Leopold von Dewitz auf Gölz (193), ist am 16. Juni 1800 geboren.

216.

Bertha Hulda Dorothea von Dewitz,

zweite Tochter des Oberforstmeisters Friedrich Ludwig Leopold von Dewitz auf Golz (103), geboren am 31. October 1802, starb am 18. März 1865 zu Dramburg.

217.

Ulrike Clementine Wilhelmine Friederike von Dewitz,

dritte und jüngste Tochter des Oberforstmeisters Friedrich Ludwig Leopold von Dewitz auf Golz (103), ist am 15. September 1803 geboren.

Die drei Töchter des Oberforstmeisters Friedrich Ludwig Leopold von Dewitz sind unverheirathet geblieben, sie nahmen ihren Wohnsitz in Dramburg, als nach dem Tode ihrer Eltern das Gut Golz verkauft wurde.

218.

Karl Wilhelm Ernst Werner von Dewitz,

ältester Sohn des Landschaftsraths Stephan Werner von Dewitz III. auf Farbezin (197), geboren am 13. October 1810, starb am 18. August 1811.

219.

Heinrich Wilhelm Werner von Dewitz,

zweiter Sohn des Landschaftsraths Stephan Werner von Dewitz III., geboren am 15. August 1812, starb am 6. Dezember 1813.

220.

Gustav Wilhelm Werner von Dewitz,
Rittergutsbesitzer,

einer und jüngster Sohn des Landschaftsraths Stephan Werner von
Dewitz III. auf Farbezin (197), ist am 25. Juni 1825 geboren. Da seine
Brüder gestorben waren, erregte seine Geburt große Freude bei seinen
Eltern. Den ersten Unterricht erhielt er durch Hauslehrer, im Frühjahr
1836 wurde er nach Stargard zu seinem dort als Lehrer an der Divisionsschule fungirenden Vetter August von Dewitz (207) gebracht und genoß
daselbst Privatunterricht. Im Jahre 1837 wurde er Kadet in Potsdam, da
er jedoch fortwährend kränkelte, verzichtete sein Vater darauf, ihn für den
Militairstand ausbilden zu lassen, und sandte ihn im Jahre 1840 auf das
Pädagogium zu Putbus. Nach und nach wurde er hier kräftig und gesund,
bezog 1845 die Universität Berlin und genügte dort während seiner Studien-
zeit auch seiner Militairpflicht bei einem Garde-Kavallerie-Regimente. Am
19. März 1848 kehrte er nach Farbezin zurück, und bereitete sich hier und
auf dem Amte Marienfließ zum Landwirthe vor, worauf ihm im Jahre 1849
von seinem Vater das Gut Farbezin für den Annahmepreis von 60,000
Thalern abgetreten wurde. Im September dieses Jahres verheirathete er
sich mit Clara von Bormann, einer Tochter des Rittergutsbesitzers Heinrich von Bormann auf Klein-Benz und dessen erster Gemahlin, geborenen von
Puttlitz. Im Jahre 1855 wurde er von den Landständen seines Kreises zum
Hülfsdeputirten bei der Hinterpommerschen Landschaft erwählt. Aus seiner
Ehe sind folgende 4 Söhne entsprossen: 1. Otto Heinrich Stephan Werner, 2.
Wilhelm August Louis, 3. Karl Gustav Victor und 4. Paul Ulrich Konrad.

221.

Wilhelmine Dorothea Antonie von Dewitz,

älteste Tochter des Landschaftsraths Stephan Werner von Dewitz III.
auf Farbezin (197), geboren am 4. März 1809, starb am 10. Juni 1811.

222.

Mathilde Sophie Stephanie Luise von Dewitz,

zweite Tochter des Landschaftsraths Stephan Werner von Dewitz III.
auf Farbezin (197), geboren am 31. August 1813, starb am 23. Dezember 1815.

223.

Emma Henriette von Dewitz,

dritte Tochter des Landschaftsraths Stephan Werner von Dewitz III.
auf Farbezin (197), geboren 1815, lebt in Wussow in der Familie ihres
Schwagers, des Rittergutsbesitzers Otto von Dewitz. (220).

224.

Auguste Friederike Wilhelmine von Dewitz,

vierte Tochter des Landschaftsraths Stephan Werner von Dewitz III.
auf Farbezin (197), geboren am 27. Dezember 1816, verheirathete sich am
23. September 1850 mit dem Landesältesten Ferdinand von Prittwitz und
Gaffron auf Emrichau in Ober-Schlesien, dessen zweite Frau sie wurde.

225.

Ottilie Adelheid Auguste Luise von Dewitz,

fünfte und jüngste Tochter des Landschaftsraths Stephan Werner von
Dewitz III. auf Farbezin (197), geboren am 6. Februar 1818, vermählte sich
am 24. März 1843 mit ihrem Vetter, dem Rittergutsbesitzer Otto von
Dewitz auf Wussow (226), dessen zweite Frau sie ist.

226.

Otto August Heinrich Werner von Dewitz,
Rittergutsbesitzer,

ältester Sohn des Landraths Christian Ludwig von Dewitz II. (198), geboren am 8. November 1805 in Russow, empfing bis zum 13. Jahre eine sorgfältige Erziehung im elterlichen Hause und erhielt seinen ersten Unterricht durch Hauslehrer. Im Jahre 1819 wurde er nach Neubrandenburg in Mecklenburg in das Haus seiner Tante Charlotte von Engel auf die dortige lateinische Schule gebracht und bezog 1824 die Universität Berlin, wo er 3 Jahre die Rechte studirte. Im Januar 1828 wurde er als Auscultator dem Stadtgerichte in Stettin zu seiner weiteren praktischen Ausbildung überwiesen, mittelst Rescripts vom 2. April 1830 wurde er Referendarius bei dem dortigen Oberlandesgerichte, und nachdem er am 1. Juli 1834 sein großes Staats-Examen bestanden hatte, ward er zum Oberlandesgerichts-Assessor ernannt. Schon im Sommer vorher hatte er auf einer Reise nach Salzbrunn in Schlesien seine nachherige Gemahlin, Marie Büsching, Tochter des damals bereits verstorbenen Professors der Geschichte und Alterthumskunde Johann Gustav Büsching und Enkelin des berühmten Geographen Anton Friedrich Büsching, kennen gelernt und sich mit ihr verlobt. Sie wohnte mit ihrer Mutter in Breslau, und von Dewitz ließ sich deshalb als Assessor bei dem Oberlandesgerichte daselbst anstellen. Nachdem er am 1. April 1835 eine mit Gehalt verbundene Anstellung als Hülfsarbeiter bei dem Land- und Stadtgerichte zu Stargard in Pommern erhalten hatte, feierte er am 10. Juli 1835 seine Hochzeit in Berlin. Am 1. April 1838 wurde er als erster Assessor an das Land- und Stadtgericht in Swinemünde versetzt und am 1. Juli 1839 zum Land- und Stadtrichter in Wollin ernannt. Inzwischen hatte sich in Folge der anstrengenden sitzenden Lebensweise ein Unterleibsleiden bei ihm ausgebildet, welches ihm die Vertauschung seines Amtes mit einem andern, seiner Gesundheit mehr zusagenden Lebensberufe sehr wünschenswerth machte. Sein Vater trat ihm im Jahre 1837 das Gut Schleiffin ab, um ihn zur Uebernahme ständischer Aemter zu befähigen, bald aber wurde diese Abtretung wie-

der rückgängig gemacht. Im December 1839 kaufte von Dewitz gemeinschaftlich mit seinem damals in Naugard wohnenden Schwager von Bormann (Bgl. no. 230) seinem alten, sich nach Ruhe sehnenden Vater die Güter Bussow, Klein-Benz und Schleiffin für den Preis von 110,000
Thalern ab. Schleiffin wurde 1842 an den Gutsbesitzer von Heyden für
32,000 Thaler verkauft; aus Bussow und Klein-Benz aber wurden zwei Raveln gebildet, am 9. September 1841 trosten die beiden Schwäger um dieselben, und von Dewitz erhielt das Gut Bussow zum ausschließlichen Besitze für einen Annahmepreis von 44,000 Thalern. Bisher hatte von Bormann die Güter verwaltet, zu Johannis 1842 legte von Dewitz sein Rich-
teramt nieder und übernahm die Bewirthschaftung von Bussow selbst. Am
20. October 1848 wurde ihm zu seinem großen Schmerze plötzlich seine Gemahlin durch den Tod entrissen, nachdem sie von einer letzten Tochter entbunden war.

Am 28. März 1848 vermählte er sich zum zweiten Male mit seiner
Cousine Cäcilie Adelheid Auguste Louise von Dewitz aus dem
Hause Farbezin (225).

Schon im Jahre 1847 von den Ständen des Naugarter Kreises zum
Kreisdeputirten und zum stellvertretenden Abgeordneten der Ritterschaft bei
dem Pommerschen Landtage berufen, wurde von Dewitz am 5. Februar 1849
gemeinschaftlich mit dem Landschaftsrathe von Hagen auf Premslaff von den
Wahlmännern des Naugarter und Regenwalder Kreises zum Abgeordneten für
die damalige zweite Kammer gewählt, welche noch in demselben Monate zu-
sammentrat; er gehörte der conservativen Partei an. Als am 27. April die
Kammer aufgelöst und eine Neuwahl nothwendig geworden war, wurde von
Dewitz wieder gewählt und nahm an allen Berathungen der Kammer in
den Jahren 1849 und 1850 Theil, welche insbesondere zur Revision der neuen
Preußischen Verfassungsurkunde und anderer wichtiger organischer Gesetze ge-
pflogen wurden. Nachdem am 6. Februar 1850 die neue Staats-Verfassung
im königlichen Schlosse zu Berlin vom Könige, den Ministern und den Mitgliedern beider Kammern feierlich beschworen worden, kehrte von Dewitz
für einige Monate in den Schooß seiner Familie zurück, konnte jedoch, seiner
wankenden Gesundheit wegen, der Session des folgenden Jahres nicht bis zum
Schlusse beiwohnen, sondern legte im März 1851, zum großen Bedauern
seines Wahlkreises, sein Mandat nieder. Obwohl er sich seitdem von öffent-

lichen Geschäften fern zu halten suchte, lag ihm doch das Wohl des Vaterlandes fortwährend am Herzen, und er ließ es an Bemühungen, dasselbe zu
fördern, nicht fehlen. Ganz besonders betheiligte er sich jedoch mit Vorliebe
an allen Bestrebungen, welche sich auf die Förderung des Reiches Gottes bezogen, als: Heiden- und Judenmission, christliches Erziehungswesen, Armen-
Kranken- und Gefangenenpflege, und da er aus vollster Ueberzeugung dem
Bekenntnisse der lutherischen Kirche zugethan ist, so hat er stets an den Kämpfen auf dem kirchlichen Gebiete regen Antheil genommen. Seit dem Jahre
1850 wird alljährlich zu Wussow unter den hohen Buchen, welche an dem
herrschaftlichen Garten stehen, ein Missionsfest gefeiert.

Bei der Einführung der Gemeinde-Kirchenordnung im Jahre 1860 wurde
er zum Mitgliede des Gemeinde-Kirchenraths der Parochie Groß-Benz gewählt.
Als im Jahre 1863 in Pommern die Kreissynoden zusammentraten, ernannte
ihn die erwähnte Parochie zu ihrem Deputirten, die Kreissynode Daber wählte
ihn zum Mitgliede des Synodalvorstandes. Im Jahre 1859 wurde, hauptsächlich auf seine und seines Schwagers von Bormann Kosten, eine neue Kirche
in Klein-Benz erbaut, zu deren Ausschmückung er ein Altargemälde, Christus in Gethsemane darstellend, schenkte. Am 13. Januar 1860 fand die Ein-
weihung dieser Kirche durch den General-Superintendenten Dr. Jaspis statt.
Seit dem Jahre 1845 ist Otto von Dewitz auf Wussow Geschäftsführer
des Patronats über Kirche, Schule und Hospital zu Daber und verfaßte als
solcher Ergänzungen zu den Statuten des Hospitals, welche in einer Conferenz
vom 9. Januar 1862 vom Patronate angenommen wurden und seitdem bei
Verwaltung der Hospitalstiftungen zur Norm dienen. (Vergl. Anh. 4.)

Seit dem Tode seines ihm gleichgesinnten und mit ihm von frühester Jugend an innigst verbundenen Vetters Karl Wilhelm Ludwig Franz von
Dewitz-Krebs auf Leitenhagen (206) hat er die Leitung des Missionsver-
eins für Leitenhagen und Umgegend, zu welchem fast sämmtliche Pastoren der
Daberschen Synode gehören, übernommen. Am Krönungsfeste 1861 erhielt er
das Kreuz der Ritter des Hohenzollernschen Hausordens, 1857 wurde er zum
Ehrenritter des Johanniter Ordens ernannt, mittelst Diploms vom 14. Dezember 1859 ward er als ordentliches Mitglied in die Gesellschaft für Pommersche Geschichte und Alterthumskunde aufgenommen. Für die Geschichte
seiner Familie hat er seit einer langen Reihe von Jahren sehr wichtige Urkunden und Nachrichten gesammelt, und ohne seine Vorarbeiten würde es dem

Verfasser nicht möglich gewesen sein, die Geschichte der Dewitze zu schreiben. Auf seine Veranlassung fand auch am 25. November 1863 eine Versammlung von Mitgliedern des von Dewitzschen Geschlechtes in Stettin statt, welche sich auf Grund eines von dem Rittergutsbesitzer **Karl Wilhelm Ludwig Franz von Dewitz-Krebs** (206) entworfenen Statuts (Vgl. Anh. 5) als Familientag constituirte. Derselbe ist seitdem alljährlich in Stettin zusammengetreten und hat am 1. October 1864 die Herausgabe der Familiengeschichte, am 4. October 1865 die Gründung einer Familienstiftung beschlossen, welche demnächst am 2. Juni 1866 durch **Otto August Heinrich Werner von Dewitz** auf Wussow gerichtlich verlautbart und am 9. Juni 1866 von dem Kreisgerichte zu Naugard bestätigt worden ist. (Vgl. Anh. 6.)

Die Kinder des Rittergutsbesitzers **Otto August Heinrich Werner von Dewitz** sind:

Aus der ersten Ehe 3 Söhne: 1. Otto Leonhard, 2. Hugo Werner, 3. Wilhelm Gustav Hermann und 4 Töchter: 1. Anna Auguste Antonie Luise, 2. Marie Charlotte Karoline, 3. Bertha Dorothea Eugenie, 4. Margaretha Emilie Eleonore; aus der zweiten Ehe 7 Söhne: 1. Stephan Werner Christoph Gerhard, 2. Christian Ludwig Jobst Arnold, 3. Hermann Ulrich Otto Nathanael, 4. Gustav Ludwig Theodor, 5. Emma Bernhard Wilhelm, 6. Bodo Elhard Immanuel, 7. Ulrich Otto und 1 Tochter: Eleonore Stephanie Luise.

227.

Karl Hermann von Dewitz,
Generalmajor,

zweiter Sohn des Landraths **Christian Ludwig von Dewitz II.** (198), geboren am 18. August 1813, wurde zuerst von Hauslehrern unterrichtet, sodann zum Pastor Dr. Zechlin in Lassehne in Pension gegeben, besuchte dem nächst kurze Zeit die Divisionsschule zu Stargard in Pommern und kam darauf in das Kadettenhaus in Berlin, welches er im Jahre 1823 als Offizier verließ. Als Seconde-Lieutenant stand er zunächst bei dem 15. Infanterie Regiment in Münster, wurde jedoch auf seinen Wunsch 1834 zum 9. Infanterie-Regimente nach Stettin versetzt; 1844 wurde er Regiments-Adjutant und

1845 Adjutant bei der 4. Landwehr-Brigade in Stargard in Pommern. Hier
verheirathete er sich 1846 am 30. November mit Fräulein Emma von
Arnim, geboren am 13. April 1828, einer Tochter des Rentiers Karl von
Arnim und der Frau Laura von Wedell. Im Januar 1850 wurde er als
Hauptmann zum 20. Infanterie-Regimente versetzt und folgte demselben nach
Baden, wo es nach Unterdrückung des Aufruhrs einen Theil der Preußischen
Occupationsarmee bildete. Nachdem sein Regiment im Winter 1851 von dort
zurückgekehrt war, stand er einige Jahre in Brandenburg und wurde im März
des Jahres 1857 als Major in das 8. Infanterie-Regiment nach Cüstrin
versetzt; 1860 erhielt er seine Garnison in Frankfurt an der Oder und wurde
1861 zum Oberstlieutenant ernannt. Im Januar 1863 bekam er den rothen
Adlerorden vierter Klasse, im Februar desselben Jahres wurde er als Kommandeur des dritten Ostpreußischen Grenadier-Regiments Nr. 4 in Danzig
mit den Fahnen seines Regiments nach Berlin berufen, um der Grundsteinle-
gung des Standbildes Königs Friedrich Wilhelm III. am 17. März, als am
fünfzigjährigen Erinnerungsfeste der Freiheitskriege, beizuwohnen, bei dieser Gelegenheit erfolgte seine Ernennung zum Obersten. Im Jahre 1865 erhielt er
den rothen Adlerorden dritter Klasse mit der Schleife, wurde auf seinen Wunsch,
wegen anhaltender Kränklichkeit, im März 1866 als Generalmajor zur Disposition gestellt und starb am 7. Juni desselben Jahres zu Stargard in Pommern,
wohin er seinen Lebensitz verlegt hatte, an der Schwindsucht.

Seine Gemahlin hat ihm 9 Kinder geboren, 5 Söhne: 1. Curt Ludwig
Karl, 2. Wilhelm Albert Immanuel, 3. Paul Hermann, 4. Otto Albert
Adolph, 5. Georg und 4 Töchter: 1. Elisabeth Laura Eleonore, 2. Cäcilie
Hermine, 3. Marie Elisabeth Cäcilie und 4. Ira.

228.

Wilhelm Ludwig Julius von Dewitz,

dritter und jüngster Sohn des Landraths Christian Ludwig von Dewitz
II. (1904), geboren am 12. October 1816, starb am 30. August 1821 an der
Gehirnentzündung.

229.

Caroline Auguste Friederike von Dewitz,

älteste Tochter des Landraths Christian Ludwig von Dewitz II. (198), geboren am 24. Mai 1803, starb nach einer kränklichen Kindheit am 25. Mai 1816 an den Masern.

230.

Auguste Luise Eleonore von Dewitz,

zweite Tochter des Landraths Christian Ludwig von Dewitz II. (198), geboren am 20. Januar 1806, verheirathete sich am 31. Dezember 1834 an den Lieutenant a. D. Heinrich von Bormann, späteren Besitzer des Gutes Klein-Benz, dessen zweite Gemahlin sie ist.

231.

Alberline Wilhelmine Luise Sophie von Dewitz,

dritte Tochter des Landraths Christian Ludwig von Dewitz II. (198), geboren am 29. November 1806, vermählte sich am 12. October 1835 mit ihrem Vetter (vgl. 201), dem Premier-Lieutenant im 8. Preußischen Husaren Regimente August von Bornstaedt. Derselbe nahm im Jahre 1846 als Major seinen Abschied und wählte zu seinem Wohnsitze Stargard in Pommern.

232.

Henriette Caroline von Dewitz,

vierte Tochter des Landraths Christian Ludwig von Dewitz II. (198), geboren am 8. April 1811, starb schon am 31. Mai 1811.

233.

Luise Friederike Sophie Karoline von Dewitz,

fünfte und jüngste Tochter des Landraths Christian Ludwig von Dewitz II. (198), geboren am 20. Juli 1812, wurde im Jahre 1836 die Gemahlin des Lieutenants Adolph Eduard von Dewitz, späteren Landschaftsraths auf Drahnow in Westpreußen. (319.)

234.

Karl Friedrich Ludwig Immanuel von Dewitz,

ältester Sohn des Rittergutsbesitzers Karl Wilhelm Ludwig Franz von Dewitz, genannt von Krebs (200), geboren am 25. Januar 1842, starb am 30. März desselben Jahres.

235.

Ulrich Julius Jacob Carl von Dewitz, genannt von Krebs,

zweiter Sohn des Rittergutsbesitzers Karl Wilhelm Ludwig Franz von Dewitz, genannt von Krebs (200), geboren am 21. Februar 1843, besuchte die Gymnasien zu Stargard in Pommern und zu Putbus, trat im Jahre 1863 als Volontair in das Garde-Regiment Kaiser Alexander, wurde im Herbste 1864 Lieutenant und machte im Jahre 1866 den Feldzug in Böhmen gegen Oesterreich mit. Am 7. October 1867 verlobte er sich mit Fräulein Karoline Henriette Luise von Dewitz aus dem Hause Cölpin (187). Nach dem Tode seines Vaters wurde er, als fideicommissarischer Nachfolger desselben Besitzer des Guts Beltheim.

236.

Stephan Friedrich Jacob Karl von Dewitz, genannt von Krebs,

dritter Sohn des Rittergutsbesitzers Karl Wilhelm Ludwig Franz von
Dewitz, genannt von Krebs (206), wurde am 16. März 1844 geboren.
Im Kadettenhause zu Potsdam und Berlin erzogen, trat er im Jahre 1862 als
Fähnrich in das 4. Garde-Regiment zu Fuß, wurde 1863 Lieutenant, machte
den im Januar 1864 ausgebrochenen Feldzug gegen Dänemark mit und erhielt bei der Belagerung der Düppeler Schanzen den rothen Adlerorden
vierter Klasse mit Schwertern, da er sich in der Nacht vom 5. zum 6. April
1864 in einem Vorpostengefechte durch Tapferkeit ausgezeichnet hatte. Im
Jahre 1865 wurde er Bataillons-Adjutant und begleitete im Feldzuge von
1866 sein Regiment nach Sachsen und Baiern. Im Februar 1868 wurde
er zum Neumärkischen Dragoner-Regiment versetzt.

237.

Otto Gotthard Jacob Karl von Dewitz, genannt von Krebs,

vierter Sohn des Rittergutsbesitzers Karl Wilhelm Ludwig Franz von
Dewitz, genannt von Krebs (206), geboren am 23. April 1847, besuchte
das Pädagogium in Putbus und trat im Sommer 1865 bei dem Garde-
Füsilier-Regimente ein; im August 1866 wurde er Fähnrich und im Februar
1868 Lieutenant.

238.

Friedrich Gotthilf Jacob Karl von Dewitz, genannt von Krebs,

fünfter Sohn des Rittergutsbesitzers Karl Wilhelm Ludwig Franz von
Dewitz, genannt von Krebs (206), geboren am 9. Januar 1849, besucht
das Pädagogium in Putbus.

239.

Johannes Michael Jacob Carl von Dewitz, genannt von Krebs,

sechster Sohn des Rittergutsbesitzers Karl Wilhelm Ludwig Franz von Dewitz, genannt von Krebs, (206), geboren am 8. April 1850, besuchte die Erziehungsanstalt der Brüdergemeinde in Niesky bis Ostern 1865 und darauf bis Ostern 1866 das Pädagogium in Putbus. Er bereitet sich gegenwärtig zum Eintritt in den Militairdienst vor.

240.

Ernst Joseph Jacob Carl von Dewitz, genannt von Krebs,

siebenter Sohn des Rittergutsbesitzers Karl Wilhelm Ludwig Franz von Dewitz, genannt von Krebs (206), geboren am 24. April 1851, und

241.

Reinhard Theodor Jacob Carl von Dewitz, genannt von Krebs,

achter und jüngster Sohn des Rittergutsbesitzers Karl Wilhelm Ludwig Franz von Dewitz, genannt von Krebs (206), geboren am 22. Juni 1853, besuchen das Pädagogium in Putbus.

242.

Elise Luise Albertine Karoline von Dewitz, genannt von Krebs,

älteste Tochter des Rittergutsbesitzers Karl Wilhelm Ludwig Franz von Dewitz, genannt von Krebs (206), geboren am 17. Dezember 1840, verheirathete sich am 15. Juli 1864 mit dem Freiherrn Ernst Raban von und zum Canstein auf Ober-Mahlkau, einem Sohne des im Kriege mit Dænemark 1864 berühmt gewordenen Generals von Canstein.

243.

Albertine Dorothea Elisabeth Karoline von Dewitz, genannt von Krebs,

zweite Tochter des Rittergutsbesitzers Karl Wilhelm Ludwig Franz von Dewitz, genannt von Krebs (208), ist am 30. August 1845 geboren.

244.

Luise Hanna Johanna von Dewitz, genannt von Krebs,

dritte und jüngste Tochter des Rittergutsbesitzers Karl Wilhelm Ludwig Franz von Dewitz, genannt von Krebs (208), ist am 14. Dezember 1854 geboren.

245.

August Karl Ludwig von Dewitz,

ältester Sohn des Generalmajors August Karl Adolph Ferdinand von Dewitz (207), geboren am 3. Juli 1836, wurde in Niesky erzogen, trat nach seiner Einsegnung in die Brüdergemeinde, studirte Theologie, war mehrere Jahre Inspector an der Erziehungsanstalt zu Niesky, und ist jetzt Brüder-Pfleger und Prediger in Gnadenfrei.

246.

Karl Adolph Gotthard von Dewitz,

zweiter Sohn des Generalmajors August Karl Adolph Ferdinand von Dewitz (207), geboren am 5. Mai 1842, wurde anfänglich in Niesky erzogen, besuchte seit 1857 die Gymnasien zu Stargard in Pommern und zu Posen, trat im Mai 1863 als Volontair bei dem von seinem Vater commandirten 4. Westphälischen Infanterie-Regimente No. 17 ein, wurde 1864 Lieutenant, machte 1866 den Feldzug bei der Main-Armee mit und erhielt nach Beendigung desselben für bewiesene Tapferkeit den rothen Adlerorden 4. Klasse mit Schwerttern.

247.

Ludwig Christian Adolph von Dewitz,

dritter Sohn des Generalmajors August Karl Adolph Ferdinand von Dewitz (207), wurde am 11. Dezember 1844 geboren und starb am 17. August 1845.

248.

Miranda Luise Friederike von Dewitz,

älteste Tochter des Generalmajors August Karl Adolph Ferdinand von Dewitz (207), ist am 22. August 1834 geboren.

249.

Luise Hermine Anna von Dewitz,

zweite Tochter des Generalmajors August Karl Adolph Ferdinand von Dewitz (207), ist am 6. Dezember 1839 geboren.

250.

Maria Auguste Miranda von Dewitz,

dritte Tochter des Generalmajors August Karl Adolph Ferdinand von Dewitz (207), ist am 28. Juli 1846 geboren.

251.

Elisabeth Auguste Rosalie von Dewitz,

vierte Tochter des Generalmajors August Karl Adolph Ferdinand von Dewitz (207), am 14. Januar 1843 geboren, und

252.

Ida Auguste Friederike von Dewitz,

fünfte und jüngste Tochter des Generalmajors August Karl Adolph Ferdinand von Dewitz (207), am 2. August 1850 geboren, wurden im Fräuleinstifte „zum heiligen Grabe" erzogen.

253.

Richard Alexander Otto von Dewitz,

ältester Sohn des Majors und Rittergutsbesitzers Constantin Gustav Albert von Dewitz auf Gienow (210), ist am 13. März 1846 geboren und am 5. Mai 1850 gestorben.

254.

Felix Friedrich Wilhelm Constantin von Dewitz,

zweiter Sohn des Majors und Rittergutsbesitzers Constantin Gustav Albert von Dewitz auf Gienow (210), geboren am 5. Januar 1850, und

255.

Victor Karl August Constantin von Dewitz,

dritter Sohn des Majors und Rittergutsbesitzers Constantin Gustav Albert von Dewitz auf Gienow (210), geboren am 16. Februar 1851, befinden sich im Kadettenhause zu Berlin.

256.

Paul Oskar Constantin von Dewitz,

vierter Sohn des Majors und Rittergutsbesitzers Constantin Gustav Albert von Dewitz auf Gienow (210), geboren am 30. October 1853, wird im Kadettenhause zu Potsdam erzogen.

257.

Johannes Constantin von Dewitz,

fünfter und jüngster Sohn des Majors und Rittergutsbesitzers Constantin Gustav Albert von Dewitz auf Gienow (210), ist am 8. November 1860 geboren.

258.

Anna Luise Charlotte Caroline Auguste von Dewitz,

älteste Tochter des Majors und Rittergutsbesitzers Constantin Gustav Albert von Dewitz auf Gienow (210), geboren am 1. Mai 1842, verheirathete sich am 23. November 1859 mit dem Rittergutsbesitzer Hermann von Bord auf Klangerin als dessen zweite Frau.

259.

Marie Luise Therese Constance von Dewitz,

zweite Tochter des Majors und Rittergutsbesitzers Constantin Gustav Albert von Dewitz auf Gienow (210), ist am 9. August 1843 geboren.

260.

Constance Luise Caroline Victoria von Dewitz,

dritte Tochter des Majors und Rittergutsbesitzers Constantin Gustav Albert von Dewitz auf Gienow (210), ist am 9. Dezember 1844 geboren.

261.

Luise Caecilie Therese Felicitas von Dewitz,

vierte Tochter des Majors und Rittergutsbesitzers Constantin Gustav Albert von Dewitz auf Gienow (210), ist am 13. Januar 1848 geboren.

262.

Caecilie Auguste Charlotte von Dewitz,

fünfte Tochter des Majors und Rittergutsbesitzers Constantin Gustav Albert von Dewitz auf Gienow (210), ist am 24. August 1852 geboren.

263.

Therese Caroline Auguste Constance von Dewitz,

sechste Tochter des Majors und Rittergutsbesitzers Constantin Gustav Albert von Dewitz auf Gienow (210), ist am 30. October 1853 geboren.

264.

Elisabeth Hermine Constance von Dewitz,

siebente Tochter des Majors und Rittergutsbesitzers Constantin Gustav Albert von Dewitz auf Gienow (210), ist am 4. October 1854 geboren und am 1. Mai 1856 gestorben.

265.

Elisabeth Marianne Constance von Dewitz,

achte Tochter des Majors und Rittergutsbesitzers Constantin Gustav Albert von Dewitz auf Gienow (210), ist am 24. März 1857 geboren.

266.

Gertrud Caecilie Constance von Dewitz,

neunte und jüngste Tochter des Majors und Rittergutsbesitzers Constantin Gustav Albert von Dewitz auf Gienow (210), ist am 29. October 1858 geboren.

267.

Oscar Richard Amadeus von Dewitz,

ältester Sohn des Oberstlieutenants Adolph Friedrich Bernhard von Dewitz (213), geboren am 2. April 1848, ist seit 1866 Seekadet in Kiel.

268.

Carl Ulrich Constantin von Dewitz,

zweiter Sohn des Oberstlieutenants Adolph Friedrich Bernhard von Dewitz (213), geboren am 15. Februar 1850, wurde im Kadettencorps erzogen, trat aus demselben im Frühjahr 1866 als Fähnrich in das Garde-Füsilier-Regiment und machte sofort den Krieg gegen Oesterreich mit. Durch Tapferkeit erwarb er sich das Allgemeine Militair-Ehrenzeichen und wurde nach beendetem Feldzuge im August 1866 zum Seconde-Lieutenant befördert.

269.

Roderich Stephan Friedrich von Dewitz,

dritter Sohn des Oberstlieutenants Adolph Friedrich Bernhard von Dewitz (213), geboren am 5. September 1854, wird im Kadettencorps erzogen.

270.

Louis Arthur Julius von Dewitz,

vierter und jüngster Sohn des Oberstlieutenants Adolph Friedrich Bernhard von Dewitz (213), ist am 27. November 1857 geboren.

271.

Martha von Dewitz I.,

älteste Tochter des Oberstlieutenants Adolph Friedrich Bernhard von Dewitz (213), geboren im Jahre 1852, ist als Kind gestorben.

272.

Alie Clara Amalie Ulrike von Dewitz,

zweite und jüngste Tochter des Oberstlieutenants Adolph Friedrich Bernhard von Dewitz (213), ist am 20. März 1863 geboren.

273.

Karl August Otto von Dewitz,

einziger Sohn des Hauptmanns Julius Heinrich Edward von Dewitz (214), ist am 9. Februar 1850 in Bromberg geboren.

274.

Otto Heinrich Stephan Werner von Dewitz,

ältester Sohn des Rittergutsbesitzers Gustav Wilhelm Werner von Dewitz auf Farbezin (220), geboren am 21. Januar 1851, wird im Kadettencorps erzogen.

275.

Wilhelm August Louis von Dewitz,

zweiter Sohn des Rittergutsbesitzers Gustav Wilhelm Werner von Dewitz auf Farbezin (220), ist am 12. Februar 1852 geboren.

276.

Karl Gustav Victor von Dewitz,

dritter Sohn des Rittergutsbesitzers Gustav Wilhelm Werner von Dewitz auf Barbezin (220), geboren am 29. November 1859, und

277.

Paul Ulrich Conrad von Dewitz,

vierter und jüngster Sohn des Rittergutsbesitzers Gustav Wilhelm Werner von Dewitz auf Barbezin (220), geboren am 23. Mai 1855, werden im Kadettencorps erzogen.

278.

Otto Leonhard von Dewitz,

ältester Sohn des Rittergutsbesitzers Otto August Heinrich Werner von Dewitz auf Klussow (226) aus der ersten Ehe, wurde am 9. September 1837 geboren. In Folge einer Kopfkrankheit, von welcher er in seinem ersten Lebensjahre befallen wurde, blieb er geistig völlig unentwickelt; er starb am 5. Mai 1864 in einer Irrenanstalt zu Beutorf am Rhein.

279.

Hugo Werner von Dewitz,

zweiter Sohn des Rittergutsbesitzers Otto August Heinrich Werner von Dewitz auf Klussow (226) aus der ersten Ehe, geboren am 18. Novemder 1841 in Wollin, besuchte seit 1855 das Privatgymnasium des Pastors Schenk in Wollin, begleitete denselben auch, als er 1857 als Superintendent nach Gingst auf Rügen versetzt wurde, dahin. Im Jahre 1858 kam er auf das Pädagogium zu Putbus, wo er bis 1860 blieb, trat 1863 als Volontair in das 6. Pommersche Infanterie-Regiment No. 42, nahm jedoch 1864 seinen Abschied aus dem Militairdienste und widmete sich der Landwirthschaft.

280.

Wilhelm Gustav Hermann von Dewitz,

dritter Sohn des Rittergutsbesitzers Otto August Heinrich Werner von Dewitz auf Wussow (226) aus der ersten Ehe, geboren am 6. Januar 1846, wurde stets Willy genannt. Seine erste Erziehung erhielt er im älterlichen Hause, besuchte von Michaelis 1855 bis Ostern 1857 das Privatgymnasium des Pastors Schenk in Wollin und kam dann in das Kadettenkorps, zuerst nach Culm, im Frühjahr 1860 nach Berlin. Im Januar 1863 trat er, nach bestandener Fähnrichsprüfung, in das 6. Pommersche Infanterie-Regiment, No. 49, welches in Stargard in Pommern garnisonirte, wurde bald zum Unteroffizier befördert und folgte als solcher seinem Regimente, welches während des Aufstandes im Königreich Polen zur Besetzung der Polnischen Gränze ausgerückt war, nach dem Großherzogthum Posen. Im Sommer desselben Jahres zum Portepeefähnrich befördert, wurde er im Mai 1864 zum ersten Pommerschen Infanterie-Regimente, König Friedrich Wilhelm IV. No. 2, versetzt und am 1. October 1864 zum Seconde-Lieutenant ernannt. Beim Ausbruche des Krieges gegen Oesterreich rückte sein Regiment am 23. Mai 1866 aus Stettin, zunächst an die Sächsische Grenze, wo es Anfangs bei Jüterbogk, dann bei Hoyerswerda Kantonirungen bezog. Willy von Dewitz, voll jugendlichen Muthes und Thatendurstes, zog mit großer Freudigkeit ins Feld, blieb auch nach dem Zeugnisse aller seiner Kameraden bis zu seinem letzten Augenblicke in dieser Stimmung, obgleich er das gewisse Vorgefühl hatte, daß er die Heimath nicht wieder sehen würde. Im Kantonirungsquartiere Zwisigtow bei Jessen theilte er einigen Kameraden vertraulich mit, am Tage vor dem Abmarsche, während des Mittagessens, sei zuerst dies Vorgefühl über ihn gekommen. Als er seinen Kalender aufgeschlagen hätte, um einige Worte darin zu notiren, wäre ihm das Datum des 29. Juni ins Auge gefallen und seitdem könne er sich des Gedankens nicht erwehren, daß dies sein Todestag sein werde. Ungeachtet aller Vorstellungen und Rederreien seiner Kameraden blieb er dabei, „er wisse bestimmt, daß er am 29. Juni 5 Minuten nach 8 Uhr Abends in einem Vorgefechte zu einer großen Schlacht fallen werde." Die Folge zeigte, daß er sich nicht getäuscht hatte, seine Todesahnung sollte sich pünktlich erfüllen, der 29. Juni 1866 wurde in der That sein Todestag. Ohne seine ihm natürliche Ruhe und Heiterkeit einzubüßen, unterließ er doch nicht, sich christlich auf sein Ende zu bereiten; am 29. Juni bei einem Feldgottesdienste, versicherte er sich durch den Genuß des heiligen Abendmahls der Vergebung seiner Sünden und stellte getrost alles übrige in den Willen seines himmlischen Vaters. Am 23. Juni überschritt die erste Armee, zu welcher auch das 2. Regiment gehörte, unter der Führung des Prinzen Friedrich Karl von Preußen die Böhmische Grenze. An demselben Tage schrieb Willy von Dewitz aus Breslau an seinen Vater: „Die Feindseligkeiten haben begonnen, wir alle sind vergnügt und erwarten sehnlich die Feuertaufe" und am 29. Morgens aus dem Biwouak bei Jehrow, zwei Meilen südlich von Liebenau in Böhmen: „Ich bin gesund; zur Aktion ist unser Regiment noch nicht gelangt, da wir in der Reserve sind. Wie es heißt, werden wir von heute ab selbstständig vorgehen, während bisher das dritte und vierte Armeecorps vor uns waren. Die Oesterreicher sind bei großen Verlusten von unserer Seite, bei Turnau und gestern dicht bei Jehrow geschlagen und zurückgedrängt, über 500 sind gefangen, 1200 übergegangen. Heute Morgen haben das 14. Regiment und das 2. Jäger-Bataillon ein Gefecht gehabt (bei Porcosi), das Feuer dauert noch fort, der Erfolg muß ein für uns günstiger gewesen sein, da es sich weiter entfernt. Die zweite Armee unter dem Kronprinzen hat die Oesterreicher in einem großen Gefecht bei Nachod geschlagen und rückt zugleich mit uns ebenfalls vor. Sollte mir etwas begegnen, so werdet Ihr durch die Kameraden der Kompagnie Nachricht erhalten." An demselben Tage, um 12 Uhr Mittags, begann der 2. Division gemäß der Vormarsch auf Gitschin, um dort die Vereinigung mit der Armee des Kronprinzen zu bewirken. Die dritte Division unter dem General von Werder, zu welcher das 2. Regiment gehörte, schlug den Weg über Sobotka ein. Der Tag war sehr schwül, der Marsch daher äußerst anstrengend. Die Entfernung aus dem Biwouak bis Gitschin betrug etwa 3½

Meilen. Zwischen Sobotta und Gitschin bei dem Dorfe Unter-Lochow stieß das 2. Bataillon des 2. Regiments, bei dem Willy von Dewitz stand, gegen 7 Uhr Abends auf die feindliche Front und wurde sofort in das heftigste Gefecht mit der Oesterreichischen Infanterie, welche den jenseitigen Höhenrand besetzt hielt, verwickelt. Als schon die ersten feindlichen Granaten sie begrüßten, gedachte Willy von Dewitz noch gegen einen ihm befreundeten Kameraden seiner Ahnung. Der Bataillons-Kommandeur Major von der Osten ließ das Gepäck ablegen und schickte zwei Schützenzüge, davon den einen unter von Dewitzens Führung, vor, mit dem Befehl, über das Dorf Unter Lochow hinaus gegen den Feind vorzudringen, was ohne Säumen ausgeführt wurde. Das Gros des Bataillons folgte alsbald, wurde jedoch vom Feinde mit einem Hagel von Kugeln überschüttet. Major von der Osten, am Bein schwer verwundet, mußte das Kommando abgeben. Die Offiziere vor der Front, ging das Bataillon tambour battant vor, sich jeden Schritt erkämpfend. Schon drohten die Kräfte zu ermatten, die feindliche Uebermacht war zu groß, denn nicht weniger als 5 Oesterreichische Bataillone standen gegenüber. Zwei Drittheiler der Offiziere waren schon todt oder verwundet, da betete das Bataillon laut: „Vater hilf — keine Schande. Sieg oder Tod!" Der Hauptmann von Kayserlingf, welcher mit der größten Ruhe und Umsicht das Bataillon führte, ergriff die Fahne, die Tamboure schlugen, alles setzte die letzten Kräfte ein, und mit Hurrah ging es wieder auf den Feind, welcher der ungestümen Tapferkeit der braven Pommern nicht widerstehen konnte, sondern bald zurückwich und theils sich gefangen gab, theils flüchtend sich auflöste. Die Oesterreichische Brigade Kalif war durchbrochen; andere Bataillone rückten heran und nahmen die Verfolgung des Feindes auf. Inzwischen waren die vorausgeschickten Schützen gleichfalls im richtigsten Angriegen siegreich bis an die nach Gitschin führende Chaussee vorgedrungen; das Gefecht nahte bereits seinem Ende, als — kurz nach 8 Uhr — bemerkt wurde, daß einige Oesterreicher, ein Offizier und 7 Mann, sich unter einer Brücke versteckt hatten. Aufgefordert, sich zu ergeben, warfen sie die Waffen weg. Willy von Dewitz, welcher bereits einen Streifschuß durch das eine Bein erhalten hatte, sich dadurch jedoch nicht abhalten lassen wollte, an der Fortsetzung des Kampfes Theil zu nehmen, näherte sich dem feindlichen Offizier, welcher gleichfalls verwundet war, um ihm den Säbel abzufordern und reichte ihm hülfreich die Hand; da nahm einer der gefangenen Oesterreicher ein weggeworfenes Gewehr wieder auf und drückte es auf von Dewitz ab. Von der Kugel durch den Unterleib getroffen sank der heldenmüthige Jüngling lebles nieder, und noch im Tode zeigten seine freundlichen Züge, unberührt von der Bitterkeit des Todes, die freudige Zuversicht, mit welcher er in den Kampf gegangen war, bereit sein Leben für König und Vaterland dahin zu geben. Sein Tod wurde durch die Leute von seinem Zuge, bei denen er sehr beliebt war, blutig ge= rächt. Nach beendigtem Gefechte zeigte sich, daß von den 17 Offizieren des Bataillons 3 todt und 9 verwundet waren, außerdem betrug der Verlust des= selben 163 Mann an Todten und Verwundeten. Die Leiche des Lieutenants von Dewitz wurde noch in der Dunkelheit, auf Gewehren ruhend, in das Bivouac getragen, wo einer der Offiziere über der entseelten Hülle ein kurzes Gebet sprach, während die von manchen durch Staub und Pulverdampf ge= schwärzten Wangen herabfließenden Thränen die Liebe bezeugten, welche der junge Offizier in den Herzen seiner Untergebenen zu erwecken gewußt hatte. Unfern der Stelle, wo er gefallen, wurde Willy von Dewitz am folgenden Morgen mit zwei andern gebliebenen Offizieren seines Bataillons, den Lieute= nants von Bord und von Massow, zusammen bestattet. Drei aus den ältesten Pommerschen Geschlechtern ruhten in einem Grabe. Die Leiche des von Bord ist später wieder ausgegraben und in die Heimath geschafft, ein größeres Grab nahm dann auch die beiden anderen auf. Das Regiment ehrte nach beendigtem Feldzuge das Andenken der Tapfern durch einen Grabstein, welcher die Inschrift zeigt: „Hier ruhen in Gott die Königlich Preußischen Offiziere, gefallen am 29. Juni 1866, von Dewitz und von Massow und 13 Grenadiere vom Regiment König Friedrich Wilhelm IV. 1. Pom. No. 2." Durch die Tagesblätter wurde über den Tod Willos von Dewitz berichtet: „Lieutenant von Dewitz erhielt von einem Oesterreichischen Offizier, dem er Pardon gegeben, den tödtlichen Schuß, als er ihm den Degen abforderte. Noch im Todeskampfe stieß er seinem Gegner den Degen durch die Brust." Auch Hiltl erzählte: „Das heldenmüthige 2. Bataillon des 2. Regiments zählte 131 Mann und elf Offiziere todt oder verwundet. Unter den letzteren waren aus alten Pommerschen Geschlechtern drei in die Erde von Wirschin gesenkt, welche die feindlichen Kugeln hinweggerissen aus der Zahl der Lebenden: von Massow, von Bord und von Dewitz. Man bezeichnet Dewitz als denjenigen, der, bei dem Marsche durch den Paß von Porloset von Todesah= nung befallen, sein Ende vorhergesagt haben soll. Der Tod soll ihn in ebenso

unerwarteter als abscheulicher Weise ereilt haben. Der Tag von Gitschin
war, so wird berichtet, schon fast vorüber. Bei der Gefangennahme einer
Oesterreichischen Abtheilung forderte Dewitz einem feindlichen Offizier den
Degen ab. Der Offizier war hart daran gewesen, von Dewitz niedergehauen
zu werden, hatte aber Pardon erhalten. Als der Preuße nach dem ihm dar-
gereichten Degen griff, zog der Oesterreicher einen Revolver und feuerte auf
Dewitz einen Schuß ab. Der tödtlich Getroffene hatte jedoch noch so viel
Kraft, seinem Feinde den Degen durch die Brust zu stoßen, dann brach er ster-
bend zusammen."*) In der Kirche zu Klein-Benz, wohin Wussow gehört, ist
am Friedensfeste der Säbel Willys von Dewitz und eine sein Andenken
bewahrende Gedächtnißtafel aufgehängt, an welcher auch das ihm noch nach
seinem Tode verliehene von erbeuteter Kanonen-Bronze gestiftete Erinnerungs-
Kreuz für treue Krieger des Jahres 1866 befestigt ist. Ein Siegelring,
welchen Willy von Dewitz noch bei seinem Tode getragen, gelangte erst
anderthalb Jahre darauf ganz unverhofft in die Hände seines Vaters. Die
in dem Gefecht bei Lochow gefallenen Offiziere waren aus Pietät der Kameraden nicht genau unterschieden, nur Willys werthvolle Uhr und dessen Säbel waren demselben abgenommen und wurden später seinem Vater ausgehän-
digt. Als nach einiger Zeit, wie oben erwähnt ist, die Leichen in ein anderes
tieferes Grab gebettet wurden, stellte es sich heraus, daß selbst die Todten vor
Räubern nicht sicher gewesen waren, man fand sie aller ihrer Kleidungsstücke
beraubt. Im Jahre 1867, nachdem der Krieg längst beendigt war, bot eines Tages auf dem Marktplatze in Gitschin ein Landmann einen Siegelring
zum Verkaufe an; ein angesehener Bürger der Stadt bemerkte dies, und da es
dem nicht zu den Seltenheiten gehörte, daß auf den Schlachtfeldern Böhmens
geraubte Preciosen veräußert wurden, so kaufte er den Ring und beschloß, Nachforschungen nach dessen früherem Eigenthümer anstellen zu lassen. Seine Bemühungen hatten den besten Erfolg, denn bald erfuhr er, daß der Ring aus
Lochow herrührte, weitere Nachforschungen in diesem Dorfe führten zur Auffin-
dung eines verfallenen Namenszuges, wie er während des Feldzuges von den
Offizieren des 2. Grenadier-Regiments auf den Achselstücken getragen wurde.

*) Georg Hiltl der Böhmische Krieg pag. 141.

So ward unter Beifügung eines Siegelabdruckes des Ringes bei diesem Regimente angefragt, durch weitere Erkundigungen bei den Angehörigen der bei Lochow gefallenen Offiziere die Identität des gedachten Ringes mit dem von Willy von Dewitz getragenen Siegelringe festgestellt, und dieser sodann dem Vater desselben übersandt, welcher dies unter so eigenthümlichen Umständen wiedererlangte Kleinod als theures Andenken an seinen Sohn bewahrt.

281.

Anna Auguste Antonie Luise von Dewitz,

älteste Tochter des Rittergutsbesitzers Otto August Heinrich Werner von Dewitz auf Gustow (226) aus der ersten Ehe, ist am 8. Juli 1836 geboren.

282.

Marie Charlotte Karoline von Dewitz,

zweite Tochter des Rittergutsbesitzers Otto August Heinrich Werner von Dewitz auf Gustow (226) aus der ersten Ehe, geboren am 22. December 1838, starb nach achtjährigen Leiden am Zehrfieber den 3. Juni 1858 in Berlin, wo sie sich in ärztlicher Kur befand, sie ist auf dem Kirchhofe in Klein-Benz beerdigt. Ihr langes Leiden trug sie mit großer Geduld; sie war eine Jungfrau von tiefer Frömmigkeit und entschlief im festen Glauben an ihren Heiland.

283.

Bertha Dorothea Eugenie von Dewitz,

dritte Tochter des Rittergutsbesitzers Otto August Heinrich Werner von Dewitz auf Gustow (226) aus der ersten Ehe, ist am 6. April 1840 geboren.

284.

Margaretha Ottilie Eleonore von Dewitz,

vierte Tochter des Rittergutsbesitzers Otto August Heinrich Werner von Dewitz auf Klassow (226) aus der ersten Ehe, geboren am 11. August 1843, starb schon am 1. September 1843.

285.

Gerhard Stephan Werner. Christoph von Dewitz,

ältester Sohn des Rittergutsbesitzers Otto August Heinrich Werner von Dewitz auf Klassow (226) aus der zweiten Ehe, geboren am 16. Juli 1851, besucht das Gymnasium zu Treptow an der Rega.

286.

Christian Ludwig Johst Arnold von Dewitz,

zweiter Sohn des Rittergutsbesitzers Otto August Heinrich Werner von Dewitz auf Klassow (226) aus der zweiten Ehe, geboren am 12. August 1853, starb den 24. Januar 1854 an den Masern.

287.

Hermann Ulrich Otto Nathanael von Dewitz,

dritter Sohn des Rittergutsbesitzers Otto August Heinrich Werner von Dewitz auf Klassow (226) aus der zweiten Ehe, geboren am 20. November 1854, und

288.

Gustav Ludwig Theodor von Dewitz,

vierter Sohn des Rittergutsbesitzers Otto August Heinrich Werner von Dewitz auf Bluffow (226) aus der zweiten Ehe, geboren am 10. October 1850, erhalten ihre Erziehung im Kadettenhause zu Potsdam.

289.

Emmo Bernhard Wilhelm von Dewitz,

fünfter Sohn des Rittergutsbesitzers Otto August Heinrich Werner von Dewitz auf Bluffow (226) aus der zweiten Ehe, ist am 4. Mai 1858 geboren.

290.

Bodo Ekhard Immanuel von Dewitz,

sechster Sohn des Rittergutsbesitzers Otto August Heinrich Werner von Dewitz auf Bluffow (226) aus der zweiten Ehe, ist am 26. September 1859 geboren.

291.

Ulrich Otto von Dewitz I.,

siebenter und jüngster Sohn des Rittergutsbesitzers Otto August Heinrich Werner von Dewitz auf Bluffow (226) aus der zweiten Ehe, ist am 12. October 1861 geboren.

292.

Eleonore Wilhelmine Stephanie Lnile von Dewitz,

einzige Tochter des Rittergutsbesitzers Otto August Heinrich Werner von Dewitz auf Klussow (226) aus der zweiten Ehe, geboren am 13. Juli 1849, ist am 12. März 1851 verstorben.

293.

Carl Ludwig Karl von Dewitz,

ältester Sohn des Generalmajors Karl Hermann von Dewitz (227), geboren am 29. November 1847, besuchte die Gymnasien in Frankfurt a. O. und Danzig, zu Ostern 1866 bezog er die Universität und studirte zuerst in Bonn, dann in Berlin die Rechte und Kameralwissenschaften.

294.

Wilhelm Albert Immanuel von Dewitz,

zweiter Sohn des Generalmajors Karl Hermann von Dewitz (227), am 18. Februar 1852 geboren, besucht das Gymnasium in Stargard.

295.

Paul Hermann von Dewitz,

dritter Sohn des Generalmajors Karl Hermann von Dewitz (227), geboren am 2. September 1850, wird seit dem Jahre 1867 im Kadettenhause zu Culm erzogen.

296.

Otto Albert Adolph von Dewitz,

vierter Sohn des Generalmajors Karl Hermann von Dewitz (227), ist am 7. Juli 1858 geboren.

297.

Georg von Dewitz IV.,

fünfter und jüngster Sohn des Generalmajors Karl Hermann von Dewitz (227), ist am 29. November 1860 geboren.

298.

Elisabeth Laura Eleonore von Dewitz,

älteste Tochter des Generalmajors Karl Hermann von Dewitz (227), geboren am 9. Mai 1849, ist am 3. August 1850 gestorben.

299.

Caecilie Hermine von Dewitz,

zweite Tochter des Generalmajors Karl Hermann von Dewitz (227), geboren am 10. Juni 1850, starb schon am 15. desselben Monats.

300.

Marie Elisabeth Caecilie von Dewitz,

dritte Tochter des Generalmajors Karl Hermann von Dewitz (227), ist am 5. Mai 1854 geboren.

301.

Ida von Dewitz,

vierte und jüngste Tochter des Generalmajors Karl Hermann von Dewitz (227), ist am 16. November 1864 geboren.

VIII.

Geschichte des Hauses Hofselde.

302.

Bodo Christoph Balthasar von Dewitz,
Oberhofmarschall,

vierter und jüngster Sohn des Oberstlieutenants Otto Balthasar von Dewitz (105), wurde am 19. November 1734 geboren, besuchte von 1749 bis 1752 die Schule zu Neubrandenburg und begab sich sodann auf die Ritterakademie zu Brandenburg an der Havel. Im Jahre 1754 bezog er die Universität Jena, studirte mit großem Fleiße und vertheidigte am 24. December 1758 öffentlich eine von ihm verfaßte Dissertation de jure praecedendi ex jure gentium. Ostern 1759 kehrte er in sein Vaterland zurück, trat zu Michaelis desselben Jahres in den Dienst des Herzogs Adolph Friedrich IV. von Mecklenburg-Strelitz und wurde zum Kammerjunker ernannt. Im Jahre 1761 begleitete er den ältesten Bruder des Herzogs, den Prinzen Carl, zur Hannöverschen Armee, 1762 ging er mit demselben nach England, 1763 finden wir ihn in Gemeinschaft des Kanzleiraths Wössel als Gouverneur des jüngsten Bruders Adolph Friedrichs IV., des Prinzen Georg, zu Leyden, wo der Prinz die Universität besuchte. Nach einem Aufenthalte von 1½ Jahren zu Leyden führten die beiden Gouverns mit ihren fürstlichen Zögling an den bei seines Schwagers, des Königs Georg III. von England, verweilten dort mit ihm von Ostern 1764 bis zum August dieses Jahres und traten dann mit ihm eine Reise an, welche drei Jahre währte. Sie besuchten Frankreich, verweilten längere Zeit in Paris, setzten von dort am 1. Mai 1765 ihre Reise nach Spanien fort, blieben zwei Monate in Madrid, fuhren zu Schiffe nach Marseille und begaben sich von dort zu Lande nach Italien. Neun Monate lang hielten sie sich in Rom auf, wo sie den Abt Winkelmann kennen lernten; in Neapel, dessen Anmuth sie zwei Monate fesselte, setzten sie ihrer Reise ein Ziel. Auf dem Rückwege besuchten sie Florenz, Genua, Turin, Mailand, Bologna, Modena und Venedig. Im Sommer 1767 langten die Reisenden in Wien an. Hier wurde Prinz Georg vom Kaiser Franz I. zum Obersten bei dem Dragoner-Regimente des Herzogs von Sachsen-Teschen ernannt und entließ seine Begleiter. Im September kehrte der Kammerjunker von Dewitz nach Neu-Strelitz zurück und erhielt zum Zeichen der Zufriedenheit seines Fürsten mit seinem bisherigen Verhalten sofort den Titel als Oberkammerjunker. Bald trat er eine neue Reise an. Prinz Karl, damals königlich Großbritannischer und Kurhannöverscher Generallieutenant, besuchte im Anfange des Jahres 1768 seinen Bruder, den regierenden Herzog in Neu-Strelitz. Er hatte die Absicht, sich an mehrere deutsche Fürstenhöfe zu begeben, um sich eine Gemahlin zu wählen, und nahm zu seiner Begleitung den Oberkammerjunker von Dewitz mit. Der Prinz, spätere Herzog Karl von Mecklenburg-Strelitz, vermählte sich am 18. September 1768 mit der Prinzessin Friederike Karoline Luise von Hessen-Darmstadt.*) Ein Jahr später verheirathete sich auch der Oberkammerjunker von Dewitz. Am Hofe zu Neu-Strelitz lernte er das Fräulein Auguste Christiane von Brandwitsch, einzige nachgelassene Tochter des ehemaligen Preußischen Gesandten zu Constantinopel, kennen. Sie hielt sich bei ihrer Großmutter von mütterlicher Seite, der Frau Oberhofmeisterin von Oertzen, in Neu-Strelitz auf. Am 8. September 1769 wurde zu Adolphslust, dem Sommeraufenthalte des Herzogs, die Trauung in Gegenwart des ganzen Hofes von dem Superintendenten und Hofprediger Masch vollzogen.

---

*) Vergl. Stephan Werner von Dewitz I. (178?) pag. 3ff. Herzog Karl von Mecklenburg-Strelitz war der Vater der Königin Luise von Preußen.

Am 22. Dezember 1770 wurde von Dewitz zum Oberschenken und geheimen Legationsrathe ernannt. Er begrüßte im Frühjahr 1771 zu Stralsund
den König Gustav III. von Schweden, welcher sich bei dem Tode seines Vaters Adolph Friedrich auf einer Reise nach Frankreich befunden hatte und
jetzt von dort zurückkehrte. Im Namen des Herzogs brachte ihm von Dewitz den Glückwunsch zur Thronbesteigung. Später wurde er Hofmarschall
und Oberhofmarschall, auch Geheimer-Rath und starb als solcher am 24. Juli
1792 in Neu-Strelitz, nachdem er einige Jahre vorher zu der durch den Tod
des Obersten Stephan Gottlieb von Dewitz (134) erledigten Lehns-
Erbschaft in Hinterpommern gelangt war und bei der Theilung derselben
durch den Vergleich d. d. Schwerin den 4. Juli 1789 die Güter Hossfelde,
Sallmow, Roggow, Sanct-Schoenau und Schoenwalde erhalten hatte.*)
Meesow, welches er nach diesem Vergleiche anfänglich mit seinem Bruder,
dem Landdrosten Karl Heinrich Friedrich von Dewitz (189) gemeinschaftlich besaß, kam durch den Vertrag vom 16. September 1791 in seinen
alleinigen Besitz; er zahlte an den genannten Bruder die Abfindungssumme
von 13,500 Thalern. Dem Oberhofmarschall von Dewitz wurden 10 Kinder geboren, 5 Söhne: 1. Friedrich Christian August, 2. Adolph Karl, 3.
Leopold Ludwig, 4. Otto Ludwig Christoph und 5. Karl Albrecht Lucas (Ema-
lie Friedrich, ferner 5 Töchter: 1. Sophie, 2. Friederike, 3. Elisabeth Johanne Ulrike, 4. Henriette und 5. Sabine.

303.

Friedrich Christian August von Dewitz,
Geheimer-Ober-Regierungsrath,

ältester Sohn des Oberhofmarschalls Bogo Christoph Balthasar von
Dewitz (302), wurde am 26. Juni 1770 in Neu-Strelitz geboren. Nachdem er seine erste Erziehung im elterlichen Hause empfangen hatte, wurde er
1784 Page bei der Gemahlin des damaligen Prinzen von Preußen, nachhe-

---

*) Vergl. Stephan Werner von Dewitz I. (178) pag. 311. —

tigen Königs Friedrich Wilhelm II.; 1787 wurde er Fähnrich im Infanterie-Regimente von Armaudritz, 1789 Seconde-Lieutenant und bald darauf Adjudant. Im Jahre 1797 heirathete er die Nichte seines Chefs, Fräulein von Armaudritz, welche jedoch schon im ersten Wochenbette nebst dem Sohne, den sie geboren hatte, starb. Nachdem von Dewitz 1799 seinen Abschied genommen hatte, zog er nach Hoffelde, welches er sammt dem Vorwerke Enlsenhof und dem Dorfe Roggow von seinem Vater geerbt hatte. Am 19. September 1799 verheirathete er sich wieder mit Renata Luise Henriette von Dewitz, verwittwten von Broecker, ältesten Tochter des Joseph Friedrich von Dewitz auf Daber. Bald darauf wurde er Landrath des Naugard-Dewitzen Kreises und erwarb sich in dieser Stellung während der Französischen Invasion von 1806 bis 1809 allgemein anerkannte Verdienste, für welche er 1808 durch Verleihung des rothen Adlerordens belohnt wurde.

Auf seine Veranlassung wurde der Lehnsaufhebungs-Receß vom 21. Januar 1809 zwischen sämmtlichen „Agnaten und Häuptern der verschiedenen Linien" des von Dewitzschen Geschlechts, „soweit dasselbe in Pommern mit Familien-Lehnen ansässig oder an selbigen berechtigt war" abgeschlossen. Diese Agnaten und Häupter der Familie waren damals:

I. Aus der Jobst-Linie.

1. Friedrich Georg Carl von Dewitz (180) auf Coelpin in Mecklenburg, der einzige nachgebliebene Sohn des herzoglich Mecklenburg-Schwerinschen Geheimeraths-Präsidenten und Ministers Stephan Werner von Dewitz (178).

2. Der Major außer Diensten Carl Günther Theodor von Dewitz (190) auf Weitenhagen.

3. Der Major im Bataillon von Rembow Wilhelm Friedrich Ernst von Dewitz (191).

4. Der Oberforstmeister Friedrich Ludwig Leopold von Dewitz auf Golz (193).

5. Der herzoglich Mecklenburg-Strelitzsche Geheime-Kammerrath Adolph Christian Ludwig von Dewitz (194).

6. Der Hauptmann außer Diensten Stephan Werner von Dewitz auf Farbezin (197).

7. Der Hauptmann außer Diensten Christian Ludwig von Dewitz auf Busseow (198).

Die von 2 bis 7 genannten waren Söhne des verstorbenen Landdrosten
Karl Heinrich Friedrich von Dewitz auf Busseow (189).

8. Der Landrath Friedrich Christian August von Dewitz auf
Hoffelde (303).

9. Der Lieutenant außer Diensten Leopold Ludwig von Dewitz zu
Elbing (305).

10. Der herzoglich Mecklenburg-Strelitzsche Kammerherr Otto Ludwig
Christoph von Dewitz auf Callnow und Sand-Schoenau (306).

11. Der Lieutenant außer Diensten Karl Albrecht Lucas Gottlieb
Friedrich von Dewitz auf Merzow (307).

Die von 8 bis 11 genannten waren die nachgebliebenen Söhne des Oberhofmarschalls Boto Christoph Balthasar von Dewitz (302).

II. Aus der Curt-Linie.

12. Karl Friedrich Ludwig von Dewitz auf Waldewin und Daber.

„Sämmtliche verbenamte von Dewitzsche Agnaten beschlossen bei dem
freundlichen Verhältnisse, in welchem sie unter einander standen, und in Erwägung der Nachtheile und Hindernisse, welche aus der fortdauernden Lehns-
Verbindung ihrer Familien-Güter für die Fortschritte in der landwirthschaftlichen Kultur, den Werth ihrer Besitzungen, so wie den Credit der Besitzer
erwuchsen, auch mit Rücksicht auf die durch das Edict vom 9. October 1807
desselhalb geäußerte landesherrliche Intention, wohlbedächtig und einmüthig,
die wegen sämmtlicher Lehngüter ihrer Familie unter ihnen bisher bestandene
Lehns-Verbindung gänzlich wechselseitig aufzuheben."

Die Güter, auf welche sich dieser Vertrag bezog, waren:

1. Das Gut Busseow mit dessen Zubehörungen.

2. Das Gut Klein-Benz und

3. Das Gut Schleiffin a. und b.

Diese Güter besaß der Hauptmann Christian Ludwig von Dewitz II. (198).

4. Weitenhagen im Besitze des Majors Karl Günther Theodor
von Dewitz (190).

5. Jarbezin, dessen Besitzer der Hauptmann Stephan Werner
von Dewitz III. (197) war.

6. Hesselde nebst dessen Zubehörungen, es gehörte dem Landrathe Friedrich Christian August von Dewitz.

7. Zollmow nebst dem dazu gehörigen Vorwerke Margarethenhof und

8. Zand-Schoenau, beide im Besitze des Kammerherrn Otto Ludwig Christoph von Dewitz (306).

9. Meesow, dem Lieutenant Carl Albrecht Lucas Gottlieb Friedrich von Dewitz zugehörig*) (307).

10. Schoenwalde mit Ausschluß der drei Bauerhöfe, welche daselbst dem Hospitale zu Daber gehörten, auch der anderen resp. nach Boigtshagen, Daber, Beruhagen und Breitenfelde als Pertinentien gehörigen Bauerhöfe. Das Gut besaßen die vier Gebrüder von Dewitz aus dem Hause Hesselde noch gemeinschaftlich und ungetheilt. Das sogenannte kleine Gut, Schoenwalde b., hatten sie im Jahre 1804 wiederkäuflich auf 50 Jahre bis Martini 1854 an die Frau von Arevell, geborne Charlotte Sophie Cäcilie von Dewitz (202), für 6445 Thaler veräußert. Auch mehrere andere Stücke des Gutes Schoenwalde waren theils schon von den früheren Besitzern, theils von den vier Gebrüdern von Dewitz einzeln und durch verschiedene Contracte wiederkäuflich veräußert.

Das Recht, alle diese Stücke nach Inhalt der darüber lautenden Contracte zu seiner Zeit von ihren fremden Besitzern einzulösen, blieb den vier Brüdern gemeinschaftlich. Sie setzten aber fest, „daß unter ihnen selbst und ihren Nachkommen alle rechts Verbindung wegen dieses Gutes und dessen veräußerten Particeln ebenfalls aufgehoben sein und dasselbe in die Natur des Allodii übergehen solle, so daß derjenige unter ihnen oder ihren Nachkommen, dem selbiges durch Vereinigung zufallen würde, oder der die veräußerten Stücke nach der Vereinigung oder der „Nächstigkeit" einlösen möchte, solches als ein freies Eigenthum besitzen solle."

11. Waldewin mit Zubehörungen,

---

*) Das Gut Meesow war in der Theilung der vier Gebrüder von Dewitz aus dem Hesseldeschen Hause im Jahre 1779 an Leopold Ludwig von Dewitz gefallen, von diesem aber 1810 an seinen Bruder Otto Ludwig Christoph von Dewitz käuflich überlassen und von demselben wieder an seinen jüngeren Bruder Carl Albrecht Lucas Gottlieb Friedrich von Dewitz abgetreten.

12. Bernhagen,

13. Höckenberg,

14. Daber mit der Mühle,

15. Groß-Benz und

16. Daberkow waren im Besitze des Karl Friedrich Ludwig von Dewitz auf Maltewin.

17. Braunsberg *) war schon früher wiederkäuflich veräußert gewesen. Der Oberst Stephan Gottlieb von Dewitz (134) und seine beiden Brüder hatten ihr Einlösungsrecht durch einen Vergleich vom 20. Januar 1764 an den Landrath Christian Heinrich von Dewitz aus der Carr-Linie abgetreten. Dessen Sohn, Joseph Friedrich von Dewitz auf Daber, löste es im Jahre 1800 von den Besitzern, Geschwistern von Schlieffen, ein, überließ es aber durch einen Kontrakt vom 6. Dezember 1804 an den Landrath Friedrich Christian August von Dewitz wiederkäuflich auf 25 Jahre, von Marien 1805 bis 1830. Der alleinige Erbe des ohne männliche Nachkommen verstorbenen Joseph Friedrich von Dewitz auf Daber, Karl Friedrich Ludwig von Dewitz auf Maltewin, entsagte seinem Einlösungsrechte für sich und seine Nachkommen zu Gunsten des damaligen Besitzers, Landraths Friedrich Christian August von Dewitz auf Hohenfelde, dessen Erben und Nachfolger „dergestalt, daß dieses Gut für das dafür bezahlte Pretium von 24,000 Thalern Courant demselben völlig erblich verkauft und überlassen sein sollte."

Da der Besitzer von Coelpin, Brunn und Roggenhagen, Friedrich Georg Karl von Dewitz, den Lehnsrechten auf die Pommerschen Familien-Lehne entsagte, so begaben sich auch dessen Lehnsvettern, die 6 Brüder aus dem Küssowschen Hause und die 4 Brüder aus dem Hohenfeldschen Hause ihrer Lehnsfolge und Ansprüche auf die Mecklenburgischen Güter Coelpin, Brunn und Roggenhagen.

Das ebenfalls in Mecklenburg belegene Gut Remerin, welches damals der Geheime Kammerrath Adolph Christian Ludwig von Dewitz (194) besaß, stand auch in einer Lehnsverbindung mit den Dewitzen aus der Jobst-Linie in Pommern. Dieses Gut war nämlich der Baronesse von Bolhmer,

*) Braunsberg b., aus drei Bauernhöfen bestehend, war ein von Dewitzsches Lehn.

gebornen Christine Sophie von Dewitz, welche es 1777 in einem Concurse käuflich an sich gebracht hatte, nach dem herzoglichen Lehnbriefe vom 30. Juli 1777 dergestalt zum Lehn übertragen worden, daß es für sie und ihre Tochter ein Kunkellehn sein, nach Abgang der Tochter deren männliche Descendenten darin succediren sollten, und wenn auch diese mangelten oder abgegangen sein würden, zuerst der Landdrost Karl Heinrich Friedrich von Dewitz oder dessen Lehnserben, und nach deren Abgange der Oberhofmarschall Bodo Christoph Balthasar von Dewitz oder dessen Lehnserben darin als in einem Mannslehn folgen sollte. Auf Verlangen des Geheimen-Kammeraths Adolph Christian Ludwig von Dewitz, welcher in den Besitz von Neuerin gekommen war, erklärten dessen 5 Brüder und die 4 Vettern aus dem Hause Hofselde, daß sie für sich und ihre Nachkommen auf alle Lehns- und Succeſſionsrechte an das Gut Neuerin und dessen Zubehörungen gänzlich verzichteten. Diese Entsagung geschahe jedoch lediglich zu Gunsten des zeitigen Besitzers, dessen Erben und Nachfolger im Besitz, ohne daß daraus so wenig für den Oberlehnsherrn als für andere etwaige Agnaten ein Vortheil entspringen sollte.

In Betreff der Geschlechtslehne, welche zur Zeit außerhalb der Familie veräußert, aber einer Rückforderung unterworfen waren, behielten sich die Paciscenten ihre Lehnsrechte und Ansprüche vor. Indessen wurde von ihnen festgesetzt, daß, wenn dergleichen Familienlehne „von den fremden Besitzern wieder eingelöst würden, solche Güter für denjenigen Agnaten oder diejenigen mehreren Agnaten, so nach dem Näherrechte der Linie oder des Grades die Einlösung derselben zur Familie ausschließlich oder gemeinschaftlich bewirkten, auch sogleich in die Natur des Allodii übergehen und alsdann die Lehnsansprüche sämmtlicher übrigen entfernteren Agnaten und deren Lehnserben erlöschen sollten."

Das Gut Breitenfelde, welches zu der Zeit der Hauptmann Johann Christian von Rathen besaß, gehörte zwar zu den Gütern, an welche die Dewitze noch ein Lehnsrecht hatten, sie leisteten aber zu Gunsten des Hauptmanns von Rathen auf alle ihre Rechte Verzicht und räumten demselben die uneingeschränkte Befugniß ein, das Gut nebst Zubehör als ein völlig lehnsfreies Eigenthum zu besitzen und darüber ohne alle Einschränkung zu verfügen.

Dagegen behielten sich die Dewitze aus der Jobst-Linie das Revocationsrecht auf das Gut Haseleu, welches im Besitz des Generals von Rüchel war, vor. Karl Friedrich Ludwig von Dewitz auf Waldewla, aus der Cur-Linie, entsagte seinerseits für sich und seine Erben den Ansprüchen auf dies Gut. Dasselbe war aus der Jobst-Linie veräußert, und dieser stand also zunächst das Lehnsrecht daran zu.

Auf Schmelzdorf, ein aus der Jobst-Linie veräußertes Lehn, dessen Besitzer der Herr von Bismarck war, behielten sich sämmtliche Dewitze aus der Jobst- und Curt-Linie ihre Rechte und Ansprüche vor.

Wegen des Gutes Rasbeck, welches der Herr von Ramke als ein Tewitzsches Lehn käuflich besaß, hatten bereits die drei Brüder Stephan Werner I., Karl Heinrich Friedrich und Bodo Christoph Balthasar von Tewitz mit dem Hauptmann von Mellin als damaligem Besitzer unter dem 12. August und 21. Dezember 1791 einen Kontrakt geschlossen. Gegen eine Abfindungssumme von 3000 Thalern hatten sie allen Lehns- und Einlösungsrechten auf das Gut entsagt, auf welches demnach ihre Söhne keine Ansprüche machen konnten. Jedoch behielt es sich Karl Friedrich Ludwig von Tewitz für sich und seine Nachkommen als Agnaten der Curt-Linie vor, nach Erlöschen der Jobst-Linie das Revocationsrecht auf Rasbeck geltend zu machen.

Die Gerechtigkeit an der Mediat-Stadt Daber, das Burggericht und das Patronatsrecht daselbst, so wie die davon abhängigen Gerechtsame verblieben Eigenthum des gesammten Geschlechts. Zur Ausübung und Verwaltung derselben sollten indessen nur diejenigen Familienglieder, welche in Hinterpommern mit Gütern angesessen sein würden, gelassen werden. Diese sollten alle davon abhängenden Einkünfte und Vorrechte allein genießen, aber auch alle daraus entspringenden Kosten und Lasten tragen.

Der Landrath Friedrich Christian August von Dewitz benutzte sehr bald die Freiheit, welche ihm durch diesen Familien-Akt zu Theil geworden war; er verkaufte Hoffelde mit allem Zubehör an den General von Rüchel.

Im Jahre 1810 wurde er als Mitglied der interimistischen Nationalrepräsentation nach Berlin berufen. An den Freiheitskriegen konnte er zwar seiner Kränklichkeit wegen nicht thätigen Antheil nehmen; indessen bearbeitete er, nachdem ihm der Majors-Charakter beigelegt war, als Adjutant des Generallieutenants von Stutterheim die Militair-Angelegenheiten des Militair-Gouvernements des Landes zwischen Elbe und Weichsel, erhielt auch zur Anerkennung seiner ausgezeichneten Dienstleistungen das eiserne Kreuz am weißen Bande. Nach abgeschlossenem Frieden wurde er bei Organisation der höchsten Staatsbehörden im Jahre 1815 mit dem Charakter als Geheimer Ober-regierungsrath zum vortragenden Rathe in der zweiten Abtheilung des Ministeriums des Innern und zum Mitgliede des Staatsraths ernannt und würde gewiß, da er ein Mann von sehr bedeutenden Geistesfähigkeiten und scharfem Verstande war, noch zu höheren Staatsämtern befördert worden sein, wenn er nicht schon am 20. Dezember 1818, erst 48 Jahre alt, gestorben wäre. Seiner Gemahlin, mit welcher er in einer kinderlosen Ehe gelebt hatte, hinterließ er das Gut Groß-Ehrenberg bei Bernstein; sie besaß es bis zu ihrem im Jahre 1831 in Berlin erfolgten Tode.

304.

Adolph Karl von Dewitz,

zweiter Sohn des Oberhofmarschalls Bero Christoph Balthasar von Dewitz (302), wurde am 24. August 1771 geboren, starb aber bereits am 1. Mai 1786 als fünfzehnjähriger Jüngling.

305.

Leopold Ludwig von Dewitz,
Landschaftsdirector,

der dritte Sohn des Oberhofmarschalls Bero Christoph Balthasar von Dewitz (302), geboren am 10. September 1776, trat im Jahre 1791 in Preußische Militairdienste und stand einige Zeit bei dem Regimente von Armandri, in Elbing. Hier lernte er das schöne Fräulein Karoline von Struensee, Tochter des Staatsdirectors von Struensee, kennen und bewarb sich um ihre Liebe. Auf einem nächtlichen Ritte im strengen Winter zu einer Gesellschaft, wo er mit ihr zusammen zu treffen hoffte, erfroren ihm beide Hände, so daß ihm, mit Ausnahme der beiden Daumen und Zeigefinger, sämmtliche Finger abgenommen werden mußten. In Folge dieses Beweises seiner heißen Liebe gewann er das Jawort des Fräuleins von Struensee und vermählte sich im Jahre 1800. Nachdem er seinen Abschied genommen hatte, übergab ihm sein Schwiegervater ein Gut zur Bewirthschaftung, da er das von seinem Vater ererbte Gut Meesow im Jahre 1806 an seinen Bruder

Otto Ludwig Christoph von Dewitz (306) verkauft hatte. Im Jahre 1814 sahe er sich jedoch durch die verschlechterten Vermögensverhältnisse seines Schwiegervaters veranlaßt, eine von demselben unabhängige Lebensstellung zu suchen. Diese fand er als Hauptmann bei der Gensdarmerie; er wohnte zu Stargard in Pommern. Abermals nahm er 1823 seinen Abschied und kaufte das alte Familiengut Daber von dem Gutsbesitzer Mannenberg für 40,000 Thaler, zog dorthin und bewirthschaftete das Gut. Er wurde 1835 Director des Landschafts-Departements zu Stargard in Pommern, legte aber dieses Amt schon 1838 wegen Kränklichkeit nieder; 1839 verlieh ihm der König den Johanniter-Orden. Im Jahre 1843 wurde er von einem Krebsschaden befallen, welcher zwar in Folge einer Operation geheilt wurde, bald aber mit erneuter Stärke wieder ausbrach. Da der Director von Dewitz sein nahes Ende voraussahe, verkaufte er, um die Regulirung seiner Verlassenschaft unter seinen Erben zu erleichtern, 1846 das Gut Daber an einen Herrn Lühle für 82,000 Thaler und nahm seinen Wohnsitz in Stettin, wo er am 24. September desselben Jahres seinen Leiden unterlag. Er war ein Mann von großer Liebenswürdigkeit und Leutseligkeit und ging mit den Bürgern in Daber so freundlich um, daß sein Andenken daselbst noch in hohen Ehren steht. Noch heute zeigt man vor den Thüren und in den Häusern der Stadt die Orte, wo er zu sitzen pflegte. Täglich kam er in die Stadt und unterhielt sich Stunden lang „mit seinen Bürgern", wie er sie zutraulich nannte. Er ist der letzte Dewitz, der den alten Sitz seines Geschlechtes bewohnt hat. Seine Gemahlin überlebte ihn noch längere Zeit; in ihrem hohen Alter brach sie ein Bein und konnte sich nach dessen Heilung nur mit Hülfe von Krücken fortbewegen. Sie starb in Stettin am 21. October 1862 im Alter von 79 Jahren.

Die Kinder des Directors von Dewitz waren 4 Söhne: 1. Friedrich August Bodo, 2. Adolph Eduard, 3. Eduard Karl Alexander, 4. August Christian Leopold und 2 Töchter: 1. Adelheid Johanna Dorothea Karoline Henriette, 2. Karoline Charlotte.

306.

Otto Ludwig Christoph von Dewitz,
Staatsminister,

vierter Sohn des Oberhofmarschalls Bodo Christoph Balthasar von

Otto Ludwig Christoph von Dewitz
Herzoglich Mecklenburg-Strelitzscher
Geheime-Minister
geb. 1810. gest. 1867

Dewitz (302), am 18. Dezember 1789 geboren, widmete sich den Wissenschaften und studirte in Erlangen. Nach dem im Jahre 1792 erfolgten Tode
seines Vaters fiel ihm aus dessen Erbschaft das Gut Sallmow zu, welches
er 1805 seiner Mutter wiederkäuflich auf deren Lebenszeit überließ. Dagegen
kaufte er Meesow von seinem Bruder Leopold Ludwig von Dewitz
(305), nahm aber bald darauf Sallmow zurück und verkaufte Meesow an
seinen Bruder Karl Albrecht Lucas Gottlieb Friedrich von Dewitz
(307), von dem er das Gut Sand-Schönau abgetreten erhielt. Späterhin verkaufte er Sallmow an den Herrn von Flemming und Sand-Schönau
an den Herrn Hell. Die beiden Güter sind seitdem nicht wieder an die Familie gekommen, Sand-Schönau ist noch im Besitze der Erben des Herrn Hell.

Inzwischen war von Dewitz in Mecklenburg-Strelitzsche Dienste getreten, in welchen er am 29. April 1803 zum Kammerjunker am herzoglichen
Hofe und zugleich zum Auditor bei der herzoglichen Kammer bestellt wurde.
Beim Abgange aus diesem Dienste ernannte ihn Herzog Karl unter dem 16.
April 1806 zum Kammerherrn. Im Jahre 1811 kehrte der Kammerherr
von Dewitz nach Neu-Strelitz zurück und wurde unter dem 27. April dieses
Jahres zum Regierungsrath mit Sitz und Stimme im Regierungscollegium
befördert. Unter dem 12. August 1827 ward von Dewitz Geheimerrath, am
27. April 1836, an demselben Tage, an welchem er 25 Jahr früher zum
Mitgliede der Landesregierung bestellt war, ernannte ihn der Großherzog Georg
zum wirklichen Staatsminister. Im Jahre 1840 erhielt er vom Könige von
Daenemark das Großkreuz des Danebrog Ordens, 1841 vom Könige von Preußen den rothen Adlerorden 1. Klasse; als Commissarius des Großherzogs von
Mecklenburg Strelitz unterzeichnete er im Mai 1841 die Ehepakten zwischen dem
Kronprinzen von Daenemark und der Prinzessin Karoline von Mecklenburg-
Strelitz. Bis zum 8. September 1848 verblieb er in seiner Stellung als
Minister und erhielt dann auf seine Bitte wegen seiner vorgerückten Jahre und
seiner geschwächten Gesundheit die Enthebung von seinen Dienstgeschäften mit
voller Anerkennung seiner langjährigen und treuen Dienste. Er lebte von
öffentlichen Geschäften zurückgezogen in Neu-Strelitz, wo er am 6. September
1864 starb. In der Neuen Preußischen Zeitung erschien unter dem 8. September ein Artikel aus Neu-Strelitz über seinen Tod, darin es hieß: „Gestern
ist einer der ältesten und treuesten Diener des fürstlichen Hauses, wenn auch
in hohem Alter, doch fast unerwartet durch den Tod abgerufen worden. Der

Staatsminister a. D. Otto Ludwig Christoph von Dewitz hatte noch vor wenigen Wochen im Kreise der Seinigen und unter allgemeinster Theilnahme das seltene Fest seiner 60jährigen Hochzeit begangen, als ihn wenige Tage nachher ein Unwohlsein befiel, das nach kurzem Verlaufe seiner ausgezeichneten, in Treue für Fürst und Vaterland stets bewährten Laufbahn ein Ziel setzte. Das großherzogliche Haus verliert in ihm den ältesten, drei Regenten gleich nahe stehenden Rath und Diener, unser Land einen Mann, dessen hoher Einsicht und regem Eifer für das wahre Wohl und Recht es viel verdankt, und dessen Name stets in Ehren bleiben wird. Gott hatte dem Verstorbenen neben so vielen ausgezeichneten Gaben des Geistes und Herzens und einem im besten Sinne vornehmen und uneigennützigen Charakter auch den Vorzug verliehen, bis ins höchste Greisenalter lebendige Theilnahme und eine feine Auffassung zu bewahren, so daß der reiche Schatz seiner Erfahrungen auch, nachdem er auf seinen Wunsch 1848 seiner hohen Stellung enthoben worden, seinem Fürsten und allen, die das Glück hatten, dem liebenswürdigen Greise sich zu nähern, vom hohem Werthe blieb. So ist der Minister von Dewitz bis an seines viel geprüften aber auch reich gesegneten Lebens Ende von allgemeiner Anhänglichkeit und Verehrung und einem seltenen Familienglück umgeben, für alle, die ihn kannten, zu früh abgerufen worden, und wird auch in den fernsten Kreisen, zu denen seine frühere Amtsthätigkeit ihn in Beziehung brachte, des ehrenvollsten Andenkens gewiß sein."

Seine Gemahlin, mit der er sich am 1. August 1804 verheirathete, war Henriette Wilhelmine von Wedell aus dem Hause Zilligsdorf, geboren am 24. Juni 1784. Sie gebar ihm 7 Kinder, nämlich 4 Söhne: 1. Gustav Otto Heinrich, 2. Friedrich Wilhelm Albert Karl, 3. Karl Friedrich Ludwig Ernst Georg, 4. Georg Karl Ernst und 3 Töchter: 1. Emilie Auguste Ulrike Sophie, 2. Auguste Charlotte Friederike Adolphine, 3. Helene Charlotte Friederike.

307.

Karl Albrecht Lucas Gottlieb Friedrich von Dewitz,
Rittergutsbesitzer,

der fünfte und jüngste Sohn des Oberhofmarschalls Bodo Christoph Balthasar von Dewitz (302), wurde am 12. Juni 1785 geboren, ging in

Preußische Militärdienste, nahm aber schon nach wenigen Jahren als Lieutenant seinen Abschied und bewirthschaftete das Gut Meesow, welches er von seinem Bruder Otto Ludwig Christoph von Dewitz (306) gekauft hatte. Dort starb er, erst 30 Jahre alt, am 29. September 1815 am Nervenfieber. Er war verheirathet mit einem Fräulein von Oertzen aus dem Hause Ratey, welche nach seinem Tode zu einer zweiten Ehe mit dem Lieutenant von Brauchitsch, nachherigem General- und Flügeladjutanten des Königs von Preußen schritt. Aus ihrer ersten Ehe mit von Dewitz hatte sie zwei Söhne: 1. Hermann Friedrich Victor, 2. Rudolph und 2 Töchter: 1. Bertha, 2. Charlotte.

308.

Sophie von Dewitz,

älteste Tochter des Oberhofmarschalls Bodo Christoph Balthasar von Dewitz (302), geboren am 23. Juli 1772, blieb unverheirathet und starb als Stiftsdame in Dobbertin am 12. Juni 1830.

309.

Friederike von Dewitz,

zweite Tochter des Oberhofmarschalls Bodo Christoph Balthasar von Dewitz (302), geboren am 24. Mai 1775, verheirathete sich an den Obersten von Pawelß, dessen zweite Frau sie wurde. Sie starb als Wittwe den 11. Juli 1801 zu Greifenberg in Pommern.

310.

Elisabeth Johanne Ulrike von Dewitz,

dritte Tochter des Oberhofmarschalls Bodo Christoph Balthasar von Dewitz (302), geboren am 1. April 1778, war die Gemahlin des Kammerherrn von Bassewitz in Mecklenburg.

311.

Henriette von Dewitz,

vierte Tochter des Oberhofmarschalls Bobo Christoph Balthasar von
Dewitz (302), geboren 1779 und vermählt mit dem Mecklenburg-Schwerinschen General Johann Kaspar von Berbien, starb am 12. August 1859
zu Jürgenberf in Mecklenburg-Schwerin.

312.

Sabine von Dewitz,

fünfte und jüngste Tochter des Oberhofmarschalls Bobo Christoph Balthasar von Dewitz (302), ist als Kind gestorben.

313.

Friedrich August Bodo von Dewitz,
Justizrath,

ältester Sohn des Landschafts-Directors Leopold Ludwig von Dewitz
(305), geboren am 23. Juni 1801, besuchte das Gymnasium zu Stargard in
Pommern, bezog 1821 die Universität Berlin, wo er die Rechte studirte, wurde
1824 Auscultator, 1826 Referendarius bei dem Oberlandesgerichte in Stettin
und 1829 Assessor. Im Jahre 1830 zum Justizcommissarius (Rechtsanwalt)
ernannt, practizirte er ein Jahr lang in Cöslin, dann in Stettin, wo es ihm
sehr bald gelang, sich das Vertrauen des Publicums und eine sehr ausgebreitete
Rechtspraxis zu erwerben. Im Jahre 1837 erhielt er den Titel als Justiz-
rath; 1854 als Ehrenritter in den Johanniter-Orden aufgenommen, wurde er
1858 Rechtsritter und empfing als solcher von dem Herrenmeister des Ordens,
Prinzen Karl von Preußen, in der Kapelle des königlichen Schlosses zu Berlin

den Ritterschlag und die Investitur. 1856 wurde ihm der rothe Adlerorden 4. Klasse verliehen. Am 21. März, 1833 hatte er sich mit Wilhelmine Lehmann, einzigen nachgelassenen Tochter des Dr. Med. Lehmann in Stettin, verheirathet, seine Ehe blieb kinderlos. Hochgeachtet von Jedermann, starb er am 17. October 1867 am Nervenfieber.

314.

Adolph Eduard von Dewitz,
Landschaftsrath,

zweiter Sohn des Landschafts-Directors Leopold Ludwig von Dewitz (308), geboren am 14. Dezember 1808, wurde im Cadettencorps für die militairische Laufbahn gebildet, verließ dasselbe 1825 als Offizier und wurde als Seconde-Lieutenant bei dem 9. Infanterie-Regimente in Stettin angestellt, 1835 war er Regiments-Adjutant, 1840 Brigade-Adjutant bei dem General Fürsten Wilhelm Radziwill und würde wahrscheinlich eine ungewöhnlich gute Beförderung als Soldat gehabt haben, wenn seine vorherrschende Neigung zur Landwirthschaft ihn nicht veranlaßt hätte, 1841 seinen Abschied zu nehmen und sich das Gut Drahnow bei Schloppe in Westpreußen zu kaufen, dessen Bewirthschaftung er nun seine ganze Thätigkeit widmete. Sein klarer Verstand, so wie die Zuverlässigkeit und Biederkeit seines Characters erwarben ihm sehr bald das Vertrauen seiner Mitstände, die ihn nach und nach zum Kreisdeputirten, Landschaftsdeputirten und 1853 zum Landschaftsrathe erwählten. Er wurde 1857 Ehrenritter des Johanniter-Ordens; am 15. Mai 1864 starb er an einer Herzlähmung, aufrichtig betrauert von Allen, die ihn gekannt. Seit dem 8. April 1836 war er mit Luise Friederike Sophie Karoline von Dewitz aus dem Hause Klossow (233) vermählt, welche ihm 5 Kinder gebar, nämlich 3 Söhne: 1. Leopold Ludwig Bodo, 2. Arthur Eduard Friedrich, 3. Bodo Adolph Ludwig und 2 Töchter: 1. Helene Karoline Eleonore, 2. Cäcilie.

315.

Eduard Carl Alexander von Dewitz,

dritter Sohn des Landschafts-Directors Leopold Ludwig von Dewitz (305), geboren am 23. Januar 1815, besuchte das Gymnasium zu Stargard in Pommern, studirte von 1833 bis 1836 die Rechte in Bonn und Berlin, wurde 1836 Auscultator und 1838 Referendarius bei dem Oberlandesgerichte in Stettin, nahm 1843 den Abschied und kaufte das Gut Biotrow bei Lauenburg in Pommern. Nachdem er im Besitze desselben sein Vermögen zugesetzt hatte, verkaufte er es wieder und trat 1851 nochmals in den Staatsdienst als Referendarius bei der Regierung in Stettin. Indessen die Aussichten, welche ihm hier eröffnet wurden, entsprachen seinen Erwartungen so wenig, daß er 1853 wiederum seine Entlassung nahm und nach Texas auswanderte, wo er als Farmer lebt.

316.

August Christian Leopold von Dewitz,
Rittergutsbesitzer,

vierter und jüngster Sohn des Landschafts-Directors Leopold Ludwig von Dewitz (305), geboren am 2. März 1819, wurde im Cadettencorps erzogen und 1836 Lieutenant im 2. Infanterie-Regimente. Er verheirathete sich 1847 mit Anna von Loeper, geboren am 5. Februar 1828, Tochter des General-Landschaftsraths von Loeper auf Webberwill und dessen Gemahlin, gebornen von der Osten. Er nahm 1850 den Abschied und kaufte aus dem Nachlasse seines Schwiegervaters das Gut Zabow bei Labes, welches er bewirthschaftet.

Seine Kinder sind 6 Söhne: 1. Boto Arthur Leopold Ludwig, 2. Eberhard Otto Eduard Georg Ernst, 3. Otto Hermann August Karl, 4. Adolph Eberhard Max, 5. Leopold Ernst Ludwig und 2 Töchter: 1. Meta Ernestine Karoline Anna Ida, 2. Marie Anna Ursula Ernestine Karoline Hermine.

317.

Adelheid Johanne Dorothea Karoline Henriette von Dewitz,

älteste Tochter des Landschafts-Directors Leopold Ludwig von Dewitz (305), geboren am 26. August 1816, verheirathete sich am 26. Dezember 1837 mit dem Lieutenant Grafen Ernst Rittberg.

318.

Karoline Charlotte von Dewitz,

zweite und jüngste Tochter des Landschafts-Directors Leopold Ludwig von Dewitz (305), geboren am 17. Juli 1817, vermählte sich am 8. Juli 1840 mit ihrem Vetter, dem Rittergutsbesitzer Hermann Friedrich Victor von Dewitz auf Meesow. (326).

319.

Gustav Otto Heinrich von Dewitz,
Regierungs-Assessor,

ältester Sohn des Ministers Otto Ludwig Christoph von Dewitz (300), geboren am 1. November 1807, besuchte das Gymnasium in Neu-Strelitz, studirte in Göttingen und Bonn die Rechte und Kameralwissenschaften, wurde 1830 Auscultator bei dem Stadtgerichte in Potsdam, ging dann zur Verwaltungspartie über und erlangte 1834 eine besoldete Assessorstelle bei der Regierung zu Frankfurt an der Oder. Bevor er dieselbe jedoch antreten konnte, starb er plötzlich am 19. März 1835 auf der Durchreise in Berlin an einer Verschlingung der Eingeweide, zum großen Schmerze seiner Eltern und viele Freunde.

320.

Friedrich Wilhelm Albert Karl von Dewitz,

zweiter Sohn des Ministers Otto Ludwig Christoph von Dewitz (300), geboren am 5. Februar 1811, starb am 4. März 1826 als Gymnasiast in Neu-Strelitz.

321.

Karl Friedrich Ludwig Ernst Georg von Dewitz,
Kammerherr,

dritter Sohn des Ministers Otto Ludwig Christoph von Dewitz (300), wurde am 30. Dezember 1814 geboren. Seine Pathen waren: Der Herzog Karl von Mecklenburg-Strelitz, der Herzog von Cumberland nebst seiner Gemahlin, die Frau Landgräfin von Hessen-Darmstadt nebst ihrem Sohne, dem Prinzen Georg. Er studirte von 1834 die Rechte in Bonn und Berlin, wurde 1839 Mecklenburg-Strelitzscher Kammerjunker und einige Jahre darauf Kammerherr, auch war er großherzoglicher Kammer-Assessor. Im Jahre 1850 hatte er das Unglück zu erblinden und starb am 19. April 1853 unverheirathet.

322.

Georg Karl Ernst von Dewitz,
Appellationsgerichtsrath,

vierter und jüngster Sohn des Ministers Otto Ludwig Christoph von Dewitz (300), wurde am 20. Januar 1817 geboren. Seine Pathen waren: Der Großherzog Georg von Mecklenburg-Strelitz, der Herzog Karl von Mecklenburg-Strelitz und die Frau Landmarschallin von Oertzen. Nachdem er die Rechte studirt hatte, trat er in königlich Preußische Staatsdienste, in welchen er 1853 zum Staatsanwalte in Cerstin befördert wurde. Am 1. August 1854 verheirathete er sich an demselben Tage, an welchem seine Eltern ihre goldene Hochzeit feierten, mit der Hofdame der Großherzogin von Mecklenburg-Strelitz, Gräfin Alexandrine Charlotte Karoline Pauline von Moltke, geboren am 2. Mai 1827 zu Welke in Mecklenburg. Im Jahre 1855 wurde er zum Ehrenritter des Johanniter-Ordens ernannt, seit 1864 ist er Appellationsgerichtsrath in Stettin.

Seine Kinder sind 1 Sohn: Otto Maria Georg Karl Heinrich August Walther und 1 Tochter: Georgine Adelaide Luise Hertha Wanda Helene.

323.

Ottilie Auguste Ulrike Sophie von Dewitz,

älteste Tochter des Ministers Otto Ludwig Christoph von Dewitz (306), geboren am 13. September 1800, starb schon am 27. October desselben Jahres.

324.

Auguste Charlotte Friederike Sophie von Dewitz,

zweite Tochter des Ministers Otto Ludwig Christoph von Dewitz (306), geboren am 11. April 1812, war Hofdame bei der Großherzogin von Mecklenburg-Strelitz und verheirathete sich 1844 mit dem Kammerherrn und Regierungsrath, nachherigen Mecklenburg-Strelitzschen Minister von Bernstorff; seit 1861 ist sie Wittwe.

325.

Helene Charlotte Friederike von Dewitz,

dritte und jüngste Tochter des Ministers Otto Ludwig Christoph von Dewitz (311), ist am 22. Dezember 1821 geboren.

326.

Hermann Friedrich Victor von Dewitz,
Rittergutsbesitzer,

ältester Sohn des Rittergutsbesitzers Karl Albrecht Lucas Gottlieb Friedrich von Dewitz auf Meesow (307), geboren am 20. April 1813, wurde im Kadettenhause erzogen und 1830 Lieutenant bei dem 2. Garde-Infanterie-Regimente in Berlin. Nach erlangter Großjährigkeit nahm er seinen Abschied und begab sich 1834 nach Pommern, um das väterliche Gut Meesow, welches so lange unter vormundschaftlicher Verwaltung gestanden, zu bewirtschaften.

Er setzte sich 1839 mit seinen Geschwistern auseinander und verheirathete sich 1840 mit seiner Cousine Karoline Charlotte von Dewitz (318), der jüngsten Tochter des Landschafts-Directors Leopold Ludwig von Dewitz auf Daber (305). Im Jahre 1847 verfiel er in Folge von Unterleibsleiden in eine Geisteskrankheit, so daß er im Frühjahr 1849 in eine Heilanstalt bei Halle gebracht werden mußte, wo er am 4. Juni 1849 am Nervenschlage starb.

Er hinterließ 4 Kinder, 1 Sohn: Oscar Stephan August und 3 Töchter: 1. Karoline Elisabeth, 2. Elisabeth Wilhelmine Ottilie, 3. Katharina Clementine Anna.

327.

Rudolph von Dewitz II.,
Landrath,

zweiter und jüngster Sohn des Rittergutsbesitzers Karl Albrecht Lucas Gottlieb Friedrich von Dewitz auf Meesow (305), geboren 1815, wurde in Wiltzen zusammen mit Ulrich Otto von Dewitz erzogen, bezog 1835 die Universität Bonn, wo er die Rechte studirte, wurde 1838 Ausculator bei der Justizkammer in Schwetz, 1840 Referendarius, ging dann zur Verwaltungspartie über und wurde 1844 Assessor. Im Jahre 1850 wurde er Landrath in Landsberg an der Warthe, verheirathete sich im Jahre 1856 mit der

Wittwe des Majors von Szymanowitz, Charlotte von Klißing, einer Tochter des Rittmeisters Lebrecht von Klißing auf Charlottenhof und dessen Gemahlin Karoline Bennecke. Im Juni 1850 wurde er Ehrenritter des Johanniter-Ordens, 1863 erhielt er den rothen Adlerorden 4. Klasse. In demselben Jahre erkrankte er an einem Gehirnleiden und starb den 4. November 1863 in Goerlitz, wo er vergeblich in einer Heilanstalt Genesung gesucht hatte. Seine Ehe war kinderlos.

328.

Bertha von Dewitz,

älteste Tochter des Rittergutsbesitzers Karl Albrecht Lucas Gottlieb Friedrich von Dewitz auf Meesow (307), ist seit 1840 mit dem Oberstlieutenant Eduard von Mathen vermählt.

329.

Charlotte von Dewitz,

zweite und jüngste Tochter des Rittergutsbesitzers Karl Albrecht Lucas Gottlieb Friedrich von Dewitz auf Meesow (307), lebt unverheirathet in Merseburg. Für ihre Liebesdienste, welche sie im Jahre 1866 den im Kriege Verwundeten leistete, erhielt sie den Preußischen Luisen-Orden.

330.

Leopold Ludwig Bodo von Dewitz,

ältester Sohn des Landschaftsraths Adolph Eduard von Dewitz auf Trahnow (314), wurde am 6. October 1838 geboren und starb am 28. Juni 1839.

331.

Arthur Eduard Friedrich von Dewitz,
Rittergutsbesitzer,

zweiter Sohn des Landschaftsraths Adolph Eduard von Dewitz auf Drahnow, (314), geboren am 25. Januar 1840, wurde im Kadettencorps erzogen, verließ dasselbe 1857 und wurde Fähnrich bei dem 21. Infanterie-Regimente; 1859 avancirte er zum Lieutenant. Er verheirathete sich 1862 mit Marie König, Tochter des Eisenbahn-Directors und Bauraths König. Nach dem Tode seines Vaters im Jahre 1864 übernahm er Drahnow in der Auseinandersetzung mit seiner Mutter für den Preis von 90,000 Thalern, kam in Folge dessen mit seinen Abschied aus dem Militairdienste ein und bewirthschaftet jetzt sein Gut.

332.

Oddo Adolph Ludwig von Dewitz,
Lieutenant,

dritter und jüngster Sohn des Landschaftsraths Adolph Eduard von Dewitz auf Drahnow (314), geboren am 2. April 1843, wurde im Kadettencorps erzogen und trat im März 1860 als Lieutenant in das 2. Pommersche Grenadier-Regiment, starb aber schon am 23. November 1861, 18 Jahre alt, in Stettin am Typhus. Er war ein mit trefflichen Anlagen ausgestatteter hoffnungsvoller Jüngling.

333.

Helene Caroline Eleonore von Dewitz,

älteste Tochter des Landschaftsraths Adolph Eduard von Dewitz auf Drahnow (314), geboren am 18. August 1837, starb am 30. August desselben Jahres.

334

Ottilie von Dewitz II.,

zweite und jüngste Tochter des Landschaftsraths Adolph Eduard von Dewitz auf Drahnow (314), geboren am 3. Februar 1847, starb 3 Wochen alt.

335.

Bodo Arthur Leopold Ludwig von Dewitz,

ältester Sohn des Rittergutsbesitzers August Christian Leopold von Dewitz auf Zachow (316), besuchte seit 1861 das Gymnasium zu Schulpforte und trat 1866 als Fähnrich in das Garde-Füsilier-Regiment.

336.

Ekhard Otto Eduard Georg Ernst von Dewitz,

zweiter Sohn des Rittergutsbesitzers August Christian Leopold von Dewitz auf Zachow (316), geboren am 8. Juni 1850, besucht das Pädagogium in Putbus.

337.

Otto Hermann August Carl von Dewitz,

dritter Sohn des Rittergutsbesitzers August Christian Leopold von Dewitz auf Zachow (316), ist am 16. October 1850 geboren; er besuchte das Gymnasium zu Schulpforte und befindet sich jetzt auf dem Gymnasium zu Treptow an der Rega.

338

Adolph Eberhard Mac von Dewitz,

vierter Sohn des Rittergutsbesitzers August Christian Leopold von
Dewitz auf Zachow (316), ist am 13. März 1856 geboren, besucht das Gymnasium in Treptow.

339.

Leopold Ernst Ludwig von Dewitz,

fünfter und jüngster Sohn des Rittergutsbesitzers August Christian Leopold von Dewitz auf Zachow (316), ist am 10. Februar 1860 geboren.

340.

Mela Ernestine Karoline Anna Ida von Dewitz,

älteste Tochter des Rittergutsbesitzers August Christian Leopold von
Dewitz auf Zachow (316), ist am 29. November 1852 geboren.

341.

Marie Anna Ursula Ernestine Karoline Hermine von Dewitz,

zweite und jüngste Tochter des Rittergutsbesitzers August Christian Leopold von Dewitz auf Zachow (316), ist am 8. November 1855 geboren.

342.

Otto Maria Georg Karl Heinrich Walther von Dewitz,

Sohn des Appellationsgerichtsraths Georg Karl Ernst von Dewitz (322),
geboren am 10. Juli 1855, besucht das Gymnasium zu Stettin.

343.

Georgine Adelaide Luise Bertha Wanda Helene von Dewitz,

Tochter des Appellationsgerichtsraths Georg Karl Ernst von Dewitz (322), geboren am 22. Januar 1859, starb am 27. Januar 1867.

344.

Oscar Stephan August von Dewitz,

Sohn des Rittergutsbesitzers Hermann Friedrich Victor von Dewitz auf Meesow (326), geboren am 25. August 1843, besuchte das Gymnasium in Neu-Stettin, wurde 1858 Kadet in Potsdam, 1860 in Berlin, 1863 Lieutenant bei dem 28. Infanterie-Regimente (Garnison Aachen) und machte als solcher den Feldzug von 1866 in Böhmen bei der Elbarmee unter dem Oberbefehl des Generals Herworth von Bittenfeld mit.

345.

Caroline Elisabeth von Dewitz,

älteste Tochter des Rittergutsbesitzers Hermann Friedrich Victor von Dewitz auf Meesow (326), wurde am 6. November 1841 geboren. Sie war von Jugend auf blödsinnig und starb am 9. Dezember 1862 zu Berlin im Siechenhause Bethesda.

346.

Elisabeth Wilhelmine Ottilie von Dewitz,

zweite Tochter des Rittergutsbesitzers Hermann Friedrich Victor von Dewitz auf Meesow (326), ist am 28. November 1843 geboren.

317.

Katharina Clementine Anna von Dewitz,

dritte und jüngste Tochter des Rittergutsbesitzers Hermann Friedrich
Victor von Dewitz auf Meesow (326), ist am 5. Januar 1847 geboren.

Stam

Ab

Bohe Christoph
Chri
17
Berm. Aug

310.   311.   312.

Cldidarch   Dominicus   Ludine
Berm. g   Berm. p

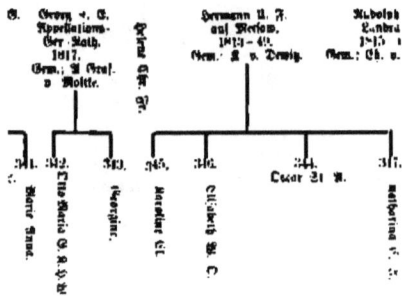

Vol VI.

III.

IX.

Geschichte der Pommerschen Curt-Linie.

348.

Curt von Dewitz II.,

jüngster Sohn Berndts von Dewitz I. (103), ist der Stammvater der in Pommern nach Rübenten Curt-Linie. Er wurde im Jahre 1561 geboren und erhielt den Namen von seinem Großvater mütterlicher Seite Curt von Rohr. Nachdem er die Gymnasien zu Stargard in Pommern und Alt-Stettin, sowie die Universität Greifswald besucht hatte, begab er sich in Niederländische Kriegsdienste. Von dort zurückgekehrt administrirte er eine Zeitlang die seinem Bruder Jobst II. und ihm gemeinschaftlich zugehörigen Güter Daber, Volgtshagen und Jarchlin. Daber, welches von Berndt von Dewitz I. für 22,000 Thaler verpfändet war, hatten die beiden Brüder 1588 wieder eingelöst, dagegen hatten sie 1600 ihr Gut Darz an den Herzog Johann Friedrich überlassen, für den es Peter von Ramede für 9500 Gulden Pommerscher Währung kaufte.*) Im Jahre 1600 war Curt von Dewitz bei dem Leichenbegängnisse des Herzogs Johann Friedrich zugegen. Am 24. Juli 1601 verlor er durch eine große Feuersbrunst seine Gebäude in Jarchlin. Anhaltende Krankheit veranlaßte ihn, im Jahre 1603 ein warmes Bad zu besuchen,

*) Vergl. Jobst von Dewitz II. (103), pag. 273—274.

aus welchem er ohne Erfolg am 18. October zurückkehrte, schon am 10. December desselben Jahres starb er und wurde am 30. Januar 1604 in der Kirche zu Daber beigesetzt. Elzow nennt ihn „einen ansehnlichen, wohlgezeichneten und hochverständigen Mann." Der Kirche zu Daber hat er die noch jetzt in ihr befindliche Kanzel geschenkt, auch ließ er auf seine Kosten die Kirche wölben, ferner setzte er ein Legat von 500 Thalern für die Kirche aus, dessen Zinsen der Kapellan als Einkommen beziehen sollte.

Am 22. Mai 1584 hatte er sich mit Ira von Blankenburg, einer Tochter Heinrichs von Blankenburg auf Frieslant und Kanzlow, verheirathet, ihre Mutter war Ilse von Wedell, Tochter Wulffs von Wedell auf Freienwalde und Wellen. Nach der Eheftiftung d. d. Frieslant den 6. März 1583 wurden der Braut 10,000 Gulden Pommerscher Währung Ehegeld. Kleinodien im Werthe von 1500 Rheinischen Goldgulden und Küsten und Hausgeräth zugesichert.

Die Wittwe Curto von Dewitz lebte nach dem Tode ihres Mannes zunächst in Daber, wo sie sich als eine Wohlthäterin der Armen erwies, das Hospital verdankt ihr mehrere Vermächtnisse. Am 13. Juli 1613 verheirathete sie sich zum zweiten Male mit Ehhart von Wedem, Landrath von Rügen und nachmaligem Beisitzer des Reichskammergerichts in Speier. Sie genoß die Einkünfte der Güter Sallmow und Hafeleu, auch Meesew gehörte ihr. Dies letzte Gut hatte Franz von Dewitz 1602 an die von Wedell, Valentin von der Often und Kaspar von Flemming am 5. Dezember 1601 unter herzoglicher Bestätigung vom 13. Dezember desselben Jahres verpfändet. Er schuldete ihnen 14,000 Thaler, welche sie für ihn an Christoph Zaden zu Butterfelde bezahlt hatten, der Werth des Gutes war zu 22,500 Thalern angenommen, es gebührte Franzen also noch ein „Uebermaß" von 8500 Thalern an Meesew. Valentin von Wedell, ebenso die beiden anderen Pfandbesitzer schlossen am 27. Juni 1606 einen Cessionsvertrag mit der Ehefrau Curto von Dewitz, Ira von Blankenburg, nach welchem ihnen von dieser alle ihre Rechte und Gerechtigkeiten auf Meesew abgetauft wurden. Die Käuferin bezahlte außer dem Kapitale von 14,000 Thalern die hinterstelligen Zinsen und entstandenen Einlagers-Kosten, so daß nur ein Uebermaß von 4119 Thalern blieb. Nach dem Tode Franzens (27. Juni 1606) wurde Jobst II. (1161) dessen Rechtsfolger und machte sein Recht an Meesew als solcher geltend. Durch Erkenntniß des herzoglichen Hofgerichts d. d.

Alten Stettin den 27. April 1618 wurde Jobsten eine dreimonatliche Frist zur Wiedereinlösung des Gutes verstattet; auf den Fall, daß die Einlösung alsdann nicht geschehen, wurde der Frau Ida von Blankenburg das Gut dergestalt zugesprochen, daß sie es an andere lehnsfähige Personen erblich überlassen könne, doch sollte sie an Jobst das Uebermaaß von 4119 Thalern auszahlen. Wegen Zahlung dieser Geldsumme appellirte Curts Sohn Bernd von Dewitz (340), dem die Mutter das Gut übergeben hatte, bei dem Reichskammergerichte, nur Jobst machte von dem Reluitionsrechte keinen Gebrauch, da er glaubte, daß durch diese Appellation die Rechtskraft des ganzen Erkenntnisses aufgehalten würde. Er sagt in einer Vorstellung an das herzogliche Hofgericht vom März 1620: „Ob ich mich nun wohl zur Reluition angeschicket, ist doch von angeregtem Urtheil von Bernd von Dewitz, seligen Curten Sohn, als jetzigen Blankinhaber desselben Meßewischen Gutes, frivole ad Cameram imperialem appellirt worden." Zugleich beklagte er sich in dieser Vorstellung, daß Bernd ungeachtet der noch schwebenden Appellation ein neues unnützes Gebäude aufführe, das Holz dazu aus der gemeinen noch ungetheilten Holzung nehme und ihm, als nächsten Lehnsfolger des Franz, zum größten Praejudicium solches schwäche; er bat, dem Bernd dieses zu untersagen. Es wurde demselben auch durch ein Decret vom 21. März 1620 aufgegeben, sich aller Devastation des Holzes zu enthalten.

Ein Erkenntniß des Reichskammergerichts ist nicht vorhanden, factisch aber blieb Meßew im Besitz der Curts-Linie, ohne daß die Jobst-Linie ihr Reluitionsrecht aufgegeben hätte.

Die Nachkommen Curts von Dewitz waren drei Söhne: 1. Bernd, 2. Heinrich, 3. Georg. Bei dem Tode ihres Vaters waren sie noch unmündig, daher erhoben ihre Vormünder für sie nach dem Ableben des Franz von Dewitz Ansprüche auf dessen erledigte Lehne, allein nach dem Pommerschen Lehnsrechte wurden die Erben Curts von Dewitz abgewiesen und Franzens Güter fielen an Jobst von Dewitz II.*)

Ida von Blankenburg war am 7. Juni 1620, als ihre Söhne die väterlichen Güter endgültig unter sich theilten, bereits verstorben.

*) Vergl. Franz von Dewitz I. (52) pag. 204—205.

349.

Gerd von Dewiß II.,

Landrath.

Curts von Dewiß I. (348) ältester Sohn, wurde am 14. October 1585 geboren. Mit seinen beiden jüngeren Brüdern wurde er im Jahre 1606 auf das Gymnasium zu Stargard und 1607 mit dem jüngsten Bruder Georg nach Stettin gesandt, wo er bis 1608 seine Studien fortsetzte; 1617 wohnte er dem Leichenbegängnisse des Herzogs Georg bei.

Die Söhne Curts von Dewiß theilten am 14. Juni 1617 auf Rath „ihrer herzlieben Frau Mutter" ihre väterlichen Güter „außerhalb der Mutter Leibgedinge" als Daber, Jarchlin, Sallnow, Zarbezin und Braunsberg in drei gleiche Theile. Zu einer Quote wurden das Bauwerk Jarchlin und Zarbezin, zur andern Quote Daber und zur dritten Sallnow und Braunsberg mit den dazu gehörigen Bauern und deren Diensten, Aeckern, Wiesen, Trieften, Holzungen, Fischereien und allen anderen Herrlichkeiten und Gerechtigkeiten gelegt. Der älteste Bruder Gerd erhielt die beiden Bauwerke Sallnow und Braunsberg, der mittlere Bruder Heinrich das Daber sche Gut und der jüngste Bruder Georg das Bauwerk Jarchlin nebst dem Kirchhofe auf dem Knieprof und Zarbezin. Auch theilten sie gleichmäßig die Gelt, Korn, Hühner, Gänse, Eier und Klabepachte der Bauern, desgleichen die Freihuben und Mühlenpächte, ebenso das Rind- und Schaafvieh. Die Jagden, Straßengerichte, Kirchlehne und andere Gerechtigkeiten, insonderheit das Haus zu Daber und die Mannschaft blieben gemeinschaftlich. Diese Theilung wurde nur bis zum Frühjahre 1618 festgesetzt, „alsdann sie ferner im Beisein ehrlicher Leute und Vornehmer vom Adel erbliche Theilung zu halten vermeinet."

„Weil sie auch bei sich reiflich erwogen, daß es ihnen allerseits nicht zu legen, diese Güter in drei Theile erblich zu theilen, sondern daß es besser, wenn einer von ihnen den den anderen ausgelaufen würde und Geld nehmen, dagegen aber seinen Antheil den anderen überlassen möchte," so erklärte sich der jüngste Bruder Georg bereit, bei der erblichen Theilung eine Geldab finzung für seinen Antheil an dem väterlichen Lehnen annehmen zu wollen. Die beiden älteren Brüder verglichen sich mit ihm dahin, daß sie ihm 30,000 Gulden entrichten wollten, verpflichteten sich auch, die väterlichen Schulden allein auf sich zu nehmen, wogegen Georg „sich auch der Forderungen, die sie wider die Herrn Grafen von Eberstein und wider die Mantensel zu Arndanien hatten, gänzlich begeben und absagen" wollte. Inzwischen aber wurden die väterlichen Schulden in drei Theile geteilt, sie betrugen 25,916 Gulden, darunter aber auch 8000 Gulden mit berechnet waren, welche die drei Brüder „ihrem freundlichen geliebten Stiefvater Herrn Ebart von Mörem" schuldeten.

Am 28. Mai 1618 schritt man zur abermaligen Theilung, in welcher von einer Abfindung Georgs durch Geld keine Rede ist: man hatte also die von Abstand genommen. Jetzt erhielt der älteste Bruder Bernd das Gut Mörem, der zweite Bruder Heinrich das Bauerbt Taber und der jüngste, Georg, Jardlin, Kmerbof und Brannsberg. „Dazu kann die beiden ältesten als Bernd und Heinrich noch das Farbejinsche Gut ungeteilt behielten." Die Fächte wurden dergestalt ausgeglichen, daß jeder 73 Gulden 30 Groschen an Gelde, 1 Wispel Roggen, 35½, Scheffel Gerste, 30 Scheffel Hafer, 23 Gänse, 78 Hühner, 48 Stiegen 6 Eier und 46½ Töpfe Karbe bekam. Von den Freischützen behielt Bernd den Mörewschen, Heinrich den Bernbagenschen und Georg den Müllnischen. Aus den Mühlen bezog ein Jeder 64 Scheffel Korn, und zwar sind genannt die Jumpelmühle, die Mühlen zu Manilтом, Mörem, Lruz, Jardlin, Farbejin, Racem, Watterwin und die Wassermühle zu Taber.

In diesem Vergleiche ist unter den Gütern Mörem aufgeführt, welches in dem ersten Vertrage fehlte, dagegen ist das dort genannte Gut Zall mow nicht erwähnt. Von Mörem heißt es: „Der älteste Bruder Junker Bernd behält das Gut Mörem", am 14. Juni 1617 war ihm Zallmow zugewiesen. Durch einen Vertrag vom 15. Juni desselben Jahres war festgelegt, daß er im nächsten Jahre Mörem von der Mutter erhalten solle, welche dagegen Zallmow mit Hajeten annehmen wollte. Dies war auch geschehen.

Dafür spricht der am 7. Juni 1620 abgeschlossene „beständige" Theilungsvertrag, in welchem sich die drei Brüder unter Beirath des Stiefvaters Ebart von Mörem folgendermaßen einigten:

Bernd behielt das Gut Mörem samt 14 Bauern und dem Freischulzen daselbst, 4 Bauern zu Hajeten, 3 Bauern zu Breitenfelde und 1 Mei jälßen zu Marienhagen, ferann an Mühlenpächten aus der Meeschen Mühle 30 Scheffel, aus der Plantikowschen 24 Scheffel, aus der Hampelmühle 2 Scheffel und aus der Benzer Mühle 14 Scheffel Mehl oder Korn.

Heinrich übernahm das Gut Daber mit 8 Bauern zu Breitenfelde, 3 Bauern zu Benz, 3 Bauern zu Schönwalde, 2 Bauern, 1 Freischulzen und 1 Kossäthen zu Bernhagen, 1 Bauern zu Breitenhagen, 1 Bauern und 1 Kossäthen zu Daberkow. Das Gut Farbezin mit 7 Bauern (2 daselbst, 2 zu Radem und 3 zu Schleiffin, welches den Brüdern Bernd und Heinrich auch diesmal wieder gemeinschaftlich zugetheilt wurde, trat Bernd durch einen besonderen Vertrag an Heinrich zum alleinigen erblichen Besitz ab. An Mühlenpächten bezog der zweite Bruder: Aus der Daberschen Mühle 41 Scheffel Roggen und zwei Viertel Weizen, aus der Benzer 4 Scheffel, aus der Hampelmühle 1 Scheffel, an der Daberschen Windmühle besaß er zwei Sechstel.

Georg bekam das Gut Braunsberg mit 8 Bauern daselbst, das Gut Jarchlin sammt dem Aniephof mit 5½ Bauern zu Jarchlin, 5 Bauern zu Radem, 5 Bauern zu Justemin, 2 Bauern zu Schmelzdorf, 1 Freischulzen zu Kütz, 1 Kossäthen zu Farbezin und 1 Kossäthen zu Schleiffin. An Mühlenpächten hatte er aus der Jarchlinschen Mühle 24 Scheffel, aus der Farbezinschen 16¼ Scheffel, aus der Waldewinschen 2 Scheffel, aus der Rademschen 18 Scheffel, aus der Meeschen 4 Scheffel, dazu besaß er ein Sechstel an der Daberschen Windmühle.

Um die anderen jährlichen Pachte gleich zu machen, gab Bernd an Georg 6 Gulden und 6 Scheffel Gerste, desgleichen entrichtete Heinrich an Georg 5 Gulden 24 Groschen und 12¼ Scheffel Gerste. Georg aber gab an Bernd 30 Scheffel Hafer und an Heinrich 3 Scheffel Hafer und 1 Scheffel Roggen.

Die Kirchlehne, Lehnsleute, Schloßgerechtigkeiten, das Städtlein Daber, die 6 Hauptseen in den Dewitzschen Gütern, die Holzung, Mastung, Jagd- und Jagdgerechtigkeit verblieben den Brüdern gemeinsam.

Die väterlichen Schulden übernahmen alle drei zu gleichen Theilen, da der Plan, den jüngsten Bruder auszulandern, völlig aufgegeben war.

Die Güter Sallmow und Haicken, welche ihre selige Mutter bisher genutzt hatte, sollten so lange ungetheilt bleiben und administrirt werden, bis die Schulden der verstorbenen Frau Ida von Blankenburg und die Begräbnißkosten von dem Ertrage bezahlt sein würden. Wenn dies geschehen, sollten die Güter an die Brüder fallen, und zwar, da sie ohne Schaden nicht in drei Theile „von einander gerissen werden könnten" an Bernd und Georg; nur die Mühlenplätze zu Roggow sollten unter die drei Brüder gleichmäßig vertheilt werden.

Das Gut Sallmow sammt den 2 kleinritterlichen Hufen mit 2 Bauern (1 in Sallmow und 1 in Zialkow) wurde für Bernd bestimmt, Haselen mit 10 Bauern (4 zu Roggow, 2 zu Justemin, 1 zu Buskow, 2 zu Schoenau und 1 zu Haselen) sollte Georg erhalten. Heinrich bekam für seinen Antheil an den beiden Gütern von Bernd 2 Bauern zu Breitenfelde und 1 zu Planstein, von Georg 2½ Bauern zu Weitenhagen.

Ueber das Gut Meriow ist in dem Vergleiche noch folgende Bemerkung hinzugefügt: „Dieweile wegen des Meelowschen guets unser Better Jobst von Dewitz eine Rechtfertigung, so noch unerörtert, am Kayl. Cammergerichte rechthängig wieder unsere in Gott ruhende, herzliebe Fraue Mutter und uns erhoben, deren ausgang noch ungewiß, damit nun unser ältester Bruder Bernd von Dewitz, dem solches zugetheilet worden, und seine erben desfalß nicht möchten gefährdet werden, Alß versprechen wir Heinrich und Georg von Dewitz auf den unverheilten fall, da die Brief uns zugeleget werden sollte, welches doch der allmächtige Gott wol verhueten wirt, gedachtem unserm Bruder desfalß die eviction nicht alleine zu praestiren, sondern auch nach eines jedern antheil je viel von den uns zugetheileten guetern hinwiederumb unserm Bruder unverweigerlich abzutreten, und mit wiederumb Theilung und hiekegen eintheilung des Guetes eine solche richtigkeit mit unserm Brüdern zu machen, das je nur allerwege eine brüderliche gleichheit gehalten werden möege."

Waldewin, wo wir sehr bald einen Wohnsitz der Curd-Linie finden, ist in den drei Vergleichen nicht genannt, nur die dortige Mühle wird erwähnet; und doch hatte Bernd von Dewitz II. daselbst Besitzungen, denn er legte 1620 seine 8 Bauern in Waldewein und Höckenberg als Zwangsmahlgäste zur Waldewiner Mühle, wofür Adam Prechel, ein Afterlehnsmann der Dewitze, jährlich 12 Gulden Mühlenpacht zu geben versprach. Nach der Hufensmatrikel von 1628 versteuerte Bernd von Dewitz zu Waldewin und Höckenberg 13¼ Hufen und 1 Krug. Später hat er sogar in Waldewin gewohnet, während er anfänglich seinen Sitz in Meriow genommen hatte. Von Stephan von Dewitz III. (1609), dem Sohne Jobsts II., wird in seiner Beschwerde wegen Verfalls der Burg, als Grund, weshalb Curds von Dewitz Söhne an derselten nicht bauten, angegeben, daß dieselben nicht auf dem Schlosse zu Daber sondern auf ihren Rittersitzen in dem Städtlein Daber, Maltewin und Brunneberg wohnten. Heinrich hatte seinen Sitz in Daber, Georg in Brauneberg, also muß Bernd ihn in Maltewin gebaut haben. Dorthin wurde er ihn in Folge der Verwüstungen, welche der dreißigjährige Krieg herbeiführte, verlegt haben. Bei der Erbtheilung von Bernds Tochter Ita Diana mit Friedrich Ernst von Zitewitz wurde die Eheschließung am 9. Januar 1644 auf dem „Rittersitze Maltewin" abgeschlossen. Als seine Söhne im Jahre 1661 die väterlichen Güter theilten, war Maltewin ein Rittersitz, sie nennen sich erbgesessen auf Daber, Wegow, Jarchlin und Maltewin, der Theilungsvertrag ist von ihnen zu Maltewin vollzogen.

Daß in den brüderlichen Vergleichen zwischen den Söhnen Curts von Dewitz der Bauern, welche Bernd zu Maltewin und Hödenberg besaß, nicht Erwähnung geschieht, hatte ohne Zweifel darin seinen Grund, daß diese Bauern nicht vom Vater geerbt, sondern durch Bernd eingelöst waren. Wir wissen aus der Geschichte Franzens von Dewitz (162.), daß in den beiden genannten Dörfern 15 Bauern, von denen 6 Franz und 9 Bernd I., dem Großvater Bernds II., gehörten, dem Joachim Versen auf Burgslaff wegen einer Schuldforderung an die beiden Dewitz zuerkannt waren. Diese Bauern waren von Joachim Versen an seinen Schwager Daniel Kleist zu Damen verkauft. 1628 besaßen die Kleiste jene Höfe nicht mehr, Bernd von Dewitz II. hatte sie also wieder erworben.

Einen bedeutenden Theil von Maltewin und Hödenberg hatten 1628 noch die Prechel als Afterlehn inne, sie versteuerten 42 Hackenhusen, 1 Meisshöfen 1 Krug, 2 Schäfer und 4 Schäferknechte. Bald darauf erlosch dies Geschlecht, das Lehn fiel an die Dewitze zurück, und diese konnten nun auch den Rittersitz der Prechel beziehen.[*]

Durch Kontrakt vom Dienstage in den heiligen Ostern 1634 kaufte Bernd von Dewitz die Güter Jarchlin und Sülz nebst dem Mulephofe von den Gebrüdern Bernd Joachim I. (104) und Stephan III. (109) aus,

[*] In dem Kaufvertrage zwischen Joachim Versen und Daniel Kleist d. d. Burgslaff den 31. Nov. 1564 ist bemerkt, daß zu den 15 Bauern kein „Hof oder Bauwerk belegen" war.

ter Jobstlinie auf 26 Jahre für 10,162 Gulden Pommerscher Währung, in guten harten untadelhaften vollwichtigen und im Herzogthum Pommern unverbotenen vollgültigen Reichsthalern und Ungarischen Goldgulden zu zahlen. Am 3. Mai 1636 theilte er mit seinen beiden Brüdern „ihren halben Antheil am neuen Hause Daber."*)

Berne von Dewitz II. war herzoglich Pommerscher Landrath. Während des dreißigjährigen Krieges mußte er mit seiner Familie einige Zeit seine Güter verlassen; er starb am 1. Februar 1648. Seine Gemahlin war Margaretha von Manteufel, einzige Tochter des fürstlich-bischöflichen Landraths Christoph von Manteufel auf Nerstin und Arnsdorf und der Frau Diana von Ramner aus dem Hause Suckow, im Jahre 1617 hatte sich Berne von Dewitz verheirathet. Die Ehestiftung ist am 30. Juli 1617 auf dem Rittersitze Arnsdorf aufgerichtet, nach ihr waren der Jungfrau Margaretha Manteufel 3000 Gulden Ehegeld nebst 7000 Gulden Vater- und Muttererbe zugesichert. Der Wittwe Bernes wurde von ihren Söhnen das Gut Plantikow auf Lebenszeit eingeräumt. Auch von diesem Gute ist in den brüderlichen Vergleichen der Söhne Curts von Dewitz nicht die Rede; sie besaßen in dem Orte bloß einen Bauerhof und bezogen aus der dortigen Mühle eine Kornpacht. Inzwischen waren aber die Weiber, welche wir noch 1628 als Alterlebensleute der Dewitze daselbst finden, ausgestorben, und die Eheherren hatten das Gut an sich genommen. Dies erhellt aus einer „Reklamation des Gutes Plantikow" vom Jahre 1640.

Die Kinder Bernds von Dewitz II. waren 3 Söhne: 1. Berne, 2. Georg Heinrich, 3. Henning Anton und 7 Töchter: 1. Ilsa Diana, 2. Marie Elisabeth, 3. Barbara, 4. Anna, 5. N. N. 6. Margaretha, 7. Dorothea.

350.

Heinrich von Dewitz II.,

der zweite Sohn Curts von Dewitz I. (348), geboren im Jahre 1596, wurde mit seinen beiden Brüdern 1606 auf das Gymnasium zu Stargard in

---

* Vergl. Stephan von Dewitz III. (1120), pag. 298.

Pommern gejagt; die Schule in Stettin, welche die Brüder Berndt und Georg im Jahre 1617 bezogen, scheint er nicht besucht zu haben. Er verheirathete sich 1617 und verglich sich durch die bei der Geschichte Berndts von Dewitz C. (349) ausführlich mitgetheilten Verträge vom 14. Juni 1617, 28. Mai 1618 und 7. Juni 1620 mit seinen Brüdern über die väterlichen Güter. Durch den letzten Vergleich erhielt er die Güter Daber, wo er wohnte, und Barbezin, das ihm zum gemeinschaftlichen Besitze mit seinem ältesten Bruder Berndt zugetheilt, von diesem aber durch einen besonderen Vertrag ganz an ihn abgetreten war. In Breitenfelde waren ihm 10 Bauern zugefallen; er legte in dem Dorfe eine Schäferei an und kaufte dort durch Kontrakt vom 17. Dezember 1622 einen Ackerhof mit 8 Bauern für 8000 Gulden von dem Konrad Friedrich von der Osten auf Plathe. Am 23. August 1646 trat er das Gut Breitenfelde an seinen ältesten Sohn Curt von Dewitz II. ab. Dies that er, da er „wegen seiner und seiner liebsten Leibes Unvermögenheit und Schwachheit seinen Gütern bei damaliger Landesbeschwerung und Unruhe nicht allein vorstehen konnte und daher selbiger Güter Ruhe besorgte, auch fürchtete, daß dadurch seinen Creditoribus wegen jährlicher Zinsen keine Satisfaction geschehen möchte." Der Sohn übernahm die auf dem Gute haftenden Schulden, nämlich 9674 Gulden Kapital und 2540 Gulden aufgelaufener Zinsen, außerdem verpflichtete er sich, 2250 Gulden als Aussteuer an seine Schwester Ilsa, die Gemahlin Konrad Reimars von der Wolz, zu zahlen. In dem Gute waren 11 Bauerhöfe, 10 in Breitenfelde und 1 in Brunnenberg, belegen, von denen 2 Höfe wüst, die anderen 9 vollkommen besetzt waren.

Heinrich von Dewitz behielt sich bei dieser Abtretung, die nur eine vorläufige war, den Besitz des Gutes so lange vor, bis er erlebt hätte, „was für Angelegenheiten sein Sohn Curt mit den Schwiegereltern der Frau zwecken und niederlegen würde, alsdann sollte der Vertrag in eine rechte Form gebracht und das Gut ihm vollkömmlich tradirt werden." Das geschahe am 24. Juni 1648. Curt von Dewitz sollte die Hälfte der Schulden, die auf dem Gute hafteten, auszahlen, wofür ihm dieses nunmehr mit allen Rechten und Gerechtigkeiten wirklich abgetreten wurde. Weil er, um seiner Verpflichtung nachzukommen, die Schwiegereltern seiner Frau verwenden mußte, wurde ihm das Recht zugestanden, dieselbe für den Fall seines Todes durch das Gut Breitenfelde sicher zu stellen.

Obgleich Heinrich von Dewitz seinen Aufenthalt in Daber hatte, wohnte er doch nicht auf dem Schlosse, dessen ihm und seinen Brüdern zugehörige Hälfte durch den Vergleich vom 3. Mai 1635 in drei Raveln getheilt war. Er hatte seine Wohnung auf einem in der Stadt erbauten Rittersitze. Während des dreißigjährigen Krieges war er, wie die übrigen Dewitz, eine Zeitlang geflohen, seine Güter wurden arg verwüstet, in seinen Gebäuden hauste das Kriegsvolk sehr übel, seine große Wohnstube wurde als Pferdestall benutzt. Etwas besonders Bemerkenswerthes ist von Heinrich von Dewitz nicht bekannt, es wird nur erwähnt, daß er den Leichenbegängnissen der Herzoge Philipp II. (1618), Franz (1621), Ulrich (1623) und Bogislav XIV. (1634) beigewohnt habe. In dem „Ehrengedächtniß des Herzogs Ulrich" heißt es: „Die siebente Fahne, darin des Herzogthums Rügen Wapen, ein halber schwarzer Löw, mit einer rothen Cron, im gelben Felde, oder fünf erhabene anatraten im blauen Felde, ward getragen von Jochim von Waldauen zu Haselbusch; das Roß führte Hans Muster zu Plate, und Heinrich von Dewitz zur Daber." Bei der Beisetzung Bogislavs XIV. war er nach Elzow Marschall; derselbe nennt ihn auch Landes Commissarius und Deputatus zu den Landtagen. Er starb 1658.

Seine Gemahlin Barbara von Schlichting aus dem Hause Numerotori, die bei ihrer Verheirathung am 24. August 1617 erst 16 Jahre alt war, überlebte ihn; sie setzte am 21. August 1657 ihr Testament auf. Der Eingang desselben lautet: „In Namen der heiligen und ungetheilten Dreifaltigkeit. Amen. Ich Barbara, geborne von Schlichtingen, seel. Herren Heinrich von Dewitzen weiland auf Daber pp. nachgelassene Wittib, urkunde und bekenne hiemit für jedermänniglich, daß ich bei mir gebührlich erwogen, wie nichtig und flüchtig dieses elende Leben sey, und was für Unglück und Zufällen es täglich, ja stündlich unterworfen, also daß wir auch keinen Augenblick fürm Tode sicher, weniger Uns des morgenden Tages versichern können. In Betrachtung solcher Vergänglichkeit dieses Lebens, da der Tod gewiße, die Stunde aber ungewiße ist, habe ich nachgesetzten meinen letzten willen, wie es in allem nach meinem seel. Hintritte auß diesem Jammerthal soll gehalten werden, zu Papier gebracht, welchen ich in allen clausulen und puncten ohnverbrüchlich von den meinen will gehalten haben.

Und zwar Anfangs befehle ich meine Seele meinem g. treuen Erlöser Christo Jesu in seine getreuen Bruderhände, als welch' er mit seinem theuten Blute von allen Sünden, dem Fluche des Gesetzes und der ewigen Pein erlöset hat, der sichern und gewissen Zuversicht, Er werde sie, wenn sie sich von dem Leibe scheidet, in die ewige Ruhe aufnehmen, dem Leib in der Erde einen sanften Schlaf gönnen, am jüngsten und allgemeinen Gerichtstage Leib und Seele zur ewigen Freude vereinigen, zu seiner rechten stellen und hören lasen die fröhliche stimme, Kommet her ihr Gerechten, ererbet das Reich, welches Euch bereitet ist von Anbeginn der Welt, und zwar um seines hochtheuren Seins Namens willen. Meinen Leib befehle ich dem Schoße der Erden, als Unser aller Mutter, und will, daß derselbe ehrlich und christlich, jedoch ohn übriges Gepränge zur Erden in Tader bestätiget werde, allda zu ruhen und der fröhlichen Auferstehung zu gewarten."

Der Taderschen Kirche vermachte sie 500 Gulden. „Nur weil in verigen Zeiten der Schulmeister zu Taderlow alle Woche geprediget und den Katechismum öffentlich in der Kirche gelesen," so bestimmte sie, „daß der damalige und künftige Schulmeister daselbst solches hinfüro auch thun und leisten solle," dafür legirte sie ihm jeden Scheffel Gerste, drei Wände und einen Scheffel Hafer von zwei Bauern in Taderlow.

Im Testamente sind ihre Kinder sowie einige Enkel erwähnt, es ist genau festgesetzt, was ein jeder aus der Hinterlassenschaft erhalten soll. Nachträglich ist hinzugefügt: „Weil aber Christoff Friedrich von Pleßen ohne Ursach meinem jüngsten Sohne den Tod drohetet, dessen Frau mich auch nicht als eine Großmutter respectiret und hält, will ich Vorhergehendes also erkläret haben, im Fall sie sich nicht bessern, daß sie von meiner Verlassenschaft nicht mehr als 300 Gulden Pommersch zu genießen haben sollen."

Heinrich von Dewitz hatte 5 Söhne: 1. Curt, 2. Bernd Siegismund, 3. Friedrich, 4. Christian Heinrich, 5. Gustav Georg und 2 Töchter: 1. Lucretia, 2. Ilsa.

351.

Georg von Dewitz I.,

dritter und jüngster Sohn Curts von Dewitz I. (348), hat seinen von ihm selbst aufgesetzten Lebenslauf hinterlassen, der wörtlich also lautet:

„Nachricht von meines Lebens Lauff undt Wandel.

Weil nach dehm willen Gottes, Ein Jeglicher Mensch, so in diese Welt gebohren, wieder muß Sterben undt zur Erde werden, von daher Er genommen, Also befehle ich:

Meine Seele dem Höchsten Gott in seine Hände, wann Sie auß diesem Irrdischen Cörper wirdt abgefordert werden, meinen verblichenen Cörper meinen nachgelaßenen Hertzliebsten, Ehegemahlin undt Kindern, zur Christlichen undt Ehrlichen Sepultur, darinnen biß an den lieben jüngsten Tagt zu ruhen, biß an jenem großen Tage zu aufferstehung der Todten.

Mittelst selbden bin Ich von den Hochadelichen Eltern, alß Sehl. Churt von Dewitzen, auff Daber undt Hoffelde Erbherrn, undt von der Hochwohlgebohrnen Frawen, Fr. Anna von Blanckenburges, Frawen auff Daber undt Hoffelde, von dem Hause Frietland bürtig, anno 1597 am Pfingst-Mittewoche umb 1 Uhr auf dem Hause Daber in diese Irrdische Welt gebohren undt von meiner Jugend an zur wahren Gottesfurcht, undt Aufrechtigem gebeth unterwiesen. Bis daß ich etwas zu meinem Verstande gerahten, haben Sie mich mit meinen beyden andern Brüdern nachher Stargardt mit Magister Jochim Kleßherrn, so Buß privatim müßen instituiren, Anno 1605 dritte halb Jahr gesandt, weill mein Sehl. Herr Vater Buß Anno 1601 frühzeitig durch den zeitlichen Tod weggeriffen werden. Folgends bin Ich von Stargardt mit meinem Elteßten Bruder Bernd von Dewitzen auff den Stetin gesandt, Anno 1607, und Herrn Christoff Stecker pro privato Praeceptore zugegeben, allda wir biß Anno 1609 seindt in Unsern studiis unterwiesen werden.

Anno 1609 bin Ich mit Friedrich Borde Churfürstl. Pfaltzischen zc heimblichen Rath auff Amberg! in das Churfürstl. Gymnasium mitgeschicket. Anno 1612 bin ich mit gedachtem Friedrich Borde auf Neu-Marckt in die Ober-Pfaltz gezogen, allda mich meine Eltern Herrn Jacob Gwerbusch nachgesandt, so Wir Philosophiam gelesen, undt unterweilen nacher Altorff der Nürnberg! gereiset, meine studia zu continuiren. Anno 1614 bin Ich mit meinem Stiefvater Caspar von Ilkrumb nach Speier mich begeben undt allda eine Zeitlang meine studia nicht alleine continuiret, allda Ich Herrn Doctorem Heinrich Petri vor meinen Hofmeister mich gehalten, undt mit Ihm in der Juristischen Facultät exerciret, auch des Kayserlichen Cammer-Gerichts praxin geleret, folgends mir auff die publiquen Universitäten alß

Straßburg, Heydelbergl und Tybingen mich begeben, alda bis 1617 verblieben.

Eodem Anno bin Ich albier nachher Pommern zu Haale gereiset auff meines Bruders Heinrich von Dewitzen Hochzeit. In hoc anno habe Ich mich wiederumb an Rein-Strom nach Heidelbergl begeben. Anno 1620 bin Ich wieder zu Haale gekommen und habe mit meinen Brüdern unsere Güther getheilet, und Anno 1621 mit des Hoch-Edelgebohrnen Herrn Heinrich von Rammius Tochter mich verlobet und auff den Herbst vertrauen lassen, mit derselben eine Tochter gezeuget, Nahmens Elisabeth von Dewitz, weill aber dieselbe Meine Eheliebste in den 6 wochen gestorben, Meine mit Ihr gezeugte Tochter das andere Jahr auch die zeitliche welt gesäugnet, also bin Ich bis Anno 1625 in Meinem Wittber-Staude geblieben, folgends Anno 1625 Mich mit der Hoch-Edelgebohrnen Fräulein und Gräffin von Eberstein, Fräulein auf Naugarten und Massow, in den Stand der Heil. Ehe wieder begeben, und mit dehre in meinem wehrenden Ehe-Staude vier Töchter gezeuget als 1. Cunigunda von Dewitzen, 2. Anna Chatarina von Dewitzen, 3. Agnüß Maria von Dewitzen, die vierte Tochter ist unglücklich und todt zur Welt gekommen und solches durch Zauber Herrn verrichtet worden. Die zweite und dritte Tochter sind beyde jähra Lebtes in ihrer Kindheit verstorben, daß Ich also in dieser Ehe groß Kreutz und Hertzeleyd an den Meinigen ausgestanden, auch also, daß ich durch Krieg nicht alleine Raub, Brand, Plünderung und große Verfolgung, Verde und Verwüstung meiner Güther ausgestanden habe, besonderm öffter zu ein und zwey Jahr in großen Städten mit den Meinigen fliehen und in Pehten Elff Jahr in Exilio leben müssen, Meine Leuthe alle verjaget, an der Pest gehterben, Mein Vieh und Zahruß von den Soldaten weggerißen, Hauß, Hoff, Ackerhoff und Schäfferey abgebrandt, daß ich nicht eine Klauge Vieh erhalten, Schwere und Hohe Contributiones dabey abtragen müßen, gefangen von den Kayserlichen weggeführet, mit 800 Reichsthaler rantionniren müßen, dabey auch mit schweren Bulosten Leuthe wieder in meine Güther herbeybringen, bemehren und besetzen. Ja durch den großen Sturmwind Anno 1640 zwantzig Bauer Zimmer und zwey große Schaff Ställe niedergeworffen, mit schweren großen Kranckheiten der Höchste Gott Mir heimgesuchet, ja durch meinen leiblichen Bruder Bernd von Dewitzen Mir ist heimblich und öffentlich nach Meinem Leben getrachtet, meines Bruders Sohn, Gustaff von Dewitz, nebst den Andern hat nach Ehr und gutem Nahmen

Wir getrachtet. Bin also in diesem itzigen von Gott dem Allmächtigen wohl-
geeigneten Friedjahren und getreuen Ehestande von Anno 1625 bis anno
1648 mit Friede und Freude, ja zweier einigkeit gelebet. Solches hat Mein
oberzehltes Engluck, Verfolgung, Ruin und unterschiedliche geschehene Verwüstung Meiner Güether hellen geduldig übertragen und Gottes Segen dabey
Haubtgareißlich gespühret, worer seiner Allmacht höeblich Lob u. xi Danck ge-
saget, derselbe gebe Mir auch nach diesem Leben durch das theure Verdienst
Jesu Christi, seines theurn Sohnes das ewige Leben und ein Sanftes Seb-
liges und in wahrer Gottesfurcht Christliches Sterbe-Stündlein. Anno 1648
den 8. Januarii."

Dieser Lebenslauf findet sich, von George von Dewitz Hand geschrieben, in dessen noch vorhandenem Handbuche, welches auch die schon mehrfach
erwähnten Theilungsverträge über die der Curi Linie gehörigen Güter und
deren Schloßantheil enthält. Mehrere andere von Georg abgeschlossene Vergleiche und Kontrakte werden hier außerdem mitgetheilt z. B. ein Vertrag vom
17. November 1629, durch welchen ein Streit zwischen den Brüdern Bernd
und Georg über den Ulrichs-Teich bei Roggow und das reinigen auf der
Roggowschen Torfstraße beigelegt wurde, ferner ein Tauschkontrakt zwischen
Bernd und Georg vom 11. März 1633, nach welchem Georg an seinen
Bruter Bernd 4 Scheffel Roggen Mühlenpacht in Werder und 2 Scheffel
in Walkenin abtrat, dagegen aber von Bernd 4 Scheffel Roggen Mühlenpacht in Roggow und 2 Scheffel aus der Zampelmühle empfing; sodann ein
Kontrakt vom 9. October 1634, durch den Georg an seinen Bruter Hein-
rich sein Viertheil am Freischulzen zu Schevenwalde cedirte, sich jedoch ein
Viertheil der Straßenheit und das reinigen auf der Torfstraße vorbehielt,
Heinrich überließ ihm sein Trittheil am Freischulzen zu Braunsfort. Durch
einen andern Vertrag vom 11. October 1634 wurde zwischen Georg und
Stephan III. auf Heffelde "eine beständige Vergleichung wegen etlicher Ir-
rungen und Mißhelligkeiten, so zwischen ihnen wegen eines Sobligationis und
Hadelwerkes in Nadem eingetreten und der fürstliche Alten Stettinische
Hofgericht zu Rechte gewachsen war, in Güte beigelegt, getroffen, geschlossen
und zu Papier zur Nachricht gebracht." Mittelst Kontrakte vom Michaelis
Tage 1639 cedirte Georg an Stephan von Dewitz III. seine Gerechtigkeiten an der Roggowschen Mühle nebst der jährlichen Pacht aus derselben, bestehend in 13½ Scheffel und 2½ Metzen Roggen, 2 Mauteln 5

Stück Aal und alle drei Jahre ½ Pfund Pfeffer, wogegen ihm Stephan seine Gerechtigkeiten an der Ratener Mühle nebst der jährlichen Pacht von 18 Scheffeln Roggen und 27 Scheffeln „alte versessene Kühte" überließ; auch trat Stephan an Georg das Recht ab, einen Winspel Roggen Mühlenpacht „so die Trenes von Naugardien jährlich in der Ratener Mühle zu heben haben," wiederum zu reluiren, jedoch für sein Geld. Mit dem Landrathe Christoph von Wedell, auf Nedenhagen und Braunsfort gesessen, schloß Georg am 2ten März 1633 einen Kontrakt, nach welchem er an den von Wedell einen Bauerhof in Braunsfort abtrat und für denselben einen Bauerhof in Braunsberg erhielt. Die Höfe waren beide unbewohnt, obgleich die nöthigen Gebäude vorhanden waren. Das zu den Höfen gelegene Land sollte gemessen werden, „und was ein jeglicher an Acker, Wiesen und Holzungen mehr als der andere haben würde, sollte nach Landesgebrauch einer dem andern mit 20 Gulden auf den Morgen bezahlen" u. s. w. Häufig war bei solchen Verträgen der „würdige und gelahrte Err Martinus Teisaeus, Pastor in Justewin," als Unterhändler zugegen. Er scheint ein gewandter, in derartigen Geschäften erfahrener Mann gewesen zu sein und bei den Denriten ein großes Vertrauen genossen zu haben.

Georg von Denrit hatte seinen Wohnsitz in Braunsberg, er war, wie wir aus seinem Lebenslaufe gesehen haben, zweimal verheirathet. Seine erste Gemahlin war Hyppolita von Ramin, eine Tochter Heinrichs von Ramin auf Ramin und der Frau Elisabeth von Ramin aus Stolzenburg. Die zweite Gemahlin Anna Katharina, Gräfin von Eberstein, war eine Tochter des Grafen Georg Kaspar von Eberstein, Dompropstes zu Cammin, und der Frau Cunigunde, Gräfin von Schlick, einer Tochter des Grafen Christoph von Schlick und der Frau Katharina von Harras. Das alte Geschlecht der Grafen von Eberstein ging in Pommern einem tragischen Ende entgegen. Graf Ludwig hatte die Güter im höchsten Maße verschuldet, sein ältester Sohn Georg Kaspar war, als angeblich unsinnig im Schlosse zu Naugard eingesperrt, gestorben, ein anderer Sohn Ludwig war in Frankfurt an der Oder als Ehrenrector der Universität ertrunken, der jüngste Sohn Petrath, ein wüster Gesell, hatte in einer Fehde seinem

Bruder Albrecht, dem tapfern Waffengefährten Heinrichs von Navarra, die
Fauſt abgehauen. *)

Mit ſeiner zweiten Gemahlin Anna Katharina von Eberſtein,
geboren am 24. Auguſt 1594, hatte ſich Georg von Dewitz nach dem
Tode ihres Vaters verheirathet. Da der älteſte Bruder, Graf Ludwig Chriſtoph, ſeine Quote der verſprochenen Ausſteuer nicht zahlte, klagte Georg
von Dewitz gegen ihn bei dem fürſtlich-biſchöflichen Hofgerichte in Cecolin
und wurde durch ein Decret der Behörde in ſechs Bauern zu Groß Sabow, unter denen ſich der Freiſchulz befand, eingewieſen. Um die Sache gütlich beizulegen, ſchloſſen beide Schwäger am 2. Juli 1620 auf Georgs von Dewitz Ritterſitz in Zanßlin einen Vergleich, durch den ſie ſich dahin vertrugen,
daß Graf Ludwig Chriſtoph an Georg von Dewitz an Brautſchatz und
Aliment-Geldern, bisher erwachſenen Zinſen, ſo wie an Vergütigung für Ge-
richtskoſten und Accoſſiengebühren im Ganzen 2720 Gulden zahlen ſollte.
Er machte ſich anheiſchig, von dieſer Summe ſofort 654 Gulden in der Stadt
Plathe auszuzahlen, für die übrigen 2066 Gulden ſollte Georg von Dewitz
die Zinſen von den ſechs Bauern in Groß Sabow beziehen, nämlich jährlich
zu Johannis 62 Gulden und zu Michaelis 62 Gulden. Die Bauern verblieben ihm ſo lange, bis er das Kapital erhalten haben würde. Zahlte der
Graf dieſes nicht, ſo ſollte Georg von Dewitz befugt ſein, von ſeinem
erſtrittenen Rechte Gebrauch zu machen; er durfte dann die ſechs Bauern ganz
an ſich nehmen und ſie als „ſein propro eigen Gut gewieſen, nutzen und gebrauchen.“ Herzog Bogislaw XIV. ertheilte d. d. Alten Stettin den 29. Januar
1630 dieſem Vertrage die Beſtätigung.

Der Graf Ludwig Chriſtoph von Eberſtein zahlte die 2066 Gulden nicht;
Georg von Dewitz berechnete im Jahre 1638 eine Summe von 7582 Gulden 4
Schillingen, die er von dem Grafen zu fordern hatte. Wodurch die Schuld
ſo hoch aufgelaufen war, ergiebt ſich aus den Acten nicht. Die Zinſen des
Kapitals waren während der Unruhen des dreißigjährigen Krieges von den
Bauern in Sabow ſicher nicht entrichtet, ſie blieben nicht allein rückſtändig
ſondern wurden jährlich zum Kapitale geſchlagen und wieder verzinſt. So iſt
das Anwachſen der Schuld ſehr leicht erklärlich. Unter Vermittelung des Bürger-
meiſters Matthias Salzſieder zu Greifenberg in Pommern einigten ſich Graf
Ludwig Chriſtoph und Georg von Dewitz vor dem kurfürſtlichen Hofge-

*) Barthold. Geſchichte von Rügen und Pommern IV. b. pag. 470.

richte in Colberg am 9. Mai 1658 dahin, daß der erstere an den letzteren außer den sechs Bauern in Sabow den Weitehöfer von den Lockstaedten und Rungen, Ehterlehwehemen der Eberstein, den Marktzoll in Sabow und 2½ dertige Priesterbauer-Höfe mit der Hofstätte, den Diensten, Pächten und allen anderen Pertinenzien abtrat. Unter dem 19. April 1658 wurde dieser Vergleich von dem Hofgerichte in Colberg bestätigt.

Schon früher hatte Georg von Dewitz einige Ebersteinsche Besitzungen an sich gebracht. Einem Bürger zu Cöslin, Namens Gabriel Mauß, waren wegen einer Schuldforderung an den Grafen Bolrath von Eberstein zwei Bauern in Moskow bei Naugard durch Urtheil des fürstlich-bischöflichen Hofgerichts in Cöslin vom Montage nach Michaelis 1615 zugeschlagen, so daß er sie „verkaufen, verhypothecicren und revalieniren" durfte. Diese beiden Bauern kaufte Georg von Dewitz mittelst Kontraktes vom Montage nach Vorem jucunditatis 1624 von „dem ehrenfesten, vornehmen und wohlgeachteten Gabriel Mauß" für 850 Gulden Pommerscher Währung; 800 Gulden sollten in bestimmten Terminen gezahlt werden, für die übrigen 50 Gulden versprach Georg von Dewitz dem Verkäufer bei Einhändigung des bestätigten Kontrakts sofort ein dreijähriges Hengstfüllen zu überbringen. Die Bestätigung des Herzogs Bogislav XIV. erfolgte in der „bischöflichen Residenz Cöslin" am 16. Juni 1624.

Im Jahre 1603 fiel Georg von Dewitz in eine schwere Krankheit, von der er kaum genesen war, als er seinen Fuß an einem stark mit Eisen beschlagenen Reisekasten stieß. Der Fuß wurde zwar nur ein wenig gestreift, doch schlug der kalte Brand dazu. Auch hiervon wurde er geheilt, 1604 fanden sich aber auf dem anderen Beine zwei kleine Blasen, der kalte Brand kam wieder hinzu, und Georg von Dewitz starb in Folge dieses Leidens am 24. November 1604. Er hinterließ den Ruf einer großen Redlichkeit und wahrer Frömmigkeit. Seine Leiche wurde am 12. Juli 1605 zu Daber beigesetzt. Der Präpositus Samuel Morlus hielt ihm die Leichenrede über Psalm 31, 6, der Titel war: „Wohlverfichertes Seelen-Testament."

Georgs Wittwe wurde bald nach dem Tode ihres Gemahls kränklich, im Jahre 1668 bekam sie einen Schaden am Schenkel, so daß sie auf einem Stuhle getragen werden mußte. Ihr Leiden trug sie mit großer Geduld und christlicher Demuth, bis sie von ihnen am 17. September 1673 durch einen sehr sanften Tod erlöset wurde. Kurz vor ihrem Ende schenkte sie 100 Thaler zum Umgießen einer Kirchenglocke in Daber und vermachte der Kirche daselbst 1000 Gulden. Die Trauerrede, welche der Präpositus Mevius ihr hielt, war betitelt: „Bittere Pomerantzen und saure Citronen, als goldner Aepfel in silbernen zackervollen Confect-Schässeln zum bedenklichen Schau-Essen oder medicinalischen Gedächtniß des annoch unverdaulichen Paradiesischen Apfelbissens, darauf ein herber Passionstrunk erfolgte, Gott dem Herrn zu Ehren und sorgsamen Gebrauch dieses irdischen Lebens, praesentiret."

Nach Georgs von Dewitz Tode brach über seinen Nachlaß Concurs aus, der durch die vielen und schweren Verluste, welche er erlitten hatte, herbeigeführt war.

In beiden Ehen hatte er nur Töchter, diese waren: 1. Elisabeth, 2. Cunigunde, 3. Anna Katharina und 4. Agnes Marie.

Die noch lebenden Dewitze aus der Cari-Linie stammen von Curts I., zweitem Sohne Heinrich II. ab, Georg hatte nur Töchter, Bernds Geschlecht erlosch schon in der zweiten Generation. Wir schicken daher der bessern Uebersicht wegen die Geschichte der Nachkommen Georgs V. und Bernds II. dem Zweige Heinrichs II. voraus.

352.

Elisabeth von Dewitz II.,

einzige Tochter Georgs von Dewitz V. (351) aus seiner ersten Ehe, ist als Kind gestorben.

353.

Cunigunde von Dewitz I.,

älteste Tochter Georgs von Dewitz V. (351) aus seiner zweiten Ehe, wurde im Jahre 1627 geboren. Sie war zweimal vermählt, zuerst mit dem Hauptmann Andreas von der Osten auf Plathe und Woltersburg. In der am 21. Juni 1644 auf dem Hause Braunsberg geschlossenen Eheeinung wurden ihr 8000 Gulden Pommerscher Währung als „Ehegeld und adliges

Heirathsgut" zugesagt. Ihre Eltern waren jedoch bei ihrer Vermählung so sehr von allen Geldmitteln entblößt, daß nicht einmal die üblichen Brautgeschenke beschafft werden konnten, weshalb ihr Vater dieselben Geschenke, welche er bei seiner Verheirathung von seiner Braut erhalten hatte, dazu verwenden mußte, namentlich „eine köstbare Halsschnur mit Demantspitzen, Trauring, Brauthembe und Schnupftuch." Ihre Ehe war zwar kinderlos, aber doch sehr glücklich.

Im Jahre 1660 verlor Cunigunde von Dewitz ihren Gemahl; derselbe hatte am 23. Dezember 1650 zu Plate sein Testament aufgesetzt, welches abschriftlich in dem schon erwähnten Hausbuche Georgs von Dewitz V. enthalten ist. Wir theilen daraus einiges mit. Er beginnt mit einer Hinweisung auf die Ungewißheit der Todesstunde und die Pflicht des Christen, sich auf sein Ende zu bereiten. Dann heißt es: „Unnd weil meine Herzvielgeliebte Haus-Ehre, die Hoch-Freigebohrne Vielehren sie nunr Tugentreiche Frau Kunigunda von Dewiten mir alle beständige liebe undt ehre erwiesen, auch noch erweiset, wie ich dan auch ober das ihre mühsame sorgfalt und unverdrossnen fleiß in der haushaltung nicht gnug preisen kan, so habe Ich die schuldigkeit zu seyn erachtet, selches alles dankbarlich zu erkennen, undt desfalls bey gutem Verstande undt Vernunfft, wolbedächtig, freywillig, ohne allen Zwang und berenkung, diesen meinen folgenden letzten willen durch ein Testamentum auffzurichten, . .

Anfänglich aber danke ich meinem Himmlischen Vater vor leben, gesundheit undt schuz, absonderlich daß Er mich zum erkentniß seines lieben Sohnes, meines Erlösers Jesu Christi, kommen laßen, und in meinem glauben bestendig erhalten, bitte denselben von grunde meiner Seelen, daß Er mir getuli und beständigkeit des glaubens biß an mein ende, welches in Seinen händen stehet, gnädiglich verleyen wolle. Diesem meinem Erlöser Jesu Christo befehle ich bey meinem, Gott gebe Seligen abscheiden, meine Seele, die Er Teur durch sein bluht erlöset hat, biß Sie am Jüngsten tage mit meinem leibe wiederumb vereiniget undt bey der heiligen Dreyeinigkeit undt allen Auserwehlten im Ewigen leben ewig seyn undt bleiben wird."

„Unterdessen begehre Ich, daß nach meinem absterben mein erblaßter leib, ohne pracht, wie es am schlechtesten immer seyn kan, undt die Zeiten es leiden wollen, bis zur fröhlichen wiedererstehung, die Ich glaube undt hoffe, zur erden bestetiget werde." . . . .

„Nechſt dieſem beſtetige Ich nochmalen die meiner liebſten aufgerichtete Ehestiftung in allen Ihren puncten unde clauſulen, nata verordne nochmahlen beſtändig, daß das Guht Bandelow nebſt allen dazu gehörigen pertinentien, als Fiſcherey auf der Rega, Auter-See, Auter-Triche, Straßengerichte unde Gerechtigkeit zu Auter unde Bandelow, Kirchlehn daſelbſt nebſt allen ädern, wieſen, holtzungen, item die Bier-Mühle, das Holtz ſonſt Vier genandt, und der Eich-Rehmel bis an die Schäferbrücke unde die verſprochenen Tauſend Reichsthaler Morgengabe hiemit meiner liebſten verehret unde vermachet ſeyn ſollen.“

Außerdem ſetze er ſeine Gemahlin zur Erbin aller ſeiner Güter, beweg-lichen und unbeweglichen Fahrniß und alles deſſen, was er bei ſeinem Tode hinterlaſſen würde ein, „ſelbiges einzunehmen, ohne Berechnung zu beſitzen, zu gebrauchen und als mit dem Ihrigen ohne jemandes Eintrang zu ſchalten und zu walten.“ Falls ſeine „liebſte“ entweder im Wittwenſtande verbleiben oder in einer andern kinderloſen Ehe leben würde, ſollte ſie ſeine ganze Hinterlaſ-ſenſchaft Zeit ihres Lebens inne haben und gebrauchen; ſtürbe ſie vor ihren Eltern, ſo ſollten dieſe in den Beſitz ſeiner ſämmtlichen Güter und ganzen Habe treten. Nach deren und ſeiner Gemahlin Tode ſollte alles an ſeinen Bruder David von der Oſten heimfallen. Würde dagegen ſeine „liebſte“ in einer andern Ehe beerbt ſein, ſo ſollte ihr und den Ihren „alles vermachet verehret und als ihr erbliches und eigenes tradiret ſein.“

Als Zeugen haben dieſes Teſtament des Herrn Andreas von der Oſten ſieben Bürger zu Plathe unterſchrieben, der Rathsverwandte Michael Metzer, der Kirchenvorſteher Erdmann Saß, der Tuchmacher Jochim Ruhte, ſo wie die Bürger Andreas Paleske, Valentin Criſtmann, Michael Glöd und An-dreas Riedheder. Jeder von ihnen hat zu ſeiner Namens-Unterſchrift in Er-mangelung eines Siegels ſeine Hausmarke hinzufügt.

Frau Cunigunde verheirathete ſich zum zweiten Male mit dem Kur-brandenburgiſchen Oberſtlieutenant, ſpätern Generalmajor Heinrich von Hal-lart*), mit dem ſie, wie mit Andreas von der Oſten, in einer kinderloſen Ehe

*) Heinrich von Hallart aber Hallard nennt ſich in den vorhandenen Akten auch Heinrich de Hallart und Henri de Hallard. Nach u. Schedubri's Kriegslexikon S. 313 hieß er Henry de Hallard gen. Elliot, war aus Schottland gebürtig, ward 1686 Kurbran-denb. Generalmajor und Gouverneur aller Feſtungen a. d. Perer.

lebte. Daher vermachte sie alles das Ihrige durch ein Testament ihrem Gemahl. Zu ihrer Hinterlassenschaft gehörte auch ein Antheil von Haseleu, welcher ihr für 600 Gulden wegen ihres Ehegeldes und der Auslösener verschrieben und zur Hypothek gesetzt war. Der Herr von Hallart ließ sich 1671 darauf immittiren und besaß es eine Zeitlang. Nach dem Tode seiner Schwiegermutter, der Frau Anna Katharina, gebornen Gräfin von Eberstein, gerieth er mit den Dewitzen aus der Curt-Linie wegen Forderungen, die er seiner Gemahlin wegen an die Dewitzschen Güter machte, in einen Proceß. Nur von dem Hauptmann Gustav Georg von Dewitz (349), der sonst nicht besonders verträglich war, rühmt er, daß derselbe stets gegen ihn willig und freundlich sich bezeiget, ihm niemals zuwider gewesen, auch an dem Proceß leinen Gefallen gehabt. Er schenkte deßhalb ihm und seinen Erben die Forderung von 4000 Thalern, welche von dem Ehegelde der Frau Cunigunde herrührte, dergestalt, daß Gustav Georg von Dewitz das Gut Haseleu, so weit von Hallart darin eingewiesen war, als sein völliges Eigenthum besitzen sollte. Die Schenkungsurkunde ist am 25. September 1676 zu Anclam ausgestellt. In ihr nennt sich „Heinrich de Hallart kurfürstlich Brandenburgischer bestallter Oberst und Gouverneur der Feste Anclam, Wolgast, Neckermünder Schanze, Insel Usedom und des Wolgastischen Districts, fürstlich Holsteinscher Oberhauptmann über die Aemter der erwähnten Insel, Herr auf Plathe, Wolbenburg und Braunsberg.“ Wann seine Gemahlin gestorben ist, ergeben die Akten nicht, 1671 war sie nicht mehr am Leben. Herr von Hallart starb im Anfange des Jahres 1689. Unter dem 12. März dieses Jahres reichte Gustav Georg von Dewitz ein Gesuch an den Kurfürsten von Brandenburg ein, in welchem er bat, ihn im Besitze von Haseleu gegen die Gläubiger des verstorbenen Georg von Dewitz zu schützen, er beruft sich darauf, daß er von dem „seligen Obersten de Hallart“ in den rechtmäßigen Besitz des Gutes gesetzt sei.

354.

Anna Katharina von Dewitz,

zweite Tochter Georgs von Dewitz V. (351) aus der zweiten Ehe, und

355.

Agnes Marie von Dewitz,

dritte und jüngste Tochter George von Dewitz V. (351) aus der zweiten Ehe, starben beide eines „jähen Todes" in der Kindheit.

356.

Gerd von Dewitz III.,
Landrath,

Dieser Sohn des Landraths Gerd von Dewitz II. (349), wurde am 6. December 1623 auf dem Hause Mersow geboren. Zuerst genoß er im elterlichen Hause Privatunterricht und bezog sodann das Pädagogium zu Alt-Stettin. Nachdem er hierauf mehrere Deutsche Universitäten besucht hatte, hielt er sich einige Zeit in letztern auf und machte dann eine Reise durch die Niederlande und Frankreich. Längere Zeit verweilte er zu Orleans, wo ihn die damals berühmte Universität fesselte. In sein Vaterland zurückgekehrt, wurde er nach dem Tode seines Vaters Landrath. Durch den Hinterpommerschen Landtags-Abschied vom 11. Juli 1654 wurde er mit mehrern andern*) aus den Prälaten und der Ritterschaft zu der Commission verordnet, welche „die Polizei, als Kleider, Hochzeit, Kindtaufen und dergleichen, Sumptual-Tax für Gesinde, Bauer-, Schäfer- und Bettler-Ordnungen, item von Maß, Ellen, Gewicht und

---

*) Diese waren: Georg Bonin, Decan der Kirche zu Colberg, Jacob Flemming, Landmarschall, Philipp Winterberg zu Pansplow, Joachim Henning Schmeling zu Gudrahagen, Peter Wobeser zu Zachow, Landräthe, Ernst Bodewitz zu Haderwill, Henning Ramel zu Bulgrin, Joachim Enckow zu Schlatkow und Peter Woitke zu Sydow. Von den Städten Jacobus Bruck, Bürgermeister zu Stargard, Felix Braunschweig, Bürgermeister zu Colberg, Ernst Rose, Bürgermeister zu Stolp, Johann Müller, Rathsverwandter zu Greifenberg. (von Gerdes, Laderlesene Sammlung verschiedener glaubwürdiger, guten Theils wie gedruckter Urkunden und Sammlungen I pag. 79 und 80).

was sonsten zu guter Polizei gehörig sein möchte, unter die Hand gegeben werden sollte."

Die väterlichen Güter hatte Berud von Dewitz III. durch die am 18. und 19. September 1650 zu Maltewin geschlossenen Vergleiche mit seinen Brüdern getheilt. Es wurden drei Kaveln festgesetzt, durch das Loos sollte entschieden werden, an wen eine jede derselben fiele. Zur ersten Kavel wurde gelegt: Das Gut Maltewin, nämlich der Rittersitz, die Schäferei, die dort wohnenden 9 Bauern, die Mühle und sämmtliche Hebungen, ferner die Schäferei zu Saltmow nebst 2 dortigen Bauern, 3 Bauern zu Haselen, 1 zu Reggow und 2 zu Buldow, die Maltewinsche, Buldowsche und Saltmowsche Straße zum Besäen mit Leinsamen, das Maltewinsche, Buldowsche und ein Viertel am Saltmowschen Schulzengericht, außerdem 2 wüste Hufen in Reggow. Die zweite Kavel bestand aus dem Gute Meesow nebst den im Dorfe wohnenden 17 Bauern und 2 Restärben, so wie der Mühle und allen Hebungen, der Meesowschen und Haselenschen Straße zum Besäen mit Leinsaamen, dem Meesowschen, Haselenschen und einem Viertel des Saltmowschen Schulzengerichts. Weil zu Meesow kein Wohnhaus auf dem Rittersitze vorhanden war, so versprachen die drei Gebrüder, demjenigen, welchem diese Kavel zufallen würde, „ein Haus gleich dem Maltewinschen" in Jahresfrist aufbauen zu lassen. Das Holz sollte aus der gemeinschaftlichen Forst im Hermelsdorf auf gemeinsame Kosten ausgehauen, verbunden und nach Meesow gefahren werden, zu gleichen Theilen sollten Steine und Kalk beschafft werden, zur Bezahlung der Handwerker und „völligen Ausbauung des Hauses" machte sich ein jeder anheischig 100 Thaler baar zu erlegen. Zur dritten Kavel gehörte das ganze Gut Jarchlin nebst der Schäferei zu Nütz und 14 dabei befindlichen Bauern (5 in Jarchlin, 6 in Nütz, 3 in Schmelzdorf). Damit so viele Dienste, als zu den anderen Kaveln gelegt waren, auch bei dieser sein möchten, wurden noch drei Bauern in Reggow dazugelegt. Weil „das Haus in Jarchlin sehr unfertig und Mangel an Kücherei" war, sollten die beiden Brüder, welche die Maltewinsche und Meesowsche Kavel erhalten würden, der Jarchlinschen 500 Gulden zahlen. Der letztern Kavel fehlten an Bächern 6 Gulden 9 Schillinge im Verhältniß zu den beiden anderen, diese Hebung sollte ihr mit 106 Gulden Kapital erstattet werden. Die 3 Bauerhöfe in Schmelzdorf waren wüste, zu deren „Aufbauung und Bewehrung" wurden 600 Gulden aus den beiden übrigen Kaveln bestimmt, weil keine Straße zum Leinsaamen

vorhanden war, erhielt sie 15 Gulden. Es fehlte bei ihr auch ein Schulzengericht, die Hoflage war bei weitem den anderen nicht gleich, die zu ihr belie-
genen Unterthanen wohnten „weitläuftig von einander," deßhalb wurden ihr noch der
Krug in Schönwalde, 3 wüste Hufen und eine Hoflage in Groß-Bray, wie auch 1 Hufe
zu Marienhagen zum Ersatz gegeben. Hiezu kamen noch einige andere Mängel,
welche durch Geld entschädigt wurden. Da es sich überhaupt ergeben hatte,
daß diese Kavel niedriger tarirt werden mußte, so hatte ihr außerdem die
Waldewinsche Kavel 884 Gulden, die Meesowsche 914 Gulden zu erstatten.
Die ganze Entschädigungssumme betrug 3019 Gulden, wovon 1370 Gulden
auf Waldewin, 1649 Gulden auf Meesow kamen; um nun die Jarchlinsche
Kavel schadlos zu halten, übernahm eine jede der übrigen so viel, als sie an
diese zu zahlen hatte, von den väterlichen Schulden, außer der ihr selbst zugefallenen Quote. Die vom Vater herrührenden Schulden waren nämlich
von den Brüdern zu gleichen Theilen getragen, die oben angegebne Summe
sollte dem Besitzer von Jarchlin durch die beiden anderen Brüder abgenommen werden. Die Holzungen, namentlich der Hermelsdorf, die Fischerei, das
jus Patronatus, die Jagd, Stadt- und Schloßgerechtigkeit zu Daber sollten
„für diesmal" noch in Communion und ungetheilt bleiben, nur die Teiche und
kleinen Seeen gehörten zu den Kaveln, in denen sie lagen.

Da wegen des Gutes Meesow, auf welches Jobst von Dewitz II.
(100) Ansprüche erhoben hatte,[*] die Sache bei dem Reichskammergerichte
noch schwebte, so versprachen die Brüder, denen Waldewin und Jarchlin zufallen würden, ebenso ihr Vaterbruder Heinrich von Dewitz II., den Besitzer von Meesow schadlos zu halten, wenn das Urtheil wider Erwarten un-
günstig ausfallen sollte.

Durch das Loos erhielt Bernd von Dewitz III. Meesow, Georg
Heinrich Jarchlin und Henning Anton Waldewin und Sallmow.
Da sich ergab, daß die väterlichen Schulden sich nur auf 6716 Gulden Kapi-
tal beliefen, wovon auf jeden Bruder 2238 Gulden 16 Schillinge kamen, so
übernahmen die Brüder Bernd und Henning Anton sofort Georg
Heinrichs gesamnte Schuld, und da diese geringer war als die ihm bestimmte
Entschädigungssumme, wurden ihm von Bernd außerdem 530 Gulden 4
Schillinge und von Henning Anton 250 Gulden 4 Schillinge gezahlt.

[*] Vergl. Curt von Dewitz I. (34½), pag. 490 und 491.

Dem zweiten Bruder, als dem Besitzer von Jarchlin, war nach dem Theilungsvertrage das Recht vorbehalten, falls einer der anderen Brüder ohne Erbsterben sterben würde, dessen Nacel gegen die seinige einzutauschen und Jarchlin zur Theilung zu stellen. Von diesem Rechte machte denn auch Georg Heinrich nach dem Tode des jüngsten Bruders Henning Anton Gebrauch und kam so in den Besitz von Waldewin. Jarchlin sollte nun zwischen Bernd und Georg Heinrich getheilt werden, doch überließ der letztere dem ersteren durch den Vertrag d. d. Daber den 10. März 1682 seinen halben Antheil von Jarchlin für 1000 Gulden baar, zugleich übernahm Bernd für Georg Heinrich 5500 Gulden Schulden, im Ganzen bekam dieser also für das halbe Gut 6500 Gulden. Bald wurde ihm jedoch der Verkauf leid, er hielt sich für übervortheilt und gerieth mit Bernd in Streit. Er berechnete den Ertrag von Jarchlin zu 1202 Gulden 1½ Schillinge und den Werth zu 28087 Gulden 16 Schillinge.[*]

Das Gut Plantikow war, wie schon berichtet ist, von Bernd und seinen Brüdern der Mutter für ihre Lebenszeit als Wittwensitz überlassen. Durch den brüderlichen Vergleich vom 18. September 1650 war festgesetzt, daß nach deren Tode der Besitzer von Jarchlin berechtigt sein sollte, das Gut Plantikow zu übernehmen und seine Brüder durch Geld abzufinden, „dieweil die Jarchlinsche Wohnung und Hoflage die unbequemste war." Als aber im Jahre 1661 die Mutter starb, fiel Plantikow an die beiden Brüder Bernd und Georg Heinrich. Zwar befand sich der erstere im Besitze von ganz Jarchlin, doch war durch den Tod des jüngsten Bruders Henning Anton der Grund, aus welchem dem Besitzer von Jarchlin das Recht zustehen sollte, ganz Plantikow zu beanspruchen, fortgefallen, zu Jarchlin in der sehr unbequemen Wohnung und Hoflage hatte keiner der beiden lebenden Brüder seinen Sitz.

Bernds von Dewitz III. Gemahlin war Barbara Sophie von Owstien, eine Tochter des Herrn Joachim Kühne von Owstien,[**] auf Wänsow und Zletken erbgesessen, und der Frau Dorothea von Carnitz aus dem Hause Damitz. Nach der Eheschließung d. d. Jamitzow den 3. Januar 1682 erhielt sie 18000 Gulden Weigastischer Währung Ehegeld, außerdem wurden ihr die Paraphernalien zugestellt und „ausdrücklich verabredet, daß hierunter keine Erbfälle begriffen sein sollten, sondern solche vielmehr, sie möchten von

<hr/>

[*] Wie der Zwist ausgeglichen wurde, erhellt nicht.
[**] Er war Prälat zu Cammin und königlich Schwedischer Regierungsrath.

Vater, Mutter, Bruder, Schwester, oder weher sie wollten, kommen, dem Herrn Bernd von Dewitz per expressum bester Maßen reservirt würden." Die Hochzeit fand am 29. April 1652 statt, die Ehe war mit Kindern reich gesegnet.

Bernd von Dewitz starb am 24. März 1667, noch nicht 44 Jahre alt, und wurde am 29. August in Daber beerdigt. Unter den ungünstigen Zeitverhältnissen war er so in Schulden gerathen, daß der Werth dessen, was er zuletzt an seinen Gütern besessen hatte, nach seinem Ableben nur auf 9891 Gulden geschätzt wurde, wobei sogar einige Schulden gar nicht einmal mitgerechnet waren; es kam deshalb nach seinem Tode zum Concurse. Er hinterließ den Ruhm eines klugen und geistreichen Mannes. Vornehmlich beschäftigte er sich mit dem Worte Gottes, studirte es fleißig, besaß eine gründliche Erkenntniß der heiligen Schrift und führte einen frommen Lebenswandel. Alles außer der wahren Gottseligkeit achtete er für Eitelkeit. Seine Wittwe starb am 5. März 1682 zu Hossekre.

Die Kinder Bernds von Dewitz III. waren 9 Söhne: 1. Bernd Kühne, 2. Christoph Kaspar, 3. Henning Rüdiger, 4. Joachim Heinrich, 5. Karl Bogislav, 6. Cuno Joachim, 7. Anton, 8. Wulff Ulrich, 9. Friedrich Wilhelm und 1 Tochter: Magaretha Dorothea.

357.

Georg Heinrich von Dewitz,

zweiter Sohn des Landraths Bernd von Dewitz II. auf Meesow (349), wurde 1625 geboren, besuchte von 1639 an einige Jahre das Pädagogium in Stettin, ging darauf in Französische Kriegsdienste und kehrte nach dem Westphälischen Frieden als Cornet nach Hause zurück. Bei der Theilung der väterlichen Güter durch die Vergleiche vom 18. und 19. September 1650 erhielt er zuerst Jarchlin, nach dem Tode seines Bruders Henning Anton übernahm er dessen Güter Waldewin und Gallmow. Die ihm nunmehr zustehende Hälfte von Jarchlin trat er durch Vergleich vom 16. März 1652 an den ältesten Bruder Bernd ab, welcher ihm dafür 1000 Gulden baar zahlte und 5500 Gulden Schulden übernahm. Beide Brüder kamen wegen dieses Ver-

trages in Streit, da Georg Heinrich behauptete, von Bernd übervortheilt
zu sein.*) Der letztere versuchte nun nachzuweisen, daß er bei der Theilung
der väterlichen Lehne im Jahre 1650 im Nachtheil geblieben sei, indem die
Meesow'sche Kavel einen geringern Werth gehabt habe als die Malchowinsche,
wogegen Georg Heinrich darthat, daß gerade Bernds Kavel (Meesow) bei
weitem der Malchowinschen vorzuziehen sei.

Georg Heinrich von Dewitz erwarb auch Hödenberg, das die
Prechel als Afterlehn inne gehabt hatten.**) Dasselbe war an Joachim Magnus von Blankensee gekommen, welcher am 8. April 1652 wegen des mütterlichen Erbtheils seiner Ehefrau, gebornen Margaretha von Prechel, einer Tochter Arends von Prechel, mit dem das Geschlecht ausstarb, in das Gut
eingewiesen wurde. Von ihm hatte Georg Heinrich von Dewitz Hödenberg durch den Kontrakt d. d. Stargard an der Ihna den 17. Januar 1656
für 2150 Gulden Pommersch gekauft. Seine Vettern Stephan von Dewitz
III. auf Hoffelde (169) und Georg von Dewitz V. auf Braunsberg (351)
machten ihm den Besitz streitig, der erstere behauptete, zu der Hälfte, der letztere,
zu einem Sechstel dieses Afterlehns berechtigt zu sein. Georg Heinrich
berief sich auf einen zwischen sämmtlichen Dewitzen schon früher geschlossenen
Vergleich, in welchem die Vettern „sich einander freigestellt hätten, die After-
lehne absque ulla onere et partitione an sich zu handeln." Auch wird er
darauf hin, „daß mehrere Dewitze bereits Stücke von den Afterlehnen an sich
gelöset hätten, ohne daß solche in eine Distribution gekommen wären."***) Er

*) Vergleiche Bernd von Dewitz III. (356).

**) In dem Theilungsvertrage vom 18. und 19. September 1650 ist festgesetzt, daß
die drei Brüder die eingerichteten Unterthanen, welche aus Hödenberg gebürtig waren, per
sortem unter sich theilen und hiernächst ein Jeder die seinigen exportiren solle," die Namen dieser Unterthanen werden angegeben, es waren 12, auf denen jeder Bruder 4 erhielt. In dem oben erwähnten Streite mit Bernd führt Georg Heinrich als einen
Mangel der Malchowinschen Kavel an, „daß die Hödenbergschen Bauerhöfe öde und wüste
seien, und wenn ja noch durch Rechtsstreit etwas herum zu erlangen wäre, ihm die dazu
von seinem Bruder keine eviction bescheinigt worden sei, daß er also diesen Mangel
zum wenigsten auf 500 Gulden schätzen müsse." Hieraus ist ersichtlich, daß Bauerhöfe
in Hödenberg zu Malchowin gehörten. Außerdem aber hatten die Prechel in Hödenberg ein
Gut besessen. (Vergl. Bernd von Dewitz II. 348).

***) „1. Seliger Bernd von Dewitz hat von Prechel, Kruppen und Süringen un-
terschiedliche Stücke als zu Malchowin, Gallnow und Plowlitow an sich gebracht."

blieb im Besitze von Höckenberg; in der Ehestiftung einer Tochter Georg Heinrichs von Dewitz, Vigilantia Elisabeth (381), werden Maldewin und Höckenberg als deren „väterliche Güter" genannt.

Nach dem Tode seiner Mutter fiel an ihn die Hälfte des Antheilgutes Plantikow, welches der Curt-Linie gehörte. Das andere, von der Jobstlinie herrührende Antheilgut in Plantikow war in dem Concurse Bernd Joachims von Dewitz I. (104) dessen Gläubigern zugeschlagen; Joachim Balthasar von Dewitz kaufte es durch den Kontrakt d. d. Stargard den 10. Juni 1683 von den Gebrüdern Jacob und Joachim von Puttkamer für 5000 Thaler.

In Folge der drückenden Zeitverhältnisse kam Georg Heinrich von Dewitz wie sein Bruder Bernd von Dewitz III. in Vermögensverfall. Er starb am 23. Mai 1677; nach seinem Tode kam es zum Concurs, und seine Güter fielen demnach zum Theil in die Hände seiner Gläubiger. Ein Antheil von Tallmow wurde den Erben des Hofraths Praetorius, ein zweiter Antheil desselben Gutes den Erben des Oberstallier Köhler zugeschlagen, an welche auch zwei Bauerhöfe in Roggow kamen, ein Bauerhof ebendaselbst wurde an die Kirche in Plathe verpfändet. Diese Besitzungen löste der Generallieutenant Joachim Balthasar von Dewitz (112) ein, kaufte auch den Krug in Ederwalde von der Wittwe Georg Heinrichs von Dewitz, geborenen Eva Sophie von Borke aus dem Hause Stramehl.*)

Georg Heinrich von Dewitz wird als ein stattlicher Mann geschildert, er war der lateinischen, französischen und polnischen Sprache vollkommen mächtig.

Seine Kinder waren 2 Söhne: 1. Ulrich Felix, 2. Heinrich und 4 Töchter: 1. Martha, 2. Barbara Margaretha, 3. Anna Marie, 4. Vigilantia Elisabeth.

----

2. Heinrich von Dewitz hat von den Süringern das Gut Dukerkow an sich gelöset.

3. Georg von Dewitz hat unter andern zu Wittenhagen etliche Stücke, so den Weibern zugehört, an sich genommen.

4. Stephan von Dewitz hat Franz Süringern 2 Bauerhöfe als einen zu Roggow und einen zu Dukerkow an sich gelöset.

*) Vergl. pag. 381 und 391.

358.

Henning Anton von Dewitz,

dritter und jüngster Sohn des Landraths Bernd von Dewitz II. auf
Meesow (349), ging in Französische Kriegsdienste und soll nach Familiennachrichten im Jahre 1640 bei der Belagerung der Festung Arras als Fähnrich
geblieben sein. Allerdings eroberten die Französischen Truppen diese Festung
1640 nach zweimonatlicher Belagerung, indessen ist dort Henning Anton
von Dewitz nicht geblieben, denn im Jahre 1650 erscheint er in den vorhandenen Acten noch als lebend. Am 3. Juli dieses Jahres wandten sich die
Dewitze an die Krone Schweden, um ihre Ansprüche auf die Lehngüter der
Retermunde und Krossow geltend zu machen;*) Henning Anton hat diese
Eingabe mit unterschrieben, sein Name ist der letzte. Bei dem Theilungsvertrage über die Güter Bernds von Dewitz II. am 18. und 19. September 1650 war er abwesend und wurde durch seinen Vaterbruder Heinrich
von Dewitz II. (350) vertreten, ihm fielen die Güter Maldewin und Zallnow zu. Als lebend aber abwesend wird er auch noch in der am 2. Januar 1651 abgefaßten Ehestiftung seiner Schwester Barbara von Dewitz,
welche sich an Curt Ludwig von Schorning verheirathete, erwähnt. Am 22.
Februar dieses Jahres war er bereits verstorben, denn an dem Tage beschei-
nigte Georg Heinrich von Dewitz, daß er nach Absterben des jüngsten
Bruders, Henning Antonius von Dewitz, von seinem hochgeehrten Herrn
Vetter, Herrn Heinrich von Dewitz, den Erbvertrag wegen seines seligen
Bruders hinterlassener Güter abgefordert und an sich genommen habe.

359.

Ida Diana von Dewitz,

älteste Tochter des Landraths Bernd von Dewitz II. auf Meesow (349),
verheirathete sich im Jahre 1644 an Friedrich Ernst von Zitzewitz,

*) Vergl. pag. 257 und 258.

auf Lupow und Canig erbgesessen. Nach der am 9. Januar 1644 auf dem Rittersitze Waldewin festgesetzten Ehestiftung wurden ihr 3400 Gulden Ehegeld zugesichert, ferner 1000 Gulden Vater- und Muttererbe, 500 Gulden an Schmuck, 400 Gulden an artiger Kleidung und 1250 Gulden an Leinen, Betten und sonstigen Paraphernalien. Da der Bräutigam sich an einer einfachen Hochzeit genügen ließ, erhielt er außerdem 300 Gulden baar.

360.

Marie Elisabeth von Dewitz II.,

Tochter des Landraths Bernd von Dewitz II. auf Meesow (349), vermählte sich im Jahre 1650 mit Martin von Wedell, auf Freienwalde Schevenbeck und Mellen erbgesessen. Nach der Ehestiftung d. d. Waldewin den 19. September 1650, welche von Bernd und Georg Heinrich von Dewitz in ihrem und ihres abwesenden Bruders Henning Antes Namen geschlossen wurde, erhielt die Braut 2000 Gulden Ehegeld und 1000 Gulden Vater- und Muttererbe. Da die Brüder bei der Erbtheilung der väterlichen Güter gefunden hatten, daß die Lehne sich nicht verbessert hätten, sondern mehr „beschweret" wären, erklärten sie, eine höhere Summe als Ehegeld nicht bewilligen zu können; sie wollten auch den schon verheiratheten Schwestern 1000 Gulden zurückbehalten, da sie nicht im Stande wären, die von ihrem Vater versprochene Summe zu zahlen. Doch versprachen sie, goldenen Schmuck „an den Hals, auf den Kopf und die Hände, wie auch an Perlen", im Werth von 500 Gulden, artliche Kleidung im Werth von 400 Gulden nebst Leinen, Betten, Kasten und Kastengewand ihrer Schwester Marie Elisabeth verabfolgen zu lassen.

361.

Barbara von Dewitz,

Tochter des Landraths Bernd von Dewitz II. auf Meesow (349), war die Gemahlin Curt Ludwigs von Schöning, auf Uederhof und Sallentin erbgesessen. Die Ehestiftung ist am 2. Januar 1651 von Bernd und Georg

Heinrich von Dewitz in ihrem und ihres abwesenden Bruders Henning Anton Namen zu Woltewin geschlossen. Die Brüder bewilligten ihrer Schwester ganz dieselbe Aussteuer, welche Marie Elisabeth (360) erhalten hatte, indem sie auch hier bemerkten, daß sie außer Stande seien, mehr zu geben, weil die väterlichen Lehne sich verschlechtert hätten, so daß sie auch den bereits verheiratheten Schwestern 1000 Gulden weniger auszahlen müßten, als der Vater versprochen hätte. Welche von den Töchtern Bernds von Dewitz II. sich außer Ida Diana (359) verheirathet hatten, während der Vater noch lebte, erhellt nicht, auch läßt sich nicht bestimmen, in welcher Reihenfolge die Schwestern geboren waren. Ida Diana scheint die älteste gewesen zu sein, Dorothea (365) war die jüngste.

362.

Anna von Dewitz V.,

eine Tochter des Landraths Bernd von Dewitz II. auf Merfow (349), war an Georg von Tümpling verheirathet, von dem sie ums Jahr 1679 erschossen wurde. Die näheren Umstände dieses Unglücksfalls erhellen nicht aus den vorhandenen Nachrichten.

363.

N. N. von Dewitz,

eine Tochter des Landraths Bernd von Dewitz II. auf Merfow (349), deren Name unbekannt ist, war die Gemahlin Christian Adolphs von Oppeln.

364.

Margaretha von Dewitz IV.,

eine Tochter des Landraths Bernd von Dewitz II. auf Merfow (349), war an Andreas von Ascherleben vermählt.

365.

Dorothea von Dewitz III.,

die jüngste Tochter, überhaupt das jüngste Kind des Landraths Bernd von Dewitz II. auf Meesow (349), blieb unverheirathet. Als Jungfer „Dorten" überlebte sie alle ihre Geschwister.

366.

Bernd Kühne von Dewitz,

ältester Sohn des Landraths Bernd von Dewitz III. auf Meesow (350), wurde dort am 20. Mai 1654 geboren. Seine Namen erhielt er nach den beiden Großvätern, er starb schon am 13. Juli 1660.

367.

Christoph Caspar von Dewitz,
Hauptmann,

zweiter Sohn des Landraths Bernd von Dewitz III. auf Meesow (350), wurde 1655 geboren. Er widmete sich dem Militairdienste, wurde Kapitain bei den Brandenburgischen Grands-Mousquetairs und fiel am 9. October 1689 bei der Erstürmung von Bonn. Er hinterließ den Ruf eines wackern, durch Tapferkeit ausgezeichneten Offiziers.*)

---

*) „Nächst Tettau (Major) fiel bei den deutschen Grands-Mousquetairs der wackere Hauptmann von Dewitz." Kurd Wolfgang von Schoening Leben und Kriegsthaten des General-Feldmarschalls Dubislav Gneomar von Natzmer pag. 108.

368.

Henning Rüdiger von Dewitz,

dritter Sohn des Landraths Bernd von Dewitz III. auf Meesow (356), am 24. Juli 1658 zu Meesow geboren, trat in Kriegsdienste, wurde Lieutenant in der kurbrandenburgischen Infanterie und starb am 20. November 1684 an einem hitzigen Fieber zu Berlin.

369.

Joachim Heinrich von Dewitz,

vierter Sohn des Landraths Bernd von Dewitz III. auf Meesow (356), wurde im Jahre 1658 geboren und blieb als Fähnrich 1675 vor Stettin, als der Brandenburgische General von Schwerin diese Stadt mit Sturm nahm.

370.

Carl Bogislav von Dewitz,
Rittmeister.

fünfter Sohn des Landraths Bernd von Dewitz III. auf Meesow (356), geboren 1659, wurde Soldat und starb nach Angabe der im Lehnsarchive zu Stettin befindlichen Akten des Geschlechtes von Dewitz am 1. März 1693 zu Köln am Rhein als der letzte seiner Brüder an einem innerlichen Geschwür. Er war Rittmeister in dem Regimente des Generallieutenants Joachim Balthasar von Dewitz (112); die durch seinen Tod erledigte Kompagnie erhielt mittelst Patents vom 18. März 1693 der nachmalige Generallieutenant Friedrich Wilhelm von Dewitz (122).

Carl Bogislav von Dewitz besaß das Gut Meesow, welches nach seinem Tode an Ulrich Felix von Dewitz, einen Sohn Georg Heinrichs von Dewitz (357) fiel.

371.

Cuno Joachim von Dewitz,

372.

Anton von Dewitz,

373.

Wulff Ulrich von Dewitz,

374.

Friedrich Wilhelm von Dewitz V.

die vier jüngsten Söhne des Landraths Bernd von Dewitz III. auf Wusseken
(356), sind sehr wahrscheinlich in frühester Kindheit gestorben, über sie fehlen
alle Nachrichten.

375.

Margaretha Dorothea von Dewitz II.,

einzige Tochter des Landraths Bernd von Dewitz III. auf Wusseken (356),
war die zweite Gemahlin des Generallieutenants Joachim Balthasar
von Dewitz (112.*) Weil ihr das Ehegeld 2000 Thaler nach der Ehestiftung vom 23. April 1677) nicht baar ausgezahlt werden konnte, wurde von
den Vormündern der minorennen Kinder Bernds von Dewitz der Antheil von

---

*) Vergl. pag. 324.

Plantikow, welcher Bernds Erben gehörte, an Joachim Balthasar von Dewitz überwiesen. Erstere besaßen das Antheilgut der Cart-Linie gemeinschaftlich mit ihrem Vaterbruder Georg Heinrich von Dewitz, der eine Schätzung desselben veranlaßt hatte, nach welcher dieses ganze Gut auf 13084 Gulden taxirt war, so daß auf das Erbtheil der Kinder Bernds 6542 Gulden kamen. Die Ehestiftung, in welcher die Bestimmung über Plantikow sich findet, ist von Joachim von Carnitz, Franz Jochim Borf, Jochim Balzer von Dewitz mit Jobst Ludwig von Dewitz III. vollzogen, die beiden erstern waren die Vormünder der Kinder Bernds von Dewitz. Sie haben auch den Nachtrag zu der Ehestiftung d. d. Stargard den 11. Mai 1677 unterschrieben, nach welchem für Plantikow das Gut Kütz dem damaligen Oberstlieutenant Joachim Balthasar von Dewitz als Total-Gut überwiesen wurde, weil Georg Heinrich von Dewitz in eine Theilung des Gutes Plantikow nicht willigen wollte. Außer den vorher Genannten finden wir hier die Unterschriften der Wittwe Bernds, Barbara Sophie gebornen von Owstien und seines Sohnes Christoph Kaspar von Dewitz. Joachim Balthasar von Dewitz sicherte seiner Gemahlin für den Fall ihres Wittwenstandes das Gut Pesselde zu.

Durch einen Vergleich d. d. Stargard den 10. November 1692 wurden dem Oberst Joachim Balthasar von Dewitz noch 2000 Thaler als Vater- und Mutererbe seiner Gemahlin Margaretha Dorothea ausgesetzt. Davon wurden ihm 1000 Thaler, die bei dem Herrn von Stülpnagel auf Owstin ausstanden, angewiesen, die anderen 1000 Thaler sollten bis zur Auszahlung verzinset, künftig aber in drei Terminen, jedesmal mit 500 Gulden abgegeben werden. Bis dies geschehen, blieb ihm das Gut Meersen, so weit es nicht schon verschuldet war, als sichere Hypothek. Unterschrieben ist der Vertrag von Margaretha Dorothea von Dewitz, Joachim Balzer von Dewitz „in ehelicher Vormundschaft seiner Eheliebsten," Christoph Kaspar von Dewitz, Henning Rüdiger von Dewitz, Karl Bogislav von Dewitz, Joachim von Carnitz als Vormund des Jüngsten von Dewitz, Franz Jochim Borf in Vormundschaft und Jobst Ludwig von Dewitz als Zeugen.

Margaretha Dorothea von Dewitz starb im Jahre 1692. Obwohl sie anfänglich ihrem Gemahl nur eine geringe Aussteuer zugebracht hatte, erwarb er durch sie doch eine ansehnliche Summe. Ihre sämmtlichen Brüder starben unverheirathet, es fiel somit das Allodialvermögen so wie das ganze Muttererbe derselben an Joachim Balthasar von Dewitz. Barbara Sophie von Ostien, Bernds III. Gemahlin, hatte aber, wie schon bemerkt ist, eine Aussteuer von 18,000 Gulden Wolgastischer Währung erhalten. Bernd hatte ihr dafür alle seine Habe und Güter als Hypothek verschrieben, sie sollte allen anderen Creditoren vorgehen, auch die Wahl haben, an welche Güter sie sich halten wollte. So war die Forderung, welche Joachim Balthasar von Dewitz wegen seiner Ehefrau Margaretha Dorothea an das Gut Meeschow hatte, auf 26,225 Gulden heran gewachsen.

376.

Ulrich Felix von Dewitz,

Oberstwachtmeister,

ältester Sohn Georg Heinrichs von Dewitz auf Walrewin (357), studirte Anfangs die Rechte und befand sich nach Ausweis seiner noch vorhandenen academischen Matrikel im Jahre 1684 als Studiosus juris zu Frankfurt an der Oder. Bald darauf trat er in Militairdienste und focht als Rittmeister in der Schlacht bei Salankemen (19. August 1691) mit, wo Ludwig von Baden seinen glorreichen Sieg erstritt. Der Kurfürst Friedrich III. von Brandenburg hatte dem Kaiser Leopold ein Corps von 6253 Mann zur Hülfe gegen die Türken geschickt. Diese Truppen standen unter dem Befehl des Generallieutenants von Barfus und halfen durch ihre Tapferkeit den Sieg bei Salankemen entscheiden. Ulrich Felix von Dewitz zeichnete sich unter ihnen durch seinen Heldenmuth aus, er wurde in der Schlacht viermal verwundet, zweimal am Kopfe und zweimal im Rücken, auch wurde ihm ein Stück von der Nase weggehauen. Nach dem Aussterben der Söhne Bernds von Dewitz III. (354) fielen die Güter, welche dieser besessen hatte, an Ulrich Felix von Dewitz als den nächsten Lehnserben. Derselbe verkaufte durch Kontrakt vom 6. Februar 1694 das Gut Meeschow nebst allem Zubehör und allen Rechten, die er daran hatte, an den Generallieutenant Joachim Balthasar von Dewitz dergestalt, daß der Käufer zu

---

*) Vergl. pag. 322.

ter Forderung von 23,225 Gulden, welche ihm seiner Ehefrau wegen zukamen, noch 7000 Gulden zahlte. Auch die Güter Plantikow, Zarchlin, den halben (zu Werlow gehörigen) Vieh- und Unierhof und Sülz überließ Ulrich Felix von Dewitz an Joachim Balthasar.*) Er starb als Oberzeugmeister und Kommandant von Colberg daselbst am 18. Mai 1702. Sein nächster Lehuserbe war der Landrath und Rittmeister Christian Heinrich von Dewitz I. (388), dessen Söhne Bernd Siegismund II. (416) und Christian Heinrich III. (421) das Gut Plattewin nebst 3 Bauerhöfen in Zuldow und dem Gute Hoedenberg an den Geheimerath Matthias Daniel von Laurens für 16371 Gulden 12 Schillinge wiederkäuflich mit lehnsherrlicher Genehmigung vom 14. October 1709 veräußerten. Zunächst waren die Güter durch Kontrakt d. d. Daber den 8. Mai 1709 an den königlichen Hof medicus Licentiaten Gabebusch verkauft, von diesem aber sofort durch Kontrakt d. d. Treptow a. d. R. den 6. Juli 1709 an den von Laurens cedirt. Zu der Veräußerung wurden die Gebrüder Bernd Siegismund und Christian Heinrich von Dewitz dadurch bewogen, daß nach dem Tode des Oberzeugmeisters Ulrich Felix von Dewitz über seinen Nachlaß Schulden halber der Concurs eröffnet war. Sie bemerkten in dem Kontrakte von 8. Mai 1709:

„Zu wissen sei hiemit, daß nachdem der Concurs über das Gut Plattewin und dessen Pertinent-Stücke mehr und mehr zu Ende nahet, die Last der Creditoren auch sehr übermäßig groß, so daß viele wegfallen werden, hingegen die jetzigen Revennen schlecht, dazu die Kontribution fast nicht erträglich, die Güter ganz ruiniret, auch durch die Distribution zerrissen worden würden, wir hingegen nicht in dem Stande, vielen vorzukommen, weder die Creditores zu bezahlen noch die Güter aufzubauen, geschweige die Unkosten des Concurses weiter zu tragen: so haben wir uns hiemit entschlossen, unser Lehusrecht auf den Herrn Licentiaten Gabebusch, königlichen Hofmedicum, zu transferiren." In einer Verhandlung vom 9. Juli 1709, dem Tage der Uebergabe der Güter an den damaligen Domainenrath Matthias Daniel von Laurens heißt es: „Terminus Commissarius ist hierauf zur wirklichen Distribution geschritten, und weil bei der Bewandtniß, daß sub. gradu I. bis IX. des quantum crediti schon 32,000 Gulden übersteiget, ohne was noch ferner sub. Gradu IX. X., XI. an creditia juxta instrumenta producta angewiesen, so bedarf es keiner speciellen Distribution sondern nur der Anzahl und Determination des eigentlichen quanti aestimati honorum."

*) Vergl. pag. 322.

Ulrich Selig von Dewitz war ein „ansehnlicher und sehr beredter Mann," er hielt gern bei feierlichen Gelegenheiten Reden, die mit vielem Beifall aufgenommen wurden. Ein Bruchstück aus der von ihm auf den Generallieutenant Joachim Balthasar von Dewitz gehaltenen Leichenrede, die gedruckt vorliegt, ist schon S. 326 mitgetheilt.

Seine Gemahlin, mit welcher er in einer kinderlosen Ehe lebte, war Dorothea Elisabeth von Brüzen, ihre noch vorhandene eigenhändige Unterschrift lautet: Dorothea Elizabet de Bruce, ihre Familie scheint hiernach Französischen Ursprungs gewesen zu sein. Jean de Bruce, Kurbrandenburgischer Oberstlieutenant, erhielt auf seine Bitte 1686 vom Kurfürsten Friedrich Wilhelm das eröffnete Gut Brüzenwalde nebst der Feldmark Zehmkerf.

377.

Heinrich von Dewitz III.,

zweiter Sohn Georg Heinrichs von Dewitz auf Malkewin (357), geboren 1668, ist als Kind gestorben.

378.

Martha von Dewitz II.,

eine Tochter Georg Heinrichs von Dewitz auf Malkewin (357), war an Hans Heinrich von Schwan verheirathet. In der Ehestiftung waren ihr 2000 Gulden Pommerisch als Mitgift und 4000 Gulden Brudererbe versprochen. Ulrich Selig von Dewitz hatte die Ehestiftung, da der Vater schon verstorben war, unterschrieben, er war damals noch minderjährig gewesen. Später überzeugte er sich, daß aus den sehr verschuldeten väterlichen Lehnen die versprochenen 2000 Gulden unmöglich gezahlt werden könnten, und verglich sich mit seinem Schwager Hans Heinrich von Schwan und dessen Ehefrau dahin, daß die Mitgift und das Brudererbe von 2000 Thalern auf 1600 Thaler herabgesetzt werden sollten. In dieser Summe sollte das Ehegelt, ebenso die Paraphornalion, Vater-, Mutter-, Bruder-, Großvater- und

Großmuttererbe, und „was sonst aus den väterlichen Lehnen und Gütern möchte präsentiret werden," miteinbegriffen sein. Nur reservirten sich Hans Heinrich von Schwan und deßen Ehefrau, daß ihnen ihr gebührendes Erbtheil verbliebe, wenn von den verheiratheten Schwestern eine oder die andre unbeerbt stürbe, und deren Mißgift an die Lehne zurückfiele; desgleichen auch, „wenn die noch unbegebene Jungfer Schwester unverheirathet sterben sollte," beanspruchten sie ihren Antheil von dem mütterlichen Erbe derselben. Die Verhandlung d. d. Stargard den 28. December 1692 ist unterschrieben von Ullrich Felix von Dewitz, Hans Heinrich von Schwan, Dorothea Elisabet de Bruce, Martha von Dewitzen.

379.

Barbara Magaretha von Dewitz,

eine Tochter Georg Heinrichs von Dewitz auf Maldewin (357), war mit Adam Friedrich von Damitz vermählt. Von diesem ist noch eine Quittung in dem Dewitzschen Familienarchive vorhanden, in welcher er d. d. Rabuhn den 29. Juni 1693 bescheinigt, daß ihm „seine vielgeliebte Frau Schwiegermutter die wohlgeborne Frau Eva Sophie von Borken, Wittwe von Dewitzen, wegen seiner Ehelieblein Ehegeld 600 Gulden Pommersch. baar gezahlt habe." Den Namen seiner Gemahlin nennt er nicht, es erhellt derselbe jedoch anderweitig aus den vorliegenden Acten.

380.

Anna Marie von Dewitz,

eine Tochter Georg Heinrichs von Dewitz auf Maldewin (357), war die Gemahlin Adam Friedrichs von Münchow auf Groß-Sartpe.

381.

Vigilantia Elisabeth von Dewitz,

eine Tochter Georg Heinrichs von Dewitz auf Maldewin (357), verheirathete sich 1686 mit dem kurbrandenburgschen Oberstlieutenant Anton

Günther de Meen. „Einige Wochen" nach der Hochzeit wurde d. d. Colberg den 10. August 1686 die Ehestiftung zwischen „dem wohlgedachten Herrn Oberstlieutenant" und seiner Frau Eheliebsten an einem und dem kurfürstlich Brandenburgischen Oberstwachtmeister Herrn Ulrich Felix von Dewitz am andern Theil" geschlossen. Nach einem Ueberschlage der väterlichen Güter Waldewin und Höckenberg nebst deren Zubehör und nach Abzug der darauf haftenden Lasten und Schulden ergab sich, daß Vigilantia Elisabeth von Dewitz mit Einrechnung des ihr zustehenden fünften Theils der mütterlichen Erbschaft (500 Gulden) noch nicht 1200 Gulden, von den väterlichen Gütern also weniger als 400 Gulden erhalten würde. Deßhalb legte der Oberstwachtmeister von Dewitz aus brüderlicher Liebe so viel zu, „daß 1000 Thaler voll wurden." Der Oberstlieutenant de Meen war hiemit zufrieden, und beide Theile versprachen mit den Worten: „So wahr mir Gott helfen soll!" den Vertrag fest zu halten.

Nach dem am 25. Mai 1704 erfolgten Tode ihres Gemahls verheirathete sich Vigilantia Elisabeth von Dewitz zum zweiten Male an den Generalmajor von Schoening, Kommandanten von Colberg.

In welcher Reihe die Töchter Georg Heinrichs von Dewitz nach ihrem Alter auf einander folgen, läßt sich nicht bestimmen. Vigilantia Elisabeth scheint die jüngste von ihnen gewesen zu sein, ihre Schwestern waren sämmtlich schon zu Ende des Jahres 1692 verheirathet, während sie sich erst 1686 vermählte.

382

Carl von Dewitz II.,

ältester Sohn Heinrichs von Dewitz II. (380), geboren am 3. April 1619, trat in Hessische Dienste und avancirte zum Hauptmann. Durch die Verträge vom 23. August 1646 und 24. Juni 1648 trat ihm sein Vater das Gut Breitenfelde ab.*) Er starb schon am 9. October 1651, und hat Heinrich von Dewitz II. in einem noch vorhandenen Hausbuche bemerkt: „Anno

---

*) Vergl. Heinrich von Dewitz II. (380).

1651 den 9. Octobris ist mein Sohn Hauptmann Curt von Dewitz auf den Abend zwischen 4 und 5 Uhr selig und sanft von dieser Welt abgeschieden, dessen Seele Gott gnädig sei um Christi seines Erlösers willen, ist seines Alters gewesen 32 Jahr 27 Wochen."

Curts II. Gemahlin war Gertrud von Rüninden,[*] die aus einem artigen Geschlechte am Niederrhein und in Westphalen stammte. Sie war schon verheirathet gewesen, denn es geschieht eines Stiefsohns Curts von Dewitz II., Namens Johann Bernd Großfelden, Erwähnung. Da ihr Ehegeld (3000 Gulden) für das Gut Breitenfelde zur Tilgung von Schulden ausgezahlt war, so blieb sie gemäß dem Vertrage vom 24. Juni 1648 nach dem Tode ihres Gemahls im Besitze des Gutes, welches sie auf ihre beiden Töchter vererbte. Curt von Dewitz hatte nämlich keine Söhne sondern nur 2 Töchter: 1. Barbara Elisabeth, 2. Ita Lucretia.

383

Barbara Elisabeth von Dewitz,

älteste Tochter des Hauptmanns Curt von Dewitz II. (382), geboren am 15. October 1646 zu Perdelow in Westphalen, vermählte sich am 6. November 1665 mit Christoph Friedrich von Plessen auf Höckendorf. Die Großmutter Barbara von Schlichting, Gemahlin Heinrichs von Dewitz II. (350), beschwert sich in einem Nachtrage zu dem von ihr aufgesetzten Testamente (d. d. Freienwalde den 21. August 1667) über diese Enkelin und deren Ehemann. Die erstere erwies ihr nicht die rechte Achtung, der letztere trotzte ihrem Sohne Gustav Georg von Dewitz den Tod, deshalb sollten die von Plessenschen Eheleute, falls sie sich nicht bessern würden, aus dem Nachlasse der Großmutter nur 300 Gulden erhalten.[**] Am 22. Dezember

[*] So ist der Name in den Akten zu lesen, sonst wird er auch Rüning geschrieben, in einer Leichenrede auf ihre Tochter Barbara Elisabeth wird Curts II. Gemahlin Gertrud von Rienard genannt, dies ist jedoch jedenfalls unrichtig, die Familie v. Rüning oder Rüniard führt (nach v. Ledebuhrs Adelslexicon) einen Sperling oder Rüning im Wappen.

[**] Vergl. Heinrich von Dewitz II. (350).

1681 verlor Frau Barbara Elisabeth ihren Gemahl, dem sie 11 Kinder geboren hatte, von denen ihr bereits 9 in die Ewigkeit vorangegangen waren, als sie nach beinahe sechs und dreißigjährigem Wittwenstande starb. Am Sonntage Oculi 1717 wurde sie krank, ließ ihren Seelsorger, den Pastor Christoph Schaeffer zu Breitenfelde, zu sich kommen und sprach den Wunsch aus, es möge für sie öffentlich im Gotteshause ein Gebet gethan werden, damit auch die ganze Gemeinde ihre Gebände für sie empor zu Gott halten und um der Fürbitte Christi willen ihr Vergebung der Jugend ja aller Zeit ihres Lebens begangenen Sünden, Leben und Seligkeit erbitten möchte." Nach dem Genusse des heiligen Abendmahls starb sie Mittwochs darauf, am 2. März, und wurde am 29. April in der Kirche zu Breitenfelde beigesetzt; zwei Söhne überlebten sie. Die Leichen- und Gedächtnißpredigt hielt der Pastor Christoph Schaeffer; B. L. von Sterell als ein dem von Plessenschen Hause ergebenster Diener „stellte durch eine geringe Parentation das Bild einer rechtschaffenen Wittwe vor, als die hochwohlgeborne Frau Barbara Elisabeth, geborne von Dewitz, bei einer hochansehnlichen Trauer-Assemblé in Breitenfelde in ihr Ruhkämmerlein versetzt wurde."

384.

Ida Lucretia von Dewitz,

zweite und jüngste Tochter des Hauptmanns Curt von Dewitz II. (382), war die Gemahlin Kaspar Heinrichs von Waldow auf Reenigswalde erbgesessen*); sie starb im Jahre 1701.

Die beiden Töchter Curts von Dewitz II. theilten das Gut Breitenfelde unter sich. Kaspar Heinrich von Waldow erwarb zu der Hälfte, welche er seiner Gemahlin wegen besaß, den Klemptzenschen Antheil von Breitenfelde. Der einzige nachgelassene Sohn Arams von Klemptzen, Joachim Heinrich, fand seinen Tod in Kurbrandenburgischen Kriegsdiensten in Ungarn, und weil aus diesem Geschlechte keine anderen Lehnserben vorhanden waren, fiel das Klemptzensche Afterlehn in Breitenfelde an die Dewitze als Lehnsherren und zwar zunächst an die Gebrüder Christian Heinrich I. (388) und Gustav Georg von Dewitz I. (389). Diese überließen es an

*) K. H. v. Waldow ist in der Schlacht bei Pultawa gefallen.

Kaspar Heinrich von Waldow, der schon 3000 Gulden an dem Gute stehen hatte. Dafür verzichtete von Waldow und seine Gemahlin auf alle Ansprüche an die großmütterliche Erbschaft,[*] sowie an alle anderen Erbschaften und Prätensionen, sie möchten Namen haben oder herrühren, wie sie wollten.

Die Verhandlungen über die Abtretung dieses Antheils von Breitenfelde an Kaspar Heinrich von Waldow sind bei den Alten zum Theil nur im Entwurfe vorhanden, es fehlen in ihnen mehrfach Datum und Jahreszahl, indessen ergiebt sich aus den vorliegenden Schriftstücken, daß Joachim Heinrich von Klempken im Jahre 1691 in Ungarn gestorben und 1698 das Gut an den von Waldow überlassen war.

Breitenfelde ist nicht wieder in die Hände der Tewitze gekommen, obwohl diese das Retuitionsrecht behielten. Curt Christoph von Plessen, der Sohn der Frau Barbara Elisabeth von Tewitz, erbte die von seiner Mutter herrührende Hälfte und kaufte auch die andere von Waldowsche verschuldete Hälfte. Nachdem er und sein Bruder, der kurpfälzische Generalmajor von Plessen gestorben waren, gerieth das Gut in Concurs und wurde der Geheimerathin von Baer, geborenen von Eexden, gerichtlich zugeschlagen. Der Landrath Christian Heinrich von Tewitz D. (350) wollte das Revocationsrecht ausüben und strengte deshalb einen langwierigen Proceß an, welcher jedoch 1745 zu seinem Nachtheile entschieden wurde. Die Frau von Baer verkaufte Breitenfelde für 11500 Thaler und zwar mit lehnsherrlicher Genehmigung vom 13. Februar 1756, auf 25 Jahre dem Mauritius Rupold von Extell zu Braunesforth, von dem es auf die noch übrigen 17 Jahre am 18. September 1762 für 11000 Thaler an den Neumärkischen Regierungsrath Karl Franz von Brünnow überlassen wurde. Derselbe erhielt am 10. April 1768 eine neue lehnsherrliche Genehmigung zum Besitze dieses Gutes auf anderweite 25 Jahre, von 1781 an gerechnet, und hinterließ es seinen sieben Kindern. Nachdem 2 von diesen unbeerbt gestorben waren, wurde das Gut von den übrigen am 27. Dezember 1802 für 31,500 Thaler erblich dem Lieu-

---

[*] Die Großmutter war Frau Barbara von Schlichting, Gemahlin Heinrichs von Tewitz D. (350).

tenant, (späteren Hauptmann Gottlieb Johann Christian von Rathen verkauft.[*])
In dem Lehnsanstrbungs-Receß vom 23. Januar 1809 entsagten die Dewitze
zu Gunsten des Hauptmanns von Rathen allen Lehnsrechten und Ansprüchen
auf Breitenfelde. Der Herr von Rathen verkaufte das Gut im Jahre 1840
für 113,000 Thaler an den Lieutenant Friedrich von Schmalensee, von dem
es ein Herr Engelbrecht erstand, welcher es 1855 an die Frau Baronin Eugenie von Beltheim, geb. Gräfin von Beltheim, verkaufte.

385.

Bernd Siegismund von Dewitz I.,
Major,

war der zweite Sohn Heinrichs von Dewitz II. (XM). „Anno 1624
den 26. Octobris zwischen 8 und 9 Uhr auf den Abend ist mein Sohn
Bernd Siegismund geboren und hat den 7. November darauf die heilige
Taufe empfangen," bemerkt Heinrich von Dewitz in seinem Hausbuche.
Auch dieser Sohn Heinrich's II. ging anfänglich in Heßische Dienste, verließ
diese aber wieder und trat in Daenische Dienste, in welchen er als Major
starb. Einer Nachricht zufolge, soll er in einer Schlacht gefallen, nach einer
andern in einem Duelle von einem Obersten erschossen sein. In dem Testamente
seiner Mutter, gebornen Barbara von Schlichting, vom 21. August 1667 wird
er als der selige Major Bernd Siegismund von Dewitz erwähnt.
Seine Gemahlin war eine Tochter des Obersten von Estorff, von welcher
ihm nur eine Tochter Amalie geboren wurde.

386.

Amalie von Dewitz,

das einzige Kind Bernd Siegismunds von Dewitz I. (385), war Hofdame am königlich Daenischen Hofe.

---

*) Seine Gemahlin war Sophie Johanne Wilhelmine Franziska von De-
witz (383). Vergl. pag. 422.

387

Friedrich von Dewitz I.,

war der dritte Sohn Heinrichs von Dewitz II. (350). „Anno 1628 den 19. Martii ist mein Sohn Friedrich geboren und hat den 23. Martii die heilige Taufe darauf empfangen. Anno 1634 den 8. Octobris ist er wieder gestorben, dessen Seele Gott gnädig sei" lesen wir in dem Hausbuche Heinrichs von Dewitz II.

388.

Christian Heinrich von Dewitz I.,
Rittmeister und Landrath,

vierter Sohn Heinrichs von Dewitz II. (350), wurde 1629 am 1. März zwischen 4 und 5 Uhr Morgens geboren und gleich an demselben Tage um 9 Uhr getauft. Er widmete sich früh dem Kriegsdienste, wir finden ihn im Hessischen, Spanischen, lothringischen und endlich im kurbrandenburgischen Heere. „Anno 1653 den 3. Mai ist mein Sohn Christian Heinrich aus dem lothringischen Kriege (Gottlob) wieder gesund nach Hause zurückgekehrt, habe ihm sofort Kleider machen lassen" bemerkt Heinrich von Dewitz II. im Hausbuche.

In Brandenburgischen Diensten avancirte er zum Rittmeister. Von der Hand seines Bruders Gustav Georg lesen wir in dem erwähnten Hausbuche die Notiz: „Anno 1659 den 25. Martii ist mein Herr Bruder Christian Heinrich mit seiner Compagnie in Polen gegangen, Gott gebe ihm Glück und Segen." In demselben Jahre befand er sich mit seiner Compagnie in der Mark Brandenburg, er lag in der Gegend des von Pfuel'schen Gutes Sommerfeld im Quartier und hatte seine Frau, geborne von Waldow, bei sich. Er machte die Kriege gegen Frankreich und Schweden unter dem Obersten von Meerner, der bei Fehrbellin fiel, mit, stand also mit dem späteren Generallieutenant Joachim Balthasar von Dewitz (112) damals bei demselben Regimente.*) Im Feldlager vor Stralsund verkaufte der Rittmeister Christian Heinrich von Dewitz an den Oberstlieutenant Joachim Balthasar von Dewitz am 5. October 1678 erb- und eigenthümlich 6½ Scheffel Roggen, 22 Stück trockene Aale und etwas Pfeffer, „so er jährlich aus der Roggow'schen Mühle als Pächte zu fordern hatte, imgleichen alle versessene alte Pächte aus dieser Mühle" für 200 Gulden, und geschahe die Zahlung sofort mit zwei Pferden, welche der Rittmeister anstatt 200 Gulden Pommerisch annahm. Die Gültigkeit dieses Vergleichs wurde bei den „himmlischen Wahrheitsworten und auf Cavaliers-Parole von beiden Theilen verabredet und geschlossen."

Später nahm Christian Heinrich von Dewitz den Abschied und wohnte in Daber, wo er mit seinem Bruder Gustav Georg von Dewitz das vom Vater ererbte Gut getheilt hatte, so daß nunmehr das Daber'sche Gut aus drei Antheilen bestand, von denen einer der Jobst'linie und zwei der Curt-Linie gehörten. Nach dem Tode des Landraths Jobst Ludwig von Dewitz (4. Januar 1686) wurde er zum Landrathe ernannt.

Im Jahre 1673 hatten die Gebrüder Christian Heinrich und Gustav Georg von Dewitz gemeinschaftlich das Gut Heide bei Arnhausen erworben, welches ihnen am 1. December dieses Jahres zu ihrer Befriedigung wegen einer Forderung von 400 Gulden (200 Gulden Kapital und 200 Gulden Zinsen) an die von Manteuffel zu Arnhausen, zugeschlagen war. Nach abgeleistetem Huldigungseide empfingen sie 1686 die Belehnung mit diesem Gute. Durch Kontrakt d. d. Stargard den 20. Januar 1691 verkauften sie dasselbe an Adam von Kleist.

Als 1691 der minorenne Sohn Krams von Kleupzen, Joachim Heinrich, mit Tode abgegangen war, fiel das Kleupzen'schen Afterlehn zu Breitenfelde an Christian Heinrich und Gustav Georg von Dewitz. Der Generallieutenant Joachim Balthasar von Dewitz erhob ebenfalls Ansprüche an dies Gut und behauptete, daß er seinen beiden Vettern vorgehen müsse, da er von den Dewitz'schen Gütern sieben Achtel, alle übrigen Dewitze nur ein Achtel besäßen. Die Gebrüder Christian Heinrich und Gustav Georg von Dewitz wandten dagegen ein, „daß Joachim Balthasar bereits 4 Hufen,

*) Vergl. pag. 310 und 311.

welche die Klempken in Callnow beseffen, unter dem Fuße habe, desgleichen
sei bekannt, daß er ein ansehnliches von den Schwarzperschen und Labbeckschen
Afterlehnstücken, so von denen noch lebenden Hannoven herrühren, vor einiger Zeit an sich gebracht, imgleichen daß nachbenannte fünf Geschlechter der
Dewitzschen Afterlehnsleute, nämlich die Weiber, die Türinge, die Keb-
dine, die Prechel und die Schnelle ausgestorben und dere Hufen, welche
in den übrigen Dewitzschen Gütern liegen, meistens von dem Generallieutenant jetzt possediret würden." Das Afterlehn der Klempken in Breitenfelde verblieb den Brüdern Christian Heinrich und Gustav Georg von Dewitz,
wurde von diesen aber mit Vorbehalt des Reluitionsrechtes an Kaspar Heinrich von Waldow überlassen.*)

Christian Heinrich von Dewitz starb am 28. November 1764 bei-
nahe 84 Jahre alt. Er war viermal verheirathet, zuerst mit einer von
Waldow, sodann mit Agnes Katharina von Borcke, Tochter des
Obersten von Borcke. Sie war schon einmal an den Rittmeister von Mel-
lenthin verheirathet gewesen und hatte aus dieser Ehe eine Tochter
Urszula Sophie. Die dritte Gemahlin Christian Heinrichs von Dewitz
war Dorothea Elisabeth von Lützow, eine Tochter Valentins von
Lützow und Wittwe Antons von Roeder, mit seiner vierten Gemahlin
Dorothea Marie von Benekendorf verheirathete er sich 1763 in sei-
nem 74. Jahre, nach seinem Tode vermählte sie sich an einen Herrn von
Grape.

Die Kinder Christian Heinrichs von Dewitz waren aus der ersten
Ehe 1 Tochter: Barbara Marie, aus der zweiten Ehe 3 Söhne: 1. Bernd
Siegismund, 2. Heinrich Joachim, 3. Christian Heinrich und eine Tochter:
Eva Juliane. Die beiden letzten Ehen waren kinderlos.

389.

Gustav Georg von Dewitz I.,

Hauptmann,

der fünfte und jüngste Sohn Heinrichs von Dewitz II. (350), geboren

*) Durch seine Gemahlin Ida Lucretia von Dewitz brach Kaspar Heinrich von
Waldow schon einen Theil von Gervensfelde. Vergl. Ida Lucretia von Dewitz (364).

am 21. Juli 1653, war zuerst Willens, sich wissenschaftlichen Studien zu widmen und besuchte die Universitäten Leipzig, Jena und Wittenberg. Allein seine Neigung änderte sich, er trat in kurbrandenburgische Kriegsdienste und machte in den Jahren 1672 und 1673 den Krieg gegen Frankreich mit. Nach dem Frieden zu Bossem (6. Juni 1673) erhielt er seinen Abschied und war daher geneigt, eine ihm vom Herzoge von Hannover angebotene Kapitains-Stelle in der Hannöverschen Armee anzunehmen. Der große Kurfürst versagte ihm aber die Erlaubniß hiezu, bewilligte ihm dagegen ein Wartegeld und versprach ihm eine baldige Beförderung in seiner Armee. Er wurde auch wirklich schon im folgenden Jahre, 1674, Lieutenant im Regimente des Generals Joachim Rüdiger von der Goltz und hielt sich in den Feldzügen des großen Kurfürsten gegen Frankreich und Schweden, besonders in dem Treffen bei Colmar, bei dem Ueberfalle von Rathenow und dem Sturm auf Anklam so wacker, daß er zum Kapitain ernannt wurde. Nachdem er bald darauf den Abschied genommen hatte, wohnte er in Daber.

Gemeinschaftlich mit seinem Bruder Christian Heinrich von Dewitz I. (388) kam er am 2. December 1673 in den Besitz des Gutes Heide bei Arnhausen, welches von ihnen am 20. Januar 1691 an Adam von Kleist wieder verkauft wurde. Ebenso erwarb er zusammen mit dem genannten Bruder das Klempzenschen Afterlehn in Breitenfelde, das sie sofort an Kaspar Heinrich von Waldow wiederkäuflich abtraten.

Das Amt Haselen, welches von Georg von Dewitz V. (351) herrührte und in fremde Hände gekommen war, löste Gustav Georg von Dewitz wieder ein. Er bezahlte einen Theil der Schulden, die auf dem Gute hafteten, erhielt auch die Forderung von 6000 Gulden, welche der Generalmajor von Hallart, Georgs V. Schwiegersohn, für das Heirathsgut seiner Gemahlin Cunigunde von Dewitz an Haselen hatte, von diesem zum Geschenke.[*] Ueber den Generallieutenant Joachim Balthasar von Dewitz beklagte er sich, da dieser gleichfalls eine auf dem Gute haftende Forderung von 5000 Thalern an sich gebracht hatte, obwohl derselbe nicht so nahe zur Einlösung der Lehne Georgs von Dewitz berechtigt war, als er, Gustav Georg, dessen

[*] Vergl. Cunigunde von Dewitz I. (353.) S. 510.

Vaterbruder Georg war. Doch verpfändete er selbst bald einen Theil von
Haseleu an seinen Vetter Joachim Balthasar, einen andern Theil trat er an
seinen Schwiegersohn Henning Erdmann von Kleist als Brautschatz seiner
Tochter Martha Magaretha ab. Dieser verkaufte seinen Antheil an Haseleu
mittelst Kontrakte vom 25. April 1696 an den Generallieutenant Joachim
Balthasar von Dewitz, von dessen Sohn Stephan Bernd von Dewitz (144) die Erben Gustav Georgs das Gut 1704 reluirten. Im Jahre
1735 war es im Besitze eines Enkels Gustav Georgs von Dewitz, Erhard
Wilhelms von Kleist, der es an Karl Joseph von Dewitz auf Hoffelde
(157) verkaufte.

Gustav Georg von Dewitz war ein leidenschaftlicher Mann, der
mit seinen Verwandten in vielfachen Streitigkeiten lebte. Mit dem Landrathe
Jobst Ludwig von Dewitz (111) hatte er einen sehr heftigen Zwist;[*]
mit dem Generallieutenant Joachim Balthasar war er gleichfalls
in einen erbitterten Hader gerathen, da er und sein Bruder Christian
Heinrich ihren Antheil an dem Schlosse zu Daber verfallen ließen, dessenungeachtet aber sich nicht dazu verstehen wollten, das ganze Schloß an Joachim
Balthasar abzutreten.[**] Georg von Dewitz V., Gustav Georgs Oheim,
klagt in seinem Lebenslaufe darüber, daß dieser sein Bruderssohn ihm nach der
Ehre und guten Namen getrachtet habe. Aus dem Testament seiner Mutter,
gebornen Barbara von Schlichting, haben wir gesehen, daß er auch mit Christoph Friedrich von Flessen zu Breitenfelde in Feindschaft lebte, dieser drohte
ihm sogar mit dem Tode.

Am 16. October 1701 starb Gustav Georg von Dewitz. Er war
zweimal verheirathet; seine erste Gemahlin war Meta Margaretha von
Borcke aus dem Hause Stramehl, die Kinder aus dieser Ehe waren 4
Söhne: 1. Christian, 2. Ulrich Curt, 3. Erhard Ulrich, 4. Gustav Georg und
3 Töchter: 1. Cunigunde, 2. Martha Margaretha, 3. Anna Sophie.

Zum zweiten Male verheirathete er sich am 1. Mai 1681 mit Ursula
Elisabeth von Udermann, einer Tochter des Oberstlieutenants Jacob
Balthasar von Udermann, der vor Rathenau blieb; ihr Heirathsgut betrug

---

[*] Vergl. pag. 309—310.
[**] Vergl. pag. 824—326.

nach der Ehestiftung vom 12. April 1641 im Ganzen 2300 Gulden in baarem Gelde, wozu noch „Silber, Kupfer, Zinn, Betten und Leinewand" kamen. Mit ihr hatte Gustav Georg von Dewitz 4 Söhne: 1. Ernst 2. Gustav Georg, 3. Heinrich Ernst, 4. Christian Heinrich und 1 Tochter: Barbara Katharina. Von den 8 Söhnen Gustav Georgs I. überlebten ihn nur zwei: Ekhard Ulrich (804) und Christian Heinrich II. (399), welche seine Güter erbten, die nach dem Tode des ersteren wieder in einer Hand vereinigt wurden.

390.

Lucretia von Dewitz,

älteste Tochter Heinrichs von Dewitz II. (350), geboren am 4. September 1620, starb am 26. October desselben Jahres.

391.

Ilsa von Dewitz II.,

zweite Tochter Heinrichs von Dewitz II. (350), geboren am 27. October 1621, verheirathete sich am 28. Juli 1644 mit Konrad Reimar von der Golz.

Die beiden Brüder Christian Heinrich von Dewitz I. (388) und Gustav Georg von Dewitz I. (389) waren die Stifter zweier Häuser der Cürt-Linie, des Maldewiner und des Daberschen. Das letztere obwohl es das jüngere ist, lassen wir voran gehen, weil es bereits erloschen ist, das Maldewiner besteht noch.

X.

Geschichte des Hauses Daber.

———

Stammvater dieses Hauses war der Hauptmann Gustav Georg von Dewitz I. auf Daber (389), der aus seinen beiden Ehen zwar 2 Söhne hatte, von denen jedoch nur der jüngste das Geschlecht fortpflanzte.

392

Christian von Dewitz I.,

ältester Sohn des Hauptmanns Gustav Georg von Dewitz (389) aus der ersten Ehe, geboren im Jahre 1662, starb als einjähriges Kind 1663.

393.

Ulrich Carl von Dewitz,

zweiter Sohn des Hauptmanns Gustav Georg von Dewitz (389) aus der ersten Ehe, wurde 1664 am Freitage vor dem Neujahrsfeste geboren und am 17. Januar 1665 getauft, er ist als Kind gestorben.

394.

Ekhard Ulrich von Dewitz,

Geheimer Kammergerichtsrath,

dritter Sohn des Hauptmanns Gustav Georg von Dewitz (389) aus der ersten Ehe, wurde am 2. November 1647 geboren und am 20. November 1667 getauft.*) Von Jugend auf zeigte er eine große Neigung zum Studiren und besuchte die Universität Frankfurt an der Oder, wo er 1690 eine Dissertation de Principio eminenta schrieb. Nach vollendeten Studien wurde er Hessen-Darmstädtischer Hof- und Kammerjunker, ging aber bald in Würtembergische Dienste über und begleitete den Prinzen Karl Alexander als Gouverneur auf Reisen. Später wurde er Würtembergischer Oberhofmeister, Präsident der Justizcollegien und Landvogt zu Tübingen, Ritter des St. Hubertus- und Johanniter-Ordens, wie auch des Preußischen Ordens de la Generosité. Im Jahre 1712 am 12. Januar hielt er bei der Beerdigung des Kammerherrn von Tettau zu Berlin eine Trauerrede, die mit vielem Beifall aufgenommen wurde. Nachdem er die Würtembergischen Dienste niedergelegt hatte, wurde er Preußischer Geheimerrath und Kammerherr, 1716 erfolgte seine Ernennung zum Geheimen-Kammergerichtsrathe. Er starb unvermählt am 17. September 1719 zu Danzig auf der Rückreise von Lemberg, wohin er vom Könige Friedrich Wilhelm I. gesandt war, und wurde in der grauen Mönchskirche zu Danzig beigesetzt. Seine Güter fielen an seinen jüngsten Stiefbruder Christian Heinrich von Dewitz II. (388.)

395.

Gustav Georg von Dewitz II,

vierter Sohn des Hauptmanns Gustav Georg von Dewitz I. (389) aus der ersten Ehe, getauft am 10. Februar 1678, starb als Kind.

---

*) In dem ältesten vorhandenen Dobischen Kirchenbuche, welches mit dem 1. September 1636 anfängt, sind anfänglich die Geburtstage fortgelassen und nur die Tauftage angegeben.

396.

Ernst von Dewitz,

fünfter Sohn des Hauptmanns Gustav Georg von Dewitz I. (389) — der älteste aus der zweiten Ehe, — wurde acht Tage vor Weihnachten 1681 geboren und starb gleich nach der Taufe.*)

397.

Gustav Georg von Dewitz III.,

sechster Sohn des Hauptmanns Gustav Georg von Dewitz I. (389) — aus der zweiten Ehe der zweite, — geboren am 24. März 1685, starb am 28. April 1690.

398.

Heinrich Ernst von Dewitz,

siebenter Sohn des Hauptmanns Gustav Georg von Dewitz I. (389) — aus der zweiten Ehe der dritte — wurde am 11. März 1691 geboren. Seine Mutter hat über ihn bemerkt: „Anno 1691 den 11. März zwischen 11 und 12 Uhr des Nachts ist mein Sohn Heinrich Ernst geboren, Gott erhalte ihn nach seinem gnädigen Willen länger bei dem Leben als die vorigen und gebe, daß er mag zunehmen an Weisheit, Verstand, Alter und Gnade bei Gott und allen Menschen. Himmelszeichen ist gewesen der Schütze, Planet Mercurius. — Anno 1694 den 28. Juni ist abermal mein einzig Söhnlein Heinrich Ernst von Dewitz von dieser Welt geschieden nach 21 wöchentlicher Krankheit zu Stargard, allda er ist zur Kur gewesen. Gott nehme seine Seele zum ewigen Leben und gebe mir Geduld."

---

* Die Geburtstage der Kinder Gustav Georgs von Dewitz I. aus der zweiten Ehe sind in dem von Heinrich von Dewitz II. (343) angelegten Familienbuche von Gustav Georgs Gemahlin vermerkt.

399.

Chriſtian Heinrich von Dewitz II.,
Landrath,

achter und jüngſter Sohn des Hauptmanns Guſtav Georg von Tewitz I.
(389) — aus der zweiten Ehe der vierte — wurde am 4. Juni 1698 geboren. Seine Mutter hat bei ſeiner Geburt folgende Worte in das Haus-
buch geſchrieben: „Anno 1698 den 4. Juni am Sonnabend Morgens zwiſchen
8 und 9 iſt mein Sohn Chriſtian Heinrich geboren und hat den 8. die
heilige Taufe empfangen. Gott gebe ihm ſeinen Segen, und daß er zunag-zu-
nehmen an Alter, Weisheit und Gnade bei Gott und allen Menſchen. Himmelszeichen iſt geweſen die Jungfrau, Planet Jupiter wie auch Mercurius.
Gott gebe ihm alles, was ihm nützlich und ſelig iſt.“

Chriſtian Heinrich von Tewitz war bei dem Tode ſeines Vaters
erſt 3 Jahre alt, bis in ſein funfzehntes Jahr erzog ihn die Mutter in ihrem
Hauſe und brachte ihn dann auf das Joachimsthaliſche Gymnaſium nach Berlin, 1717 bezog er die Univerſität Halle.

Durch den Tod ſeines Stiefbruders Eckhard Ulrich von Dewitz
fielen deſſen Güter an ihn. Seine fromme Mutter hat bei dieſer Gelegenheit bemerkt: „Anno 1719 iſt der Geheime-Kammergerichtsrath Herr E. U.
von Dewitz zu Danzig ſelig verſchieden, allwo er in königlichen Verſchickun-
gen ſich aufgehalten. Gott erfreue ſeine Seele! Seines Alters iſt er geweſen
52 Jahre weniger 7 Wochen, deſſen Güter ſein nach dem göttlichen Rath-
ſchluſſe meinem Sohne Chriſtian Heinrich als ſeinem Stiefbruder zugefallen. Nun mein Gott, der du es ihm aus Gnaden gegeben, geſegne es ihm,
ziehe deine Segenshand nicht von ihm ab, leite, regiere, führe ihn auf deinen
Wegen, deine gute Hand ſei alle Zeit ob ihm, hebe an und fahre fort, ihn
zu ſegnen mit allerlei geiſtlichem Segen in himmliſchen Gütern. Für ſein
Zeitliches mein lieber himmliſcher Vater wirſt du ferner wohl ſorgen, denn
du kannſt überſchwenglich mehr thun, als wir bitten und verſtehen. Walte
mit deiner Gnade über ihm, ſo wird es ihm an keinen Gütern fehlen. Deine
Güte ſei über uns, ſo wie wir auf dich hoffen. Amen!“

Im Jahre 1719 kehrte Christian Heinrich von Dewitz nach Hause zurück, und als der einzige noch lebende Sohn des Hauptmanns Gustav Georg von Dewitz übernahm er die Bewirthschaftung der väterlichen Güter, auf deren Verbesserung und Vermehrung er bedacht war. Von dem Gute Daber hatte er nur einen Antheil (c) geerbt, er brachte auch die beiden anderen an sich. Durch einen Tausch für seine Antheile an Farbezin und Schlojssin und eine baare Zulage von 7360 Thalern 16 Gr. bekam er durch Kontrakt vom 15. Dezember 1728 von dem Generalmajor Friedrich Wilhelm von Dewitz II. (122) die ganze der Zehn-Linie zugehörige Hälfte des Gutes (Daber a), auch Schloßgut Daber genannt, nebst 9 Bauern in Groß-Benz (Groß-Benz b).*) Den Antheil, welcher von Christian Heinrich von Dewitz I. (388) herrührte (Daber b), löste er am 18. April 1741 von dem Fähnrich von Tessow, seinem Neffen, für 3860 Thaler ein. Zugleich mit dem ganzen Gute Daber besaß er als Zubehör desselben die ganze Burg.**)

Das Gut Groß-Benz bestand damals gleichfalls aus 3 Antheilen, von welchen er den einen (Groß-Benz a) von seinem Vater geerbt hatte.***) Groß-Benz b wurde ihm zugleich mit Daber a überlassen, Groß-Benz a trat ihm am 20. Januar 1764 der damalige Major Stephan Gottlieb von Dewitz (134) mit Ausnahme der Krugkoppel und des Fischerladens ab. Außerdem überließen ihm die Gebrüder August Albrecht (133) und Stephan Gottlieb von Dewitz (134) die Brauncbergsche Kavel im Hermelsdorf, den Meesowschen Antheil im Benzer Holze, das Recht auf ein Sechstel an der Mastung und Kavelung der Eichen, 8 Klippenzüge auf dem Daber-See, so wie das Reluitionsrecht an den Gütern Braunsberg und Daberkow. Dafür verzichtete Christian Heinrich von Dewitz auf seine Ansprüche an die Güter Radem und Justemin, einen Hof in Plactitow, 2 Höfe in Schönwalde, 1½ Hof in Schmelzdorf und den Freischulzenhof in Külz. Diese Besitzungen hatten die Gebrüder August Albrecht und Stephan

---

*) Vergl. pag. 345—346.

**) Vergl. pag. 346.

***) Gustav Georg von Dewitz I. hatte diesen Antheil von Groß-Benz für den Schulzenhof in Horstkrusen und einige Hufen in Radem eingetauscht.

Gottlieb von Dewitz nach dem Tode des Vice-Präsidenten Karl Joseph von Dewitz (157) gehört, Christian Heinrich konnte Rechte daran geltend machen, weil sie aus der Curt-Linie herrührten.*)

Das oben erwähnte Gut Braunsberg besaß die Wittwe Johann Christophs von Schliessen, mit der sich Christian Heinrich von Dewitz unter dem 23. October 1766 dahin verglich, daß sie dieses Gut noch auf 15 Jahre wieterkäuflich behalten könne. Einen vergeblichen Versuch machte er, Breitenfelde wieter einzulösen. Dagegen reluirte er am 18. April 1741 Weitenhagen b, aus 3 Bauerhöfen bestehend, zugleich mit Daber b, dessen Zubehör es war.

Es ist bei den Akten eine „Lehnsprofession der Dewitzschen Güter und Erben" vorhanden, welche Christian Heinrich von Dewitz „für sämmtliche von Dewitze auf Daber Erb- und Burggesessene von Curts Linie" unter dem 28. April 1741 übergab. Dies Aktenstück ist für die Geschichte der Dewitze wichtig, weil aus ihm der damalige gesammte Besitzstand der Familie ersichtlich ist. Es enthält zuerst eine „Designation derer von Dewitz Erb- und Lehnen, so sie in Hinterpommern besitzen." Als solche sind genannt: „Daber, Hesselte, Wilow, Braunsberg, Breitenfelde, Weitenhagen, Schreeienwalde, Leitzlobagen, Cramenstorff, Plausitow, Beruhagen, Kölz, Barbezin, Ouandelin, Schleeßin, Schmälstorff, Laabed, Ratow, Waltewin, Hökenberg, Salmow, Justmien, Häielen, Taberdewe, Schönewe, Großen-Benz, Lütten-Benz, Wussow, Marienhagen, weil die von Dewitzen das jus Patronatus aus guter Affection Herrn Melchior von Wedell daselbst überlassen, wie die Critsen, so ihm ausgeantwortet, besaget, so muß doch solches Dorf in unserm District und Zahl verbleiben, weil wir daselbsten noch zwei Priester Bauerhöse haben, so uns zugehören und hieher versiedeln, imgleichen das Straßen-Gerichte, auch der Hirte daselbst in unserer Steuer-Matricul stehet, also gehet bloß bei diesem Dorfe das jus Patronatus nur ab. In gedachter Stadt und Dörfern haben die von Dewitzen nach Inhalt der Lehnbriefe liberum exercitium jurisdictionis, imgleichen das jus Patronatus und was sonst davon dependiret, auch Straßen-Gerichte, und interessiret daran keine andere Familie außer dem jure Patronatus, so Herrn Melchior von Wedell cediret."

*) Vergl. pag. 221 und 341. Der Generallieutenant Joachim Balthasar von Dewitz hatte die oben angeführten Besitzungen, welche in Folge des Concurses wegen von Dewitz V. 1761 aus der Familie gekommen waren, gekauft und an die Zabel Linie gebracht.

Sodann heißt es weiter: „Das Geschlecht derer von Dewitzen muß nebst derer Güter Innehabenden, wie auch der Afterlehnsleute zwölf Lehnpferde sistiren, und stehen solche in statu praesenti vertheilet:

1. Herr von Dewitz auf Hoffelde . . . . 4½ Pferde.
2. Seligen Herrn Generallieutenants von Dewitz Herren
   Erben auf Kussow . . . . ⁹⁷/₁₀ „
3. Herr Geheimbte Rath von Bessel in Plantikow . . 1 „
4. Herr Oberstlieutenant von Bismark auf Kniephof . 1 „
5. Herr Geheimbte-Rath von Schaper wegen Braunsberg ¹/₂ „
6. Waldewin Herr Regierungs-Rath von Laurens . . ¹/₂ „
7. Herr Landrath von Dewitz auf Daber . . . . . 1¹¹/₁₀₀ „
8. Herr Geheimbte-Rath von Baer wegen Breitenfelde ⁹¹/₁₀ „
9. Bernhagen Herr Lieutenant von Manteufel . . . ¾ „
10. Daber Defnows Gut, so Landrath von Dewitz die-
    ses Frühjahr 1741 reluiret hat . . . . ½ „
11. Kossow Herr Lieutenant von Hanow . . . . . . 1 „

Hierauf folgt eine „Specification derer Güter, so vom Geschlecht der von Dewitzen jure crediti an andere Possessores gerathen:

1. Das Gut Breitenfelde, so jure crediti an seligen Herrn von Plessen modo Geheimbte-Rath von Baer gekommen und von seligen Heinrich von Dewitz (350) herrühret.

2. Das Gut Plantikow nebst dem Dorfe Cramensdorff, welches Geheimbte Rath von Bessel in Pfandes Contractu mit seligen Herrn Oberstlieutenant Steffen Bernd von Dewitz besitzet, dasselbe kommt her von Bernd Jochim (104) und Georg Heinrich von Dewitz (357).

3. Das Gut Braunsberg, so von Georg von Dewitz (351) herrühret, besitzet Herr Geheimbte-Rath von Schaper und Concreditores.

4. Das Gut Waldewin und Hödenberg, so in Consursu Oberstwachtmeisters Ulrich Felix von Dewitz (370) an seligen Geheimbte-Rath von Laurens gekommen, besitzen annoch desselben Herren Erben, und rühret dasselbe her von Georg Heinrich von Dewitz (357).

5. Das Gut Guatzkelin und Kniephoff besitzet der Oberstlieutenant von Bismard ex Contracta mit seligem Herrn Oberstlieutenant Steffen Bernd von Dewitz (144), dasselbe kommt her von Landrath Bernd von Dewitz auf Meesow und Georg von Dewitz (351) auf Braunsberg.

6. Die Güter Kütz und Schmölzdorff besitzet gleichfalls gedachter Herr Oberstlieutenant von Bismarck ex Contractu mit seligem Herrn Oberstlieutenant Steffen Bernd und dessen Sohn Herrn Karl Joseph von Dewitz (157) jure crediti, und rühret solches her von Landrath Bernd von Dewitz (349) auf Meesow und dessen Descendenten als auch von Georg von Dewitz auf Braunsberg

7. Das halbe Gut Bernhagen, so aus Bernd Jochim von Dewitzen (104) Concurs herrühret und Herrn Eckhard von Manteufel anstatt Muttererbe cediret ist, hat also ein jus crediti darauf.

Dieses sind alle Güter, so outra Familiam pro tempore ad Alienos anstehen."

Auch die Besitzungen der Afterlehnsleute werden angegeben:

„An Afterlehnsleuten haben die von Dewitzen gehabt die Weyre, die Springen, die Lebbienen, die Klemptowen und Hanewen, woven der Lieutenant von Hanow noch am Leben, die anderen sind ausgestorben.

1. Rasbeck cum omnibus pertinentiis ist denen sämmtlichen von Hanowen von denen von Dewitzen verlehnet, und hat das halbe Dorf, so Anno 1680 Herr Kettow damalen possediret, jure crediti et censu Herr Generallieutenant von Dewitz auf Hoffelde an sich erhandelt, das andere halbe Theil des Gutes Rasbeck besitzet anjetzo noch der Lieutenant von Hanew.

2. Ein angelegter Ackerhof und etliche Bauern in Schmölzdorff wie auch Kossäten, so ebenmäßig denen von Hanowen verlehnet, und damals der von Kettow jure crediti et censu in possess gehabt, hat ebenfalls von Herrn von Kettowen der Herr Generallieutenant auf sich transferiret.

3. Ein Rittergut, so seligen Kram von Klemptzen nachgelassenem Sohne zuständig gewesen, haben die Vormünder desselben in Breitenfelde dem von Woltrow eingethan."

Erwähnt werden ferner die Güter und Höfe, welche der Generallieutenant Joachim Balthasar von Dewitz (112) von den Besitzungen der Curt-Linie an sich gebracht hatte, dabei ist bemerkt:

„So reserviren wir Gebrüdern, ich Landrath Christian Heinrich von Dewitz und des Hauptmanns Christian Heinrich minderjährige Söhne, Jährich Jacob Wilhelm und Karl Ludwig, für uns und unsere Erben das jus reluend und proximitatis alter Observanz nach ex jure speciali, bis der höchste Gott uns und unseren Erben die Mittel bescheret, die Güter, so unsere Vorfahren unter dem hohen Titul der hohen Königlichen Landeshoheit a primo acquirente in so vielen Saeculis besessen, zu reluiren und wiederum einlösen zu können.

Als von ihm selbst besessene Güter giebt Christian Heinrich von Dewitz bei dieser Gelegenheit folgende an:

1. „Das eine Schloß und Rittergut zu Daber, welches von Bernd Jochim von Dewitz herkommt, dazu sind 9 Bauern in dem Dorfe Großen-Benz.

2. Das andere Schloß und Rittergut so von meinem Aeltervater Curt (318) und Großvater Heinrich von Dewitz (350) herkommen, dasselbe ist zwischen meinem Vater Hauptmann Gustav Georg (389) und Landrath Christian Heinrich von Dewitz (388), meinem Vaterbruder, getheilt, und der letzte Antheil in diesem 1741. Jahre den 18. Aprilis von mir reluirt worden. Zu diesem Gute gehören in Daberkow 4 Bauern, in Benz 4 Bauern, in Breitenhagen 4 Bauern*), in Schönwalde 3 Bauerhöfe, von welchen letzteren einer wegen altväterlicher Schuld an Peter Klingbeil, der andere an Christoph Friedrich Plessen in Breitenfelde geschlagen. Der dritte stehet zwischen mir und seligen Hauptmanns von Dewitz minderjährigen Söhnen annoch zu gleicher Hebung der Pension im Besitze. In dem Dorfe Weitenhagen ist dem Bauer Hans Westphal von obigen benannten 4 Höfen einer verpfändet, so zur Reluition stehet.

3. Das halbe Gut Bernhagen, so durch meinen Vater Hauptmann Gustav Georg von Dewitz von Cajus Dukelass von der Osten und anderen Creditoren erkauft, noch sind über dieses in dem Dorfe Bernhagen 6 Bauerhöfe, so von meinem Großvater Heinrich von Dewitz herkommen, davon besitze ich Christian Heinrich von Dewitz 3 Höfe.

---

*) Dieser Antheil von Breitenhagen wird auch als Weitenhagen b bezeichnet, er gehörte der Curt Linie, welche ursprünglich in dem Orte noch mehr besessen hatte. Georg von Dewitz V. (811) hatte aber durch Kontrakt vom 1. März 1586 den Freischulzenhof daselbst nebst 1½ Hufen, den halben Schulzendienst mit Zubehör, so wie alle seine Rechte und Gerechtigkeiten im Dorfe Breitenhagen, desgleichen seine Antheilsgerechtigkeit an Adam Reihers erstürzter Kathe nebst einer Hufe Landes, welche Adam Reiher an ihn für 110 Gulden Kapital verkauft hatte, an die Wittwe Bernd Joachims von Dewitz, geborne Eva von Flemming (104), und deren Tochter Anna von Dewitz (107), die Gemahlin des Hofgerichts Präsidenten Matthias von Krockow, erblich überlassen. Dafür erhielt er in dem Dorfe Braunsberg den Freischulzenhof mit 4 Hufen und 3 wüste Bauerhöfe mit 7 Hufen, ferner in Breitenfelde eine wüste Hofstätte mit 2 Hufen. Die landesherrliche Bestätigung des Tauschvertrages erfolgte unter dem 23. April 1586.

Ueber dieses habe ich noch ein kleines Gütchen in dem Dorfe Großen-Benz."

Christian Heinrich von Dewitz trug nicht bloß für die Vermehrung seiner eigenen Güter Sorge, er war auch auf die Erhaltung des Ansehens der ganzen Familie bedacht. Als der Vice-Präsident Karl Joseph von Dewitz (157) mit dem Plane umging, die Dewitzschen Güter in Allodien zu verwandeln und den Lehnsverband in der Familie aufzuheben, willigte Christian Heinrich nicht ein. Er machte als Senior der Familie vielmehr den Vorschlag, einen Lehnsstamm zu gründen, um das Ansehen und den Namen des von so vielen Jahrhunderten her bekannten Dewitzschen Geschlechtes zu erhalten. Obwohl der Vice-Präsident Karl Joseph von Dewitz sich hiermit einverstanden erklärte, unterblieb doch die Ausführung. Der Oberst Stephan Gottlieb von Dewitz (134) versuchte nach einigen Jahren nochmals, die Güter zu allodificiren, konnte aber gleichfalls den Widerstand der Lehnsvettern, namentlich Christian Heinrichs, nicht beseitigen*).

Seit dem Jahre 1728 war Christian Heinrich von Dewitz Landrath und zeigte sich in der Verwaltung seines Amtes als ein thätiger und energischer Mann.

Vermählt war er zuerst (am 3. October 1727) mit Johanna Terethea von Strantz, hinterbliebenen Tochter des Landraths und „Directors zur Mittelmark" Rudolph Ehrenreich von Strantz, welche ihm 6045 Thaler als Ehegeld zubrachte: sie starb 1749. Gegen Ende des folgenden Jahres, 1750, vermählte er sich mit der verwittweten Frau von Mittelstaedt, gebornen Marie Justine von Zarow. Diese Ehe war eine sehr unglückliche und verbitterte dem wackern Manne das Leben im höchsten Maße. Die Schuld lag lediglich an der zanksüchtigen und dem Trunke ergebenen Frau. Sie tobte und fluchte im Hause auf eine erschreckliche Weise, schlug auf die Mägde mit Feuerbränden, eisernen Feuerzangen und Feuerschüppen, warf ihnen wohl gar gläserne Flaschen an den Kopf, so daß die Scherben aus dem Gesichte geschnitten werden mußten, zuletzt fanden sich kaum noch Dienstleute für das Haus. Nicht besser ging sie mit ihrem Ehemann und dessen Kindern erster Ehe um. Als jener sie einst beschwichtigen wollte, da sie auf das Gesinde schimpfte und fluchte, warf sie ihm eine Schüssel mit Wasser nach dem

*) Vergl. pag. 99 351.

Kopfe. Ein ander Mal drohte sie, „dem alten Kerl" den Hals abzuschneiden, oder versprach der Magd, welche ihm Gift in das Essen mischen würde, „besondere Guttthaten." Sie verschonte selbst ihr eigenes Töchterchen nicht, schlug es ohne Ursache, warf es die Treppe hinunter, schwur ihm den Tod, zwang es dann wieder, weil ihr den ganzen Tag im Bette zu liegen. Bei ihrer starken Neigung zum Trunke war sie oft schon am frühen Morgen berauscht, lag dann während des ganzen Tags im Bette, am Abend stand sie auf und lärmte bis spät in die Nacht im Hause herum. Zuletzt entfernte sie sich heimlich, als der Landrath Christian Heinrich von Dewitz zur Beichte gegangen war. Die Ehe wurde im Jahre 1758 durch gerichtliches Erkenntniß getrennt, und bat der Landrath von Dewitz, die Zeugenaussagen versiegelt zu reponiren, weil man die darin angeführten Facta zum Nachtheil der Familie nicht gern „prevaliren" lassen möchte.

In den Verhandlungen über die Trennung der Ehe wird eine Jude Salomon in Stargard erwähnt, der die unglückliche Frau verleitet hatte, ihm heimlich Silber zu versetzen. Er hatte ihr 125 Thaler geliehen und daran so hohe Zinsen genommen, daß sie ihm nach 3 Jahren 250 Thaler schuldig war. Der Regierungsrath Loeper, welcher in der Ehescheidungs-Sache mit Christian Heinrich von Dewitz und dessen Gemahlin zu verhandeln hatte, trug auf eine Bestrafung des Juden Salomon an.

Christian Heinrich von Dewitz legte im Jahre 1772 sein Amt als Landrath nieder und starb am 26. Februar 1774. Seine Kinder waren aus der ersten Ehe 4 Söhne: 1. Gustav Karl Ehrenreich, 2. Bernd Heinrich, 3. Ekhard Georg Ferdinand, 4. Joseph Friedrich und 3 Töchter: 1. Johanna Elisabeth Tugendreich, 2. Sophie Dorothee, 3. Augustine Theodosia, aus der zweiten Ehe 1 Tochter: Sophie Wilhelmine.

100.

Cunigunde von Dewitz II.,

ältere Tochter des Hauptmanns Gustav Georg von Dewitz I. (389), aus der ersten Ehe, wurde 1669 acht Tage vor Pfingsten geboren und am 6.

Juni getauft. „Gott gebe ihr zeitlichen und ewigen Reichthum," hat Gustav Georg von Dewitz bei ihrer Geburt in das Handbuch geschrieben. Sie ist als Kind gestorben.

101.

Martha Margarelha von Dewitz,

zweite Tochter des Hauptmanns Gustav Georg von Dewitz I. (349) aus der ersten Ehe, wurde am 28. Januar 1672 getauft und am 28. März 1693 an Henning Erdmann von Kleist, Erbherrn auf Tubberow, verheirathet. Sie erhielt an Brautschatz, Mutter- und Großmuttererbe 2500 Gulden und zwar dergestalt, daß 1000 Gulden baar gezahlt wurden und für 1500 Gulden ein Antheilgut in Haseleu von Gustav Georg von Dewitz an seinen Schwiegersohn abgetreten wurde. Zu diesem Gute, welches der Hauptmann von Dewitz aus dem Concurse Georgs von Dewitz V. (351) von den Schwichelschen Erben und dem Regierungsrathe von Braunschweig eingelöst hatte, gehörten ein halber Bauerhof in Haseleu und zwei Bauern in Roggow. Unter dem 25. April 1696 verkaufte Henning Erdmann von Kleist das Gut für 1000 Gulden an den Generallieutenant Joachim Balthasar von Dewitz. In dem Kaufcontrakte nennt sich von Kleist „Erbherr auf Gienow."

102.

Anna Sophie von Dewitz,

dritte Tochter des Hauptmanns Gustav Georg von Dewitz I. (388) aus der ersten Ehe, geboren im Jahre 1674 (am 8. November getauft), verheirathete sich am 1. März 1705 mit dem Kursächsischen Lieutenant Heinrich Joachim von Wreech.

403.

Barbara Catharina von Dewitz,

einzige Tochter des Hauptmanns Gustav Georg von Dewitz I. (388) aus der zweiten Ehe, geboren am 12. Juli 1683, vermählte sich 1718 drei Wochen vor Ostern (17. März) mit dem königlich Preußischen Hauptmann Joachim Ernst von Deßow, ihre Mitgift betrug 2000 Thaler. Durch Kontrakt vom 26. Februar 1715 war an den Hauptmann von Deßow das Rittergut Daber, welches dem Maltzeiner Hause gehörte, auf 16 Jahre für 4000 Thaler verpfändet. Der Landrath Christian Heinrich von Dewitz II. (390) resumirte dasselbe am 18. April 1741 von dem Jährich von Deßow, einem Sohne des Hauptmanns Joachim Ernst von Deßow. Da das Gut verschlechtert war, wurden 140 Thaler von dem Pfandschilling abgezogen und nur 3860 Thaler zurückgezahlt. Auch Weitenhagen b war als Zubehör von Daber b durch den Kontrakt vom 26. Februar 1715 an den Hauptmann von Deßow verpfändet, Christian Heinrich von Dewitz II. löste dies Gut am 18. April 1741 zugleich mit Daber b, ein.

Nach dem Tode des Hauptmanns von Deßow (17. Januar 1731) wohnte seine Wittwe in Daber. Im Jahre 1731 hatte sie einen Anfall von Melancholie, von welchem sie hergestellt wurde, doch kehrte im Sommer des Jahres 1744 ihre Schwermuth wieder, und obwohl sie sorgfältig bewacht wurde, entkam sie am 30. August dieses Jahres, während der Nacht, ihren Wärtern und ertränkte sich im Stadt See (Teetz See). Durch Erkenntniß des königlichen Preußischen Krossisteriums vom 17. September 1744 wurde in Anbetracht des Umstandes, daß die verwittwete Frau Hauptmann von Deßow ihres Verstandes nicht mächtig gewesen sei, verfügt, "daß die auf die Selbstermordung gesetzte Verscharrung des Körpers vom Schinder wegfallen müsse." Der Leichnam wurde dem Landrathe Christian Heinrich von Dewitz überlassen, "um selbigen in der Stille an einem abgesonderten Orte zu begraben," die Kosten sollten aus dem hinterbliebenen Vermögen der Verstorbenen entnommen werden.

104.

Gustav Karl Ehrenreich von Dewitz,

ältester Sohn des Landraths Christian Heinrich von Dewitz II. (39.) aus der ersten Ehe, geboren am 25. August 1728, studirte in Halle und Frankfurt an der Oder bis zum Jahre 1754, wurde 1755 Referendarius an der königlich Preußischen Regierung in Stettin, starb aber schon am 1. April 1762 an den Blattern.

105.

Bernhard Heinrich von Dewitz,

zweiter Sohn des Landraths Christian Heinrich von Dewitz II. (39.) aus der ersten Ehe, wurde im Jahre 1733 geboren (getauft am 3. Februar). Er studirte in Frankfurt an der Oder bis 1759, starb aber wie sein oben genannter Bruder an den Blattern am 17. März 1762.

106.

Ekhard Georg Ferdinand von Dewitz,

dritter Sohn des Landraths Christian Heinrich von Dewitz II. (39.) aus der ersten Ehe, wurde im Jahre 1736 geboren. Bei seiner Taufe, am 10. August, war der damalige Präpositus Ernst Bogislav Horn Pathe, welcher im Kirchenbuche bemerkt hat: „des Herrn Landrath von Dewitz Sohn Ekhard Georg Ferdinand den 10. August getauft Pathen: 1. Herr Landrath von

Birkholz, 2. Frau von Strantzen, 3. Meine Wenigkeit. Gott laße ihn gelegnet fein."*) Das Kind starb bereits im Jahre 1739**).

107

Joseph Friedrich von Dewitz,

vierter und jüngster Sohn des Landraths Christian Heinrich von Dewitz II. (389) aus der ersten Ehe, geboren am 6. Mai 1743, wurde 1750 Page des Königs Friedrich II., trat darauf in die königliche Garde, nahm aber, nachdem er bei dieser kurze Zeit als Fähnrich gestanden hatte, auf den Wunsch seines Vaters den Abschied, kehrte nach Daber zurück und vermählte sich am 27. November 1766 mit Luise Sophie von Dewitz (140), zweiten Tochter des Christen Stephan Gottlieb von Dewitz (134).***) Die von seinem Vater ererbten Güter vermehrte er, indem er den Antheil von Daberlow, welchen der Vice Präsident Karl Joseph von Dewitz am 29. Januar 1751 für 4200 Thaler an den Rittmeister Friedrich Wilhelm von Wesenbeck auf 25 Jahre verkauft hatte,†) von der Wittwe des Herrn von Wesenbeck, Sophie Charlotte, gebornen von Kerkow, und dessen Erben durch Vergleich vom 25. Juni 1776 für 3800 Thaler reluirte. Er machte jetzt Gebrauch von dem Einlösungsrechte, das seinem Vater Christian Heinrich von Dewitz II. durch den Vertrag vom 20. Januar 1764 von den Brüdern August Albrecht und Stephan Gottlieb von Dewitz (133 und 134) erblich abgetreten war. Auch Braunsberg, auf welches Christian Heinrich von Dewitz II. das Einlösungsrecht durch den erwähnten Vergleich erworben hatte, reluirte Joseph Friedrich von Dewitz von

---

*) So naiv und unbefangen sind überhaupt alle Angaben in den ältern Kirchenbüchern.
**) Der Todestag ist bei den Restauratoren gar nicht angegeben, es heißt im Sterberegister ganz einfach: Herr Landraths von Dewitz Söhnlein Erhard, andere Angaben sind noch ungenauer z. B. Meister Christophs Ehefrau, Meister Turds langgrabes Kind, des Mahrs Söhnlein u. s. w.
***) Vergl. pag. 303.
†) Vergl. pag. 371.

den nachgelassenen Töchtern des Lieutenants Johann Melchior von Schliessen, Johanne Dorothea Friederike und Henriette Karoline Albertine von Schliessen. Nach dem Vergleiche vom 27. März, 1801 zahlte er 13600 Thaler, verkaufte es aber am 6. Dezember 1804 für 24000 Thaler von Marien 1805 bis Marien 1830, also auf 25 Jahre, dem damaligen Landrathe, nachherigen Wehelmien-Oberregierungsrathe Friedrich Christian August von Dewitz (XIX).*)

Aus der Zeit Joseph Friedrichs von Dewitz liegt eine ganz genaue „Specification der sämmtlichen Güter und Dörfer, welche die Herren von Dewitz gegenwärtig in Besitz haben, ingleichen die übrigen, welche außer ihren

*) Vergl. pag. 458. Das Gut Braunsberg war durch den Concurs Georgs von Dewitz V. (XII.) aus der Dewitzschen Familie gekommen. Zunächst brachte es der General von Halberg, Schwiegersohn Georgs V., die Halbergschen Erben verkauften es an den Hofrath von Belvin, von welchem es als Heirathsgut seiner Töchter an seine Schwiegersöhne, den Geheimrath von Schaper und den Postdirektor von Bücken gelangte; von diesen brachte es ganz an sich. Nachdem durch den Machtspruch des Hofgerichts vom 22. März 1737 die Prediger mit ihrer Kirche, dieses Gut wieder einzulassen, zurückhalten worden Zankbebe dem Geheimrath Johann Friedrich von Schaper, gerichtlich zuerkannt. Hierauf ward Anwendung dem Geheimrath Johann Friedrich und seinem Sohne Grafe Friedrich von Schaper durch das Rescript vom 6. April 1737 zu erden gegeben, zugleich erhielten durch der Geheime Staatsminister, nachmalige Christianter von Bareiß und besten militärische Decendem, und nach deren Abgange sein Schwiegersohn, der Ministerien und spätere Obrerumiakement von Pfalen, durch das Rescript vom 26. August 1737 die Mitanwürtung auf dieses Gut, welches der Geheimrath von Schaper am 11. März 1738 für 3500 Thaler an Johann Christoph von Schliessen erblich verlautet. Die oben erwähnte Prästation wurde aber von dem Vice Postdirekten Karl Joseph von Dewitz (XII) angefochten und durch die Rechtspruch vom 2. und 18. Februar 1738 in Beziehung auf deutschen aufgehoben, so daß ihm das Reluitionsrecht zuerkannt wurde. Durch den kommissarischen Vergleich vom 28. Februar 1742 ward nun auch der erbliche Verkauf dieses Gutes aufgehoben und dasselbe von Schliessen am wiederkäuflich auf 25 Jahre überlassen. Nachdem die beiden Brüder August Albrecht und Stephan Gottlieb von Dewitz ihr Einlösungsrecht durch den Vergleich vom 20. Januar 1761 dem Landrathe Christian Heinrich von Dewitz II. (XIX) abgetreten hatten, verglich sich dieser am 28. October 1765 mit der Wittwe des Johann Christoph von Schliessen also, daß sie für den alten Kaufschilling noch auf 13 Jahre dem Gut wiederkäuflich besitzen kann. Nach dem Tode der Frau von Schliessen nahm nach dem von ihren Kindern abgeschlossenen Erbvergleichdertrage vom 13. August 1770 ihr Sohn, der Lieutenant Johann Melchior von Schliessen, Braunsberg in Besitz, von dessen beiden Töchtern Joseph Friedrich von Dewitz das Gut einlösete. Er zahlte wegen der darauf gewiesenen Nachhülfszegungen anstatt des ursprünglichen Kaufschillings die Summe von 13600 Thalern. Brüggemanns Beiträge zu der ausführlichen Beschreibung des Königlich Preußischen Herzogthums Bor- und Hinter Pommern, II. pag. 1629 ffl.

Hänten sind" vom Jahre 17.. ver. Es ist für die Geschichte des Geschlechts von ganz besonderem Interesse, von Zeit zu Zeit den Besitzstand desselben zu übersehen, deßhalb möge auch die Specification hier eine Stelle finden.

In ihr heißt es:

1. **Daber.** a. Das Schloßgut, b. den großväterlichen c. den großväterlich erlichen Antheil besitzt Herr Joseph Friedrich von Dewitz.

   Die Gerechtigkeit am Städtlein Daber sammt dem jure Patronatus ist sämmtlichen Herrn von Dewitz gemein.

   d. die Dabersche Mühle, wovon der Herr Major Karl Ludwig von Dewitz ⅓, und Herr Joseph Friedrich von Dewitz ⅔, besitzet.

2. **Daberkow** possedirt Herr Joseph Friedrich von Dewitz.

3. **Groß-Benz** a. zwei Güter, b. 14 Bauern besitzt derselbe,

   c. 1 Fischerkathen, wozu ½ Hufe Acker gehört, besitzt gedachter Herr von Dewitz mit dem Herrn Major Karl Ludwig von Dewitz gemeinschaftlich.[*]

   d. 1 Vollbauerhof gehört dem Herrn K. L. von Dewitz allein,

   e. 1 Fischerkathen gehört nach Wussow.

4. **Berahagen** a. 1 Gut, 2 Vollbauern, 3 Halbbauern und Kossathen nebst Büdnern gehören dem Herrn J. F. von Dewitz zu Daber.

   b. 1 Gut, wozu 1 Vollbauer und 2 Halbbauern auch Büdner, ist im Besitz des Herrn Majors K. L. von Dewitz zu Maldewin.

   c. 1 Gut, wozu 2 Vollbauern auch 1 Halbbauer nebst verschiedenen Büdnern hat der Herr Major K. L. von Dewitz zu Maldewin von dem Hauptmann von Manteuffel zu Körtin gekauft.

---

*) Durch Vertrag vom 13. Dezember 17.. überließ der Major K. L. v. Dewitz seine Hälfte des Fischerkathens nebst Zubehör an J. F. von Dewitz tauschweise für einen halben Bauerhof in Schönwalde.

5. **Weitenhagen** a. 3 Bauerhöfe und 1 Kathen gehören dem Herrn J. F. von Dewitz zu Daber, von denen jedoch ein Hof zur Zeit an die Tschirnerschen Erben verpfändet stehet,[*)]

b. das Gut sammt den dazu belegenen Bauern ist von vielen an den Eigenthümer Tschirner verpfändet.[**)]

6. **Schönwalde.** a. 1 Bauerhof gehört zur Hälfte dem Herrn J. F. von Dewitz zu Daber,[***)] die andere Hälfte ist vormals vom Herrn Lieutenant Jacob Wilhelm von Dewitz (1824) an Nenelle veräußert.

b. 1 Bauerhof ist erblich an Peter Klingbeil verkauft und hat zur Curt'schen Linie gehört, jetzt besitzt ihn der Eigenthümer Schmitz.

c. 1 Bauerhof hat nach Breitenfelde gehört und ist nunmehr an Georg Westphal erblich verkauft.

d. 1 Bauerhof gehört zu Voigtshagen und ist mit solchem Gute erblich verkauft.

e. 3 Bauerhöfe sind dem Daberschen Hospitale zuständig.

f. 2 Güter und 8⅓ Bauerhöfe sind von Hofseite an verschiedene Eigenthümer stückweise veräußert.

g. 2 Bauerhöfe mit Inbegriff des Kruges besitzt Hofseite noch.

7. **Maltzwin** nebst der Bäckerei Sophienhof,

8. **Höckenberg** und

9. **Buldow** gehören dem Herrn Major K. L. von Dewitz.

[*)] Der Antheil Weitenhagen b. war nach dem Tode des Landraths und Stiftshers Christian Heinrich von Dewitz I. (149) an seinen Sohn, den Hauptmann Bernd Siegismund von Dewitz (416), gekommen. Als dieser verstorben war, wurde Weitenhagen b. von dem Vormunde der nachgelassenen Kinder desselben, dem Hauptmann Christian Heinrich von Dewitz III. (148) am 26. Februar 1715 an den Hauptmann Joachim Ernst von Dossow zugleich mit Daber b verpfändet, am 18. April 1741 aber von dem Landrathe Christian von Dewitz II. (150) eingelöst. Dessen Sohn Joseph Friedrich von Dewitz verkaufte es nach dem Contrakte vom 24. Februar 1796 für 2300 erblich an den Landdrosten Karl Heinrich Friedrich von Dewitz (160).

[*)] Das Gut Weitenhagen b erhielt am 20. April 1793 der Landdrost Karl Heinrich Friedrich von Dewitz. Vergl. pag. 442.

[***)] Diesen ihm zugehörigen halben Bauerhof vertauschte Joseph Friedrich von Dewitz am 13. December 1790 an den Major Karl Ludwig von Dewitz gegen dessen Antheil an Fischerlathen in Groß Benz, so wie an der Fischerei auf dem Daber und Oster See.

10. Wussow,
11. Farbezin,
12. Klein-Benz,
13. halb Schleissin besitzt der Landdrost Karl Friedrich Heinrich von Dewitz (1811).
14. Hoffelde,
15. Reggow nebst der Büdnerei Louisenhof,
16. Callmow und Vorwerk Magarethenhof,
17. Schoenau hat der herzoglich Mecklenburg-Strelitzsche Geheimerath und Oberhof-Marschall Bodo Christoph Balthasar (302) in Besitz.
18. Weezow haben die eben gedachten beiden Brüder der Landdrost K. F. H. von Dewitz mit der Oberhofmarschall B. Ch. B. von Dewitz in Possession.
19. Lasbeck besitzt zur Zeit der Hauptmann von Mellin in Trieglaff, die Pfandjahre gehen nächstens zu Ende.
20. Schmelzdorf besitzt der Lieutenant August Friedrich von Bismarck in Kniephof, es ist vormals von Hoffelde an den Obersten von Bismarck verpfändet, und zwar, so viel bekannt zur Zeit noch ein Dewitzsches Lehn.
21. Kniephof,
22. Jarchlin und
23. Kölz sind zwar vormals von Dewitzsche Lehnstücke gewesen, nun aber bereits seit verschiedenen Jahren an die von Bismarck erblich gekommen.
24. Jufsemin nebst Vorwerk Amalienburg.
25. Raden und

ad. Nr. 12 halb Schleissin*) besitzt der Landrath Johann Daniel von Keppert erblich und sind diese Güter allodificirt.

---

*) Der Landdrost K. F. H. von Dewitz kaufte am 21. Februar 17.. das Allodialgut Schleissin a für ... Thaler (darunter ... Thlr. in Pommerschen Pfandbriefen) von dem Landrath Johann Daniel von Keppert erblich. Als die 6 Söhne des Landdrosten von Dewitz, welche ihn überlebten, sich durch den brüderlichen Vergleich vom .. August 18.. aber die väterlichen Güter theilten, wurde von ihnen festgesetzt, daß Schleissin a unter ihnen und ihrer ... Descendenz die Lehnseigenschaft haben und forts als ein Zubehör des Hauses Wussow angesehen werden solle.

26. Plantikow gehört dem Herrn von Arnim erblich.

27. Cramonsdorf ist mit Plantikow zugleich von dem Herrn von Dewitz an den Geheimerath Korper erblich überlassen, der beide Güter an seinen Schwiegersohn, den Landrath Otto Albrecht von Arnim, abgetreten hat, von welchem Cramonsdorf an den Herrn Otto Gottlieb Siegismund von Ramin und von diesem wiederum an die verwittwete Frau Majorin von Pawels, geborne Levina Juliana Gratiosa von Benkendorf, verkauft ist.

28. Voigtshagen hat die verwittwete Frau Majorin von Pawels gleichfalls erblich in Besitz, und ist selches demnächst allodificirt worden.*)

29. Haselen ist von Hesselte erblich an die verstorbenen Herrn von Rüchel verkauft, und diese haben es an den jetzigen Flügel Adjutanten Herrn von Rüchel verschrieben.**)

30. Breitenafelde besitzt der Herr Regierungsrath von Brünnow, ist jedoch, so viel bekannt noch ein von Dewitzsches Lehn.

31. Braunsberg besitzen die Erben des verstorbenen Lieutenants von Schliefen wiederkäuflich.

32. Hermelsdorf, eine Holzung, worin die Herrn Joseph Friedrich, Major Karl Ludwig, Landrath Karl Friedrich Heinrich und

---

*) Voigtshagen war von den Gebrüdern August Albrecht, Stephan Gottlieb und Bernd Heinrich von Dewitz 1735 Thlr. 1737 nebst dem dazu gehörigen Mayerhof in Schönwalde am 1. Januar 1736 für 31000 Thlr. auf 36 Jahre und eigenthümlich von Johann Christoph von Holzendorf, und von dessen Wittwe, gebornen Levina Juliana Gratiosa von Benkendorf, nachmaligen Gemahlin des Majors von Pawels, am 21. Mai 1761 für 2320 Thaler an Otto Gottlieb Siegismund von Ramin verkauft. Dieser trat das Gut, nachdem es durch das Rescript vom 5. August 1761 allodificirt war, die demselben Form am 14. Februar 1764 der Majorin von Pawels wieder ab, die es zugleich mit Cramonsdorf am 17. Januar 1788 für 87,000 Thlr. erblich dem Kriegs und Domainen Rath Georg Wilhelm von Dill verkaufte.

**) Haselen hatten die beiden Brüder August Albrecht und Stephan Gottlieb von Dewitz 1735 und 1737 am 18. Mai 1752 für 10000 Thlr. erblich an die Gebrüder von Rüchel, Major Adam Siegfried und Hauptmann Erdmann Wilhelm, verkauft, wovon es in theil am 21. Dezember 1780 eröffneten Testamente ihrer einzigen nachgelassenen Schwester, der Wittwe des Hauptmanns von Kühn, Dorothea Hedwig, auf deren Lebenszeit und nach dem Tode derselben den Generallieutenant von Rüchel vermacht war. Den letzteren trat die Wittwe von Rüchel hier Nur am 24. Juli 1788 ab.

→ 〔XXI〕 ←

Oberhofmarschall Bodo Christoph Balthasar von Dewitz
jede ihre Mabel besitzen.

Joseph Friedrich von Dewitz vermählte sich am 27. November 1766 mit Luise Sophie von Dewitz (140), einer Tochter des Obersten Stephan Gottlieb von Dewitz auf Hoffelde. Nach dem Tode seiner Gattin, 28. Februar 1773, verheirathete er sich zum andern Male am 16. November 1775 mit Charlotte Hedwig von Beulendorf, jüngsten Tochter des verstorbenen Lieutenants Arnd Siegismund von Beulendorf auf Marein und dessen Gemahlin, gebornen Floriane Elisabeth von Kerdow, welche ihm zwar einen zeitlich erwünschten Sohn schenkte, die Hoffnung auf eine lebensfähige Descendenz jedoch unerfüllt ließ, indem dieser Sohn schon als Kindes Kind wieder verstarb, und eine weitere Nachkommenschaft nicht erfolgte. Joseph Friedrich von Dewitz starb am 9. Mai 1806; die betreffende Notiz im Daberschen Kirchenbuche, welche von dem damaligen Superintendenten und Pastor Müller herrühren, lautet: „Den dritten Mai, Vormittags zwischen 10 und 11 Uhr verstarb Herr Joseph Friedrich von Dewitz, Burg und Schloßgesessener auf Daber und S条ior der Familie seines Namens, im Alter von 63 Jahren weniger 3 Tagen; er hinterläßt keine männlichen Leibes-Erben. Er wurde Tages darauf in einem besonderen dazu ausgemauerten Grabe auf dem Armen-Kirchhofe des Hospitals vor dem Teterßher beigesetzt. Seine Frau Wittwe und drei Töchter beweinen in ihm einen sehr redlichen Gatten und Vater, und jeder Gute kann ihm das Zeugniß stiller und anspruchsloser Der ... nicht versagen. Er ruhe in Gott!" Seine Güter fielen an den Sohn des Majors Karl Ludwig von Dewitz auf Woltewin, den nachmaligen Rittmeister Karl Friedrich Ludwig von Dewitz.

Die Wittwe Joseph Friedrichs von Dewitz starb zu Daber am 6. Juli 1819 im Alter von 73 Jahren. Seine Kinder waren aus der ersten Ehe 3 Töchter: 1. Renate Luise Henriette, 2. Johanne Eleonore Sophie, 3. Dorothea Auguste Charlotte, aus der zweiten Ehe ein Sohn: Georg Heinrich Gustav.

108.

Johanna Eleonore Engenbreich von Dewitz,

älteste Tochter des Landraths Christian Heinrich von Dewitz II. (399)

aus der ersten Ehe, wurde am 10. September 1729 getauft. „Dieses Fräulein starb Anno 1757 den 12. August des Nachmittags ein viertel auf 6 Uhr
am Gallenfieber und wurde am 13. August in das Gewölbe gebracht", ist im
Taberschen Kirchenbuche bemerkt.

409.

Sophie Jacobine von Dewitz,

zweite Tochter des Landraths Christian Heinrich von Dewitz II. (309)
aus der ersten Ehe, geboren am 12. October 1734 (getauft am 19. October),
verheirathete sich am 17. Mai 1764 mit dem Lieutenant Heinrich August
von Strantz auf Barkow. Bei dieser Gelegenheit verpfändete ihr der Vater mittelst Vergleichs vom 4. Mai 1764 das Gut Taber b, welches er von
dem Fähnrich von Dotzen eingelöset hatte, für 5400 Thaler auf seine Lebenszeit. Von dieser Summe wurden der Frau von Strantz 3400 Thaler als
Ehegeld angerechnet, die übrigen 2000 Thaler übernahm sie von dem Kapital
welches das Tabersche Hospital auf den Dewitzschen Gütern stehen hatte, als zu
bezahlende Schulden. Nach dem Tode Christian Heinrichs von Dewitz II.
trat sie durch den Vertrag vom 13. April 1775 für 6154 Thaler 5 Groschen 6 Pfennige das Gut an ihren Bruder Joseph Friedrich wieder
ab. Sie starb am 7. Mai 1777 zu Taber, wohin sie sich zum Gebrauch
einer Frühlingskur begeben hatte, um ihre Gesundheit herzustellen. Am 9.
Mai, als am Himmelfahrtsfeste, wurde sie in dem Dewitzschen Familiengewölbe
beigesetzt. Die Leichenrede hielt der Diaconus Bahr über den von ihr selbst
gewählten Text Luc. 20,35 und 36 und stellte die Einwohner jener Welt vor
als von Gott gewürdigte, 2. als unsterbliche, 3. als den Engeln gleiche Leute.

410

Augustine Theodosia von Dewitz,

dritte Tochter des Landraths Christian Heinrich von Dewitz II. (309)
aus der ersten Ehe, getauft am 19. März 1745, verheirathete sich am 27.

November 1781 mit Joachim Henning von Papstein, Erb-, Lehns- und Gerichtsherrn von Maneselle und Tandem, nach dessen Tode sie sich bei seiner Schwester, der Frau von Bismarck auf Schmelzdorf aufhielt, wo sie erst 1832, fast neunzig Jahre alt, gestorben ist.

111.

Sophie Wilhelmine von Dewitz,

vierte Tochter des Landraths Christian Heinrich von Dewitz II. (399), das einzige Kind seiner zweiten Ehe, geboren am 31. October 1752, heirathete nach dem Tode ihrer Halbschwester Sophie Jacobine von Dewitz (469) am 11. Februar 1779 deren Wittwer Heinrich August von Straub auf Barckow.

112.

Ursula Luise Henriette von Dewitz,

älteste Tochter Joseph Friedrichs von Dewitz (107) aus der ersten Ehe, geboren am 14. Januar 1768, war zuerst (29. Januar 1797) mit Georg Friedrich Ludwig von Breeder auf Rienow und Philippsthal, einem Wittwer, verheirathet. Nach dessen Tode vermählte sie sich zum zweiten Male am 19. September 1799 mit dem verwittweten Herrn Friedrich Christian August von Dewitz auf Hoffelde (301), nachmaligem Landrathe des Naugard-Dewitzen Kreises und spätern Geheimen-Ober-Regierungsrathe. Sie starb am 4. November 1831.

113.

Johanne Eleonore Sophie von Dewitz,

zweite Tochter Joseph Friedrichs von Dewitz (107) aus der ersten

Ehe, am 2. Juli 1769 geboren, blieb unverheirathet. Sie verunglückte auf einer Reise in das Bad nach Freienwalde an der Oder, indem der Wagen, in welchem sie sich befand, umstürzte, wodurch sie augenblicklich den Tod fand, während ihre Schwester Henriette (412), die neben ihr saß, ganz unbeschädigt blieb.

414.

Dorothea Auguste Charlotte von Dewitz,

dritte und jüngste Tochter Joseph Friedrichs von Dewitz (407), geboren am 28. August 1771, verheirathete sich am 13. December 1802 mit dem Oberstwachtmeister im Anspach-Baireutschen Dragoner-Regimente, spätern Obersten Karl Alexander von der Malsburg. Sie starb zu Zehdenik im März 1845.

415.

Georg Heinrich Gustav von Dewitz,

einziger Sohn Joseph Friedrichs von Dewitz (407) und überhaupt das einzige Kind aus dessen zweiter Ehe, wurde am 23. November 1776 geboren, starb aber schon am 15. April 1778.

XI.

Geschichte des Hauses Malchewin.

Stammvater dieses Hauses ist der Rittmeister und Landrath Christian Heinrich von Dewitz I. (388), dessen jüngster Sohn das Geschlecht fortgepflanzt hat.

416.

Bernd Siegismund von Dewitz II.,
Hauptmann.

ältester Sohn des Rittmeisters und Landraths Christian Heinrich von Dewitz I. (388) aus der zweiten Ehe, getauft am 19. November 1667, ging in kursächsische Kriegsdienste, wurde Hauptmann und starb 1710. Der von ihm hinterlassenen Schulden wegen verpfändete sein Bruder Hauptmann Christian Heinrich von Dewitz III. (421), als Vormund der hinterbliebenen unmündigen Kinder Bernd Siegismunds, deren väterliche Güter Daber b. und Weitenhagen b. am 26. Februar 1715 an den Hauptmann Joachim Ernst von Dessow. In dem Pfand-Kontrakte d. d. Stargard den 26. Februar 1715 ist gesagt, daß „der Herr Verpfänder als Vormund seiner Bruderkinder — in Ansehung derer großen Schulden, so auf seiner Unmündigen väterlichem

Gute in Daber haften, welche eine die nachständigen Zinsen ein Kapital von
5000 Gulden ausmachten, und da die Creditores schon auf ihre Befriedigung
dringen und das Gut gar einziehen wollen, ferner in Ansehung, daß sowohl
die Zimmer auf dem Herrenhofe ganz baufällig, als auch die Bauerzimmer
fast alle darnieder liegen und ohne unaufbringliche Kosten nicht wieder aufgebaut und die Bauern in nöthiger Bewehrung erhalten werden können, und
dazu die Kontribution und andere onera immer zunehmen, und also unmöglich
ist, das Gut ohne der Unmündigen augenscheinlichen noch größeren Schaden
bei der bisherigen Administration zu lassen — habe resolviren müssen, mit
dem Gut eine Veränderung vorzunehmen und dasselbe auf einen Pfandschilling
auszuthun, um davon die Schulden abzutragen und das Ueberbleibende für
die Unmündigen sicher zu befestigen. Er verpfände also an den Herrn Hauptmann Joachim Graf von Dessow auf 15 nach einander folgende Jahre, und
zwar cum pacto antichreseos, das ganze Rittergut seiner Unmündigen zu
Daber dergestalt, wie es dem Verwalter Jacob Pieplow in seinem Kerbende
Kontrakt verschrieben und eingeräumt gewesen, mit allen dessen Pertinentien,
ausgenommen dem jure Patronatus und der Burgergerechtigkeit, so bei der
Familie bleiben müssen." Der Pfandschilling betrug 5000 Thaler, und „sollte
dieses Geld sogleich zur Abstattung der Creditoren angewandt und dadurch dem
Herrn Pfandgläubiger ein freies Gut geschafft und er nach völlig erlegtem Pfand-
schillinge in den wirklichen Besitz und Genuß des Gutes gesetzt werden."

Beide Güter, Daber b. und Weißenhagen b. werden, wie eben erwähnt
ist, Seitens des Landraths Christian Heinrich von Dewitz, (389) von
dem Fähnrich von Dessow, einem Sohne des am 17. Januar 1731 verstorbenen Hauptmanns von Dessow, am 14. April 1741 eingelöst.

Der Hauptmann Bernd Ziegismund von Dewitz II. war zweimal
verheirathet. Mit der ersten Gemahlin Johanne Marie Heßmann
aus Durlach lebte er in einer kinderlosen Ehe. Die zweite Gemahlin, geborne Johanne Margaretha von Knorr, vermählte sich nach dem im
Jahre 1710 erfolgten Tode ihres Gatten mit dem Bürgermeister Meovius
in Daber, einem Wittwer. Das Dabersche Kirchenbuch enthält folgende Angabe: „Am 22. Juli 1715 ist Herr Bürgermeister Meovius mit der Frau
Hauptmännin von Dewitz copuliret worden, der Herr gebe seine Barmherzigkeit." Die Frau Hauptmann von Dewitz ist nicht näher bezeichnet, sie
kann aber nur die Wittwe Bernd Ziegismund von Dewitz II. gewesen

sein. Der Bürgermeister Mevius war ein Sohn des Präpositus und vieriährigen der Theologie Samuel Mevius. Vater und Sohn genossen in Dabet ein großes Ansehen, den beiden befindet sich noch heute ein Bild in der Kirche Das Bild des Sohnes, Bürgermeisters Mevius, zeigt einen schönen stattlichen Mann von vornehmem Aussehen in reicher Kleidung mit der Inschrift: „Der Wohlgeborne Herr Samuel Mevius ist geboren Ao. 1665 und gestorben Ao. 1740. Seines Alters 75 Jahre, Herrn Praeposit Mevii einziger Sohn, Wolberdienter 45 Jähriger Bürgermeister alhier."*)

Bernd Siegismunds von Dewitz II. Kinder waren zwei Söhne: 1. Johann Carl, 2. Bernd Siegismund und eine Tochter: Siegismunde Christiane, über welche wir die vorhandenen Nachrichten gleich folgen lassen.

<h2 style="text-align:center">417.</h2>

<h3 style="text-align:center">Johann Carl von Dewitz,</h3>

dieser Sohn des Hauptmanns Bernd Siegismund von Dewitz II. (416) aus der zweiten Ehe, wurde 1699 geboren. In dem Lehnbriefe vom Jahre 1714 ist er als abwesend aufgeführt.

<h2 style="text-align:center">418.</h2>

<h3 style="text-align:center">Bernd Siegismund von Dewitz III,</h3>

zweiter Sohn des Hauptmanns Bernd Siegismund von Dewitz II. (416) aus der zweiten Ehe, geboren 1701, soll königlich Preußischer Rittmeister gewesen sein.

---

*) Eine Tochter des Präpositus Mevius war an einen Baron von Heimsdorff verheiratet. 1680 den 20. Januarii ist der Herr Friedrich Baron von Heimsdorff mit Jungfer Barbara Sophie Mevii, Herrn Lieutenant Samuelis Mevii, Pastoris und Praepositi zu Dabet, Jungfer Tochter im Beisein hochadliger, priesterlicher und anderer vornehmer erbetener Gäste im Namen des Herrn Jesu in der Kirche allhier miteinander zusammen gegeben und von Herrn Christian Contrahi, Pastore zu Grammentdorf, copuliret worden. Gott gebe ihnen Frieden in ihrer Ehe, reichen Segen in ihrer Haushaltung und große Freude künftig an ihren Kindern und Kindeskindern. Amen!" berichtet das Dabetsche Kirchenbuch.

Da beide Brüder bei dem Tode ihres Vaters noch unmündig waren, so verpfändete ihr Vaterbruder, Hauptmann Christian Heinrich von Dewitz III., als Vormund, ihre väterlichen Güter Daber b und Weitenhagen b an den Hauptmann Joachim Ernst von Dossow durch Kontrakt vom 26. Februar 1716.*) Spätere Nachrichten über sie fehlen ganz. In dem Prozesse, welchen der Major Karl Ludwig von Dewitz auf Maldewin wegen des Besitzes von Meeseow und einigen anderen Gütern mit seinen Vettern aus der Jobst-Linie führte, verlangten die letzteren, er solle nachweisen, daß außer ihm niemand aus der Curt-Linie Lehnsansprüche auf jene Güter machen könne, und daß die beiden Vettern aus der Curt-Linie, Jacob Wilhelm und Bernd Siegismund III., „als lebt und unbeerbt anzunehmen, oder für sich und ihre Erben ihrer nicht gehörig verfolgten Lehnsrechte für verlustig zu achten seien." In der sehr weitläuftigen „Ausführung der Gerechtsame in Sachen des Majors von Dewitz zu Maldewin wegen Relution des Gutes Meeseow, nebst zweien Antheilen in Zallnow, dreien Bauerhöfen in Reggow und dem Kruge in Schernwalde" vom 16. März 1791 ist nachgewiesen, „daß die beiden Gebrüder von Dewitz: Johann Karl und Bernd Siegismund sich bei der Huldigung Anno 1741 gar nicht gemeldet hätten, sie deshalb auch bei der Lehnskanzlei und in den Lehnsacten und bei den öffentlichen Aufgeboten nicht weiter als Lehnsfolger betrachtet worden seien. Es ergebe sich aus den Familiennachrichten, daß im Jahre 1711 Johann Karl 12 Jahre, Bernd Siegismund 10 Jahr alt gewesen seien. Lebten beide noch so wäre der ältere von ihnen fast 92 Jahre, der jüngere 90 Jahre alt. Sehr wahrscheinlich aber seien sie todt, gesetzt aber, sie dürften noch nicht als verstorben erachtet werden, so hätten sie doch keine Lehnsrechte mehr und seien als verschollen anzusehen.

419.

Siegismunde Christiana von Dewitz,

einzige Tochter des Hauptmanns Bernd Siegismund von Dewitz II. (410) aus der zweiten Ehe, getauft am 4. November 1710, wurde nach dem

*) Vergl. Bernd Siegismund von Dewitz II. (410).

Tode des Vaters geboren. Im Taderschen Kirchenbuch ist sie als „jetzigen Herrn Bernd Siegismund von Dewitz Tochter" aufgeführt. Sonstige Nachrichten über sie sind nicht bekannt, wahrscheinlich ist sie früh gestorben.*)

120

Heinrich Joachim von Dewitz,

zweiter Sohn des Rittmeisters und Landraths Christian Heinrich von Dewitz I. (388) aus der zweiten Ehe, getauft am 25. Juli 1669, ist als Kind gestorben.

121.

Christian Heinrich von Dewitz, III.,
Hauptmann,

dritter und jüngster Sohn des Rittmeisters und Landraths Christian Heinrich von Dewitz I. (388) aus der zweiten Ehe, wurde im Jahre 1671 geboren (getauft am 12. April). Anfänglich ging er in Lüneburgische Kriegsdienste, verließ diese aber und ward Lieutenant in der Sächsischen Armee bei dem Regimente des Herzogs von Weißenfels, erhielt auch nach einigen Jahren eine eigene Kompagnie.**) Das Regiment gerieth im Spanischen Erbfolgekriege in Französische Gefangenschaft und wurde nach der Picardie geführt, wo Christian Heinrich von Dewitz III. drei Jahre bleiben mußte. Nach erlangter Freiheit verließ er die Kursächsischen Dienste und trat als Hauptmann in die Preußische Armee.

---

*) Das Kirchenbuch von Daber, welches mit dem Jahre 1644 beginnt, hat seit dem Jahre 1710 ein Sterberegister, bis dahin giebt es nur die Taufen und Trauungen an.

**) Im Taberschen Kirchenbuche findet sich aus dem Jahre 1702 folgende Notiz: „Den 31. August ist Herrn Norbert Otto Dietrichs Töchterlein getauft und Barbara Maria genannt worden. Die Pathen waren: 1. Herr Christian Heinrich von Dewitz junior Ihrer Königlichen Majestät in Polen bestallter Lieutenant u. s. w." Der Kurfürst von Sachsen August II. war damals auch König von Polen.

Der Hauptmann von Dewitz wohnte eine Zeitlang in Farbezin, von welchem Gute er einen Antheil besaß. Durch Kontrakt vom 3. November 1716 verkaufte er an den Generallieutenant Friedrich Wilhelm von Dewitz II. (122), damaligen Obersten, diesen Gutsantheil in Farbezin und zwar den Hof daselbst, welchen er bewohnte, den Garten, die zu dem Gute gehörigen Landungen und Holzungen, so wie den Schulzenhof mit dem Schulzengerichte, er behielt sich aber vor, den Schulzen Christian Ahrenberg mit aller Gewehr bei der Uebergabe des Gutes fortzunehmen. Ferner überließ er an Friedrich Wilhelm von Dewitz II. alles, was er in Schloissin besaß (2½ Hufen), sodann dasjenige, was ihm in Klein-Benz gehörte, nämlich einen bebauten und einen wüsten Bauerhof nebst seinem Antheil an dem auf dem Felde stehenden Fichten-Holze, endlich auch seine Kavel im Küsterorr Gehäge. Der Kauf wurde auf 30 Jahre abgeschlossen, „wobei expresse bedungen und verabredet ward, daß auf den Fall, da nach Ablauf des dreißigsten Jahres die Güter eingelöset werden sollten, solches ein Jahr vorher dem Herrn Obersten oder dessen Erben angezeigt werden müsse, einem Fremden das jus redimendi oder relnendi durchaus nicht cediet werden dürfe. Würden der Hauptmann von Dewitz, seine Erben oder Lehnsfolger die Güter nicht einlösen oder die Bezahlung des jetzigen Kaufpreises und etwaiger Verbesserungen nicht sofort baar und in einer Summe erlegen, so sollte der Oberst, dessen Erben oder Inhaber der verkauften Stücke berechtigt sein, abermals auf 30 Jahre die Güter in geruhigem Besitz zu behalten oder dieselben sich erblich zuschlagen zu lassen.“ Als Kaufpreis zahlte der Oberst von Dewitz überhaupt 3500 Gulden Pommerisch; davon sollten 500 Gulden sogleich bei Ausfertigung des Kontraktes und 3000 Gulden bei der wirklichen Uebergabe auf Mariä Beständigung 1717 baar und in einer Summe gezahlt werden. Der Kauf fand zu dem Zwecke statt, „um aus der schädlichen Communion zu kommen,“ da zwischen den beiden Vettern, Oberst Friedrich Wilhelm und Hauptmann Christian Heinrich von Dewitz „wegen der Communion, so sie in den Dörfern Farbezin, Schloissin und Klein Benz gehabt, Streit- und Rechts-Processe entstanden waren.“ Durch Vertrag vom 7. März 1730 überließ der Hauptmann Christian Heinrich von Dewitz an den damaligen Generalmajor Friedrich Wilhelm von Dewitz die verkauften Besitzungen erb- und eigenthümlich.

Nachdem Zarkzin verkauft war, nahm der Hauptmann Christian Heinrich von Dewitz III. seinen Sitz in Schmelzdorf. Dieses Gut war ihm von dem Daenischen Hauptmann Otto Adrian von Erling, welcher es mittelst Kontrakts d. d. Hoffelte den 10. Juni 1710 von dem Oberstlieutenant Stephan Bernd von Dewitz (144) gekauft hatte, cedirt. Dagegen hatte er gemeinschaftlich mit seinem Bruder Bernd Siegismund von Dewitz II. (416) die Güter Walkewin und Hödenberg nebst dem Antheile von Walckow, der zu Walkewin gehörte, an den königlichen Hofmedicus Licentiaten Samuel Valentin Godebusch wiederkäuflich auf 30 Jahre durch Kontrakt vom 8. Mai 1709 überlassen. Diese Lehne waren nach dem Tode des Obersprachmeisters Ulrich Felix von Dewitz (376) an den Rittmeister und Landrath Christian Heinrich von Dewitz I. (388) gefallen, der vielen darauf haftenden Schulden wegen wurden sie von den beiden Söhnen des letzteren verkauft.[*]

Christian Heinrich von Dewitz III. starb am 20. Mai 1738. Er war zweimal verheirathet, und zwar zuerst mit Katharina Luise von Belling, Tochter des Rittmeisters von Belling, welche ihm 7 Kinder gebar, 1 Sohn: Jacob Wilhelm und 6 Töchter: 1. Katharina, 2. Luise Christine, 3. Johanne Sophie, 4. Henriette Hedwig Juliane, 5. Charlotte, 6. Agnes. Die zweite Gemahlin war Katharina Luise von Petewitz aus dem Hause Zietlow; von ihr hatte er 3 Kinder, 1 Sohn: Karl Ludwig und 2 Töchter: 1. Friedrike Helene, 2. Amalie Elisabeth. Als Wittwe wohnte sie auf dem Gute Bernhagen a.

422.

Barbara Marie von Dewitz,

Tochter des Rittmeisters und Landraths Christian Heinrich von Dewitz I. (388) aus der ersten Ehe, war an den Daenischen Kapitain Lieutenant von Dobow verheirathet.

---

[*] Vergl. Ulrich Felix von Dewitz (376).

123.

Eva Juliane von Dewitz,

das einzige Kind des Rittmeisters und Landraths Christian Heinrich von
Dewitz I. (388) aus zweiter Ehe, wurde am 21. Januar 1666 getauft.
Von ihr ist nichts bekannt, vielleicht ist sie früh gestorben.

124.

Jacob Wilhelm von Dewitz,
Lieutenant,

ältester Sohn des Hauptmanns Christian Heinrich von Dewitz III.
(121) und einziger Sohn aus der ersten Ehe, wurde am 6. August 1720 geboren. Er trat unter das Militair, stand zuerst bei dem von Perckschen Regimente in Stargart, dann bei dem Regimente Prinz Ferdinand von Braunschweig. Im Jahre 1741 war er Fähnrich, avancirte zum Lieutenant, wurde
aber caissirt und kam 1747 auf die Festung Cüstrin. „Jacob Wilhelm
war zu der Zeit (1747) ein caissirter Lieutenant, und noch dazu ein solcher
der damals zu Cüstrin in Arrest saß," sind die Worte seines Stiefbruders
Karl Ludwig von Dewitz (425) über ihn. Während der Haft verbrauchte
er sein geringes Vermögen, und um sich aus der Noth zu helfen, verlängerte
er die Wiedereinlösungsfrist der Güter Malchow, Hedenberg und Wullow
auf 30 Jahre, bis 1777, was später von seinem Bruder Karl Ludwig als
ungültig angefochten wurde. „Jacob Wilhelm von Dewitz hat damals
als Arrestant zu Cüstrin gesessen und nichts zu leben gehabt. Ein solcher
hätte wohl den ganzen Dewitzschen Kreis verschrieben, wenn er dadurch hätte
etwas gewinnen können" schreibt Karl Ludwig in einer Eingabe vom 20.
Januar 1767, welche sich auf die Restitution der genannten Güter bezieht.
Späterhin war Jacob Wilhelm von Dewitz Premier-Lieutenant im Regimente Herzog von Bevern und stand zu Treuen. Nachdem er seinen Ab-

schied erhalten hatte, wohnte er in Arnewalde, wo er in großer Dürftigkeit lebte und am 17. August 1771 ohne lehnsfähige Nachkommen starb.

Als Karl Ludwig von Dewitz die Güter Waldowin, Heckenberg und Buddow von dem Bürgermeister Kaurmy zu Treptow an der Rega reluiren wollte, wurde ihm der Einwand entgegengesetzt, daß er nur zur Hälfte dieser Güter lehnsberechtigt sei, indem sein Bruder Jacob Wilhelm von Dewitz lehnsfähige Descendenz nachgelassen habe. Es diente nämlich in Stettin ein Korporal Karl Ludwig Johann Friedrich von Dewitz bei dem 3. Regimente des Feld-Artillerie-Corps, welcher am 6. November 1772 vor dem Auditeur „des sämmtlichen königlichen Artillerie-Corps" Theater David Bülding folgende Erklärung zu Protokoll gab: „Er sei der Sohn des Premier-Lieutenants Jacob Wilhelm von Dewitz, der im Jahre 1771 zu Arnewalde verstorben wäre. Sein Vater habe im Mecklenburgischen eine Geborne von Kleist geheirathet, er wisse aber nicht, aus welchem Hause seine Mutter, die noch in Arnewalde lebe, sei, er selbst gehe in das 19. Jahr und sei 1753 in dem Mecklenburgischen Städtchen Krakow geboren und getauft, was er von seinen beiderseitigen Eltern gehört habe." Der Korporal, nachmalige Lieutenant Karl Ludwig Johann Friedrich von Dewitz*) stand unter der Vormundschaft des Rittmeisters von Herzberg auf Cürtow, welcher sich bemühte, die Rechte seines Mündels wahrzunehmen. Diese schienen auch wohl begründet zu sein, denn es lag ein unzweifelhaft richtiges Attest vor, welches also lautete: „Daß Herr Jacob Wilhelm von Dewitz, königlich Preußischer Lieutenant außer Diensten, gebürtig aus dem Hause Schweitzdorf im Herzogthum Hinterpommern, sich mit seiner verlobten Fräulein Braut Johanna Katharina von Kleist aus dem Hause Genjaas (Cenjages), im königlich Schwedischen Antheil des Herzogthums Vorpommern belegen, nach geschehener öffentlicher Proclamation in hiesiger Kirche von mir als erstem Pfarrer rite nach hiesigem Kirchenbuch habe copuliren und trauen lassen, wird hiermit auf Verlangen des getrauten Paares pflichtmäßig von mir attestirt und den Amtswegen demselben der Segen Gottes und alles zeitliche Glück zu Dero neu

---

*) In dem Erkenntniß der königlichen Preußisch-Pommerschen Regierung, betreffend die Reluition der oben genannten Güter, d. d. Stettin den 17. Februar 1777 wird Karl Ludwig Johann Friedrich von Dewitz Lieutenant genannt.

angetretenem Stande von Herzen anzuwünschen, auch zu wahrer Beglaubigung
dieses Eyzeugnisses von mir mit meines Namens Unterschrift und unserm gewöhnlichen kleinen Kirchensiegel unterzeichnet.

Zu Itzehoe im Herzogthum Holstein den neunzehnten des Monats Mai
im Jahre Christi Eintausend Siebenhundert und Neun und Vierzig.

          L. S.   Teder,

                    Erster Pfarrer an der hiesigen großen Kirche."

Trotz dieses amtlichen Attestes wurde durch Zeugen festgestellt, daß
der Lieutenant Jacob Wilhelm von Dewitz nicht ein Fräulein von Kleist
sondern die uneheliche Tochter eines Bauern Seltrecht aus Menzlin sich habe
antrauen lassen. Von besonderer Wichtigkeit war das Zeugniß eines Herrn
von Eickstett, welcher ehrlich aussagte: „Der Lieutenant von Dewitz habe sich vor
etlichen 20 Jahren in Schwedisch-Pommern aufgehalten und sich die Anna Katharina Seltrecht ohne Proclamation antrauen lassen wollen. Da ihm aber solches
nicht verstattet worden, habe er ein Fuhrwerk von einer Wittwe Krüger genommen
und sei in das Mecklenburgische gereist, um sich gedachte Person antrauen zu
lassen. Als er mit ihr zurückgekommen, habe es geheißen, daß er mit ihr
verheirathet sei. Nach der retour habe von Eickstett die beiden Eheleute zu
Mittag bei sich zu Gaste genommen, und sie hätten auch unter dieser quali-
taet bei dem herrn wohnenden Adel Visite gemacht.

Die Anna Katharina Seltrecht habe der Zeuge von Eickstett sehr wohl
gekannt, da sie verschiedene Jahre bei ihm als Kindermädchen gedient habe;
sie sei des von Eickstett Erbunterthanin, des Bauern Seltrecht zu Menzlin
uneheliche Tochter. Nachdem sie einen Abschied erhalten, sei sie bei dem Kaufmann Sonnenschmidt zu Wolgast in Dienste getreten und habe sich endlich mit
dem von Dewitz in ein Liebesverhältniß eingelassen.

Das Gut Consages habe von jeher denen von Eickstett gehört und sei
niemals in eines von Kleist Händen gewesen, vor etlichen 30 Jahren habe es
der Zeuge von Eickstett an den Major von Owstagenschilde verpfändet. Eine
Geborne von Kleist aus dem Hause Consages existire also gar nicht."

Durch das Erkenntniß der Pommerschen Regierung vom 17. Februar 1777
wurde der Lieutenant Carl Ludwig Johann Friedrich von Dewitz mit seinen
Ansprüchen auf die Dewitzschen Güter abgewiesen. Jacob Wilhelm von
Dewitz hatte den Pastor Teder in Itzehoe über die Abkunft seiner Braut
getäuscht; er hatte sich von demselben trauen lassen, weil er in Mecklenburg,

wohin er zunächst gereist war, keinen Geistlichen fand, der die Trauung vollziehen wollte.

425.

Karl Ludwig von Dewitz I.,
Major,

zweiter Sohn des Hauptmanns Christian Heinrich von Dewitz III. (421)
und einziger Sohn aus der zweiten Ehe, war im Jahre 1736 geboren. Seinen
Taufschein konnte er nicht beibringen, als dieser von ihm bei Gelegenheit des Processes über seine Ansprüche auf Meesow und andere Dewitzsche Lehnsfälle gefordert
wurde, weil das Kirchenbuch von Schmelzdorf, seinem Geburtsorte, verbrannt war.
Er giebt selbst auf Anlaß dieses Processes ganz kurz einen Abriß seines Lebens.
„Mein Vater ist Anno 1738 verstorben," schreibt er „damals bin ich ungefähr 2 Jahre alt gewesen und mit meiner Mutter nach Bernhagen gekommen.
Anno 1749 bin ich unter das Regiment Anspach und Baireuth in militairische Dienste gegangen, und zwar im 14. Jahre meines Alters bis 1781 bin
ich bei dem Regimente geblieben. Während ich in königlichen Militairdiensten
gewesen, habe ich den siebenjährigen Krieg mitgemacht, nach Endigung desselben
6 Jahre im Reich auf königliche Werbung gestanden und nach diesem den ein-
jährigen Krieg mitgemacht, so daß ich mich nicht um meine mir rechtlich
zustehenden Güter und Lehne habe bekümmern können, und das Regiment Anspach und Baireuth sich hat meines Processes annehmen müssen, als ich die
Matzowinschen Güter durch einen vieljährigen Proceß an mich zu bringen suchte.
Um so weniger also glaube ich, daß ich in diesem meinem rechtlichen Gesuch
könne abgewiesen werden, weil Seine Majestät der König ein allergnädigstes
Rescript ertheilt haben, daß während des Krieges keinem Offizier sein Recht
zuwachsen (verjähren) sollte. Nach dieser meiner Dienstzeit wollte ich schon
mein Recht an Meesow und andere Lehne, so aus der Curt-Linie herrühren,
exerciren, ließ aber aus Regarde gegen meinen Schwiegervater dieses so lange
in Ruhe, und da diese Güter von der Jobst-Linie nur jure crediti besessen
werden, so kann mir mein Recht nicht versagt werden."

Der Major von Dewitz — als solcher hatte Karl Ludwig von Dewitz im Jahre 1781 den Abschied genommen — hat in den angeführten Worten geschildert, was ihn während seines Lebens bewegte und beschäftigte. Dies war theils der Dienst seines Königs und die Kriege, in denen er mitfocht, theils der Streit um die Wiedererwerbung seiner Familiengüter. Nachdem das Gut Schmelzdorf von Karl Joseph von Dewitz (157) am 20. Februar 1790 ruinirt war, hatten die Erben des Hauptmanns Christian Heinrich von Dewitz III. einen sehr geringen Besitz. In der Lehnsprofession, welche der Landrath Christian Heinrich von Dewitz II. (348) unter dem 28. April 1741 einreichte, findet sich eine „Specification dessen, was seligen Hauptmanns von Dewitz minderjährige Söhne Fähnrich Jacob Wilhelm von Dewitz und Karl Ludwig wirklich possediren." Hiernach gehörten ihnen:

1. 3 Höfe in Bernhagen, die von ihrem Großvater Heinrich von Dewitz II. (350) herstammten,
2. 1 Freischulzenhof daselbst, der von ihrem Vater Christian Heinrich von Dewitz III. gegen 2 Rabenische Bauerhöfe vertauscht worden war,
3. 1 Hof in Groß Benz, der zu dem Gute Daber gehört hatte,
4. ½ Hof in Schernwalde, der gleichfalls zu Daber gehörte.

Karl Ludwig von Dewitz brachte die Güter Waltewin, Hödenberg und den zu Waltewin gehörigen Theil des Gutes Wulckow*), welche aus der Familie gekommen waren, wieder an sich. Es ist schon erwähnt, daß die Gebrüder Berndt Siegismund II. und Christian Heinrich von Dewitz III. (410 und 421) diese Güter durch Kontrakt vom 8. Mai 1718 an den königlichen Hofmedicus Viermiaten Samuel Valentin Warebusch wiederkäuflich auf 30 Jahre verpfändet hatten. Unter dem 9. Juli 1766 erirrte Warebusch diese Besitzungen an den damaligen Domainenrath, spätern Geheimerath Matthias Daniel von Laurens, der Preis der Güter war 16371 Gulden 12 Schilling. Die landesherrliche Bestätigung für den Kontrakt vom

---

*) Ein anderer Theil von Wulckow, aus 3 Bauerhöfen bestehend, war Zubehör von Groß Rabbow.

**) Vergl. Ulrich Felix von Dewitz (376) und Christian Heinrich von Dewitz III. (421).

9. Mai 1709 und die Cession vom 9. Juli 1709 erfolgte unter dem
14. October 1709. Die Söhne und Erben des Geheimeraths von Laurens, Matthias Daniel, Aegidius Samuel, Eduard Ludwig und Friedrich
Johann von Laurens besaßen diese Güter so lange ungetheilt, bis dieselben nach dem Tode der sämmtlichen Brüder ihrer einzigen Schwester,
dem Fräulein Sophie Charlotte von Laurens, allein zufielen. Unter dem 9.
Juli 1765 erklärte der Lieutenant Karl Ludwig von Dewitz an die königlich Preußisch Pommersche Regierung zu Stettin, daß er Willens sei, diese
alten von Dewitzschen ihm zustehenden Lehne wieder einzulösen. Es entspann
sich nun über dieselben ein viele Jahre hindurch dauernder Rechtsstreit. Durch
zwei Umstände wurde die Erlangung der Güter dem Karl Ludwig von Dewitz besonders erschwert. Die Einlösungsfrist war eigentlich schon im Jahre
1730 abgelaufen, der Hauptmann Christian Heinrich von Dewitz III.
hatte dieselbe jedoch unter dem 2. April 1729 noch auf 10 Jahre, bis 1749,
verlangert. Vor Ablauf dieser Frist hatte der Kriegs- und Domainenrath
Matthias Daniel von Laurens, ein Sohn des verstorbenen Geheimeraths
Matthias Daniel von Laurens, für sich und im Namen seiner übrigen Brüder mit dem ältesten Sohne des verstorbenen Hauptmanns Christian Heinrich
von Dewitz, dem Lieutenant Jacob Wilhelm von Dewitz (424), d. d.
Cüstrin den 21. März 1747 einen Vergleich geschlossen, nach welchem die Güter denen von Laurens, auf anderweitige 30 Jahre, also bis 1777, verbleiben
sollten. Nach dem Tode Jacob Wilhelms von Dewitz machte dessen Sohn
Karl Ludwig Johann Friedrich von Dewitz Ansprüche auf die Hälfte
der Güter geltend, und es mußte von Karl Ludwig von Dewitz nachgewiesen
werden, daß sein Neffe nicht lehnsberechtigt sei. Der Proceß wurde endlich
durch das Urtheil vom 19. Februar 1779 dahin entschieden, daß die Güter
Blankewin, Hödenberg und Buldow als von Dewitzsche Lehne dem Hauptmann Karl Ludwig von Dewitz zu Marien dieses Jahres von dem Bürgermeister Aegidius Friedrich Laurens zu Treptow an der Rega abgetreten
werden sollten.*) Durch den Vergleich vom 3. April 1779 einigte man sich
über die Einlösungssumme, welche auf 21000 Thaler festgesetzt wurde. Der

*) Fräulein Sophie Charlotte von Laurens hatte in ihrem Testamente vom 21. Juli
1757 und dem Codicill vom 23. Januar 1772 dem Bürgermeister und Postmeister zu
Treptow an der Rega Aegidius Friedrich Laurens die Güter vermacht.

Vergleich war von dem Landrathe Johann Daniel von Reppert als Bevollmächtigten seines Schwagers, des Hauptmanns Karl Ludwig von Dewitz, abgeschlossen und wurde von dem letztern am 19. April 1779 im Cantonirungs-Quartier Nowad bei Reiße genehmigt.

Noch ein anderes Gut, welches schon lange in fremdem Besitz gewesen war, erwarb Karl Ludwig von Dewitz, nämlich Bernhagen b. Das Gut Bernhagen bestand aus drei Antheilen, von denen 2 die Dewitze besaßen, Bernhagen a gehörte dem Major Karl Ludwig von Dewitz, er hatte es von seinem Vater geerbt, Bernhagen c. besaß Joseph Friedrich von Dewitz (407). Bernhagen b. war in Folge des Concurses Bernd Joachims von Dewitz l. (104) durch den Rechtsspruch vom 3. März, 1651 dem Werth von Manteufel für 1076 Gulden zuerkannt. Von diesem kam es an seinen Sohn Ebhart, dessen Sohn Bernd Ewald es erbte und es seinem einzigen Sohne Georg Friedrich hinterließ. Dieser empfing es nach dem Lehnbriefe vom 6. August 1744 als ein neues von Manteufelsches Lehn und überließ es mit seinen übrigen Gütern am 31. Juli 1765 seinem Sohne Friedrich Heinrich von Manteufel, der es am 5. Februar 1785 für 5500 Thaler an den Major Karl Ludwig von Dewitz verkaufte.

Auch einige Besitzungen, welche sich in den Händen der Jobst-Linie befanden, versuchte Karl Ludwig von Dewitz zu reluiren, weil sie ursprünglich zur Curt-Linie gehört hätten, nämlich das ganze Gut Meesow, 2 Antheile in Sallnow, 3 Bauerhöfe in Reggow und den Krug in Schönwalde.*) Er führte deswegen einen weitläuftigen Proceß mit den Gebrüdern Stephan Werner l., Karl Heinrich Friedrich und Bodo Christoph Balthasar von Dewitz (178, 189 und 312). Durch das Erkenntniß der königlich Preußisch Pommerschen und Camminschen Regierung vom 15. Juli 1791 wurde der Major Karl Ludwig von Dewitz mit der Klage auf Abtretung des Gutes Meesow und des Kruges in Schönwalde abgewiesen, weil beide Besitzungen, als von Franz von Dewitz (82) herrührend der Jobst-Linie gehörten. Dagegen wurde ihm das Reluitionsrecht an die beiden Antheile von Sallnow (3 Ritterhufen und 3 bewehrte Bauerhöfe) und 3 Bauerhöfe in Reggow zu erkannt. Noch in demselben Jahre, am 4. September 1791,

*) Vergl. pag. 291.

starb Karl Ludwig von Dewitz, sein einziger Sohn und Lehnserbe Karl Friedrich Ludwig von Dewitz hat von diesem Rechte keinen Gebrauch gemacht.

Verheirathet hatte sich Karl Ludwig von Dewitz im Jahre 1778 mit Charlotte Helene Karoline von Dewitz (142), einer Tochter des Obersten Stephan Gottlieb von Dewitz auf Hesselte (134). Dieselbe kaufte den zu Groß-Raddow*) gehörigen Theil von Waldow am 22. September 1794 erblich für 3400 Thaler von dem Hauptmann Ernst Bogislav von Below, überließ ihn aber am 17. Januar 1803 für 5500 Thaler wiederkäuflich auf 25 Jahre von Martini 1803 bis Martini 1828 dem Arrendator Christoph Gottlieb Stren mit königlicher Genehmigung. Sie starb am 3. November 1815 zu Stargard in Pommern.

Die Kinder des Majors Karl Ludwig von Dewitz waren 1 Sohn: Karl Friedrich Ludwig und 1 Tochter: Karoline Wilhelmine Henriette.

426.

Katharina von Dewitz,

älteste Tochter des Hauptmanns Christian Heinrich von Dewitz III. (421) aus der ersten Ehe, ist als Kind gestorben.

---

*) Das Gut Groß-Raddow nebst dreien dazu gehörigen Bauerhöfen in Wutzkow, zweien in Sallmow und einem im Vogelsang war ein Horckschen Lehn gewesen, nach dem Lehnbriefe vom 28. April 1670 aber dem Präsidenten Ewald von Kleist zu Lehn verliehen. Der Hauptmann Bogislav Heinrich von Kleist überließ Groß-Raddow mit den Zubehörungen in Wutzkow und Sallmow am 28. August 1777 für 11540 Thaler auf 25 Jahr bis Martini 1803 wiederkäuflich, jedoch am 11. April 1788 erb- und eigenthümlich zum freien Besitz dem Oberstlieutenant, nachherigen Fürsten, Gebhard Lebrecht von Blücher (der Bauerhof in Vogelsang war am 13. März 1777 dem Mühlenmeister Bessert für 500 Thaler auf 25 Jahr bis Martini 1802 überlassen worden). Blücher verkaufte das Gut nach dem Kontrakte vom 29. und 29. März 1789 mit Einschließung des Inventariums für 24000 Thaler auf 15 Jahr bis Martini 1803 an den Hauptmann Ernst Bogislav von Below, trat es diesem aber für denselben Preis am 14. December 1789 erb- und eigenthümlich ab, nachdem das Gut mit den Zubehörungen durch den Kabinetsbefehl vom 21. November 1798 allodificirt war. Von dem Hauptmann von Below kaufte die verwittwete Frau von Dewitz das aus 3 Bauerhöfen bestehende Ackerwerk in Wutzkow.

427.

Luise Christiane von Dewitz,

zweite Tochter des Hauptmanns Christian Heinrich von Dewitz III. (421) aus der ersten Ehe, wurde am 30. Dezember 1709 getauft, sie starb in früher Jugend.

428.

Johanne Sophie von Dewitz,

Tochter (wahrscheinlich die dritte) des Hauptmanns Christian Heinrich von Dewitz III. (421) aus der ersten Ehe, war an einen Lieutenant von Bonin verheirathet.

429

Henriette Helene Juliane von Dewitz,

eine Tochter (wahrscheinlich die vierte) des Hauptmanns Christian Heinrich von Dewitz III. (421) aus der ersten Ehe, geboren 1713, ist an einen Herrn von Herzberg verheirathet gewesen.

430.

Charlotte von Dewitz und

431.

Agnes von Dewitz,

Töchter (wahrscheinlich die beiden jüngsten) des Hauptmanns Christian Heinrich von Dewitz III. (421) aus der ersten Ehe, starben sehr jung.

Im Jahre 1767 waren sämmtliche Töchter Christian Heinrichs von
Dewitz III. aus der ersten Ehe verstorben.

432.

Friederike Helene von Dewitz,

siebente Tochter des Hauptmanns Christian Heinrich von Dewitz III.
(421), aus der zweiten Ehe die älteste, lebte im Jahre 1796 unverheirathet
in Berlin.

433.

Amalie Elisabeth von Dewitz,

achte Tochter des Hauptmanns Christian Heinrich von Dewitz III. (421),
aus der zweiten Ehe die zweite und jüngste, hatte sich im Jahre 1754 an
den Lieutenant Johann Daniel von Reppert verheirathet. Dieser wurde
in Stelle des Landraths Christian Heinrich von Dewitz II. (389), welcher sein
Amt niedergelegt hatte, von den „Kreis Senioren") und Ständen des Daberschen Kreises" zum Landrathe gewählt und als solcher unter dem 21.
Mai 1772 vom Könige Friedrich II. bestätigt. Er wohnte in Amalienburg, einem zu Justemin gehörigen Vorwerke. Das Gut Justemin
war ihm und seiner Gemahlin am 1. Mai 1754 von den Brüdern
August Albrecht (133) und Stephan Gottlieb von Dewitz
(134) für 5600 Thaler verkauft. Auch hatte er Raden und Schleiffin a am
15. October 1761 von dem Kriegs und Domainenrathe Christoph Ernst
August von Platen für 12000 Thaler erstanden; an diesen waren beide Güter
von den oben genannten Brüdern von Dewitz am 5. October 1762 für 11600

---

*) Die Kreis Senioren waren der Major Stephan Gottlieb von Dewitz auf Kottelve
und der Hofmarschall Friedrich Ernst von Wachenberg, Besitzer des Guts Küfer bei Naugard.

Thaler überlassen.*) Der Landrath von Keppert bewirkte die Allodification
der Güter Justemin, Rarow mit Schleiffin s durch das Rescript vom
7. Januar 1775, worauf er Schleiffin s am 21. Februar 1796 für 4500
Thaler erblich dem Landbrosten Karl Heinrich Friedrich von Dewitz
(189), Justemin und Rarow aber am 15. Juli 1798 für 80000 Thaler erb
lich dem Generallieutenant und Kommandanten zu Potsdam, Ernst Wilhelm
Philipp von Rüchel, verkaufte.

131.

Carl Friedrich Ludwig von Dewitz,
Rittmeister,

einziger Sohn des Majors Karl Ludwig von Dewitz I. (125), geboren
am 8. August 1787, verlor seinen Vater schon im 4. Jahre. Er trat 1801
als Standartenjunker in das Preußische Dragoner-Regiment von Irwing,
wurde 1802 Fähnrich, 1804 Lieutenant, nahm jedoch 1806 seinen Abschied,
um sich der Bewirthschaftung seiner Güter zu widmen. Als im Jahre 1806
sein Schwager Joseph Friedrich von Dewitz zu Daber (407) starb,
kam er in den Besitz von dessen Gütern Daber, Daberkow, Groß-Benz
und Beruhagen e, von seinem Vater hatte er Waldewin mit Sophienhof und einem Theile von Buldow als Zubehörungen, ferner Döden-
berg und Beruhagen a. und b. geerbt. Auf seinen Antrag wurde er im
Jahre 1807 für großjährig erklärt. Leider hat er den bedeutenden Grundbesitz, welcher auf ihn übergegangen war, seiner Familie nicht erhalten. Die
schwierigen Verhältnisse der Jahre 1806 bis 1807 und 1813 bis 1815 tru
gen mit dazu bei, daß er den größten Theil seiner Güter nach und nach zu
verhältnißmäßig niedrigen Preisen veräußerte. Daber, Daberkow und Groß-
Benz verkaufte er mittelst Neutralis vom 2 Februar 1818 zusammen für
60000 Thaler an den Bürgermeister Secretair Müller und die Architektoren

*) Die Verkäufer behielten sich die Abtrift mit dem Vieh und den Schafen auf
das Schorensche Feld, den Schleiffinschen Reppelenteich und die Kaveln im Hermelsdorf vor.

Gebrüder Samuel Georg Gottlieb und Karl Friedrich Rammenberg.*) Den zu Maldewin gehörigen Antheil von Buldow überließ er durch Kontrakt vom 30. December 1810 für ein Kaufgeld von 6000 Thalern an den kaiserlich-königlich Oesterreichischen Husaren-Rittmeister Eward von Ernsthausen, welcher auch den andern Antheil von Buldow, der sich im Besitze des Arrendators Strey befand, erwarb. Im Jahre 1818 war Karl Friedrich Ludwig von Dewitz Billerd, von der Wittwe des Rittmeisters von Ernsthausen, gebornen Juliane Karoline Meyer, das ganze Gut Buldow zu kaufen und hatte mit ihr am 16. Dezember 1818 eine Punktation zum Kaufkontrakt geschlossen, trat aber am 31. Dezember desselben Jahres alle Rechte, welche aus dieser Punktation für ihn erworben waren, an den Hauptmann Friedrich Wilhelm Sieglemund von Reibnitz ab.

Bernhagen war durch den Kontrakt vom 3. October 1805 und dessen Nachtrag vom 26. März 1808 an den Richter Karl Ludwig Dietz verpachtet. Wegen der Kriegsentschädigungs-Forderungen desselben entstand ein Proceß, der unter dem 29. September 1810 dahin verglichen wurde, daß ein neuer Pachtkontrakt errichtet wurde, nach welchem Karl Friedrich Ludwig von Dewitz das Gut Bernhagen von Marien 1811 an auf 14 nach einander folgende Jahre an den Karl Ludwig Dietz für eine jährliche Pacht von 1420 Thalern unter der Bedingung überließ, daß der Richter im Fall des Verkaufs des Gutes innerhalb der Pachtzeit, dasselbe gegen eine Entschädigung von 300 Thalern auf jedes noch fehlende Pachtjahr, abtreten müsse. Im Jahre 1818 verkaufte sodann von Dewitz Bernhagen an 19 dortige Einwohner für 38,100 Thaler, die Uebergabe des Gutes geschah zu Marien 1819. Die Käufer haben Bernhagen in Parzellen von verschiedener Größe getheilt und besitzen es noch. Einen zu Bernhagen s gehörigen Bauerhof in Schönwalde hatte von Dewitz schon durch Kontrakt vom 1. Mai 1809 an den Freibauer Michael Friedrich Noetelle für 1350 Thaler verkauft.

---

*) Der Burggerichts-Secretair Müller trat seine Rechte an die Gebrüder Rammenberg ab, von deren Samuel Georg Gottlieb das combinirte Gut Daber mittelst Theilungsvertrages vom 7. November 1815 für 2000 Thaler allein übernahm und durch Kontrakt vom 7. Juni 1821 an den Hauptmann, nachherigen landschaftl. Director Leopold Ludwig von Dewitz (?), für 9000 Thaler verkaufte. Dieser überließ das Gut 1846 an den Herrn Kühle für 8000 Thaler, von dem es der jetzige Besitzer Landrath von Dietz 1861 für 15000 Thaler kaufte.

Im Jahre 1812 wurde von Dewitz als Artilleoffizier bei der General-
arterie angestellt und bekleidete während des Rückzuges der Franzosen aus Rußland die Stelle eines Etappen-Kommandanten zu Witznitz bei Plathe; 1813
wurde er zu dem damals neu errichteten Pommerschen National-Kavallerie-
Regimente und nach dessen Auflösung 1815 zum 4. Ulanen-Regimente versetzt.
Er avancirte 1816 zum Rittmeister und erhielt als solcher, nachdem er eine
Zeitlang eine Landwehr-Schwadron kommandirt hatte, 1820 seinen Abschied.
Bei seinem Gute Maldewin legte er in dem Hermelsdorf, von welcher Forst
er den größten Theil besaß, die Kolonien Ludwigshorst, Friederilen-
walde, Curtsdorf und Neu-Maldewin an. Die drei ersten bilden eine
eigene Kirch- und Schulgemeinde, die zur Parochie Maldewin gehört, Kirche
und Schule befinden sich in Ludwigshorst, Neu-Maldewin ist zur Kirche
und Schule in Maldewin gelegt.

Der Rittmeister von Dewitz trat im Jahre 1840 die Güter Maldewin,
Hedenberg und Sophienhof an seine drei Söhne Curt Karl Ludwig,
Bernhard Joseph Friedrich und Adolph August Wilhelm ab.
Schon vorher hatte er meistentheils in Rangart gewohnt, wo er am Markte zwei
Häuser besaß. Im Jahre 1801 hatte er sich mit Friederike Luise von Wal-
dow aus dem Hause Tiedow verheirathet. Nach der Ehestiftung vom 20.
Januar 1801 erhielt dieselbe einen Brautschatz von 10,000 Thalern außer
Preciosen, Silber, Leinen, Betten und anderm Hausgeräth. Wenn ihr Gemahl
vor ihr sterben würde, so sollten ihr nicht bloß die zugebrachten 10,000 Thaler
und Pharophernal-Stücke zurückgegeben werden, sondern sie bekam dann auch
die gesetzmäßige Verbesserung mit 5000 Thalern, die Morgengabe mit 500
Thalern, zur Trauer 200 Thaler, es verblieben ihr der beste Wagen und die
zwei besten Pferde, deren beide Eheleute sich während des Ehestandes bedient
hatten. Ferner sollte der Frau Wittwe eine standesmäßige freie Wohnung
angewiesen oder dafür nach ihrer Wahl 100 Thaler gezahlt werden, im letztern
Falle konnte sie den freien Transport ihrer Effecten auf 10 Meilen beanspruchen. Auch wurde der Gemahlin des Rittmeisters von Dewitz für den
Wittwenstand ein volles Gnadenjahr nach den Bestimmungen der Hinterpommerschen Lehns-Konstitution zugesichert; alles, was sie von ihrem Gemahl
vor oder in der Ehe geschenkt erhalten hatte, sollte ihr unverzüglich
verabfolgt werden, endlich sollte ihr die halbe Jahrniß nach Maßgabe der
Hinterpommerschen Lehns-Konstitution gehören.

Die Gemahlin des Rittmeisters Carl Friedrich Ludwig von Dewitz ging jedoch ihrem Gemahl am 25. März 1860 im Tode voran, er selbst starb am 10. Mai 1853 an der Wassersucht.

Seine Kinder waren 8 Söhne: 1. Curt Carl Ludwig; 2. Bernhard Joseph Friedrich, 3. Otto Alexander August Friedrich, 4. Adolph August Wilhelm, 5. Oscar Conrad, 6. Jobst, 7. Max Ludwig, 8. Achim Wilhelm Theodor und 9 Töchter: 1. Miranda Maveline Creutius Luise, 2. Emma Adelaide Walpurgis, 3. Hermine Friederike, 4. Ida Clementine, 5. Agnes Walwine, 6. Clara Friederike Wilhelmine, 7. Hedwig Rosalie, 8. Julie Marie Octavie, 9. Anna Zelma.

435

Caroline Wilhelmine Henriette von Dewitz,

einzige Tochter des Majors Carl Ludwig von Dewitz I. (425), geboren am 19. August 1788, war an den Rittmeister von Vilienthal verheirathet.

436.

Curl Carl Ludwig von Dewitz,
Rittergutsbesitzer,

ältester Sohn des Rittmeisters Carl Friedrich Ludwig von Dewitz (434), geboren am 12. April 1807, besuchte seit dem Jahre 1822 das Joachimsthalsche Gymnasium in Berlin, trat 1824 bei dem 2. Kürassier-Regimente (Königin) in Preußische Militärdienste und wurde, nachdem er seine Vorbereitung auf der Divisionsschule zu Stettin erhalten hatte, am 15. August 1828 Seconde-Lieutenant. Er verheirathete sich am 23. Juli 1831 mit dem Fräulein Euphemie Caroline Theodora von der Groeben. Am 18. März 1840 erhielt er den erbetenen Abschied und empfing bei dieser Gelegenheit von seinem Regiments-Kommandeur, dem damaligen Obersten von Stülpnagel, folgendes freundliche Schreiben:

„Eben früh Abends erhalte ich den Corps-Befehl vom gestrigen Tage, nach welchem Ihnen, mein liebster guter Dewitz, des Königs Majestät den erbetenen Abschied mit dem Character als Premier-Lieutenant, Erlaubniß die Armee-Uniform mit den vorschriftsmäßigen Abzeichen für Verabschiedete zu tragen, Aussicht auf Anstellung im Civil und mit der gesetzlichen Pension, mittelst allerhöchster Cabinets-Ordre vom 18. dieses Monats zu bewilligen geruht haben, wovon ich nicht säume, Sie sogleich zu benachrichtigen. Zugleich bringe ich Ihnen meinen aufrichtigsten und herzlichsten Glückwunsch dar, daß alle Ihre Wünsche erfüllt worden sind, und nicht minder sehnlich wünsche ich, daß es Ihnen immer und zu allen Zeiten ganz zu ihrer Zufriedenheit ergehen möge. Wegen ihrer Pension werden Sie das Weitere von dem Invaliden-Departement des Kriegsministeriums direct erhalten. Leben Sie nun so wohl, mein alter Freund, als ich es Ihnen aus der Fülle meines Herzens aufrichtig wünsche, seien sie versichert, daß es mir stets eine sehr angenehme Rückerinnerung bleiben wird, Ihr Kamerad gewesen zu sein und mit Ihnen in dienstlichen Verbindungen gestanden zu haben, und ungemein glücklich wird es mich machen, wenn ich mich Ihres ferneren wohlwollenden und freundschaftlichen Andenkens erfreuen dürfte.

Pasewalk den 22. März 1840.

(gez.) von Stülpnagel."

Seit jener Zeit wohnt Curt Karl Ludwig von Dewitz auf Waldewin, welches er durch Contrakt vom 4. Juni 1842 von seinem Vater für 25000 Thaler kaufte, dazu erwarb er die dortige Mühle und kirchliche Grundstücke für 1000 Thaler. Er widmete sich mit großer Thätigkeit und gutem Erfolge der Landwirthschaft, war auch darauf bedacht, seinen Besitz zu vergrößern. Durch Contrakt vom 19. October 1858 kaufte er das aus einem Antheile an der Koldung Hermelsdorf unter dem Namen Hermelsdorf b. gebildete Rittergut nebst Sophienhof von seinem Bruder Adolph August Wilhelm von Dewitz für 28200 Thaler, ferner erstand er einen Bauerhof in Waldewin für 2000 Thaler, die Salkowsche Kavel vom Hermelsdorf für 7000 Thaler und eine andere ebendaselbst, welche zu Breitenhagen gehörte, für 2200 Thaler. Diese Kaveln waren bereits abgeholzt.

Die Kinder Curt Karl Ludwigs von Dewitz auf Waldewin sind 3 Söhne: 1. Karl Ludwig, 2. Richard Curt, 3. Max Theodor und 2 Töchter: 1. Brenda Euphemie, 2. Clara Marie.

437.

Bernhard Joseph Friedrich von Dewitz,

zweiter Sohn des Rittmeisters Karl Friedrich Ludwig von Dewitz (434), geboren den 11. März 1808 und im Kadettencorps für die militairische Laufbahn vorgebildet, wurde 1830 Lieutenant bei dem 4. Preußischen Ulanen-Regimente, welches in Greifenberg in Pommern und in Treptow an der Rega in Garnison stand, erhielt jedoch schon im Jahre 1840 auf seinen Wunsch den Abschied, um das väterliche Gut Höckenberg zu übernehmen. Er verheirathete sich am 18. October 1841 mit Bertha Thusnelda Johanne, Freiin von Kracht, einer Tochter des Generals von Kracht, und wohnte einige Jahre in Höckenberg, verkaufte dies Gut aber 1845 an den Herrn Siebenbürger, der es noch besitzt. Bernhard Friedrich von Dewitz erhielt, als die Preußische Armee 1850 mobil gemacht wurde, weil ein Krieg mit Oesterreich auszubrechen drohte, eine Anstellung als Train-Officier, wurde jedoch 1851 wieder außer Activität gesetzt, und starb am 12. Juli 1851 an der Unterleibsentzündung.

Seine Kinder sind 3 Töchter: 1. Elisabeth Franziska Luise Friederike Martha, 2. Bertha Bernhardine Betti, 3. Johanne Josephine Helene.

438

Otto Alexander August Friedrich von Dewitz,
Oberst,

dritter Sohn des Rittmeisters Karl Friedrich Ludwig von Dewitz (434), geboren am 28. Juli 1811, wurde seit dem Jahre 1824 im Kadettencorps erzogen. Am 13. August 1830 wurde er zum Lieutenant im 9. Infanterie-Regimente (Colberg) ernannt, im Jahre 1834 zum 34. Infanterie-Regimente versetzt. Er avancirte am 27. October 1842 zum Premier-Lieutenant und am 21. April 1848 zum Hauptmann und Kompagniechef, wurde am 21. Juni 1856 zum Major befördert und zum Kommandeur des 2. Bataillons (Stolp) des 2. Landwehr-Regiments ernannt. Bei der Neuformation der Armee im Jahre 1850 trat er zum 8. Pommerschen Infanterie-Regimente Nr. 61 über, wurde am 18. October 1861 Oberst-Lieutenant und erhielt am 10. März 1863 den nachgesuchten Abschied als Oberst. Seitdem wohnt er in Stolp.

Der Oberst von Dewitz hatte sich am 8. Juni 1846 mit Cornelia Susanne Justine Julie Rueter, geboren am 8. September 1823, einer Tochter des königlichen Hannoverschen Oberamtmanns Rueter zu Rehburg (gestorben am 1. Mai 1829) und der Frau Marianne, gebornen von Cremnich, vermählt. Am 5. Marz 1852 starb ihm diese seine Gattin zu Aachen, worauf er sich am 5. October 1853 zum zweiten Male verheirathete und zwar mit Josephine Victoire Simonart, geboren am 20. Mai 1832 zu Bouillon im Königreich Belgien, Tochter des am 6. Juli 1852 zu Löwen verstorbenen königlichen Belgischen Inspecteur d'Arrondissement des contributions directes, cadastre, douanes et accises de Louvain Joseph Chrétien Simonart und der Frau Clara, gebornen Jeesten.

Die Kinder des Obersten von Dewitz sind, aus erster Ehe 1 Sohn: Alexander Jobst Friedrich Wilhelm und 2 Töchter: 1. Marianne Friederike Sophie Luise Adolphine Gabriele, 2. Olga Cornelia; aus der zweiten Ehe 3 Söhne: 1. Philipp Otto Jobst Curt Wilhelm Julius, 2. Otto Victor Max Johannes Wilhelm, 3. Otto Victor Eugen Karl Robert Adam und 2 Töchter: 1. Clara Victoire Caecilie Therese, 2. Clara Victoire Cecilie Emilie Friederike Eva.

139.

Adolph August Wilhelm von Dewitz,

vierter Sohn des Rittmeisters Karl Friedrich Ludwig von Dewitz (434), geboren am 23. September 1812, besuchte das Gymnasium in Stettin, widmete sich dem Postfache, verließ diese Laufbahn jedoch wieder und hielt sich einige Jahre auf den Gütern seines Vaters auf, um die Landwirthschaft zu erlernen. Im Jahre 1840 übernahm er das Rittergut Hermelsdorf b. mit dem Vorwerk Sophienhof, welches er aber mittelst Kontrakts vom 19. October 1863 für 28,000 Thaler wieder an seinen ältesten Bruder Curt

Karl Ludwig von Dewitz (436) verkaufte. Nachdem er hierauf eine Zeitlang als Wirthschafts-Inspector bei dem Regierungsrathe von Bülow auf Rieth conditionirt hatte, kaufte er 1856 ein Freischulzengut zu Alt-Sorge bei Driesen, verheirathete sich auch in demselben Jahre mit Henriette Wittlopf, einer Tochter des Gutsbesitzers Wittlopf auf Groß-Mützelburg, verlor seine Frau aber schon im folgenden Jahre; sie starb am 20. Januar 1857 im Wochenbette.

Im Herbste dieses Jahres verkaufte von Dewitz seine Besitzung und kehrte nach Rieth zurück.

Er hat nur einen Sohn: Max Karl.

440

Oskar Konrad von Dewitz,

fünfter Sohn des Rittmeisters Karl Friedrich Ludwig von Dewitz (434), geboren am 8. Januar 1823, starb drei Wochen alt.

441.

Jobst von Dewitz III.,
Major,

sechster Sohn des Rittmeisters Karl Friedrich Ludwig von Dewitz (434), geboren am 5. März 1824, wurde im Kadettencorps erzogen. Im Jahre 1842 wurde er Fähnrich bei dem 34. Infanterie-Regimente, am 13. November 1844 Seconde-Lieutenant; am 8. April 1858 als Premier-Lieutenant in das 14. Infanterie-Regiment versetzt, avancirte er am 31. Mai 1859 zum Hauptmann. Er machte 1866 den Feldzug in Böhmen mit, wurde bei Gitschin durch einen Schuß in den Arm verwundet und erhielt den rothen Adlerorden vierter Klasse mit Schwertern. Am 22. März 1868 wurde er zum Major befördert.

Verheirathet hatte sich Jobst von Dewitz III. 1857 mit Anna von Münchow, einzigen Tochter des Obersten von Münchow, welche bereits nach wenigen Wochen am 1. August 1857 zu Cöln am Rhein starb. Zum zweiten Male verheirathete er sich am 10. Mai 1864 mit Jenni von Knobelsdorff-Brenkenhoff, Tochter des Malers und Landschaftsraths von Knobelsdorff-Brenkenhoff auf Schmolzdorf nur der Frau Ida von München.

.

442.

Max Ludwig von Dewitz,
Hauptmann,

siebenter Sohn des Rittmeisters Carl Friedrich Ludwig von Dewitz (434), geboren am 16. November 1825, erhielt seine Erziehung bis zum 11. Jahre im elterlichen Hause, besuchte darauf drei Jahre die höhere Bürgerschule in Pasewalk und eben so lange das Pensionat des Pastors Hildebrandt in Barnimslow bei Stettin, bereitete sich sodann zum Fähnrichs-Examen vor und bestand dieses im September 1843. Am 2. October dieses Jahres trat er als Kanonier in die 2. Artillerie-Brigade, besuchte vom October 1844 ab die vereinigte Artillerie- und Ingenieur-Schule, wurde im Maerz 1845 Fähnrich, am 22. September 1846 Secunde-Lieutenant, am 20. November 1850 Premier-Lieutenant, am 29. Juni 1859 Hauptmann, im April 1863 Chef der 3. Festungs-Kompagnie und im Juni 1864 Chef der ersten sechspfündigen Batterie des Pommerschen Feld-Artillerie-Regiments Nr. 2. Als solcher machte er 1866 den Feldzug in Böhmen mit und hatte bei Gitschin Gelegenheit, sich auszuzeichnen, indem er bei dem Dorfe Liebanier durch rechtzeitiges Eingreifen eine feindliche Kavallerie-Brigade, welche die vorrückenden Preußischen Bataillone mit einem Angriffe bedrohte, zum Rückzuge nöthigte; auch in der Schlacht bei Königgrätz führte er seine Batterie ins Feuer. Dafür erhielt er nach beendigtem Kriege den rothen Adlerorden 4. Classe mit Schwertern.

Er verheirathete sich am 14. November 1850 mit seiner Nichte, der ältesten Tochter seines Bruders Bernhard Joseph Friedrich von Dewitz (437), Elisabeth Franziska Friederike Luise Martha von Dewitz (453), geboren am 4. September 1842.

Seine Kinder sind 4 Söhne: 1. Bernhard Erdmann Ludwig, 2. Rudolph Erdmann Carl, 3. Max Erdmann Joost, 4. Paul Erdmann und 1 Tochter: Hilda Friederike Franziska.

443.

Achim Wilhelm Theodor von Dewitz,

achter und jüngster Sohn des Rittmeisters Karl Friedrich Ludwig von Dewitz (434), geboren am 7. März 1831, wurde 1842 Kadet, verließ aber 1845 das Kadettencorps und widmete sich dem Forstfache; 1852 trat er in das Garde-Jäger-Corps zu Potsdam, 1858 wurde er Feldwebel bei dem 7. Jäger-Bataillon, darauf Zahlmeister. Als solcher erhielt er den Rang eines Seconde-Lieutenants und ist gegenwärtig im Kriegsministerium beschäftigt. Er ist mit Therese Claus aus Potsdam verheirathet.

444.

Miranda Caroline Leontine Emilie von Dewitz,

älteste Tochter des Rittmeisters Karl Friedrich Ludwig von Dewitz (434), geboren am 30. Juli 1810, verheirathete sich am 25. März 1834 an den damaligen Lieutenant im 14. Infanterie-Regimente, späteren Generalmajor August Karl Adolph Ferdinand von Dewitz (207), als dessen Wittwe sie in Elberfeld wohnt.

445.

Emma Adelaide Walpurgis von Dewitz,

zweite Tochter des Rittmeisters Karl Friedrich Ludwig von Dewitz (434), geboren am 1. Mai 1814, ist am 20. Januar 1855 unverheirathet in Naugart gestorben.

446

Hermine Friederike von Dewitz

dritte Tochter des Rittmeisters Karl Friedrich Ludwig von Dewitz (434), geboren am 16. September 1816, verheirathete sich am 21. November

1848 mit dem Hauptmann Otto von Sjezepanski zu Ramgord,*) dessen dritte Frau sie wurde; sie starb im Wochenbette am 8. October 1857 im festen Glauben an die Gnade ihres Heilandes, dem sie in aufrichtiger Frömmigkeit gedient hatte.

447.

Ida Clementine von Dewitz,

vierte Tochter des Rittmeisters Karl Friedrich Ludwig von Dewitz (434), geboren am 8. October 1817, verheirathete sich nach dem Tode ihrer Schwester Anna Selma von Dewitz (452) mit deren Wittwer, dem Kreisphysikus Dr. Brochnow in Labes, am 28. Januar 1860.

448.

Agnes Malwine von Dewitz,

fünfte Tochter des Rittmeisters Karl Friedrich Ludwig von Dewitz (434), ist am 3. April 1819 geboren.

449.

Clara Friederike Wilhelmine von Dewitz,

sechste Tochter des Rittmeisters Karl Friedrich Ludwig von Dewitz (434), geboren am 3. August 1820, verheirathete sich im Juni 1845 mit dem Gutsbesitzer von Essen auf Pißlau bei Dirschau.

*) Vergl. pag. 428 Nr. 211.

450.

Hedwig Rosalie von Dewitz,

siebente Tochter des Rittmeisters Karl Friedrich Ludwig von Dewitz
(434), geboren am 20. Januar 1822, verheirathete sich im Jahre 1865 mit
dem Gutspächter Franz von Szczepanski, einem Sohne des Hauptmanns
Otto von Szczepanski (vergl. 446).

451.

Julie Marie Octavie von Dewitz,

achte Tochter des Rittmeisters Karl Friedrich Ludwig von Dewitz
(434), geboren am 7. Mai 1827, wurde im Alter von 1½ Jahren von dem
Rittmeister und Divisions Auditeur Bein in Breslau und dessen Gattin an
Kindes statt angenommen und erzogen.

452.

Anna Selma von Dewitz,

neunte und jüngste Tochter des Rittmeisters Karl Friedrich Ludwig von
Dewitz (434), geboren am 11. Juli 1828, vermählte sich im November
1852 mit dem praktischen Arzte Dr. Prednow in Naugard, nachmaligen
Kreisphysikus in Labes; sie starb daselbst im März 1859.

453

Carl Ludwig von Dewitz II.,
Rittmeister,

ältester Sohn des Rittergutsbesitzers Curt Karl Ludwig von Dewitz auf
Maldewin (436), geboren am 7. November 1835, wurde im Kadettenhause

erzogen. Im Jahre 1855 wurde er Fähnrich im 4. Ulanen-Regimente, am
11. Dezember 1856 Seconde-Lieutenant, am 21. Mai 1866 Premier-Lieutenant, machte als solcher den Feldzug in Böhmen mit und wurde im Herbste
1866 zum neu formirten Ulanen-Regimente Nr. 14 nach Münster versetzt,
am 11. April 1867 avancirte er zum Rittmeister.

<h2 style="text-align:center">454.</h2>

<h3 style="text-align:center">Richard Curt von Dewitz,
Hauptmann,</h3>

zweiter Sohn des Rittergutsbesitzers Curt Karl Ludwig von Dewitz auf
Malkewin (436), geboren am 23. Januar 1837, wurde im Kadettenhause erzogen. Am 27. October 1856 wurde er Seconde-Lieutenant bei der Garde-
Artillerie-Brigade, avancirte am 18. April 1865 zum Premier-Lieutenant
machte den Feldzug in Böhmen 1866 mit und wurde am 19. Januar 1867
zum Hauptmann befördert. Am 13. Juni 1868 verheirathete er sich mit
der Fräulein Alwine von Dalwig, Tochter des Majors Freiherrn von
Dalwig in Berlin.

<h2 style="text-align:center">455.</h2>

<h3 style="text-align:center">Max Theodor von Dewitz,
Lieutenant,</h3>

dritter Sohn des Rittergutsbesitzers Curt Karl Ludwig von Dewitz,
auf Malkewin (436), geboren am 26. Mai 1841, erhielt seine Erziehung im
Kadettenhause, wurde 1862 Fähnrich bei dem 4. Ulanen-Regimente und am
10. October 1863 Seconde-Lieutenant. Als bei dem Aufstande der Polen
gegen Rußland die Russisch-Polnische Gränze von Preußischen Truppen besetzt
war, hatte er Gelegenheit, sich durch eine kühne That auszuzeichnen. Am 21.
März 1864 gegen 8 Uhr Abends erfuhr der in Kruglanke, einem Gränzdorfe
am Goldo See, stationirte Hauptmann von Bormann vom 49. Regimente

daß bei Gallejewo, 1¼ Meilen nördlich, ein Trupp Insurgenten von 7 Mann gesehen sei, so wie zwei schwer beladene Wagen, die anscheinend Stroh geladen hatten, auf denen aber Waffen vermuthet wurden. Um diese abzufangen, wurde die Gränze stark besetzt und mit einem Gendarm, 8 Ulanen unter dem Lieutenant von Tewitz II. vom 4. Ulanen Regimente, so wie 18 Infanteristen unter dem Lieutenant von Blomberg vom 40. Regimente zur Hausdurchsuchung nach Gallejewo entsandt. Als die Kavallerie vorsprengte, das Gehöft vorläufig zu umstellen, sahe man statt des kleinen erwarteten Trupps eine bedeutende Anzahl Kavallerie und Infanterie mit einem vierspännigen Wagen eiligst den Hof verlassen. Als nun von Tewitz mit dem Unteroffizier Barstknecht und einem Ulanen in den dichten Haufen hineinsprengte, und kräftige Hiebe fielen, stürzte die Schaar in wilder Flucht fort. Es war dem Wagen nicht möglich zu entkommen, dieser mußte umkehren und über den Hof zurückfahren. Lieutenant von Tewitz und Unteroffizier Barstknecht führten ihn über das Feld zum nächsten Wege und ließen 5 Ulanen am Eingange des Gehöftes zurück. Diese wurden von der Kavallerie der Insurgenten, die sich wieder gesammelt hatten, heftig angegriffen und hatten einen harten Kampf, da ihnen etwa 50 bewaffnete Insurgenten gegenüber standen. Das Gefecht fiel zum Vortheil der Preußischen Ulanen aus, hätte indessen doch leicht eine andere Wendung nehmen können, weil die Anzahl der Feinde so sehr überlegen war, wenn nicht die Preußische Infanterie auf dem Kampfplatze erschienen wäre. Bei deren Anblick stutzten die Insurgenten und ergriffen schleunigst die Flucht, als sie Feuer bekamen. Ganz besonders zeichnete sich hiebei der Feldwebel Graefe durch Kaltblütigkeit und Entschlossenheit aus. Nach den weggeworfenen Gewehren der Aufrührer zu urtheilen, die am andern Tage im nahen Walde gefunden wurden, waren es mindestens eben so viel Infanteristen als Kavalleristen gewesen, welche vor der kleinen Schaar Preußen gestanden waren. Nach Aussage einiger Gefangenen waren es sogar 150 Infanteristen gewesen. Es wurden theils in dem Gefechte theils nach demselben, außer 7 vollständig mit ganz neuem Sattelzeuge versehenen Pferden, mehrere Wagen mit Munition und Waffen erbeutet und ungefähr 50 Mann in der Nacht und den folgenden Tagen als Gefangene eingebracht; von den Preußischen Soldaten war niemand verwundet. Demnächst wurde folgender Regiments-Befehl d. d. Cantonnements-Quartier Jnowroclaw den 30. März 1864 für das 4. Ulanen-Regiment bekannt gemacht:

„Aus den Berichten, welche mir über das Zusammentreffen der Truppen der Grenzbesatzung mit den Insurgenten zugegangen sind, habe ich mit Freuden ersehen, daß die dabei betheiligt gewesenen Mannschaften der 2. Escadron überall ihre Schuldigkeit gethan haben, schnell entschlossen, umsichtig und geschickt im Gebrauche ihrer Waffen gewesen sind. Besonders durch Tapferkeit und Umsicht haben sich ausgezeichnet der Lieutenant von Dewitz II., der Unteroffizier Bastkneckt, die Gefreiten Kalinowski und Radlowski, die Ulanen Karpinski und Kraule. Ich spreche den Genannten hierdurch meinen ganz besondern Dank aus und wünsche, daß alle Mannschaften des Regiments hiervon Kenntniß erhalten.

gez. von Kleist.

Max Theodor von Dewitz erhielt als Anerkennung seiner Tapferkeit den Preußischen rothen Adlerorden 4. Klasse mit Schwertern und den Rußischen St. Staniolausorden 3. Klasse mit Schwertern. Im Jahre 1866 machte er den Feldzug in Böhmen mit und wurde im Herbste dieses Jahres zum neu formirten Ulanen-Regimente Nr. 14 nach Münster versetzt.

456.

Brenda Euphemie von Dewitz,

älteste Tochter des Rittergutsbesitzers Curt Karl Ludwig von Dewitz auf Malkewin (436), geboren am 3. Januar 1832, verheirathete sich am 17. September 1858 mit dem Rittergutsbesitzer Felix Bräutlein auf Wolters dorf bei Tramburg.

457.

Olga Marie von Dewitz,

zweite und jüngste Tochter des Rittergutsbesitzers Curt Karl Ludwig von Dewitz auf Malkewin (436), ist am 30. August 1848 geboren.

158.

Elisabeth Franzisla Lulle Friederike Martha von Dewitz,

älteste Tochter des Lieutenants Bernhard Joseph Friedrich von Dewitz (437), geboren am 4. September 1842, verheirathete sich am 14. November 1859 mit ihrem Oheim Max Ludwig von Dewitz (442).

159.

Bertha Bernhardine Oelly von Dewitz,

zweite Tochter des Lieutenants Bernhard Joseph Friedrich von Dewitz (437), geboren am 6. Juli 1844, vermählte sich am 29. Juli 1862 mit dem Herrn Leo von Glaubeder auf Kerstin.

160.

Johanna Josephine Helene von Dewitz,

dritte und jüngste Tochter des Lieutenants Bernhard Joseph Friedrich von Dewitz (437), geboren am 21. März 1850, starb am 16. August 1850.

161.

Alexander Jobst Friedrich Wilhelm von Dewitz,

einziger Sohn des Obersten Otto Alexander August Friedrich von Dewitz (438) aus der ersten Ehe, wurde am 22. August 1848 geboren, trat am 1. Februar 1867 in das 2. Rheinische Infanterie Regiment Nr. 28 als einjähriger Freiwilliger ein, wurde im September zum Unteroffizier und im October dieses Jahres zum Portepee Fähnrich in dem genannten Regimente befördert.

162.

Marianne Friederike Sophie Lulle Adolphine Gabriele von Dewitz,

älteste Tochter des Obersten Otto Alexander August Friedrich von Dewitz (438) aus der ersten Ehe, geboren am 19. August 1847, verheirathete sich am 5. Mai 1868 mit dem Freiherrn und Herrn von Werthern auf Schloß Wiehe.

163.

Olga Cornelie von Dewitz,

zweite und jüngste Tochter des Obersten Otto Alexander August Friedrich von Dewitz (438) aus der ersten Ehe, geboren am 10. October 1850, starb am 1. Juni 1851.

164.

Philipp Otto Jobst Carl Wilhelm Julius von Dewitz,

ältester Sohn des Obersten Otto Alexander August Friedrich von Dewitz (438) aus der zweiten Ehe, geboren am 10. April 1855, befindet sich seit dem 1. April 1866 im Kadettenhause zu Culm.

165.

Otto Victor Max Johannes Wilhelm von Dewitz,

zweiter Sohn des Obersten Otto Alexander August Friedrich von Dewitz (438) aus der zweiten Ehe, geboren am 25. März 1858, starb am 25. April 1859.

466.

Otto Victor Eugen Karl Robert Adam von Dewitz,

dritter und jüngster Sohn des Obersten Otto Alexander August Friedrich von Dewitz (434) aus der zweiten Ehe, ist am 27. November 1850 geboren.

467.

Clara Victoire Caecilie Therese von Dewitz,

älteste Tochter des Obersten Otto Alexander August Friedrich von Dewitz (434) aus der zweiten Ehe, geboren am 24. November 1856, starb am 11. August 1857.

468.

Clara Victoire Ottilie Camille Friederike Eva von Dewitz,

zweite und jüngste Tochter des Obersten Otto Alexander August Friedrich von Dewitz (434) aus der zweiten Ehe ist am 26. August 1861 geboren.

469.

Max Karl von Dewitz,

einziger Sohn Adolph August Wilhelms von Dewitz (439) ist am 11. Januar 1857 geboren.

470.

Bernhard Erdmann Ludwig von Dewitz,

ältester Sohn des Hauptmanns Max Ludwig von Dewitz (442), ist am 19. August 1862 geboren.

471.

Rudolph Erdmann Carl von Dewitz,

zweiter Sohn des Hauptmanns Max Ludwig von Dewitz (442), ist am 20. April 1864 geboren.

472

Max Erdmann Jobst von Dewitz,

dritter Sohn des Hauptmanns Max Ludwig von Dewitz (442), ist am 17. August 1865 geboren.

473.

Paul Erdmann von Dewitz,

vierter Sohn des Hauptmanns Max Ludwig von Dewitz (442), ist am 8. November 1866 geboren.

474.

Hilda Friederike Franziska Bertha von Dewitz,

Tochter des Hauptmanns Max Ludwig von Dewitz (442), geboren am 26. October 1860, starb am 10. Mai 1862.

Die Pommersche Linie der Tewitze besitzt gegenwärtig — im Jahre 1864 — folgende Güter.

I. In Pommern.

1. Wussow (Rittergutsbesitzer Otto August Heinrich Werner von Tewitz (226)).

2. Farbezin (Rittergutsbesitzer Gustav Wilhelm Werner von Tewitz (220)).

3. Weitenhagen (Rittergutsbesitzer Ulrich Justus Jacob Karl von Tewitz-Krebs (235)).

4. Meesow (die Erben des Rittergutsbesitzers Hermann Friedrich Victor von Tewitz (320)).

5. Gienow (der Major Constantin Gustav Albert von Tewitz (210)).

6. Zachow (der Rittergutsbesitzer August Christian Leopold von Tewitz (316)).

7. Walkewitz, und

8. Hermelsdorf b mit Sophienhof (der Rittergutsbesitzer Curt Karl Ludwig von Tewitz (436)).

II. In Mecklenburg.

1. Coelpin,

2. Roggenhagen, und

3. Helpte (der Vice-Landmarschall Friedrich Adolph Dietrich von Tewitz (181)).

III. In der Preußischen Provinz Sachsen.

Veltheim am Fallstein (Rittergutsbesitzer Ulrich Justus Jacob Karl von Tewitz-Krebs (235)).

Ende

des ersten Bandes.

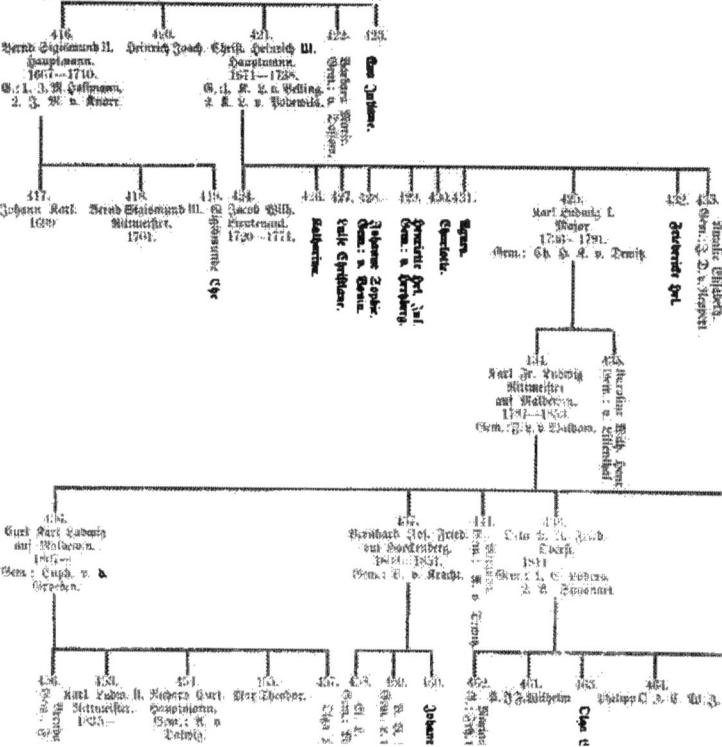

Anhang I.

Von der Familie der von Dewitz, soweit dieselbe in Pommern mit Familien-Lehnen ansäßig oder an selbigen berechtigt ist, sind gegenwärtig nachbenannte Familien-Glieder, als die alleinigen lebenden bekannten Agnaten und Häupter der verschiedenen Linien dieses Geschlechts, welche die zu selbigem gehörigen und unten benannten Lehngüter, theils in Besitz haben, theils daran vermöge der Geschlechtsfolge und Mitbelehnschaft, zur Lehnfolge berechtigt sind, vorhanden, nämlich

1. Der Herr Friedrich George Carl von Dewitz, auf Corlpin im Mecklenburgischen, der einzige nachgebliebene Sohn des Herzoglich Mecklenburg-Schwerinschen Geheimen Raths Präsidenten und Ministers Stephan Werner von Dewitz.

2. Der Herr Major außer Diensten Carl Günther Theodor von Dewitz auf Weitenhagen.

3. Der Herr Major im Bataillon von Rembow Wilhelm Friedrich Ernst von Dewitz.

4. Der Herr Oberforstmeister Friedrich Ludwig Leopold von Dewitz auf Golz.

5. Der Herzoglich Mecklenburg-Strelitzsche Geheime Kammer-Rath, Herr Adolph Christian Ludwig von Dewitz.

6. Der Herr Hauptmann außer Diensten Stephan Werner von Dewitz auf Zarbzin.

7. Der Herr Hauptmann außer Diensten Christian Ludwig von Dewitz auf Bussow.

Diese, ad 2 bis 7 genannte, sind sämmtlich die alleinigen nachgebliebenen Söhne des Landdrost Carl Heinrich Friedrich von Dewitz auf Bussow.

8. Der Herr Landrath Friedrich Christian August von Dewitz auf Hosselde.

9. Der Herr Lieutenant außer Diensten Leopold Ludwig zu Elbing.

10. Der Herzoglich Mecklenburgische Kammerherr Otto Ludwig Christoph von Dewitz auf Sallmow und Land Schoenow.

11. Der Lieutenant außer Diensten Herr Carl Albrecht Lucas Gottlieb Friedrich von Dewitz auf Blesow.

Diese, ad 8 bis 11 genannten sind die alleinigen nachgebliebenen Söhne des Hofmarschall Bodo Christoph Balthasar v. Dewitz auf Hosselde und sämmtliche vorgenannte machen die eine Linie des Geschlechts (die sogenannte Jobst Linie) aus.

Aus der andern Linie des Geschlechts (der sogenannten Curths Linie) ist gegenwärtig nur noch allein vorhanden:

12. Der Herr Karl Friedrich Ludwig von Dewitz auf Maltewitz und Daber, des Majors Karl Ludwig von Dewitz einziger nachgebliebener Sohn.

Sämmtliche vorbenannte von Dewitzsche Agnaten, haben nun bey dem freundlichen Verhältniße, worin sie untereinander stehen, und in Erwägung der Nachtheile und Hindernisse, welche aus der fortdauernden Lehns-Verbindung ihrer Familien-Güther, für die Fortschritte in der landwirthschaftlichen Cultur, den Werth und freyen Verkehr derselben, so wie den Credit ihrer Besitzer erwachsen, auch mit Rücksicht auf die, durch das Edict vom 9. October

76

1807 solcherhalb geäußerte landesherrliche Intention, wohlbedächtig und einmüthig beschlossen, die, wegen sämmtlicher Lehngüther ihrer Familie, unter ihnen bisher bestandene
Lehns-Verbindung, gänzlich wechselseitig aufzuheben.

Dieser Beschluß geht auf sämmtliche in der Folge benannte Lehne der Familie, so im
Herzogthum Hinterpommern belegen sind. In Ansehung Seiner Majestät des Königs, als
vormaligen Lehns-Ober-Eigenthümers dieser Güter, ist bekanntlich die Lehnsverbindung derselben durch die Hinterpommersche General-Allodificatinns-Acte vom 16. Februar 1787
bereits gänzlich aufgehoben. Der Gegenstand des gegenwärtigen Vereins, bleibt daher nur
noch die ihnen ohnbestritten freystehende wechselseitige Aufhebung der darnach noch in ihrer
Kraft verbliebenen Lehns- und Successions-Rechte der Agnaten unter sich.

Sie haben hierüber folgendes wohlbedächtig und einmüthig in Kraft eines unwiderruflichen
Vertrages verabredet und festgesetzt.

1. Sämmtliche vorbenannte 12 v. Dewitzsche Agnaten, als die alleinigen lebenden Häupter der
beyden mit Lehngütern in Hinterpommern ansäßigen Linien dieses Geschlechtes, setzen für sich
ihre gegenwärtige und zukünftige Leibes-Erben und Nachkommen, in absteigender Linie, welche
nach bekannten Pommerschen Lehnsgesetzen ihre Handlungen erfüllen müssen, als allgemeinen
Grundsatz unwiderruflich fest:

daß in Ansehung sämmtlicher Lehngüter und sonstiger Lehnsstücke im Herzogthum Hinterpommern, welche die von Dewitzsche Familie noch gegenwärtig besitzt, oder woran ihr
Lehnrechte zustehen, alle und jede deshalb noch unter der Familie bis jetzt bestandene Lehns-
Verbindung, auch in Ansehung der Familien-Mitglieder unter sich, so diesen Vertrag abschließen, und deren Nachkommen, gänzlich aufgehoben seyn, und diesen Gütern nunmehr
auch in Ansehung der Familien unter sich, die Eigenschaft von Erb- und Eigenthums-
Gütern beygelegt sein soll, dergestalt, daß in Ansehung dieser sämmtlichen Güter, die bisher bestandene Lehns-Verbindung auch, aber nur respectu der paeiscirenden Familien-
Mitglieder und deren Nachkommen mit allen davon abhängigen Rechten und Einschränkungen, gänzlich und auf ewige Zeiten aufgehoben seyn soll.

In Conformität dieses allgemeinen Grundsatzes ist nun folgendes verabredet und bestimmt worden.

2. Nach dem unbeerbten Ableben des Christ. Stephan Gottlieb von Dewitz (so im Jahre 1787
erfolgt ist, sind dessen hinterlaßene nachbenannte Lehngüter, den 3 Gebrüdern von Dewitz
aus dem Hause Coelpin, dem Herzoglich Mecklenburg-Schwerinschen Geheimraths-Präsidenten
Stephan Werner von Dewitz, dem Herzoglich Mecklenburg-Strelitzschen Landdrost Carl Heinrich Friedrich von Dewitz, und dem Geheimen Rath und Herzoglich Mecklenburg-Strelitzschen
Hofmarschall Bodo Christoph Balthasar von Dewitz zugefallen.

Die beyden letztern haben die Güter, so in 2 Raveln getheilt worden, erhalten, und ersterer
ist mit Gelde abgefunden. Diese 3 benannte Brüder haben nun in dem Brüderlichen Aus-
einandersetzungs-Verein vom 4. July 1788, §. 17, folgendes unter sich festgesetzt:

Da die Herren Brüder, welche die Guts-Raveln erhalten, von selbst auf Abtragung der
Schulden-Last und Verbesserung des Lehns Bedacht nehmen werden, so ist zwar nicht zu vermuthen, daß einer oder der andere sich zum Verkauf seines Antheils entschließen werde; sollte
es aber dennoch geschehen, so wird ausdrücklich praecisirt, daß dem laut dieses Vereins mit

Erbe abgefundenen Bruder und seinen Nachkommen, das jus idem offerendi zustehen, und ihm nicht allein vor einem Fremden der Vorzug gelassen werden solle, wenn er, was ein Fremder bietet, geben will, sondern es sollen überhaupt alle ohne Consens der Brüder und Agnaten, an Fremde geschehene Alionationen ungültig und kraftlos sein.

Dieses Pactum, welches die, zu solcher Lehns-Erbschaft gehörigen sämmtlichen Güter, namentlich Hesselde, Roggow, Sallmow, Sant-Schoenau, Schornwalde, Wussow, Barbezin, Klein-Berg, das Antheil Schleissin h und Mieslow anging, ist auf diesen sämmtlichen eben genannten Güthern sub. Rubr. II. des Landbuchs, als Einschränkung des Eigenthums und der Disposition, bei Berichtigung des Besitztitels ex officio, ohne Ertheilung eines Documents darüber, eingetragen. Die iezt lebenden männlichen Nachkommen der Paciscenten, nehmlich der Herr Friedrich George Karl von Dewitz auf Coelpin als einziger Sohn des Geheimen-Raths-Präsidenten und Ministers Stephan Werner von Dewitz,

die 6 Gebrüder von Dewitz aus dem Wussowschen Hause: der Major Carl Günther Theoder, der Major Wilhelm Friedrich Ernst, der Oberforstmeister Friedrich Ludwig Leopold, der Geheime Kammerrath Adolph Christian Ludwig, der Hauptmann Stephan Werner und der Hauptmann Christian Ludwig von Dewitz, als die Söhne des Landdrost Carl Heinrich Friedrich von Dewitz, so wie

die 4 Gebrüder von Dewitz aus dem Hesseldschen Hause, der Herr Landrath Friedrich Christian August, der Herr Lieutenant Leopold Ludwig, der Herr Kammerherr Otto Ludwig Christoph und der Herr Lieutenant Carl Albrecht Lucas Gottlieb Friedrich von Dewitz, als die Söhne des Geheimen Raths und Hofmarschalls Boto Christoph Balthasar von Dewitz, heben nun einmüthig dieses von ihren Vätern geschlossene Pactum, in Ansehung sämmtlicher vorbenannten Güter, für sich und ihre Nachkommen gänzlich und auf ewige Zeiten hierdurch auf. Sie entsagen allen daraus entspringenden Rechten und Verbindlichkeiten, dergestalt daß den Besitzern genannter Güter, mit gänzlicher Aufhebung dieser per Pactum festgesetzten Einschränkungen, die freye Macht gegeben sein soll, darüber als von ihrem Eigenthum zu disponiren.

Sie willigen darin, daß dieses Pactum bey sämmtlichen vorgenannten Gütern, worauf es eingetragen gewesen, auf den Grund dieses Vereins, im Landbuch wieder gelöscht werde.

Insbesondere entsagt auch der Herr Friedrich George Carl v. Dewitz auf Coelpin, als einziger Sohn des damals mit Gelde abgefundenen Stephan Werner von Dewitz für sich und seine sämmtlichen Nachkommen, dem ihm aus diesen durch solches Pactum vorbehaltenen Näherrechte für den Fall, daß eins oder das andere dieser Güter verkauft werden sollte, willigt gleichfalls in dessen Löschung, bei sämmtlichen benannten Gütern, und räumt den letzigen und künftigen Besitzern derselben, die freie Disposition ohne alle Einschränkung ein.

Die Wirkung dieses Pacti kann sich nach der Natur der Sache nur auf die Lehns-Nachkommen der Paciscenten erstrecken, und wenn darin der Ausdruck: Brüder und Agnaten gebraucht worden, diese lezteren nicht anders, als von den entfernten Nachkommen der Paciscenten verstanden werden.

Der Herr Carl Friedrich Ludwig von Dewitz auf Waldewin, gehört zu diesen Lehns-Nachkommen der Paciscenten nicht. Es versteht sich daher schon von selbst, daß derselbe aus diesem

Pacto keine Rechte haben kann. Dies erkennt derselbe auch als richtig an, und erklärt, daß er aus diesem Pacto überall keine Rechte und Ansprüche habe und herleiten könne, und solches daher auch in Ansehung seiner und seiner Decendenz zur Löschung völlig qualifiret sey

3. Die Lehngüter, als

1. Das Guth Wustow, mit dessen Zubehörungen, dem Fischerhause und der Krugkoppel in Groß-Benz, deren Holzkaveln in der Harmelstorffschen und Bernhagenschen Holzung und denen dazu gehörigen Wiesen, so in Harmelstorff auf der Hoffstellschen und der Bernhagenschen Feldmark belegen.

2. Das Guth Klein Benz, und

3. das Antheil in Schleißin, so im Landbuche mit b bezeichnet ist, besitt nach der brüderlichen Theilung itzt der Herr Hauptmann Christian Ludwig von Dewitz.

Sämmtliche bekannte daran zu Lehn berechtigte Agnaten, namentlich:

dessen Brüder, der Herr Major Carl Günther Theodor, der Herr Major Wilhelm Friedrich Ernst, der Herr Oberforstmeister Friedrich Ludwig Leopold, der Herr Geheime Kammerrath Adolph Christian Ludwig und der Herr Hauptmann Stephan Werner von Dewitz, so wie dessen übrige Agnaten

die 4 Gebrüder, der Herr Landrath Friedrich Christian August, der Herr Lieutenant Leopold Ludwig, der Herr Kammerherr Otto Ludwig Christoph, und der Herr Lieutenant Carl Albrecht Lucas Gottlieb Friedrich, imgleichen der Herr Friedrich George Carl von Dewitz auf Cordin und der Herr Carl Friedrich Ludwig von Dewitz auf Maldewin,

entsagen sich hierdurch für sich und ihre Nachkommen auf ewige Zeiten, aller Lehnsfolge und Ansprüche auf diese Güther, so ihnen und ihren Nachkommen aus der Geschlechtsfolge und Mitbelehnschaft zustehen, dergestalt daß die Lehnsverbindung unter ihnen dieserhalb mit allen davon abhängigen Rechten und Einschränkungen, sie mögen Namen haben wie sie wollen gänzlich aufgehoben seyn, und der genannte Besitzer dieser Güther und dessen Nachkommen freye Macht haben sollen, solche in Ansehung ihrer und ihrer Nachkommen, als lehnfreie Güther zu besitzen und zu erwerben, auch darüber, als von seinem freyen Eigenthum, sowohl unter Lebenden, als auf den Todesfall, ohne alle Einschränkung zu disponiren.

4. Das andere Antheil des Guts Schleißin, welches im Landbuch mit a bezeichnet gewesen ist, besitt ebenderselbe Hauptmann Christian Ludwig von Dewitz.

Dieses Guts Antheil ist vormals auch ein Lehn des gesammten von Dewitzschen Geschlechtes gewesen. Nachdem es aus der Familie veräußert und solchergestalt an den Landrath von Reppert gekommen war, wurde auf die von diesen ausgebrachte odicial Citation das Geschlecht derer von Dewitz mit seinem Lehnrecht an selbigem präkludirt und solches darauf im Jahre 1775 schon allodifcirt. Lehnrechte der gesammten Familie existiren mithin nicht weiter, der Landdrost Carl Heinrich Friedrich von Dewitz, hat aber dieses Guts Antheil anno 1791 wieder von dem Landrath von Reppert käuflich für 4500 Thaler an sich gebracht. In der Theilung seiner Söhne, worin es dem jetzigen Besitzer, Herrn Hauptmann Christian Ludwig von Dewitz zugefallen ist, haben dieser und seine 5 Brüder, der Major Carl Günther Theodor, der Herr Major Wilhelm Friedrich Ernst, der Herr Oberforstmeister Friedrich Ludwig Leopold, der Herr Geheime Kammerrath Adolph Christian Ludwig und der Herr Hauptmann

Stephan Werner von Dewitz, nach dem unter ihnen geschlossenen Brüderlichen Auseinander-
setzungs-Vergleich vom 5. August 1803 und dessen Verlaubarungs-Protocoll vom 17. Februar
1804 diesem Allodial-Guthe wieder per pactum die Lehns-Eigenschaft unter ihnen selbst beigelegt beigelegt, daß dieses Guths Antheil unter diesen 6 Gebrüdern von Dewitz und deren
lehnsfähige Descendenz die Lehns-Eigenschaft haben, und selbiges stets als ein Pertinens
des Guths Wussow angesehen werden, auch ohne ausdrücklichen Consens sämmtlicher casu
existenten lebender Agnaten dieser Wussowschen Linie, nicht aus der Familie verkauft werden
soll, wenn solcher Verkauf auch den Gesetzen zulässig wäre.

Diese vertragsmäßige Lehns-Eigenschaft und Einschränkung ist auch auf Schloißin a im
Landbuch rubr. II. eingetragen.

Sämmtliche vorgenannte 6 Gebrüder von Dewitz aus dem Hause Wussow heben nun diesen unter ihnen errichteten Vertrag und die dadurch festgesetzte Lehns-Eigenschaft von Schloißin a
sowie alle vorerwähnte, in dieser Beziehung festgesetzseten Einschränkungen für sich und ihre
Nachkommen wieder völlig auf, entsagen allen Rechten und Einschränkungen, so in dem erwähnten Verein festgesetzt sind, und wollen, daß dieses Guths Antheil seinem zeitigen Besitzer
als ein Lehnfreyes, mit keiner Einschränkung der Disposition belastetes, und von aller Verbindung mit Wussow befreytes unabhängiges Allodium verbleiben soll. Sie willigen daher
auch darin, daß die paciscirte Lehns-Eigenschaft und alle in dem vorerwähnten Vertrage
festgesetzte Einschränkungen, auf den Grund des gegenwärtigen Vereins, bey Schloißin a, wieder im Landbuche gelöscht werde.

Die übrigen von Dewitzschen Agnaten haben an diesem, in Ansehung ihres vorlängst allo-
dificirten Guthe, überall keine Lehnrechte und Ansprüche mehr, wie sie auch hierdurch anerkennen. Aus der ex post wieder pariscirten Lehns-Eigenschaft desselben stehen ihnen keine Rechte
zu, und bedarf es ihres Consenses zur Löschung derselben überall nicht.

5. Das Lehnguth Weitenhagen besitzt der Herr Major Carl Günther Theodor von Dewitz nach
der brüderlichen Auseinandersetzung.

Sämmtliche bekannte Lehnberechtigte, namentlich dessen Brüder, der Herr Major Wilhelm
Friedrich Ernst, der Herr Oberforstmeister Friedrich Ludwig Leopold, der Herr Geheime Kam-
merrath Adolph Christian Ludwig, der Herr Hauptmann Stephan Werner und der Herr
Hauptmann Christian Ludwig von Dewitz,

sowie dessen übrige Agnaten, die 4 Gebrüder, der Herr Landrath Friedrich Christian
August, der Herr Lieutenant Leopold Ludwig, der Herr Kammerherr Otto Ludwig Christoph
und der Herr Lieutenant Carl Albrecht Lucas Gottlieb Friedrich von Dewitz aus dem Hoffelschen Hause, imgleichen

der Herr Friedrich George Carl von Dewitz auf Coelpin und der Herr Carl Friedrich
Ludwig von Dewitz auf Maldewin, entsagen sich hierdurch ebenmäßig für sich und ihre Nachkommen, auf ewige Zeiten aller Lehnsfolge und Ansprüche auf dieses Guth Weitenhagen, so
ihnen und ihren Nachkommen aus der Geschlechtsfolge und Mitbelehnschaft auf dieses Guth
zustehen, dergestalt, daß die Lehnsverbindung dieses Guths, mit allen davon abhängigen Rechten und Einschränkungen, sie haben Namen wie sie wollen, unter ihnen völlig aufgehoben seyn
soll, und der Herr Major Carl Günther Theodor sowie dessen Nachkommen berechtigt

sind, dieses (Gut Weitenhagen ganz, (nehmlich beyde Antheile desselben, je mit a. und b. im Landbuch bezeichnet sind), in Ansehung ihrer und ihrer Nachkommen, als ein völlig lehnsfreyes Guth zu besitzen und zu vererben, auch darüber als freyes Eigenthum sowohl unter Lebenden als auf den Todesfall ohne alle Einschränkung zu disponiren.

Da auch das Antheil Weitenhagen b. vormals in der Cumbs-Linie kreissen ist, der verstorbene Landdrost von Dewitz es aus dieser durch erblichen Kauf von dem Joseph Friedrich von Dewitz auf Daber 17.. an sich gebracht hat, so entsagt insbesondere auch der Herr Carl Friedrich Ludwig von Dewitz auf Maldewin, mit der allgemeinen Aufhebung der Lehnsverbindung, auch insbesondere allen Näher und Revocations-Rechten, so ihm als Lehnsfolger des Joseph Friedrich von Dewitz auf dieses Guths Antheil zugestanden haben würden, für sich und seine Nachkommen.

6. Das Lehngut Jarbezin besitzt gegenwärtig der Herr Hauptmann Stephan Werner von Dewitz. Sämmtliche bekannte Lehnberechtigte an selbigem, namentlich dessen Brüder, der Herr Major Carl Günther Theodor, der Herr Major Wilhelm Friedrich Ernst, der Herr Oberforstmeister Friedrich Ludwig Leopold, der Herr Geheime Kammerrath Adolph Christian Ludwig und der Herr Hauptmann Christian Ludwig von Dewitz, so wie die übrigen Agnaten, nehmlich die 4 Gebrüdern, der Herr Landrath Friedrich Christian August der Herr Lieutenant Leopold Ludwig, der Herr Kammerherr Otto Ludwig Christoph und der Herr Lieutenant Carl Albrecht Lucas Gottlieb Friedrich von Dewitz aus dem Hesselschen Hause, ferner der Herr Friedrich George Carl von Dewitz auf Cordshagen und der Herr Carl Friedrich Ludwig von Dewitz auf Maldewin entsagen sich hierdurch ebenmäßig für sich und ihre Nachkommen, auf ewige Zeiten aller Lehnsfolge und Ansprüche auf dieses Guth Jarbezin, so ihnen und ihren Nachkommen aus der Geschlechtsfolge und Mitbelehnschaft auf selbiges zustehen, dergestalt, daß die Lehnsverbindung dieses Guths, mit allen davon abhängigen Rechten und Einschränkungen, sie haben Namen, wie sie wollen, unter ihnen völlig aufgehoben seyn soll, und der Herr Hauptmann Stephan Werner von Dewitz und dessen Nachkommen berechtiget sind, dieses Guth Jarbezin, in Ansehung ihrer und ihrer Nachkommen, als ein Lehnfreies Guth zu besitzen und zu vererben, auch darüber als ein freyes Eigenthum, sowohl unter Lebenden als auf den Todesfall, ohne alle Einschränkung zu disponiren.

7. Das Lehnguth Hessleite nebst dessen Zubehörungen, dem Vorwerk Louisenhoff, der Ziegelei in Harmelsdorff, der Holz-Kavel in der Harmelsdorffschen Heitzung, auch der Wassermühle in Groß Benz und das Bauerndorf Neggow hat bisher der Herr Landrath Friedrich Christian August von Dewitz besessen.

Sämmtliche bekannte, daran zu Lehn Berechtigte, namentlich dessen Brüder, der Herr Lieutenant Leopold Ludwig, der Herr Kammerherr Otto Ludwig Christoph und der Herr Lieutenant Carl Albrecht Lucas Gottlieb Friedrich, Gebrüdern von Dewitz,

so wie die 6 Gebrüdern von Dewitz aus dem Hausserwischen Hause, namentlich der Herr Major Carl Günther Theodor, der Herr Major Wilhelm Friedrich Ernst, der Herr Oberforstmeister Friedrich Ludwig Leopold, der Herr Geheime Kammerrath Adolph Christian Ludwig, der Herr Hauptmann Stephan Werner und der Herr Hauptmann Christian Ludwig von Dewitz, ferner: der Herr Carl Friedrich Ludwig von Dewitz auf Maldewin, entsagen sich hierdurch ebenmäßig für sich und ihre Nachkommen auf ewige Zeiten aller Lehns-folge und Ansprüche an diese Güther Hoffelde und Roggow nebst Zubehör, so ihnen und ihren Nachkommen aus der Geschlechtsfolge und Mitbelehnschaft auf selbige zustehen, dergestalt, daß die Lehnsverbindung dieser Güther, mit allen davon abhängigen Rechten und Einschränkungen, sie haben Namen wie sie wollen, unter ihnen völlig aufgehoben seyn soll, und der Herr Landrath Friedrich Christian August von Dewitz, so wie dessen Nachkommen berechtigt sind, diese Güther Hoffelde, nebst Roggow und Zubehör, in Ansehung ihrer und ihrer Nachkommen als Lehnfreye Güther zu besitzen und darüber als ein freyes Eigenthum, sowohl unter Lebenden, als auf den Todesfall, ohne alle Einschränkung zu disponiren.

Nachrichtlich wird hierbei bemerkt, daß dem jetzigen Herrn Besitzer dieser Güther, in Hinsicht auf den vorgenommenen Verkauf derselben, auch bereits die Consense seiner Brüder und Agnaten zur Veräußerung außerhalb der Familie besonders ertheilt sind.

8. Die Lehngüther Sallmow, nebst dazu gehörigen Vorwerk Margarethenhoff und Land-Schoenow besitzet gegenwärtig der Kammerherr Otto Ludwig Christoph von Dewitz. Sallmow ist ihm durch die brüderliche Theilung Anno 1791, unmittelbar zugefallen und von ihm zwar im Jahre 1805 an seine Frau Mutter wiederkäuflich auf deren Lebenszeit überlassen, aber auch bereits zurückgenommen worden. Land-Schoenow hat ihm sein jüngerer Bruder, der Herr Lieutenant Carl Albrecht Lucas Gottlieb Friedrich von Dewitz, dem es in der brüderlichen Theilung zugefallen war, abgetreten.

Sämmtliche bekannte, daran zu Lehn Berechtigte, namentlich dessen Brüder, der Herr Landrath Friedrich Christian August, der Herr Lieutenant Leopold Ludwig und der Herr Lieutenant Carl Albrecht Lucas Gottlieb Friedrich von Dewitz,

so wie die vier Gebrüder von Dewitz aus dem Wässerinschen Hause nämlich der Herr Major Carl Günther Theodor, der Herr Major Wilhelm Friedrich Ernst, der Herr Oberforstmeister Friedrich Ludwig Leopold, der Herr Geheime Kammerrath Adolph Christian Ludwig, der Hauptmann Stephan Werner und der Herr Hauptmann Christian Ludwig von Dewitz, ferner der Herr Friedrich George Carl von Dewitz auf Crelpin und der Herr Carl Friedrich Ludwig von Dewitz auf Maldewin

entsagen sich hierdurch ebenmäßig für sich und ihre Nachkommen auf ewige Zeiten aller Lehnsfolge und Ansprüche an diese Güther Sallmow und Land-Schoenow nebst Zubehör, so ihnen und ihren Nachkommen aus der Geschlechtsfolge und Mitbelehnschaft auf selbige zustehen, dergestalt, daß die Lehns-Verbindung dieser Güther, mit allen davon abhängigen Rechten und Einschränkungen, sie haben Namen wie sie wollen, unter ihnen völlig aufgehoben seyn soll und der Herr Kammerherr Otto Ludwig Christoph von Dewitz, sowie dessen Nachkommen berechtigt sind, diese Güther nebst Zubehör, in Ansehung ihrer und ihrer Nachkommen, als Lehnfreye Güther zu besitzen und darüber als ein freyes Eigenthum, sowohl unter Lebenden, als auf den Todesfall ohne alle Einschränkung zu disponiren.

9. Das Lehngut Alsow ist bey der Auseinandersetzung über die Lehnsverlassenschaft des Christ Steffen Gottlieb von Dewitz de Anno 1784 damals zwar im gemeinschaftlichen Besitz der beyden Gebrüder, des Landrost Carl Heinrich Friedrich und des Geheimen Raths Bodo Christoph Balthasar von Dewitz geblieben

Ersterer hat aber hiernächst das ihm auf die Hälfte daran zugestandene Miteigenthum, im Jahre 1791 gegen Auszahlung von 13500 Thlr. an letztern und dessen 4 Söhne völlig abgetreten, wodurch also die Herren von Dewitz aus dem Hause Wustow dieserhalb abgefunden sind.

In der Theilung der 4 Gebrüder von Dewitz aus dem Hoffeldschen Hause, ist dieses Guth 1799 dem Herrn Lieutenant Leopold Ludwig von Dewitz zugefallen, von diesem aber anno 1803 an seinen Bruder, den Herrn Kammerherrn Otto Ludwig Christoph von Dewitz käuflich überlassen und von diesem hiernächst bereits wieder an seinen jüngern Bruder, den Herrn Lieutenant Carl Albrecht Lucas Gottlieb Friedrich abgetreten worden, der es gegenwärtig besitzt.

Sämmtliche bekannte, daran zu Lehn Berechtigte, namentlich

die Brüder des Herrn Besitzers, der Herr Landrath Christian Friedrich August, der Herr Lieutenant Leopold Ludwig und der Herr Kammerherr Otto Ludwig Christoph von Dewitz,

sowie die 6 Gebrüder von Dewitz aus dem Wustowschen Hause, nämlich der Herr Major Carl Günther Theodor, der Herr Major Wilhelm Friedrich Ernst, der Herr Oberforstmeister Friedrich Ludwig Leopold, der Herr Geheime Kammerrath Adolph Christian Ludwig, der Herr Hauptmann Stephan Werner und der Hauptmann Christian Ludwig, ferner der Herr Friedrich George Karl von Dewitz auf Coelpin und

der Herr Karl Friedrich Ludwig von Dewitz auf Maldewin,

entsagen sich hierdurch ebenmäßig für sich und ihre Nachkommen, auf ewige Zeiten aller Lehnsfolge und Ansprüche an dieses Guth Melero nebst Zubehör, so ihnen und ihren Nachkommen aus der Geschlechtsfolge und Mitbelehnschaft auf selbiges zustehen, dergestalt, daß die Lehnsverbindung dieses mit allen davon abhängigen Rechten und Einschränkungen, sie haben Namen wie sie wollen, unter ihnen völlig aufgehoben sein soll und der Herr Lieutenant Karl Albrecht Lucas Gottlieb Friedrich von Dewitz und dessen Nachkommen berechtiget sind, dieses Guth in Ansehung ihrer und ihrer Nachkommen als ein völlig Lehnsfreyes Guth zu besitzen und zu vererben, auch darüber als ein freyes Eigenthum, sowohl unter Lebenden als auf den Todesfall, ohne alle Einschränkung zu disponiren.

10. Das Lehnguth Schoenwalde, mit Ausschluß der 3 Bauerhöfe in selbigen, so dem Hospital zu Daber zugehören, auch der andern, resp. nach Beigitzhagen, Daber, Bernhagen und Breitenfelde, als Pertinenzien gehörigen Bauerhöfe, besitzen die 4 Gebrüder von Dewitz, als der Herr Landrath Friedrich Christian August, der Herr Lieutenant Leopold Ludwig, der Herr Kammerherr Otto Ludwig Christoph und der Herr Lieutenant Karl Albrecht Lucas Friedrich Gottlieb von Dewitz noch gemeinschaftlich und ungetheilt. Sie haben das sogenannte kleine Guth in selbigem, welches im Landbuch Schoenwalde b. bezeichnet ist, im Jahre 1804, wiederkäuflich auf 50 Jahre bis Mariae 1854 an die verehelichte von Webel, Charlotte Sophie Ottilia, geborne von Dewitz, für 6000 Thlr. veräußert. Auch mehrere andere Stücke in diesem Guthe sind theils schon von den vorigen Besitzern theils von ihnen selbst einzeln und durch verschiedene Contracte wiederkäuflich veräußert.

Das Recht, alle diese Stücke nach Inhalt der darüber sprechenden Contracte, zu seiner Zeit von ihren fremden Besitzern einzulösen, bleibt ihnen gemeinschaftlich. Sie setzen aber fest, daß unter ihnen selbst und ihren Nachkommen alle Lehnsverbindung wegen dieses Guths und dessen veräußerten Partikeln ebenfalls aufgehoben seyn und dasselbe in die Natur des Allodii übergehen soll, so daß derjenige unter ihnen, oder ihren Nachkommen, dem solches durch Vereinigung zufallen wird, oder der die veräußerten Stücke, nach der Vereinigung oder der Nächstigkeit einlösen möchte, solches als ein freyes Eigenthum besizzen soll.

Die bekannten Lehnsberechtigten an diesem Gute, namentlich:

die 6 Gebrüder von Dewiz aus dem Hause Bussow, der Herr Major Karl Günther Theodor, der Herr Major Wilhelm Friedrich Ernst, der Herr Oberforstmeister Friedrich Ludwig Leopold, der Herr Geheime Kammerrath Adolph Christian Ludwig, der Herr Hauptmann Stephan Werner und der Hauptmann Christian Ludwig von Dewiz, ferner der Herr Friedrich George Karl von Dewiz auf Cölpin und der Herr Karl Friedrich Ludwig von Dewiz auf Maltzewin,

entsagen sich aller Lehnsrechte und Ansprüche an dieses Guth und dessen Zubehörungen, sie haben Namen wie sie wollen und heben auch dessen Lehnverbindung mit allen davon abhängigen Rechten und Einschränkungen gänzlich auf, dergestalt, daß in Ansehung ihrer und ihrer Nachkommen, die obengenannten 4 Herrn Gebrüder von Dewiz dieses Guth und dessen veräußerte Zubehörungen, als ein lehnfreyes Eigenthum besizzen und einlösen, auch darüber ohne alle Einschränkung zu den Rechten eines Allodii disponiren können.

11. Die Lehngüther, das Guth Maltzewin, nebst dazu gehörigen Antheilen in Wulckow und der Harmelsdorffschen Heyde, auch der Pächterei Sophienhoff, das Guth Bernhagen, aus 3 im Landbuch mit a. b. und c. bezeichneten Antheilen nebst deren Zubehörungen bestehend, das Guth Heydenburg, das Guth Taber, aus denen vormals im Landbuch mit a. b. und c. bezeichneten 3 besondern Antheilen und deren Zubehörungen bestehend, nebst der Mühle zu Taber, das Guth Groß-Benz und das Guth Taberkow besitzt insgesammt der Herr Karl Friedrich Ludwig von Dewiz auf Maltzewin, dem diese Güther theils nach Ableben seines Vaters, theils nach dem ohne Hinterlassung männlicher Nachkommen erfolgten Ableben des Herrn Joseph Friedrich von Dewiz auf Taber zugefallen sind.

Sämmtliche bekannte Lehnsberechtigte an diesen Güthern, namentlich:

der Herr George Friedrich Karl von Dewiz auf Coelpin, die 6 Gebrüder von Dewiz aus dem Bussowschen Hause, namentlich der Herr Major Karl Günther Theodor, der Herr Major Wilhelm Friedrich Ernst, der Herr Oberforstmeister Friedrich Ludwig Leopold, der Herr Geheime Kammerrath Adolph Christian Ludwig, der Herr Hauptmann Stephan Werner und der Herr Hauptmann Christian Ludwig von Dewiz, sowie auch

die 4 Gebrüder von Dewiz aus dem Hofleteschen Hause, nämlich der Herr Landrath Friedrich Christian August, der Herr Lieutenant Leopold Ludwig, der Herr Kammerherr Otto Ludwig Christoph und der Herr Lieutenant Carl Albrecht Lucas Gottlieb Friedrich von Dewiz

entsagen sich hierdurch ebenmäßig für sich und ihre Nachkommen auf ewige Zeiten aller Lehnsfolge, aller Lehnrechte und Ansprüche, welche ihnen auf diese vorbemeldete Güther aus der Geschlechtsfolge und Mitbelehnschaft zustehen, dergestalt, daß die Lehns-Verbindung dieser Güther und deren Zubehörungen, mit allen davon abhängigen Rechten und Einschränkungen, sie haben Namen wie sie wollen, unter ihnen völlig aufgehoben seyn soll, und der Herr Karl

Friedrich Ludwig von Dewitz und dessen Nachkommen berechtigt sind, diese Güther Maldewin, Antheil in Wuldow, Vorderuberg, Bernhagen, Daber, Groß-Benz und Daberkow, nebst
sämmtlichen Zubehörungen derselben, in Ansehung ihrer und ihrer Nachkommen, als völlig
lehnsfreye Güther zu besitzen und zu vertreten, auch darüber als ein freyes Eigenthum, sowohl
unter Lebenden als auf den Todesfall, ohne alle Einschränkung zu disponiren.

12. Das Lehnguth Braunsberg, nämlich das Hauptguth in selbigem Braunsberg a. welches ein
Dewitzsches Lehn ist, (wogegen das übrige Antheil Braunsberg b., so aus 3 Bauerhöfen besteht, ein Wetzelln Lehn ist) hat früherhin zur Johs-Linie gehört, und da es wiederkäuflich
veräußert gewesen, haben der verstorbene Obrist Steffen Gottlieb von Dewitz und seine zwey
Brüder ihr Einlösungs-Recht an selbiges durch einen Vergleich vom 20. Januar 1764 über
verschiedene wechselseitige Lehnrechte an den Landrath Christian Heinrich von Dewitz und die
Curthsche Linie abgetreten.

Dieses Christian Heinrich Sohn, der Joseph Friedrich von Dewitz auf Daber, hat es
im Jahre 1800 von den bisherigen wiederkäuflichen Besitzern, Geschwistern von Schleffen
eingelößt. Dieser hat es wieder durch einen Contract vom 6 December 1804 an den Herrn
Landrath Friedrich Christian August von Dewitz wiederkäuflich auf 25 Jahre von Martini
1805 bis 1830 veräußert, welcher letztere es gegenwärtig in dieser Art besitzt.

Der Herr Joseph Friedrich von Dewitz auf Daber ist bekanntlich ohne männliche Leibes-
Erben verstorben; dessen nächster alleiniger Lehnsfolger ist der Herr Carl Friedrich Ludwig
von Dewitz auf Maldewin geworden, welchem in dieser Eigenschaft zunächst das Recht zustehen würde, dieses bisherige Lehn-Guth aus dem Contract vom 6. Dezember 1804, nach
Ablauf der darin bestimmten Wiederkaufsjahre einzulösen. Diesem Einlösungs-Rechte entsagt
derselbe hierdurch für sich und seine Nachkommen zu Gunsten des zeitigen Besitzers, des
Herrn Landrath Friedrich Christian August von Dewitz, dessen Erben und Nachfolger im Besitz
dergestalt, daß dieses Guth für das dafür bezahlte Pretium von 24,000 Thaler Courant
demselben völlig erblich von ihm und seinen Nachkommen verkauft und überlassen seyn soll
und der wiederkäufliche Contract vom 6. Dezember 1804 hierdurch in einen erblichen unwiderruflichen Verkauf, ohne alle Erhöhung des Kauf-Pretii, verwandelt wird, und diese erbliche
Ueberlassung auf Grund dieses Vertrages im Land und Hypothekenbuch verzeichnet werden
soll, worin der Herr von Dewitz auf Maldewin hierdurch willigst.

Da diese Entsagung des Wiederkaufsrechts lediglich zu Gunsten der zeitigen Herrn Besitzer und dessen Erben geschieht, so versteht es sich schon von selbst, wird aber auch hierdurch
ausdrücklich vorbehalten, daß dadurch für die Allodial-Erben des Herrn Joseph Friedrich von
Dewitz auf Daber kein Recht entstehen kann und soll, dieses von ihrem Erblasser in der Eigenschaft eines Familien-Lehns veräußerte Guth aus dem Contract vom 6 December 1804, nach
Ablauf der bestimmten Wiederkaufs-Jahre, einzulösen, da dieses vorbehaltene Einlösungs-Recht
gar nicht zum Allodial, sondern lediglich zum Lehn-Nachlaß des Herrn Joseph von Dewitz
auf Daber gehört hat.

An das solchergestalt dem Herrn Landrath Friedrich Christian August von Dewitz erblich
überlassene Guth Braunsberg entsagen sich nun auch sowohl der Herr Carl Friedrich Ludwig
von Dewitz auf Maldewin, als sämmtliche übrige bekannte Lehnsberechtigte, namentlich:

die 3 Brüder des jetzigen Herrn Besitzers, der Herr Lieutenant Leopold Ludwig, der Herr Kammerherr Otto Ludwig Christoph und der Herr Lieutenant Carl Albrecht Lucas Gottlieb Friedrich von Dewitz, die 6 Gebrüder von Dewitz aus dem Wussowschen Hause, nämlich der Herr Major Carl Günther Theodor, der Herr Major Friedrich Wilhelm Ernst, der Herr Oberforstmeister Friedrich Ludwig Leopold, der Herr Geheime Kammerrath Adolph Christian Ludwig, der Herr Hauptmann Stephan Werner und der Herr Hauptmann Christian Ludwig von Dewitz, imgleichen der Herr Friedrich George Carl von Dewitz auf Coelpin,

für sich und ihre Nachkommen auf ewige Zeiten aller Lehnsfolge und Ansprüche, so ihnen aus irgend einem Grunde an selbiges zustehen, sie haben Namen wie sie wollen, insbesondere auch alles Einlösungs-Rechts, so ihnen aus der wiederkäuflichen Veräußerung desselben zustehen könnte. Sie heben insgesammt die Lehns-Verbindung, worin dieses Gut bisher gestanden, mit allen davon abhängigen Rechten und Einschränkungen gänzlich auf, dergestalt, daß der Herr Landrath Friedrich Christian August von Dewitz und seine Nachfolger berechtigt sind, dieses Guth in Ansehung ihrer und ihrer Nachkommen, als ein völlig lehnfreyes Guth zu besitzen und zu vererben, auch darüber als ein freyes Eigenthum, sowohl unter Lebenden als auf den Todesfall ohne alle Einschränkung zu disponiren.

13. Das im Mecklenburgschen gelegene Stamm-Guth Coelpin nebst dessen Zubehörungen, imgleichen die Güther Brunn und Roggenhagen cum pertinentiis, besitzt gegenwärtig der Herr Friedrich George Carl von Dewitz.

Da derselbe sich in obigem der Lehnrechte auf die Pommerschen Familien-Lehne entsagt hat, so wollen auch dessen Lehnsvettern, nämlich:

die 6 obengenannten Herrn Gebrüder von Dewitz aus dem Wussowschen Hause,

die 4 obengenannten Herrn Gebrüder von Dewitz aus dem Hoffelbschen Hause, und der Herr Karl Friedrich Ludwig von Dewitz auf Maltewin,

sich gegenseitig aller aus Lehnbriefen, Verträgen und Dispositionen entspringenden Lehnsfolge und Ansprüche auf die Güther Coelpin, Brunn und Roggenhagen sammt deren Zubehörungen, entsagen.

Diese Entsagung ist jedoch kein Gegenstand dieses die Pommerschen Lehngüter angehenden Vereins: Sie soll auch lediglich zu Gunsten des Herrn Besitzers, dessen Erben und Nachfolger im Besitz erfolgen, keineswegs aber insofern, als im Mecklenburgschen die Lehns-Verbindung mit dem Landesherrn, als Lehns-Ober-Eigenthümer noch fortdauert, zum Vortheil des letztern, oder der unbekannten oder nicht paciscirt habenden Agnaten gereichen.

Dieselben verpflichten sich daher und behalten sich vor, hierüber ein besonderes Entsagungs-Instrument, in derjenigen rechtsverbindlichen Form, welche der jetzige Herr Besitzer von Coelpin, als der dortigen Landes- und Lehnverfassung angemessen verlangen wird, auszustellen.

Das im Mecklenburgschen ebenfalls belegene Guth Reverin, welches der Herr Geheime Kammerrath Adolph Christian Ludwig von Dewitz gegenwärtig besitzt, stehet noch in einer Lehns-Erbverbindung, womit es folgende Bewandniß hat. Dieses Guth ist einer Baronesse von Bothmar, Christine Sophie, gebohrnen von Dewitz, welche es im Jahre 1777 in einem Concurse käuflich an sich gebracht, nach dem Herzoglichen Lehnbriefe vom 30. Juli 1777 dergestalt zu

77

lehn conferirt worden, daß es für sie und ihre Tochter ein Man…lehn seyn, nach Abgang der Tochter deren männliche Descendenten darin succediren sollen, und we…: auch diese mangeln oder abgegangen sind, zuerst der Herr Landdrost Carl Heinrich Friedrich von Dewitz …: …: sen Lehns-Erben, (die Russow[sche] Linie) und nach deren Abgang der Herr Geheime Rath Bodo Christoph Balthasar von Dewitz oder dessen Lehns-Erben (die Hossert[sche] Linie) darin als Mannsleben succediren sollen. Schon hierdurch ist dieses Guth sowenig ein Gegenstand dieses, die Pommerschen Lehngüter angehenden Vereins, als es niemal zu den Stamm-Lehnen der gesammten Familie gehört hat.

Auf Verlangen des jetzigen Besitzers, des Herrn Geheimen Kammerrath Adolph Christian Ludwig von Dewitz und zu dessen Gunsten erklären int ey

dessen sämmtliche 5 Herren Brüder, namentlich der Herr Major Carl Günther Theodor, der Herr Major Wilhelm Friedrich Ernst, der Herr Oberforstmeister Friedrich Ludwig Leopold, der Herr Hauptmann Stephan Werner und der Herr Hauptmann Christian Ludwig von Dewitz, als die Söhne des Landdrosten Carl Heinrich Friedrich von Dewitz, imgleichen

die 4 Herren Gebrüder, der Herr Landrath Friedrich Christian August, der Herr Lieutenant Leopold Ludwig, der Herr Kammerherr Otto Ludwig Christoph und der Herr Lieutenant Carl Albrecht Lucas Gottlieb Friedrich von Dewitz, als die alleinigen Söhne des Geheimen Raths Bodo Christoph Balthasar von Dewitz,

daß sie sich auch hierdurch für sich und ihre Nachkommen aller Lehns- und Successions-Rechte auf das Guth Neverin und dessen Zubehörungen, so ihnen aus der vorbemeldeten Verleihung zustehen, gänzlich entsagen. Diese Entsagung geschieht jedoch lediglich zu Gunsten des jetzigen Herrn Besitzers, dessen Erben und Nachfolger im Besitz, ohne daß daraus so wenig für den Ober-Lehnherrn, als für andere etwanige, und nicht pacisirt habende Agnaten, ein Vortheil entspringen kann und soll. Ein besonderes Entsagungs-Instrument hierüber wollen daher auch vorgenannte Herren von Dewitz, in derjenigen rechtsverbindlichen Form ausstellen, welche der jetzige Herr Besitzer von Neverin, als der dortigen Landes- und Lehns-Verfassung angemessen verlangen wird.

14. Die im obigen enthaltenen wechselseitigen Entsagungen aller Lehns- und Successionrechte, und die wechselseitige Aufhebung der bisherigen Lehns-Verbindung respectu familias geschehen sowohl von Seiten der mit Lehngüthern bisher angesessenen, als der mit dergleichen Lehngüthern zur Zeit nicht angesessenen, bey den vorherigen Lehnabtheilungen mit Gelde abgefundenen Agnaten, unentgeltlich und ohne allen Vorbehalt von Lehnstämmen und sonstigen Einschränkungen wobey es sich denn auch von selbst versteht, daß alle Lehns-Abfindungen in Gelde, sie mögen ausbezahlt seyn oder noch in den Gütern stehen, die Natur eines freyen Allodii haben und auf keine Weise einem Lehns-Anspruch weiter unterworfen sind.

Sämmtliche Paciscenten willigen darin, daß alle vorbemerkte Lehns-Entsagungen in dem Pommerschen Land und Hypothekenbuch eingetragen werden können.

So wie hierdurch einem jeden Besitzer bisheriger Familien-Lehne die freye Disposition über selbige, zu den Rechten eines Allodii, von sämmtlichen bekannten Agnaten mit gänzlicher Aufhebung der bisher unter ihnen bestandenen Lehns-Verbindung eingeräumt ist, so bleibt es auch demselben unbenommen, in Rücksicht der Vererbung unter seinen Nachkommen selbst zu den Rechten eines Allodii das nähere durch Verträge oder letzwillige Verordnungen, mit Berücksichtigung der Gesetze zu bestimmen, da es der Wunsch und Wille gesammter Pariscenten ist, sämmtliche Güter auch innerhalb der Nachkommenschaft ihrer jetzigen Besitzer, zu lehnfreyen Erb- und Allodial-Gütern umzuschaffen.

15. Es folgt schon aus der Natur der Sache, daß die hier unter den Pariscenten festgesetzte Aufhebung ihrer Lehns-Verbindung unter sich, den fremden Besitzern der zur Zeit noch außerhalb der Familie veräußerten und einer Rückforderung unterworfenen Geschlechtslehne nicht zum Vortheil gereichen kann noch soll.

Sämmtliche Pariscenten behalten sich daher auch vor, daß in Ansehung ihrer Lehnrechte und Ansprüche auf zur Zeit veräußerte Geschlechtslehne, durch gegenwärtige Aufhebung ihrer Lehnsverbindung nichts geändert wird.

Diese bleiben demjenigen oder denjenigen, so dazu nach der Geschlechtsfolge oder sonstigen Verein ausschließend oder zu gleichem Grade berechtiget sind, nach wie vor, vorbehalten. Jedoch setzen sämmtliche Pariscenten einmüthig und in Gemäßheit des allgemeinen Grundsatzes fest, daß wenn dergleichen zur Zeit veräußerte Familien-Lehne von den fremden Besitzern wieder eingelöset werden, solche mit demjenigen Agnaten, oder denjenigen mehreren Agnaten, so nach dem Näherrecht der Linie oder des Grades, die Einlösung derselben zur Familie, ausschließlich oder gemeinschaftlich bewürken, auch sogleich in die Natur des Allodii übergehen sollen und alsdann die Lehns-Ansprüche sämmtlicher übrigen entfernteren Agnaten, so nicht mit zur Einlösung oder Revocation kommen, und deren Lehns-Erben, von selbst erlöschen und aufgehoben seyn sollen.

16. Das Guth Breitenfelde, welches gegenwärtig der Herr Hauptmann Johann Christian von Kathen besitzt, ist zwar noch ein Dewitzsches Geschlechtslehn, so eigentlich zur Curiks-Linie gehört, aus welcher es vorlängst veräußert ist.

Sowohl der Herr Carl Friedrich Ludwig von Dewitz auf Waldewin, welcher ein Enkel des Hauptmann Christian Heinrich von Dewitz, welcher dieses Guth nach dem Vergleich vom 5. März 1722 dem Curith Christoph von Pletz überlassen hat und zur Zeit der einzige bekannte Agnat aus der Curiks-Linie ist, als auch sämmtliche übrige bekannte Agnaten aus der Jobst-Linie, nomentlich:

der Herr Friedrich George Carl von Dewitz auf Coelpin, die 6 Gebrüder Herrn von Dewitz aus dem Wussowschen Hause, der Herr Major Carl Günther Theodor, der Herr Major Wilhelm Friedrich Ernst, der Herr Oberforstmeister Friedrich Ludwig Leopold, der Herr Geheime Kammerrath Adolph Christian Ludwig, der Herr Hauptmann Stephan Werner und der Herr Hauptmann Christian Ludwig von Dewitz, auch die 4 Gebrüder, Herrn von Dewitz aus dem Hoffelschen Hause, der Herr Landrath Friedrich Christian August, der Herr Lieutenant Leopold Ludwig, der Herr Kammerherr Otto Ludwig Christoph und der Herr Lieutenant Carl Albrecht Lucas Gottlieb Friedrich von Dewitz,

entsagen hierdurch für sich und ihre Nachkommen, zu Gunsten des jetzigen Besitzers, des Herrn Hauptmanns von Kathen und dessen Nachfolger im Besitz, aller Lehns-Rechte und Ansprüche so ihnen auf dieses Guth Breitenfelde und dessen Wieder-Einlösung zustehen können, sie haben Namen wie sie wollen. Sie heben die Lehns-Verbindung, welcher dieses Guth bisher unterworfen gewesen, völlig auf und räumen dem Herrn Hauptmann von Kathen und dessen Nachfolgern in Besitz, die uneingeschränkte Befugniß ein, dieses Guth Streuerfelde nebst Zubehör, in Ansehung ihrer und ihrer Nachkommen, als ein völlig lehnsfreyes Guth zu besitzen und zu vererben, auch darüber als ein freyes Eigenthum, sowohl unter Lebenden als auf den Todesfall, ohne alle Einschränkung zu disponiren. Sie williget darin, daß diese völlige Entsagung ihrer Lehns-Ansprüche an selbiges, im Land- und Hypothekenbuch vermerkt werde, und wollen dem zeitigen Herrn Besitzer dieses Guths darüber ein besonderes Lehns-Entsagungs- und Aufhebungs-Instrument ertheilen.

17. Das Guth Paseley, so der Herr Generallieutenant von Rüchel gegenwärtig im Besitz hat, ist noch ein von Dewitzsches Familien-Lehn. Es ist aus der Jobst-Linie veräußert, welcher auch zunächst das Lehns- Revocations-Recht daran zusteht.

Der Herr Carl Friedrich Ludwig von Dewitz auf Maldewin entsagt seinerseits für sich und seine Erben allem Lehns-Anspruch auf dieses Guth.

Dem Herrn von Dewitz auf Coelpin, den 6 Herrn Gebrüdern von Dewitz aus dem Wussowschen Hause und den 4 Herrn Gebrüdern aus dem Hosseldschen Hause und deren Nachkommen, bleibt die Ausübung ihrer Lehnrechte auf dieses Guth oder Vereinigung mit dessen fremden zeitigen Besitzer, in der Art vorbehalten, wie solches der § 15 bestimmt.

Das Guth Schmelzeresl, so der Herr von Bismark besitzt, ist auch ein aus der Jobsten-Linie veräußertes Familien-Lehn, dieser steht zunächst die Ausübung des Revocations-Rechts zu. Deren Agnaten dieser Linie, als dem Herrn von Dewitz auf Coelpin, denen 6 Herrn Gebrüdern von Dewitz aus dem Wussowschen Hause und den 4 Herrn Gebrüdern von Dewitz aus dem Hosseldschen Hause und deren Nachkommen, sowie auch hiernächst dem Herrn Carl Friedrich Ludwig von Dewitz auf Maldewin, als Agnaten der Curths-Linie und dessen Nachkommen, bleibt die Ausübung ihrer Lehnrechte auf dieses Guth oder Vereinigung mit dessen zeitigen fremden Besitzer in eben der Art vorbehalten, wie solches der § 15 bestimmt.

18. Wegen des Guths Labbeel, welches gegenwärtig der Herr von Ramcke als ein von Dewitzsches Lehn käuflich besitzt, haben bereits die 3 Gebrüder, der Herr Geheime Raths-Präsident Stephan Werner, der Herr Landrost Carl Heinrich Friedrich, der Geheime Rath Bodo Christoph Balthasar von Dewitz durch einen, mit dem Hauptmann von Mellin, als damaligen Besitzer, unterm 21. December und 12. August 1791 geschlossenen Contract, gegen eine ihnen von diesem gezahlte Abfindung von 6000 Thaler, sich aller Lehns- und Einlösungs-Rechte an selbiges entsagt und solches erblich und unwiderruflich veräußert. Deren Söhne, der Herr von Dewitz auf Coelpin, die 6 Herrn Gebrüder von Dewitz aus dem Wussowschen Hause und die 4 Herrn Gebrüder aus dem Hosseldschen Hause, so wie die Nachkommen der Letztern, welche die alleinigen bekannten Agnaten der Jobst-Linie ausmachen, können daher an diesem Guth kein Lehnrecht mehr ausüben. Nach Abgang dieser aller, würde dessen Ausübung erst dem Herrn Carl Friedrich Ludwig von Dewitz auf Maldewin und dessen Lehns-Nachkommen, als Agnaten der Curths-Linie zustehen. Diesen bleibt daher solches für diesen Fall, so wie die Vereinigung mit dem zeitigen fremden Besitzer dieses Guths vorbehalten.

19. Insofern noch andere Güther oder Guthsantheile und Zubehörungen vorhanden, welche zur Zeit an Fremde, außer der Familie veräußert und einer Rückforderung an selbige unterworfen

sint, bleibt die Ausübung dieser Familien Rechte demjenigen Agnaten, oder denjenigen mehreren, welche dazu nach der Nächstigkeit der Linie oder des Grades anschließend, oder zu gleichen Theilen berechtiget sind, vorbehalten. Nach erfolgter Einlösung solcher Stücke zur Familie, tritt wegen des fernern Allodialbesitzes derselben, die eben § 15 festgesetzte Bestimmung ein.

Innerhalb der Familie finden überall keine Lehns-Ansprüche auf Güther, Guths-Antheile und Guths-Zubehörungen, so etwa vormals aus einer Linie in die andere veräußert werden, weiter statt.

20. Die Gerechtigkeit an der Meierei Carl Daber, das Burggericht und das Patronat-Recht daselbst, so wie die davon abhängigen Gerechtsame, bleiben ein Eigenthum des gesammten Geschlechts.

Zur Ausübung und Verwaltung derselben sind diejenigen Familien-Glieder, so in Hinterpommern mit Güthern angesessen sind, berechtiget.

Diese genießen alle davon abhängigen Einkünfte und Vorrechte allein, tragen aber auch alle daraus entspringende Kosten und Lasten, ohne Concurrenz der nicht angesessenen.

21. Das von Dewitzsche Familien Archiv, soweit solches gemeinschaftliche Gerechtsame der Familie selbst, der zu diesen gehörigen oder ihren Ansprüchen unterworfenen Güther betrifft, soll bey dem Burggericht zu Daber aufbewahret, auch auf gemeinschaftliche Kosten ein Verzeichniß der darin befindlichen Urkunden und Acten durch einen Sachkundigen, unter Besorgung und Mitvollziehung eines Familien-Gliedes aus dem Wussowschen, eines aus dem Helferschen Hause und des Herrn von Dewitz auf Walkewin, angefertiget werden.

Jedes dieser 3 Häuser, so wie auch der Herr von Dewitz auf Ceelzin, erhalten eine Abschrift dieses Inventarii, sowie auch dessen nachheriger Fortsetzung von Zeit zu Zeit. Das Archiv selbst bleibt ein gemeinschaftliches Eigenthum aller dieser Häuser und ihrer männlichen Nachkommen. Demselben bleibt der Zugang dazu jederzeit frey, und ihnen müssen auf selbigem die geforderten Abschriften jederzeit gegen Erlegung der Schreibgebühren ertheilt werden.

Die Kosten dieses Vereins tragen diejenigen Familien-Mitglieder, so gegenwärtig in Hinterpommern mit Güthern angesessen sind, gemeinschaftlich, allein und ohne Concurrenz der nicht angesessenen.

22. Diejenigen Kosten, welche durch Löschung der eingetretenen Einschränkungen und den Vermerk über die erfolgte Lehns Entsagung und Aufhebung der Lehns-Verbindung im Hypotheken Buch entstehen, trägt jeder Gutsbesitzer, in Ansehung der innehabenden Güther besonders.

Sämmtliche Paciscenten entsagen sich gegen diesen wohlbedächtig verabredeten und geschlossenen Lehns Aufhebungs-Verein aller Einwendungen und Ausflüchte, sie haben Namen wie sie wollen, insbesondere auch des Einwandes einer Verletzung jeder Art und geloben dessen unverbrüchliche Festhaltung.

Sie haben zur Bekräftigung alles dessen, solchen insgesammt durch eigenhändige Unterschrift und Besiegelung vollzogen, auch gerichtlich beglaubigen lassen.

Nach ihrer Vereinigung soll dieses vollzogene Original durch einen gemeinschaftlichen Mandatarius bey der Königl. Preuß. Pommerschen Regierung und Lehns-Kanzlei zu Stettin eingereicht und darauf angetragen werden, diesen Original-Receß bey den Lehns- und Successions-Acten der Familie aufzubewahren, von selbigen aber auch für einen jeden der Interessenten, so wie auch für das Familien-Archiv eine beglaubte Abschrift von Seiten derselben, in Kraft des Originals ertheilen zu lassen.

So geschehen Stettin den 23. Januar 1809.

(LS) Friedrich Christian August von Dewitz. Ich habe diesen Receß selbst gelesen und genehmige dessen Inhalt.

(LS) Diesen Receß habe ich selbst gelesen und genehmige dessen Inhalt überall. Stettin, den 23. Januar 1809. Otto Ludwig Christoph von Dewitz.

(LS) Diesen Receß habe ich selbst gelesen und genehmige überall dessen Inhalt. Gußow, den 15. Februar 1809. Carl Albrecht Lucas Gottlieb Friedrich von Dewitz.

(LS) Diesen Receß habe ich selbst gelesen und genehmige überall dessen Inhalt. Gußow, den 15. Februar 1809. Stephan Werner von Dewitz.

(LS) Diesen Receß habe ich selbst gelesen und genehmige überall dessen Inhalt. Gußow, den 15. Februar 1809. Christian Ludwig von Dewitz.

(LS) Vorstehenden Receß habe ich selbst gelesen und genehmige ich solchen dem ganzen Inhalte nach. Malbewin, den 26. Februar 1809. Carl Friedrich Ludwig von Dewitz.

(LS) Diesen Receß habe ich selbst gelesen und genehmige ich solchen dem ganzen Inhalte nach. Naugard, den 9. März 1809. Carl Günther Theodor von Dewitz.

(LS) Diesen Receß habe ich selbst durchgelesen und genehmige dessen Inhalt überall. Golz, den 25. März 1809. Friedrich Ludwig Leopold von Dewitz.

(LS) Diesen Receß habe ich selbst gelesen und genehmige dessen Inhalt überall. Lübienen, den 9. May 1809. Leopold Ludwig von Dewitz.

(LS) Diesen Receß habe ich selbst gelesen und genehmige dessen Inhalt überall. Wesnel, den 28. Mai 1809. Wilhelm Friedrich Ernst von Dewitz.

(LS) Diesen Receß habe ich selbst gelesen und genehmige dessen Inhalt überall. Neu-Strelitz den 1. Juli 1809. Friedrich George Carl von Dewitz.

(LS) Diesen Receß habe ich selbst gelesen und genehmige dessen Inhalt überall. Neu-Strelitz den 4. Juli 1809. Adolph Christian Ludwig von Dewitz.

Anhang 2.

1319, am 25. Januar, zu Neubrandenburg: Albrecht und Johann Herzoge von Mecklenburg verleihen an Otto Grafen von Fürstenberg Haus, Stadt und Land Fürstenberg, Haus, Stadt und Land Strelitz, Haus, Stadt und Land Arnsberg, nebst andern Gütern im Lande Stargard, zu einer erblichen Grafschaft, und geben dem Grafen Ulrich von Fürstenberg daran die gesammte Hand.

In Godes namen, amen. Wy Albrecht unde Johan brödere, venn Gods gnaden Hertoghen tho Mecklenborch, tu Stargarde unde tu Rostock heren, bokennen umbe betüghen apenbar in dissem bröve, dat wy met boradenn mude unnde volborth unser negesten, unde mit rade unser leven trumen rahtgeverenn deme ebbelenn manne heren Otten Greven tu Börstennberghe, unnsem leven trumen, unnde sinenn rechterm leheneroem hebbenn gegevenn unde gelathenn, unnde geven unnde lathen in dissem brive Börstenberghe huß unde stadth unnde dat landt meth der manschap, als id inn sinem scheide licht Strelis huß unnd: stadt, Arnsberghe huß unnde stadt mit deme lanthe, als id inn sinem scheidhe licht, mit der mannschap, Kunaw hoff unnde dörpp, Wustram, Trusedowe, Cjunaw, Bandedentörp Herbordeßhagenn hoff unde dörp, Röblike, Rosenaw, alsse si liggherrn in alle eren scheidenn, unnde iun deme dörppe to Grünowe negenthein punte geldes Brandenborghes, tu Peterstörp twintech punth geldes Brandenborghes, unnde alle bete in denn sükeren dörpen, unde alle bedhe in dissenn dörpenn to Holstenkörpe unde tho Lindowe, mit aller nut unde frucht, tu rechtem herrn rechte unde Greveru rechte ewiklichenn tho besittennbbe. Disse vörbenömede slothe, land unnde manschap, dörpe unnde guth bebbe wy getighet unnde Gathern in dissem gegenwartigen brive tu euner ewighem gredeschop unnde liggherrn sie deme vörbenhömerhen herrn Otthen Greven tho Börstenberghe unnde sinen rechtenn leheneroen, unde wil eme herrn Ulride Greven tho Fürstenberghe mit einer samentben banth tho rechten anevalle alsus dane wys, dat wy, unse erven unde nhakomelinghe schöllenn liggben disse vörbenhömerbe grevenschop den vörspradenen Greven heren Otthenn unnde sinen rechtenn leheneroen Kindestinkbe, alle de wile dat van en lenerenn warenn, also dike es en nott is. Were aver dat de vörbenömedbe grevenschop van Greven Otthen aber van sinen rechten leheneroen erveloes vörstorve, so schall sie vallen an deme vörspraden Greve Ulride unnde an sine rechte leheneroen, deme schölls wy sie liggben, al de wile dat dann en unnde von sinen [rechten lehen] erven sin, alsse dike alß es en nott is, unde de [vörbenömedbe] grevenschop schall nicht erveloes vörsterrenn, [alsbewile dat van] den vörspralenenn Otthen unnde herrn Ulride Greven tho Fürstenberghe leherove sin, unnde ere rechte leheneroenn schölen unus, unsru erven unnde unsen nakomelinghen met den vörbenhömeden slothe, lanbe unnde manschop tho dinst sitten, unnde de slothe schölenn unse [apene sloth sin] unde behülpen wesen tegen allermalle [tu ewighen tiden]. Alle disse stüde ghans, vaste unnde ewich to [bliwende unnde to] holdende, so hebbe wy dissen brieff gegheverrn, bosseghelt met unsen[ ]ingeseghelerrn de gegeven is tho Nihen Brandin[burg na] Gades gebort drüttehundertth jare in deme negen unde verrichften Iare, in deme daghe der bokerunghe fünfte Pauwels. Tůghe differ dingl fint de ebbelen Fürften Rudolff de Hartoghe tho Saffenn, de elterfte, Albrecht Greve tho Antholz, her Albrecht Warborch, her Henninck vann Ghůtenswegghenn, her Albrecht van Percatel, riddere, her Bartold Robbe unfe trefeler, Hinrick Griben unfe fchriver, unnde Engelde vann Dewitze, unfe leven truwenn, unde andere vele lůdde, dir tho tůghe werdich finth.

Nach einer alten, zum Theil befchädigten Copie aus dem 15. Jahrhundert im Großherzogl. Archive zu Schwerin hergeftellt durch den weil. Archivrath Evers, und mitgetheilt durch Hrn. Archivar Lifch. — Unter Brandenborp ift wahrfcheinlich Woderbradder, Elbfchendorf, zu verftehen, das nach der Urkunde vom 18. September 1339 ein von Drenighen Gut war, fo wie unter Rofenow nach Chranzly (bei Gerdes S. 607) Roffow. Diefer führt nach Röblich noch Wierarde auf, welches vielleicht durch ein Verfehen in jener Copie ausgefallen war.

Anhang 3.

1349, am 4. December: Otto und Ulrich Grafen von Fürstenberg legen Strelitz zu Stadtrecht.

In Godes namen, amen. De dyngk de in der tyd tu ener ewycheyt ghestedeghet werden, uppe dat de nicht en vorghan mei der tyd, na dem male dat de tyd vorghenklik is, so is des nod, dat me se sterke unde veste mei breven unde mei ingheseghelen. Hyr van is it, dat wy Otto unde Ulrick van Godes gnaden Greven tu Worstenberghe bekennen unde betughen openbare in unsem jeghenwardighen breve, dat wy Strelitz hebben tu stadtrechte gheleght, unde hebben unsen leven borghheren dar by unse gheegheven, unde gheven in dessme jeghenwardighen breve Brandenborghrechtes rechtes ewychleten tu brukende, wan em en recht untsechiet, dat scölen se halen unde sölen tu nyen Brandeborgh, dat by olden Stargard lycht. Och gheve wy unsen ratmannen bynnen Strelitz macht tu dunde unde tu latende an ghilde unde an werden, also se en Brandeborghs recht tu wysen. Vortmer bekenne wy des, dat wy mei beradene mude unde mei ganzer wilwort unser erven hebben gheloten unde laten in dessme jeghenwardighen breve unsen vorghenanten borghheren tu Strelitz alle den acker, de bynnen der Pare lieht, ewychleten tu besittende, alsus dane wys dat wy uns unde unsen erven de twintich garve daruppe beholden, sunder den acker, de de voghelsam hei, de oc bynnen der Pare lieht, den behole wy uns unde unsen erven dar butene. Och late wy em twey dorp veltmarken, de ümme Strelitz liggen, alse de veltmarke tu Tomjuche, unde die veltmarke in Buristorpe, unde de veltmarke tu Gobelbrole, ene ytlike veltmarke mit brutlich hoven ewychleten tu besittende, also dane wys dat se uns so van der here scölen gheven vestunde halven scilling tu pacht ane teghenden. Och liggen dar vyrteyn sanlheven butten der Pare, de van vester bestetinge tu Strelitz hebben tu gheleghen, dar wy Greve Ulrik mei unsen erven besunderghe dat vorbenöyt an hebben, de late wy och unsen borghheren tu Strelitz also dat se uns unde unsen erven so van der here scölen gheven vestunbehalven scilling in pacht ane teghenden, besülven vyrteyn hoven scölen se och ewychleten besitten, also dar vörscreven is. Vortmer gheve wy unsen ratmannen tu Strelitz macht in dunde unde in latende an den holte tu Tomjuche unde tu Gobelbrole, wat se dar in re pauden, dat scölen se leren tu der stadt not; werst dat se dar gewnich man an vor unrechten wolde, dat scöle wy unde unsen erven em helpen teren. Dat alle desse vörscrevenen dyngk van uns unde van unsen ersteden navelghoren ewychleten gheholden werden unde ungebroken bliven, so hebbe wy dessme jeghenwardighen brif laten sterken mei der wardinge unser groten ingheseghele. Tüghe desser dyngk sint her Albrecht Warborch, unde her Tzabel Römer, und her Albrecht van Piccatel, riddere, Peter Lubbyn, unde Tzabel Bere, unde Henning van Piccatel Esynhelle van Denwyt, unde Otto van Cernyn, knapen, unde vele mer anderer guder lüde, de trwe werdich syn. Desse brif is gheghoven unde gheteroen na Godes bort drütteynhundert jar, in deme neghen unde vyrtheghesten jare, in sünte Barbaren daghe der hilghen junghrowen.

Nach dem Originale bei der Stadt Strelitz. Das Reiterfiegel des Grafen von Fürstenberg hängt an grün-seidener Schnur. —

Anhang 4.

Statuten der Hospitalstiftungen zu Daber vom 9. Januar 1862.

Actum Wussow, den 9. Januar 1862.

Die zeitigen Patrone des hiesigen Hospitals, namentlich die Herren Otto von Dewitz auf Wussow, Carl von Dewitz-Krebs auf Weltenhagen, Curt von Dewitz auf Moltewitz und Gustav von Dewitz auf Zartzin haben in einer heute hier abgehaltenen Konferenz folgende Nachträge und Ergänzungen zu den Statuten des Hospitals beschlossen und wollen an dieselben, bei Verwaltung der ihrem Patronate anvertrauten milden Stiftungen hinfort gebunden sein.

I. Das Hospital in der Stadt Daber „zum heiligen Geist" ist eine mit dem ehemaligen St. Jürgen Armenhause verbundene Stiftung der Familie von Dewitz (Matrikel vom Jahre 1588) und von dieser mit Grundstücken dotirt.

Zu welcher Zeit die Stiftung geschehen, davon sind keine Nachrichten vorhanden, insbesondere existirt eine Stiftungs Urkunde nicht.

II. Das Patronat über die Hospitalstiftungen zu Daber steht dem ganzen von Dewitzschen Geschlechte zu. Zur Ausübung und Verwaltung desselben sind nur diejenigen Familienglieder, welche in Hinterpommern mit Gütern angesessen sind, berechtigt.

(cf § 20 des Lehns Auseinandersetzungs-Rezesses der von Dewitzschen Familie vom Jahre 1849.)

Dies Recht ruht, nach ..... Observanz, so lange ein solches Familienglied seinen Wohnsitz nicht innerhalb der Daberschen Synode hat, oder so lange es aus irgend einem Grunde unter Vormundschaft gestellt ist.

Sollte es sich jedoch einmal ereignen, daß keiner der innerhalb der Daberschen Synode belegenen Güter mehr im Besitz eines von Dewitz wäre, so geht die Ausübung des Patronats auch auf andere in Hinterpommern mit Gütern angesessene Familienglieder über, denen dann das Recht zusteht, sich dabei durch Bevollmächtigte aus der Zahl anderer in der Daberschen Synode angesessener Gutsbesitzer vertreten zu lassen.

Wenn in Hinterpommern überhaupt kein Dewitz als Gutsbesitzer existirt, so geht das Patronat mit allen Rechten und Pflichten, unterschiedslos auf diejenigen Glieder der von Dewitzschen Familie über, welche wenigstens unter derselben Landeshoheit, unter welcher sich dann Stadt und Synode Daber befindet, mit Gütern angesessen sind; falls aber auch unter derselben Landeshoheit kein von Dewitz mehr als Gutsbesitzer existirt, so wird bis dahin, wo solches wieder der Fall ist, das Patronat über die Hospitalstiftungen von den sonstigen dann noch lebenden männlichen Gliedern der von Dewitzschen Familie ausgeübt, und erst nach deren sämmtlichem Aussterben soll dasselbe auf den derzeitigen Besitzer des Gutes Daber Freiheit und auf den Magistrat der Stadt Daber gemeinschaftlich übergehen, jedoch unter der ausdrücklichen Bedingung, daß stets nur Personen daran Theil nehmen dürfen, welche einer christlichen Kirche evangelischen Bekenntnisses angehören.

III. Die Administration des Hospitalvermögens leitet das Patronat unter Mitwirkung des Proviſorats.

Das Proviſorat beſteht aus dem pastor primarius der Stadt Daber und einem vom Patronat zu ernennenden Rendanten.

Die Collatur der aus dem Hospitalvermögen zu ſtendenten benoficia, ſteht dem Patronate ausſchließlich zu.

IV. Die Einkünfte des Hospitals ſind ſeit den älteſten Zeiten dazu verwandt worden, einer Anzahl in das Hospitalgebäude aufgenommener armer Leute freie Wohnung, Heizung und Gartenland zu gewähren, die Gehälte der Prediger und Lehrer in Daber zu verbeſſern und Arme in der Stadt Daber und in den der Familie von Dewitz zugehörigen Gütern zu unterſtützen.

Dieſe urſprüngliche Beſtimmung hat durch die Satuten vom 1. November 1813 in ſofern eine theilweiſe Aenderung erlitten, als danach die Hospitalgebäude eingegangen und die Präbenſtellen lediglich auf Geldeinnahmen geſetzt worden ſind.

V. Seit Errichtung der Satuten vom Jahre 1812, haben die Verhältniſſe ſich weſentlich geändert und namentlich die Einkünfte der Hospitalſtiftungen durch eine zweimalige neue Verpachtung der Hospitalgrundſtücke eine ſo erhebliche Vermehrung erfahren, daß das Patronat für nöthig erachtete, unter Feſthaltung der bisher leitend geweſenen Grundſätze die Statuten zu erweitern und ſollen die heute beſchloſſenen Zuſätze maßgebend ſein.

VI. Allen Einnahmen und Ausgaben der Hospitalkaſſe wird ein von drei zu drei Jahren durch das Patronat und Proviſorat feſtzuſtellender Etat zu Grunde gelegt.

Der Rendant muß alljährlich Rechnung legen, deren Abnahme in vereinigter Sitzung des Patronats und Proviſorats erfolgt. Mit der Rechnungs-Abnahme iſt jährlich eine Kaſſen reviſion verbunden, welche mit einer gleichzeitigen Reviſion der Kirchenkaſſe zu vereinigen iſt. Das Patronat behält ſich vor, nach ſeinem Ermeſſen, außer dieſer ordentlichen auch noch außerordentliche Kaſſenreviſionen zu unbeſtimmten Zeiten abzuhalten. Die Rechnungslegung erfolgt jedesmal nach Ablauf der erſten ſechs Monate, in dem auf die Rechnungs-Periode folgenden Jahre.

VII. Außer den an die Prediger und Lehrer in Daber gezahlten Gehältern, ſind bisher aus der Hospitalkaſſe 18 Präbenſtellen, an 9 Perſonen aus der Stadt Daber und 9 Perſonen vom platten Lande, à 18 Thaler jährlich, nach den in den Statuten vom 1. November 1812 enthaltenen näheren Beſtimmungen, welche auch in Zukunft maßgebend bleiben, ertheilt und iſt für 30 arme Kinder, welche die Daberſche Schule beſuchen, das Schulgeld berichtigt worden. Es ſoll in der Folge nicht nur die Zahl der Präben und freien Schulſtellen angemeſſen vermehrt, ſondern auch eine Anzahl Präbenſtellen verbeſſert werden und ſollen die Hospitaliten nach der Anciennität ihrer Aufnahme, zum Genuße dieſer verbeſſerten Stellen gelangen.

VIII. Die ad VII. bezeichneten laufenden Ausgaben, welchen noch das Gehalt des Proviſors und Rendanten hinzutritt, ſoll in der Regel ¾ der Geſammt Einnahme der Hospitalkaſſe nicht überſteigen, der Ueberreſt ſoll im Etat zu außerordentlichen Wohlthaten ausgeworfen werden, namentlich:

1. Zur Erziehung armer Kinder aus der Daberſchen Sprache in Rettungshäuſern und andern chriſtlichen Erziehungs-Anſtalten;

2. Zu Stipendien für arme Studirende und Schullehrer Seminariſten:

3. Zu Unterstützungen für nachgebliebene arme Wittwen und Töchter aus Familien höherer Stände;

4. Zu Ausstattungen für arme Dienstmädchen;

5. Zu sonstiger Armen- und Krankenpflege.

IX. Die Wohlthaten des Hospitals können und dürfen nur unter folgenden Bedingungen verliehen und gespendet werden:

1. Beneficiat muß während der letzten zwei Jahre vor der Zuwendung seinen ordentlichen Wohnsitz innerhalb der Daberschen Synode gehabt haben.

Eine Ausnahme findet statt, so bald der Beneficiat selbst oder durch seine Mutter der von Dewitzschen Familie angehört und soll bei solchen Personen auf den Wohnsitz nicht gerücksichtigt werden.

2. Beneficiat muß Mitglied einer christlichen Kirche, evangelischer Confession, der Unterstützung bedürftig, und sittlich unbescholten sein, Alles dies auf erforderlichen Falls, durch Atteste des Geistlichen und der Polizeibehörden seines Wohnorts nachweisen.

3. Falls es sich um fortlaufende Unterstützung handelt, so geht Beneficiat der Wohlthat verlustig, sobald derselbe entweder aufhört Mitglied einer evangelischen Kirche zu sein, oder seine Vermögenslage sich dergestalt verbessert, daß eine Unterstützung nicht mehr nöthig erscheint, oder wenn er sich durch Verbrechen, Trunksucht oder sonstigen lasterhaften Lebenswandel der gespendeten Wohlthaten unwürdig zeigt. Die Beurtheilung, ob dergleichen Umstände vorliegen, steht lediglich dem Patronat zu.

4. Die im § VIII. ad 4 erwähnte Ausstattung darf nur solchen Dienstmädchen gewährt werden, welche nicht allein die ad 1 und 2 gedachten Eigenschaften besitzen, sondern die auch wenigstens fünf Jahre ununterbrochen ein und derselben Herrschaft treu und redlich gedient haben.

X Von den Ersparnissen, welche etwa an den ad Extraordinaria ausgesetzten Beträgen gemacht werden, wird ein Reservefond gebildet, aus welchem Ueberschreitungen des Etats, falls solche in einzelnen Jahren nöthig werden sollten, gedeckt werden. Sobald als sich dieser Reservefond auf 100 Thlr. angesammelt hat, ist derselbe in Pommerschen Pfandbriefen zinsbar anzulegen.

Otto von Dewitz auf Daßow.

Karl von Dewitz-Krebs auf Beilenhagen.

Curl von Dewitz auf Waldowin.

Gustav von Dewitz auf Farbezin.

Anhang 5.

Statut des Geschlechts derer von Dewitz, behufs Haltung von Familientagen.

Wir, die unterzeichneten Mitglieder des Geschlechts derer von Dewitz bekennen und beurkunden hiermit:

§ 1. Der Herr der Tage hat auch unser Geschlecht in unsern Vorältern zu einem geschichtlichen Geschlechte berufen, und damit uns und den Nachkommen die Pflicht auferlegt, solchen Beruf in der Gegenwart zu pflegen und für die Zukunft zu bewahren und zu vererben.

§ 2. Jener Pflicht besser nachzukommen, als es den vereinzelt bleibenden Gliedern möglich sein würde, vereinigen wir uns heute zur Haltung von Familientagen.

§ 3. Zunächst sollen die Familientage die Herstellung eines Geschichtsbuchs des Geschlechts fördern helfen. Zweitens die noch vorhandenen Stiftungen des Geschlechts für geistliche und milde Zwecke, namentlich die patronatlichen zu Daber und die bezüglichen Kloster-Stifte in Mecklenburg, sollen mit ihren Pflichten und Gerechtsamen in Acht genommen werden. Drittens sollen die Familientage etwanige neue Stiftungen im Interesse des Geschlechts erleichtern für die Zukunft.

§ 4. Der Versammlungsort zu den Familientagen ist Stettin, sofern nicht aus besondern Anlaß die Versammlung im Hause eines Familien-Mitgliedes statt findet.

§ 5. Zu den jährlich wiederkehrenden Familientagen sollen vier Wochen vorher die Einladungen geschehen durch einen aus dem Familientage hervorgegangenen Familien-Vorstand, an die sämmtlichen Mitglieder des Geschlechts, die diesem Statut und seinen Ordnungen beigetreten sein werden.

§ 6. Unnachläßliche Bedingung der Zulassung zu den Familientagen ist ein materieller Ruf und Anerkennung der bestehenden Ordnung, in die das etwa neu zutretende Glied aufgenommen werden will.

§ 7. Der Vorsitzende im Vorstande leitet die Berathungen, an denen alle Zugelassenen auch wenn sie noch nicht 25 Jahr alt und noch nicht aus eigenem Hausstande sind, theilnehmen dürfen. Beschlußfähig sind aber nur die großjährigen Häupter, die als solche in die Genossenschaft der Familientage eingetreten sind.

§ 8. Der Vorstand wird mit einer Kasse für die Bedürfnisse der Familientage versehen, überträgt Einem seiner Mitglieder die Führung von Protokollen, sorgt für Aufbewahrung der Documente und Schriftstücke, so wie für die Vertheilung des Statuts und der Protocolle an die Mitglieder des Familientages, zu welchem Zweck eine entsprechende Vervielfältigung dieser Schriftstücke veranstaltet werden muß.

Anerkannt und vollzogen zu Stettin im Hotel de Prusse am 25. November 1863.

Anhang 6.

Urkunde

betreffend die Errichtung einer Stiftung des Rittergutsbesitzers Otto August Heinrich Werner von Dewitz auf Muscow zum Besten der Familie von Dewitz.

Artikel I.

Bezeichnung und Zweck der Stiftung.

§ 1.

Die hierdurch von mir errichtete Familienstiftung, welcher zur Zeit, außer mir, noch folgende Familien-Mitglieder beigetreten sind:

1. Herr Ulrich Otto von Dewitz auf Groß-Miltzow.
2. — Friedrich Adolph Dietrich von Dewitz auf Cerlpin.
3. — Justizrath Friedrich August Boto von Dewitz zu Stettin.
4. — Arthur von Dewitz auf Trahnow.
5. — August Christian Leopold von Dewitz auf Zachow.
6. — Appellationsgerichtsrath Georg Carl Ernst von Dewitz zu Stettin.
7. — Carl Wilhelm Ludwig von Dewitz, gen. von Krebs auf Breitenhagen.
8. — Constantin von Dewitz auf Gienow.
9. — Gustav Wilhelm von Dewitz auf Farbezin.
10. — Generalmajor Carl Herrmann von Dewitz zu Stargart.
11. — Oberstlieutenant Adolph von Dewitz in Berlin.
12. — Curt von Dewitz auf Maldewin.
13. — Oberst Otto von Dewitz zu Stolc.
14. — Adolph von Dewitz zu Rieth.
15. — Hauptmann Jobst von Dewitz zu Stettin.
16. — Hauptmann Max von Dewitz zu Stettin

soll den Namen „von Dewitzsche Familienstiftung" führen und ist den Mitgliedern der Familie von Dewitz gewidmet. Der Beitritt zu dieser Stiftung ist jedem selbstständigen, männlichen Mitgliede der Familie gestattet, wenn dasselbe sich den in dieser Urkunde aufgestellten Bedingungen schriftlich unterwirft.

§ 2.

Zweck der Stiftung ist:

unterstützende Familienmitglieder beiderlei Geschlechts zu unterstützen und insbesondere ihnen die Mittel zur Erziehung und zur Ausbildung für einen bestimmten Lebensberuf zu gewähren.

Artikel II.
Stiftungsform und Verwendung der Revenüen.

§ 3.

Der Fond dieser Stiftung wird gebildet:

a. durch ein Stammkapital von Zweitausend Einhundert und Fünfzig Thalern;

b. durch eine von den neu beitretenden einzelnen Mitgliedern der Familie zu leistende Einzahlung von mindestens fünfzig Thalern;

c. durch laufende Beiträge, welche dieselben mit wenigstens fünf Thalern jedes Jahr zu zahlen haben;

d. durch die angesammelten Zinsen des Stiftungskapitals;

e. durch diejenigen Summen, welche etwa späterhin durch Geschenke oder Vermächtnisse hinzutreten.

§ 4.

Zu den im § 2 bezeichneten Zwecken dürfen nur die Zinsen des Stiftungskapitals verwandt werden; bevor diese Venvocation eintreten darf muß dasselbe jedoch die Höhe von Zehntausend Thalern erreicht haben.

§ 5.

Das Stiftungskapital darf nur in depositalmäßig sichern Hypotheken angelegt, oder zum Ankauf von Pfandbriefen, vom Staate garantirten Eisenbahn Actien, Rentenbriefen und andern Werthpapieren verwendet werden, in welchen gesetzlich Depositalgelder angelegt werden dürfen.

Artikel III.
Qualifikation der Beneficiaten.

§ 6.

Zur Begründung des Anspruchs auf Gewährung von Beneficien aus den Revenüen der Stiftung, ist die Anmeldung bei dem Vorstande derselben und der Nachweis der ehelichen Abstammung von einem männlichen Mitgliede der von Dewitzschen Familie erforderlich. Weibliche Mitglieder der Familie von Dewitz treten durch ihre Verheirathung aus der Familie heraus. Zum Nachweise der Familienmitgliedschaft soll, falls dieselbe von dem Vorstande in Zweifel gezogen werden sollte, der Beweis genügen, daß die betreffende Person einer den denjenigen Familien angehört, die zur Zeit der Bestätigung dieser Stiftungsurkunde den Namen, das Schild und das Wappen der Familie von Dewitz geführt haben. Ausnahmsweise kann auch der Wittwe eines Mitgliedes der von Dewitzschen Familie eine Unterstützung gewährt werden.

§ 7.

Um bei Verleihung einer Unterstützung aus den Revenüen der Stiftung berücksichtigt zu werden, ist erforderlich:

a. Würdigkeit und b. Bedürftigkeit,

des Beneficianden. Die Höhe der Unterstützung hat der Familienvorstand, resp. der Familienrath, nach Maßgabe des Bedürfnisses und der vorhandenen Mittel zu bestimmen, doch soll dieselbe für die einzelne Person mindestens Einhundert Thaler jährlich betragen.

§ 8.

Durch Beschluß des Familienraths können die Unterstützungen in Wegfall gebracht werden, wenn sich die Vermögensverhältnisse der Beneficiaten verbessert haben, oder wenn sich, wider Verhoffen, ein Familienglied der ihm gewährten Beneficien unwürdig erweisen sollte.

Artikel IV.
Verwaltung der Stiftung.
§ 9.

Die Verwaltung der Stiftung wird geführt durch den Familienvorstand unter Controle des Familienraths.

§ 10.

Zur Theilnahme an dem Familienrathe ist ein jedes, selbstständige männliche Mitglied der Familie von Dewitz berechtigt, welches zum Stiftungs-Fond einen einmaligen Beitrag von mindestens Fünfzig Thalern und einen jährlichen Beitrag von Fünf Thalern zur Stiftungs-Masse zahlt. Die gezeichneten Beiträge zum Stiftungskapitale sind binnen Jahresfrist an den erwählten Vorstand der Familie zu zahlen, die laufenden Beiträge alljährlich bei Gelegenheit der Familientage, oder vor denselben zu berichtigen.

Ein Mitglied welches mit dem jährlichen Beitrage zwei Jahre im Rückstande bleibt, kann durch Beschluß des Familienraths von der Mitgliedschaft ausgeschlossen werden.

Artikel V.
Der Familienrath.
§ 11.

Der Familienrath besteht aus allen männlichen selbstständigen Mitgliedern der Familie von Dewitz, welche dieser Stiftung beigetreten sind. (§ 10.)

Derselbe versammelt sich jährlich einmal an dem ersten Mittwoch nach dem 1. October in Stettin. Einer besonderen Einladung dazu bedarf es zwar nicht, doch hat der Regel nach, der Vorstand jedes einzelne Mitglied noch besonders schriftlich zur Theilnahme an dem Familientage aufzufordern und hierbei Ort und Zeit näher zu bestimmen.

Sollte der vorbestimmte Tag aus Gründen dem Vorstande nicht passend erscheinen, so ist derselbe befugt einen andern Tag zu wählen.

§ 12.

Bei allen Beschlüssen des Familienraths entscheidet die Stimmenmehrheit der anwesenden Mitglieder. Bei Stimmengleichheit giebt, wenn es sich um eine Wahl handelt, das Loos, in allen andern Fällen die Stimme des Vorsehers (§ 15) den Ausschlag.

§ 13.

Eine Stellvertretung abwesender Mitglieder findet nicht statt; auch im Falle des Nichterscheinens ist jedes Mitglied an die gefaßten Beschlüsse gebunden.

§ 14.

Der Familienrath hat die Mitglieder des Familienvorstandes zu wählen und die Verwaltung des Vermögens zu controlliren, die Rechnungen abzunehmen, Decharge zu ertheilen und überhaupt in allen die Verwaltung der Stiftung betreffenden Angelegenheiten endgültig zu beschließen. Namentlich hat der Familienrath, auf den Vorschlag des Familienvorstandes über die Verleihung der Beneficien und deren Höhe, sowie über die Dauer und den Wegfall derselben zu beschließen.

In dringenden Fällen soll dem Familien-Vorstande gestattet sein, ohne Beschluß des Familienraths Beneficien bis zum nächsten Familientage zu bewilligen.

Artikel VI.
Der Familien Vorstand.

§ 15.

Der Familien-Vorstand besteht aus einem Vorsteher und zwei andern Familienmitgliedern. Mindestens Eines dieser drei Vorstands-Mitglieder muß zu denjenigen Personen gehören, welche das Patronat über das Hospital zu Daber verwalten.

§ 16.

Die Mitglieder des Familien-Vorstandes werden auf drei Jahre gewählt und sind nach Ablauf dieser Frist, wieder wählbar. Stirbt innerhalb dieser Wahlperiode ein Mitglied des Vorstandes, so muß auf dem nächsten Familientage eine Neuwahl erfolgen.

§ 17.

Der Familien-Vorstand hat zu sorgen, für die Nutzbarmachung der Fonds, für die Einziehung der Beiträge, und für die stiftungsmäßige Verwendung der Revenüen, nach Maßgabe der Beschlüsse des Familienrathes.

§ 18.

Der Familienvorstand vertritt die Stiftung, dritten Personen und Behörden gegenüber unbeschränkt.

Derselbe ist befugt: Kapitalien zu belegen, Gelder zu erheben, Quittungen zu ertheilen, Rechte und Forderungen zu cediren, Prozesse zu führen, Urtheile in Empfang zu nehmen, Verträge und Vergleiche abzuschließen, Kapitalien zu kündigen, Prioritäten einzuräumen, Eintragungen und Löschungen in den Hypothekenbüchern zu bewilligen und zu beantragen, Subhastation zu extrahiren und als Bieter in dem Subhastationsverfahren aufzutreten und überhaupt Alles zu thun und zu erklären, was im Interesse der Stiftung, nach dem Ermessen des Vorstandes, oder zur Ausführung der Beschlüsse des Familienrathes nöthig oder nützlich ist.

Die Legitimation des Familien-Vorstandes wird geführt durch ein über den Wahlact aufgenommenes Protokoll.

§ 19.

Der Familien-Vorstand hat ein möglichst vollständiges Verzeichniß der bei der Stiftung betheiligten Familienmitglieder (§. 6.) zu führen, die Anmeldung zu Beneficien der Stiftung anzunehmen und zu registriren, auch beim Eingange von Anträgen auf Gewährung von Beneficien die nöthigen Erkundigungen über die Verhältnisse der Antragsteller einzuziehen, um die desfallsigen Beschlüsse des Familienrathes vorzubereiten.

§ 20.

Die Aufbewahrung der den Stiftungsfond bildenden Documente und Gelder erfolgt bis auf Weiteres in dem Aerario des Hospitals zu Daber.

§ 21.

Alljährlich legt der Vorstand Rechnung über die Verwaltung der Stiftung und empfängt Decharge vom Familienrathe.

Alle fünf Jahre ist das Vorhandensein des bei dem Rechnungsabschlusse sich ergebenden Stiftungsfonds einer dazu auf dem Familientage von den berechtigten Mitgliedern erwählten Commission durch Vorlegung der Documente nachzuweisen.

§ 22.

Alle Aemter werden unentgeltlich verwaltet und nur baare Auslagen, welche bei der Verwaltung der Stiftung erwachsen, sind aus den jährlichen Revenüen vorweg zu erstatten.

Artikel VII.

Schlußbestimmungen.

§ 23.

So lange noch ein Mitglied der Familie von Dewitz, welches Namen, Schild und Wappen derselben führt, vorhanden ist, dürfen die Fonds der Stiftung und ihre Revenüen, zu keinem andern, als dem in § 2 angegebenen Zwecke verwendet werden.

§ 24.

Nach gänzlichem Erlöschen des gesammten von Dewitzschen Geschlechts, soll es dem derzeitigen Allerhöchsten Landesherrn anheimgestellt werden, über die Verwendung des Stiftungsfonds zu einem der Grundidee der Stiftung möglichst entsprechenden wohlthätigen Zwecke, nach eigenem Allerhöchsten Ermessen, zu verfügen. Es soll aber auch dann dem ungetheilten Stiftungsfond der Name „von Dewitzsche Familienstiftung" erhalten werden.

§ 25.

Kosten und Stempel für die Verlautbarung und Bestätigung dieser Familienstiftung werden aus dem Stiftungsfond bezahlt.

Wusjew, den 30. April 1866.

Otto August Heinrich Werner von Dewitz.

Naugard, den 2. Juni 1866.

In dem auf heute verlegten Termin erschien der Gutsbesitzer Herr Otto August Heinrich Werner von Dewitz auf Wusjew, von Person bekannt und verfügungsfähig und erklärte:

Ich erkenne hierdurch an, daß ich die Familienstiftung vom 30. April 1866 betreffend die Familie von Dewitz angefertigt und unterschrieben und beantrage die Familienstiftung zu bestätigen und auszufertigen.

Vorgelesen, genehmigt und unterschrieben.

Otto von Dewitz.

L. S.

von Brockhusen.

Vorstehende Urkunde und die Verhandlung vom 2. Juni 1866 wird hiermit bestätigt.
Urkundlich ausgefertigt.
Naugard, den 9. Juni 1866.

Königliches Kreisgericht II. Abtheilung.

L. S.   **von Voss.**

Alphabetisches Register

der im ersten Bande beschriebenen Mitglieder des von Dewitzschen Geschlechts.

I. Männliche.

II. Weibliche.

Verzeichniß

der im ersten Bande erwähnten Familien, mit denen das von Dewitzsche Geschlecht durch Verheirathungen in Verbindung getreten ist.

———

(Die Zahlen weisen auf die Seiten hin.)

Verbefferungen und Zufätze.

S. 13. Z. 18 v. u. ist hinzuzusetzen: "Bertheim in der Provinz Sachsen."

S. 207. Z. 3 v. o. lies "Georg von Dewitz II."

S. 304. Z. 8 v. u. lies "Schriften von Moscherosch (Geschichte Philanders von Sittenwald)" statt: "Schriften von Philanders von Sittenwald."

S. 411. Z. 11 v. o. ist hinzuzusetzen: "ihre Vermählung fand am 12. August 1863 in Chöpin statt."

S. 431. Z. 7 v. u. ist hinzuzusetzen: "fie wurde am 18. März 1863 Wittwe."

S. 439. Z. 4 v. u. ist hinzuzusetzen: "Im Jahre 1865 übernahm er das väterliche Gut Beitenhagen für 150,000 Thaler und vermählte sich am 12. August 1863 mit seiner obengedachten Braut."

S. 442. Z. 4 v. u. ist hinzuzusetzen: "Er wurde 1862 Inspector an dem neu errichteten Stiftskrankenhause zu Rivelty.

S. 443. Z. 6 v. o. ist hinzuzusetzen: Im März 1869 wurde er in das 4. Rhein. Infanterie Regiment No. 30 versetzt."

S. 444. Z. 1 v. u. ist hinzuzusetzen: "trat 1864 als Fähnrich in das Kaiser Alexander Grenadier Regiment.

S. 474. Z. 6 v. u. ist hinzuzusetzen: "die Frau Staatsminister von Dewitz, geb. v. Below ist am 31. August 1868 gestorben."

S. 481. Z. 1 v. u. ist hinzuzusetzen: fie starb am 19. September 1868.

S. 485. Z. 8 v. u. lies "1849" statt 1859

S. 498. Z. 6 v. o. ist hinzuzusetzen: "geboren 29. Mai 1844."

S. 442. Z. 8 v. o. ist hinzuzusetzen "wurde am 7. September 1865 Offizier."

S. 480. Z. 4 v. o. lies "Carl von Dewitz I." statt "II."

S. 684. Z. 13 v. u. lies "Joachim von Dewitz IV." statt "III."

* 9 7 8 3 7 4 1 1 6 8 3 0 7 *